Zwangsarbeit in Hitlers Europa
Besatzung · Arbeit · Folgen

Zwangsarbeit in Hitlers Europa
Besatzung · Arbeit · Folgen

Herausgegeben von
Dieter Pohl und Tanja Sebta

METROPOL

Gedruckt mit freundlicher Unterstützung der Stiftung
„Erinnerung, Verantwortung und Zukunft".

Diese Veröffentlichung stellt keine Meinungsäußerung der Stiftung „Erinnerung, Verantwortung und Zukunft" (EVZ) dar. Sie wurde im Auftrag der Stiftung EVZ herausgegeben von Dieter Pohl und Tanja Sebta. Für inhaltliche Aussagen tragen die Autoren der Beiträge die Verantwortung.

Umschlagabbildungen (von oben links nach unten rechts):
Befreite Ostarbeiterinnen, Łódź 1945 (S. 438)
Repatrianten auf dem Weg in die Heimat, Hamburg o. D. (S. 438)
Demontage eines deutschen Firmenschilds in Kramatorsk, 1943 (S. 303)
Sowjetische Kriegsgefangene in Oppdal, Norwegen, 1944/45 (S. 307)
Sowjetisches Plakat über Repatrianten „Sei gegrüßt, Mutter Heimat", 1944 (S. 404)
Frauen aus Hlybokae, Weißrussland, beim Straßenbau, 1942 (S. 169)

ISBN: 978-3-86331-129-2

Ansbacher Str. 70 · D–10777 Berlin
www.metropol-verlag.de

Druck: buchdruckerei.de, Berlin

Inhalt

IV. Folgen

V. Nachwort

VI. Anhang

Dokumentation der Zwangsarbeit als Erinnerungsaufgabe

Grußwort

Die Zwangsarbeit war ein nationalsozialistisches Unrecht. Aber erst 55 Jahre nach Kriegsende wurde sie als ein solches offiziell in einem Gesetz anerkannt. Ebenfalls über viele Jahrzehnte spielte sie in der europäischen Geschichtswissenschaft nur eine marginale Rolle – in den Erinnerungskulturen vieler Länder teilweise gar keine. Dabei war die Zwangsarbeit ein Massenphänomen, das Menschen in ganz Europa zu Sklaven der deutschen Kriegsinteressen und zugleich eines rassistischen Herrschaftssystems machte. Mindestens 20 Millionen Menschen mussten während des Zweiten Weltkriegs Zwangsarbeit innerhalb der deutschen Kriegswirtschaft leisten. Die meisten von ihnen wurden in das Deutsche Reich deportiert.

Die Stiftung „Erinnerung, Verantwortung und Zukunft" (EVZ) legt einen Schwerpunkt ihrer Arbeit auf die historische Aufarbeitung der Zwangsarbeit und die Erinnerung an dieses Unrecht. So hat sie zwischen 2008 und 2011 in dem Programm „Dokumentation der Zwangsarbeit als Erinnerungsaufgabe" dreizehn kleinere Forschungsvorhaben gefördert. Wesentliches Ziel war, Lücken im Wissen über die NS-Zwangsarbeit zu schließen, Spuren dieses Unrechts in den Erinnerungskulturen der betroffenen Länder zu erforschen und die Situation ehemaliger Zwangsarbeiter nach 1945 zu untersuchen und zu dokumentieren. Im Fokus dieser Förderinitiative stand die NS-Zwangsarbeit in den besetzten Gebieten.

Die von der Stiftung EVZ geförderten Forschungsprojekte untersuchten verschiedene Aspekte der Zwangsarbeit, die Menschen aus ganz Europa für das Deutsche Reich auch außerhalb seiner Grenzen leisten mussten. Erforscht wurden unter anderem Themen wie die Zwangsarbeitslager für Juden im Distrikt Krakau, die Zwangsarbeit der nach Transnistrien deportierten Roma und die Erfahrungen belarussischer Zwangsarbeiter nach dem Krieg. Eine wissenschaftliche Kommission unter dem Vorsitz von Prof. Dr. Ulrich Herbert beriet zunächst bei der Auswahl der geförderten Projekte und später dann die Forscher in ihrer Arbeit. Als Herausgeber der hier vorliegenden Publikation konnten Prof. Dr. Dieter Pohl und Dr. Tanja Sebta, zwei Mitglieder der Kommission, gewonnen werden. Ihnen ist es auch zu verdanken, dass neben den Ergebnissen aus dem Forschungsprogramm der Stiftung EVZ weitere Autoren einen Beitrag zur Publikation einbrachten.

Im Jahr 2010 hat die Stiftung EVZ 150 Wissenschaftler aus Europa und der Welt zu einer Konferenz eingeladen, um den Forschungsstand der europäischen Geschichtswissenschaft zum Thema zu diskutieren. Ein Befund dieser Konferenz und der genannten Forschungsprojekte lautet, dass die Zwangsarbeit in den besetzten oder verbündeten Ländern des Deutschen Reichs in Ost-, aber auch in West- und Nordeuropa zu den bis heute nur unzureichend erforschten und wenig erinnerten Kapiteln des Zweiten Weltkrieges gehört.

Nun werden erstmalig in dem vorliegenden Sammelband einige wichtige Ergebnisse dieser neuen Forschungsarbeiten vorgestellt. Die Forschungsergebnisse über das Baltikum, Belarus, Bulgarien, Deutschland, Polen, Russland, die Tschechische Republik, Kroatien und die Ukraine, aber auch Frankreich, Italien und Norwegen dokumentieren die erschreckenden Dimensionen der rassistischen Arbeitseinsatzpolitik der deutschen Besatzer in Europa. Abbildungen und Karten sowie die Auswahlbibliografie des Sammelbandes helfen, die Erkenntnisse einzuordnen und mit ihnen weiter zu arbeiten.

Einerseits schließt diese Publikation das Förderprogramm „Dokumentation der Zwangsarbeit als Erinnerungsaufgabe" ab. Andererseits soll die Publikation Impulse geben für die weitere Aufarbeitung des Unrechts. Hierzu gehören auch die Zeitzeugnisse der Opfer selbst. Dabei ist zu bedenken, dass wir uns in einer Phase des Übergangs von einem „kommunikativen" zu einem „kulturellen" Gedächtnis befinden: heute noch können Überlebende des Unrechts ihre Erinnerungen an nachfolgende Generationen direkt weitergeben (auch in wissenschaftlich konzipierten Interviews), dies wird aber nicht mehr lange möglich sein.

Bis heute belasten die Folgen und Nachwirkungen der nationalsozialistischen Eroberungs-, Vernichtungs- und Besatzungspolitik den Umgang mit der Vergangenheit nicht nur in Deutschland, sondern auch in Ostmitteleuropa. Eine umfassende und unideologische historische Aufarbeitung hat es im Hinblick auf die NS-Zwangsarbeit in Deutschland und auch in den Ländern Ostmitteleuropas jahrzehntelang nicht bzw. nur mit großer Verzögerung gegeben. Auch dies verdeutlichen einige Beiträge dieses Sammelbandes.

Danksagung
Bei der Vorbereitung und Fertigstellung der Publikation waren Autoren, Übersetzer und Lektoren beteiligt, denen mein Dank gilt. Insbesondere bei den Herausgebern, Herrn Prof. Dr. Dieter Pohl und Frau Dr. Tanja Sebta, und bei den Betreuern und Betreuerinnen innerhalb der Stiftung, Judith Blum, Gesa Jaklin und Eduard Luft, bedanke ich mich für ihre Mitarbeit an diesem Sammelband. Das Lektorat übernahmen Dr. Jörg Später und Jonas Wegerer. Dem Metropol Verlag danke ich für die durchdachte Gestaltung der Publikation.

Günter Saathoff
Vorstand der Stiftung „Erinnerung, Verantwortung und Zukunft"

I. Einführung

Dieter Pohl · Tanja Sebta

Nationalsozialistische Zwangsarbeit außerhalb des Deutschen Reiches und ihre Folgen

Einleitung

Die Zwangsarbeit für das nationalsozialistische Deutschland ist in den letzten zwei Jahrzehnten zu einem zentralen Thema der historischen Forschung geworden. Die Diskussion um die Entschädigung für diese Zwangsarbeit hat Ende der 1990er-Jahre sogar in erstaunlichem Ausmaß für Schlagzeilen in Europa und in den USA gesorgt. Inzwischen sind die Kenntnisse über die Zwangsarbeit von Ausländern im Deutschen Reich insbesondere in den Jahren 1942 bis 1945 erheblich erweitert worden, sowohl für das gesamte Gebiet von Deutschland bzw. Österreich als auch auf lokaler und regionaler Ebene.

Demgegenüber weiß man noch vergleichsweise wenig über jene Aspekte der Zwangsarbeit, die die von Deutschland besetzten Länder betrafen, also die Rekrutierung von Frauen und Männern zur Arbeit im Reich, aber auch über ihre Rückkehr nach Kriegsende und die Verarbeitung der Erfahrung auf individueller und kollektiver Ebene. Jene Zwangsarbeit, die in den besetzten Ländern selbst verrichtet werden musste, ist bis heute, zumindest in der deutschen Historiografie, nahezu eine Terra incognita. In diesem Band wird deshalb versucht, den Blickwinkel auf das von Deutschland beherrschte Europa zu lenken, auf die Rekrutierungspolitik, auf die Zwangsarbeit vor Ort und schließlich auf die Folgen von Zwangsarbeit für Menschen und Gesellschaften in diesen Ländern.

Die Zwangsarbeitspolitik des nationalsozialistischen Deutschland ist abgesehen von den besetzten Ländern vergleichsweise gut erforscht.[1] Eigentlich setzte sie bereits unmittelbar nach der „Machtergreifung" 1933 ein. Schon in vielen der frühen Konzentrationslager gehörte die Zwangsarbeit von Häftlingen für den Lagerbetrieb zum Alltag. „Asoziale" wurden schon 1933 massenhaft in Arbeitshäuser eingeliefert, bald konnten Arbeitslose zu unbezahlten Arbeitsverpflichtungen herangezogen werden. Das KZ-System expandierte dann von 1937 an mit der Errich-

1 Vgl. besonders Ulrich Herbert, Fremdarbeiter. Politik und Praxis des „Ausländer-Einsatzes" in der Kriegswirtschaft des Dritten Reiches, Berlin 1985. Eine Bibliografie zur Geschichte der Zwangsarbeit im deutsch besetzten Europa und zu ihrer Nachgeschichte in den einzelnen Ländern findet sich im Anhang.

tung neuer großer Lager, in denen die Häftlinge für Großprojekte wie etwa nationalsozialistische Repräsentationsbauten schuften mussten. Und schließlich wurde noch vor Kriegsbeginn mit der Einrichtung des „Geschlossenen Arbeitseinsatzes" für Juden, der Zwangsverpflichtung für Fürsorgeabhängige, begonnen.

Dennoch markierte der deutsche Angriff auf Polen eine tiefe Zäsur für die Arbeitskräftepolitik. Seit den ersten Tagen des Krieges wurden Einwohner Polens wahllos zu Arbeiten zwangsverpflichtet, bald auch Frauen und Männer für die Arbeit im Reich angeworben. Die Arbeitskraft gehörte zur Kriegsbeute. Mit immer neuen Kriegen brachte Hitler große Teile Europas unter seine Herrschaft; die besetzten Länder sollten den Mangel an deutschen Arbeitskräften im Reich ausgleichen, der mit der Vollbeschäftigung und der Rekrutierung von Soldaten eingetreten war.

Grundsätzlich besteht Einigkeit darüber, dass ein erheblicher Teil der Arbeit von Ausländern für das Reich als Zwangsarbeit einzustufen ist. Dies gilt insbesondere für die zwangsweise Rekrutierung von Arbeitskräften, die seit 1941/42 nach Deutschland oder Österreich deportiert wurden, dort unter schlechten Arbeits- und Lebensbedingungen Tätigkeiten für geringen Lohn verrichten mussten und nicht die Möglichkeit hatten, auf eigenen Wunsch heimzukehren. Gerade die Arbeitskräfte aus Polen und der Sowjetunion wurden zusätzlich noch massiv diskriminiert und auch polizeilich verfolgt, viele in Arbeitserziehungs- und Konzentrationslager gebracht oder gar ermordet.

Deutlich schwieriger als für das Reichsgebiet scheint es, den Charakter der Zwangsarbeit und ihr Ausmaß in den von Deutschland besetzten Gebieten zu bestimmen. Grundsätzlich bestand hier eine Grauzone des Kriegsvölkerrechts. Nach der Haager Landkriegsordnung konnten Einwohner eines besetzten Gebietes vom Besatzungsmilitär in gewissem Ausmaß für „Dienstleistungen" herangezogen werden, sofern diese nicht der eigentlichen Kriegführung dienten. Kriegsgefangene konnten, soweit es sich nicht um Offiziere handelte, als Arbeiter eingesetzt werden. Schon die Zwangsrekrutierungen von Belgiern und Polen für das Deutsche Reich im Ersten Weltkrieg 1916/17 hatten zu heftiger internationaler Kritik geführt.

Die deutsche Besatzungspolitik des Zweiten Weltkrieges fühlte sich ohnehin nur in West- und Nordeuropa weitgehend an völkerrechtliche Prinzipien gebunden. Im besetzten Osteuropa galt das Völkerrecht nur begrenzt, für den Krieg gegen die Sowjetunion setzten NS-Führung und Wehrmachtspitze es zum größten Teil außer Kraft. Allein schon die Einrichtung von zivilen Besatzungsverwaltungen war mit dem Kriegsvölkerrecht nicht vereinbar.

Zwar wurde die gesamte jeweilige Besatzungswirtschaft den deutschen Interessen untergeordnet, dennoch beruhte diese nicht automatisch auf Zwangsarbeit.

Vielmehr differenzierten die Besatzungsverwaltungen: In den meisten besetzten Gebieten galt im Laufe der Zeit die Arbeitspflicht für die erwachsene Bevölkerung. Diese zielte aber vor allem auf die Registrierung bei den Arbeitsämtern, um eine möglichst umfassende Kontrolle zu erlangen. Die Mehrzahl der arbeitenden Personen konnte sich die Tätigkeit frei wählen, sofern dies in den reduzierten Besatzungswirtschaften noch möglich war. In vielen Fällen kam es auch zu einer Arbeitseinweisung, also der Verpflichtung zur Aufnahme einer bestimmten Arbeit, die dann jedoch regulären Bedingungen, das heißt auch tarifmäßiger Bezahlung (mit entwertetem Geld) unterlag. Hier war der Übergang von freier zu unfreier Arbeit bereits fließend.

Eindeutig von Zwangsarbeit lässt sich sprechen, wenn die Arbeiter kaserniert waren, unter schlechten bzw. repressiven Arbeitsbedingungen zu leiden hatten und unzureichend oder gar nicht bezahlt wurden. Dies galt insbesondere für die Arbeit von Juden, von zivilen Häftlingen aller Lagertypen und von Angehörigen bestimmter Arbeitsdienste und -kolonnen. Dabei ist auch zu berücksichtigen, wie sich die Besatzung insgesamt gestaltete: Vor allem in den okkupierten Gebieten Polens und der Sowjetunion herrschte ein alltäglicher Besatzungsterror, der sich auch auf den Umgang deutscher Behörden mit einheimischen Arbeitern niederschlug. Die Schwelle zur Ausübung von Zwang war damit deutlich niedriger als etwa in besetzten westeuropäischen Ländern. Zudem verengten sich die Handlungsspielräume für viele Menschen im östlichen Europa durch den grassierenden Hunger.

Innerhalb dieses Rahmens ist auch die Arbeitskräftepolitik des Deutschen Reiches zu interpretieren. Grundsätzlich orientierte sie sich ausschließlich an den Anforderungen der deutschen Kriegswirtschaft, an den Initiativen deutscher Funktionäre und an deren Wahrnehmung der jeweiligen Lage in den besetzten Gebieten. Zunächst lag die Rekrutierung von ausländischen Arbeitskräften nach der Besetzung in den Händen der regulären deutschen Arbeitsverwaltungen, die zumeist aus Fachleuten bestanden. Das Reichsarbeitsministerium verlor jedoch, wie viele traditionelle Instanzen, die Führung dieser Arbeitskräftepolitik. Vielmehr drängten sich immer mehr neu geschaffene Institutionen in dieses Feld, anfangs vor allem die Vierjahresplanbehörde Görings, dann von März 1942 an der Generalbevollmächtigte für den Arbeitseinsatz Fritz Sauckel mit seinem Apparat. Im Rahmen der Vorgaben dieser Organisationen lag die Arbeitskräftepolitik in den besetzten Gebieten bei den Arbeitsabteilungen der Zivil- und Militärverwaltungen, in den militärisch verwalteten Teilen der Sowjetunion beim Wirtschaftsstab Ost, der wiederum der Vierjahresplanbehörde unterstand.

In allen größeren Städten richtete man Arbeitsämter oder deren Außenstellen ein, die oft nur mit wenigen Beamten der deutschen Arbeitsverwaltung besetzt waren. Diesen stand zumeist ein Vielfaches an einheimischem Personal zur Verfügung, das jedoch weisungsgebunden blieb. Mehr Spielraum konnten einheimische Arbeitsfunktionäre in jenen Gebieten erringen, in denen eine einheimische Landes- oder Regionalverwaltung bestand, besonders in Vichy-Frankreich, dem Protektorat oder Griechenland, aber auch in den baltischen Ländern. Viele Filialen der Arbeitsämter waren ausschließlich mit Einheimischen besetzt, die dann ihre eigene Agenda einbringen konnten, etwa die „Bevorzugung" ethnischer Gruppen bei der Arbeiterrekrutierung.

Relativ wenige systematische Kenntnisse liegen bis heute über die Zwangsrekrutierungen in Osteuropa vor, die von 1942 an zunehmend zu regelrechten Menschenjagden ausarteten, bei denen vereinzelt auch Personen, die sich deutschem Zugriff zu entziehen versuchten, ermordet wurden. Hier spielte der SS- und Polizeiapparat, unter Militärverwaltung aber auch die Wehrmacht eine erhebliche Rolle bei der Rekrutierung. Außerdem schalteten sich natürlich die Wirtschaftsverwaltungen und die Unternehmer in deutschen „Einsatzfirmen" in die Arbeitskräftepolitik ein. Diese richtete sich nicht nur nach den Anforderungen aus Berlin, sondern auch nach dem Arbeitsmarkt im jeweiligen besetzten Gebiet, insbesondere dem Ausmaß an Arbeitslosigkeit, das zumeist durch die deutsche Besatzung herbeigeführt worden war.

Im Gegensatz zur zentral gesteuerten Deportation von Arbeitskräften ins Reich lässt sich eine konsistente Politik zu jener Zwangsarbeit, die in den besetzten Gebieten selbst organisiert werden sollte, nicht feststellen. Vielmehr orientierte sich die Entwicklung von Zwangsarbeit vor Ort nach mehreren Faktoren: Zunächst setzte die allgemeine Behandlung der Zivilbevölkerung im jeweiligen Territorium den Rahmen, in dem Zwang ausgeübt werden sollte. Besonders wichtig war auch die generelle Behandlung bestimmter Bevölkerungsgruppen, völlig entrechtete Gruppen wie Juden, Roma, KZ-Häftlinge oder sowjetische Kriegsgefangene sollten überhaupt keine freien Arbeitsverhältnisse eingehen, kriminalisierte Personen wie etwa Bauern, die ihren Ablieferungspflichten nicht nachkamen, galten als Kandidaten für Zwangsarbeit. Ohne Zweifel bestimmten wirtschaftliche Faktoren die Anwendung von Zwang und sein Ausmaß, so etwa die hohe Priorität bestimmter Arbeitsprojekte für die deutsche Kriegswirtschaft oder der Mangel an frei verfügbaren Arbeitskräften. Dazu gehören auch die brutalen Rekrutierungsaktionen im Rahmen von Kampfhandlungen, etwa bei Stellungsbauten.

Übergeht man die Gruppen der KZ-Häftlinge und der sowjetischen Kriegsgefangenen, bei denen regelmäßige und lebensbedrohliche Zwangsarbeit spätestens seit 1942 zu ihrer Gefangenschaft gehörte, so wurden vor allem Juden in Osteuropa systematisch zu Zwangsarbeit herangezogen. Dabei lassen sich zwei gegenläufige Tendenzen feststellen: Einerseits strebte die deutsche Führung an,

Juden systematisch aus dem Arbeitsprozess herauszuziehen und schließlich zu ermorden. Andererseits diente Zwangsarbeit von Beginn der Besatzung an als Instrument, um die jüdische Minderheit zu demütigen: Juden galten aus antisemitischer Sicht als im Grunde nicht geeignet für physische Arbeiten. So entwickelte sich die Zwangsarbeit der Juden als vom Arbeitsmarkt getrennter Prozess doch in systematischer Form, auch bei den mit Deutschland verbündeten Staaten Ungarn, Bulgarien und Slowakei, die Zwangsarbeitsdienste für jüdische Männer einrichteten. In der Phase der umfassenden Massenmorde, vor allem ab Frühjahr 1942, geriet die Zwangsarbeit von Juden dann in die Kontroverse: Während Arbeitsverwaltung und Teile der Wehrmacht ihre Arbeiterreserven schwinden sahen und verstärkt auf Juden zurückgreifen wollten, forcierten der SS- und Polizeiapparat sowie Teile der Besatzungsverwaltung die totale Vernichtung.

Die Zwangsarbeit für Juden im besetzten Osteuropa ist inzwischen einigermaßen erforscht, dies gilt jedoch kaum für jene der nichtjüdischen Zivilisten. Zwei Komplexe stechen hier hervor: In den besetzten polnischen und sowjetischen Gebieten errichteten deutsche Verwaltung und Polizei eine Vielzahl von Arbeitslagern, die der Repression dienten. Dort wurden Personen, die angeblich die Sicherheit gefährdeten, als „arbeitsscheu" galten oder gegen deutsche Anordnungen wie die Ablieferungspflicht verstoßen hatten, zeitweilig inhaftiert. Die Lebensumstände glichen nicht selten jenen der Häftlinge in den Konzentrationslagern. Noch schlimmer gestalteten sich die Verhältnisse in den Arbeitseinheiten, die beim Rückzug der Wehrmacht aus der Sowjetunion gebildet wurden.

Doch auch in anderen von Deutschland besetzten Ländern gab es Zwangsarbeit, so im Rahmen der Arbeiten der Organisation Todt in Westeuropa, Norwegen und seit 1943 auch im besetzten Italien. Insgesamt ergibt sich jedoch kein konsistentes Bild der Zwangsarbeit im deutsch beherrschten und besetzten Europa. Deshalb lassen sich auch noch keine Aussagen über die Dimensionen dieses Phänomens treffen. Es kann jedoch als gesichert gelten, dass die Zahl jener Männer und Frauen, die im besetzten Europa Zwangsarbeit verrichten mussten, in die Millionen geht.

Nach der Befreiung 1944/45 gesellten sich zu ihnen die Millionen von Heimkehrern, die zur Arbeit ins Reich deportiert worden waren und nun freiwillig zurückkehrten oder zwangsweise repatriiert wurden. Hier ist der Unterschied zwischen der Sowjetunion, inzwischen um Ostpolen (heute Westweißrussland und Westukraine) und das Baltikum erweitert, und den anderen Ländern ganz deutlich. Die repatriierten „Sowjetbürger" mussten ein demütigendes und bedrohliches Filtrationsverfahren der Geheimpolizei über sich ergehen lassen, während alle anderen oft auf Irrwegen direkt an ihre Heimatorte zurückkehrten, wo sie ebenfalls vor den Trümmern ihrer Existenz standen.

In der stalinistischen Sowjetunion herrschte implizit der Vorwurf des „Vaterlandsverrats“ auch gegen jene, die unter Zwang für den Feind gearbeitet hatten. Dies schlug sich nicht nur im Filtrationsverfahren, sondern auch in einer sozialen Benachteiligung nieder, etwa dem Niederlassungsverbot in sowjetischen Metropolen, das nur allmählich gelockert wurde. Neue Forschungen zeigen, dass nur eine Minderheit der ehemaligen Zwangsarbeiter und Zwangsarbeiterinnen kriminalisiert und in den Gulag geschickt wurde. Dennoch war das Leben für diese Gruppe nach dem Krieg sehr beschwerlich.

Das besondere Schicksal der ehemaligen Zwangsarbeiter, das in der Kriegs- und unmittelbaren Nachkriegszeit durchaus eine Rolle in der Propaganda spielte, wurde zusehends öffentlich tabuisiert. Das galt nicht nur für die Sowjetunion, sondern für ganz Osteuropa unter der Herrschaft des Kommunismus. Während sich die Betroffenen in Westeuropa alsbald selbst organisierten und etwa in Frankreich als „Deportés“ neben den Angehörigen des Widerstands ihren Platz in der Kriegserinnerung eroberten und auch in der Sozialpolitik besondere Berücksichtigung fanden, mussten sie sich in Osteuropa auf individueller Ebene durchs Leben schlagen, oft ihr Schicksal vor den Nächsten verheimlichen. Die polnische Regierung lehnte sogar 1952 auf sowjetischen Druck die Annahme jeglicher Entschädigungszahlungen der Bundesrepublik ab, wie sie dann mit den westeuropäischen Staaten und Jugoslawien um 1960 vereinbart wurden.

Erst nach dem Kollaps des Kommunismus in Osteuropa sammelten sich die noch lebenden ehemaligen Zwangsarbeiter und -arbeiterinnen und konnten ihre Lebensgeschichten öffentlich machen. Beschleunigt wurde dieser Prozess durch die im vereinten Deutschland geführte Debatte um Entschädigungszahlungen, die schließlich in den 1990er-Jahren durch die Stiftung „Erinnerung, Verantwortung und Zukunft“ und ihre Partnerorganisationen geleistet wurden. Doch diese Entschädigungen kamen meist zu spät und hatten nur einen begrenzten Charakter.

Der Band versucht, die Dimensionen der Zwangsarbeit für das besetzte Europa und seine Nachkriegsgeschichte zu beleuchten. In einem ersten Durchgang handelt er von der deutschen Politik und den Organisationen des Arbeitseinsatzes im Ausland; ein zweiter Abschnitt zeigt die Ausformungen von Ausbeutung, Arbeit und Zwangsarbeit in verschiedenen besetzten Ländern, wobei der Schwerpunkt auf der Sowjetunion (in den Grenzen von 1941) liegt. Abschließend soll die Wirkung und Nachwirkung der Zwangsarbeit in einzelnen Ländern untersucht werden, vom Schicksal der Repatrianten bis zum öffentlichen Diskurs und der individuellen Verarbeitung der Erfahrung von Zwangsarbeit.

Ulrich Herbert (Freiburg i. Br.) stellt die Zwangsarbeit in den größeren Kontext der Geschichte des 20. Jahrhunderts. Es werden drei signifikante Bereiche näher beleuchtet: die Zwangsarbeit in der späten Kolonialpolitik, im Stalinismus und im Nationalsozialismus.

Karsten Linne (Berlin) vergleicht die Arbeitseinsatzpolitik im Generalgouvernement im besetzten Polen mit jener im militärisch verwalteten Serbien. Trotz der recht unterschiedlich strukturierten Besatzungsapparate lässt sich eine ähnliche Arbeitseinsatzpolitik feststellen.

Tilman Plath (Kiel) stellt die Arbeitseinsatzpolitik der deutschen Besatzung im Baltikum vor. Grundsätzlich galten die Balten als „rassisch“ höherwertig im Vergleich zu den Slawen in den sowjetischen Gebieten. Dennoch wurden auch sie mehr und mehr in die Zwangsarbeitspolitik einbezogen. Allerdings gelang es den einheimischen Behörden, die Rekrutierungen vor allem auf die russischen Minderheiten in den baltischen Ländern zu lenken und somit in erheblichem Maße Einfluss auf die deutsche Arbeitseinsatzpolitik zu gewinnen.

Fabian Lemmes (Bochum) untersucht die Zwangsarbeit für die Organisation Todt im besetzten Frankreich und im 1943 besetzten Teil Italiens, einem bis heute weitgehend unbekannten Phänomen. Er zeigt, dass Zwangsarbeit unter Besatzung nicht auf Osteuropa beschränkt blieb.

Alfons Adam (Prag) rekonstruiert die Entwicklung der Zwangsarbeit auf dem heutigen Gebiet der Tschechischen Republik. Nach Abwanderung und Abtransport ins „Altreich“ entwickelte sich vor allem im Sudetenland ein breites Geflecht von Arbeitslagern für Juden, für Deportierte aus anderen Ländern und Kriegsgefangene. Im Protektorat hingegen wurden nur Einheimische eingesetzt. Besonders die nächstgelegenen Konzentrationslager richteten auf Initiative der einheimischen Unternehmer Außenlager ein.

Mario Wenzel (Berlin) stellt plastisch einen spezifischen Zwangsarbeitskomplex dar, die Lager für jüdische Arbeitskräfte im Distrikt Krakau des Generalgouvernements. Hier stand die Zwangsarbeit im Kontext der nationalsozialistischen Vernichtungspolitik. Umfang und Zahl der Lager expandierten in der Phase der Mordaktionen, zugleich konnte ein Aufenthalt im Zwangsarbeitslager – trotz der miserablen Bedingungen – für begrenzte Zeit lebensrettend sein.

Sjarhej Novikaŭ (Minsk) gibt einen breiten Überblick über die deutsche Ausbeutungspolitik im besetzten Weißrussland, ihre Organisation und ihre einzelnen Felder.

Maryna Dubyk (Kiew) untersucht die Zwangsarbeit in den besetzten Gebieten der Ukraine, vor allem im Reichskommissariat Ukraine und in den ukrainischen Teilen des rückwärtigen Heeresgebietes Süd. In der Ukraine konkurrierten Zivilverwaltung, Militär und Arbeitsämter zunehmend um Arbeitskräfte, da im Frühjahr 1942 die massenhaften Deportationen zur Arbeit ins Reich begannen. Die Bevölkerung wurde hier durch ein engmaschiges Kontrollnetz für die Arbeit rekrutiert. Besonders schlecht erging es den jüdischen Zwangsarbeitern und den sowjetischen Kriegsgefangenen, aber auch anderen Häftlingen. Der Zwangscharakter des ganzen Arbeitseinsatzes, auch der Bevölkerungsmehrheit, so die These, liege auf der Hand.

Natal'ja Timofeeva (Voronež) beschäftigt sich mit der Besatzung und Zwangsarbeit in jenen Gebieten, die bisher am wenigsten erforscht wurden: den frontnahen Zonen in der Russischen Föderation. Am Beispiel des Gebietes Voronež, dessen Westhälfte nur etwa ein halbes Jahr besetzt war, zeigt sie die katastrophale Lebenssituation der Bevölkerung auf. Hier lag die Zwangsrekrutierung zur Arbeit nicht in den Händen zentraler Organisationen oder der Arbeitsämter, sondern wurde durch die Kommandanturen der Wehrmacht organisiert und durch Soldaten oder Hilfspolizisten bewacht. Obwohl die Bevölkerung in diesen Zonen den geringsten Satz an arbeitsfähigen Männern hatte, wurde sie dennoch flächendeckend, oft inclusive zwölfjähriger Kinder, zu schweren Arbeiten für das Militär herangezogen. Dabei stand die Gewaltausübung auf der Tagesordnung.

Tanja Penter (Hamburg) untersucht einen speziellen Komplex des Arbeitseinsatzes in der besetzten Ukraine, im Bergbau des Donezgebietes (Donbas). In diesem für die deutsche Kriegswirtschaft bedeutenden Rohstoffgebiet rekrutierten die Wirtschaftsstellen der Militärverwaltung verschiedene Gruppen von Menschen: neben den traditionellen Ingenieuren und Angestellten auch Arbeitskräfte aus der Umgebung. Der Einsatz sowjetischer Kriegsgefangener endete mit dem Tod der meisten von ihnen. Penter vertritt die These, dass aus Sicht der Bevölkerung der Zwangscharakter der Arbeitssituation an die stalinistischen Vorkriegsjahre anknüpfte und nicht als außergewöhnlich empfunden wurde. Somit stelle sich die Frage, ob es sich hier tatsächlich um Zwangsarbeit handelt.

Christoph Schölzel (München) gibt als einer der ersten westlichen Forscher einen Überblick über die Rolle der Zwangsarbeit im „Unabhängigen Staat Kroatien", einem weitgehend von Deutschland und Italien abhängigen Gebilde.

Viorel Achim (Bukarest) stellt einen weitgehend unbekannten Themenkomplex vor: die Deportation rumänischer Juden und Roma in den Südwesten der Ukraine, das rumänisch besetzte „Transnistrien" und ihren Einsatz zur Zwangsarbeit. Die Roma mussten Zwangsarbeit für die rumänischen Besatzungsbehörden leisten, ein Teil wurde jedoch 1942 auch ins deutsch besetzte Reichskommissariat Ukraine gebracht, um dort etwa Eisenbahnbauarbeiten zu leisten. Dies führte zu Reibungen zwischen deutschen und rumänischen Dienststellen.

Robert Bohn (Kiel) zeigt, dass auch das besetzte Norwegen ein wichtiger Schauplatz von Zwangsarbeit für die deutsche Herrschaft war. Vor allem sowjetische Kriegsgefangene und jugoslawische Zivilisten wurden nach Norwegen transportiert und mussten unter erbärmlichen Bedingungen Zwangsarbeit leisten.

Nikita Petrov (Moskau) listet die Befehle der verschiedenen Behörden und Zweige der sowjetischen Geheimpolizei zur Behandlung der Repatrianten auf. Die sowjetische Führung befürchtete eine Infiltration durch Agenten der deutschen (!) und westlichen Geheimdienste. Nicht zuletzt deshalb wurden die zurückgekehrten Ostarbeiter genau registriert, in speziellen Lagern einer Filtration unterzogen, teilweise überwacht und auch kriminalisiert.

Elena Roždestvenskaja (Moskau) skizziert den soziologischen Rahmen, in dem sich die (Nicht-)Erinnerung an die Zwangsarbeit in Russland bis heute bewegt.

Tetiana Pastušenko (Kiew) analysiert das Schicksal der Repatrianten, die aus Kiew stammten und von der Zwangsarbeit aus dem Reich zurückkehrten, in der ukrainischen Hauptstadt. Die sowjetische Politik durchlief hier mehrere verschiedene Stadien, von repressiven Drohungen gegen die „Ostarbeiter" und dem Verbot der Rückkehr nach Kiew über die selektive Zulassung bis hin zur Integration. Pastušenko zeigt eindrücklich die Strategien der Repatrianten, um nach Kiew zurückzukehren und sich wieder in der sowjetischen Gesellschaft einzurichten.

Gelinada Grinchenko (Charkiv) widmet sich den sowjetukrainischen und postsowjetischen Repräsentationen und Gedächtnispolitiken bezüglich der „Ostarbeiter". Entgegen der landläufigen Meinung wurde das Thema „Ostarbeiter" bereits 1942 breit in die sowjetische Öffentlichkeit gebracht, mit Bildern etwa von ausgebeuteten und sexuell missbrauchten jungen Frauen. In der Endphase des Krieges rückte die Befreiungsrolle der Roten Armee für die „Ostarbeiter" in den Vordergrund, danach die angeblich erfolgreiche Integration der Repratrianten in die Nachkriegsgesellschaft. Aber auch darüber hinaus spielen die „Ostarbeiter" eine wichtige Rolle in der Repräsentation des Krieges, auch in Film, Plakatkunst, Belletristik und Lyrik.

Der Aufsatz von Petar Petrov und Ana Luleva (Sofia) rekonstruiert den Erinnerungsdiskurs an die Lager bzw. Arbeitseinheiten in Bulgarien während der Kriegszeit. Während bis Mitte der 1960er-Jahre kaum Erinnerungen publiziert wurden, entwickelte sich danach ein stereotyper Helden- und Opferdiskurs kommunistischer Häftlinge, der die Situation im Lager deutlich dramatisierte. Seit 1990 konkurriert dieser Diskurs mit der Erinnerung an die kommunistischen Lager in Bulgarien.

Dariusz Galasiński, Olga Kozłowska und Johannes-Dieter Steinert (Birmingham) untersuchen die Erfahrungen einer spezifischen Opfergruppe, jener Polen und Polinnen, die im Krieg als Kinder hatten Zwangsarbeit leisten müssen. Dabei wird deutlich, dass die Betroffenen im Rahmen des Entschädigungsvorgangs zwar ihre Erinnerungen formulieren konnten, dies aber durch den bürokratisierten Entschädigungsprozess vorstrukturiert und stark eingeschränkt tun mussten.

Abschließend wirft Claus Leggewie (Essen) einen Blick auf die Entschädigungspolitik und schlägt den Bogen zur heutigen Politik der Arbeitsmigration.

Die vorliegenden Beiträge können zusammengenommen als ein erster Schritt zur Erforschung der Zwangsarbeit in den besetzten Ländern und zu ihrer Bewältigung nach 1945 angesehen werden. Eine Erfassung der Lager und Zwangsarbeitskomplexe in den meisten besetzten Gebieten steht erst am Anfang, Ähnliches gilt für die Analyse des regionalen Umfelds und der Gruppen von Zwangsarbeitern und Zwangsarbeiterinnen, vor allem im östlichen Europa. Auch die individuelle und kollektive Verarbeitung der Zwangsarbeitserfahrung nach dem Krieg ist keineswegs umfassend erforscht. Schließlich bleibt zu hoffen, dass auch die Zwangsarbeit in der Geschichte von Hitlers Europa, in integrierenden und vergleichenden Zugängen, ihren angemessenen Platz findet.

Schließlich eine kurze technische Anmerkung: Kyrillisch geschriebene Namen und Literaturtitel werden in transliterierter Form wiedergegeben. Ortsnamen erscheinen ebenfalls in transliterierter Form, unter der damals gängigen Bezeichnung und – falls abweichend – in Klammern in der heutigen Form, außer bei den im Deutschen gängigen Bezeichnungen wie Kiew, Wilna usw. Ortsnamen in Bezeichnungen deutscher Dienststellen wurden in der damals offiziell gültigen Form übernommen.

Ulrich Herbert

Zwangsarbeit im 20. Jahrhundert

Begriffe, Entwicklung, Definitionen

Forschung und Begriffe

Die Geschichte des nationalsozialistischen Arbeitseinsatzes von Ausländern ist nach dem Krieg spät und nur zögerlich zum Gegenstand wissenschaftlicher Forschung und öffentlichen Interesses geworden. Das hatte in den jeweiligen europäischen Ländern verschiedene Ursachen.

In Westdeutschland wurde den Kriegsjahren und den großen nationalsozialistischen Massenverbrechen bis in die siebziger Jahre hinein nur geringe Aufmerksamkeit geschenkt. In den Gesamtdarstellungen zur Geschichte der NS-Diktatur nahmen die Kapitel über die Kriegsjahre meist nur wenig Platz ein. Die „Machtergreifung" und die Frage, wie es dazu kommen konnte, standen im Vordergrund. Erst seit den achtziger Jahren veränderte sich das, nun stießen die Kriegsjahre auf vermehrtes Interesse; Mitte dieses Jahrzehnts erschienen die ersten Studien zum nationalsozialistischen Ausländereinsatz, denen bald eine Fülle weiterer Untersuchungen folgte.

In der DDR hingegen gab es schon früh einige Forschungen, etwa das empirisch dicht gearbeitete Buch von Eva Seeber. Das Problem bestand hier wie bei der gesamten DDR-Forschungsliteratur zur Geschichte des NS-Regimes darin, dass die politischen Vorgaben des DDR-offiziellen Antifaschismus auch den Zwangsarbeitereinsatz auf den Kampf zwischen Nazis und Kapitalisten auf der einen, der internationalen Arbeiterklasse unter Führung der Kommunisten auf der anderen Seite reduzierte, was zu einer vollständigen Verzeichnung der historischen Verhältnisse führte.

In Frankreich wurde dem Schicksal der französischen Kriegsgefangenen und der seit 1942 im Rahmen des Arbeitszwanges nach Deutschland gebrachten Zivilarbeiter schon während der Kriegsjahre große Aufmerksamkeit zuteil. Allerdings wurden die verschiedenen Gruppen der „Deportierten", seien es Zivilarbeiter, politische Gefangene oder Juden, vielfach nicht differenziert, sodass es jahrzehntelang nur wenige exakte Informationen über die französischen Arbeiter in Deutschland gab.

In den nach 1945 kommunistisch beherrschten Ländern Ostmitteleuropas bestand eine besondere Problematik. In der stalinistischen Sowjetunion galten die in deutsche Kriegsgefangenschaft geratenen Rotarmisten ebenso wie die verschleppten Zivilarbeiter als potenzielle Spione, Verräter oder Kollaborateure; sie fielen einer kollektiven Verdächtigung anheim. Die Diskriminierung dieser Menschen hielt bis zum Ende der Sowjetunion im Jahr 1991 an. So gab es bis dahin auch nur wenig Forschung über dieses Thema; und ähnlich war es in Jugoslawien oder der Tschechoslowakei. Anders in Polen – hier stand die Erinnerung an die nach Deutschland zur Zwangsarbeit gebrachten Landsleute seit Kriegsende in hohem Kurs, zahlreiche Gedenkbände und Quellensammlungen wurden veröffentlicht.

Allerdings gab es schon bei der begrifflichen Kategorisierung Probleme. Denn der Begriff *Zwangsarbeiter* hatte sich vor allem in den 1990er-Jahren im Kontext der vorwiegend politisch geführten Debatte um die Frage der Entschädigung durchgesetzt. Dabei ist der Eindruck entstanden, als gäbe es hier eine eindeutig definierbare oder gar von den NS-Behörden definierte Gruppe. Das ist ein Trugschluss, und noch trügerischer ist die Unterscheidung zwischen *Sklavenarbeitern* und *Zwangsarbeitern*.

Vielfach werden unter Zwangsarbeitern in erster Linie die KZ-Häftlinge verstanden, und in nicht wenigen Presseveröffentlichungen der neunziger Jahre wurde sogar der Eindruck erweckt, als sei die Thematik der Zwangsarbeiter im Wesentlichen ein Teil der Geschichte des Holocaust. Ähnlich und noch zugespitzter in den USA, wo zu Beginn der Entschädigungsdiskussionen in den späten 1990er-Jahren in überregionalen Zeitungen bezweifelt wurde, dass es außer den jüdischen andere Zwangsarbeiter überhaupt gegeben habe. Hier wurden mit den aus Osteuropa stammenden und bei Kriegsende in Nazi-Deutschland lebenden Arbeitern eher Kategorien wie *Hiwis* oder *Vlasov-Soldaten* assoziiert und nicht selten gar ein subkutaner Kollaborationsverdacht gestreut. Mit der Durchsetzung der Kategorie *slave worker* für jüdische und KZ-Arbeiter wurde daher der prinzipielle Unterschied zu den osteuropäischen Zivilarbeitern und Kriegsgefangenen stark hervorgehoben.

Dieser Begriff aber – *slave labor program* – war in den Nürnberger Prozessen paradoxerweise als Kategorie für den Arbeitseinsatz der ausländischen Zivilarbeiter und Kriegsgefangenen im Reich insgesamt festgelegt worden und schloss auch die aus Westeuropa stammenden Arbeiter ein, während der Arbeitseinsatz von KZ-Häftlingen und vor allem von Juden vom Nürnberger Tribunal und seither bis in die neunziger Jahre vornehmlich als Ausdruck, Teil oder nachgeordnete Erscheinungsform des Schicksals eines KZ-Häftlings oder eines Juden in deutscher Hand insgesamt angesehen wurde.

So wird deutlich, dass die Formel *Zwangsarbeit* keineswegs eine eindeutige Kategorie und eine klar definierte Gruppe bezeichnet. Das wird noch klarer, wenn man den Begriff des Zwangs etwas näher betrachtet. Zwar gibt es die berühmte Formel des „Generalbevollmächtigten für den Arbeitseinsatz“ (GBA), Fritz Sauckel, wonach die Zahl der Freiwilligen unter den Millionen ausländischen Arbeitern in Deutschland keine 200 000 betrage – aber damit wollte Sauckel ja nur betonen, welche Gefährdung für Sicherheit und Ordnung vom Heer der Zwangsarbeiter ausgehe, die eben überwiegend zwangsweise nach Deutschland gebracht worden seien.

Das Ausmaß des Zwangs, das die Deutschen gegenüber den fremden Arbeitern anwandten, war unterschiedlich und hatte zudem verschiedene Ausprägungen. Es entwickelte sich parallel zu den sukzessive entstehenden, tief gestaffelten Hierarchien der verschiedenen Arbeitergruppen in Deutschland, die vorwiegend nach rassistischen bzw. ethnischen, aber auch nach politischen und sozialen Kriterien gestaffelt waren und nicht nur über das anzuwendende Maß an Zwang, sondern auch über die Arbeits- und Lebensbedingungen der ausländischen Arbeiter in Deutschland entschieden.

In dieser Hierarchie waren die Arbeiter aus den sogenannten germanischen Staaten oben platziert: Flamen und Dänen etwa; etwas tiefer standen die Arbeiter aus Westeuropa, Franzosen vor allem, darunter die Arbeiter aus Süd- und Südosteuropa, wobei die Italiener bis 1943 als Verbündete eine bevorzugte Stellung einnahmen; darunter Tschechen und Slowaken, darunter Polen, darunter die Arbeiter aus der Sowjetunion, die als „Ostarbeiter“ bezeichnet wurden, wobei etwa Arbeiter aus den Baltikumstaaten nach 1943 bevorzugt behandelt wurden; darunter KZ-Häftlinge – die ja aus fast allen europäischen Ländern stammten und unter sich wieder durch schroffe Hierarchien geteilt waren –, schließlich am untersten Rand der Skala die Juden.

So bedeutete *Zwang* etwa bei den (wenigen) dänischen Zivilarbeitern die Verpflichtung, den Arbeitsvertrag einzuhalten, sonst mussten sie mit Strafen rechnen. Im Übrigen unterschied sich ihr Leben in Deutschland von demjenigen eines deutschen Arbeiters nicht erheblich. Nicht sehr viel anders war es bei den französischen Zivilarbeitern, die vor 1942 in Deutschland arbeiteten. Allerdings wurden sie vielfach vor die Alternative gestellt, entweder in Deutschland zu arbeiten oder in Frankreich keine Beschäftigung und auch keine Sozialleistungen zu erhalten. Manche „Freiwillige“, die nach Ende des Arbeitsvertrags zurückkehren wollten, mussten dennoch in Deutschland bleiben. Weigerten sie sich, mussten sie mit Bestrafung rechnen – bis hin zur Einweisung ins Arbeitserziehungslager.

Ähnlich ging es vor allem vielen Ukrainern, die sich nach dem Einmarsch der Deutschen freiwillig gemeldet hatten und die, nachdem sie die Vertreibung und Aushungerungskampagnen der Stalinisten in den dreißiger Jahren überlebt hatten, vom reichen Deutschland etwa das gleiche Bild hatten wie die Deutschen von den USA. In Deutschland angekommen, fanden sie sich hinter Stacheldraht, mit unzureichender Verpflegung und einem Ost-Abzeichen auf der Brust wieder; und natürlich bestand für sie gar keine Aussicht darauf, nach Hause zurückzukehren.

Auch die Kategorie des Zwangs ist also nicht so eindeutig, wie man dies – etwa bei den Verhandlungen über die Entschädigung der Zwangsarbeiter – anzunehmen gewillt war. Aus der Perspektive der Behörden des NS-Staates hingegen gewinnt man dennoch eine recht klare Vorstellung. Denn in der NS-Führung war jedermann bewusst, dass die Parolen von der Freiwilligkeit nicht mehr waren als Propaganda. Hitler selbst hat immer wieder darauf gepocht, dass das Einzige, was das deutsch beherrschte Europa zusammenhielte, die militärische Macht sei. Ein womöglich bewaffneter Aufstand der fast acht Millionen ausländischen Zwangsarbeiter, die sich im Sommer 1944 allein im Reichsgebiet befanden, wurde in den letzten beiden Kriegsjahren zum Albtraum der deutschen Behörden, und umfangreiche Vorbereitungen wurden getroffen, um einen solchen Aufstand niederzuschlagen. So selbstverständlich war dies für jedermann, dass die Verschwörer des 20. Juli keine bessere Tarnung hätten finden können, als die Vorbereitung auf den Schlag gegen Hitler unter dem Vorwand der Niederschlagung des allseits erwarteten Ausländeraufstands zu organisieren, die unter dem Tarnnamen „Operation Walküre“ seit Langem geplant worden war.

Traditionen freier und unfreier Arbeit

Wir sind gewohnt, Sklaverei auf der einen, freie Lohnarbeit auf der anderen Seite als die Antipoden der Arbeitsregime zu verstehen. Das ist hilfreich, wenn wir darunter im ersten Fall die vollständige Verfügungsgewalt eines Anderen über die Arbeitskraft, ja sogar den Körper eines Menschen verstehen. Sklaverei war insofern sowohl eine soziale wie eine rechtliche Kategorie, die anzeigte, dass hier ein bestimmter, definierter Rechtsstatus bestand, der sich insbesondere, wenngleich nicht nur, auf die Arbeitskraft des Versklavten bezog. Demgegenüber war die freie Lohnarbeit durch die Definition der Arbeitskraft als Ware bestimmt, die der Arbeiter als Besitzer der Ware nach Gutdünken, wenngleich in rechtlichen Kontrakten, vermieten konnte und dabei das Recht besaß, diesen Kontrakt jederzeit zu kündigen – allerdings möglicherweise um den Preis seiner Verarmung.

Jedoch sind dies Idealtypen, und in der Realität haben zwischen diesen beiden Polen immer zahlreiche abgestimmte Zwischenstufen bestanden. Im Europa des frühen 20. Jahrhunderts war man stolz darauf, die verschiedenen Kategorien der unfreien Arbeit durch den Status des freien Arbeiters abgelöst zu haben, und zumindest für die westlichen Industriestaaten war dies die Norm, an der andere Arbeitsverhältnisse gemessen wurden. Tatsächlich aber ist die Vorstellung, das 20. Jahrhundert habe Formen von Sklaven- und Zwangsarbeit nur in Ausnahmefällen gekannt, zu korrigieren. Die freie Lohnarbeit kapitalistischer Gesellschaften setzte sich auch in den industrialisierten Staaten nicht überall gleich schnell durch. Bereits im 19. Jahrhundert existierten Sklaverei und freiwillige Lohnarbeit jahrzehntelang nebeneinander; noch im Jahr 1820 war das jährliche Volumen der Sklavenimporte nach Brasilien mehr als doppelt so groß wie freie Einwanderung in die USA.

In den ersten beiden Jahrzehnten des 20. Jahrhunderts war unfreie Arbeit – die Arbeitsaufnahme unter „außerökonomischem Zwang", wie die alte marxistische Definition lautete – allerdings nach wie vor verbreitet, und ich möchte im Folgenden vier solcher Formen kurz vorstellen, auf die sich die Nationalsozialisten bezogen oder beziehen konnten, als sie spätestens 1939 mit der Errichtung von Zwangsarbeiterregimes aller Art im von Deutschland beherrschten Europa begannen.

Die erste Variante war die Fortdauer der Sklaverei oder ähnlicher Rechtsformen in erheblichen Teilen der islamischen sowie in anderen vorindustriellen Regionen der Welt, in denen etwa Schuldknechtschaft, Zwangsarbeit durch Kriegsgefangenschaft als Strafe oder infolge der Zugehörigkeit zu einer niederen sozialen Gruppe fortgalten. Darüber wurde in den europäischen Zeitungen regelmäßig berichtet, meist mit einem Element des Schauderns und der Fremdheit. Viele dieser Formen unfreier Arbeit gelten bis heute fort, nach Terre des Hommes sind derzeit etwa 20 Millionen Menschen weltweit davon betroffen, nach anderen Schätzungen sogar deutlich mehr.

Wichtiger in unserem Zusammenhang war allerdings die Fortdauer oder sogar Neuinstitutionalisierung unfreier Arbeit in den europäischen Kolonien, trotz der britischen Kampagne gegen die Sklaverei, die ja vielfach auch militärisch geführt wurde. Ein bekanntes Beispiel dieser zweiten Variante ist hierbei der Kongo. Im Kongo, der zunächst dem belgischen König persönlich, später dem belgischen Staat als Kolonie gehörte, wurden vor allem für die großen Minen und für Infrastrukturprojekte belgischer Unternehmen Arbeitskräfte in großem Umfang benötigt. Sie wurden von den Kompanien, unterstützt von der Kolonialverwaltung, in den umliegenden Regionen angeworben. Lohnend war das für die belgischen Firmen aber nur insoweit, als die Löhne niedrig blieben und keine größeren Investitionen etwa für Unterkunft und Verpflegung anfielen. Gleichwohl waren die Anwerbungen zunächst erfolgreich, obwohl die Arbeiter für die

Arbeit in den Minen und im Straßenbau ihre heimischen Regionen und die häusliche Subsistenzwirtschaft verlassen mussten. Da sie aber von den Kompanien zu geringe Löhne erhielten, um ihre Familien ernähren zu können, kehrte ein großer Teil der Arbeiter nach Ablauf der Arbeitskontrakte wieder in seine jeweilige Heimat zurück – mit der Konsequenz, dass die Kompanien dringend nach Arbeitskräften suchten.

Nach dem kapitalistischen Marktmodell der freien Lohnarbeit, wie es zur gleichen Zeit in Belgien selbst ja längst durchgesetzt war, hätte man nun also die Löhne um so viel erhöhen und die Arbeitsbedingungen um so viel verbessern müssen, dass die Arbeitsaufnahme in den Minen und Straßenbauprojekten für die einheimischen Arbeiter lohnender gewesen wäre, als zu Hause zu bleiben und die Felder zu bestellen. Für die Unternehmen hätte dies bedeutet, auf die Zusatzgewinne zu verzichten, die man sich ausgerechnet hatte, aber man hätte genügend Arbeitskräfte erhalten. Diese Option wurde aber nicht gewählt. Vielmehr gingen die Kompanien dazu über, die Arbeiter mithilfe der Kolonialverwaltung zur Arbeitsaufnahme zu zwingen – und damit an die langen Traditionen der Sklaverei in den Kolonien anzuknüpfen, die ja formell von den Europäern spätestens seit Mitte des 19. Jahrhunderts geächtet worden waren.

Die Arbeiter wurden nun für drei oder mehr Jahre im Straßenbau oder den Minen zur Arbeitsaufnahme verpflichtet. Sie wurden gezwungen, einen Arbeitskontrakt zu unterzeichnen unter der Drohung, dass ihnen sonst ihr Land weggenommen würde. Wer nicht zur Arbeit erschien und weglief, beging eine Straftat, die streng geahndet wurde. Das aber führte zwangsläufig zur Errichtung eines umfassenden Zwangssystems, das nur von Polizei und Behörden installiert werden konnte. Innerhalb kürzester Zeit etablierte sich ein brutales Strafsystem, das durch die um die Welt gehenden Bilder von abgehackten Händen bestrafter Sklavenarbeiter bald weltweit Aufmerksamkeit und Entsetzen hervorrief. Das System der Zwangsarbeit hielt sich in Belgisch Kongo in verschiedenen, zum Teil milderen, zum Teil verschärften Varianten bis in die fünfziger Jahre des 20. Jahrhunderts.

In den ersten Jahrzehnten des 20. Jahrhunderts waren Sklaverei und Zwangsarbeitssysteme in den Kolonien durchaus gegenwärtig, dabei gab es abgestufte Formen, die sich in den einzelnen Kolonialländern unterschieden. Die Debatte darum war in der Kampagne der ILO (International Labour Organisation) zum Verbot der Sklaverei von 1926 politisch aktualisiert worden.

Der dritte Bezugspunkt für Zwangsarbeitsregime Anfang des 20. Jahrhunderts waren die umfassenden Rekrutierungen von Zwangsarbeitern im Kontext des Ersten Weltkriegs. Seit jeher war die Kriegsgefangenschaft eine der wesentlichen Quellen des Sklavenstatus gewesen. Der Einsatz von gefangenen feindlichen

Soldaten zur Zwangarbeit war also weder skandalisiert noch tabuisiert. Die Sicherung von Mindeststandards bei Arbeitsbedingungen, Unterkunft, Verpflegung etc. war durch die Wechselseitigkeit gegeben – schlechte Bedingungen hätten entsprechende Folgen für die eigenen Kriegsgefangenen in fremder Hand gehabt. Im Ersten Weltkrieg wurden Gefangene von allen am Krieg beteiligten Staaten zur Arbeit eingesetzt, allerdings unter bestimmten, in den Kriegskonventionen der Jahrhundertwende festgelegten Grenzen. Der deutsche Fall war hier besonders aussagekräftig, wenngleich nicht exzeptionell: Von den 1,6 Millionen Kriegsgefangenen in deutscher Hand im Sommer 1916 wurden etwa 1,4 Millionen zur Arbeit eingesetzt, in der Landwirtschaft, in der Industrie und im Bergbau.

Für die deutsche Kriegswirtschaft war das sehr effektiv, aber spätestens seit dem dritten Kriegsjahr nicht ausreichend. Die deutsche Militärverwaltung ging deshalb dazu über, zivile Arbeitskräfte in den besetzten Gebieten zu rekrutieren: etwa eine halbe Million Menschen im polnischen Teil des besetzten Russlands, die bald überwiegend mit Zwangsmethoden zur Arbeit nach Deutschland gebracht wurden. Unter ihnen waren übrigens besonders viele ostjüdische Arbeitskräfte. Als auch das nicht ausreichte, begann man, in Westeuropa Zwangsverpflichtungen für die Arbeit in Deutschland einzuführen, und zwar in Belgien, wo etwa 60 000 Arbeitskräfte zwangsweise nach Deutschland gebracht wurden – wirtschaftlich, aber vor allem politisch war das für die Deutschen ein totales Fiasko, weil die Zwangsverschleppung der Belgier weltweit zu einem zentralen Punkt der Kritik und Propaganda wurde und das Bild vom deutschen Barbaren bestätigte – eine Reaktion, die es übrigens gegenüber den verschleppten polnischen Arbeitern in der Form nicht gegeben hatte.

Das vierte Beispiel ist die Sowjetunion. In Russland wirkten die verschiedenen Formen der bäuerlichen Unfreiheit länger nach als in Westeuropa. Auch bei Beginn des Ersten Weltkriegs befand sich ein großer Teil der Bauern noch in tradierten unfreien Abhängigkeitsverhältnissen. Zugleich hatte das zaristische Russland ein ausgedehntes System von Verbannung und Zwangsarbeit für Sträflinge betrieben. Die Entstehung des Zwangsarbeitssystems in der Sowjetunion knüpfte hieran an. Feinde der bolschewistischen Herrschaft wurden früh zur „Besserung durch Arbeit“ in die Weiten des Ostens geschickt. Seit 1929 wurde die Arbeitskraft von Häftlingen dann effektiver genutzt. Es entstand ein komplexes System von Zwangsarbeitslagern, in dem zwischen 1918 und 1959 etwa 20 bis 30 Millionen Gefangene zur Zwangsarbeit eingesetzt wurden, mit sehr hohen Todesraten von jährlich bis zu 15 Prozent. Kennzeichnend war hier, neben anderem, das Prinzip der „Kampagnenpolitik“. Ein bestimmtes Projekt, etwa der Bau eines Kanals, wurde von der politischen Führung vorgegeben, die auch den Zeitraum bis zur Fertigstellung bestimmte. Wie viele Zwangsarbeiter dafür eingesetzt wurden und wie viele dabei starben, war nachrangig. Es ging also nicht in erster Linie um die effiziente Nutzung der Arbeitskraft der Häftlinge, sondern um die Fertigstellung eines Projekts mithilfe der zur Verfügung stehenden Gefangenen. Komplizierte Systeme der Anlernung, Qualifizierung und Versorgung der Arbeiter wurden nicht benötigt. Der Tod der Häftlinge im Gulag war insofern eine hingenommene Begleiterscheinung ihrer Verwendung als jederzeit ersetzbare Zwangsarbeiter.

Die Beispiele zeigen die bestehenden Traditionen und Varianten der Zwangsarbeit im 20. Jahrhundert, auf die das Zwangsarbeitssystem der Nationalsozialisten rekurrierte – dabei war die Tradition von Sklaverei und Zwangsarbeit in den Kolonien vermutlich am wichtigsten. Die Nationalsozialisten übertrugen bekannte Vorgehensweisen und erprobte Methoden der Zwangsarbeit aus der kolonialen Praxis, und zwar nicht nur, wie man lange geglaubt hat, nur oder in erster Linie aus der eigenen kolonialen Praxis, sondern aus der kolonialen Praxis weltweit. Der politische Skandal an der nationalsozialistischen Praxis der Zwangsarbeit, so könnte man zugespitzt formulieren, bestand auch darin, dass die Deutschen koloniale Praktiken auf europäische, kontinentale Verhältnisse übertrugen.

Sie bezogen sich zudem auf die Traditionen im Umgang mit Kriegsgefangenen – dies entsprach den üblichen Konventionen. Andersherum führte die Tatsache, dass die deutschen Behörden 1941 davon überzeugt waren, die Arbeitskraft der sowjetischen Gefangenen nicht zu benötigen, dazu, dass man sie millionenfach verhungern ließ.

Und zuletzt: die Zwangsarbeit im Gulag der Sowjetunion. Hierüber war allerdings im Westen und auch in Deutschland nicht viel Genaues bekannt. Dass die UdSSR in großem Umfang Zwangsarbeitssysteme mit politischen Gefangenen errichtet hatte, wusste man allerdings und diente den Deutschen beständig zur propagandistischen Legitimation.

Über den Umgang mit der Zivilbevölkerung in den während des Krieges besetzten Gebieten existierten völkerrechtliche Vereinbarungen, die allerdings in den entscheidenden Punkten vage gehalten waren. Dass die Volkswirtschaft eines eroberten Landes im Sinne der Eroberer genutzt wurde, war jedoch ein Faktum, das in den Kolonialkriegen ebenso wie im amerikanischen Unabhängigkeitskrieg und während des Ersten Weltkriegs flächendeckend zu beobachten war. Völkerrechtlich umstritten war, in welchem Ausmaß die einheimische Bevölkerung im Interesse der Besatzungsmacht im besetzten Land zur Arbeit herangezogen werden konnte. Weltweit nicht akzeptiert oder eingeführt war hingegen die Verschleppung von Zivilisten in das Land des Besatzers.

Kategorien der Zwangsarbeit

Der nationalsozialistische Zwangsarbeitereinsatz konnte also im Jahr 1939 auf einen Fundus an Erfahrungen und Gewohnheiten aufbauen, der weltweit im Umgang mit unfreier Arbeit bestand, wenngleich er gewiss nicht unumstritten war. Es gab hier für einen zivilisierten Staat moralische und rechtliche Normen, gegen die zu verstoßen einen Akt der Enthemmung voraussetzte, insbesondere der Ablösung aus jenen rechtlichen und moralischen Normen, die man zuvor akzeptiert hatte. Das fiel aber leicht, weil Systeme der Zwangsarbeit zu dieser Zeit weltweit verbreitet waren und die Deutschen nur an die koloniale Praxis der europäischen Großmächte zu erinnern brauchten, um sich legitimiert zu fühlen, Ähnliches zu tun. Es waren diese Wissensbestände, die bei Beginn des Zweiten Weltkrieges dazu führten, dass die Einrichtung von Zwangsarbeitssystemen im nationalsozialistischen Deutschland ohne Aufwand und bürokratische Probleme in Gang gebracht werden konnte. Das bezog sich sowohl auf die Heranziehung der polnischen Kriegsgefangenen wie die Rekrutierung von polnischen Zivilarbeitern, die auf dem Weg eines fiktiven Arbeitsvertrags und nominell in den Formen herkömmlicher Lohnarbeit in Deutschland beschäftigt wurden. Hier gab es die Erfahrungen des Ersten Weltkriegs, aber auch die Tradition der zivilen Saisonarbeiter, die seit den 1880er-Jahren nach Deutschland gekommen waren.

Bei den Millionen Menschen, die für das nationalsozialistische Deutschland Zwangsarbeit in den verschiedenen Dimensionen dieses Begriffs leisten mussten, kann man in Bezug auf rechtliche Lage, sozialen Status und erlittenes Schicksal sinnvollerweise sechs verschiedene Kategorien voneinander unterscheiden:

1. Die ausländischen Zivilarbeiter, die zwischen 1939 und 1945 zum Arbeitseinsatz nach Deutschland gebracht und im Volksmund „Fremdarbeiter“ genannt wurden; sie bildeten mit mehr als fünf Millionen Menschen die weitaus größte unter den hier genannten Gruppen und wurden aus nahezu allen von Deutschland besetzten Ländern ins Reich zur Arbeit gebracht.
2. Die ausländischen Kriegsgefangenen, vornehmlich aus Polen, der Sowjetunion und Frankreich, die in Deutschland als Arbeitskräfte eingesetzt wurden. Erhebliche Teile der polnischen Gefangenen wurden allerdings nach einiger Zeit in den Status der „Zivilarbeiter“ überführt. Insgesamt waren 1944 etwas mehr als zwei Millionen Kriegsgefangene als im „Reichseinsatz“ beschäftigt registriert. Zu dieser Gruppe gehören auch die etwa 500 000 „Militärinternierten“ – italienische Soldaten, die nach dem Ausscheiden Italiens aus der „Achse“ von der Wehrmacht festgesetzt und als Zwangsarbeiter nach Deutschland gebracht wurden.

Die höchste Zahl der gleichzeitig eingesetzten ausländischen Arbeiter dieser beiden Kategorien wurde im Sommer 1944 mit 7,6 Millionen erreicht. Angesichts der enormen Fluktuation ist es jedoch realistisch, von insgesamt etwa 9,5 bis 10 Millionen ausländischen Zivilarbeitern und Kriegsgefangenen auszugehen, die für längere oder kürzere Zeit in Deutschland als Zwangsarbeiter eingesetzt wurden.

3. Die Häftlinge der Konzentrationslager der SS im Reichsgebiet. Die Zahl der Häftlinge, die in Konzentrations-Stammlagern oder Außenlagern insgesamt zur Zwangsarbeit eingesetzt worden waren, ist seriös schwer schätzbar. Insgesamt sind zwischen 1939 und 1945 etwa 2,5 Millionen Häftlinge in Konzentrationslager des späteren Wirtschafts- und Verwaltungshauptamts der SS eingeliefert worden; darunter etwa 15 Prozent Deutsche und 85 Prozent Ausländer. Die Historikerin Karin Orth schätzt die Zahl der in diesen Jahren in den Lagern als Häftlinge Gestorbenen auf etwa 836 000 bis 995 000 (hierin sind jene Deportierten nicht enthalten, die in die sowohl als Vernichtungsstation wie als Arbeitslager fungierenden Lager Majdanek und Auschwitz transportiert und unmittelbar nach Ankunft ermordet wurden, weit überwiegend Juden). Es ist davon auszugehen, dass nahezu jeder KZ-Häftling während seiner Haftzeit für kurze oder lange Zeit zur Arbeit gezwungen wurde, allerdings in sehr unterschiedlicher und sich wandelnder Weise. Von den etwa 200 000 Häftlingen im April 1943 dürfte noch weniger als die Hälfte im Rüstungsbereich eingesetzt gewesen sein. Am Ende des Jahres 1944 lag die Gesamtzahl der KZ-Häftlinge bei etwa 600 000, von denen 480 000 tatsächlich als „arbeitsfähig" gemeldet waren. Nach Schätzungen des Wirtschafts- und Verwaltungshauptamts der SS wurden davon etwa 240 000 bei den unterirdischen Verlagerungen sowie bei den Bauvorhaben der Organisation Todt eingesetzt und circa 230 000 in der Privatindustrie.
4. Die europäischen Juden, die in ihren Heimatländern, vor allem aber nach ihrer Deportation für kürzere oder längere Zeit Zwangsarbeiten verrichten mussten – zunächst in Polen – in Ghettos, Zwangsarbeitslagern oder KZ-Außenlagern – sowie nach 1944 in verstärktem Ausmaß auch im Reichsgebiet. Ihre Zahl ist nicht mit hinreichender Genauigkeit zu schätzen, zumal die Verhältnisse in den einzelnen europäischen Ländern sehr unterschiedlich waren. Im Sommer 1942 lag die Zahl der in den Ghettos und Zwangsarbeitslagern eingepferchten polnischen Juden bei etwa 1,5 Millionen. Es ist gewiss nicht zu hoch gegriffen, wenn man davon ausgeht, dass von diesen mindestens zwei Drittel – also fast alle Menschen im arbeitsfähigen Alter – für kürzere oder längere Zeit zur Zwangsarbeit eingesetzt wurden. Die Zahl derjenigen, die nach ihrer Deportation aus den verschiedenen europäischen Ländern nach

Polen nicht sofort umgebracht wurden, sondern als „arbeitsfähig" eingestuft und für kürzere oder längere Zeit als Zwangsarbeiter eingesetzt wurden, ist kaum zu ermitteln. Ebenso wenig gibt es für die Gebiete der Sowjetunion Zahlen, die uns auch nur einen Annäherungswert ermöglichten.

5. Über die fünfte Gruppe wissen wir nur wenig: Sie umfasst diejenigen, die in ihren Heimatländern für deutsche Institutionen, Behörden, Unternehmen in unterschiedlichen Graden und Formen des Zwanges Arbeit leisten mussten. Es gab hier natürlich auch zahlreiche Formen der nicht erzwungenen, gewissermaßen „normalen" Arbeitsverhältnisse, wobei der Übergang vom einen zum anderen fließend gewesen zu sein scheint.
6. Und schließlich gehören hierzu auch jene Menschen, die von Deutschen in dritten Staaten zur Zwangsarbeit herangezogen wurden, etwa die Zivilarbeiter und Kriegsgefangenen aus der UdSSR, die in Frankreich, Holland, Skandinavien oder Ungarn eingesetzt wurden, vorwiegend zum Befestigungsbau.

Insgesamt war die millionenfache Zwangsarbeit eines der herausragenden Kennzeichen der deutschen Kriegführung. Die deutsche Kriegswirtschaft war spätestens seit der Kriegswende im Winter 1941/1942 alternativlos auf ausländische Zwangsarbeiter angewiesen. Diese stellten 1944 etwa ein Viertel der in der Gesamtwirtschaft im Deutschen Reich zur Arbeit Eingesetzten, in den rüstungsintensiven Branchen oft die Hälfte oder noch mehr. Ohne die Heranziehung von ausländischen Zwangsarbeitern aller Kategorien und Nationen hätte Deutschland den Krieg spätestens seit Ende 1941 nicht fortführen können. Doch schauen wir uns die Entwicklung der Zwangsarbeit innerhalb der einzelnen Kategorien genauer an.

Gegenüber den Zivilarbeitskräften aus dem Westen wurde zunächst das Freiwilligkeitsprinzip hochgehalten – auch weil die Deutschen nach ihrem Sieg im Westen über kriegsgefangene Arbeitskräfte in Hülle und Fülle verfügten und einen Teil der Franzosen sowie fast alle belgischen und niederländischen Gefangenen nach Hause schickten. In der zweiten Kriegshälfte wurden dann auch gegenüber den Zivilarbeitskräften Zwangselemente angewandt, am bekanntesten ist das STO-System in Frankreich, das aufgrund einer Vereinbarung mit dem Vichy-Regime ein scheinlegales System der Rekrutierung von Franzosen zur Arbeit im Reich vorsah.

Etwas ganz anderes war die Verwendung der KZ-Häftlinge zur Zwangsarbeit. Denn der Arbeitseinsatz von KZ-Häftlingen hatte bis Kriegsbeginn keine kriegswirtschaftliche Bedeutung besessen, sondern die Arbeit in Steinbrüchen, oder Ziegeleien waren vor allem als Strafe, als „Erziehung" oder „Rache" konzipiert, und es brauchte lange, bis auf die Verwendung von KZ-Häftlingen in der

Rüstungsproduktion umgestellt wurde. Weder waren die Konzentrationslager auf eine solche rapide Umstellung eingerichtet, noch reichte der wirtschaftliche Sachverstand in der SS aus, um hier effektive Produktionsregime zu etablieren. Auch waren die KZ-Wachmannschaften zunächst gar nicht bereit, nun auf den Vorrang des Arbeitseinsatzes umzustellen. Erst im Frühjahr 1942 wurden KZ-Häftlinge in umfangreicherem Maße als Arbeitskräfte in der Rüstungsindustrie eingesetzt. Zu einer durchgreifenden wirklichen Verbesserung der Arbeits- und Lebensbedingungen der KZ-Häftlinge kam es aber nur dann, wenn durch berufsqualifizierten Einsatz oder nach Anlernzeiten auf qualifizierten Arbeitsplätzen die Arbeitskraft des Einzelnen nicht oder nur schwer ersetzbar wurde.

Gegenüber den Juden war der Primat der politischen vor wirtschaftlichen Gesichtspunkten noch viel ausgeprägter. Die Heranziehung zur Zwangsarbeit der deutschen Juden seit Anfang 1939 hatte ja zunächst keine vorwiegend wirtschaftlichen Gründe, sondern war ein Element der Diskriminierung, Entrechtung und der Herauslösung der Juden aus ihren traditionellen sozialen und beruflichen Bezügen. Mit Fortdauer des Krieges wurde der Arbeitseinsatz der Juden immer stärker von dem grundsätzlichen Widerspruch zwischen Arbeitseinsatz und „Endlösung" bestimmt. Die Flucht in die „Shops" genannten Arbeitsstellen in den Ghettos und die schreckliche Lage der jüdischen Arbeiter, die fürchten mussten, bei nicht genügenden Arbeitsleistungen deportiert und ermordet zu werden, kennzeichneten diese Ausgangslage. Die Einteilung in rüstungswichtige und weniger wichtige Fertigungsstätten wurde für die jüdischen Zwangsarbeiter immer mehr zur Entscheidung über Leben und Tod.

In den Untersuchungen über den Zwangsarbeitereinsatz der Juden in den Ghettos tritt das deutlich hervor: Einerseits werden die furchtbaren Arbeitsbedingungen, der Hunger, das Ausmaß der Ausbeutung sichtbar, auf der anderen Seite war die Losung, die der Judenrat in Łódź ausgab: „Unser einziger Weg ist die Arbeit", die einzige Hoffnung, weiterhin als Arbeiter gebraucht zu werden und deswegen nicht ermordet zu werden – eine Hoffnung, die trog, wie wir wissen.

Neben Kriegsgefangenen, Zivilarbeitern, KZ-Häftlingen und Juden sind die in ihren Heimatländern zur Arbeit für die Deutschen eingesetzten einheimischen Arbeitskräfte die fünfte Kategorie; aber schnell wird sichtbar, wie unterschiedlich die rechtlichen und sozialen Verhältnisse, in denen sie arbeiteten, tatsächlich waren. Auch hier wird man verschiedene Gruppen identifizieren können. Zunächst ist zwischen Ost und West zu unterschieden, wobei Länder des Südostens, etwa Griechenland, offenbar eine Zwischenstellung einnahmen.

In den Ländern des Westens waren die deutschen Besatzungsbehörden bemüht, die einheimische Produktion möglichst bald wieder auf Volllast zu fahren, einerseits, um die Versorgung der besetzten Länder selbst zu gewährleisten, andererseits zur Nutzbarmachung für die deutsche Rüstung. Zu welchen Friktionen das führte, zeigt das bekannte Beispiel Frankreichs, als das deutsche Rüstungsministerium darauf setzte, die Produktion in Frankreich zu halten, und das Arbeitsministerium versuchte, möglichst viele französische Arbeiter nach Deutschland zum Arbeitseinsatz zu holen, weil es der Meinung war, dass die französischen Arbeiter unter Zwang in Deutschland viel effektiver arbeiten würden als in Frankreich. Die hier debattierten Positionen treffen wir allerdings in vielen besetzten Ländern.

Darüber hinaus sind die unmittelbar für deutsche Institutionen tätigen Arbeitskräfte zu nennen, die etwa direkt für die Wehrmacht arbeiteten oder bei der Organisation Todt eingesetzt wurden. Über deren Arbeits- und Lebensbedingungen wissen wir bis heute nur wenig.

In Osteuropa hingegen war die Lage sehr viel komplizierter. Denn hier schwankten die deutschen Behörden zwischen flächendeckenden Stilllegungen einerseits, wie sie etwa in der Sowjetunion vielfach durchgeführt wurden, und der Übernahme einheimischer Fabriken durch deutsche Unternehmen andererseits. Kennzeichnend ist dabei der relativ große Spielraum der Unternehmen, was die Lage und die Arbeitsbedingungen der einheimischen Belegschaften angeht – wie überhaupt in diesem Bereich zu prüfen ist, in welcher Weise deutsche Privatunternehmen hierbei eigene Strategien jenseits der Anordnungen der Kriegswirtschaftsbehörden zu verfolgen imstande waren, insbesondere in der letzten Kriegsphase.

„Europa arbeitet in Deutschland"

Das nationalsozialistische Zwangsarbeitssystem hatte 1939 als ein System von Aushilfen und Kompromissen begonnen. Weder gab es ausgearbeitete Pläne zur Etablierung eines Zwangsarbeitssystems noch konkrete Vorbereitungen. Aber es gab ein breites Reservoir an deutschen und gemeineuropäischen Erfahrungen, die hier rasch zur Anwendung kamen, sodass im ganzen von Deutschland besetzten oder von ihm abhängigen Europa in unterschiedlichen Weisen – von der unter Druck erreichten Fortsetzung üblicher freier Lohnarbeit über Varianten der Zwangsverpflichtung bis zum Martyrium der jüdischen Zwangsarbeiter in den Ghettos – ein riesiges, mehrere zehn Millionen Menschen umfassendes Netz von Zwangsarbeitsverhältnissen entstand.

In seiner Größenordnung und in seiner Brutalität war dieses Netz indes exzeptionell, wenngleich es auch hier eine enorme Bandbreite gab – von dem dänischen Ingenieur, der sich gegen seine Verbringung zur Arbeit in Deutschland nicht wehren konnte, der aber hier ein Leben als Ingenieur mit eigener Wohnung und guter Bezahlung führte, über die Millionen von polnischen und sowjetischen Zwangsarbeitern bis hin zu dem jüdischen Kind, das im Ghetto Łódź Wehrmachtsuniformen nähte, bevor es in eine der Vernichtungsstationen gebracht und dort getötet wurde.

Die millionenfache Verwendung unfreier Arbeit wurde seit 1943 von der deutschen Propaganda unter der Parole „Europa arbeitet in Deutschland" zu einem positiv gemeinten Element seiner antibolschewistischen Propaganda, ein Baustein des nach dem Sieg des Deutschen Reiches unter seiner Führung geeinten Europas. Das ist gewiss zynisch, aber schaut man sich die Reaktionen in den besetzten und verbündeten Ländern näher an – wohl doch nicht nur. Es gab gerade in den westlichen Staaten nicht nur bei den rechtsradikalen Gruppierungen durchaus auch eine gewisse Bewunderung für die deutsche Effektivität, wobei die militarisierten Formen der Zwangsarbeit, etwa in den OT-Kolonnen, sogar durchaus auch als vorbildlich gepriesen wurden.

Kooperation und Kollaboration mit den Deutschen in den verbündeten und besetzten Ländern, sowohl aufseiten der politischen Führungen wie bei den Unternehmen, gab es auch bei der Zwangsarbeit in verbreitetem Maße. Auch hier sind sehr abgestufte Formen der unfreien Arbeit und sehr unterschiedliche Interessenlagen festzustellen.

Zwangsarbeit in Hitlers Europa – das ist ein außerordentlich vielgestaltiges Phänomen, geleitet von wirtschaftlichen und politischen Interessen, von Gier und Machtrausch, von politischem Kalkül und weltanschaulichen Grundsätzen, kühlem Pragmatismus, Opportunismus und zynischer Menschenverplanung – aber auch von Leerlauf, Chaos und Desorganisation. Und es gab, ausweislich der Berichte zahlreicher ehemaliger Zwangsarbeiter, auch viele Beispiele von auskömmlichen Lebensverhältnissen, von Hilfsbereitschaft und sogar Freundschaft zwischen Deutschen und Ausländern. Diese Vielfalt wird man nicht auf ein oder zwei Nenner bringen, und eindimensionale Erklärungen werden uns nicht weiterhelfen.

Es geht vielmehr darum, diese denkbar unterschiedlichen Varianten der Zwangsarbeit zu beschreiben, die verschiedenen Arbeits- und Lebensbedingungen zu untersuchen, die politischen Intentionen und Wirkungen der verschiedenen daran Beteiligten zu analysieren und neben die Perspektive der Verantwortlichen die Wahrnehmung der Betroffenen als konstitutiven Teil unserer Geschichtsschreibung herauszustellen.

II. Besatzung

Karsten Linne

Struktur und Praxis der deutschen Arbeitsverwaltung im besetzten Polen und Serbien 1939–1944

Die Hauptaufgabe der deutschen Arbeitsverwaltungen in den besetzten Ländern bestand in der Rekrutierung von Zwangsarbeitern für diese Gebiete selbst, mehr noch aber in deren Deportation zur Arbeit in der Land- und Kriegswirtschaft des Reichsgebietes.[1] Um mehr über diesen Prozess zu erfahren, die Parallelen und Unterschiede in Struktur und Praxis der Arbeitsverwaltungen in den besetzten Ländern sowie die dabei dominierenden Faktoren herauszuarbeiten, dienen uns der Reichsgau Wartheland und das Generalgouvernement (als größte Verwaltungseinheiten des besetzten Polens) sowie Serbien als Beispiele.

Insgesamt kann man Polen als einen „Testfall" und ein Experimentierfeld für die deutsche Arbeitsverwaltung betrachten. Zum ersten Mal – abgesehen vom anders gelagerten Fall des Protektorats Böhmen und Mähren – hatte die deutsche Arbeitsverwaltung hier Zugriff auf eine als minderwertig eingestufte Bevölkerung und damit auf ein großes, als disponibel betrachtetes Arbeitskräftereservoir. Als Referenzbeispiel fungiert Serbien, ein ebenfalls agrarisch geprägtes Gebiet mit einer zumeist slawischen Bevölkerung.

Die Literatur zur Arbeitsverwaltung ist überschaubar.[2] In der polnischen und jugoslawischen Historiografie standen bislang andere Probleme im Vordergrund; die Arbeiterrekrutierung wurde, wenn überhaupt, als eine unter vielen anderen Gewaltmaßnahmen der deutschen Besatzer abgehandelt. Eine Analyse der in beiden Gebieten geleisteten Zwangsarbeit wurde lange Zeit auch durch politische Motive blockiert, da sie zwangsläufig Fragen der Kollaboration berührte. Erst in

1 Der Aufsatz entstand aus einem EVZ-Projekt, das ich zusammen mit meinen Kollegen Florian Dierl und Zoran Janjetović bearbeitet habe. Die Ergebnisse sind unter dem Titel „Pflicht, Zwang und Gewalt: Arbeitsverwaltungen und Arbeitskräftepolitik im deutsch besetzten Polen und Serbien 1939–1944" (Essen 2013) erschienen. Die Abschnitte zu Serbien basieren auf dem darin enthaltenen Beitrag von Zoran Janjetović, Belgrad, dem ich dafür herzlich danken möchte.

2 Für erste neue Ergebnisse siehe die Arbeit aus dem EVZ-Projekt sowie die entsprechenden Beiträge zu Polen und Serbien in: Karsten Linne/Florian Dierl (Hrsg.), Arbeitskräfte als Kriegsbeute: Der Fall Ost- und Südosteuropa 1939–1945, Berlin 2011.

jüngster Zeit und auch nur vorsichtig werden diese Verkrustungen aufgebrochen, und eine differenziertere Sichtweise setzt sich durch, die die bisher dominierende Dichotomie von „Opfer" und „Widerstand" hinter sich lässt.

Für die deutsche Geschichtsschreibung lässt sich das Manko damit erklären, dass es – neben der generellen Konzentration auf die Vorgänge in Deutschland – hinsichtlich der besetzten Gebiete eine Fokussierung auf den Holocaust gab, neben dem die Zwangsarbeit verblasste. Eine verstärkte Aufarbeitung der wirtschaftlichen und sozialen Entwicklungen in den okkupierten Ländern setzte erst nach Erscheinen der wegweisenden Studie von Christian Gerlach zu Weißrussland ein.[3]

Ansätze, die Tätigkeit der deutschen Arbeitsverwaltung im besetzten Polen zu thematisieren, finden sich vor allem in einigen neueren Arbeiten. In der Untersuchung von Robert Seidel zur deutschen Besatzungspolitik im Distrikt Radom nimmt das Thema breiteren Raum ein.[4] Studien, die sich spezieller mit der Rekrutierung polnischer Zwangsarbeiter befassen, sind aber nach wie vor eher selten zu finden. Eine Ausnahme bilden die Publikationen von Józef Kasperek zu den Arbeitsämtern, den Anwerbemethoden und den Zwangsarbeiterdeportationen im Distrikt Lublin sowie eine Berliner Magisterarbeit zur Zwangsarbeiterrekrutierung im Distrikt Warschau.[5] Zur Praxis deutscher Arbeitsämter im besetzten Polen gibt es lediglich zwei Aufsätze.[6] Einzelaspekte der Zwangsarbeit sind hingegen recht gut bearbeitet, zum Beispiel die Frage der Selektion und Deportation

3 Christian Gerlach, Kalkulierte Morde: Die deutsche Wirtschafts- und Vernichtungspolitik in Weißrußland 1941 bis 1944, Hamburg 1999.

4 Bogdan Musial, Deutsche Zivilverwaltung und Judenverfolgung im Generalgouvernement: Eine Fallstudie zum Distrikt Lublin 1939–1944, Wiesbaden 1999, S. 115 ff.; Robert Seidel, Deutsche Besatzungspolitik in Polen: Der Distrikt Radom 1939–1945, Paderborn u. a. 2006, S. 137 ff.

5 Józef Kasperek, Początki organizacji i działalności urzędów pracy na Lubelszczyźnie (październik 1939 – styczeń 1940), in: Zeszyty Majdanka 6 (1972), S. 130–154; ders., Zarys organizacyjny Arbeitsamtów w dystrykcie lubelskim w latach 1939–1944, in: Zeszyty Majdanka 7 (1973), S. 94–120; ders., Metody werbunku do przymusowych robót w III Rzeszy na terenie dystryktu lubelskiego w latach 1939–1944, in: Zeszyty Majdanka 8 (1975), S. 53–104; ders., Wywóz na przymusowe roboty do Rzeszy z dystryktu lubelskiego w latach 1939–1944, Warszawa 1977, bes. S. 50 ff., 78 ff.; Eva Kobler, Die Rekrutierung von Zwangsarbeitern im Distrikt Warschau: Eine mikrohistorische Untersuchung, Magisterarbeit, Humboldt-Universität zu Berlin 2007.

6 Jolanta Adamska, Działalność urzędów pracy dystryktu warszawskiego w zakresie werbunku robotników przymusowych do Rzeszy, in: Studia Warszawskie 23 (1975) 4, S. 193–223; Jan Piętrzykowski, Łowy na ludzi: Arbeitsamt w Częstochowie, Katowice 1968.

von Polen aus dem Warthegau[7] oder der Komplex der Zwangsarbeit von Juden.[8] Eine Reihe serbischer und deutscher Autoren hat sich im Rahmen ihrer Arbeiten zum Zweiten Weltkrieg in Serbien und Jugoslawien, wenn auch überwiegend nur am Rande, mit dem Thema der verschiedenen Formen von Zwangsarbeit in dieser Region auseinandergesetzt.[9] Zumeist wurden dabei nur bestimmte Formen behandelt, wobei die größte Aufmerksamkeit dem Kupfererzbergwerk Bor galt.[10] Die serbische bzw. jugoslawische Geschichtsschreibung war traditionell politikgeschichtlich orientiert, sodass sozialgeschichtliche Themen kaum Eingang in die Forschungen fanden. Auch bei zwei Dissertationen, die sich der Wirtschaft im besetzten Serbien widmeten, rückten diese Themen nicht in den Mittelpunkt.[11] Selbst in der Literatur über das Schicksal der serbischen Juden spielt die Zwangsarbeit eine verhältnismäßig geringe Rolle.[12]

7 Isabel Heinemann, „Rasse, Siedlung, deutsches Blut“: Das Rasse- und Siedlungshauptamt der SS und die rassenpolitische Neuordnung Europas, Göttingen 2003; Jerzy Marczewski, Hitlerowska koncepcja kolonizacyjno-wysiedleńczej i jej realizacja w „Okręgu Warty“, Poznań 1979; Phillip T. Rutherford, Prelude to the Final Solution: The Nazi Program for Deporting Ethnic Poles, 1939–1941, Lawrence 2007; Maria Rutowska, Wysiedlenia ludności polskiej z Kraju Warty do Generalnego Gubernatorstwa 1939–1941, Poznań 2003; Gerhard Wolf, Rassistische Utopien und ökonomische Zwänge: Die rassischen Selektionen polnischer Arbeitskräfte durch die SS in den Lagern der Umwandererzentralstelle, in: Nationalsozialistische Lager: Neue Beiträge zur NS-Verfolgungs- und Vernichtungspolitik und zur Gedenkstättenpädagogik. Hrsg. von Jah Akim u. a., Münster 2006, S. 125–148.

8 Michael Alberti, Die Verfolgung und Vernichtung der Juden im Reichsgau Wartheland, Wiesbaden 2006, S. 228 ff.; Christopher R. Browning, Judenmord. NS-Politik, Zwangsarbeit und das Verhalten der Täter, Frankfurt a. M. 2001, S. 93 ff.; Wolf Gruner, Jewish Forced Labor Under the Nazis: Economic Needs and Racial Aims, 1938–1944, New York 2006; Mario Wenzel, Ausbeutung und Vernichtung: Zwangsarbeiterlager für Juden im Distrikt Krakau, in: Dachauer Hefte 23 (2007), S. 189–207; Anna Ziółkowska, Obozy pracy przymusowej dla Żydów w Wielkopolsce w latach okupacji hitlerowskiej (1941–1943), Poznań 2005.

9 Vgl. die Bibliografie in: Sabine Rutar, Arbeit und Überleben in Jugoslawien: Regionale Bergbaugesellschaften im Zweiten Weltkrieg, Essen 2011.

10 Tomislav Pajić, Prinudni rad i otpor u logorima Borskog rudnika 1941–1944, Beograd 1989.

11 Karl-Heinz Schlarp, Wirtschaft und Besatzung in Serbien 1941–1944: Ein Beitrag zur nationalsozialistischen Wirtschaftspolitik in Südosteuropa, Stuttgart 1986, S. 204–220; Dragan Aleksić, Privreda Srbije u Drugom svetskom ratu, Beograd 2002, S. 325–329.

12 Jaša Romano, Lavoslav Kadelburg, The Third Reich: Initiator, Organizer and Executant of Anti-jewish Measures and Genocide in Yugoslavia, in: The Third Reich and Yugoslavia 1933–1945, Belgrade 1977, S. 670–690; Ženi Lebl, Do „Konačnog rešenja“: Jevreji u Beogradu 1521–1942, Beograd 2001, S. 303–308; Jaša Romano, Jevreji Jugoslavije 1941–1945, Beograd 1980, S. 84 f.; Walter Manoschek, „Serbien ist judenfrei“: Militärische Besatzungspolitik und Judenvernichtung in Serbien 1941/42, München 1993, S. 35 ff.

Formen der deutschen Besatzungsherrschaft

Der am 26. Oktober 1939 proklamierte Reichsgau Posen – seit Ende Januar 1940 Wartheland – war allein fast so groß wie alle anderen eingegliederten polnischen Gebiete zusammen. Die dort zunächst installierte Militärverwaltung wurde sehr rasch durch eine Verwaltung nach dem Vorbild des Reiches – wenn auch mit kleineren Modifikationen – abgelöst. Der angestrebte „Volkstumskampf" in den einzugliedernden Ostgebieten duldete keine Abhängigkeit vom Oberbefehlshaber des Heeres und etwaigen gesetzlichen Bindungen.[13] An der Spitze des Gaues stand mit Arthur Greiser ein Reichsstatthalter, dem sämtliche Verwaltungszweige zugewiesen wurden.[14] Die Sonderbehörden in der Kreisstufe, wie zum Beispiel die Arbeitsämter, waren bis auf Weiteres den Landräten unterstellt.[15] In der Behörde des Reichsstatthalters wurden einzelne Abteilungen für die unterschiedlichen Verwaltungsaufgaben eingerichtet, darunter die Abteilung 5 „Wirtschaft und Arbeit".[16] Der Gau war in die drei Regierungsbezirke Posen, Kalisch (später in das in Litzmannstadt umbenannte Łódź verlegt) und Hohensalza (Inowrocław) gegliedert.[17] In den einzelnen Kreisen herrschten Landräte – die für die operative Umsetzung der deutschen Besatzungspolitik eigentlich Verantwortlichen.

13 Hans Umbreit, Auf dem Weg zur Kontinentalherrschaft, in: Das Deutsche Reich und der Zweite Weltkrieg, Bd. 5/1, Stuttgart 1988, S. 1–345, hier S. 41. Vgl. allgemein zu den unterschiedlichen Formen der deutschen Besatzungsherrschaft: Hagen Fleischer, Nationalsozialistische Besatzungsherrschaft im Vergleich: Versuch einer Synopse, in: Anpassung – Kollaboration – Widerstand: Kollektive Reaktionen auf die Okkupation. Hrsg. von Wolfgang Benz/Johannes Houwink ten Cate/Gerhard Otto, Berlin 1996, S. 257–302; Werner Röhr, System oder organisiertes Chaos? Fragen einer Typologie der deutschen Okkupationsregime im Zweiten Weltkrieg, in: Die deutsche Herrschaft in den „germanischen" Ländern 1940–1945. Hrsg. von Robert Bohn, Stuttgart 1997, S. 11–45; Wolfgang Benz, Typologie der Herrschaftsformen in den Gebieten unter deutschem Einfluß, in: Benz u. a., Die Bürokratie der Okkupation, S. 11–25.

14 Vgl. zu seiner Person: Catherine Epstein, Model Nazi: Arthur Greiser and the Occupation of Western Poland, New York 2010; Czesław Łuczak, Arthur Greiser – hitlerowski władca w Wolnym Mieście Gdańsku i w Kraju Warty, Poznań 1997.

15 Erlaß des Führers und Reichskanzlers über Gliederung und Verwaltung der Ostgebiete vom 8. 10. 1939, in: Reichsgesetzblatt (RGBl.), T. I 1939, Nr. 204 vom 18. 10. 1939, S. 2042–2043.

16 Zweite Verordnung zur Durchführung des Erlasses des Führers und Reichskanzlers über Gliederung und Verwaltung der Ostgebiete vom 2. 11. 1939, in: ebenda, Nr. 218 vom 4. 11. 1939, S. 2133–2134.

17 Werner Röhr, „Reichsgau Wartheland" 1939–1945: Vom „Exerzierplatz des praktischen Nationalsozialismus" zum „Mustergau", in: Bulletin für Faschismus- und Weltkriegsforschung 18 (2002), S. 28–54, hier S. 34 f.

Das Generalgouvernement wurde am 26. Oktober 1939 eingerichtet. Es war etwas größer als die vier eingegliederten Ostgebiete zusammen und bildete ein komplett abhängiges „Nebenland“ des Reiches. An der Spitze der dort etablierten Kolonialverwaltung stand der Generalgouverneur Hans Frank;[18] auch ihm wurden sämtliche Verwaltungszweige zugewiesen. Sein Stellvertreter Josef Bühler leitete das Amt des Generalgouverneurs, das in verschiedene Fachabteilungen und Ämter gegliedert war.[19] In der mittleren Instanz gab es vier Distriktverwaltungen (Krakau, Warschau, Radom, Lublin und ab 1. August 1941 Galizien in Lemberg), die jeweils ein Gouverneur führte. Die dritte Instanz bildeten Kreis- und Stadthauptleute, die wiederum dem jeweiligen Gouverneur unterstanden. Die Kreis- und Stadthauptleute waren das Rückgrat der deutschen Zivilverwaltung, die eigentlichen Vollstrecker der deutschen Besatzungspolitik im Generalgouvernement.[20]

Das Generalgouvernement hatte wirtschaftlich primär die Funktion eines Arbeitskräftereservoirs für das Reich. Darüber hinaus erkoren die Nationalsozialisten es aus, als Sammelbecken für Polen und Juden zu dienen, vornehmlich für die aus den eingegliederten westpolnischen Gebieten Vertriebenen.[21]

In Serbien gab es eine vollkommen andere Verwaltungsstruktur, eine deutsche Militärverwaltung, die sich auf eine serbische Kollaborationsverwaltung stützte. An der Spitze stand der Chef der Militärverwaltung mit eigenen Ressorts. Er instruierte die serbische Verwaltung. Die deutsche Okkupationsverwaltung bestand bis 1943 aus zwei Institutionen, die für Militär- bzw. Zivilangelegenheiten verantwortlich waren: Der Kommandostab befasste sich mit den Militärangelegenheiten und der Verwaltungsstab mit den Zivilangelegenheiten. Der Verwaltungsstab übte die Aufsicht über die serbische Zivilverwaltung aus und bestand hauptsächlich aus Militärverwaltungsbeamten mit dem Staatsrat SS-Gruppenführer Harald Turner an der Spitze. Im November 1942 löste Egon Bönner Turner

18 Vgl. zu seiner Person: Dieter Schenk, Hans Frank: Hitlers Kronjurist und Generalgouverneur, Frankfurt a. M. 2008.

19 Erlaß des Führers und Reichskanzlers über die Verwaltung der besetzten polnischen Gebiete vom 12. 10. 1939, in: RGBl. T. I 1939, Nr. 210 vom 24. 10. 1939, S. 2077–2078.

20 Vgl. zu den Kreis- und Stadthauptleuten: Markus Roth, Herrenmenschen: Die deutschen Kreishauptleute im besetzten Polen – Karrierewege, Herrschaftspraxis und Nachgeschichte, Göttingen 2009.

21 Umbreit, Auf dem Weg, S. 125 f.; Bogdan Musial, Recht und Wirtschaft im besetzten Polen 1939–1945, in: Das Europa des „Dritten Reichs“. Recht, Wirtschaft, Besatzung. Hrsg. von Johannes Bähr/Ralf Banken, Frankfurt a. M. 2005, S. 31–57, hier S. 34; Werner Röhr, Zur Wirtschaftspolitik der deutschen Okkupanten in Polen 1939–1945, in: Krieg und Wirtschaft: Studien zur deutschen Wirtschaftsgeschichte 1939–1945. Hrsg. von Dietrich Eichholtz, Berlin 1999, S. 221–251, hier S. 226 f.

ab, und im Januar 1943 wurde der Verwaltungsstab zur Verwaltungsabteilung beim Kommandostab herabgestuft.[22]

Bereits zwei Wochen nach der jugoslawischen Kapitulation, am 30. April 1941, wurde der Rat der Kommissare als einheimische Ersatzregierung gegründet. Jedes Ministerium wurde von einem Kommissar geleitet, unter der Aufsicht des zuständigen Referenten des deutschen Verwaltungsstabes. Bis Ende Mai 1941 richteten die Besatzer auch die Kreisverwaltungen wieder ein, allerdings blieben die Kompetenzen der serbischen Verwaltung bis zum Ende des Krieges eng begrenzt. Sowohl der Rat der Kommissare als auch die im August 1941 etablierte serbische Regierung unter dem ehemaligen General Milan Nedić waren bloße Ausführungsorgane der deutschen Besatzer.[23]

Mit diesen Typen der Besatzungsherrschaft verknüpfte sich eine sehr unterschiedliche Beteiligung der unterworfenen Bevölkerung an der Verwaltung. Im Warthegau war man bestrebt, die Polen komplett aus ihr herauszuhalten – was allerdings aufgrund des Mangels an Deutschen nicht in Gänze gelang. Demgegenüber gab es im Generalgouvernement eine polnische Verwaltung auf der lokalen Ebene durch Bürgermeister, Vögte und Schulzen, eine polnische Polizei sowie eine starke polnische Fraktion in vielen deutschen Dienststellen, zum Beispiel in den Arbeitsämtern. In Serbien wurde die operative Verwaltungsarbeit praktisch komplett von Einheimischen übernommen.[24]

22 Christopher R. Browning, Harald Turner und die Militärverwaltung in Serbien 1941–1942, in: Verwaltung contra Menschenführung im Staat Hitlers: Studien zum politisch-administrativen System. Hrsg. von Dieter Rebentisch/Karl Teppe, Göttingen 1986, S. 351–373; Schlarp, Wirtschaft und Besatzung, S. 110 f.; Jovan Marjanović, The German Occupation System in Serbia in 1941, in: Les systèmes d'occupation en Yougoslavie, Belgrade 1963, S. 278 f.; Branko Petranović, Srbija u Drugom svetskom ratu 1939–1945, Beograd 1992, S. 136; Aleksić, Privreda Srbije, S. 131 ff.; Akiko Shimizu, Die deutsche Okkupation des serbischen Banats 1941–1944 unter besonderer Berücksichtigung der deutschen Volksgruppe in Jugoslawien, Münster 2003, S. 130 ff.

23 Schlarp, Wirtschaft und Besatzung, S. 140; Marjanović, German Occupation System, S. 284.

24 Dieter Pohl, Die Reichsgaue Danzig-Westpreußen und Wartheland: Koloniale Verwaltung oder Modell für die zukünftige Gauverwaltung?, in: Die NS-Gaue: Regionale Mittelinstanzen im zentralistischen „Führerstaat". Hrsg. von Jürgen John/Horst Möller/Thomas Schaarschmidt, München 2007, S. 395–405, hier S. 400 f.; Bogdan Musial, Die Zivilverwaltung und der Holocaust: Verfolgung und Vernichtung der Juden im Generalgouvernement, in: Deutsche – Juden – Polen: Geschichte einer wechselvollen Beziehung im 20. Jahrhundert. Hrsg. von Andrea Löw/Kerstin Robusch/Stefanie Walter, Frankfurt a. M./New York 2004, S. 97–117, hier S. 99 f.; Adam Hempel, Pogrobowcy klęski: Rzecz o policji „granatowej" w Generalnym Gubernatorstwie 1939–1945, Warszawa 1990, bes. S. 138 ff.; Schlarp, Wirtschaft und Besatzung; Marjanović, German Occupation System.

Besatzungspolitische Ziele

Die wirtschaftlichen Ziele der Besatzungspolitik bestanden im Fall des Warthegaues in seiner möglichst raschen, eben auch ökonomischen Eingliederung in das Deutsche Reich. Die eingegliederten Gebiete bildeten insgesamt die industriell und landwirtschaftlich am weitesten entwickelten Teile Polens. Nach dem Willen des Reichsstatthalters Greiser sollte der Warthegau zur „Kornkammer" des Reiches entwickelt werden. Die Voraussetzungen dafür waren günstig: Der Warthegau verfügte über 25 Prozent der Anbaufläche für Roggen und über 20 Prozent bei Kartoffeln und Zuckerrüben im Vergleich zu Deutschland. Die Getreideerträge lagen hier beträchtlich höher als im polnischen Landesdurchschnitt; das Wartheland galt als landwirtschaftliches Überschussgebiet. Aus diesen Gründen ging dort die Periode der Plünderungen und Konfiskationen der ersten Wochen bald zu Ende, und die deutschen Besatzer begannen mit der systematischen Ausbeutung aller wirtschaftlichen Ressourcen. Die Rekrutierung von Arbeitskräften bildete hier ein zwar wichtiges, aber eher sekundäres Ziel.[25]

Für das Generalgouvernement stand zunächst fest, dass das Gebiet rigoros im Interesse der deutschen Kriegswirtschaft ausgebeutet werden sollte. Erst später, mit der sich dort etablierenden und rasch expandierenden Rüstungsindustrie, wandelten sich diese Vorstellungen. Das Gebiet war in erster Linie als Arbeitskräftereservoir vorgesehen, nach Hitlers Worten musste es eine „Ausleih-Zentrale" sein. Die polnischen Arbeitskräfte sollten dementsprechend von vornherein nur als Saisonarbeiter in das Reich deportiert werden.[26]

Dem Generalgouvernement maßen die deutschen Besatzer in wirtschaftlicher Hinsicht also zunächst keine größere Bedeutung bei. Die Folgen dieser Politik bestanden in Massenarbeitslosigkeit, Inflation und Güterknappheit. Die deutsche Rüstungswirtschaft und Franks Verwaltung stellten rasch fest, dass diese Verhältnisse negative Folgen für das Reich selbst haben würden. Ab Ende 1939

25 Bogdan Musial, Das Schlachtfeld zweier totalitärer Systeme: Polen unter deutscher und sowjetischer Herrschaft 1939–1941, in: Genesis des Genozids: Polen 1939–1941. Hrsg. von Klaus-Michael Mallmann/Bogdan Musial, Darmstadt 2004, S. 13–35, hier S. 18 f.; Werner Röhr, Die faschistische Okkupationspolitik in Polen 1939 bis 1945 und die Stellung dieses Landes in den Plänen für eine „Neuordnung Europas", in: 1999: Zeitschrift für Sozialgeschichte des 20. und 21. Jahrhunderts 7 (1992) 3, S. 43–63, hier S. 49 f.; ders., Wirtschaftspolitik; Tadeusz Janicki, Die deutsche Wirtschaftspolitik in den eingegliederten polnischen Gebieten, in: Polen unter deutscher und sowjetischer Besatzung 1939–1945. Hrsg. von Jacek Andrzej Młynarczyk, Osnabrück 2009, S. 79–102.

26 Sonja Schwaneberg, Die wirtschaftliche Ausbeutung des Generalgouvernements durch das Deutsche Reich 1939–1945, in: Polen unter deutscher und sowjetischer Besatzung, S. 103–129.

zeichnete sich deshalb eine neue Entwicklung ab. Man ging seit Dezember dazu über, die Rüstungsbetriebe – ab Januar 1940 auch die übrige Industrie – wieder in Gang zu setzen. Beschleunigt wurde diese Entwicklung dadurch, dass das Generalgouvernement als Aufmarschgebiet für den Krieg gegen die Sowjetunion dienen sollte und deshalb stabilere Verhältnisse und eine funktionierende Infrastruktur sowie Versorgungsmöglichkeiten für die Truppe vonnöten waren.[27]

Ab 1940/41 wurde das Generalgouvernement dann immer stärker in die Kriegswirtschaft des Reiches einbezogen. Die Zahl der Betriebe, die direkt dafür produzierten, wuchs ständig. Gleichzeitig raubten die deutschen Besatzer die polnische Landwirtschaft weiter aus; das einstige Einfuhr- wurde ein Ausfuhrgebiet für Lebensmittel.[28]

Die wirtschaftlichen Ressourcen Serbiens sollten primär der Ergänzung der deutschen Wirtschaft im Reich und in anderen besetzten Gebieten Europas dienen. Das Land hatte dazu vor allem Rohstoffe, in erster Linie Erze und Nahrungsmittel zu stellen. Die Rekrutierung von Arbeitskräften sollte zunächst keine dominierende Rolle spielen. Die deutschen Interessen betrafen vor allem die Nahrungsmittelversorgung des Reiches, vorrangig mit Weizen und Mais sowie Lieferungen von Metallerzen, speziell von Kupfer aus dem Bergwerk Bor in Ostserbien.[29]

Die volkstumspolitischen Ziele waren vor allem für den Warthegau prägend: Er sollte „germanisiert" werden. Dazu wurden Juden und Polen Zug um Zug in das Generalgouvernement vertrieben und dafür volksdeutsche „Rücksiedler" aus jenen Gebieten, die die Sowjetunion 1939/40 annektierte, hereingebracht. Aufgrund des Arbeitermangels in der deutschen Kriegswirtschaft rückten zumindest die Polen aber in das Visier der Arbeitsverwaltung: Die „eindeutschungsfähigen" unter ihnen sollten langfristig im Reichsgebiet angesiedelt, ein Teil der übrigen als Saisonarbeiter dorthin deportiert werden.

Der Warthegau war das flächenmäßig größte und wichtigste Experimentierfeld nationalsozialistischer Volkstumspolitik in Polen. Die deutschen Besatzer trafen hier auf eine Bevölkerung, die zu 85 Prozent aus ethnischen Polen

27 Die Industrialisierung des Generalgouvernements (Teil A: Die Entwicklung der Industrie im Gebiet des Generalgouvernements seit dem Weltkrieg) von Helmut Meinhold, aus dem Institut für Deutsche Ostarbeit, Sektion Wirtschaft, vom Dezember 1941, BArch R 52 IV, Nr. 144d, Bl. 243, 312 f.

28 Musial, Schlachtfeld, S. 19 ff.

29 Die Wirtschaftslage im Bereich des Kommandierenden Generals und Befehlshabers in Serbien: Zweiter Gesamtbericht des Generalbevollmächtigten für die Wirtschaft in Serbien vom Juli 1942, BArch R 26 VI, Nr. 692, unpag.; Marjanović, German Occupation System, S. 272 f.

bestand.[30] Entsprechend strebten die Nationalsozialisten eine „Entpolonisierung“ und „Entjudung“ des Warthegaues an. Dazu setzten sie eine wahre Bevölkerungsdrehscheibe in Gang: Sie deportierten Juden und Polen in das Generalgouvernement, Letztere auch als Wanderarbeiter und zu assimilierende Arbeitskräfte in das Altreich. Nach dem Ende der Deportationen pferchten sie die Juden in Ghettos zusammen und ermordeten sie später.

Eine entgegengesetzte Entwicklung schuf die Ansiedlung von volksdeutschen „Rücksiedlern“, vornehmlich aus den baltischen Ländern, dann aus Wolhynien, Ostpolen etc. Flankiert wurden beide Prozesse durch ein *screening* der ansässigen Bevölkerung und ihrer Differenzierung nach rassenpolitischen Gesichtspunkten. Dazu formulierte Heinrich Himmler, Reichskommissar für die Festigung deutschen Volkstums, bei einem Besuch der Einwandererzentralstelle in Łódź Mitte Dezember 1939: „Die rassische Untersuchung soll verhindern, daß sich im neu besiedelten Osten Mongolentypen entwickeln. Ich möchte hier eine blonde Provinz schaffen.“[31]

Für das Generalgouvernement war laut „Generalplan Ost“ erst dessen sehr viel spätere „Eindeutschung“ vorgesehen. Allerdings begann die SS in der Region Zamość bereits während des Krieges mit brutalen Deportationen, die genau dieses Ziel verfolgten.

Die Volkstumspolitik und die Ansiedlungen Volksdeutscher gewannen im Generalgouvernement nicht die zentrale Bedeutung wie im Warthegau. Gemäß den Fernzielen der nationalsozialistischen Lebensraumpolitik beabsichtigte Himmler aber, auch das Generalgouvernement mit deutschen Bauern und Handwerkern zu durchsetzen sowie regelrechte Schneisen durch die von Polen bewohnten Gebiete zu schlagen.

Im Dezember 1942 schien die Aufnahmefähigkeit des Warthegaues für die volksdeutschen „Rücksiedler“ weitgehend erschöpft zu sein, sodass der Reichskommissar den Distrikt Lublin zu ihrem neuen Ansiedlungsgebiet bestimmte. Begonnen wurde mit der Kreishauptmannschaft Zamość. Anfang Oktober 1942

30 Pohl, Reichsgaue, S. 397; Michael Alberti, „Exerzierplatz des Nationalsozialismus“: Der Reichsgau Wartheland 1939–1941, in: Genesis des Genozids: Polen 1939–1941, S. 111–126, hier S. 111; Götz Aly, Bevölkerungspolitische Selektion als Mittel der sozialen „Neuordnung“, in: Der nationalsozialistische Krieg. Hrsg. von Norbert Frei/Hermann Kling, Frankfurt a. M./New York 1990, S. 137–145, hier S. 137 ff. Vgl. insgesamt zum Thema die grundlegenden Arbeiten von Rutherford, Prelude to the Final Solution, und Heinemann, „Rasse, Siedlung, deutsches Blut“.

31 Durchschrift eines Schreibens des Chefs des Rasse- und Siedlungshauptamtes der SS Pancke an den Reichsführer SS, Reichskommissar für die Festigung deutschen Volkstums vom 26. 12. 1939, BArch NS 2, Nr. 60, Bl. 3–6, hier Bl. 4.

befahl Himmler die „Freimachung" dieses geplanten ersten Siedlungsbereiches von der polnischen und ukrainischen Bevölkerung, soweit sie nicht noch als Arbeitskräfte vor Ort gebraucht wurde.[32]

Um es vorwegzunehmen: die hochfliegenden Germanisierungspläne der SS für das Generalgouvernement scheiterten weitgehend. Die beabsichtigte dortige Ansiedlung der Volksdeutschen war, so Isabel Heinemann, „ein einziger Misserfolg". Aber die Aus- und Umsiedlungen in der Region Zamość mit ihren zwei Phasen der „Pazifizierung" und „Extermination" wiesen den Weg zukünftiger Politik gegenüber der einheimischen Bevölkerung im Osten. Dies bedeutete eine unbarmherzige Selektion zum Zwecke der Verwertung als Arbeitskräfte oder der Vernichtung, wenn die Menschen nicht arbeitsfähig waren.[33]

In Serbien bestanden keinerlei derartige Absichten; im Gegenteil, es wurden aus Slowenien und Kroatien sogar Serben dorthin deportiert. Die starke deutsche Minderheit im Banat sollte vorerst im Land bleiben. Pläne zur Germanisierung Belgrads und des Donaugebiets blieben marginal.[34]

Aufbau der deutschen Arbeitsverwaltungen

Der Aufbau der deutschen Arbeitsverwaltung orientierte sich im Warthegau am Vorbild des Reichsgebiets, wies aber eine wesentliche Abweichung auf: Sie bildete keinen autonomen Verwaltungszweig, keine Sonderverwaltung. Die Arbeitsämter waren jeweils für zwei bis fünf Kreise zuständig und den Landräten unterstellt. Ihre fachlichen Weisungen erhielten sie vom Landesarbeitsamt, das eine Fachabteilung in der Abteilung Arbeit bildete, die in die Reichsstatthalterei eingegliedert war. Damit war eine stärkere Politisierung der Tätigkeit verbunden. Unter dieser Abteilung Arbeit waren die Arbeitsämter als die eigentlich ausführenden Organe

32 Umbreit, Die deutsche Herrschaft in den besetzten Gebieten, S. 1–272, hier S. 237 ff. Vgl. insgesamt zum Komplex Zamość: Zamojszczyzna – Sonderlaboratorium SS: zbiór dokumentów polskich i niemieckich z okresu okupacji hitlerowskiej. Hrsg. von Czesław Madajczyk, Warszawa 1977; Vom Generalplan Ost zum Generalsiedlungsplan, Hrsg. von Czesław Madajczyk u. a., München u. a. 1994; Bruno Wasser, Himmlers Raumplanung im Osten: Der Generalplan Ost in Polen 1940–1944, Basel/Berlin/Boston 1993; ders., Die Umsetzung des Generalplans Ost im Distrikt Lublin, in: Planung in Polen im Nationalsozialismus. Hrsg. von Gert Gröning, Berlin 1996, S. 15–61.

33 Heinemann, „Rasse, Siedlung, deutsches Blut", S. 415 (Zitat ebenda); Wasser, Himmlers Raumplanung, S. 118 f.

34 Hans-Ulrich Wehler, „Reichsfestung Belgrad": Nationalsozialistische „Raumordnung" in Südosteuropa, in: Vierteljahrshefte für Zeitgeschichte 11 (1963), S. 72–84.

platziert, die den Landräten bzw. Oberbürgermeistern angegliedert waren.[35] Nach dem Erlass Hitlers zur Gliederung und Verwaltung der Ostgebiete vom 8. Oktober 1939 wurden sämtliche Verwaltungszweige dem Reichsstatthalter zugewiesen. Man sah also ganz bewusst von der Schaffung selbstständiger Behörden der Arbeitsverwaltung ab. Der Reichsarbeitsminister reklamierte hingegen, dass in den neuen Reichsgauen die Mittelinstanz der Arbeitsverwaltung nicht eine Unterabteilung der jeweiligen Reichsstatthalterei bilden sollte, sondern dass sie entsprechend den Verhältnissen im Altreichsgebiet eigenständigen Behörden übertragen werde. Seine Vorstöße in diese Richtung blieben jedoch erfolglos.[36]

Im Generalgouvernement gab es drei Hierarchiestufen beim Aufbau der Arbeitsverwaltung: Die oberste Ebene bildete die Abteilung (später Hauptabteilung) Arbeit beim Generalgouverneur. In den Distrikten agierte jeweils eine eigene Abteilung Arbeit, der wiederum fünf Arbeitsamtsbezirke unterstellt waren. In den Kreis- bzw. Stadthauptmannschaften, welche die unterste deutsche Administrationsebene im Generalgouvernement bildeten, war jeweils ein Arbeitsamt bzw. eine Nebenstelle vorhanden; darüber hinaus gab es in einigen Städten weitere Nebenstellen, alleine das Arbeitsamt Warschau verfügte über 19. Im Sommer 1942 existierten im Generalgouvernement insgesamt 21 Arbeitsämter und 86 Nebenstellen.[37] Auch in diesem Fall kann man von einer stärkeren politischen Einflussnahme ausgehen, vor allem auf der untersten Ebene, wo die Kreishauptmänner später auch einen großen Teil der operativen Tätigkeiten selbst übernahmen.[38]

Bis 1942 führten die Arbeitsämter ihre Aufgaben als Hoheitsaufgaben in eigener Zuständigkeit und Verantwortung durch. Dann machte sich immer stärker die Tendenz bemerkbar, die Fachverwaltungen unter der Leitung des höchsten politischen Beamten, also des Kreis- bzw. Stadthauptmannes zu verschmelzen, der bereits seit März 1941 ein Weisungsrecht gegenüber den Arbeitsämtern besaß, soweit es für die „Wahrung einer einheitlichen politischen Linie“

35 Verwaltungs-Jahrbuch für die Beamten und Angestellten der Arbeitseinsatzverwaltung 1942/43 II, Berlin 1942, S. 30 f.

36 Abschrift eines Schreibens des Reichsarbeitsministers an den Reichsminister des Innern vom 22. 11. 1939, BArch R 2, Nr. 18454, Bl. 211–213.

37 Material der 1. Kreishauptleutetagung des Distrikts Galizien am 2. 9. 1941, Archiwum Instytutu Pamięci Narodowej, 196: Proces Bühlera, Nr. 286, Bl. 101–137, hier Bl. 111; Stephan Lehnstaedt, Die deutsche Arbeitsverwaltung im Generalgouvernement und die Juden (Gutachten vom 23. 11. 2008), S. 4 ff.

38 Abschrift eines Schreibens des Leiters der Abteilung Arbeit im Amt des Generalgouverneurs für die besetzten polnischen Gebiete, Krohn, an den Distriktschef in Lublin vom 3. 11. 1939, Archiwum Państwowe w Lublinie (APLu), 498, Nr. 686, Bl. 1.

notwendig erschien.[39] Für die Arbeitsämter bedeutete dies, dass sie zwar ihre Selbstständigkeit behielten und die Aufgaben weiterhin in eigener Zuständigkeit durchführten, ihre Hoheitsbefugnisse aber weitgehend auf den Kreis- bzw. Stadthauptmann übergingen.[40]

In Serbien gab es aufgrund der vorwiegend landwirtschaftlichen Wirtschaftsstruktur keine das gesamte Land erfassende Form der Arbeitsverwaltung. Arbeitsämter bestanden lediglich in den größeren Städten. Die größte und bedeutsamste Behörde dieser Art war die Zentralstelle für Arbeitsvermittlung in Belgrad. Auf dem Lande war die Rekrutierung von Arbeitskräften von den Kreisbehörden und den Gemeinden zu organisieren, die wiederum ihre Weisungen vom serbischen Innenministerium erhielten. Die serbische Kollaborationsregierung unterstand im Bereich des Arbeitswesens sowohl der Kontrolle der zuständigen Abteilung Arbeit in der deutschen Militärverwaltung als auch Franz Neuhausen, dem Generalbevollmächtigten für die Wirtschaft Serbiens, der über einen eigenen Referenten für den Arbeitseinsatz verfügte.

Am 25. Juni 1940 kamen 16 beim Reichsarbeitsministerium angeforderte Werber nach Belgrad, und noch weitere wurden erwartet.[41] Sie wurden auf die serbischen Arbeiterbörsen in Belgrad, Großbetschkerek im Banat (Zrenjanin) und Niš aufgeteilt. Mit dem bereits früher eingetroffenen Referenten für Arbeitseinsatz beim Generalbevollmächtigten für die Wirtschaft in Serbien, Oberkriegsverwaltungsrat Wilhelm Sparkuhle, an der Spitze gaben sie die Befehle aus. Die Arbeiterbörsen und die serbische Hauptverwaltung für Arbeitsvermittlung hatten diese auszuführen und die entsprechenden Kosten zu übernehmen. In mehreren Orten wurden Werbestellen gegründet.[42] Bald darauf wurde die Zahl der

39 Verwaltungsanordnung Nr. 2 vom 31. 3. 1941 zur Verordnung über die Einheit der Verwaltung vom 1. Dezember 1940, zit. nach: Das Recht des Generalgouvernements: Nach Sachgebieten geordnet mit Erläuterungen und einem ausführlichen Sachverzeichnis. Hrsg. von Albert Weh, Krakau 1941, Nr. A 121 b (Zitat ebenda).

40 „Bericht über die Tätigkeit im Generalgouvernement" von Herbert Reichstein vom 22. 5. 1956, BArch B 162, Nr. 1930, Bl. 590–598, hier Bl. 597; Dieter G. Maier, Die deutsche Arbeitsverwaltung im polnischen Generalgouvernement 1939–1945 (Gutachten für das Landessozialgericht Nordrhein-Westfalen vom 20. 8. 2008), S. 7 ff.; Abschrift eines Rundschreibens des Gouverneurs des Distrikts Radom an den Chef des Amtes, den SS- und Polizeiführer und die Leiter der Abteilungen, die Leiter der Arbeitsämter und die Kreis- und Stadthauptleute vom 2. 10. 1942, Archiwum Państwowe w Radomiu, 209, Nr. 792, Bl. 513–516.

41 Der Einsatz serbischer Arbeiter im Reich, BArch R 26 VI, Nr. 1350; Schlarp, Wirtschaft und Besatzung, S. 208.

42 Nikola Živković, Ratna šteta koju je Nemačka učinila Jugoslaviji u Drugom svetskom ratu, Beograd 1975, S. 164; Odluka o utvrđivanju zločina okupatora i njihovih pomagača, Krmpotić dr Mario, Arhiv Jugoslavije, Beograd (AJ), 110, F. br. 789/I.

Zweigstellen der Arbeitsbörse in der Provinz erhöht, sodass Filialen in Kruševac, Zaječar, Paraćin, Leskovac, Požarevac, Smederevo, Valjevo, Čačak und Šabac entstanden.[43]

Die Arbeiterrekrutierung

Sowohl im Falle des Warthegaues als auch des Generalgouvernements ist es schwierig, verschiedene Phasen bei den Formen der Arbeiterrekrutierung voneinander abzugrenzen, typisch war eher die Gleichzeitigkeit verschiedener Methoden. Die vorherrschenden Rekrutierungsformen bildeten in beiden Fällen die sogenannte Beorderung bzw. Dienstverpflichtung. Razzien spielten – ebenso wie die Werbung von Freiwilligen – eher im Generalgouvernement eine Rolle, kamen aber auch im Warthegau vor. Recht häufig kam es im Warthegau zu namentlichen Anforderungen von Arbeitskräften durch Arbeitgeber aus dem Altreich, meistens von Personen, die bei ihnen bereits gearbeitet hatten.

Im Verlauf des Krieges nahm die Zahl derer, die den Beorderungen und Dienstverpflichtungen Folge leisteten, in beiden polnischen Gebieten rapide ab. Die Vorführung dieser Personen beim Arbeitsamt war Sache der Gendarmerie bzw. der polnischen Polizei, ohne sie kamen die Arbeitsämter dabei nicht aus. Den Familien der Nichterschienenen drohten Repressalien, wie beispielsweise die Einbehaltung ihrer Lebensmittelkarten, die Beschlagnahme von Haus und Hof oder sogar Geiselhaft. Spezifisch für den Warthegau war die bereits oben erwähnte Methode der Arbeitsverwaltung, die durch SS-Stellen als „eindeutschungsfähig" eingestuften Personen als Arbeitskräfte in das Altreich zu transportieren, wo sie angesiedelt werden sollten.

Trotz des weitgehenden Verzichts auf Propagandamaßnahmen für freiwillige Meldungen bei den Arbeitsämtern gab es diese durchaus, zumindest in der Anfangsphase.[44] Dabei muss man immer berücksichtigen, dass diese „freiwilligen" Meldungen unter der terroristischen Herrschaft eines Besatzungsregimes stattfanden und ein Arbeiten für den Feind bedeuteten. Sie waren primär durch die ökonomischen Zwänge einer unter den Kriegsfolgen leidenden Wirtschaft im Warthegau oder durch die vorhandenen Traditionen, Saisonarbeit in der deutschen Landwirtschaft zu suchen, motiviert. Wie groß der Anteil der freiwilligen

43 Der Einsatz serbischer Arbeiter im Reich, BArch R 26 VI, Nr. 1350; Saopštenje radnicima koji putuju u Nemačku na rad, in: Novo vreme vom 23. 1. 1942, Beograd, S. 5; Aleksić, Privreda Srbije, S. 314 f.

44 Karl Liedke, Gesichter der Zwangsarbeit. Polen in Braunschweig 1939–1945, Braunschweig 1997, S. 29.

Meldungen war, lässt sich aufgrund fehlenden Zahlenmaterials nicht belegen. Klar ist nur die Tendenz, dass die freiwilligen Meldungen sehr rasch nachließen, als Nachrichten über die Lebensumstände polnischer Landarbeiter im Altreich an die Öffentlichkeit drangen.[45]

Die am häufigsten praktizierte Form der Rekrutierung blieb im Warthegau die Beorderung, bei der die Arbeitskräfte aufgrund der bestehenden Arbeitspflicht oder der Verordnung zur Sicherstellung des Kräftebedarfs für Aufgaben von besonderer staatspolitischer Bedeutung vom 13. Februar 1939[46] vom Arbeitsamt vorgeladen wurden.[47]

Als Reaktion auf die schwieriger werdende Rekrutierung von Arbeitskräften veranstaltete die Polizei auf Anforderung der Arbeitsämter verstärkt „unvermutet Razzien nach herumlungernden Arbeitslosen". Diese Razzien brachten zunächst zahlreiche Festnahmen, und eine größere Zahl an Arbeitskräften konnte so den Arbeitsämtern zugeführt werden.[48] In Städten wie Posen (Poznań) führte die Schutzpolizei die Kontrollen zur Erfassung arbeitsloser Polen im Einvernehmen mit dem Arbeitsamt durch. Dabei wurden männliche Polen im Alter von 14 bis 65 Jahren und Polinnen im Alter von 14 bis 40 Jahren erfasst. Ausgenommen von der Erfassung waren lediglich solche Polen, die „offensichtlich blöde oder arbeitsunfähig" waren.[49] Vermehrte Razzien, mit denen Arbeitskräfte rekrutiert wurden, fanden auch in Kleinstädten wie Schrimm (Śrem) statt.[50]

Im Generalgouvernement ersann die Arbeitsverwaltung, nachdem die Werbung von Freiwilligen nicht mehr die gewünschten Erfolge gezeitigt hatte, eine Reihe weiterer Rekrutierungsmethoden; dazu zählten den Gemeinden auferlegte Kontingente ebenso wie der Versuch, ganze Jahrgänge einzuberufen. Die gewaltsame Rekrutierung von Arbeitern setzte dort eine Spirale von Gewalt und Gegengewalt in Gang, die aufgrund der geringen Verteilung und der Schwäche der Besatzungsmacht zu Anschlägen auf Mitarbeiter und Einrichtungen der Arbeits-

45 Bericht für die Archivsammlung der Vertriebenen beim Bundesarchiv für den Reichsgau Wartheland von Regierungshauptmann Georg Nitschke vom 26. 1. 1956, BArch (Außenstelle Bayreuth – Lastenausgleichsarchiv) Ost-Dok. 8, Nr. 865, Bl. 3–5, hier Bl. 3.

46 Andreas Kranig, Arbeitsrecht im NS-Staat: Texte und Dokumente, Köln 1984, S. 147 f.

47 Schreiben des Arbeitsamtes Litzmannstadt an den Polizeipräsidenten in Litzmannstadt vom 21. 3. 1942, Archiwum Państwowe w Łodzi, 217, Nr. 12, Bl. 15.

48 Lagebericht des Chefs der Ordnungspolizei, Stand 31. Mai 1940 vom 15. 6. 1940, BArch R 19, Nr. 334, Bl. 24–36, hier Bl. 30. Zitat ebenda.

49 Rundschreiben des Kommandos der Schutzpolizei Posen vom 22. 4. 1941, BArch R 70 Polen, Nr. 202, Bl. 14–15 und Anhang: Richtlinien für die Kontrollen zur Erfassung arbeitsloser Polen, Bl. 16–20. Zitat Bl. 14.

50 Schreiben der Schutzpolizeidienstabteilung an den Bürgermeister in Schrimm vom 9. 2. 1942, Archiwum Państwowe w Poznaniu, 465, Nr. 228, Bl. 107.

verwaltung sowie offenem Widerstand führte. Die Arbeitsämter entwickelten sich zu den am meisten gehassten Organisationen der Besatzungsverwaltung.

Den Normalfall der Arbeitskräfterekrutierung im Generalgouvernement bildete die über die Arbeitsämter vorgenommene namentliche Aufforderung zum Arbeitseinsatz. Sie konnte die Form der Beorderung auf Grundlage der eingeführten Arbeitspflicht oder der Dienstverpflichtung annehmen. Eine weitere Variante bestand darin, den regionalen oder kommunalen Gebietskörperschaften bestimmte Quoten oder Kontingente an Arbeitskräften aufzuerlegen, die sie zu stellen hatten. Mit der Etablierung des Generalgouvernements änderte sich die Rekrutierungspraxis zwar für ein paar Monate, man ging zurückhaltender vor und setzte eher auf Freiwilligkeit. Das sollte sich aber im April 1940 bereits wieder ändern. Dabei spielte für die deutsche Arbeitsverwaltung in erster Linie die Anzahl der nach Deutschland transportierten Arbeiter eine Rolle.

Dementsprechend wandte sie die Rekrutierungsmethoden nicht systematisch, sondern willkürlich an. So kam es zur Gleichzeitigkeit von brutalen Straßenrazzien auf der einen und Propaganda für die Werbung von Freiwilligen auf der anderen Seite. Eine Einteilung in Phasen ist dadurch nahezu unmöglich. Das aber insgesamt – im Vergleich mit den besetzten westeuropäischen Ländern – brutalere Vorgehen bei der Arbeiterrekrutierung ist primär mit den vorgegebenen Zielen der Besatzungspolitik und einer Haltung von Rassismus und Herrenmenschenattitüde zu erklären, die dem Selbstverständnis der meisten Mitarbeiter der deutschen Arbeitsverwaltung entsprach.[51]

Da einem Teil der polnischen Bevölkerung die Wanderarbeit in Deutschland geläufig war, bereitete in der ersten Zeit die Werbung Freiwilliger keine großen Schwierigkeiten. Die Abteilung Arbeit beim Generalgouverneur flankierte die Werbung durch Broschüren und Flugblätter in polnischer Sprache, die die Parolen der Gegenpropaganda entkräften sollten.[52] Die Zahlen der freiwillig Geworbenen entwickelten sich jedoch nicht in dem Maße, wie von der deutschen Arbeitsverwaltung erhofft. Maßgeblich dazu trug die schlechte Behandlung der polnischen Arbeiter und Arbeiterinnen im Reich bei, die sich schnell im besetzten Polen herumsprach. Auf der anderen Seite hielt die deutsche Arbeitsverwaltung die Werbung Freiwilliger fast bis zum Ende der Besatzungsherrschaft aufrecht, selbst in Warschau bis zum Aufstand von 1944.[53]

51 Mark Spoerer, Zwangsarbeit unterm Hakenkreuz: Ausländische Zivilarbeiter, Kriegsgefangene und Häftlinge im Deutschen Reich und im besetzten Europa 1939–1945, Stuttgart/München 2001, S. 46 f.; Kobler, Rekrutierung von Zwangsarbeitern, S. 19.

52 „Die Tätigkeit der Arbeitsämter im Generalgouvernement“ von Bundesverwaltungsrat Dr. Eduard Köhl vom 4. 7. 1956, BArch (Außenstelle Bayreuth – Lastenausgleichsarchiv) Ost-Dok. 13, Nr. 273, Bl. 1–21, hier Bl. 11; Seidel, Deutsche Besatzungspolitik, S. 139.

53 Kobler, Rekrutierung von Zwangsarbeitern, S. 53, 59.

Die von den Wojts und Soltysen, also den Gemeindeverwaltern, erstellten Namenslisten boten der Arbeitsverwaltung ein zielgerichtetes Mittel zur Arbeiterrekrutierung durch Beorderung. Die Grundlage dafür bildete die Verordnung über die Einführung der Arbeitspflicht für die polnische Bevölkerung im Generalgouvernement vom 26. Oktober 1939[54] und die Erste Durchführungsverordnung zu dieser Verordnung vom 31. Oktober 1939.[55] Auf dieser Basis wurde die betreffende Arbeitskraft zur Arbeitsleistung im Reich verpflichtet. Die dortige Beschäftigung sollte im Rahmen eines – in der Regel auf neun Monate – befristeten Arbeitsverhältnisses erfolgen, die Entlohnung und die übrigen Arbeitsbedingungen sollten sich nach der Tarifordnung für polnische landwirtschaftliche Arbeitskräfte richten. So versprach es zumindest der Text der Beorderung. Wer ihr nicht Folge leistete, konnte vom Gericht zu Gefängnis und einer Geldstrafe verurteilt werden. Die Geldstrafe konnte in unbeschränkter Höhe, also auch im Wert des gesamten Besitzes ausgesprochen werden. Diese Strafe traf im Zweifelsfall auch Angehörige oder sonstige Personen, die zur Verweigerung der Arbeitspflicht Beihilfe leisteten.[56]

Im Generalgouvernement wurde am 13. Mai 1942 die Verordnung zur Sicherstellung des Kräftebedarfs für Aufgaben von besonderer staatspolitischer Bedeutung erlassen.[57] Diese sogenannte Dienstpflichtverordnung gab die Möglichkeit, jeden Polen „gesetzlich" zu zwingen, den Arbeitsplatz zu wechseln und in die Rüstungsindustrie zu gehen. In erster Linie aber sollte die Dienstpflichtverordnung dazu dienen, jeden polnischen Arbeiter auch außerhalb des Generalgouvernements, also vornehmlich im Reich, einsetzen zu können.[58]

54 Verordnung über die Einführung der Arbeitspflicht für die polnische Bevölkerung des Generalgouvernements vom 26. 10. 1939, in: Verordnungsblatt des Generalgouverneurs für die besetzten polnischen Gebiete, 1939, Nr. 1 vom 26. 10. 1939, S. 6.

55 Erste Durchführungsverordnung zur Verordnung vom 26. Oktober 1939 über die Einführung der Arbeitspflicht für die polnische Bevölkerung des Generalgouvernements vom 31. 10. 1939, in: ebenda, Nr. 2 vom 2. 11. 1939, S. 14 f.

56 Zweisprachiges Formular „Behördliche Beorderung zur Landarbeit in Deutschland", verschickt vom Arbeitsamt Lublin an Stefan Bartusiak, am 18. 4. 1941, APLu, 509, Nr. 74, Bl. 8–9.

57 Verordnung zur Sicherstellung des Kräftebedarfs für Aufgaben von besonderer staatspolitischer Bedeutung (Dienstverpflichtungsverordnung) vom 13. 5. 1942, in: Verordnungsblatt des Generalgouverneurs, 1942, Nr. 40 vom 26. 5. 1942, S. 255–257.

58 Eva Seeber, Zwangsarbeiter in der faschistischen Kriegswirtschaft: Die Deportation und Ausbeutung polnischer Bürger unter besonderer Berücksichtigung der Lage der Arbeiter aus dem sogenannten Generalgouvernement (1939–1945), Berlin 1964, S. 131; Kranig, Arbeitsrecht im NS-Staat, S. 164; Abschrift eines Schreibens des Reichsführers SS an den Höheren SS- und Polizeiführer Ost vom 19. 7. 1942, BArch NS 19, Nr. 1757, Bl. 1–3.

Die Dienstverpflichtung wurde immer mehr zum probaten Mittel. Die Rüstungsinspektion im Generalgouvernement konstatierte, dass sich im ersten Vierteljahr 1943 durch den starken Einfluss der Widerstandsbewegung auf die Bevölkerung die Erfassung der für den Einsatz ins Reich bestimmten polnischen Arbeitskräfte immer schwieriger gestaltete. Der freiwillige Einsatz sei fast völlig zum Erliegen gekommen. Nur noch auf dem Wege des Zwanges, also vornehmlich durch Dienstverpflichtungen mit nachfolgenden polizeilichen Zwangsgestellungen sei es überhaupt möglich gewesen, im ersten Vierteljahr 1943 rund 87 500 Personen für das Reich abzustellen.[59]

In Städten wie Warschau begannen die Razzien auf Arbeitskräfte im Februar 1940. Der damals 16-jährige Jan Kokólka wurde am 8. Mai 1940 festgenommen. Im Zentrum von Warschau hörte er plötzlich Schreie von Frauen und ein auf Deutsch gerufenes „Halt! Raus!" „Zu einer Flucht war es schon zu spät. Es war eine Razzia, die ich zum ersten Mal sah und der ich zum ersten Mal begegnete. Alles passierte so schnell, dass ich nicht weiß, wie ich mich auf der Ladefläche eines Lastwagens wiederfand, die mit einer Plane abgedeckt war. Danach brachten uns die Deutschen nach Praga in irgendein Schulgebäude, dort kamen wir in ein Bad, und unsere Kleider wurden desinfiziert. Danach wurden alle registriert, und am nächsten Tag wurde der ganze Transport nach Deutschland zur Zwangsarbeit, vor allem zur Landarbeit, verschickt."[60] Ende Mai 1940 reagierte das Arbeitsamt Lublin auf die geringe Zahl an freiwilligen Meldungen mit einer Razzia am Fronleichnamstag. Dabei wurden 87 Personen erfasst, von denen das Arbeitsamt 47 nach Deutschland abtransportierte. „Die moralische Wirkung dieser Razzia hat sich allerdings in den nächsten Tagen ausgewirkt. Meldungen beim Arbeitsamt gehen besser ein."[61] Insbesondere die Erfassungsaktionen vom Januar 1943 hatten negative Effekte. In Warschau wurden in der Zeit vom 15. bis 22. Januar 1943 etwa 15 000 Menschen willkürlich von den Straßen, aus Wohnungen und sogar vor Kirchen eingefangen und ins Reich transportiert. Wie Gouverneur Ludwig Fischer berichtete, zerrissen die deutschen Dienststellen dabei die von ihnen ausgestellten Beschäftigungsnachweise und verschickten auch polnische Arbeiter, die bereits in der Rüstungsindustrie im Generalgouvernement arbeiteten. Ludwig

59 Kriegstagebuch der Rüstungsinspektion im Generalgouvernement für das 1. Vierteljahr 1943: Die wesentlichen Probleme, ihre Entwicklung und ihre Lösung im 1. Vierteljahr 1943, BArch-MA RW 23, Nr. 3, Bl. 6–11, hier Bl. 7.

60 Zit. nach: Kobler, Rekrutierung von Zwangsarbeitern, S. 27 (Praga ist ein Stadtteil von Warschau); Tomasz Szarota, Warschau unter dem Hakenkreuz: Leben und Alltag im besetzten Warschau 1. 10. 1939 bis 31. 7. 1944, Paderborn 1985, S. 84.

61 Vgl. Notizen über Landarbeiteraktion anlässlich der Amtsleiterbesprechung im Arbeitsamt Lublin am 6. 6. 1940, APLu, 498, Nr. 694, Bl. 42–45, hier Bl. 42. Zitat ebenda.

Losacker, Präsident der Hauptabteilung Innere Verwaltung, kritisierte im Nachhinein, dass dabei „planlos Leute von den Straßen, aus den Kirchen und Wohnungen weggeholt" worden seien, was sich überaus ungünstig auf die Stimmung der Bevölkerung ausgewirkt habe.[62]

In Serbien sollten Arbeitskräfte für das Reich zunächst in Form freiwilliger Werbung gewonnen werden, um den Bedarf der heimischen Industrie und deren Eingliederung in das System der nationalsozialistischen Kriegswirtschaft nicht zu gefährden. Angesichts ungenügender Ergebnisse wurde ab 1942 der Druck auf die serbische Kollaborationsregierung massiv erhöht, Arbeiterkontingente für die deutsche wie für die serbische Wirtschaft bereitzustellen. Politische und wirtschaftliche Erwägungen bewogen jedoch die deutsche Militärverwaltung, das Potenzial an Arbeitskräften nicht primär für die Wirtschaft im Reich auszuschöpfen, sondern ebenso der heimischen Industrie, hier vor allem dem Bergbau, zuzuführen. Ab 1943 verschärfte sich das Problem des Arbeitermangels zudem durch Verlagerungen von Wirtschaftsbetrieben nach Serbien, die für die deutsche Rüstungsindustrie arbeiteten, wie Filialen der Friedrich Krupp AG und der Reichswerke Hermann Göring. Zudem erforderten Instandsetzungs- und Baumaßnahmen für die Wehrmacht Arbeitskräfte.

Auch in Serbien verschärfte sich im Verlauf der Besatzungszeit die Gewalt bei der Durchsetzung der Arbeitsverpflichtungen, die allerdings in der organisatorischen Schwäche der Exekutive und der Bedrohung durch den Partisanenkrieg eine Begrenzung fand. Deshalb konzentrierte sich die Arbeiterrekrutierung vor allem auf die städtische Bevölkerung. Insgesamt prägte die Zwangsarbeit in ihren verschiedenen Formen das Bild des öffentlichen Lebens im Lande und kann als zentrales Element der wirtschaftlichen Ausbeutung Serbiens gelten.

Bereits auf der Konferenz zwischen dem Generalbevollmächtigten für die Wirtschaft in Serbien und seinen Mitarbeitern, die für die Arbeitskräftefragen zuständig waren, beschloss man am 2. Juni 1941, bis zum Ende des Jahres 75 000 Arbeiter für Schwerarbeiten aus Serbien ins Reich zu entsenden.[63]

Der Referent für Arbeitseinsatz beim Generalbevollmächtigten für die Wirtschaft in Serbien, Wilhelm Sparkuhle, läutete eine Werbeaktion am 1. Juli 1941 mit einer Rede im Belgrader Rundfunk ein. Er sprach dabei über den angeblichen Überschuss an arbeitslosen Intellektuellen, die umgeschult werden sollten, und

62 Seeber, Zwangsarbeiter in der faschistischen Kriegswirtschaft, S. 138; Eintrag im Diensttagebuch von Frank vom 31. 5. 1943, Arbeitssitzung zur Sicherheitslage, zit. nach: Werner Präg/Wolfgang Jacobmeyer (Hrsg.), Das Diensttagebuch des deutschen Generalgouverneurs in Polen 1939–1945, Stuttgart 1975, S. 681, Anm. 42.

63 Aleksić, Privreda Srbije, S. 314; Milan Borković, Kontrarevolucija u Srbiji, Bd. 2: Kvislinška uprava 1943–1944, Beograd 1979, S. 62; Živković, Ratna šteta, S. 165.

über die Möglichkeiten für eine zeitlich befristete Arbeitsaufnahme im Reich für die Arbeitslosen aus Serbien. Die Arbeitskräfte aus dem Bergbau und aus anderen kriegswichtigen Wirtschaftszweigen sollten vom Arbeitseinsatz im Reich ausgeschlossen bleiben.[64] Zwei Tage später ging der erste Transport mit 1000 Arbeitern ab; das nutzte die regimenahe Presse, um in der Öffentlichkeit mit den angeblich guten Arbeitsbedingungen im Rech zu werben: 48-stündige Arbeitswoche, 100 Dinar Tageslohn, 25 bzw. 50 Prozent Überstundenaufschläge, acht bezahlte freie Tage pro Jahr und Zuschläge für Weihnachten, Ostern und Neujahr. Die verheirateten Arbeiter bekämen außerdem einen Zuschlag von 1,50 RM für Frau und Kinder.[65] Ähnliche Propagandabeiträge erschienen auch in den folgenden Monaten und Jahren. In ihnen wurden nicht nur die guten Löhne und Arbeitsbedingungen, sondern auch die Möglichkeiten der Weiterbildung, der Freizeitgestaltung, des Geldtransfers sowie die Religionsfreiheit und anderes mehr gelobt.

Bis Ende August 1941 gelang es den Werbern aus dem Reich, 7328 Industriearbeiter und 14 909 Landarbeiter zu rekrutieren.[66] Die deutschen Dienststellen waren aber mit diesem Ergebnis nicht zufrieden. Aus ihrer Sicht folgten viele Arbeiter der Offerte wegen der kommunistischen Propaganda nicht.[67]

Um die Zahl der Freiwilligen zu steigern, zogen die Werbekommissionen durch das Land. Die Gemeindeverwaltungen wurden angehalten, die Bevölkerung von ihrem Eintreffen vorher in Kenntnis zu setzen.[68] Die so rekrutierten Arbeiter unterschrieben vor ihrer Abfahrt einen Vertrag, in dem die Dauer des Arbeitseinsatzes, die Lohnbedingungen und weitere Details festgelegt waren. Die Verträge hatten eine Laufzeit von sechs Monaten, konnten aber verlängert werden. Die Arbeiter mussten mindestens 18 Jahre alt sein, bzw. Kinder, die mit ihren Eltern mitreisten, mindestens 16 Jahre alt. Diese Regel wurde aber nicht immer eingehalten.[69] Natürlich war es den Werbern wichtig, möglichst viele Freiwillige zu rekrutieren, sodass sie bei deren Auswahl nicht besonders zimperlich waren. Auch die Bedingungen im Reich entsprachen nicht immer den Versprechungen – was den kommunistischen Historikern später Anlass bot, von Zwangsarbeit zu sprechen.

64 Radna snaga u Srbiji, in: Novo vreme vom 2. 7. 1941, Beograd, S. 3.

65 M. Mar, Preksinoć otputovala prva grupa naših radnika u Nemačku, in: ebenda, 6. 6. 1941, S. 6.

66 Schlarp, Wirtschaft und Besatzung, S. 208.

67 Der Einsatz serbischer Arbeiter im Reich, BArch R 26 VI, Nr. 1350; Schlarp, Wirtschaft und Besatzung, S. 208.

68 Načelstvo sreza svrljiškog opštinskoj upravi Svrljig, den 27. 7. 1941, Vojni arhiv, Nedićeva arhiva, Beograd (VANA), k. 53, f. 1, d. 4; Iz sreza beličkog javljaju se mnogi na rad u Nemačkoj, in: Novo vreme vom 7. 8. 1941, Beograd, S. 5.

69 [Izveštaj delegata za srpske radnike Milana Kečića], Berlin, den 16. 2. 1942, VANA, k. 34, f. 3. d. 16; Aleksić, Privreda Srbije, S. 315.

Auf diese Weise brachte man bis zum Ende des Jahres 1941 zwischen 32 000 und 34 000 Arbeiter ins Reich.[70] Bis Mitte 1942 stieg die Zahl der „Gastarbeiter" auf 43 700. Dann wurden weitere Werbungen zunächst gestoppt, da die Arbeitskräfte in Serbien selbst – besonders im Kupferbergwerk Bor – fehlten.[71] Die Werbung wurde erst im Frühling 1943 fortgesetzt, als sich 3400 Leute meldeten.[72]

Es gab mehrere Umstände, die die Arbeiter motivierten, sich ins Reich zu begeben. Als Hauptgründe führt Dragan Aleksić die folgenden an: die intensive Propaganda in der Presse; die Abneigung gegenüber der Pflichtarbeit in den Gruben, die in Serbien ab 1942 eingeführt wurde; bessere Verdienstmöglichkeiten in Deutschland; Vermeidung der Rekrutierung in die Partisanen- oder Tschetnikeinheiten; schließlich ein Loyalitätsbeweis gegenüber der Nedić-Regierung.[73] Die zeitgenössischen deutschen Analysen sahen das ähnlich – sie wiesen auf die maßgeblichen Anreize in der Vermeidung des Militärdienstes, von Konflikten und Repressalien[74] sowie auf die Pflichtarbeit hin, ferner auf die Möglichkeit, mit leichterer Arbeit im Reich mehr zu verdienen.[75]

Im Laufe des Jahres 1943 sank das Interesse, eine Arbeit im Reich anzunehmen. Die Gründe waren vielfältig: Zum einen nahm der Druck der Aufständischen auf die Freiwilligen zu. Auch verschlechterte sich die Ernährungslage in Deutschland, und man hörte von den Luftangriffen auf die deutschen Arbeitsstellen. Eine Rolle spielte auch die Abwertung der Löhne. Und nicht zuletzt wurde ein deutscher militärischer Sieg für jeden offensichtlich immer unwahrscheinlicher.[76]

70 Wehrwirtschaftstab Südosten, Kriegstagebuch, 4. April – 31. Dezember 1941: Zusammenfassung Dezember, BArch-MA RW 29, Nr. 31; 8. Lagebericht des Verwaltungsstabes beim Befehlshaber Serbien, undatiert, ebenda, RW 40, Nr. 190; Schlarp, Wirtschaft und Besatzung, S. 209; Milan D. Ristović, Nemački novi poredak i jugoistočna Evropa 1940/41–1944/45: Planovi o budućnosti i praksa, Beograd 1991, S. 263.

71 Wehrwirtschaftstab Südosten, Kriegstagebuch 1. Juli – 30. September 1942: Zusammenfassung Juli 1942, BArch-MA RW 29, Nr. 33; Ristović, Nemački novi poredak, S. 263; Schlarp, Wirtschaft und Besatzung, S. 209. Vgl. insgesamt zur Situation in Bor: Sabine Rutar, Arbeit und Überleben in Serbien: Das Kupfererzbergwerk Bor im Zweiten Weltkrieg, in: Geschichte und Gesellschaft 31 (2005), S. 101–134.

72 Schlarp, Wirtschaft und Besatzung, S. 209.

73 Aleksić, Privreda Srbije, 322 f.

74 Odluka o utvrđivanju zločina okupatora i njihovih pomagača, Krmpotić dr. Mario, AJ, 110, F. br. 789/I.

75 Zweiter Gesamtbericht des Generalbevollmächtigten für die Wirtschaft in Serbien vom Juli 1942, BArch R 26 VI, Nr. 692; Schreiben des Kommandierenden Generals und Befehlshabers in Serbien, Abt. Ia, an den Oberbefehlshaber Südost, Lagebericht vom 19. 4. 1943, BArch-MA RW 40, Nr. 40; Schlarp, Wirtschaft und Besatzung, S. 207.

76 Wehrwirtschaftstab Südost, Kriegstagebuch 1. Januar – 31. März 1944, Lagebericht Serbien vom 15. 2. 1944, BArch-MA RW 29, Nr. 39; Aleksić, Privreda Srbije, S. 319; Schlarp, Wirtschaft und Besatzung, S. 211.

Die deutsche Besatzung dauerte bis Ende Oktober 1944, und von Jahresbeginn bis zu diesem Zeitpunkt gingen lediglich noch 3850 Leute zur Arbeit ins Reich.[77] Sehr wahrscheinlich gab es auch unter ihnen solche, die eigentlich zwangsverschleppt worden waren. Da die Macht der deutschen Besatzer immer mehr schwand, wurde es für sie zunehmend schwieriger, Arbeiter zu rekrutieren. Obwohl bis Anfang 1944 insgesamt etwa 63 000 Menschen aus Serbien als Arbeiter ins Reich gingen, waren schätzungsweise nicht mehr als 30 000 bis 35 000 gleichzeitig vor Ort.[78]

Fazit

Die Arbeitsverwaltung deportierte aus allen in das Reich eingegliederten Gebieten Polens etwa 700 000 bis 730 000 Personen zur Zwangsarbeit nach Deutschland. Von ihnen stammten zweifellos die meisten aus dem Warthegau; Danzig-Westpreußen und Ost-Oberschlesien spielten demgegenüber zahlenmäßig eine untergeordnete Rolle. Die Anzahl derer, die im Reich angesiedelt werden sollten, lässt sich kaum noch genau angeben. Die SS-Ämter stellten der Arbeitsverwaltung für den Arbeitseinsatz im Altreich und im Warthegau 118 000 Personen zur Verfügung. Aus dem Generalgouvernement wurden nach neueren Schätzungen zwischen 1,2 und 1,5 Millionen Zwangsarbeiter ins Reich gebracht. Demgegenüber nehmen sich die Zahlen für Serbien mit knapp 65 000 Arbeitskräften im Reich eher bescheiden aus.[79]

Insgesamt kann man festhalten, dass es beim Aufbau der deutschen Arbeitsverwaltungen graduelle, aber keine prinzipiellen Unterschiede gab – sieht man vom Referenzbeispiel Serbien ab. Auch die Vorgehensweisen bei der Zwangsarbeiterrekrutierung wichen weniger stark voneinander ab, als man vermuten könnte: Ähnliche Probleme – die steigenden Arbeitskräfteanforderungen der jeweiligen Wirtschaft wie auch speziell aus dem Reich – bedingten offensichtlich

77 Ebenda, S. 210.

78 Dritter Gesamtbericht des Generalbevollmächtigten für die Wirtschaft in Serbien, Januar 1944, BArch-MA RW 40, Nr. 99.

79 Musial, Recht und Wirtschaft im besetzten Polen, S. 39, 47; Monatsbericht für Oktober 1944 von SS-Hauptsturmführer Püschel, Umwandererzentralstelle Litzmannstadt, vom 1. 11. 1944, zit. nach: Czesław Łuczak, Położenie polskich robotników przymusowich w Rzeszy 1939–1945, Poznań 1975 (Documenta Occupationis, Bd. IX), Dok. III–43, S. 158–160; Schwaneberg, Die wirtschaftliche Ausbeutung, S. 115; Dritter Gesamtbericht des Generalbevollmächtigten für die Wirtschaft in Serbien, Januar 1944, BArch-MA RW 40, Nr. 99.

ähnliche Lösungen. Gemeinsam war der Trend zu immer gewalttätigeren Formen der Arbeiterrekrutierung bei gleichzeitig wachsendem Widerstand in den besetzten Gebieten.

Es kam zu einer immer stärkeren Annäherung in der Rekrutierungspraxis, besonders seitdem sich der Druck auf die Arbeitsverwaltungen im Zuge der Berufung Fritz Sauckels zum Generalbevollmächtigten für den Arbeitseinsatz im März 1942 noch mehr erhöhte – nach der Winterkrise 1941/42, die das Ende des Blitzkriegskonzepts und eine langfristige Kriegsdauer erwarten ließ. Sein Motto lautete: „Wir werden die letzten Schlacken unserer Humanitätsduselei ablegen."[80]

Die unterschiedliche Intensität des Zugriffs auf die unterworfene Bevölkerung hing zunächst von Bedingungen wie Mitarbeiterzahl der Arbeitsämter, Stärke der Polizeikräfte, Verkehrsinfrastruktur, Widerstand etc. ab. Signifikant für schlechte strukturelle Voraussetzungen ist das Beispiel Serbien: Das Gebiet war verkehrstechnisch wenig erschlossen, die Verwaltung kaum wiederhergestellt, die unteren Organe nur beschränkt arbeitsfähig. Hinzu kam, dass das Gros der Bevölkerung aus Klein- und Mittelbauern bestand, die über keinerlei Tradition als Wanderarbeiter verfügten.

Entscheidend jedoch war der Einfluss der übergeordneten grundsätzlichen besatzungs- und der volkstumspolitischen Ziele für das jeweilige Gebiet. Diese Determinanten hatten weitaus stärkeres Gewicht bei der Zwangsarbeiterrekrutierung als die strukturelle Prägung der Arbeitsverwaltung durch die jeweilige Form der Besatzungsherrschaft.

Die vorgegebenen besatzungspolitischen Ziele waren zwar in keinem doktrinären Programm festgelegt, dem jeder folgen konnte. Aber sie waren doch greifbar und dominierten als handlungsleitende Richtlinie – trotz der unterschiedlichen, oft gegeneinander arbeitenden Interessengruppen. Mark Mazower hat unlängst darauf hingewiesen, dass es den Nationalsozialisten an einem besatzungspolitischen Gesamtkonzept gemangelt habe.[81] Das ist zweifellos richtig, allerdings gab es neben dem „organisierten Chaos" zumindest so etwas wie die „Vision eines Großgermanischen Reiches", wie Wolfgang Benz das einmal genannt hat.[82] Inte-

80 Rede Sauckels vom 6. 1. 1943, Der Prozeß gegen die Hauptkriegsverbrecher vor dem Internationalen Militärgerichtshof, Nürnberg 14. November 1945 – 1. Oktober 1946, Bd. 41, Nürnberg 1949, S. 225 f.

81 Mark Mazower, Hitlers Imperium: Europa unter der Herrschaft des Nationalsozialismus, München 2009, bes. S. 208 ff.

82 Benz, Typologie der Herrschaftsformen, S. 19; vgl. dazu auch Das organisierte Chaos: „Ämterdarwinismus" und „Gesinnungsethik". Determinanten nationalsozialistischer Besatzungsherrschaft. Hrsg. von Johannes Houwink ten Cate/Gerhard Otto, Berlin 1999; Röhr, System oder organisiertes Chaos?.

graler Bestandteil dieser Vision waren die besatzungspolitischen Ziele für jedes besetzte Land und dessen damit verbundene – zugegebenermaßen nicht immer deutlich formulierte – Stellung innerhalb der „Neuen Ordnung". In diesem Rahmen herrschten recht unklare Vorstellungen für den Balkan vor, dagegen bestand ein eindeutiges politisches Interesse am Warthegau und langfristig auch am Generalgouvernement als künftigem deutschen „Lebensraum".

Tilman Plath

„Schonung", „Menschenjagden" und Vernichtung

Die Arbeitseinsatzpolitik in den baltischen Generalbezirken des Reichskommissariats Ostland 1941–1944

Das Thema Zwangsarbeit im Baltikum und Zwangsarbeit von baltischen Arbeitskräften im Reich ist bisher in der Forschung wenig berücksichtigt worden.[1] Dies liegt in erster Linie daran, dass der Schwerpunkt der deutschen Zwangsarbeiterrekrutierung in den Gebieten der besetzten Sowjetunion weiter südlich lag, in Weißrussland und vor allem in der Ukraine. Jedoch ist gerade die Frage nach den Gründen dieser vermeintlichen deutschen Zurückhaltung – oder Schonung – aufschlussreich für die dortige deutsche Besatzungspolitik im Allgemeinen und für das Verhältnis von Deutschen und Einheimischen im Besonderen.

Die Arbeitspflicht wurde bereits kurz nach der Eroberung am 15. August erstmalig ausgerufen[2] und am 19. Dezember 1941 durch einen Erlass Rosenbergs bestätigt; alle Bewohner im Alter von 18 bis 45 waren ausdrücklich davon betroffen.[3] Somit kann die konkrete Arbeitseinsatzpolitik Aussagen darüber zulassen, mit welchen Strategien die deutschen Besatzer der Bevölkerung des Baltikums begegneten und welche Folgen dies für den Besatzungsalltag der einheimischen

1 Dies gilt vor allem für die Überblickswerke wie: Ulrich Herbert, Fremdarbeiter. Politik und Praxis des „Ausländer-Einsatzes" in der Kriegswirtschaft des Dritten Reiches, Bonn 1999 (zuerst Berlin 1985); Mark Spoerer, Zwangsarbeit unterm Hakenkreuz. Ausländische Zivilarbeiter, Kriegsgefangene und Häftlinge im Deutschen Reich und im besetzten Europa 1939–1945, Stuttgart 2001; einzelne nennenswerte Forschungsergebnisse zu baltischen Zwangsarbeitern in: Zwangsarbeit in der Land- und Forstwirtschaft auf dem Gebiet Österreichs 1939 bis 1945. Hrsg. von Stefan Karner u. a., Wien/München 2004; Karlis Kangeris, Baltische Zwangsarbeiter im Dritten Reich, in: Hitlers Sklaven – Stalins „Verräter": Aspekte der politisch-administrativen Repressionen an Zwangsarbeitern und Kriegsgefangenen. Hrsg. von Peter Ruggenthaler/Walter Iber, Innsbruck 2010, S. 43–62; Justinas Braslauskas, Okupacinė darbo prievolių politika Lietuvoje 1941–1944 metais, in: Lietuvos istorijos studijos (2005) 15, S. 38–59.

2 RKfO Abt. II b gez. Fründt, Verordnung zur Regelung des Arbeitseinsatzes vom 15. 8. 1941, Lietuvos Centrinis Valstybės Archyvas (LCVA) R-626, aprašymas (ap.) 1, Nr. 4, Bl. 7.

3 Verordnung des RMfdbO über die Einführung der Arbeitspflicht, 19. 12. 1941, Eesti Riigiarhiiv (ERA), R-65, kirjeldus (kir.) 1, Nr. 7, Bl. 1.

Bevölkerung hatte. Die historiografische Bedeutung dieses Politikfeldes liegt nicht zuletzt darin begründet, dass es an der Schnittstelle zwischen deutschen Mobilisierungsbemühungen und einheimischen Reaktionen auf diese zu lokalisieren und somit in den breiten Rahmen der Kollaborations-/Kooperationsforschung einzuordnen ist.[4] Dieses Feld, das bisher mehrheitlich die Beteiligungen am Judenmord oder Formen militärischer Kollaboration umfasste, wird zugleich erweitert.[5]

Dementsprechend gehen folgende Ausführungen der Frage nach, welche strategischen Optionen die deutsche Besatzungsmacht in ihrer Arbeitseinsatzpolitik verfolgte. Drei Aspekte stehen dabei im Vordergrund: Erstens war die deutsche

4 Zu dem vom Autor geschätzten Versuch, den allzu umstrittenen Begriff der Kollaboration durch den inhaltlich weiter gefassten und neutraleren Begriff Kooperation zu ersetzen, siehe den Band mit zahlreichen Beispielen aus Osteuropa: Kooperation und Verbrechen. Formen der „Kollaboration" im östlichen Europa 1939–1945. Hrsg. von Babette Quinkert/Christoph Dieckmann/Tatjana Tönsmeyer, Göttingen 2005. Zum Themenkomplex der Kollaboration im Baltikum siehe: Meelis Maripuu, Kollaboration und Widerstand in Estland 1940–1944, in: Collaboration and Resistance During the Holocaust. Belarus, Estonia, Latvia, Lithuania. Hrsg. von David Gaunt/Paul A. Levine/Laura Palosuo, Bern 2004, S. 403–419; Katrin Reichelt, Kollaboration und Holocaust in Lettland 1941–1945, in: Täter im Vernichtungskrieg. Der Überfall auf die Sowjetunion und der Völkermord an den Juden. Hrsg. von Wolf Kaiser, Berlin 2002, S. 110–124; Karlis Kangeris, Kollaboration vor der Kollaboration? Die baltischen Emigranten und ihre „Befreiungskomitees" in Deutschland 1940/1941, in: Europa unterm Hakenkreuz. Okkupation und Kollaboration. Hrsg. von Werner Röhr, Berlin 1994, S. 165–190; Robert Bohn, Kollaboration und deutsche Mobilisierungsbemühungen im RK Ostland. Grundsätzliche Überlegungen, in: Collaboration and Resistance during the Holocaust, S. 33–44.

5 Die wichtigste Grundlage der folgenden Ausführungen stellen umfangreiche Archivstudien in Deutschland und den baltischen Staaten, insbesondere im Bundesarchiv-Militärarchiv Freiburg (u. a. RW-30 Rüstungsdienststellen in den Reichskommissariaten Ostland und Ukraine, RW-31 Wirtschaftsstab Ost, RW-41 Wehrmachtsbefehlshaber Ostland); im Bundesarchiv Berlin (u. a. R-6 Reichsministerium für die besetzten Ostgebiete, R-90 Reichskommissariat Ostland, R-91 verschiedene Gebietskommissariate, R-92 Generalkommissar in Riga); sowie in den Staatsarchiven in Tallinn (u. a. R-65 Generalkommissar in Reval, R-66 Wirtschafts- und Finanzdirektorium, R-76 Wirtschafts- und Finanzdirektorium – Abteilung Arbeit, R-95 Stadtkommissar Reval, R-819 Kommandeur der Sicherheitspolizei und des SD Estland); Riga (u. a. P-34 Generaldirektion für Wirtschaft, P-69 Generalkommissar in Riga, P-70 Reichskommissariat Ostland, P-80 Wehrmachtsbefehlshaber Ostland, P-97 Generaldirektion des Innern, P-98 Arbeitsamt Riga, P-252 Kommandeur der Sicherheitspolizei und des SD Lettland, P-989 Lettisches Arbeitsdepartement, P-1018 Reichsministerium für die besetzten Ostgebiete); und Vilnius (u. a. R-615 Generalkommissar in Kauen, R-625 Amt für Arbeit und Sozialwesen, R-626 Arbeitsamt Wilna, R-1399 Kommandeur der Sicherheitspolizei und des SD Litauen, R-1474 Arbeitsamt Kauen) dar.

Arbeitseinsatzpolitik nicht nur im Baltikum von der Frage bestimmt, wie die einheimische Bevölkerung für die deutschen Interessen gewonnen werden konnte. Freiwillige Anwerbung oder Zwangsmethoden bildeten hier die Pole.

Zweitens gilt es danach zu fragen, inwieweit rassenideologisch motivierte Diskurse die Vorgehensweise der Deutschen beeinflussten, denn das Baltikum nahm nicht zuletzt aufgrund seiner überwiegend nichtslawischen Bevölkerung eine Sonderstellung in den Plänen der deutschen Kriegführung ein. Die Unterscheidung von baltischer Bevölkerungsmehrheit und slawischen Minderheiten sowie der Bereich der jüdischen Zwangsarbeit und der im Baltikum besonders brutal und schnell durchgeführten Ermordung der Juden gehören in diesen Kontext.

Drittens soll nach der Fokussierung auf die deutschen Zielvorstellungen und politischen Umsetzungsversuche auch der Umstand Erwähnung finden, dass die Reichweite der deutschen Besatzungsverwaltung Grenzen kannte und somit der Handlungsspielraum der einheimischen Bevölkerung samt ihrer politischen Repräsentationsmöglichkeiten ein gesondert zu betrachtendes Phänomen darstellt.

Die Besatzungsstruktur im Baltikum

Zwar wird die Aussagekraft des auf die nationalsozialistische Herrschaft bezogenen Polykratiebegriffs seit einiger Zeit relativiert,[6] doch besteht mit Hinblick auf die Besatzungsstruktur im Baltikum nach wie vor weitgehend Konsens, dass sie polykratische Züge aufwies.[7] Neben der vom Ostministerium geleiteten Zivilverwaltung, die im Baltikum in das an der Spitze stehende Reichskommissariat Ostland (RKO)[8] und die in mehrere Gebietskommissariate aufgeteilten Generalbe-

6 Bernhard Gotto, Polykratische Selbststabilisierung. Mittel- und Unterinstanzen in der NS-Diktatur, in: Hitlers Kommissare. Sondergewalten in der nationalsozialistischen Diktatur. Hrsg. von Rüdiger Hachtmann/Winfried Süss, Göttingen 2006, S. 28–50.

7 Trotz der Aufnahme der Thesen zum Verhältnis von stabilisierenden und destabilisierenden Faktoren der polykratischen Herrschaftsstruktur folgt auch Sven Jüngerkes der traditionellen Beschreibung der Herrschaftsstruktur im Baltikum: Sven Jüngerkes, Bürokratie als Stabilisierungs- und Destabilisierungsmechanismus. Das „Reichskommissariat für das Ostland" 1941–1944, in: Der prekäre Staat. Herrschen und Verwalten im Nationalsozialismus. Hrsg. von Sven Reichhardt/Wolfgang Seibel, Frankfurt a. M. 2011, S. 275–298.

8 Neben den drei baltischen Generalbezirken wurde auch der ungleich größere Generalbezirk Weißruthenien, welcher den zentralen Teil des heutigen Weißrusslands ausmachte, zum Reichskommissariat Ostland geschlagen. Jüngste Forschungsergebnisse zum Reichskommissariat Ostland: Reichskommissariat Ostland. Tatort und Erinnerungsobjekt. Hrsg. von Sebastian Lehmann, Paderborn 2012.

zirke Reval, Riga und Kauen zergliedert wurde, hatte vor allem die Wirtschaftsverwaltung der Vierjahresplanbehörde innerhalb der Zivilverwaltung gewisse Sonderrechte. Nicht zuletzt unterstanden die Polizeiorgane dem direkten Befehl Heinrich Himmlers.[9] Des Weiteren genoss die Wehrmacht einen Sonderstatus, und mit der Ernennung Fritz Sauckels zum Generalbevollmächtigten für den Arbeitseinsatz im März 1942 oblag die Arbeitseinsatzpolitik seiner Führung.[10]

Zwangsmethoden der deutschen Arbeitseinsatzpolitik

Trotz erheblicher Unterschiede der Qualität der deutschen Besatzungspolitik zu den anderen besetzten Gebieten der Sowjetunion galt auch im Baltikum die grundsätzliche strategische Maxime, aus der Region den größtmöglichen Nutzen für die deutschen Kriegsanstrengungen zu gewinnen. Somit folgten die allgemeinen Konjunkturen der Arbeitseinsatzpolitik im Baltikum den groben Entwicklungslinien anderer Gebiete.[11] Dies galt sowohl für die Arbeitsbedingungen als auch für die Rekrutierungsumstände.

Auch das Baltikum kannte den Arbeitseinsatz in Zwangslagern, wie Konzentrationslagern (KZ), Arbeits- und Erziehungslagern (AEL), Kriegsgefangenen- oder Flüchtlingslagern. Verantwortlich für die Entwicklung in den Zwangslagern zeichneten der Polizeiapparat unter der Leitung des Höheren SS- und Polizeiführers (HSSPF) Friedrich Jeckeln[12] sowie die Vertreter der Wehrmacht im RKO,[13] die durch den Zugriff auf Kriegsgefangene und ab 1943 auf die Flüchtlinge, den sogenannten Evarussen, ihre kriegswirtschaftlichen Interessen durchsetzen konn-

9 Zur Verwaltungsstruktur und den verschiedenen Akteuren der Besatzungsmacht im Baltikum: Seppo Myllyniemi, Die Neuordnung der baltischen Länder 1941–1944. Zum nationalsozialistischen Inhalt der deutschen Besatzungspolitik, Helsinki 1973, S. 87–96, 121–133.

10 Zur Ernennung Sauckels: Herbert, Fremdarbeiter, S. 149–153.

11 Einführend zur nationalsozialistischen Arbeitseinsatzpolitik: Zwangsarbeit im Europa des 20. Jahrhunderts. Bewältigung und vergleichende Aspekte. Hrsg. von Hans-Christoph Seidel/Klaus Tenfelde, Essen 2007; Herbert, Fremdarbeiter; Europa und der Reichseinsatz. Ausländische Zivilarbeiter, Kriegsgefangene und KZ-Häftlinge in Deutschland 1938–1945. Hrsg. von Ulrich Herbert, Essen 1991; Spoerer, Zwangsarbeit.

12 Die Zuständigkeit für die AEL verblieb bei der Sicherheitspolizei, während die KZs dem SS-Wirtschafter unterstellt wurden.

13 Zu nennen sind hier der Wehrmachtsbefehlshaber für das Ostland, Walter Braemer, und die Rüstungsinspektion Ostland unter der Leitung von zunächst Oberst Jansen, später Kapitän zur See Fürbringer und schließlich General Dr. Ziegler.

ten. Aber auch die großen halbstaatlichen Wirtschaftsbetriebe[14] wie die Baltölgesellschaft in Estland oder die Organisation Todt (OT) trugen entscheidend dazu bei, dass deren Arbeitskräfte unter widrigsten Verhältnissen in Zwangslagern zu leben und zu arbeiten hatten. So hieß es in einem Bericht vom Juli 1942 über ein OT-Lager bei Vilnius: „Das OT-Lager Warena 1, belegt mit etwa 450 einheimischen Arbeitern, spottet jeder Beschreibung. Waschanlage und Badegelegenheit nicht vorhanden. Chlorkalk für die Latrinen ist nicht zu bekommen. [...] Die Menschen liegen auf Holzwolle, keine Decken, keine Schränke vorgefunden, in den Häusern teilweise keine Fenster."[15]

Vergleichbares war aus den Lagern der Baltölgesellschaft im November 1942 zu hören: „Allgemein betrachtet starren die Unterkünfte vor Dreck und stellen einen Herd für alle möglichen Krankheiten dar. [...] Die Menschen verkommen im Schmutz, da sich niemand um die Sauberkeit der Räume und körperliche Pflege der Insassen bemüht. [...] Hinzu kommt, dass nirgendwo bei der Besichtigung von Dutzenden von Unterkünften sanitäre Anlagen angetroffen wurden. [...] Der gesundheitliche Zustand der Lagerinsassen ist teilweise katastrophal, da diese an Unterernährung leiden und dadurch nicht in der Lage sind, die von ihnen geforderte Arbeitsleistung zu vollbringen."[16]

Doch auch die Arbeitsbedingungen für die zivile Bevölkerung jenseits der Arbeitslager verschlechterten sich kontinuierlich. Die Verschärfung der Arbeitseinsatzpraxis für die Gesamtbevölkerung zeigte sich in den ständig sich erhöhenden Wochenarbeitszeiten bis hin zur 60 Stundenwoche.[17] Zugleich nahmen die Dienstverpflichtungen der Bevölkerung zu zusätzlichen Zwangsarbeiten im Dienste der Wehrmacht, der Organisation Todt oder zu Ernte- und zuletzt

14 Zur Organisation der nationalsozialistischen Wirtschaft in den besetzten Gebieten und der Kategorie der halbstaatlichen Institutionen siehe: Dietrich Eichholtz, Institutionen und Praxis der deutschen Wirtschaftspolitik im NS-besetzten Europa, in: Die „Neuordnung" Europas: NS-Wirtschaftspolitik in den besetzten Gebieten. Hrsg. von Richard J. Overy, Berlin 1997, S. 29–62, hier S. 39–43.

15 Schreiben des beratenden Arztes Dr. Dietze in Kauen an GK in Kauen vom 21. 7. 1942 betr. Verhältnisse im OT-Lager Warena, LCVA-R-614, ap. 1, Nr. 361, Bl. 34; vgl. gleichlautenden Bericht vom 20. 11. 1944 der GBA Aussenstelle Windau, OT Lager in der Synagoge u. Wasserstr, Windau, Latvijas Valsts vēstures arhīvs (LVVA), P-960, apraksts (ap.) 1, Nr. 5, Bl. 62.

16 GK in Reval Abt. Aso, Bericht über die Reise nach den Erdölschiefergebiet Kiviöli an GK SA-Obergruppenführer Lietzmann (sic) vom 25. 11. 1942, ERA, R-65, kir. 1, Nr. 3, Bl. 168–171.

17 RKfO HAbt. III Aso Arbeitsgruppe Arbeitseinsatz gez. Strebe, Schreiben an GK in Riga betr. Prüfung der Bedarfsanforderungen vom 11. 12. 1942, LVVA, P-69, ap. 2, Nr. 10, Bl. 66.

Schanzarbeiten erheblich zu.[18] Jedoch setzte die deutsche Arbeitsverwaltung gegenüber der Gesamtbevölkerung im Baltikum grundsätzlich stärker auf Elemente einer freiwilligen Motivation, die Deutschen zu unterstützen, was sich in Begriffen wie „Schonung" oder sogar „bevorzugte Behandlung", die den baltischen Arbeitskräften zukommen sollte, widerspiegelte.[19] Dieses Vorgehen war taktisch durch die stark antisowjetische Einstellung der baltischen Mehrheitsbevölkerung begründet, die besonders in der Anfangsphase sowie erneut zum Ende der Besatzungszeit eine potenzielle Unterstützungsbereitschaft den Deutschen gegenüber hervorrief. Dies galt sowohl für die politische Führungselite, also die Repräsentanten in der landeseigenen Verwaltung, wie auch für die einfache Bevölkerung.[20] Parallel zu den sich verschärfenden Arbeitsbedingungen griffen die Deutschen auch bei den Rekrutierungen zu immer brutaleren Methoden. Generell lässt sich feststellen, dass sich mit Blick auf die Gesamtbevölkerung das strategische Vorgehen der deutschen Arbeitsverwaltung etwa folgendermaßen veränderte: Da die schon zu Beginn der Besatzungszeit ausgerufene allgemeine Arbeitspflicht für die gesamte Bevölkerung[21] von den Arbeitsverwaltungsbehörden nicht durchgesetzt werden konnte,[22] ging diese dazu über, mit immer härteren Zwangsmethoden

18 Anordnung des Arbeitsamts Riga zur Erntehilfe für den Sommer 1944, LVVA, P-958, ap. 1, Nr. 4, Bl. 69 f.

19 Siehe zur Behandlung der baltischen Arbeitskräfte die zahlreichen Bestimmungen: Reichsführer SS und Chef der Deutschen Polizei gez. Heydrich, Allgemeine Bestimmungen über Anwerbung und Einsatz von Arbeitskräften aus dem Osten vom 20. 2. 1942, Institut für Zeitgeschichte (IfZ), MA 202, Bl. 1238–1253; Reichsarbeitsminister an Präsidenten der Landesarbeitsämter vom 20. 3. 1942 betr. Arbeitskräfte aus dem Osten: Allgemeine Bestimmungen über Anwerbung und Einsatz von Arbeitskräften aus dem Osten des Reichsführers SS und Chefs der Deutschen Polizei, IfZ, MA 202, Bl. 1229–1236; GBA Sauckel, Anordnung Nr. 4 über die Anwerbung, Betreuung, Unterbringung, Ernährung und Behandlung ausländischer Arbeiter und Arbeiterinnen vom 7. 5. 1942, LVVA, P-98, ap. 1, Nr. 3, Bl. 28–32.

20 Eine solche U-förmige Entwicklungslinie der Arbeitsmoral in Abhängigkeit des Kriegsverlaufes lässt sich in den ausführlichen Lageberichten der Arbeitsverwaltung sowie den Stimmungsberichten der Rüstungsinspektion Ost gut nachvollziehen. Siehe die zahlreichen Lageberichte unter: BArch-MA RW-30, Nr. 13 sowie den instruktiven Abschlussbericht der Abwicklungsstelle für Osteinheiten (HeWiFü Nord-Rü) an OKW vom 29. 1. 1945 betr. Rüstungswirtschaft im Ostland vom 1. 9. 1941–8. 8. 1944, BArch-MA RW-30, Nr. 203.

21 RKfO Abt. II b gez. Fründt, Verordnung zur Regelung des Arbeitseinsatze vom 15. 8. 1941, LCVA, R-626, ap. 1, Nr. 4, Bl. 7.

22 RKfO gez. Burmeister, Durchführungsbestimmung vom 31. 1. 1942 zur Anordnung zur Regelung des Arbeitseinsatzes vom 31. 1. 1942: Einführung des Arbeitsausweises, LCVA, R-626, ap. 1, Nr. 3, Bl. 28; Generaldirektion der Wirtschaft – Arbeitsdepartement, Arbeitsbericht für den Zeitraum vom 1. 7. 1942–31. 12. 1942, LVVA, P-989, ap. 1, Nr. 18, Bl. 1–61, hier Bl. 24 f.

gegen immer kleiner werdende Bevölkerungsgruppen vorzugehen, um wenigstens einen Teil der Bevölkerung kontrollieren zu können.

In diesen Kontext gehören der Wechsel von der versuchten Kontrolle über die Bevölkerung mittels Arbeitsausweisen hin zu den gezielten Aushebungen einzelner Jahrgänge ab 1943 (zunächst die 1919–1924 Geborenen)[23] genauso wie die an einzelne Berufs- und Bevölkerungsgruppen gerichteten Aufrufe zum Arbeitseinsatz, beispielsweise gegenüber Studenten oder Beamten.[24] Das sogenannte Auskämmen von Betrieben stellte ein weiteres Instrument dar, eine überschaubare Menschenmenge nach Aspekten der Arbeitseinsatzpolitik zu rationalisieren.[25] Besonders brutale Methoden wurden bei den seit 1942 von den Polizeikräften durchgeführten wahllosen oder gezielten Razzien gegenüber der Zivilbevölkerung angewendet. Die Versuche, die Kontrolle zu gewinnen, wurden sogar in den Berichten der Polizeidienststellen selbst als „Menschenjagden" charakterisiert.[26]

Auch mit Blick auf die Rekrutierungsmethoden lässt sich konstatieren, dass die entscheidenden Impulse für eine derartige Radikalisierung von der Polizei als durchführendes Organ, der Wehrmacht sowie den Ostgesellschaften und der OT als fordernde Institutionen ausgingen. Hier betrachtete man die Arbeitskräfte allein als den „Sparstoff Mensch",[27] der unter Zuhilfenahme jeglicher Mittel nach dem Grundsatz – „Kriegsentscheidende Dringlichkeit rechtfertigt jedes Mittel"[28] – zum Arbeitseinsatz gezwungen werden sollte. Insgesamt befanden sich Anfang 1945 etwa 130 000 baltische Arbeitskräfte im Deutschen Reich.[29]

23 Myllyniemi, Neuordnung, S. 231 f.

24 Estnische Verwaltung – Zentralforstverwaltung, Schreiben vom 26. 8. 1943 an GK in Reval Abt. III FoHo. betr.: Sondereinsatz der Beamten in der Landwirtschaft, ERA, R-65, kir. 1, Nr. 2126, Bl. 137; RKfO Abt. III Aso gez. Matthiessen, Schreiben vom 21. 12. 1943 an GK in Riga und Reval betr.: Totaler Kriegseinsatz: Richtlinien für den Arbeitseinsatz in Verfolgung der Musterungen, LVVA, P-70, ap. 5, Nr. 67/II, Bl. 333.

25 Zu den technischen Modalitäten einer „Auskämmung" siehe: Gebietskommissar in Riga, Arbeitsamt gez. Schmutzler, Rundverfügung Nr. 19 vom 30. 5. 1942: Freistellung von Arbeitskräften – technische Durchführung, LVVA, P-69, ap. 2, Nr. 1, Bl. 46.

26 Funkspruch des Kommandeurs der Ordnungspolizei Riga vom 4. 6. 1942, LVVA, P-82, ap. 1, Nr. 1, Bl. 20. Hierzu sind insbesondere die „Sauckelaktionen" sowie Antipartisanenaktionen im Osten Lettlands und Litauens ab 1943 zu zählen.

27 Zitat Keitels aus: Bernhard R. Kroener, „Soldaten der Arbeit". Menschenpotential und Menschenmangel in Wehrmacht und Kriegswirtschaft, in: Krieg und Wirtschaft. Studien zur deutschen Wirtschaftsgeschichte 1939–1945. Hrsg. von Dietrich Eichholtz, Berlin 1999, S. 109–127, hier S. 109.

28 GK in Kauen, Schreiben vom 29. 10. 1942 an RKfO Abt. Aso betr.: Bereitstellung von Arbeitskräften für „Baltisch-Oel", BArch R-91, Nr. 12 unpag.

29 Zur Zusammensetzung der Zahl und zum Problem der „Baltischen Flüchtlinge" von 1944, die nicht in dieser Zahl enthalten sind siehe: Kangeris, Baltische Zwangsarbeiter.

Die rassenideologische Komponente der Arbeitseinsatzpolitik

Wie am Beispiel von Fremdarbeitern im Reich schon hinlänglich gezeigt[30] war die Praxis des nationalsozialistischen Arbeitseinsatzes massiv auf einer auf rassenideologischen Grundsätzen basierenden Hierarchisierung gegründet. Auch diesbezüglich war das Baltikum keine Ausnahme. Und trotzdem war diese Region in gewisser Weise ein Spezialfall, wie die Definitionsgrenze des Ostarbeiterstatus[31] verdeutlicht: Denn Arbeitskräfte aus dem Baltikum – einschließlich der dort lebenden slawischen Minderheiten – galten nicht als Ostarbeiter. Und doch gab es Ostarbeiter im Baltikum; dabei handelte es sich in erster Linie um freigelassene Kriegsgefangene ukrainischer Nationalität.[32]

Diese auf normativer Ebene inkonsequente Trennung zwischen slawischen und baltischen Arbeitskräften wurde zum Ende des Jahres 1943 endgültig aufgehoben. Zuvor hatten die Unterscheidungen zwischen indigenen Slawen, russischen, ukrainischen oder Kriegsgefangenen anderer Nationalität, Ostarbeitern und schließlich seit Frühjahr 1943 den sogenannten Evarussen derartig für Verwirrung gesorgt und Raum für Grauzonen geboten, dass ab Dezember 1943 alle slawischen und baltischen Arbeitskräfte theoretisch als zivile Arbeitskräfte gleichen Arbeitsbedingungen ausgesetzt waren.[33]

Unabhängig von dieser normativen Entwicklung hin zu einer Gleichbehandlung bestanden jedoch von Beginn an große Unterschiede der Behandlung in der Praxis. Tatsächlich gestaltete sich der Alltag des Arbeitseinsatzes der indigenen Slawen vielerorts deutlich schlechter als der ihrer estnischen, lettischen oder litauischen Nachbarn, wie aus einer Reihe von Beschwerden hervorgeht.[34]

30 Zu den Auseinandersetzungen zwischen rassenideologischen Prinzipien und kriegswirtschaftlichen Interessen siehe vor allem: Herbert, Fremdarbeiter, S. 96–104, 244–250.

31 Zur Definitionsgrenze siehe: Zwangsarbeit in der Land- und Forstwirtschaft auf dem Gebiet Österreichs, S. 90 f., 118; Pavel Polian, Die Erinnerung an die Deportationen während der deutschen Besatzung in der Sowjetunion, in: Zwangsarbeit im Europa des 20. Jahrhunderts, S. 59–74, hier S. 62.

32 GK in Riga gez. Matthiessen, Verordnung über die Einsatzbedingungen der Ostarbeiter in den Generalbezirken Estland, Lettland und Litauen vom 28. 1. 1943, BArch R-91, Nr. 439 unpag.; siehe beispielsweise die Auflistung der Arbeitsverwaltung in Estland: Gebietskommissar Reval-Land an GK in Reval vom 19. 2. 1943 betr.: Laufende Unterrichtung der Abteilung Politik über den Arbeitseinsatz von Ausländern im Generalbezirk Estland, ERA, R-65, kir. 1, Nr. 43, Bl. 3.

33 RKfO gez. Matthiessen, Verordnung zur Aufhebung der Verordnung über die Einsatzbedingungen der Ostarbeiter in den Generalbezirken Estland, Lettland und Litauen vom 15. 12. 1943, ERA, R-76, kir. 1, Nr. 5, Bl. 231.

34 Siehe eine solche Beschwerde aus Riga: Gesuch von Helene Dimitrieffs an Sicherheitskom-

Diese Benachteiligung in der Praxis stellte auch die Rüstungsinspektion Ostland fest: „Den größten Prozentsatz der Arbeitslosen stellen die Polen, da diese ihren Arbeitsplatz Litauern einräumen mussten."[35] Zudem gerieten sie in deutlich überproportionalem Maße in die Fänge der Beamten Sauckels und seiner Helfer und bildeten einen großen Teil des Arbeitskräftereservoirs für den Reichseinsatz. Waren von den „Sauckelaktionen" vor allem die Russen und Polen im Osten Lettlands sowie die Polen des Wilnagebietes betroffen, so gerieten die Esten, Letten und Litauer in erster Linie mittels des Reichsarbeitsdiensts (RAD) zum Reichseinsatz, dessen ursprüngliche Zielsetzung weniger im Kontext der Arbeitseinsatzpolitik lag, sondern stärker rassenideologische Fernziele einer Germanisierung des Gebietes verfolgte. Sehr deutlich äußerte sich dazu der Mitarbeiter der politischen Abteilung beim RKfO, Friedrich Trampedach: „Aufgrund einer Führerentscheidung ist Esten, Letten und Litauern, die die rassischen, körperlichen, charakterlichen und geistigen Voraussetzungen erfüllen, die Möglichkeit zur Ableistung eines freiwilligen einjährigen Arbeitsdienstes innerhalb des Altreiches gegeben worden. Damit ist dem Reichsarbeitsdienst eine tiefgreifende Erziehungsarbeit übertragen worden, mit dem Ziele, eine Auswahl der einheimischen Jugend einer nationalsozialistischen Organisation zum Zwecke der Eindeutschung zuzuführen."[36] Allerdings verlor der RAD im Laufe der Besatzungszeit den anfänglich freiwilligen Charakter und geriet ebenfalls immer stärker in die von der Kriegswirtschaft bestimmten Zwänge. Doch blieb er im Verhältnis zu den „Sauckelaktionen" die harmlosere Variante des Arbeitszwanges.[37]

Auch die anderen slawischen Arbeitskräfte waren sowohl vor als auch nach der Aufhebung der Ostarbeiterbestimmungen im Baltikum benachteiligt. So wurden selbst die im Vergleich zu den russischen Kriegsgefangenen vermeintlich privilegierten ukrainischen Kriegsgefangenen in der Praxis deutlich schlechter behandelt, als es zahlreiche Bestimmungen vorschrieben.[38] Als die diskriminie-

mandantur zu Riga vom 16. 8. 1941 betr.: Entlassung von russischen Mitarbeiterinnen, BArch R-91, Nr. 395 unpag.

35 Bericht der Rüstungsinspektion Ostland für Monat Oktober 1941, Oktober 1941, BArch-MA RW-30, Nr. 13 unpag.

36 RKfO Abt. II Politik gez. Trampedach, Schreiben an RKfO Abt. II Wissenschaft vom 19. 5. 1942 betr.: Meldung von einheimischen Schülern für den Reichsarbeitsdienst, LVVA, P-70, ap. 3, Nr. 12, Bl. 4.

37 Zu den zunehmenden Zwangsmethoden beim RAD vgl. die Zeitzeugenberichte: Leonīds Siliņš, Nacistiskās Vācijas okupanti. Mūsu tautas lielās cerības un rūgtā vilšanās, Rīga 2001, S. 72–96; I. Kažociņš, Latvieši vācu karaspēka izpalīgos, in: Latvijas arhīvi (1998) 1, S. 65–70.

38 So erhielten entgegen den Bestimmungen einige ukrainische freigelassene Kriegsgefangene noch im Frühjahr 1943 keinen Lohn. Siehe die Beschwerde: GK in Reval Abt. III Aso –

renden Ostarbeiterbestimmungen dann aufgrund des massenhaften Zustroms der Evarussen aufgehoben wurden, drifteten normative Gleichstellung und Benachteiligung in der Praxis nochmals weiter auseinander.

Die völlige Überforderung der deutschen Zivilverwaltung bei der Unterbringung etwa einer halben Million Russen,[39] die überstürzt das Baltikum erreichten, führten zu miserabelsten Verhältnissen in den Flüchtlingslagern und somit zu einer faktisch massiven Schlechterstellung der theoretisch gleich zu behandelnden Russen. Mitunter waren die Evarussen, so beispielsweise im Flüchtlingslager Klooga in Estland, unter freiem Himmel untergebracht und mussten mit 300 Gramm Brot am Tag auskommen.[40] Diese Beispiele verdeutlichen den Umstand, dass trotz der formellen Gleichstellung die konkrete Arbeitseinsatzpolitik auch im Baltikum einen Unterschied zwischen slawischen und baltischen Arbeitskräften machte. Weniger gravierend und doch im Kontext einer rassenideologisch begründeten Unterscheidung von Bedeutung ist die zunehmend unterschiedliche Entwicklung der Arbeitseinsatzpolitik in den drei baltischen Ländern. Entsprechend der von Beginn an nach rassistischen Kriterien als minderwertiger eingeschätzten Litauer entwickelte sich hier die deutsche Arbeitseinsatzpolitik weitaus stärker zum Nachteil der einheimischen Bevölkerung, als dies in Estland und Lettland der Fall war.[41] Zusätzlich bedingten sich deutsche Benachteiligungen und

Gruppe Arbeitseinsatz, Schreiben an GK SA-Obergruppenführer Lietzmann (sic) vom 4. 1. 1943 betr.: Arbeitseinsatz von entlassenen Kriegsgefangenen ukrainischer Volkszugehörigkeit, ERA, R-65, kir. 1, Nr. 10, Bl. 1.

39 Zu den Zahlen: Konferenzprotokoll beim RKfO Lohse vom 15. 2. 1944, Beitrag des Landesdirektors Engel, LVVA, P-1018, ap. 1, Nr. 43, Bl. 66 f.; Vgl. zu den Gesamtzahlen: Pavel Polian, Die Rekrutierung der Zwangsarbeiter in der Sowjetunion, in: Zwangsarbeiterforschung in Deutschland: Das Beispiel Bonn im Vergleich und im Kontext neuerer Untersuchungen. Hrsg. von Dittmar Dahlmann, Essen 2010, S. 63–86, hier S. 81; Dieter Pohl, Die Herrschaft der Wehrmacht. Deutsche Militärbesatzung und einheimische Bevölkerung in der Sowjetunion 1941–1944, München 2008, S. 327.

40 Zu den unmenschlichen Zuständen in den Flüchtlingslagern siehe zahlreiche Berichte, wie u. a. GK in Riga an RKfO vom 14. 9. 1943 betr.: Aufnahme russischer Flüchtlinge im Generalbezirk Lettland, LVVA, P-70, ap. 5, Nr. 72, Bl. 215; KdS Estland Abt. B III, betr.: Kriegsflüchtlingslager in Klooga, Pöllküla und Taps, 14. 12. 1943, ERA, R-819, kir. 1, Nr. 4, Bl. 81–85; Vermerk des SS-Hauptscharführers Klöckner vom 18. 12. 1943 betr.: Flüchtlingslager Rositten, LVVA, P-69, ap. 1a, Nr. 7, Bl. 136.

41 Zur rassenideologischen Bewertung der Esten, Letten und Litauer siehe u. a. RMfdbO gez. Wetzel, Richtlinien zur Frage der Eindeutschbarkeit der Esten, Letten u. Litauer vom 17. 3. 1943, BArch R-6, Nr. 160, Bl. 77–79; RKfO II Politik gez. Dr. Steiniger, Protokoll des Vortrages der rassenpolitischen Prüfungskommission vom 26. 10. 1942, hier Herrn Dr. Holtz über die Ergebnisse der Musterung von RAD-Freiwilligen am 14. 10. 1942, 15 Uhr, Zimmer 227 im Justizpalast, LVVA, P-69, ap. 1a, Nr. 19, Bl. 94–96.

einheimische Reaktionen derart, dass dieses Auseinanderdriften noch verstärkt wurde. Auffälligster Fall und zugleich Zäsur dieses Prozesses war die versuchte und missglückte Aufstellung einer SS-Legion in Litauen, woraufhin die Litauer das zweifelhafte „Recht auf Gestellung von Arbeitsplätzen" erhielten.[42]

Insgesamt lässt sich das Baltikum nach qualitativen Kriterien der Arbeitseinsatzpolitik in zwei unterschiedliche Regionen teilen. Die Zivilbevölkerung in Lettgallen im Osten Lettlands hatte unter ähnlich harten Bedingungen wie die Litauer zu leben, da auch sie auf einer rassenideologisch niedrigeren Stufe rangierten und da aufgrund der hier starken Präsenz von slawischen Minderheiten die Besatzungspolitik härter war.[43] Die Verhältnisse im übrigen Lettland glichen weitgehend der Situation in Estland.[44]

Primat der Vernichtung gegenüber Juden und Roma

Anders als im Fall der slawischen Minderheiten galt für den Arbeitseinsatz der Juden im Baltikum ein eindeutiges Primat der Vernichtung.[45] Von den etwa 280 000 Juden des Baltikums, die unter deutsche Besatzungsherrschaft gera-

42 Schreiben des RKfO Lohse an SS-Obergruppenführer Jeckeln vom 9. 3. 1943 betr.: Vergeltungsmaßnahmen an Litauern wegen Scheitern der Legionsbildung, IfZ, MA 539, Bl. 356; Vgl. zu diesem Vorgang auch: Rudolf Hilbrecht, Litauen im Reichskommissariat Ostland 1941–1943/44. Parallelen und Kontraste zum übrigen Baltikum, vornehmlich Estland, in: Die deutsche Herrschaft in den „germanischen" Ländern 1940–1945. Hrsg. von Robert Bohn, Stuttgart 1997, S. 187–207.

43 Zur Besatzungspolitik in Lettgallen und der unterschiedlichen Behandlung verschiedener Ethnien siehe: Tilman Plath, Die lettische Region Latgale unter deutscher Besatzung 1941 bis 1944. Reaktionen der Bevölkerung, in: Reichskommissariat Ostland, S. 101–116.

44 Diese regionale Einteilung zeigte sich bereits in der Lohnverordnung vom Oktober 1941: Anordnung des RKfO Lohse über die Lohn- und Arbeitsbedingungen in den landwirtschaftlichen Betrieben des Ostlandes vom 23. 10. 1941, LVVA, P-69, ap. 2, Nr. 1, Bl. 1–3.

45 Zum allgemeinen Gegensatz von Ideologie und Wirtschaftlichkeit der jüdischen Zwangsarbeit siehe: Ulrich Herbert, Arbeit und Vernichtung. Ökonomisches Interesse und Primat der „Weltanschauung" im Nationalsozialismus, in: Europa und der Reichseinsatz, S. 384–426. Bemerkenswert ist jedoch die sprachliche Ähnlichkeit mit der über das Schicksal dieser beiden Gruppen nachgedacht wurde, so äußerte sich der Gebietskommissar in Dünaburg (Daugavpils) Friedrich Schwung über die polnische Minderheit seines Verwaltungsgebietes: „Eine Lösung müsste gefunden werden, entweder in einer straffen Zusammenfassung als Arbeitskräfte, oder aber in einer Ausweisung, einer Verschiebung über die Grenze." Lagebericht des Gebietskommissars in Dünaburg an GK in Riga vom 10. 2. 1942, LVVA, P-69, ap. 1a, Nr. 20, Bl. 15–18. Einen Monat später wartete er immer noch darauf, dass „das polnische Problem noch der endgültigen Lösung entgegen geht", Politischer Lagebericht des Gebietskommissars in Dünaburg Schwung an GK in Riga vom 19. 3. 1942, LVVA, P-69, ap. 1a, Nr. 18, Bl. 3–6.

ten waren, überlebten nur wenig mehr als 10 000.[46] Obwohl seitens den Organisatoren der Kriegswirtschaft Interesse an jüdischer Zwangsarbeit bekundet wurde, herrschte spätestens seit Dezember 1941, nach einer direkten Nachfrage des Reichskommissars Hinrich Lohse, Klarheit darüber, dass wirtschaftliche Interessen hierbei nicht zu berücksichtigen seien.[47] Und dennoch bestanden die Ghettos von Riga,[48] Libau (Liepaja), Dünaburg (Daugavpils), Schaulen (Šiauliai), Kauen (Kaunas) und Wilna bis 1943 fort. Und auch noch nach der Übernahme der Zuständigkeit für die jüdische Zwangsarbeit in den KZ des Baltikums (Riga-Kaiserwald, Vaivara, Kauen)[49] durch den SS-Wirtschafter Eduard Bachl besaß insbesondere die Ölschieferförderung im Nordosten Estlands große Bedeutung. Die Zahl der Toten blieb dennoch sehr hoch.[50]

Sprechen die Opferzahlen eindeutig für das Primat der Vernichtung, so bleibt jedoch festzuhalten, dass die Todesraten zu jenen Zeiten am höchsten waren, als Aspekte der Arbeitseinsatzpolitik in den Hintergrund traten. Das gilt für die Phase des Sommers und Herbst 1941, als teilweise noch Arbeitslosigkeit im Baltikum herrschte und daher nur einige jüdische Facharbeiter benötigt wurden, wie für die Zeit der Todesmärsche, als eine planmäßige Verwendung der Juden als Arbeitskräfte im allgemeinen Chaos nicht mehr zu realisieren war.[51]

Einen Sonderfall stellte das Schicksal der Roma-Bevölkerung im Baltikum dar. Auf der einen Seite waren sie, wie anderswo auch, von der nationalsozialis-

46 Yitzhak Arad, The Holocaust in the Soviet Union, Jerusalem 2009, S. 147–150; Aivars Stranga, Ebreji Baltijā: No ienākšanas pirmsākumiem līdz holokaustam: 14. gadsimts – 1945. gads, Rīga 2008, S. 177, 273 f., 529; etwas höhere Zahlen finden sich bei: Ilja A. Altman, Opfer des Hasses. Der Holocaust in der UdSSR 1941–1945, Zürich 2008, S. 289, 293–295.

47 Wolfgang Scheffler, Zur Rolle der Zivilverwaltung bei der Durchführung der „Endlösung der Judenfrage“ im Reichskommissariat Ostland, in: Täter und Gehilfen des Endlösungswahns. Hrsg. von Helge Grabitz, Hamburg 1999, S. 242–272, hier S. 262 f.

48 Zur jüdischen Zwangsarbeit in Riga siehe vor allem: Andrej Angrick/Peter Klein, Die „Endlösung“ in Riga. Ausbeutung und Vernichtung 1941–1944, Darmstadt 2006, S. 276–297, 323–337, 346–360.

49 Zu den drei KZ siehe: Der Ort des Terrors. Geschichte der nationalsozialistischen Konzentrationslager. Band 8: Riga-Kaiserwald, Warschau, Vaivara, Kauen (Kaunas), Płaszów, Kulmhof/Chełmno, Bełżec, Sobibór, Treblinka. Hrsg. von Wolfgang Benz/Barbara Distel, München 2008; Alfred Streim, Konzentrationslager auf dem Gebiet der Sowjetunion, in: Dachauer Hefte 5 (1989), S. 174–187.

50 Zur Zwangsarbeit von Juden 1943–1944 im Nordosten Estlands siehe: Anton Weiss-Wendt, Murder without Hatred. Estonians and the Holocaust, Syracuse, New York 2009, S. 250–300.

51 Zu den Todesmärschen aus Vaivara siehe: Ruth Bettina Birn, Konzentrationslager Vaivara, in: Ort des Terrors, Band 8, S. 127–183, hier S. 140–142.

tischen Verfolgung massiv betroffen.[52] Die Mordpolitik folgte aber keinem einheitlichen Muster. In Estland überlebte von den 1941 dort lebenden 741 Roma niemand. Vor ihrer Ermordung waren viele von ihnen gezwungen worden, in dem AEL von Laitse für die Deutschen zu arbeiten.[53]

Von den bis zu 1500 Roma in Litauen, die unter deutsche Herrschaft gerieten, wurden etwa 500 erschossen. Die übrigen kamen kurzzeitig oder längerfristig in Gefangenschaft. Einige von ihnen wurden nach Deutschland oder Frankreich deportiert.[54] In Lettland, wo die größte Anzahl an Roma im Baltikum lebte, wurden etwa die Hälfte der 3800 lettischen Roma während der deutschen Besatzungszeit, hauptsächlich im Jahre 1942, erschossen.[55] Die Politik der deutschen Besatzungsorgane gegenüber den im Baltikum lebenden Roma war uneinheitlich. Vieles lag in den Händen der örtlichen Polizeistellen, eindeutige Befehle existierten nicht, da klare Anweisungen „schriftlich nicht mitgeteilt" werden durften.[56]

Für die Überlebenden wurden bezüglich des Arbeitseinsatzes keine besonderen Bestimmungen erlassen. Die Verhältnisse blieben unklar. Diese vage Vorgehensweise hatte für die deutsche Besatzungsmacht den Vorteil, dass sie je nach Bedarf über diese Menschen verfügen konnte. Auf dieser unsicheren normativen Grundlage reichte die Praxis des Arbeitseinsatzes der Roma in den baltischen Generalbezirken von Massenmord über Zwangsarbeitslager, wie zum Beispiel in Pravenieskes in Litauen,[57] bis hin zu einer Behandlung „wie Landeseinwohner".[58]

52 Zum Hintergrund siehe: Martin Holler, Der nationalsozialistische Völkermord an den Roma in der besetzten Sowjetunion (1941–1944): Gutachten für das Dokumentations- und Kulturzentrum Deutscher Sinti und Roma, Heidelberg 2009; Wolfgang Wippermann, Nur eine Fußnote? Die Verfolgung der sowjetischen Roma: Historiographie, Motive, Verlauf, in: Gegen das Vergessen. Der Vernichtungskrieg gegen die Sowjetunion 1941–1945. Hrsg. von Klaus Meyer, Frankfurt a. M. 1992, S. 75–90.

53 Argo Kuusik, Die Deutsche Vernichtungspolitik in Estland 1941–1944, in: Vom Hitler-Stalin-Pakt bis zu Stalins Tod. Estland 1939–1953. Hrsg. von Olaf Mertelsmann, Hamburg 2005, S. 130–151, hier S. 142–144.

54 Vytautas Toleikis, Lithuanian Roma during the years of Nazi Occupation, in: Karo belaisvių ir civilių gyventojų žudynės Lietuvoje. 1941–1944. Hrsg. von Christoph Dieckmann/Vytautas Toleikis/Rimantas Zizas, Vilnius 2005, S. 267–288, hier S. 275.

55 Zur Zahl der im RKO lebenden Roma und deren Verteilung auf Estland, Lettland und Litauen: RKfO Abt. II Politik, Schreiben an RMfbO vom 2. 7. 1942 betr.: Zigeuner im Ostland, BArch R-90, Nr. 147 unpag. Zur Opferzahl in Lettland vgl. Latvija Otrajā pasaules karā: (1939–1945). Hrsg. von Daina Bleiere, Rīga 2008, S. 274.

56 RKfO Abt. II Politik, Schreiben an GK in Riga vom 24. 8. 1942 betr.: Behandlung von Zigeunern, BArch R-90, Nr. 147 unpag.

57 Toleikis, Lithuanian Roma, S. 272.

58 BdS Ostland, Schreiben an RKfO z. H. Dr. Steiniger vom 19. 10. 1943 betr. Behandlung der Zigeuner in den besetzten Ostgebieten, BArch R-90, Nr. 147 unpag.

Handlungsspielräume der landeseigenen Verwaltung

Bisher wurden die deutschen Ziele und die praktische Arbeitseinsatzpolitik im Hinblick auf die strategische Komponente zwischen Zwang und Freiwilligkeit und der rassenideologische Aspekt der deutschen Politik beleuchtet. Eine Analyse der Arbeitseinsatzpolitik im Baltikum bliebe jedoch ohne einen Exkurs zu den Handlungsspielräumen der einheimischen landeseigenen Verwaltung unvollständig. Dass von dieser Seite eigene, den Deutschen nicht immer willkommene Impulse ausgingen, verdeutlicht eine Beschwerde des Gebietskommissars von Dünaburg, Friedrich Schwung, vom Juni 1942, in der er Bezug nimmt auf vorausgegangene Zwangsrekrutierungen zum Reichseinsatz: „Die Juden haben wir ihnen ja nun beseitigt, bei den Altgläubigen und Polen gehen ihre Ziele konform mit unseren. Nun kommt das Problem der Russen. Auch diese möchte man nun bei der Gelegenheit aus Lettgallen herausbringen. Es wird von lettischer Seite mit allen Mitteln versucht, dieses Ziel, das ihnen in den 20 Jahren nicht gelungen ist, nun zu erreichen und durchzusetzen mit Hilfe und auf die Kappe der Deutschen."[59]

Schwungs Beschwerde über den Versuch der Beeinflussung der deutschen Besatzungspolitik durch lettische Kräfte verweist darauf, dass der deutschen Besatzungsmacht nur begrenzte machtpolitische Mittel zur Verfügung standen. Aufgrund des chronischen Personalmangels bot sich die Beteiligung landeseigener Verwaltungskräfte als Lösung an. Dies war auch daher verlockend, da die Beziehungen zwischen Besatzern und Besetzten im Baltikum in stärkerem Maße auf Kooperationsstrategien basierten, als dies in den anderen besetzten Ostgebieten der Fall war.[60]

Zwar hütete sich die deutsche Besatzungsmacht während der gesamten Besatzungszeit davor, den baltischen Politikern eine politische Autonomie zu gewähren, hatte sie doch schon zu Beginn der Besatzungszeit Schwierigkeiten,

59 Gebietskommissar in Dünaburg gez. Schwung, Monatsbericht Mai–Juni 1942: Kurzer Überblick über geschichtliche Ereignisse zum Verständnis der augenblicklichen politischen Struktur Lettgallens an GK in Riga Abt. II z. H. Bönner vom 18. 6. 1942, LVVA, P-69, ap. 1a, Nr. 18, Bl. 485–497, hier Bl. 488.

60 Zum Thema Kollaboration auf verwaltungstechnischer Ebene im Baltikum vgl. u. a. Karlis Kangeris, Kollaboration vor der Kollaboration? Die baltischen Emigranten und ihre „Befreiungskomitees" in Deutschland 1940–1941, in: Europa unterm Hakenkreuz, S. 165–190; I. Paavle, Estonian Self-Administration in 1941–1944, in: Estonia 1940–1945. Reports of the Estonian International Commission for the Investigation of Crimes Against Humanity. Hrsg. von Toomas Hiio u. a., Tallinn 2006, S. 539–568; Andrew Ezergailis, Collaboration in German Occupied Latvia: Offered and Rejected, in: Latvijas Vēsturnieku Komisijas Raksti 11 (2004), S. 119–140.

die bereits etablierte litauische Regierung zum Rücktritt und zur Unterordnung unter die deutsche Leitung zu zwingen.[61] Doch es existierten hier, im Gegensatz zu anderen Gebieten der besetzten Sowjetunion, auf der Ebene der Generalkommissariate einheimische Vertretungsorgane – in Estland die Landesdirektoren unter dem Vorsitz von Hjalmar Mäe,[62] in Lettland die Generaldirektoren unter der Leitung von Oskars Dankers[63] und in Litauen die Generalräte unter der Führung von Petras Kubiliunas.[64] Dabei entstammte das zum Einsatz gekommene Verwaltungspersonal größtenteils den alten Eliten der autoritären Regierungskreise unter Konstantin Päts, Karlis Ulmanis und Antanas Smetona.[65]

Nominell kam diesen landeseigenen Organen allerdings keinerlei Entscheidungskompetenz zu. In den Durchführungsbestimmungen zu den Aufgaben, Funktionen und Kompetenzen der landeseigenen Verwaltungen hieß es unmissverständlich: „Die Aufsicht über die landeseigenen Verwaltungen muss so geführt werden, dass einerseits diese das Gefühl einer gewissen Selbständigkeit und Eigenverantwortung haben, dass aber andererseits von ihnen nichts unternommen werden kann, was deutschen Belangen zuwiderlaufen würde. Die Führung muss daher absolut in deutschen Händen liegen."[66]

Diese Maxime blieb jedoch deutsches Wunschdenken. In der Praxis ergaben sich durchaus Handlungsspielräume für die landeseigenen Verwaltungen, da erstens das Personal der deutschen Verwaltungs- und Polizeikräfte bei Weitem nicht ausreichte, die deutschen Pläne bis in die letzte und kleinste Provinz zu exekutieren.[67] Zweitens waren die deutschen Besatzungsorgane untereinander

61 Saulius Suziedelis, Lithuanian collaboration during the Second World War. Past realities, present perceptions, in: „Kollaboration", in Nordosteuropa: Erscheinungsformen und Deutungen im 20. Jahrhundert. Hrsg. von Joachim Tauber, Wiesbaden 2006, S. 140–163, hier S. 147–153.

62 Alvin Isberg, Zu den Bedingungen des Befreiers. Kollaboration und Freiheitsstreben in dem von Deutschland besetzten Estland 1941 bis 1944, Stockholm 1992, S. 29–33.

63 Valdis Lumans, Latvia in World War II, New York 2006, S. 180 f.

64 Knut Stang, Das Fußvolk und seine Eliten. Der Beginn der Kollaboration in Litauen 1941, in: Judenmord in Litauen: Studien und Dokumente. Hrsg. von Wolfgang Benz/Marion Neiss, Berlin 1999, S. 69–89; Petras Stankeras, Litovskie policejskie batal'ony, 1941–1945 gg., Moskva 2009, S. 246.

65 Karl Heinz Gräfe, Vom Donnerkreuz zum Hakenkreuz. Die baltischen Staaten zwischen Diktatur und Okkupation, Berlin 2010, S. 170–173, 262–267, 306–310; Myllyniemi, Neuordnung, S. 103–110.

66 RMfbO gez. Rosenberg, Durchführungsbestimmungen zum Organisationserlass Ostland Nr. 3: Richtlinien für die Führung der Verwaltung im Generalbezirk Estland an RKfO vom 7. 3. 1942, BArch-MA RW-30, Nr. 206 unpag.

67 Christoph Dieckmann, Die Zivilverwaltung in Litauen, in: Täter im Vernichtungskrieg, S. 96–109, hier S. 100.

hinreichend zerstritten, sodass sich für die einheimischen Kräfte immer wieder Spielräume zur Gestaltung eigener politischer Zielsetzungen ergaben.

Die Tatsache, dass allein die deutsche Zivilverwaltung aus mindestens vier Verwaltungsebenen bestand (Ostministerium – RKO – Generalkommissare – Gebietskommissare), bot den landeseigenen Verwaltungsorganen Gelegenheit genug, die verschiedenen Ebenen gegeneinander auszuspielen. Die hinhaltende Verwaltungstätigkeit der landeseigenen Verwaltung war auch der Grund dafür, dass die deutschen Mobilisierungsmaßnahmen der Gesamtbevölkerung gegenüber im Sande verliefen. So sind die oben beschriebenen Radikalisierungsmaßnahmen auch als eine verzweifelte Reaktion auf diese Situation zu verstehen.

Das Zusammenwirken von NS-Rassenideologie und lokaler ethnischer Konflikte

Die aus Deutschland importierte rassenideologische Komponente der Arbeitseinsatzpolitik entfaltete sich im Baltikum nicht im luftleeren Raum. Vielmehr stieß sie auf ein Umfeld, das bereits durch ethnische Konflikte aufgeladen war, die in allen drei Ländern aus zum Teil ähnlichen aber auch unterschiedlichen Motiven zwischen den baltischen Bevölkerungsmehrheiten und den slawischen Minderheiten schwelten.[68] Da die landeseigenen Institutionen fest in estnischer, lettischer oder litauischer Hand waren, konnten nun alte Rechnungen aus der Zwischenkriegszeit bzw. – wichtiger noch – aus dem sowjetischen Okkupationsjahr beglichen werden.[69] Nicht von ungefähr schätzte der Leiter der Politischen Abteilung beim RKfO in Riga, Wilhelm Burmeister, den Einfluss der landeseigenen Verwaltung auf die Arbeitseinsatzpolitik folgendermaßen ein: „Die Esten, Letten und Litauer haben während des Bestehens ihrer Staaten stets danach gestrebt, die Angehörigen

68 Nationale und ethnische Konflikte in Estland und Lettland während der Zwischenkriegszeit. Hrsg. von Detlef Henning, Lüneburg 2009; Karsten Brüggemann, Estonia and its escape from the east. The relevance of the past in Russian-Estonian relations, in: Representations on the Margins of Europe: Politics and Identities in the Baltic and South Caucasian States. Hrsg. von Tsypylma Darieva/Wolfgang Kaschuba, Frankfurt a. M. u. a. 2007, S. 139–165; Michael McQueen, Collaboration as an element in the Polish-Lithuanian struggle over Vilnius, in: „Kollaboration“ in Nordosteuropa, S. 164–173; zur Einführung in die Geschichte der Minderheiten in Lettland: Leo Dribins, Mazākumtautības Latvija: vēsture un tagadne, Rīga 2007.

69 Zur Bedeutung des sowjetischen Okkupationsjahres und dessen Wirkung als Katalysator ethnischer Spannungen siehe: Björn Michael Felder, Stalinismus als „russisch-jüdische Herrschaft“. Sowjetische Besatzung und ethnische Mobilisierung im Baltikum 1940 bis 1941, in: Zeitschrift für Geschichtswissenschaft 57 (2009), S. 5–25.

der einzelnen Volksgruppen zu assimilieren. Zahlreiche Beobachtungen zeigen, dass die landeseigenen Verwaltungen dies Bestreben auch heute noch haben und die Angehörigen der Volksgruppen auf politischem und kulturpolitischem Gebiet, ebenso beim Arbeitseinsatz und bei der Fürsorge terrorisieren."[70]

Den landeseigenen Organen boten sich auf allen Ebenen reichlich Gelegenheiten, ihre eigene ethnisch motivierte Politik gegenüber der slawischen Minderheit zu betreiben. Dass die politisch mächtige Kriegswirtschaft nur am Erfolg der Rekrutierungen interessiert war und nur wenig an der nationalen Herkunft ihrer Arbeitskräfte, ermöglichte diese Politik ebenso wie die Tatsache, dass Zivilverwaltung und Polizeiorgane selbst von rassenideologischem Gedankengut durchsetzt waren. Sowohl die lokale Bevölkerung, die örtlichen Polizeieinheiten als auch die höheren Ebenen der landeseigenen Verwaltungen nutzen diese Spielräume. Einige Beispiele mögen an dieser Stelle genügen:

In Estland beschwerte sich die deutsche Arbeitsverwaltung mehrfach vergebens über die Terrorisierung der ukrainischen Ostarbeiter durch die estnische Landbevölkerung.[71] Schlimmer noch waren die Behandlungen der slawischen Minderheiten durch die landeseigenen Polizeitruppen. Während estnische Polizisten bei der Rekrutierung von Litauern zum Reichseinsatz mehrfach die gerade gefangenen Litauer wieder entkommen ließen, handelten sie gegenüber den slawischen Personen entschieden härter. Sowohl bei den „Sauckelaktionen" von 1942 als auch bei den Antipartisanenaktionen von 1943 gingen lettische und litauische Polizeieinheiten mit einer rücksichtslosen, weit über die Befehlslage hinausreichenden Härte gegen die slawischen Minderheiten vor und selektierten auch eigenmächtig Personen slawischer Herkunft zum Reichseinsatz oder zur Zwangsinhaftierung im AEL. So heißt es zu der Beteiligung lettischer Polizisten an der Arbeitskräfterekrutierung in Lettgallen im Sommer 1942 in dem Bericht des Gebietskommissars Schwung: „Bis in die letzte Gemeinde drang, schneller als Telegraf und Telefon die Parole: ‚Alle Russen werden ins Reich geschickt, verbannt und erschossen'. Unterstützt wurde das auch von einigen lettischen Polizisten, die ja fast alle einen kleinen Schuss Sadismus im Blut haben, durch entsprechende Aussagen und Drohungen."[72]

70 RKfO Abt. II Politik gez. Burmeister, Rundschreiben betr.: Einheimische Volksgruppen vom 27. 7. 1942, LVVA, P-69, ap. 1a, Nr. 9, Bl. 12 f.

71 GK in Reval Abt. Aso Gruppe Arbeitseinsatz, Schreiben an Gebietskommissar Sozialamt Reval-Stadt, Reval-Land, Wesenberg, Arensburg, Pernau, Dorpat vom 12. 5. 1942 betr.: Arbeitseinsatz aus der Kriegsgefangenschaft entlassener Ukrainer, ERA, R-65, kir. 1, Nr. 10, Bl. 3.

72 Gebietskommissar in Dünaburg gez. Schwung, Monatsbericht Mai–Juni 1942 an GK in Riga vom 18. 6. 1942, LVVA, P-69, ap. 1a, Nr. 18, Bl. 485–497. Gleichlautendes zur Rolle

Diese Maßnahmen führten dazu, dass die slawischen Minderheiten in den baltischen Polizeieinheiten die eigentlichen Drahtzieher der Arbeitskräfterekrutierungen sahen. Dies musste auch die lettische Polizei feststellen: „In ihren [der slawischen Bevölkerung] Augen sind einzig und allein die Letten an allem Schuld [mit Bezug auf die Deportation zum Arbeitseinsatz], denn die Deutschen hätten all dieses nur getan, um schlussendlich dem andauernden lettischen Drängen nachzukommen, das Gebiet des ehemaligen Lettlands von ‚fremdvölkischen' Elementen zu säubern."[73]

Schließlich erstreckte sich diese antislawische Komponente bis in die höchsten Organe der landeseigenen Verwaltung. Auch hier nutzte man die deutschen Forderungen nach Arbeitskräften, um das Ziel einer ethnischen Homogenisierung im eigenen Lande zu erreichen. Auf der vorbereitenden Sitzung der „Sauckelaktion" brachte sich der lettische Erste Generaldirektor und Generaldirektor des Innern, General Oskars Dankers, in diesem Sinne ein: „Er [Dankers] machte von sich aus, ohne von deutscher Seite irgendwie darauf hingewiesen worden zu sein, den Vorschlag, die geforderten Arbeitskräfte aus Lettgallen herauszunehmen. Hier sei die Umschichtung vertretbar, weil dort einmal fremdvölkische Elemente in größerer Zahl vorhanden seien."[74]

Auch in Litauen, wo die Anforderungen an die Arbeitskräfterekrutierung für den Reichseinsatz besonders hoch waren, richteten sich die von litauischen Behörden durchgeführten Zwangsmaßnahmen in erster Linie gegen die Polen.[75] Ein durchaus erwünschter Nebeneffekt der auf diesem Wege erfolgten ethnischen Homogenisierung war des Weiteren, dass man sich wie zuvor an dem Vermögen der Juden an den Hinterlassenschaften der übereilt Deportierten bereichern konnte.[76]

der litauischen Polizei gegenüber den Polen war auch aus Litauen zu hören: Bericht für Monat Oktober 1941 der Rüstungsinspektion Ostland, BArch-MA RW-30, Nr. 13 unpag.

73 Übersetzung des Autors aus dem Lettischen: Polizei Dünaburg gez. Zaube, Lagebericht an Vorgesetzten der lettischen Polizei Dünaburg Stadt vom 15. 7. 1942, LVVA, P-1398, ap. 1, Nr. 40, Bl. 147.

74 GK in Riga Abt. III Aso, Vermerk vom 4. 5. 1942 betr.: Sitzung vom 2. 5. 1942, Gegenstand der Verhandlung: Abgabe von Kräften ins Reich, IfZ, MA 202, Bl. 1202–1219; vgl. dazu auch Kārlis Kangeris, Nodeva reiham: Latvijas ģenerālapgabala iedzīvotāji darbos Lielvācijā, in: Latvijas zinātņu akadēmijas vēstis 12 (1990), S. 34–47, hier S. 39.

75 Rimantas Zizas, Persecution of Non-Jewish Citizens of Lithuania and Murder of Civilian Population, in: Karo belaisvių ir civilių gyventojų žudynės Lietuvoje, S. 289–383, hier S. 351; vgl. auch: Christoph Dieckmann, Kollaboration? Litauische Nationsbildung und deutsche Besatzungsherrschaft im Zweiten Weltkrieg, in: „Kollaboration" in Nordosteuropa, S. 128–139, hier S. 136 f.

76 Dazu am Beispiel Estlands: I. Paavle, Estonian Self-Administration in 1941–1944, in: Estonia 1940–1945, S. 539–568, hier S. 540.

Fazit

Der von deutscher Seite, und hier insbesondere von der lokalen Kriegswirtschaft als treibender Kraft, aufgebaute Druck auf die einheimische Bevölkerung, für die deutschen Kriegsinteressen zu arbeiten, konnte von der landeseigenen Verwaltung weitgehend ausgebremst werden.

Dies gelang ihr vor allem dort, wo die deutschen Anstrengungen die gesamte Bevölkerung betrafen. Beispiele dieser Art sind die rundweg gescheiterten Versuche, mittels Arbeitsausweisen die Kontrolle über den Arbeitsmarkt in seiner Gesamtheit zu erlangen. Um nicht den völligen Bruch mit den deutschen Behörden zu riskieren, bot sich den landeseigenen Verwaltungen und den einheimischen Polizeiorganen die Möglichkeit, die deutschen Forderungen auf die slawischen Minderheiten umzulenken.

Dass die landeseigene Verwaltung auf diese Weise eigene Interessen starkmachen konnte, zeigen die höchst unterschiedlichen Rekrutierungserfolge bei den verschiedenen zu rekrutierenden Personengruppen. Wenn die slawischen Minderheiten im östlichen Grenzgebiet des Baltikums die Zielgruppe waren, wurden die Kontingente erfüllt.[77] Richteten sich die Forderungen jedoch gegen die Mehrheitsbevölkerung, verliefen sie meist vollständig im Sande, wie der fehlgeschlagene Versuch vom Herbst 1943, estnische und lettische Frauen für den Reichseinsatz zu rekrutieren, zeigt.[78]

Obwohl die slawische Bevölkerung auf gesetzlicher Ebene nicht benachteiligt war, hatte sie deutlich schwerer unter den deutschen Mobilisierungsmaßnahmen zu leiden, da sie in dem einheimischen Verwaltungsapparat nicht repräsentiert war.[79] So stieß der von deutscher Seite initiierte Radikalisierungsprozess der Mobilisierung auf eine bremsende Haltung der landeseigenen Organe, die die deutschen Repressionen auf die slawischen Arbeitskräfte zu kanalisieren vermochten.

Jenseits dieses „Wirkungsmechanismus" standen die Juden und größtenteils auch die Roma, auf die die zivile Arbeitsverwaltung zumindest ab 1943 keinen Zugriff mehr hatte, aber auch zuvor nicht über deren Leben und Tod zu entschei-

77 Neben anderen Fällen aus der Wilnaregion ist hier nicht zuletzt die „Lettgallenaktion" von 1942 zu nennen.

78 Protestschreiben der lettischen Arbeitsverwaltung: Generaldirektion der Wirtschaft – Arbeitsdepartement gez. Reinhards, Schreiben an GK in Riga Abt. III Aso vom 5. 6. 1943 betr. 10 000 lettische Frauen für den Reichseinsatz, BArch R-92, Nr. 1153 unpag.; vgl. dazu Romuald J. Misiunas, Rein Taagepera, The Baltic States. Years of dependence 1940–1980, London 1983, S. 53.

79 Vgl. zum Zusammenhang von Arbeitsbedingungen und Repräsentationsmöglichkeit (voice) der eigenen Interessen: Spoerer, Zwangsarbeit unter dem Hakenkreuz, S. 16 f., 268.

den hatte. Dieses Recht lag in den Händen der deutschen Polizeiorgane – nicht zum Vorteil der Betroffenen, was die Mitverantwortung der Zivilverwaltung am Holocaust jedoch nicht relativieren soll.

Ergebnis der beschriebenen Konstellation war eine Arbeitseinsatzpolitik zwischen bedingter „Schonung“ der baltischen Mehrheitsbevölkerungen, „Menschenjagden“ mit Bezug auf die slawischen Minderheiten und einer klaren Vernichtungspolitik gegenüber Juden und Roma.

Fabian Lemmes

Arbeiten für den Besatzer

Lockung und Zwang bei der Organisation Todt in Frankreich und Italien 1940–1945

Wer nach Zwangsarbeit in Hitlers Europa fragt, kommt an der Organisation Todt (OT) nicht vorbei. Der Umfang ihrer Tätigkeit, ihre Präsenz in allen während des Zweiten Weltkriegs deutsch besetzten und beherrschten Gebieten des Kontinents und die Masse der von ihr eingesetzten Arbeitskräfte verleihen ihr bei der Beschäftigung mit diesem Thema eine besondere Bedeutung. Ursprünglich für den Bau des sogenannten Westwalls entlang der deutschen Westgrenze geschaffen, entwickelte sich die OT im Lauf des Krieges zur größten Bauorganisation des NS-Staats. Auf dem Höhepunkt ihrer geografischen Ausdehnung 1942/43 waren auf den Baustellen der OT schätzungsweise 1,5 Millionen Arbeitskräfte im Einsatz[1] – mehr Menschen als zeitgleich im gesamten privaten Baugewerbe im Reichsgebiet tätig waren. Noch weit höher lag die *Gesamt*zahl all derer, die zum einen oder anderen Zeitpunkt des Zweiten Weltkriegs in Europa für die OT arbeiteten. Bei mindestens 80 Prozent von ihnen handelte es sich um Nichtdeutsche: überwiegend Zivilisten, zum Teil auch Kriegsgefangene, KZ-Häftlinge oder Angehörige anderer Häftlingsgruppen.

Wie gelang es der Organisation Todt, die Bevölkerung der besetzten Gebiete in diesem Umfang für ihre Zwecke zu mobilisieren? Inwieweit kann oder muss von „Zwangsarbeit“ und „Zwangsarbeitern“ gesprochen werden, insbesondere dann, wenn man den Blick auf die quantitativ bedeutendste Gruppe, die einheimischen Zivilarbeitskräfte, richtet? Diesen Fragen soll hier für die beiden besetzten Länder Frankreich (1940–1944) und Italien (1943–1945) vergleichend

1 Handbook of the Organisation Todt. By the Supreme Headquarters Allied Expeditionary Force Counter-Intelligence Sub-Division. Reprint of the ed. London March 1945. Hrsg. von Hedwig Singer, Osnabrück 1992, S. 3; Franz W. Seidler, Die Organisation Todt. Bauen für Staat und Wehrmacht, 1938–1945, 2. Aufl., Bonn 1998, S. 146 f. Aufgrund lückenhafter Statistiken, unklarer Zählweisen, unvollständiger Angaben der nachgeordneten OT-Stellen und hoher Fluktuation lässt sich die Zahl der bei der OT in den besetzten Gebieten eingesetzten Arbeitskräfte nur grob schätzen. Sicher ist, dass die der OT-Zentrale vorliegenden Zahlen zu niedrig angesetzt waren.

nachgegangen werden, in denen die deutsche Besatzungsherrschaft im Vergleich zu Osteuropa deutlich milder ausfiel und jeweils eine einheimische Kollaborationsregierung mitsamt Verwaltungsapparat existierte: das Vichy-Regime (in der offiziellen Bezeichnung: État français) und die Italienische Sozialrepublik (Repubblica Sociale Italiana, RSI).[2] Für die Organisation von Rekrutierung und Arbeitseinsatz, die im Mittelpunkt der Betrachtung stehen wird, war das Zusammenspiel der OT mit unterschiedlichen Besatzungsbehörden und einheimischen Verwaltungen ebenso zentral wie mit deutschen und einheimischen Bauunternehmen. Nach knappen Ausführungen zu Entwicklung und Funktionsprinzip der OT sowie zu Art und Umfang ihrer Tätigkeit in Frankreich und Italien werde ich grundlegende Merkmale der Rekrutierungs- und Arbeitseinsatzpolitik vergleichend herausarbeiten, um schließlich die Rolle der Unternehmen beim Arbeitseinsatz zu betrachten.

Die Organisation Todt in Hitlers Europa

Das Gebilde, das man Ende 1938 als „Organisation Todt“ zu bezeichnen begann, war von Fritz Todt zu Beginn desselben Jahres ad hoc als Leitstelle für den Bau des Westwalls geschaffen worden. Seine Aufgabe war es, die Arbeit Tausender privater Bauunternehmen und Hunderttausender freier oder dienstverpflichteter (zu diesem Zeitpunkt noch ausschließlich deutscher) Arbeiter unter staatlicher Kontrolle zu koordinieren.

Ursprünglich als Provisorium gedacht, verstetigte sich die Organisation nach Abschluss der Westwallarbeiten und übernahm in der Folgezeit immer weitere Bauaufgaben. Bei Kriegsbeginn wurde sie militärischer Disziplin unterworden, ohne jedoch militärischem Kommando zu unterstehen. So entstand ein einzigartiges Konstrukt, gekennzeichnet durch eine zweifache Hybridität: Die OT verband zum einen die Prärogativen einer Reichsbehörde mit privatwirtschaft-

2 Zugrunde liegen den folgenden Ausführungen die Quellenrecherchen für meine Dissertation: Arbeiten für das Reich. Die Organisation Todt in Frankreich und Italien, 1940–1945, Diss., Europäisches Hochschulinstitut Florenz 2009. Zur OT in Frankreich vgl. außerdem Rémy Desquesnes, Atlantikwall et Südwall. Les défenses allemandes sur le littoral français, 1941–1944, Diss., Univ. Caen 1987; ders., L’Organisation Todt en France (1940–1944), in: Histoire, économie et société 11 (1992), S. 535–550. Zur OT in Italien gibt es nur die Regionalstudien von Roberto Spazzali, Sotto la Todt. Affari, Servizio obbligatorio del lavoro, deportazioni nella zona d’operazioni „Litorale adriatico“, 1943–1945, 2. Aufl., Gorizia 1998; und Paolo Savegnago, L’ombra della Todt sulla provincia di Vicenza, novembre 1943 – aprile 1945. Appunti e primi risultati della ricerca, Sommacampagna 2008. Zur OT allgemein, jedoch stark apologetisch, Seidler, Organisation Todt.

lichem Management und der massiven Einbindung der privaten Bauindustrie, zum anderen den Status einer zivilen Behörde mit paramilitärischer Organisation. Zwar galt sie in den besetzten Gebieten als Teil des Gefolges der Wehrmacht, baute vorwiegend in deren Auftrag und uniformierte ihr deutsches Personal; aber die OT unterstand keinem militärischen Oberbefehl, sondern blieb eine zivile Bauorganisation im Zuständigkeitsbereich von Reichsminister Fritz Todt, ab Februar 1942 dann seines Nachfolgers Albert Speer.

Während des Krieges operierte die OT in sämtlichen besetzten und mit Deutschland verbündeten Ländern, um als kriegsrelevant angesehene Bauvorhaben durchzuführen. Im Vordergrund standen militärische Anlagen im Auftrag von Kriegsmarine, Luftwaffe und Heer (Hafenbauten, U-Bootstützpunkte, Flugplätze, Bunker, Verteidigungsstellungen). Hinzu kamen Industriebauten und allgemein kriegswirtschaftliche Projekte, die auf eine bessere ökonomische Ausbeutung der besetzten Gebiete zielten (Erschließung von Rohstofflagern, Errichtung und Erweiterung von Produktionsstätten, Verlagerung von Industrien unter Tage), allgemeine Infrastrukturarbeiten (Straßen, Brücken, Eisenbahnlinien, Kanäle) und schließlich zunehmend Instandsetzungsarbeiten nach alliierten Luftangriffen. Ab 1943 kam die OT auch wieder im Reichsgebiet zum Einsatz, wo sie bei Instandsetzungsarbeiten und den Untertageverlagerungen industrieller Fertigungsstätten eine wesentliche Rolle spielte. Alle vier Grundtypen von Bauprojekten finden sich auch in Frankreich und Italien, in beiden Ländern standen jedoch die militärischen Bauten im Vordergrund.

Die Umsetzung der einzelnen Bauprojekte ruhte auf zwei Pfeilern: der Kooperation mit der privaten Bauwirtschaft sowie, seit Kriegsbeginn, dem Masseneinsatz nichtdeutscher Arbeitskräfte. Die OT baute also in der Regel nicht selbst, sondern plante, koordinierte, lieferte Baumaterial und Arbeitskräfte und kontrollierte, soweit möglich, ihre Verwendung. Die konkrete Durchführung der Arbeiten vergab sie in der Regel auf der Grundlage von Selbstkostenerstattungs- oder Leistungsverträgen an private Unternehmen, zunächst und vor allem an deutsche. Diese übertrugen ihrerseits in den west-, nord- und südeuropäischen Einsatzgebieten einen großen Teil der Arbeiten an einheimische Subunternehmer. Die Versorgung der riesigen Bauvorhaben mit Arbeitskräften war nur möglich durch den massiven Rückgriff auf die Arbeitskraft der Bewohner und Bewohnerinnen (auch Frauen kamen zum Einsatz, wenn auch meist in geringem Umfang) der besetzten Gebiete.

Neben der Errichtung von sechs großen U-Bootstützpunkten (Brest, Lorient, St. Nazaire bei Nantes, La Pallice bei La Rochelle, Bordeaux und später Marseille) war das wichtigste Bauprojekt der OT in Frankreich von 1942 an der sogenannte Atlantikwall, jene Küstenverteidigungslinie, die das deutsch besetzte Europa von der spanischen Grenze bis Nordnorwegen gegen die Landung anglo-amerikanischer Truppen abschirmen sollte.

Seit ihrer Restrukturierung durch Speer im Frühjahr 1942 gliederte sich die OT in Einsatzgruppen (EG), deren Einsatzgebiete sich mit denen der jeweiligen Heeresgruppen deckten.[3] Zuständig für sämtliche Arbeiten in Frankreich war die Einsatzgruppe West mit Sitz in Paris, die außerdem die OT-Bauten in Belgien und den Niederlanden leitete und überwachte. Die Zahl der Arbeitskräfte auf französischen OT-Baustellen betrug im Frühjahr 1943 knapp 200 000, in der großen Mehrzahl handelte es sich dabei um in Frankreich selbst rekrutierte Zivilarbeiter.[4] Nach einem Rückgang im Sommer 1943, der maßgeblich durch den Zwangsabzug französischer OT-Arbeiter nach Deutschland bedingt war, stieg die Zahl bis zum Vorabend der Landung der Alliierten in der Normandie im Juni 1944 auf ca. 290 000, nunmehr aber in der Mehrzahl Ausländer aus Drittstaaten, die teils in Frankreich selbst rekrutiert, teils eigens für die Arbeit bei der OT nach Frankreich angeworben, dienstverpflichtet oder deportiert worden waren.[5] Die größte Gruppe bildeten mit einigen Zehntausend die als „Rotspanier" bezeichneten republikanischen spanischen Flüchtlinge, die 1939 in Frankreich interniert worden waren. Hinzu kamen Belgier, Niederländer, Polen, sowjetische Kriegsgefangene und „Ostarbeiter", aber auch Einwohner der französischen Kolonien (Marokko, Algerien, Indochina), französische und ausländische Juden sowie französische und deutsche Strafgefangene. Nach der Landung der Alliierten wurden noch einmal ca. 200 000 Zivilisten für Aufräum- und Schanzarbeiten unter Leitung der OT zwangsverpflichtet.

Der „Einsatz Italien" wurde im Juni, die „Einsatzgruppe Italien" im Spätsommer 1943 als letzte aller Einsatzgruppen der OT eingerichtet, fast zeitgleich mit der Besetzung des Landes durch die Wehrmacht im (9. September 1943).[6] Wichtigste Bauvorhaben der OT im italienischen Raum waren die Verteidigungslinien entlang der adriatischen und ligurischen Küste sowie die Stellungsbauten im Landesinneren, die ein weiteres Vorrücken der Alliierten nach Norden verhindern oder zumindest hinauszögern sollten. Im Herbst 1944 wurden auf OT-Baustellen im italienischen Raum ungefähr 130 000 Arbeitskräfte eingesetzt, fast

3 Erster Erlass zur Neugliederung der OT vom 16.4. 1942, gez. Albert Speer, abgedr. bei Hedwig Singer, Entwicklung und Einsatz der Organisation Todt (OT). Einführung und Dokumente, Osnabrück 1998, S. 155–157.

4 Desquesnes, Atlantikwall, S. 165; ders., Organisation Todt, S. 544; Seidler, Organisation Todt, S. 43.

5 Handbook of the Organisation Todt, S. 464 f.

6 Mitteilungsblatt der OT-Zentrale (OTZ), Nr. 21, 20. 7. 1943; Singer, Entwicklung und Einsatz, S. 45.

alle von ihnen waren Einheimische.[7] Noch Ende März 1945, als die Alliierten bereits bis zum Po vorgedrungen waren, mussten in Oberitalien mehr als 200 000 Menschen im Stellungs- und Verkehrswegebau für deutsche Zwecke (OT, Wehrmacht u. a.) arbeiten.[8] Häftlingsarbeiter und Ausländer aus Drittstaaten spielten hier eine wesentlich geringere Rolle als in Frankreich. Gleichwohl finden sich bei der OT in Italien auch italienische Strafgefangene sowie Polen und sowjetische Arbeitskräfte. Letztere kamen vielfach mit jenen OT-Einheiten nach Italien, die geschlossen aus den besetzten Gebieten der Sowjetunion zur neu gegründeten EG Italien verlegt wurden.

Arbeitskräfterekrutierung und Arbeitseinsatzpolitik: Die Mobilisierung einheimischer Arbeitskräfte

Auf den OT-Baustellen im italienischen Raum waren fast ausschließlich einheimische Zivilarbeiter eingesetzt, auch in Frankreich bildeten sie – mit Ausnahme eines knappen Jahres zwischen Sommer/Herbst 1943 und Juni 1944 – die bei Weitem größte Gruppe. Die OT griff prinzipiell auf zwei Wegen auf einheimische Zivilarbeitskräfte zu: indirekt, indem sie französische bzw. italienische Baufirmen einband, die ihre Stammbelegschaften ganz oder teilweise einbrachten und bisweilen aus eigener Initiative zusätzliche Arbeitskräfte rekrutierten; vorwiegend aber direkt, indem sie Arbeiter individuell rekrutierte oder von den einheimischen Verwaltungen (Arbeitsämtern, Präfekturen, Kommunen) auf Anweisung der deutschen Militärverwaltung für ihre Bauvorhaben rekrutieren ließ und sie anschließend den deutschen und einheimischen Unternehmen zuteilte.

Von der Einbindung französischer und italienischer Baufirmen wird in Teil III die Rede sein. Zunächst sollen die direkten Rekrutierungsmaßnahmen der OT und der deutschen Arbeitseinsatzverwaltungen betrachtet werden. In Frankreich wie in Italien verbanden die OT und die zuständigen deutschen Besatzungsbehörden – hier vor allem: die (Haupt-)Abteilungen Arbeit des Verwaltungsstabs beim Militärbefehlshaber in Frankreich (MBF) bzw. beim Bevollmächtigten General der Deutschen Wehrmacht in Italien – stets Anreize mit Zwangselementen, um

7 Virgilio Ilari, Storia del servizio militare in Italia, Bd. 4, Roma 1991, S. 71; Xaver Dorsch, Die Organisation Todt. Ausarbeitung für die Historical Division/US Army in Europe [20. 3. 1950, masch.], abgedr. in: Singer, Entwicklung und Einsatz, S. 508.

8 Bericht über Dienstreise des Militärverwaltungs-Abteilungschefs Dr. Jani zum Bevollmächtigten General der Deutschen Wehrmacht in Italien, 30. 3. 1945, abgedr. in: Enzo Collotti, L'amministrazione tedesca dell'Italia occupata 1943–1945. Studio e documenti, Milano 1963, S. 586.

den steigenden Bedarf an Arbeitskräften für die deutschen Baumaßnahmen zu decken. Der Schwerpunkt verlagerte sich in Frankreich im Verlauf des Krieges immer stärker in Richtung Zwang, während in Italien beide Grundstrategien von Anfang bis Ende der deutschen Besatzung koexistierten.

Lenkung durch Anreize

Bei der OT zu arbeiten konnte für junge Franzosen und Italiener unter den gegebenen, von der Besatzungsmacht geschaffenen Umständen durchaus attraktiv sein. Allen voran bot die OT einen Ausweg aus Arbeitslosigkeit und Unterbeschäftigung, wie sie in Frankreich als Folge von militärischer Niederlage und Besetzung während der Jahre 1940/41, in Italien zumindest regional und lokal während der gesamten Besatzungszeit 1943–1945 herrschten. Darüber hinaus lockte die OT mit zusätzlichen Anreizen, die sie mithilfe von Werbekampagnen – auf Plakaten, in Zeitungsannoncen, in Italien zum Teil auch mit Lautsprecherwagen – offensiv kommunizierte.[9] Zu nennen sind vor allem

1. Geldlöhne, die in der jeweils ersten Phase der Besatzung (in Frankreich bis Mitte/Ende 1941, in Italien bis Ende 1943) deutlich über den lokalen und branchenüblichen Durchschnittsverdiensten lagen;[10]
2. Sachleistungen, überwiegend in Form von Nahrungsmitteln, die angesichts rascher Inflation, zunehmender Nahrungsknappheit und steigender Schwarzmarktpreise besonders in Italien gefragt waren;
3. prinzipieller Schutz vor einer Zwangsverpflichtung zum Arbeitseinsatz nach Deutschland (auch wenn diese Zusage in beiden Ländern punktuell gebrochen wurde und sich die französischen und italienischen Zivilarbeiter auf den OT-Baustellen ihrer Sache daher nie völlig sicher sein konnten);

9 Diese können im Folgenden nur in Form einer knappen Typologie skizziert werden. Vgl. hierzu detailliert und mit Einzelbelegen: Lemmes, Arbeiten für das Reich, Kapitel 5 und 6.

10 Später verloren die OT-Löhne in beiden Ländern meist ihren Vorsprung gegenüber der üblichen lokalen Entlohnung, fielen sogar hinter die in manch anderen Industrien gezahlten Löhne zurück, sodass der Geldlohn als Anreiz eine immer geringere Rolle spielte. Vgl. zur Entlohnung ausführlicher Fabian Lemmes, Zwangsarbeit im besetzten Europa. Die Organisation Todt in Frankreich und Italien, 1940–1945, in: Rüstung, Kriegswirtschaft und Zwangsarbeit im „Dritten Reich“. Hrsg. von Andreas Heusler/Mark Spoerer/Helmuth Trischler, München 2010, S. 219–252, hier S. 243–247; ders., Les conditions de travail dans les entreprises françaises du bâtiment et des travaux publics enrôlées dans l'Organisation Todt, in: Le Travail dans les entreprises sous l'Occupation. Hrsg. von Christian Chevandier/Jean-Claude Daumas, Besançon 2007, S. 216–233, hier S. 221–227.

4. in Italien überdies die Freistellung der Arbeiter vom italienischen Wehrdienst, dem sich zahlreiche junge Männer um jeden Preis zu entziehen suchten.

Die Arbeitsaufnahme bei Bauprojekten der OT konnte folglich eine strategische Wahl darstellen, wenn auch im Rahmen eingeschränkter Optionen. Vielen diente sie zur Abwendung noch ungünstigerer Alternativen, bisweilen auch schlicht als Überlebensstrategie. Dabei profitierte die OT letztlich von den Begehrlichkeiten anderer Akteure, mit denen sie um die zusehends knapper werdenden personellen Ressourcen konkurrierte, allen voran mit dem Sauckel-Stab und den italienischen Wehrbüros, denen gegenüber sie meist als das kleinere Übel erschien. Auch führten strategische Überlegungen einzelne Personengruppen zur OT. Zu nennen ist etwa die Überwinterungsstrategie Tausender italienischer Partisanen, die 1944/45 angesichts der schwierigen Bedingungen während der Wintermonate und ihrer vielfach kritischen militärischen Situation die Berge verließen und die Reihen der OT in Oberitalien füllten. Dabei nahmen sie ein Amnestieangebot – also auch hier ein Anreiz – des Bevollmächtigten Generals (das heißt des Chefs der deutschen Militärverwaltung) wahr, das eine Arbeitsaufnahme beim deutschen Stellungsbauprogramm zur Bedingung hatte.[11] Ein anderes Beispiel sind die ausländischen Internierten in den Lagern des Vichy-Regimes, denen die Arbeitsaufnahme bei der OT seit 1941 die Chance bot, das Internierungslager und die Zwangsarbeit für Vichy gegen eine etwas besser bezahlte Zwangsarbeit für den Besatzer einzutauschen. Die meisten lehnten dies jedoch ab, sodass es auch bei dieser Gruppe bald zu Zwangsverpflichtungen kam.[12]

Insbesondere in der jeweiligen Anfangsphase der Besatzung fand die OT in Frankreich wie in Italien zumindest formal „Freiwillige". In beiden Ländern stellte sich jedoch schnell heraus, dass die Anwerbung auf freiwilliger Basis allein zur Deckung des wachsenden Bedarfs nicht ausreichte, zumal die Hochlohnpolitik nicht aufrechterhalten werden konnte. Daher wandten OT und Militärverwaltung zunehmend Zwangsmaßnahmen an, die die Freiwilligenwerbung erwei-

11 Santo Peli, La Resistenza in Italia. Storia e critica, Torino 2004, S. 115–118; Le formazioni GL nella Resistenza. Documenti. Hrsg. von Giovanni de Luna u. a., Milano 1985, S. 201–286; Le brigate Garibaldi nella Resistenza. Documenti (agosto 1943 – maggio 1945). Hrsg. von G. Carocci/G. Grassi, Milano 1979, Bd. 3, S. 12 und 166 f.

12 Bernd Zielinski, Staatskollaboration. Vichy und der Arbeitskräfteeinsatz im Dritten Reich, Münster 1995, S. 71; Centre de documentation juive contemporaine, Paris, Serie: Commissariat aux Questions Juives, Akte: Travailleurs étrangers, Document XXIII-84A, Compte-Rendu de la réunion du 21 novembre 1941 à l'Arbeitseinsatz, 25. 11. 1941; Wilhelm Alff, Die republikanischen spanischen Flüchtlinge („Rotspanier"), in: Gutachten des Instituts für Zeitgeschichte, Bd. 2, Stuttgart 1966, S. 264–292.

terten und flankierten, ohne sie völlig zu ersetzen. Anreize und Zwang waren also keine alternativen, nacheinander verfolgten Strategien, vielmehr griffen sie ineinander und ergänzten einander.

Lenkung durch Zwang

Die Zwangsmaßnahmen lassen sich drei Kategorien zuordnen, je nachdem, ob der ausgeübte Zwang primär ökonomischer, rechtlicher oder physischer Art war.

Ein erstes Bündel von Maßnahmen zielte darauf, ökonomischen Druck auf Bauarbeiter und/oder Arbeitslose auszuüben, um sie zu einer Arbeitsaufnahme bei der OT zu bewegen. Zu diesem Zweck wurden, wie für Frankreich ab Januar 1941, für Italien ab Ende 1943 regional belegt, einheimische Baustellen geschlossen. Den arbeitslosen oder daraufhin arbeitslos gewordenen Männern wurden von den Arbeitsämtern Stellen bei der OT zugewiesen und bei Ablehnung der Entzug der Arbeitslosenunterstützung oder der Lebensmittelkarten angedroht. Die Besatzungsbehörden hatten solche indirekten Zwangsmaßnahmen gefordert oder nahegelegt, es waren dann die französischen und italienischen Verwaltungen, die sie durchführten.[13]

Hinzu kamen, zweitens, diverse Formen der Dienstverpflichtung. Zum Arbeitsdienst bei der OT verpflichtet wurden Franzosen und Italiener auf der Grundlage unterschiedlichster Gesetze, Verordnungen und Bestimmungen und unterschiedlicher administrativer Zuständigkeiten, zumeist aber – gemäß der Kollaborationslogik – durch die einheimischen Behörden, selten durch die Besatzungsmacht selbst. Als rechtliche Grundlagen dienten in Frankreich vor allem das französische Dienstpflichtgesetz vom 4. September 1942 und das berüchtigte Gesetz über den *Service du travail obligatoire* (STO) vom Februar 1943, bisweilen auch der (missbräuchlich angewandte) Artikel 52 der Haager Landkriegsordnung. Italiener und Italienerinnen wurden zum Teil auf dem Wege militärischer Einberufung, häufiger auf dem Wege ziviler Arbeitsdienstverordnungen zur OT dienstverpflichtet. Die Verpflichtungen variierten nach Region und im Zeitverlauf und betrafen spätestens seit Jahresmitte 1944 in Nordmittel- und Oberitalien

13 Jean-Marie d'Hoop, La main-d'œuvre française au service de l'Allemagne, in: Revue d'Histoire de la Deuxième Guerre mondiale 21 (1971), S. 73–88, hier S. 75 f.; Desquesnes, Organisation Todt, Bd. 1, S. 542; Zielinski, Staatskollaboration, S. 68–71; Archivio di Sato La Spezia, Prefettura, busta 88, fascicolo „Paghe indennità ed altri assegni di lavoro", Rundschreiben Nr. 16/S. L. P. – PO-D-G-2-51291 des Ministero dell'Economia Corporativa, Servizio per il Lavoro e la Previdenza, vom 27. 12. 1943 betr. „Indennità di disoccupazione"; Bundesarchiv Berlin (BArch) R 50 I, 189, Bl. 70–72: OT-Einsatz Seefalke, Aufzeichnung über Volkszählung, Rom, 8. 1. 1944.

auch Frauen.[14] In beiden Ländern waren die meisten dieser Arbeitsdienstverordnungen in erster Linie zu dem Zweck erlassen worden, Arbeitskräfte für den Einsatz im Deutschen Reich zu verpflichten; darüber hinaus dienten sie aber auch dazu, die Arbeitskräfte in Frankreich und in Italien selbst in jene Bereiche zu lenken, die die Besatzungsmacht für die Kriegführung für vordringlich hielt, und damit insbesondere zur OT.

Drittens wurden Arbeitskräfte durch Androhung oder Anwendung physischer Gewalt ausgehoben. Dies geschah meist durch Wehrmachtssoldaten, Polizei oder andere bewaffnete Verbände der Kollaborationsregime, seltener auch durch Angehörige des Schutzkorps (zunächst: Schutzkommando) der OT. Regelrechte Menschenjagden gab es in Italien von Beginn der Besatzung an in den frontnahen Operationsgebieten.[15] Sie dienten vor allem dazu, den unmittelbaren Arbeitskräftebedarf der kämpfenden Truppe zu decken, darüber hinaus sollten aber auch Arbeiter für den „Reichseinsatz“ und, in geringerem Umfang, für die OT gewonnen werden. Ebenso wurden 1944 beim Rückzug der Wehrmacht aus Süd- und Mittelitalien Menschen als Arbeitskräfte verschleppt. Schließlich zielten die bewaffneten Aktionen deutscher und italienischer Verbände in rückwärtigen Gebieten mit Partisanentätigkeit nicht nur auf Partisanenbekämpfung, sondern auch auf Arbeitskräftegewinnung.[16] In Frankreich kam es zu Rekrutierungen mit Waffengewalt in größerem Stil erst im Sommer 1944 nach der Landung der Alliierten. Die Radikalisierung des Arbeitseinsatzes bei der OT erreichte hier ihren Höhepunkt, als die arbeitsfähige Bevölkerung ganzer Ortschaften, Männer und Frauen, zum Bau einer „Auffangstellung“ in Ostfrankreich durch Feldgendarmerie, OT-Schutzkorps und Truppeneinheiten ausgehoben wurde.[17]

14 BArch-MA RH 36, 482: Lageberichte der Militärkommandantur (MK) 1002 Bologna vom 14. 2. und 14. 3. 1944; RH 36, 466: Lageberichte der MK 1003 Florenz vom 14. 5. und 14. 6. 1944; Michael Wedekind, Nationalsozialistische Besatzungs- und Annexionspolitik in Norditalien 1943 bis 1945. Die Operationszonen „Alpenvorland“ und „Adriatisches Küstenland“, München 2003, S. 206 f.; Savegnago, L'ombra della Todt, passim.

15 Lutz Klinkhammer, Zwischen Bündnis und Besatzung. Das nationalsozialistische Deutschland und die Republik von Salò 1943–1945, Tübingen 1993, S. 178–187.

16 Archivio Centrale dello Stato, Rom, Uffici di polizia e comandi militari tedeschi, busta 5, fascicolo 6, sottofascicolo 9: BdS Italien, Vermerk vom 30. 5. 1944 betr. „Auswertung der Banden-Aktion (General von Kamptz) für den Arbeitseinsatz“, gez. SS-Obersturmführer Reyscher; Bevollmächtigter General, Chef der Militärverwaltung, Rundschr. Nr. 246 vom 15. 6. 1944 betr. „Bandenaktionen“; Befehl des Oberbefehlshabers Südwest, Ia T Nr. 0627/44 g. Kdos., vom 23. 6. 1944, gez. Beelitz, Oberst i. G.

17 Archives nationales, Paris (AN), AJ40 850, Akte 8: Rundschreiben der OT-EG West vom 12. 8. 1944 betr. „Organisation der Einsatzgruppe West“; AN, AJ40 850, Akte 9: Bef. Nordost, Abt. Arbeit IV/1a – 5349, an MBF, Hauptabt. Arbeit, Ref. A7, Nancy, vom 25. 8. 1944

Die zunehmende Anwendung von Zwang bei der Rekrutierung neuer Arbeitskräfte ging einher mit repressiven Maßnahmen, die darauf abzielten, eine Abwanderung von den Baustellen zu verhindern und die Arbeitsleistung zu steigern. Diese Maßnahmen können hier nur in Grundzügen skizziert werden. In Frankreich lässt sich eine zeitliche Zäsur um den Jahreswechsel 1942/43 ausmachen, die, bei allen Überlagerungen und Unschärfen, eine Phase der überwiegend freien Arbeit von einer Phase der überwiegend unfreien Arbeit bei der OT trennt: Nicht nur nahm (bei stagnierenden bis abnehmenden Löhnen) die Rekrutierung per Dienstverpflichtung immer mehr zu. Im November 1942 untersagte der MBF den Arbeitern sämtlicher deutscher Küstenbaustellen im besetzten Frankreich per Verordnung, ihren Arbeitsvertrag aufzulösen und den Arbeitsplatz zu wechseln. Auch wer ursprünglich „freiwillig" zur OT gekommen war, hatte seine Rückzugsmöglichkeit vom Arbeitsplatz verloren. Zugleich bemühte sich die OT, die nunmehr illegale, aber gleichwohl anhaltende Absetzbewegung von den Baustellen einzudämmen, indem sie die Mobilität der Arbeiter einschränkte, immer schärfere repressive Maßnahmen androhte und teilweise auch ergriff. Nicht ortsansässige Arbeitskräfte waren nun bevorzugt in Lagern unterzubringen; zumindest die großen Lager waren bewacht, zum Teil auch von Stacheldraht umgeben. Die Arbeiter wurden unter Kriegsrecht gestellt, Verstöße gegen die Arbeitsdisziplin kriminalisiert. Dennoch war die OT in Frankreich nicht in der Lage, die Fluchten zu unterbinden, da Wachpersonal im hierfür nötigen Umfang meist nicht zur Verfügung stand. Sie verlegte sich auf abschreckende, exemplarische Bestrafungen von „Arbeitsverweigerern", die von Ordnungsstrafen über Drangsalierungen in Strafbaracken bis hin zu kriegsgerichtlichen Verurteilungen reichten. In Frankreich schuf die OT bis zum Frühjahr 1944 ein Netz eigener Straflager, deren Insassen – nun expressis verbis als „Zwangsarbeiter" – zu besonders schweren Arbeiten auf den Baustellen eingesetzt wurden.[18]

betr. „Schildbau (Stellungsbau)"; Vermerk vom 30. 8. 1944 über Besprechungen über Arbeitseinsatz bei Verteidigungsbauten, Luftkriegseinsatz und Höhlenbauvorhaben mit Oberbaudir. Weis.

18 AN, AJ40, 850, Akte 10: verschiedene Erlasse der Hauptabt. Arbeit des MBF, 1943–44, insb.: Erlass des MBF Wi VII 710 b/43 über „Strafmaßnahmen gegen unberechtigte Abwanderungen bei den Baustellen der Küstenbefestigungen" vom 3. 2. 1943, gez. Kohl, Bl. 5–7; AN, 2AG 543: Rapport sur la vie au Camp de Caudan (Morbihan) et à Lorient (S. O. T.) [sic], 9. 5. 1943; siehe auch Christian Bougeard, Les chantiers allemands du Mur de l'Atlantique, in: La main d'œuvre française exploitée par le IIIe Reich. Hrsg. von Bernard Garnier/Jean Quellien, Caen 2003, S. 185–218, hier S. 189.

Zwischenfazit: Französisch-italienische Unterschiede und Gemeinsamkeiten

Für Frankreich ist eine relativ kontinuierliche und territorial einheitliche Radikalisierung der Arbeitseinsatzpolitik und Arbeitseinsatzpraxis im Bereich der OT während der Besatzungsjahre zu beobachten, indes mit einem quantitativen wie qualitativen Sprung um die Jahreswende 1942/43. In Italien kam es zwar ebenfalls zu einer Radikalisierung im Zeitverlauf, doch findet sich hier während der gesamten Besatzungszeit ein Nebeneinander von regional und lokal sehr unterschiedlichen Arbeitseinsatzsituationen. Anders ausgedrückt: Der Faktor Raum hat für die Rekrutierungsstrategien und die Arbeitseinsatzpraxis bei der OT in Italien eine größere Erklärungskraft als der Faktor Zeit. So muss zwischen dem stark gewaltgeprägten Einsatz im frontnahen Operationsgebiet (das sich im Zuge des alliierten Vormarschs immer weiter nordwärts verschob) und den frontfernen Gebieten weiter im Norden des Landes differenziert werden. Hinzu kommen Unterschiede zwischen dem RSI- und Militärverwaltungsgebiet einerseits und den ans Reich grenzenden „Operationszonen" Adriatisches Küstenland und Alpenvorland andererseits, die unter ziviler Verwaltung der Gauleiter standen und zur Annexion vorgesehen waren. Ferner gilt es, die unterschiedliche Situation in Stadt und Land, in ländlichen Gebieten mit und ohne Partisanenaktivitäten zu beachten.

Dieser erste französisch-italienische Unterschied hängt zum einen damit zusammen, dass Italien im Gegensatz zu Frankreich von Beginn der Besatzung an Kriegsschauplatz war, während auf französischem Boden erst wieder im Juni 1944 Kampfhandlungen stattfanden; zum anderen damit, dass die administrative Durchdringung des Landes, die Erfassung und der administrative Zugriff auf die Bevölkerung in Frankreich während der gesamten Besatzungszeit deutlich umfassender waren und damit die Arbeitseinsatzpolitik besser gesteuert werden konnte als in Italien. Dies erklärt auch zwei weitere Unterschiede, die sich zwischen den beiden Ländern beobachten lassen: Erstens waren in Frankreich Rekrutierung und Arbeitseinsatzbedingungen wesentlich stärker bürokratisiert und zentral gesteuert, und zwar – seit 1942 in steigendem Maße – durch die Hauptabteilung Arbeit beim MBF und die Leitung der OT-Einsatzgruppe West. (Nur während der letzten Besatzungsmonate nach der Landung der Alliierten standen wieder lokale Ad-hoc-Rekrutierungen im Vordergrund.) Damit hängt zweitens zusammen, dass Dienstverpflichtungen in Frankreich wesentlich effektiver waren und sich entsprechend seit 1943 zum zentralen Rekrutierungsinstrument für die OT-Baustellen entwickelten. In Italien waren sie dagegen schwieriger zu organisieren und vor allem schlechter durchzusetzen. Daher hatten in Italien zum einen die Freiwilligenwerbung und zum anderen seit Beginn der Besatzung die gewaltsame Aushebung eine größere Bedeutung für die Rekrutierung von Arbeitskräften für Baumaßnahmen der OT als in Frankreich.

Diese Unterschiede sollen nicht darüber hinwegtäuschen, dass prinzipiell die Repertoires an Anreizen und Zwangsmaßnahmen in Frankreich und in Italien weitgehend identisch waren; was variierte, waren die jeweilige Mischung und Dosierung der einzelnen Instrumente im Zeitverlauf. Hier wie dort als unerlässlich erwies sich ferner die Kollaboration der einheimischen Behörden, begonnen mit den Zentralinstanzen auf Regierungsebene bis hin zu den Kommunalverwaltungen. So war es die Vichy-Regierung, die in Verhandlungen mit den zentralen Besatzungsinstanzen bestimmte Zahlen zu stellender Arbeitskräfte akzeptierte und die Präfekten anschließend zu Dienstverpflichtungen anwies; die italienische Regierung, die die Werbekampagnen der OT unterstützte und in italienischen Zeitungen selbst für sie warb; es waren die französischen und italienischen Präfekten und Bürgermeister, die die Dienstverpflichtungen aussprachen und organisierten; und die einheimischen Arbeitsämter, die Arbeitslose der OT zuwiesen. Die Zusammenarbeit mit den einheimischen Verwaltungen lief aus Sicht der OT und der Militärverwaltung, trotz Kritik und vieler Beschwerden im Einzelnen, insgesamt erfolgreich. Auch wenn die Soll-Zahlen selten erreicht wurden (man kann darüber spekulieren, ob die OT sie nicht systematisch zu hoch ansetzte), konnten die Kontingente für die wichtigsten OT-Projekte praktisch bis in die letzten Tage der jeweiligen Besatzung erbracht werden. Notwendig war schließlich in beiden Ländern die Kollaboration der einheimischen Bauwirtschaft, auch und gerade in der Funktion als Arbeitskräftelieferant.

Die Rolle der Unternehmen beim Arbeitseinsatz

Die Frage nach Rolle und Einfluss privater Bauunternehmen innerhalb der OT erwächst schnell zu einem umfassenden Thema mit zahlreichen Facetten. Zwei wichtige sollen hier nur erwähnt, aber nicht diskutiert werden. Zunächst die Frage nach dem Verhältnis zwischen deutscher Bauindustrie und der OT, das bisher noch nicht eingehend erforscht ist: Insbesondere der Blick auf die Rolle der Wirtschaftsgruppe Bauindustrie und ihrer Zweigstellen in den besetzten Gebieten (eher Interessenvertretung oder Transmissionsriemen?) kann einen wertvollen Beitrag zur Debatte über das Verhältnis von Staat und Privatwirtschaft im Nationalsozialismus leisten. Eine zweite wichtige Frage ist die nach den Mechanismen der Kollaboration der französischen und italienischen Bauwirtschaft.[19] An dieser

19 Vgl. hierzu Fabian Lemmes, Les relations entre entreprises allemandes et françaises dans le secteur du bâtiment sous l'Occupation, 1940–1944, in: L'économie, l'argent et les hommes. Les relations économiques et financières franco-allemandes de 1871 à nos jours. Hrsg. von Jean François Eck/Stefan Martens/Sylvain Schirmann, Paris 2009, S. 169–199.

Stelle möchte ich mich jedoch auf zwei für die einleitend formulierte Fragestellung zentrale Aspekte konzentrieren: einerseits die Bedeutung der Unternehmen bei der Arbeitskräftebeschaffung, andererseits den Einfluss der Unternehmen auf die Bedingungen des Arbeitseinsatzes. Welche Aufgaben nahmen die Baufirmen wahr, welche Handlungsspielräume hatten sie und welche Verantwortung kommt ihnen somit zu? Dabei muss jeweils zwischen den deutschen und den einheimischen – französischen und italienischen – Unternehmen unterschieden werden.[20]

Unternehmen und die Rekrutierung von Arbeitskräften

Bei der Beschaffung von Arbeitskräften für die Bauprojekte der OT in Frankreich und Italien kam den Bauunternehmen eine wichtige, phasenweise eine zentrale Funktion zu. Das Prinzip war, dass die als Haupt- oder Nachunternehmer für die OT bauenden Firmen in gewissem Umfang Stammpersonal mitbrachten, teilweise darüber hinaus lokale Freiwillige rekrutierten und die zusätzlich benötigten Arbeitskräfte von der OT zugewiesen bekamen. Der jeweilige Anteil dieser drei Segmente – Stammbelegschaft, vom Unternehmen für ein bestimmtes OT-Projekt angeworbene Arbeiter, über die OT zugewiesene (freie oder Zwangs-) Arbeiter – konnte allerdings sehr unterschiedlich ausfallen; er variierte je nach Land, Zeitpunkt, Art des Bauvorhabens. Auch war die Zusammensetzung davon abhängig, ob es sich um deutsche oder einheimische Unternehmen handelte.

Gemessen am Umfang der Bauvorhaben brachten die *deutschen Unternehmen* während des Krieges nur vergleichsweise wenig Stammpersonal zu ihren Baustellen in die besetzten Gebiete. In erster Linie handelte es sich dabei um technisches und kaufmännisches Leitungspersonal; hinzu kamen, je nach Art des Bauvorhabens und der personellen Kapazitäten des Unternehmens, auch einige Baufacharbeiter, die dann vorwiegend als Vorarbeiter eingesetzt wurden. Entsprechend der zunehmenden Arbeitskräfteknappheit im Reich nahm der Anteil des deutschen Firmenpersonals auf den OT-Baustellen in Frankreich während der Besatzungsjahre kontinuierlich ab. In Italien waren die deutschen Firmen 1943–1945 fast nur noch mit Leitungspersonal präsent.[21] Das firmeneigene deutsche Personal erhielt für die Dauer der Arbeiten außerhalb der Reichsgrenzen OT-Uniformen

20 Darüber hinaus waren in Frankreich auch einige belgische und niederländische Bauunternehmen tätig, die zwar als Einzelfälle interessant, jedoch quantitativ nicht von Bedeutung sind und daher hier nicht berücksichtigt werden.

21 Dorsch, Organisation Todt, S. 508; Rudolf Dittrich, Vom Werden, Wesen und Wirken der Organisation Todt. Ausarbeitung für die Historical Division/US Army in Europe, abgedr. in: Singer, Entwicklung und Einsatz, S. 365–436, hier S. 395; Singer, Entwicklung und Einsatz, S. 48.

und OT-Ränge, wurde also zumindest temporär in die OT integriert. Für die einheimische Bevölkerung war es damit vom OT-eigenen Personal meist nicht zu unterscheiden. Von 1943 an lagen zudem den Arbeitsbedingungen des gesamten deutschen Personals einheitliche Bestimmungen zugrunde, unabhängig davon, ob es sich um Firmenangehörige oder um OT-eigenes Personal handelte. In den Stärkemeldungen der Bauleitungen firmierten „OT-eigene" und „firmeneigene Kräfte" allerdings weiterhin getrennt.

Darüber hinaus wurden die deutschen Firmen zumindest in Frankreich teilweise selbst aktiv, um einheimische Arbeitskräfte anzuwerben. Die große Masse der Arbeiter, insbesondere der Hilfsarbeiter, wurde ihnen jedoch gemäß dem veranschlagten Bedarf über die OT zugewiesen und reichte von als Freiwillige angeworbenen Arbeitern über die Dienstverpflichteten bis hin zu Häftlingsarbeitern. Die OT arbeitete hierbei mit der deutschen Militärverwaltung und/oder den einheimischen Behörden (Arbeitsämter, Präfekten, Bürgermeister) zusammen und rekrutierte darüber hinaus Freiwillige über eigene Werbebüros.

Die *einheimischen Baufirmen* spielten bei der Beschaffung einheimischer Arbeitskräfte eine ungleich wichtigere Rolle als die deutschen. Wenn sich die OT und die deutschen Besatzungsbehörden um die Kollaboration der französischen und italienischen Bauwirtschaft bemühten (in Frankreich seit 1942 in steigendem Maße, in Italien von Beginn der Besatzung an), so erfüllte dies einen doppelten Zweck: Zum einen sollte eine solche Kollaboration Abhilfe für die überspannten Baukapazitäten der deutschen Firmen schaffen, zum anderen Arbeitskräftereservoirs erschließen. Als die deutschen Besatzungsbehörden in Frankreich im Sommer 1942 eine Kampagne für den verstärkten „Firmeneinsatz" französischer Baufirmen lancieren, ging es ihnen zunächst noch weniger um deren Baukapazitäten als um deren Arbeiter: Diese sollten auf die zahlreichen neuen und expandierenden OT-Baustellen gelenkt werden.[22] Die Atlantikwallbaustellen wurden im Zuge dieser Entwicklung zu einem Eldorado für windige Profiteure. So kam es in den französischen Küstengebieten infolge der Sonderkonjunktur in der Baubranche zu zahlreichen Neugründungen von Unternehmen,[23] von denen manche faktisch Arbeitskräfteverleiher und keine Baufirmen waren. Sie besaßen weder eigenes Gerät noch technisches Know-how, sondern warben lediglich Arbeitskräfte an und vermieteten diese profitabel an die OT oder die Wehrmacht.[24] In Italien war gerade zu Beginn der deutschen Besatzung, als die OT-Dienststellen noch über sehr wenige Arbeiter verfügten, die Anwerbeversuche an manchen Orten ver-

22 Desquesnes, Atlantikwall et Südwall, Bd. 1, S. 215–217.

23 Dominique Barjot, L'industrie française des travaux publics (1940–1945), in: Histoire, Économie et Société 11 (1992), S. 415–436, hier S. 423.

24 Bougeard, Les chantiers allemands, S. 192.

schwindenden Erfolg hatten und wirksame Dienstpflichtregelungen nicht existierten, der Rückgriff auf italienische Baufirmen und ihre Beschäftigten die bisweilen einzige Möglichkeit, um Arbeiten überhaupt ausführen zu können.[25]

Die Ausgestaltung der Arbeits- und Lebensbedingungen

Die Arbeitsbedingungen sämtlicher eingesetzter Arbeitskräfte waren den Bauunternehmen durch Bestimmungen der OT-Zentrale (durch den hierfür eigens ernannten „Reichstreuhänder der Arbeit für die Organisation Todt"), der betreffenden OT-Einsatzgruppe (durch die Abteilung „Frontführung") und der Militärverwaltung (durch die [Haupt-]Abteilung Arbeit des MBF bzw. des Bevollmächtigten Generals in Italien) vorgegeben. Dies gilt für Löhne, Verpflegung und medizinische Versorgung ebenso wie für die Sozialversicherung (hier orientierten sich die Bestimmungen für italienische und französische wie auch für belgische und niederländische Arbeiter an den jeweiligen nationalen Regelungen zur Sozialversicherung). Auch die Bewachung der Großbaustellen und der großen Arbeiterlager war im Prinzip nicht Sache der Firmen, sondern deutscher und einheimischer Polizeieinheiten sowie des 1942 von der OT aufgebauten Schutzkorps. Dabei handelte es sich um eine bewaffnete OT-Gliederung, der bei einer schwindenden Zahl von Reichsdeutschen prioritär „Volksdeutsche" und Kollaborateure „germanischer" Völker (also Niederländer und Flamen), aber auch Wallonen sowie in steigender Zahl „nichtgermanische" Einheimische angehörten, also Franzosen und Italiener, die sich entweder aus politisch-ideologischer Überzeugung oder aus ähnlichen strategischen Motiven freiwillig meldeten, wie sie in Teil II für die „einfachen" Arbeiter angeführt wurden.[26]

Dessen ungeachtet konnten sowohl die deutschen als auch die französischen und italienischen Firmen die Arbeits- und Lebensbedingungen der für sie arbeitenden Menschen durchaus beeinflussen, gerade in der Frage von Entlohnung und Verpflegung. Erstens waren nicht alle Bereiche in toto geregelt; insbesondere stand es den Unternehmern frei, sich um zusätzliche Nahrungsmittel für die Arbeiter

25 So im Raum Verona, wo die OT zu Beginn der Besatzung ihren Bedarf auf 15 000 Arbeiter veranschlagte, sich aber zunächst nur 70 Freiwillige meldeten, sodass die Ausführung der Arbeiten „nur unter Heranziehung italienischer Firmen" möglich war (ACS, Rom, Uffici di polizia e comandi militari tedeschi in Italia, b. 5, f. 6. s. f. 1: Bericht „Der Arbeitseinsatz gesehen vom S. D." Rom, o. D. [ca. Ende Okt. 1943]).

26 Für Italien wird auch von slowakischen Wachmannschaften berichtet, vgl. Ralph Bennet, L'ULTRA e la linea gotica, in: Linea gotica 1944. Eserciti, popolazioni, partigiani. Hrsg. von Giorgio Rochat/Enzo Santarelli/Paolo Sorcinelli, Milano 1986, S. 125–131; sowie Spazzali, Sotto la Todt, S. 65. Zum Schutzkorps allgemein vgl. Seidler, Organisation Todt, S. 198–202.

zu bemühen. Zweitens gab es Ermessensspielräume innerhalb der Bestimmungen, etwa bei der Einstufung in bestimmte Lohngruppen, der Gewährung von Zulagen und Prämien oder der Anzeige von „Verstößen gegen die Arbeitsdisziplin". Drittens konnten bestehende Regelungen vielfach ohne großes Risiko umgangen oder unterlaufen werden, weil die übergeordneten OT-Dienststellen infolge von Zeitdruck und Personalknappheit nicht (und in schwindendem Maße) in der Lage waren, die Unternehmen wirksam zu kontrollieren. Dies gilt nicht nur im Fall der Arbeitsbedingungen, sondern auch für Bauausführung und die Abrechnungen mit der OT. Letztere wurden in Frankreich, obgleich die OT dort über mehr eigenes Personal als in Italien verfügte, von September 1943 an nur noch stichprobenartig und – „zur Entlastung des Abrechnungsapparates der OT" – durch deutsche Firmenangestellte geprüft, die zu diesem Zweck „durch Handschlag durch den Leiter der örtlichen Einsatzdienststelle [...] auf das Interesse des Großdeutschen Reiches" verpflichtet wurden.[27] Selbst bei Beanstandungen durch die Oberbauleitung hatten Firmen wenig zu befürchten: Nicht nur war absichtliche Täuschung schwer nachzuweisen, da eine Missachtung von Vorschriften angesichts der komplexen, sich ständig ändernden und oft mit zeitlicher Verzögerung an die lokalen Bauleitungen weitergegebenen Bestimmungen ebenso dem Versehen und der Unkenntnis geschuldet sein konnte wie dem Vorsatz; auch war die OT letztlich auf die Firmen angewiesen und damit zu einem gewissen Grad vom guten Willen der einheimischen Bauunternehmer abhängig. Im Regelfall scheinen Firmen bei Beanstandungen daher höchstens ermahnt, selten mit einer Geldstrafe belegt worden zu sein; härtere Sanktionen sind nicht überliefert.

Im Falle der deutschen Hauptunternehmer wurden Handlungsspielräume zudem dadurch vergrößert, dass die unteren Ebenen der OT-Hierarchie im besetzten Gebiet zunehmend identisch waren mit den lokalen Firmenbauleitungen deutscher Unternehmen. Diese Entwicklung verstärkte sich in den Jahren 1942–1944 in dem Maße, in dem OT-Personal zur Wehrmacht eingezogen wurde. Zum Chef einer OT-Bauleitung wurde in aller Regel der Verantwortliche einer deutschen OT-Firma ernannt, die im entsprechenden Bauabschnitt tätig war. Verfügte die Bauleitung über eine eigene „Abteilung Frontführung", wie es zumindest bei den größeren der Fall war, wurde ein Verantwortlicher derselben Firma zu ihrem Leiter ernannt und damit für die Personalangelegenheiten im

27 Runderlass Nr. 451/43 der OT-Zentrale, V 4 [W] – 1313/43 – 04 (OT), vom 29. 9. 1943, abgedr. in: Mitteilungsblatt der OTZ, Nr. 29 vom 10. 10. 1943, S. 266. Zu den informellen Handlungsspielräumen französischer Unternehmen gegenüber ihren Arbeitskräften vgl. die Gerichtsverfahren vor der *Commission nationale interprofessionelle d'épuration* (CNIE), vor der sich nach dem Krieg zahlreiche französische Baufirmen wegen Kollaboration mit der Besatzungsmacht zu verantworten hatten, AN, F12/9596-9616.

Bereich der gesamten Bauleitung zuständig. Auch auf der untersten Ebene der OT-Struktur – der Baustelle – übernahm die Leitung im Normalfall der Vertreter der zuständigen Baufirma. Er wurde für die Dauer der Arbeiten OT-Angehöriger und erhielt alle mit dem OT-Rang verbundenen Befugnisse, darunter die Beantragung von Strafen gegen Arbeiter bei der Oberbauleitung.[28] In den besetzten Gebieten ist also auf lokaler Ebene eine zunehmende Personalunion von OT-Funktionsträgern und deutschem Firmenleitungspersonal und somit eine Verschmelzung staatlicher und privatwirtschaftlicher Organisationsstrukturen und Funktionen zu beobachten.

Aber nicht alle deutschen Firmenbauleitungen betraf diese Entwicklung im selben Ausmaß. Sie umfasste nicht die deutschen Subunternehmer (von denen es indes in Italien kaum welche gab), unter den Hauptunternehmern betraf sie prioritär die größeren. Gleichwohl war es zunehmend deutsches Firmenpersonal, das, mit OT-Rängen und entsprechenden Befugnissen ausgestattet, auf der lokalen Ebene für das Schicksal der ausländischen Arbeitskräfte bestimmend war. Hinzu kommt, dass mit Ausdünnung des deutschen Personals bei der OT zumindest in den besetzten Gebieten zunehmend alle Deutschen, ganz gleich ob ursprünglich OT-Leute oder Firmenangehörige, mit Aufsichtsfunktionen gegenüber ausländischen Arbeitskräften belegt wurden.[29] So wurden die deutschen Fach- und Hilfsarbeiter die „Vorarbeiter und Führer fremdvölkischer Fach- und Hilfsarbeitergruppen", wie die OT-Zentrale 1944 feststellte.[30]

Dass deutsche und einheimische Bauunternehmen in der Gestaltung der Arbeits- und Lebensbedingungen der bei ihnen beschäftigten Arbeitskräfte über formelle wie informelle Handlungsspielräume verfügten, kann somit als gesichert gelten.[31] Wie sie diese Handlungsspielräume jeweils nutzten, ist weitaus schwieriger zu beantworten. Ganz allgemein lässt sich feststellen, dass Firmen ihre Handlungsspielräume teils zugunsten, teils zuungunsten der beschäftigten Arbeiter nutzten. So gibt es Berichte über deutsche Vorarbeiter, die Ausländer schlugen und misshandelten, aber auch über deutsches Aufsichtspersonal, das sich menschlich

28 Handbook of the Organisation Todt, S. 30–32.

29 Singer, Entwicklung und Einsatz, S. 48.

30 Mitteilungsblatt der OTZ Nr. 25 vom 30. 8. 1944, S. 197.

31 Dabei versteht sich von selbst, dass diese je nach Kontext unterschiedlich groß waren. So hatte etwa ein italienischer Unternehmer, der in einer abgelegenen Region des mittelitalienischen Apennin fern von der nächsten (Ober-)Bauleitung für die OT eine Straße baute, größere Handlungsspielräume als ein französischer Subunternehmer, womöglich noch in eine Arbeitsgemeinschaft mehrerer französischer Baufirmen eingebunden, auf einer über Jahre bestehenden Großbaustelle an der Atlantikküste, wo viel OT-Personal präsent, der deutsche Hauptunternehmer nah, der Kommunikationsweg kurz und institutionalisiert und die Kontrolle vergleichsweise engmaschig war.

und verständnisvoll verhielt und beim Arbeitstempo ein Auge zudrückte[32] – und zwar unabhängig davon, ob es sich um Firmenangehörige oder OT-eigenes Personal handelte. Pauschale Aussagen sind hier also so wenig möglich wie in der Frage, wie deutsche Unternehmen im Reich mit ihren ausländischen Arbeitskräften umgingen. Zu unterschiedlich waren die Kontexte, Phasen und Situationen, in denen sie jeweils handelten; auch spielten individuelle Einstellungen, Einschätzungen, Interessen und Entscheidungen der verantwortlichen Unternehmensvertreter eine wichtige Rolle. Nicht zuletzt ist die Schwierigkeit, die jeweiligen Handlungsspielräume richtig einzuschätzen, aber auch dem ungleich schlechteren Forschungsstand und der ungünstigen Quellenlage geschuldet.

Dennoch lassen sich zwei Beobachtungen beschreiben, die anhand von Fallstudien auf breiterer empirischer Basis zu überprüfen wären. Erstens scheinen sich diejenigen, die als Stammkräfte deutscher Baufirmen in die besetzten Gebiete kamen, im Grundsatz nicht anders – das heißt nicht schlechter, aber auch nicht besser – als das OT-eigene deutsche Personal gegenüber den nichtdeutschen Arbeitskräften verhalten zu haben. Für diese war es demnach unerheblich, ob sie es mit altgedienten OT-Leuten oder Firmenangestellten in OT-Uniform zu tun hatten. Einheimische Firmen neigten, so scheint es zweitens, stärker als deutsche Firmen dazu, ihre Handlungsspielräume zugunsten der französischen bzw. italienischen Arbeitskräfte zu nutzen.[33] Die Gründe hierfür sind in einer größeren Verbundenheit mit womöglich persönlich bekannten Arbeitern und einem allgemeinen Solidaritätsgefühl gegenüber dem Besatzer ebenso zu suchen wie in betriebswirtschaftlichen Erwägungen, galt es doch, insbesondere die qualifizierten Arbeitskräfte (ebenso wie die Maschinen) für die Wiederaufbaumaßnahmen nach Kriegsende in Betrieb zu halten. Einschränkend sei allerdings betont, dass es etwa in den Berichten italienischer Zeitzeugen gerade die italienischen Baufirmen sind, die den Arbeitern den Lohn vorenthielten.

Fazit

Die deutschen Bauvorhaben in Frankreich und in Italien erforderten zum einen die Rekrutierung großer Massen einheimischer Arbeitskräfte und zum anderen die Kooperation der einheimischen Bauwirtschaft. Beides erreichten OT und Militärverwaltung durch eine – abhängig von Zeit, Raum und situativem Kon-

32 Dies wird vor allem für Italien von vielen Zeitzeugen berichtet.

33 Vgl. am Beispiel der Lohnzahlungen auf OT-Baustellen in der Bretagne Bougeard, Les chantiers allemands, S. 189.

text – unterschiedlich beschaffene Kombination von Anreizen und indirekten wie auch direkten Zwangsmitteln und mithilfe der französischen bzw. italienischen Regierung und Verwaltungen. Auf diese Weise konnte trotz ständiger Klagen über nicht erfüllte Soll-Zahlen der Arbeitskräftebedarf für wichtige Bauvorhaben bis in die letzten Tage der jeweiligen Besatzung gedeckt werden.

Inwieweit beruhte diese Mobilisierung von Arbeitskräften nun auf Zwang? Unzweifelhaft als Zwangsarbeiter zu bezeichnen sind die Häftlinge und Internierten sowie die juristisch diskriminierten Gruppen der Polen aus dem Generalgouvernement und der „Ostarbeiter". Wie aber sieht es mit der großen Masse der einheimischen Zivilarbeiter aus? Mehr noch als beim „Ausländer-Einsatz" in Deutschland findet sich auf den OT-Baustellen in Frankreich und Italien eine Vielzahl von Abstufungen zwischen den Extrempolen völlig freier und völlig unfreier Arbeit (mindestens der erste Pol ist ohnehin nur ein Idealtyp, zumal unter den Bedingungen von Krieg und Besatzung). Den jeweiligen Anteil von „Freiwilligen" und „Zwangsarbeitern" im Zeitverlauf zu quantifizieren, ist aufgrund der Quellenlage, aber auch aus prinzipiell methodischen Gründen, sprich: in Ermangelung eines harten Kriteriums, weder möglich noch sinnvoll. Zwei grundlegende Aussagen lassen sich dennoch treffen.

Sicher ist erstens, dass der Arbeitseinsatz bei der OT in Frankreich und in Italien nicht global als „Zwangsarbeit" bezeichnet werden kann. Für nicht wenige Einheimische war die Arbeit bei der OT phasenweise eine durchaus attraktive strategische Option, wenn auch meist nur als Wahl des kleineren Übels. Da die Anreize der OT zum Teil nur darin bestanden, mit der Arbeit dort andere von der Besatzungsmacht geschaffene Zwänge, insbesondere den „Reichseinsatz", umgehen zu können, und da der ökonomische Druck hoch war, muss die „Freiwilligkeit" dennoch stark relativiert werden.

Mehr noch: Von „freier Arbeit" kann, zweitens, auf den Baustellen der OT für Frankreich ab 1943 und für viele, vermutlich die meisten italienischen Regionen ab dem Frühjahr 1944 kaum mehr gesprochen werden, obgleich die meisten Einheimischen weiterhin bezahlt und sozialversichert waren, die Form eines „normalen" Arbeitsverhältnisses also gewahrt blieb. Nicht nur erfolgte die Rekrutierung nunmehr überwiegend (Frankreich) oder oft (Italien) per Dienstverpflichtung, auch war der Rückzug aus dem Arbeitsverhältnis in der Regel nicht eigenmächtig möglich. Die Möglichkeit, Einfluss auf die eigenen Lebensumstände zu nehmen (vgl. das Kriterium *voice* nach Mark Spoerers Definition von Zwangsarbeit im nationalsozialistischen Deutschland),[34] war, vor allem unter den Bedingungen

34 Vgl. Mark Spoerer/Jochen Fleischhacker, Forced Laborers in Nazi Germany. Categories, Numbers, and Survivors, in: Journal of Interdisciplinary History 33 (2002) 2, S. 169–204,

von Kasernierung und Bewachung, wie sie etwa auf den großen Atlantikwallbaustellen herrschten, nur noch eingeschränkt gegeben. Nicht zu vergessen sind schließlich Tausende von Zivilisten, die vor allem in Italien – in Frankreich erst gegen Ende der Besatzung – unter vorgehaltener Waffe zum Arbeiten gezwungen wurden. Die Baustellen der OT waren damit, neben denjenigen der Wehrmacht, jene Orte im besetzten Frankreich und Italien, an denen Zwangsarbeit im Dienste des Besatzers hauptsächlich stattfand.

Die private Bauwirtschaft spielte für die OT nicht nur eine gewichtige Rolle als Arbeitskräftelieferant, sondern übernahm durch die Verschmelzung von Firmenbauleitungen und OT-Bürokratie auf lokaler Ebene zunehmend auch Aufgaben und Kompetenzen in Personalfragen einschließlich der Bewachung und Betreuung ausländischer Arbeitskräfte. Gilt Ersteres – die Funktion als Arbeitskräftelieferant – vornehmlich für die einheimischen Unternehmen, trifft Zweites auf die deutschen zu. Aber auch französische und italienische Baufirmen verfügten gegenüber der OT über formale wie informelle Handlungsspielräume bei der Behandlung ihrer Arbeiter. Wie die Unternehmen ihre Handlungsspielräume nutzten, welche Verantwortung deutschen und ausländischen Unternehmern insbesondere für die Arbeitsbedingungen von Häftlingen, Internierten und osteuropäischen Zwangsarbeitern zukam, wäre noch eingehender zu prüfen – eine Aufgabe, die sich angesichts der Quellenlage jedoch als besondere Herausforderung darstellt.

Das Schicksal der Arbeitskräfte aus Drittstaaten, die insbesondere auf französischen OT-Baustellen zahlreich waren, ist einzig für die sogenannten Rotspanier vergleichsweise gut erforscht.[35] Über die KZ-Häftlinge, die in Nordfrankreich von der OT beim Bau von Abschussrampen für V-Waffen eingesetzt waren, wissen wir, dass ihre Überlebenswahrscheinlichkeit statistisch höher war als die der KZ-Häftlinge, die bei Aufräumarbeiten in deutschen Großstädten eingesetzt

hier S. 173 f., sowie Mark Spoerer, Recent Findings on Forced Labor under the Nazi Regime and an Agenda for Future Research, in: Annali dell'Istituto storico italo-germanico in Trento 28 (2002), S. 373–388, hier S. 375–380.

35 Vgl. exemplarisch: Alff, Die republikanischen spanischen Flüchtlinge; Louis Stein, Beyond Death and Exile. The Spanish Republicans in France, 1939–1955, Cambridge, Mass. 1979; Geneviève Dreyfus-Armand, L'Exil des républicains espagnols en France. De la guerre civile à la mort de Franco, Paris 1999; Christian Eggers, Die Internierungslager des Vichy-Regimes. Anspruch und Wirklichkeit eines politischen Programmes, in: Das organisierte Chaos. „Ämterdarwinismus" und „Gesinnungsethik": Determinanten nationalsozialistischer Besatzungsherrschaft. Hrsg. von Johannes Houwink ten Cate/Gerhard Otto, Berlin 1999, S. 231–277; Scott Soo, Ambiguities at work. Spanish republican exiles and the organisation Todt in occupied Bordeaux, in: Modern and Contemporary France 14 (2007), S. 456–477.

wurden. Dies ist wohl vor allem auf die größere Hilfsbereitschaft der französischen Umgebungsgesellschaft zurückzuführen, die zudem Fluchten erleichterte.[36] Kaum etwas ist dagegen über die sowjetischen Arbeitskräfte bei der OT in Frankreich und in Italien bekannt.

Weitergehende Vergleiche mit anderen besetzten Gebieten können dazu dienen, die Gültigkeit und Reichweite der hier für Italien und Frankreich herausgearbeiteten Grundmuster zu prüfen, Spezifika herauszuarbeiten und Typologien zu bilden. Voraussetzung hierfür wären allerdings eingehende monografische Studien zu weiteren Ländern. Für Norwegen bestehen hier gute Aussichten, da sich dort zurzeit ein größeres Forscherteam um Hans Otto Frøland an eine umfassende Aufarbeitung der OT-Aktivitäten macht und die Quellenlage zudem außerordentlich gut ist. Ein großes Desiderat bleibt dagegen Osteuropa. Dort waren die Rahmenbedingungen für den Arbeitseinsatz bei der OT völlig andere als in Frankreich und Italien, und infolgedessen stellt sich die Frage der Zwangsarbeit, so ist zu vermuten, in diesem Zusammenhang in einer anderen Dimension und Qualität.

36 Karola Fings, Krieg, Gesellschaft und KZ. Himmlers SS-Baubrigaden, Paderborn u. a. 2005, S. 220–228.

Alfons Adam

Im Wettstreit um die letzten Arbeitskräfte

Die Zwangsarbeit auf dem Gebiet der Tschechischen Republik 1938–1945

Auf der Werksleitersitzung der „Auto-Union AG" in Chemnitz wurde am 27. Juli 1944 die angespannte Situation auf dem Arbeitsmarkt diskutiert. Heinrich Leggewie, der Firmenbeauftragte der Auto-Union für Zwangsarbeiter, berichtete über den Einsatz von KZ-Häftlingen. Er „wies darauf hin, daß dies die letzte Gelegenheit ist, um die Werke hinsichtlich ihres Kräftebedarfs zu befriedigen. Allem Anschein nach wird weder mit dem Zufluss von Ost- noch Westarbeitern zu rechnen sein. Aus der deutschen Wirtschaft sind in den letzten Wochen in verstärktem Maße – soweit Arbeitskräfte überhaupt noch zugewiesen werden – *nur* Frauen – und davon wieder vorwiegend Halbtagsfrauen – den Werken gestellt worden." Anschließend kam Leggewie auf die Vorteile des Einsatzes von weiblichen KZ-Häftlingen zu sprechen: „Zwölfstündige Arbeitszeit – kein Urlaub – keine Freizeit durch Arztbesuche in der Stadt – keine Ausfallzeit durch den Besuch von Spezialärzten".[1]

Im Januar 1944 hatte die „Auto Union AG", einer der wichtigsten Produzenten von Flugzeug- und Panzermotoren im Dritten Reich, den Zuschlag für die Untertageverlagerung ihres Motorenwerkes Chemnitz-Siegmar nach Leitmeritz (Litoměřice) erhalten.[2] In Leitmeritz, das ca. 70 Kilometer nördlich von Prag an der Grenze des Sudetengaus zum „Protektorat Böhmen und Mähren" liegt, wurden insgesamt über 17 000 KZ-Häftlinge bei den Bauarbeiten und ab November 1944 auch 700 in der Produktion von Panzermotorenteilen eingesetzt. Etwa 4500 von ihnen starben zwischen März 1944 und Mai 1945 an den unmenschlichen Arbeits- und Lebensbedingungen.[3]

1 Protokoll der Werksleitersitzung der Auto Union AG vom 27. 7. 1944, Staatsarchiv Chemnitz, Bestand: Auto Union, 31050, Nr. 587.

2 Vermerk vom 14. 1. 1944 im Kriegstagebuch der Rüstungsinspektion Reichenberg, 1. 1. 1944–31. 3. 1944, BArch-MA RW 20-4, Nr. 24, Bl. 20.

3 Miroslav Kárný, Úloha řídících štábu SS v mechanismu válečného hospodářství. Případ Litoměřice, in: Sborník historický 30 (1984), S. 145–186; Marie Trhlínová, Tábor smrti pod Radobýlem, Praha 1975; Koncentrační tábor Litoměřice 1944–1945. Beiträge zur in-

Wie das angeführte Beispiel zeigt, erstreckte sich die Zwangsarbeit nicht nur auf das Gebiet des „Altreiches", sondern sowohl auf die 1938 nach dem Münchener Abkommen von der Tschechoslowakei abgetretenen Grenzgebiete als auch auf das im März 1939 nach dem Einmarsch der Wehrmacht errichtete „Protektorat Böhmen und Mähren". Immer neue Personengruppen wurden Opfer eines sich ausdifferenzierenden Systems der Zwangsarbeit, und die Zahl derer, die zur Arbeit gezwungen wurden, stieg ständig.[4] Den Höhepunkt an Brutalität erreichte diese Ausbeutung in den KZ-Außenlagern, die seit Mitte 1942 entstanden. Die KZ-Stammlager Flossenbürg, Groß-Rosen und Auschwitz errichteten auf dem Gebiet der Tschechischen Republik insgesamt 38 Außenlager, in denen in den letzten Kriegsmonaten etwa 20 000 Häftlinge inhaftiert waren.[5]

In der vorliegenden Studie soll auf zwei Dinge eingegangen werden: zum einen auf die Entwicklung des Arbeitsmarktes sowohl im an das Deutsche Reich angeschlossenen „Reichsgau Sudetenland" (im Folgenden Sudetengau) als auch im besetzten „Protektorat Böhmen und Mähren" (im Folgenden Protektorat); zum anderen auf die Genese des Zwangsarbeitereinsatzes in diesen beiden weitgehend getrennt voneinander verwalteten Gebieten.

Die Zwangsarbeit auf dem Gebiet der Tschechischen Republik ist ein Forschungsgebiet mit vielen weißen Flecken.[6] Erst im Rahmen der politischen Diskussion um den Zwangsarbeitereinsatz während des Zweiten Weltkriegs und dessen Entschädigung begann sich auch die Geschichtswissenschaft, für den Einsatz tschechischer Zwangsarbeiter zu interessieren.[7] Die wenigen inzwischen entstandenen Arbeiten setzen einen Schwerpunkt auf den tschechischen Arbeitseinsatz

ternationalen Konferenz in Theresienstadt 1994, Terezín 1995; Miroslava Langhamerová, Leitmeritz (Litoměřice), in: Flossenbürg. Das Konzentrationslager Flossenbürg und seine Außenlager. Hrsg. von Wolfgang Benz/Barbara Distel, München 2007, S. 169–179.

4 Mark Spoerer, Zwangsarbeit unter dem Hakenkreuz. Ausländische Zivilarbeiter, Kriegsgefangene und Häftlinge im Deutschen Reich und im besetzten Europa 1939–1945, Stuttgart, München 2001.

5 Zu den Außenlagern auf dem Gebiet der Tschechischen Republik vgl. Růžena Bubeníčková, Ludmilla Kubátová, Irena Malá, Tábory utrpení a smrti, Praha 1969; Hans Brenner, Frauen in den Außenlagern von Flossenbürg und Groß-Rosen in Böhmen und Mähren, in: Theresienstädter Studien und Dokumente 1999, Prag 1999, S. 263–294; Jörg Skriebeleit, Die Außenlager des KZ-Flossenbürg in Böhmen, in: Dachauer Hefte 15 (1999), S. 196–217; Miroslav Kryl, Ludmila Chládková, Pobočky koncentračního tábora Groß-Rosen ve lnářských závodech Trutnovska za nacistické okupace, Trutnov 1981.

6 Zu den älteren Studien vgl. vor allem František Mainuš, Totální nasazení. Češi na pracích v Německu 1939–1945, Brno 1970.

7 Die Diskussion wurde vor allem durch die Pionierarbeit von Ulrich Herbert angestoßen: Ulrich Herbert, Fremdarbeiter. Politik und Praxis des „Ausländer-Einsatzes" in der Kriegswirtschaft des Dritten Reiches, Berlin/Bonn 1986.

im Gebiet des Altreiches.[8] Alleine in Sammelbänden wurden bislang Forschungsergebnisse zur Zwangsarbeit im Sudetengau wie auf dem Gebiet des Protektorats veröffentlicht.[9]

Wenngleich eine Vielzahl von Unterlagen zur Zwangsarbeit auf dem Gebiet der Tschechischen Republik in den letzten Kriegsmonaten vernichtet wurde, sind vor allem Bestände in Firmenarchiven von Unternehmen aus dem Sudetengau, die Zwangsarbeiter einsetzten, in den tschechischen Gebiets- und Kreisarchiven in großer Zahl erhalten.[10] Die Wirtschaftsplanungen und insbesondere die Arbeitskräfteverwaltung im Sudetengau dokumentieren die Akten der Regierungspräsidenten in Karlsbad, Aussig und Troppau, die sich in den Gebietsarchiven in Pilsen (Plzeň), Leitmeritz (Litoměřice) und Troppau (Opava) befinden. Entsprechende Quellen für den Sudetengau finden sich im Bestand des Deutschen Staatsministeriums für Böhmen und Mähren im Prager Nationalarchiv.

Die „Arisierung" von Unternehmen und der Aufbau der Rüstungsindustrie in den besetzten tschechischen Gebieten (1938–1942)

Sofort nach dem Münchener Abkommen am 30. September 1938 mit der Angliederung der deutsch dominierten Grenzgebiete an das Deutsche Reich und nach dem Einmarsch der Wehrmacht in Prag am 15. März 1939 begannen die reichsdeutschen Behörden damit, umfangreiche rüstungswirtschaftliche Planungen umzusetzen.

Sowohl im Sudetengau als auch im Protektorat wurden die „Arisierung" der jüdischen Unternehmen, der Umbau der zivilen Wirtschaft auf Kriegsproduktion

8 Stephan Posta, Tschechische „Fremdarbeiter" in der nationalsozialistischen Kriegswirtschaft, Dresden 2002; Steffen Becker, Von der Werbung zum „Totaleinsatz". Die Politik der Rekrutierung von Arbeitskräften im „Protektorat Böhmen und Mähren" und der Aufenthalt tschechischer Zwangsarbeiter und -arbeiterinnen im Dritten Reich 1939–1945, Berlin 2005; Im Totaleinsatz. Zwangsarbeit der tschechischen Bevölkerung für das Dritte Reich/Totálně nasazeni. Nucená práce českého obyvatelstva pro Třetí říši. Hrsg. von Martin Hořák/Jana Havlíková, Berlin/Praha 2008.

9 „Nepřichází-li práce k tobě .../Kommt die Arbeit nicht zu Dir ...". Různé podoby nucené práce ve studiích a dokumentech/Verschiedene Formen der Zwangsarbeit in Studien und Dokumenten, Praha 2003; Sudety pod hákovým křížem. Hrsg. von Václav Kural/Zdeněk Radvanovský, Praha 2002; Museli pracovat pro Říši. Nucené pracovní nasazení českého obyvatelstva v letech 2. světové války, Praha 2004.

10 Die Firmenarchive der in der Leitmeritzer Untertageverlagerung engagierten Unternehmen „Osram KG" und „Auto Union AG" liegen im Berliner Landesarchiv bzw. im Chemnitzer Staatsarchiv.

sowie die Mobilisierung des Arbeitsmarktes für die Kriegswirtschaft primäre Ziele der reichsdeutschen Expansion.[11]

In einer Besprechung über die rüstungswirtschaftliche Nutzung Österreichs und des Sudetenlandes am 14. Oktober 1938 hatte Hermann Göring gefordert, dass das Sudetenland „mit allen Mitteln" ausgenutzt werden müsse.[12] Im Altreich herrschten zu diesem Zeitpunkt bereits Rohstoffknappheit und ein gravierender Arbeitskräftemangel. Auf dieser Sitzung hatte Göring zudem angekündigt, „die Judenfrage [...] mit allen Mitteln" anzufassen, denn die Juden „müssten aus der Wirtschaft raus". Dies war der Startschuss für die Enteignung von 4000 bis 5000 jüdischen Unternehmen im Sudetengau.[13]

Die regionale Verwaltung in den Grenzgebieten konstatierte in den ersten Wochen nach dem Anschluss, dass die jüdische Bevölkerung weitgehend geflüchtet war.[14] Die verlassenen Betriebe und Geschäfte wurden zunächst kommissarisch von Vertrauensmännern der Sudetendeutschen Partei verwaltet. Die Überkapazitäten in der Textilindustrie sollten abgebaut, jüdische Textilunternehmen nicht „arisiert", sondern geschlossen werden, um Arbeitskräfte für die Kriegsproduktion freizustellen.[15]

Das Reichswirtschaftsministerium reagierte auf die schleppende Teilnahme an der „Arisierung" der jüdischen Unternehmen durch sudetendeutsche Interessenten im Sudetengau und ermöglichte auch ein Engagement der reichsdeutschen Industrie. Hier taten sich besonders die Reichswerke Hermann Göring (RWHG)

11 Zur Wirtschaftspolitik im Sudetengau: Wolfgang Braumandl, Die Wirtschafts- und Sozialpolitik des Deutschen Reiches im Sudetenland 1938–1945, Nürnberg 1985; Volker Zimmermann, Die Sudetendeutschen im NS-Staat. Politik und Stimmung der Bevölkerung im Reichsgau Sudetenland (1938–1945), Essen 1999; Kural/Radvanovský, Sudety pod hákovým křížem; Museli pracovat pro Říši. Zum Protektorat: Andělín Grobelný, Národní politika nacistů a český průmysl 1938–1945, Ostrava 1989; Alice Teichová, Německá hospodařská politika v českých zemích v letěch 1939–1945, Praha 1998; Harald Wixforth, Johannes Bähr, Die Expansion im besetzten Europa, in: Der Flick-Konzern im Dritten Reich. Hrsg. von Johannes Bähr u. a., München 2008, S. 379–470.

12 Protokoll einer Sitzung bei Göring am 14. 10. 1938, zit. nach: Zimmermann, Die Sudetendeutschen im NS-Staat, S. 186.

13 Jörg Osterloh, Nationalsozialistische Judenverfolgung im Reichsgau Sudetenland 1938–1945, München 2006, S. 301–482.

14 Lubomír Kocourek, Das Schicksal der Juden im Sudetengau im Licht der erhaltenen Quellen, in: Theresienstädter Studien und Dokumente 1997, Praha 1997, S. 86–104, hier S. 86 f.

15 Osterloh, Nationalsozialistische Judenverfolgung, S. 314, 321; Frank Bajohr, „Arisierung" als gesellschaftlicher Prozess. Verhalten, Strategien und Handlungsspielräume jüdischer Eigentümer und „arischer" Erwerber, in: „Arisierung" im Nationalsozialismus. Volksgemeinschaft, Raub und Gedächtnis. Hrsg. von Peter Hayes/Irmtrud Wojak, Frankfurt a. M. 2000, S. 15–30.

hervor, denen eine Monopolstellung bei der „Arisierung“ der Montanindustrie im Sudetengau eingeräumt wurde.[16] Die übernommenen Firmen wurden in dem am 10. Juni 1939 gegründeten Tochterunternehmen der Reichswerke Hermann Göring, der Sudetenländischen Bergbau AG (SUBAG) mit Sitz in Brüx (Most) zusammengefasst.[17]

Letztendlich erwarb auch die SS jüdische wie nichtjüdische Firmen im Sudetengebiet. Sie kaufte Ende März 1939 auf persönlichen Wunsch Himmlers eine Mineralwasserquelle in Grün bei Marienbad (Louka u Mariánských Lázní). Damit sollte der Grundstein für ein von Himmler angestrebtes Getränkeimperium, der SS-eigenen Sudetenquell GmbH, gelegt werden. Ihr wurde auch die im benachbarten Gießhübel-Sauerbrunn (Kyselka) bei Karlsbad (Karlovy Vary) ansässigen Heinrich Mattoni AG und 1941 die nordmährische Brau- und Spirituosenindustrie Freudenthal unterstellt. Parallel dazu übernahm im Mai 1940 die SS-eigene Porzellanmanufaktur Allach bei München die sich in jüdischem Besitz befindliche Porzellanfabrik Bohemia in Neurohlau (Nová Role) bei Karlsbad.[18]

Nach dem Einmarsch der Wehrmacht in Prag am 15. März 1939 forderte Göring auch eine „einheitliche Lenkung“ bei der Eingliederung der dortigen Wirtschaft in das Deutsche Reich.[19] Im Gegensatz zum Sudetenland spielte die Wehrmacht diesmal eine dominierende Rolle, und das Protektorat wurde zum ersten Testfeld

16 Zur Expansion der Reichswerke Hermann Göring in die Tschechoslowakei vgl. Zimmermann, Die Sudetendeutschen im NS-Staat, S. 198; Gerhard Mollin, Montankonzerne und „Drittes Reich“. Der Gegensatz zwischen Monopolindustrie und Befehlswirtschaft in der deutschen Rüstung und Expansion 1936–1944, Göttingen 1988, S. 165; Andělín Grobelný, Československý průmysl a nacistické Německo 1938–1945, in: Zájem říšskoněmeckých koncernů o československé průmyslové oblasti. Hrsg. von Andělín Grobelný/Ladislav Pallas, Opava 1974, S. 71–83.

17 Jaroslav Hoffmann, Hospodářství sudetské župy pod tlakem prohrávané války, in: Kural/Radvanovský, Sudety pod hákovým křížem, S. 236 f.; Richard J. Overy, War and Economy in the Third Reich, Oxford/New York 2002, S. 151.

18 Hermann Kaienburg, Die Wirtschaft der SS, Berlin 2003; Walter Naasner, Neue Machtzentren in der deutschen Kriegswirtschaft 1942–1945. Die Wirtschaftsorganisationen der SS, das Amt des Generalbevollmächtigten für den Arbeitseinsatz und das Reichsministerium für Bewaffnung und Munition/Reichsministerium für Rüstung und Kriegsproduktion im Nationalsozialistischen Herrschaftssystem, Boppard am Rhein 1994; Gabriele Huber, Die Porzellanmanufaktur Allach-München GmbH. Eine „Wirtschaftsunternehmung“ der SS zum Schutz der „deutschen Seele“, Marburg 1992.

19 Eilbrief von Göring vom 16. 3. 1939 an die Reichsminister, den Reichsprotektor, den Reichskommissar in Böhmen und Mähren und weitere Ämter, in: Anatomie okupační politiky hitlerovského Německa v „Protektorátu Čechy a Morava“. Dokumenty z obdobi říšského protektora Konstantina von Neuratha. Hrsg. von Miroslav Kárný/Jaroslava Milotová, Praha 1987, S. 129 ff.

der militärischen Besetzung. Die Wehrmacht konfiszierte nicht nur die Waffen der tschechoslowakischen Armee, sondern übernahm auch sofort die Kontrolle über die begehrten böhmischen und mährischen Rüstungsunternehmen.[20]

Der Prozess der „Arisierung" verlief im Protektorat ähnlich wie im Sudetengebiet, wenngleich aufgrund der 90 000 dort lebenden Juden in einer anderen Dimension.[21] Im Protektorat wurde die „Arisierung" aber auch zu einem Mittel der Germanisierung des Landes, da Tschechen vom Erwerb jüdischen Eigentums weitgehend ausgeschlossen waren.[22]

Im Sudetengau gab es im Gegensatz zum Protektorat mit den wichtigen Škoda-Werken in Pilsen (Plzeň) oder den Brünner Waffenwerken (Československá zbrojovka a. s) vor Kriegsausbruch weder eine Kriegsgeräte- noch eine Munitionsfertigung. Der Mangel einer Kriegswirtschaft im Sudetengau sollte daher durch den Aufbau neuer Betriebe behoben werden. Die wichtigsten neuen Waffenschmieden im Sudetengebiet wurden staatliche Firmen, die nach dem „Montan-Schema" aufgebaut waren.

Grundlage des Montan-Schemas waren Treuhandverträge zwischen dem Deutschen Reich und der Privatwirtschaft. Privatfirmen (Muttergesellschaften) erhielten vom Heereswaffenamt (HWA) einen Auftrag zur Errichtung eines Rüstungsunternehmens auf Staatskosten. Zwischen einer Muttergesellschaft und dem HWA wurde ein Mantelvertrag geschlossen und ein Tochterunternehmen gegründet, das die Anlagen von der heereseigenen Verwertungsgesellschaft für Montanindustrie GmbH (Montan GmbH) pachtete. Auf diese Weise entstanden bis Ende des Krieges mindestens 119 Unternehmen, die für den 1. November 1944 190 000 Menschen beschäftigten.[23]

Nach diesem Prinzip wurden im Sudetengau 1939–1940 sechs große Waffenfabriken gegründet, die bei der Zuteilung mit Arbeitskräften grundsätzlich bevorzugt behandelt wurden. Dennoch litten auch die neu gegründeten Munitionsfabriken im Sudetengau unter Arbeitskräftemangel. Allein die Metallwerke

20 Hans-Erich Volkmann, Die Eingliederung der Sudetengebiete und Böhmen-Mährens in das Deutsche Reich, in: Ökonomie und Expansion. Grundzüge der NS-Wirtschaftspolitik. Ausgewählte Schriften. Hrsg. von Bernhard Chiari, München 2003, S. 183–205, hier S. 197.

21 Miroslav Kárný, Zur Statistik der jüdischen Bevölkerung im sogenannten Protektorat, in: Judaica Bohemia 22 (1986), S. 9–19; Wolf Gruner, Jewish Forced Labor Under the Nazis. Economic Needs and Racial Aims, 1938–1944, New York 2006, S. 147.

22 Harald Wixforth, Die Expansion der Dresdner Bank in Europa, Bd. 3: Die Dresdner Bank im Dritten Reich, München 2006, S. 307.

23 Barbara Hopmann, Von der Montan zur Industrieverwaltungsgesellschaft (IVG) 1916–1951, Stuttgart 1996, S. 29, 62, 77 ff., 289 ff.; Braumandl, Wirtschafts- und Sozialpolitik, S. 210.

Holleischen bei Pilsen (Plzeň), ein Tochterunternehmen der Deutschen Waffen- und Munitionsfabriken GmbH, meldeten im Dezember 1941 einen Fehlbedarf von 1930 weiblichen Arbeitskräften.[24]

Der Arbeitskräftemangel

Bereits vor dem Anschluss des Sudetengebiets an das Deutsche Reich im Oktober 1938 waren Zehntausende Arbeiter aus dem Gebiet in das Altreich zur Arbeit ausgewandert. Nach dem Münchener Abkommen verließen aufgrund der hohen Arbeitslosigkeit im Sudetenland und des höheren Lohnniveaus im Altreich allein zwischen Oktober und Dezember 1938 weitere 100 000 Arbeitskräfte ihre Heimat. Wurde diese Entwicklung vonseiten des Altreichs anfangs unterstützt, um den dort grassierenden Arbeitermangel zu bekämpfen, führte sie mit Beginn des Zweiten Weltkrieges zu einem akuten Arbeitskräftemangel im Sudetengau.[25]

Lag die Zahl der Arbeitslosen im Sudetengau mit seinen knapp drei Millionen Einwohnern noch am Ende des Jahres 1938 bei über 200 000, meldete im März 1942 der Präsident des Landesarbeitsamtes in Reichenberg (Liberec) 85 000 unbesetzte Stellen.[26] Auch die vorübergehende Unterbringung von Bessarabiendeutschen im Sudetengau, die im Herbst 1940 aus ihrer Heimat ausgesiedelt wurden, brachte nur eine geringe Erleichterung der angespannten Situation auf dem Arbeitsmarkt, da sie bereits im Frühjahr 1941 meist zur geplanten dauerhaften Ansiedlung im besetzten Polen wieder abgezogen wurden.[27]

Die Behörden versuchten, den immer größer werdenden Arbeitskräftemangel im Sudetengau auf verschiedenen Wegen in den Griff zu bekommen. Die Arbeitszeiten stiegen kontinuierlich: 1940 lag die Arbeitszeit in Rüstungsbetrieben bereits bei zehn Stunden täglich.[28] Die Arbeitspflicht für Männer wurde auf Männer im

24 Lagebericht für Januar 1942 des Regierungspräsidenten in Karlsbad vom 27. 1. 1942, Státní oblastní archiv (SOA) Plzeň, Bestand: Úřad vládního prezidenta (Amt des Regierungspräsidenten, im folgenden ÚVP) Karlovy Vary, Por. č. 934, Sign. 300/7, Karton 267, up.

25 Ralf Gebel, „Heim ins Reich!“. Konrad Henlein und der Reichsgau Sudetenland 1938–1945, München 1999, S. 247 f.; Zimmermann, Die Sudetendeutschen im NS-Staat, S. 185.

26 Berichte des Präsidenten des Landesarbeitsamtes Sudetenland über die Entwicklung des Arbeitseinsatzes im Reichsgau Sudetenland vom 7. 4. 1941 und 8. 4. 1943 (SOA Litoměřice, Bestand: NSDAP – Župní vedení Liberec, Gauleitung der NSDAP Reichenberg, im Folgenden ŽV Liberec, Por. č. 11, Karton 21, up.

27 Jaroslav Hoffmann, Ženské pracovni sily v textilním průmyslu Sudetské župy, in: Historie okupovaného pohraničí 1938–1945, díl 3, Ústí nad Labem 1999, S. 29–75, hier S. 49, 53 f.

28 Braumandl, Wirtschafts- und Sozialpolitik, S. 443 f.; Hoffmann, Hospodářství sudetské župy, S. 215 f.

Alter von 16 bis 65 Jahren ausgeweitet.[29] In Wehrmachtsbetrieben waren 1944 für Männer 60, für Frauen 53 bis 55 Wochenstunden die Regel, und in den Betrieben des „Jäger-Programms" stieg die Wochenarbeitszeit ab März 1944 gar auf 72 Stunden.[30] Zugleich wurden als „kriegsunwichtig" eingestufte Betriebe geschlossen und der Versuch unternommen, verstärkt weibliche deutsche Arbeitskräfte für die Produktion zu rekrutieren.

Zwangsarbeit von Juden

Die Juden in den böhmischen Ländern gerieten unmittelbar nach dem Anschluss der Sudetengebiete an das Deutsche Reich und der ein halbes Jahr später erfolgten Besetzung Böhmens und Mährens in das Visier der staatlichen Arbeitsplanungen. Bei der auch im Sudetengau durchgeführten Volkszählung am 17. Mai 1939 wurde eine bereits seit Monaten im Alltag sichtbare Tatsache bestätigt. Lebten auf dem Gebiet des Reichsgaus Sudetenland 1930 noch 24 500 Juden, war ihre Zahl bis 1939 auf 2400 zurückgegangen. Die Mehrheit war ins tschechische Binnenland abgewandert oder hatte bereits in den Jahren zuvor die Tschechoslowakei verlassen. Größere jüdische Gemeinden mit mehr als 100 Mitgliedern gab es nur noch in Aussig (Ústí nad Labem), Leitmeritz (Litomerice) und Teplitz (Teplice).[31]

Die wenigen noch im Sudetengau verbliebenen Juden wurden von der „arischen" Bevölkerung weitgehend isoliert und zunehmend in „Judenhäusern" untergebracht. Ende 1941 sollten schließlich auf Initiative von Gestapo und lokalen Behörden in leer stehenden Schlössern zwei „Judenlager" in Dlaschkowitz (Dlaškovice) bei Leitmeritz und in Schönwald (Krásný Les) bei Aussig errichtet werden. Die arbeitsfähigen Juden sollten zu einfachen, körperlich anstrengenden Arbeiten in der Landwirtschaft, beim Straßenbau und bei Bauarbeiten in der eigenen Unterkunft eingesetzt werden. Noch bevor es zum tatsächlichen Arbeitseinsatz kam, wurden die arbeitsfähigen Juden im Juli 1942 in den Osten – mehrheitlich in das Vernichtungslager Auschwitz – deportiert. Die älteren Bewohner wurden bis Ende 1942 nach Theresienstadt überstellt.[32]

29 Jaroslav Hoffmann, Socialní důsledky, in: Kural/Radvanovský, Sudety pod hákovým křížem, S. 246 f.

30 Zimmermann, Die Sudetendeutschen im NS-Staat, S. 359 f.; Kriegstagebuch der Rüstungsinspektion Reichenberg, 1. 1. 1944–31. 3. 1944, BArch-MA RW 20-4, Nr. 24, Bl. 42.

31 Gruner, Jewish Forced Labor, S. 141 f.; Osterloh, Nationalsozialistische Judenverfolgung, S. 203–232, 483.

32 Ebenda, S. 491–494, 525–536; zu Schönwald vgl. Tomáš Fedorovič, Die Gemeinde Schönwald und ihre unfreiwilligen Einwohner, in: Theresienstädter Studien und Dokumente 2001, Praha 2002, S. 269–286.

Im Protektorat waren den neuen Machthabern nach der Definition der Nürnberger Rassegesetze 118 310 Juden in die Hände gefallen. Die zentrale Erfassung der Juden im Protektorat nach Angaben der jüdischen Gemeinden ergab zum 1. Oktober 1939 eine Zahl von knapp über 90 000 Juden, allein 46 000 in Prag.[33] Der Zahlenunterschied ist vor allem durch Konvertiten oder deren Nachfahren zu erklären, die den Nürnberger Rassegesetzen zufolge als Juden definiert wurden, während sie von den jüdischen Gemeinden selbst nicht mehr als Mitglieder geführt wurden. Für Juden wurde im Oktober 1939 in Prag die Jüdische Arbeitszentrale geschaffen, die der Prager Zentralstelle für jüdische Auswanderung unterstellt wurde. Arbeitslose männliche Juden zwischen 18 und 50 Jahren wurden somit erfasst und bis Juli 1940 wurden bereits 60 Prozent im Protektorat zur Zwangsarbeit eingesetzt.[34]

Nach dem Ausschluss jüdischer Kinder vom Besuch öffentlicher Schulen wurden jüdische Jugendliche häufig als Zwangsarbeiter in der Landwirtschaft eingesetzt. Der Einsatz von Juden in der Land- und Forstwirtschaft wurde von Teilen der jüdischen Gemeinden selbst häufig unterstützt, da diese darin eine Qualifikation für eine erhoffte und forcierte Emigration nach Palästina sahen. Anfang 1940 gab es im Protektorat über 100 solcher Lager mit 1500 jüdischen Zwangsarbeitern. Das bekannteste Beispiel ist das im Juli 1940 errichtete Umschulungslager „Gut Linden“ bei Deutsch Brod (Německý Brod), in dem im Oktober 1940 340 jüdische Männer auf einem „arisierten“ Gutshof untergebracht und zur Arbeit in der Landwirtschaft eingesetzt wurden.[35]

Bei der jüdischen Zwangsarbeit handelte es sich zunächst meist um improvisierte Arbeiten, die einen „gemeinnützigen“ Charakter haben sollten. So erfolgte der erste Zwangsarbeitereinsatz einer großen Gruppe von Juden 1940 bei der städtischen Müllverbrennung in Prag.[36] Am häufigsten arbeiteten jüdische Zwangsarbeiter auf Baustellen, beim Straßenbau, in der Forst- und Landwirtschaft. Bis 1941 war die Mehrheit der männlichen Juden in irgendeiner Form als Hilfsarbeiter beschäftigt und in einem Lager untergebracht.[37]

33 Kárný, Zur Statistik der jüdischen Bevölkerung; Gruner, Jewish Forced Labor, S. 147.

34 Gruner, Jewish Forced Labor, S. 149.

35 Ebenda, S. 150 f.; ein undatierter Bericht der Prager jüdischen Gemeinde, in: Židé v Protektorátu. Hlášení Židovské náboženské obce v roce 1942: Dokumenty. Hrsg. von Helena Krejčová/Jana Svobodová/Anna Hyndráková, Praha 1997, Dok. 5, S. 111; zum Gut Linden vgl. Oldřich Stránský, Es gibt keine Gerechtigkeit auf Erden. Erinnerungen eines tschechischen Auschwitz-Überlebenden, Wien u. a. 2010, S. 59–70.

36 Ein undatierter Bericht der Prager jüdischen Gemeinde, in: Krejčová/Svobodová/Hyndráková, Židé v Protektorátu, Dok. 5, S. 113.

37 Gruner, Jewish Forced Labor, S. 152 f.; ein undatierter Bericht der Prager jüdischen Gemeinde, in: Krejčová/Svobodová/Hyndráková, Židé v Protektorátu, Dok. 5, S. 111–113.

Im Oktober 1941 fiel der Entschluss zur Errichtung des Ghettos in Theresienstadt, während parallel dazu eine Deportationswelle in das Ghetto Litzmannstadt (Łódź) im Warthegau losrollte. In den Jahren 1941/42 wurde insgesamt mehr als die Hälfte der Juden aus dem Protektorat in Ghettos (Riga, Izbica, Zamość, Rejowiec), Arbeits- (Sawin, Krychów, Osowa), Polizei- (Salaspils, Kaiserwald, Malý Trostinec) und Vernichtungslager (Chełmno/Kulmhof, Bełżec, Sobibór, Treblinka, Majdanek) nach Polen, Lettland und Weißrussland deportiert.[38] Mit der Errichtung des Ghettos Theresienstadt begann auch eine neue Phase der Zwangsarbeit für die Juden im Protektorat.[39]

Die Ghettoverwaltung von Theresienstadt richtete neben Arbeitsgruppen, die Theresienstadt tagsüber zur Arbeit verließen, ab Februar 1942 insgesamt neun Außenkommandos im Protektorat, in den letzten Kriegsmonaten auch in Brandenburg und Bayern ein. Bestanden die meisten Außenkommandos aus 50 bis 200 Häftlingen, wurden von Anfang April bis Anfang Juni 1942 1000 Theresienstädter Jüdinnen für Forstarbeiten in Prüglitz (Křivoklát) eingesetzt. Die Häftlinge wurden bei den kleineren Außenkommandos meist in Gasthaussälen, bei größeren in Holzbaracken untergebracht.[40]

Es handelte sich in den meisten Fällen nur um kurz bestehende Arbeitseinsätze. Auf Befehl des Reichssicherheitshauptamtes (RSHA) wurden alle Theresienstädter Außenkommandos bis zum 1. September 1943 wieder aufgelöst.[41] Die Häftlinge kehrten zuerst nach Theresienstadt zurück und wurden anschließend meist nach Auschwitz deportiert. Das Außenkommando in Wulkow südlich von Berlin bestand von April 1944 bis Februar 1945. Die letzten Theresienstädter Außenkommandos im bayerischen Regen (März–April 1945) und in Schnarchenreuth bei Hof (April 1945) blieben eine kurze Episode.

Eine Ausnahme vom Theresienstädter Prinzip der Arbeitskommandos waren zehn „Sonderlager" unterschiedlicher Größe für sogenannte Jüdische Mischlinge und Ehepartner von Juden. Das erste Sonderlager entstand im September 1943 im mährischen Oslawan bei Brünn (Oslavany u Brna), wo etwa 100 männliche Häftlinge ein Theresienstädter Außenkommando ersetzten und ebenfalls in einem

38 Jaroslava Milotová, Der Okkupationsapparat und die Vorbereitung der Transporte nach Lodz, in: Theresienstädter Studien und Dokumente 1998, Praha 1999, S. 40–69.

39 Hans Günther Adler, Theresienstadt. Das Antlitz einer Zwangsgemeinschaft 1941–1945, Neuaufl., Göttingen 2005.

40 Pavla Zemanová, Die Theresienstädter Außenkommandos, in: Theresienstädter Studien und Dokumente 2001, Praha 2001, S. 75–105.

41 Anfrage von Karl Hermann Frank an Heinrich Himmler vom 28. 8. 1943 über eine eventuelle Verlängerung des Aufenthalts des jüdischen Außenkommandos im Haushalt Heydrich, BArch NS 19, Nr. 18, S. 1.

Steinkohlebergwerk arbeiten mussten. Weitere Sonderlager existierten etwa seit Herbst 1943 in Bistritz (Bistřice) bei Beneschau (Benešov) mit einer seit Juni 1944 bestehenden Außenstelle in Janowitz (Vrchotový Janovice). Beide „Sonderlager für jüdisch versippte Arier und jüdische Mischlinge" auf dem SS-Truppenübungsplatz Böhmen, die bis Kriegsende bestanden, waren für Bauarbeiten eingerichtet und versammelten zusammen etwa 1000 Häftlinge.

In Postelberg (Postoloprty) bei Saaz (Žatec) existierte von 1943 bis April 1945 das einzige Sonderlager für Jüdische Mischlinge im Sudetengau, während sich die übrigen alle auf Protektoratsgebiet befanden. Etwa 1500 Männer wurden dort unter der Leitung der Organisation Todt (OT) bei Bauarbeiten für einen Militärflugplatz eingesetzt.[42]

Tschechische Zwangsarbeiter

Jüdische Zwangsarbeit spielte in den nationalsozialistischen Wirtschaftsplanungen selbst im Protektorat mit seinem relativ hohen jüdischen Bevölkerungsanteil nur vorübergehend eine größere Rolle. Das Hauptaugenmerk war auf die tschechische Bevölkerung gerichtet. Berlin betrachtete das Protektorat, wo die Mehrheit der tschechischen Bevölkerung lebte, von Anfang an in erster Linie als Arbeitskräftereservoir für die Rüstungsproduktion im Deutschen Reich. Insgesamt wurden etwa 400 000 bis 450 000 tschechische Arbeitskräfte im Laufe des Zweiten Weltkrieges zur Arbeit ins Reich deportiert.[43]

Zur Durchsetzung der im August 1941 eingeführten Dienstpflicht für alle arbeitsfähigen Protektoratsangehörigen griffen die Besatzungsbehörden verstärkt auf Zwangsmittel zurück.[44] Bei einer Sitzung des Protektoratsministeriums für Wirtschaft und Arbeit am 16. März 1942 in Prag war „zur Bekämpfung von Arbeitsvertragsbrüchen und sonstigen Verstößen gegen die Arbeitsmoral" die Errichtung von Arbeitserziehungslagern (AEL) beschlossen worden.[45] Insge-

42 Věra Zemanová, Pavla Plachá, Tábory pro tzv. židovské míšence a nežidovské partnery ze smíšených manželství na českém území v době 2. světové války, in: „Nepřichází-li práce k tobě …", S. 104–113; Jiří Kavena, Sonderlager pro židovské míšence v Bystřici u Benešova, in: Terezínské listy (2000) 28, S. 51–59.

43 Tomáš Jelínek, Nucená práce v nacionálním socialismu, in: „Nepřichází-li práce k tobě …", S. 16–32, hier S. 31.

44 Posta, Tschechische „Fremdarbeiter", S. 101–104.

45 Vermerk zur Besprechung über die Errichtung von Arbeitserziehungslagern unter der Aufsicht der Gestapo vom 21. 3. 1942, in: Deutsche Politik im „Protektorat Böhmen und Mähren" unter Reinhard Heydrich 1941–1942. Eine Dokumentation. Hrsg. von Miroslav Kárný/Jaroslava Milotová/Margita Karná, Berlin 1997, S. 244 f.; zu den Arbeits-

samt wurden auf Protektoratsgebiet bis Kriegsende zehn AEL für Männer sowie ein Frauen-AEL in Pilsen-Karlow (Plzeň-Karlov) errichtet, die eine Gesamtkapazität von etwa 5000 Personen hatten.[46]

In den AEL im Protektorat wurden aus Deutschland geflüchtete oder sonstige „faule" oder „kontraktbrüchige" tschechische Arbeiter für sechs bis zwölf Wochen interniert und dann zurück zur Arbeit an ihre alten Arbeitsplätze im Reich geschickt.[47] Bis Januar 1943 waren die ersten sechs AEL errichtet worden. Hinzu kamen im August 1942 die „Zigeuner-Lager" für tschechische Roma im böhmischen Lety bei Pisek (Písek) und im mährischen Hodonin bei Kunstadt (Hodonín u Kunštátů), die beide aus bereits bestehenden Arbeitsstraflagern entstanden.[48] Im Sudetengau hingegen entstanden die ersten AEL bei Firmen, wie etwa das im April 1941 zwischen Maltheuern (Záluží) und Niederleutensdorf (Dolní Litvínov) errichtete „Sonderlager 29" der Sudetenländischen Treibstoffwerke AG.

Ab Mai 1942 sollten nach dem Prinzip „die Arbeit zum Arbeiter"[49] verstärkt Tschechen auch in der heimischen Rüstungsproduktion auf dem Protektoratsgebiet eingesetzt werden. Im April 1942 waren allein in Prag fast 105 000 Menschen in der Rüstungsindustrie beschäftigt, auf dem gesamten Protektoratsgebiet über 317 000.[50] Der Bedarf an Arbeitskräften konnte im Protektorat aber vor allem aufgrund der zunehmenden Produktionsverlagerungen in der zweiten Kriegshälfte ab 1943 nicht mehr gedeckt werden.

Auch die Einberufung von Frauen ab Ende 1943 und die Rekrutierung des gesamten tschechischen Jahrgangs 1924 Anfang 1944 zum Arbeitseinsatz im Reich verschärften die prekäre Situation auf dem Arbeitsmarkt im Protektorat

erziehungslagern allgemein: Gabriele Lotfi, KZ der Gestapo. Arbeitserziehungslager im Dritten Reich, Stuttgart/München 2000.

46 Lagerübersicht des Generalkommandanten der Nichtuniformierten Protektoratspolizei zum 31. 1. 1943, 28. 2. 1943, 31. 3. 1943 und 30. 4. 1943, Národní archiv (NA), Německé státní ministerstvo pro Čechy a Moravu (Deutsches Staatsministerium für Böhmen und Mähren, im folgenden NSM), Sign. 110-11-38, Bl. 88; vgl. auch Lucie Vondrysková, Životní a pracovní podmínky v pracovně-výchovných táborech pro ženy, in: „Nepřichází-li práce k tobě ...", S. 98; Bubeníčková/Kubátová/Malá, Tábory, S. 195–214.

47 Posta, Tschechische „Fremdarbeiter", S. 105 f.

48 Ctibior Nečas, Andr`oda taboris. Tragédie protektorátních cikánských táborů v Letech a v Hodoníně, Brno 1995; Bubeníčková/Kubátová/Malá, Tábory, S. 189–194.

49 Schreiben von Heydrich an Bormann vom 18. 5. 1942, zitiert nach: Posta, Tschechische „Fremdarbeiter", S. 103.

50 Eine undatierte übersichtliche Darstellung der rüstungswirtschaftlichen Entwicklung, BArch-MA RW 22, Nr. 49, Bl. 64.

weiter.[51] Der monatelange Einsatz von tschechischen Jugendlichen und Studenten bei der Katastrophenschutzorganisation „Technische Nothilfe" ab 1943 bei Aufräumarbeiten in zerbombten deutschen Städten entzog der heimischen Rüstungsindustrie weitere Kräfte. Tausende tschechische Mittelschüler arbeiteten zudem im letzten Kriegswinter bei Schanzarbeiten z. B. am Neusiedler See und an der Donau.

Ausländische Arbeitskräfte und Kriegsgefangene

Mit den Methoden der Rüstungskommandos und der Arbeitsämter zur Gewinnung neuer Arbeitskräfte auf dem heimischen Arbeitsmarkt konnte bereits 1940 der Hunger der Rüstungsindustrie nach neuen Kräften kaum noch gestillt werden. Ausländische Arbeiter und Kriegsgefangene gerieten zunehmend in das Visier der Wirtschaftsbehörde. Die Zentren des Ausländereinsatzes waren die Industriezentren im Raum Brüx (Most), Falkenau (Falknov nad Ohří; heute Sokolov) und Mährisch Ostrau (Ostrava) im Sudetengau. Zwangsarbeiter und Kriegsgefangene wurden aufgrund sicherheitspolitischer Bedenken des Staatsministers für Böhmen und Mähren, Karl Hermann Frank (1898–1946), im Protektoratsgebiet nicht eingesetzt.[52]

Neben Polen wurden vor allem Franzosen, Niederländer, Italiener, Belgier, Bulgaren, Griechen, Slowaken, Jugoslawen – anfangs unter dem Versprechen höherer Löhne und mit gültigen sowie zeitlich befristeten Arbeitsverträgen – zur Arbeit in den Sudetengau gelockt. Die Hauptgruppe der Fremdarbeiter bildeten bald Zwangsarbeiter aus Polen und aus der Sowjetunion (Ostarbeiter). Der erste Transport mit Ostarbeitern erreichte den Sudetengau schon im Herbst 1941.[53]

Die Zahl der ausländischen Arbeiter im Sudetengau stieg Anfang April 1944 auf 232 131. Hinzu kamen 85 000 im Sudetengau lebende Protektoratsangehörige und 18 000 „Grenzgänger", d. h. Tschechen, die täglich aus dem Protektorat zur Arbeit in den Sudetengau pendelten. Neben Protektoratsangehörigen bildeten

51 Posta, Tschechische „Fremdarbeiter", S. 111, 120.

52 René Küpper, Karl Hermann Frank als Deutscher Staatsminister für Böhmen und Mähren, in: Geteilt, besetzt, beherrscht. Die Tschechoslowakei 1938–1945: Reichsgau Sudetenland, Protektorat Böhmen und Mähren, Slowakei. Hrsg. von Monika Glettler/Ľubomír Lipták/Alena Míšková, Essen 2004, S. 31–52.

53 Květoslava Kocourková, Nucené pracovní nasazení Poláků, ostarbeiterů a válečných zajatců v říšské župě Sudety, in: Museli pracovat pro Říši, S. 113–122, hier S. 116 f.; dies., Postavení cizích pracovných sil in: Kural/Radvanovský, Sudety pod hákovým křížem, S. 250–286, hier S. 250.

unter den Zwangsarbeitern Russen mit 48 808, Polen, Weißrussen und Ukrainer mit zusammen 43 686 und Franzosen mit 20 041 die größten Gruppen.[54] Während westeuropäische Fremdarbeiter anfangs bei Einsätzen in kleineren Firmen noch zur Untermiete bei deutschen Firmen wohnen durften, war den Ostarbeitern diese Möglichkeit grundsätzlich verwehrt, und angesichts der zunehmenden Wohnungsnot wurde die Unterkunft in Barackenlagern für alle Fremdarbeiter zum Standard.[55]

Die Firmen beschwerten sich über den oftmals schlechten gesundheitlichen Zustand, in dem sich vor allem die Ostarbeiter befanden. Nach oft tagelangen Transporten aus ihrer Heimat und dem nur kurzen Aufenthalt in den Durchgangslagern kamen sie oft „halb verhungert" zu ihren Arbeitsorten.[56] „Geklagt wird aber bei den Zivilrussen darüber, daß es sich im Großen und Ganzen um unterernährte, meist schmächtige Menschen handele, die eine große Arbeitsleistung gar nicht hervorbringen könnten, und daß ihr Hunger einfach nicht zu stillen sei; ein großer Teil von ihnen muß auch wegen Erkrankung wieder abtransportiert werden", ist in einem Lagebericht des Regierungspräsidenten in Karlsbad vom Sommer 1942 zu lesen.[57]

Ostarbeiter wurden gewöhnlich in Eisenbahntransporten nach Deutschland gebracht. Nach dem Überschreiten der Grenze war ihre erste Station ein Durchgangslager, in dem sie bis zur weiteren Verteilung auf ihre zukünftigen Arbeitsplätze verblieben. Für den westlichen Teil des Sudetengaus gab es ein Durchgangslager in Görkau (Jirkov) bei Komotau (Chomutov) und für den östlichen Teil in Branitz (Branice) bei Jägerndorf (Krnov).[58]

Neben den zivilen Fremdarbeitern bildeten Kriegsgefangene die zweitgrößte Gruppe von Zwangsarbeitern im Sudetengau. Das Gebiet des Sudetengaus war nach dem Anschluss an das Deutsche Reich drei verschiedenen Wehrkreisen zugeteilt worden. Während der westliche Teil durch das bayerische Mannschafts-Stammlager – Stalag XIII B in Weiden und der östliche Teil des Sudetengaus durch das Stalag VIII A in Görlitz verwaltet wurde, wurden auf dem Gebiet des

54 Vermerk des Befehlshabers der Sipo und des SD Prag vom 1. 4. 1944, NA, NSM, Sign. 110-4-233, Bl. 1 f.; Gebel, „Heim ins Reich", S. 251; Zimmermann, Die Sudetendeutschen im NS-Staat, S. 361.

55 Ein undatierter Rückblick auf die rüstungswirtschaftliche Entwicklung des 4. Vierteljahres 1941 durch das Rüstungskommando Reichenberg, BArch-MA RW 21-53, Nr. 3, Bl. 187.

56 Lagebericht des Regierungspräsidenten in Karlsbad für Februar 1942 v. 25. 2. 1942, SOA Plzeň, Bestand: ÚVP Karlovy Vary, Por. č. 934, Sign. 300/7, Karton 267, up.

57 Lagebericht des Regierungspräsidenten in Karlsbad für Juli 1942 v. 24. 7. 1942, ebenda.

58 Kocourková, Nucené pracovní nasazení Poláků, S. 116 f.

Sudetengaus selbst zwei Mannschafts-Stammlager errichtet: Das Stalag IV C im Februar 1941 in Wistritz (Bistřice) bei Teplitz-Schönau und im März 1941 das Stalag VIII B Teschen (Těšín). Allein das Stalag Wistritz durchliefen etwa 25 000 Kriegsgefangene. Es handelte sich etwa zur Hälfte um Angehörige der Roten Armee, 30 Prozent waren Franzosen. Bei den übrigen handelte es sich um Briten, Serben, Belgier, Holländer und Italiener. Bedeutend größer sind die Zahlen des Stalags in Teschen (Těšín) mit etwa 100 000 Kriegsgefangenen, die mehrheitlich in den Steinkohleschächten Nordmährens und Schlesiens zur Zwangsarbeit eingesetzt wurden.[59]

Die ersten polnischen Kriegsgefangenen erreichten den Sudetengau noch vor den ersten zivilen polnischen Arbeitern bereits Ende September 1939. Sie wurden in erster Linie in der Land- und Forstwirtschaft, später auch im Bergbau eingesetzt. Die mehreren Tausend polnischen Kriegsgefangenen im Sudetengau wurden im Mai 1940 offiziell von der Wehrmacht entlassen. Die Entlassung war aber an die Bedingung geknüpft, weiterhin für das Deutsche Reich zu arbeiten. Auf diese Weise wurden aus Kriegsgefangenen Zivilarbeiter. Das Heer der polnischen Zivilarbeiter stieg bis Ende September 1941 auf über 25 000 und erreichte Ende September 1944 die Zahl von 49 286.[60]

Die französischen Kriegsgefangenen, die im Sudetengau eingesetzt wurden, arbeiteten seit Sommer 1940 vor allem in der Luftwaffenfertigung, im Baugewerbe, aber auch in Steinbrüchen.[61] Bereits im Juni 1940 war der erste Transport mit 2000 französischen Kriegsgefangenen auf der Baustelle des Hydrierwerkes Maltheuern bei Brüx (Most) angekommen. Ihre Zahl stieg rasch an. Allein im August 1940 kamen 19 000 Kriegsgefangene verschiedener Nationalität in den Sudetengau, im darauffolgenden Monat erneut 8000.[62]

Nach dem Überfall auf die Sowjetunion am 22. Juni 1941 erreichten die ersten 1300 sowjetischen Kriegsgefangenen im September 1941 den Sudetengau und

59 Doubravka Olšáková, Francouzi v Sudetech, in: Dějiny a současnost 2008, Nr. 2, S. 40–43; Jana Geršlová, Ein geteiltes Revier. Der Arbeitseinsatz im Steinkohlenbergbau des Ostrau-Karwiner Beckens während des Zweiten Weltkriegs, in: Zwangsarbeit im Bergwerk, Bd. 1. Hrsg. von Klaus Tenfelde/Klaus-Christoph Seidel, Essen 2005, S. 495–511.

60 Alena Krausová, Totální nasazení civilních polských pracovníků ve vládním obvodu Ústí nad Labem, resp. v zemském okrese Jablonné v Podještědí bzw. im Landkreis Jablonné v Podjštědí, in: „Nepřichází-li práce k tobě …", S. 47–68.

61 Olšáková, Francouzi, S. 40–43.

62 Braumandl, Wirtschafts- und Sozialpolitik, S. 445; Bericht des Präsidenten des Landesarbeitsamtes Sudetenland über die Entwicklung des Arbeitseinsatzes im Reichsgau Sudetenland im August 1940 vom 7. 9. 1941, SOA Litoměřice, Bestand: ŽV Liberec, Por. č. 11, Karton 21, up.

erhöhten damit die Gesamtzahl der eingesetzten Kriegsgefangenen auf 41 300.[63] Die Behörden warteten danach über ein halbes Jahr vergeblich auf weitere sowjetische Kriegsgefangene. Erst im Mai 1942 meldete das Rüstungskommando Karlsbad die Ankunft von 926 „langerwarteten kriegsgefangenen Russen", unter denen sich „zwar wenig Facharbeiter" befanden, „doch scheinen sie arbeitswillig zu sein".[64]

Die sowjetischen Kriegsgefangenen litten nicht nur in den Lagern der Wehrmacht unter unmenschlichen Bedingungen, auch beim Arbeitseinsatz im Sudetengau wurden sie gewöhnlich schlechter als die übrigen Zwangsarbeiter behandelt. Im Juli 1942 zeigten 250 der 800 sowjetischen Kriegsgefangenen, die beim Flugzeugwerk Eger arbeiteten, „Unterernährungserscheinungen".[65]

Die Zahl der Kriegsgefangenen im Sudetengau stieg im Frühjahr 1944 auf fast 70 000. Unter ihnen hatten sowjetische Armeeangehörige (26 918) und Franzosen (20 041) den größten Anteil.[66]

KZ-Außenlager (1942–1945)

Der Einsatz von KZ-Häftlingen war ein weiterer Pfeiler der NS-Zwangsarbeit, der gegen Ende des Krieges immer wichtiger wurde. Die Arbeit war in den Konzentrationslagern bereits von Beginn an ein grundlegender Bestandteil des Häftlingslebens. In der Gründungsphase der Konzentrationslager bis 1937 dominierte noch der Aspekt der Inhaftierung und Terrorisierung. Danach kam in immer stärkerem Maße der Arbeitseinsatz hinzu. Die Häftlinge wurden zunächst in SS-eigenen Betrieben wie der DESt (Deutsche Erd- und Steinwerke GmbH) und den DAW (Deutsche Ausrüstungswerke) eingesetzt.[67] Mit der am 1. Februar 1942 vollzogenen Gründung des SS-Wirtschafts- und Verwaltungshauptamtes (SS-WVHA), dem auch die Inspektion der Konzentrationslager eingegliedert wurde,

63 Hoffmann, Ženské pracovni sily, S. 50.

64 Ein Überblick des Rüstungskommandos Karlsbad über den Monat Mai 1942, BArch-MA RW 21-29, Nr. 1, Bl. 28.

65 Ein Überblick des Rüstungskommandos Karlsbad über den Monat Juli 1942, BArch-MA RW 21-29, Nr. 1, Bl. 9.

66 Ein Aktenvermerk des Befehlshabers der Sipo und des SD Prag vom 1. 4. 1944, NA, NSM, Sign. 110-4-233, Bl. 1 f.; Gebel, „Heim ins Reich", S. 251; Zimmermann, Die Sudetendeutschen im NS-Staat, S. 361.

67 Rainer Fröbe, Der Arbeitseinsatz von KZ-Häftlingen und die Perspektive der Industrie, in: Europa und der „Reichseinsatz". Ausländische Zivilarbeiter, Kriegsgefangene und KZ-Häftlinge in Deutschland 1938–1945. Hrsg. von Ulrich Herbert, Essen 1991, S. 351–381, hier S. 352.

verbesserte die SS durch eine Zentralisierung der Aufgaben die organisatorischen Grundbedingungen für den Arbeitseinsatz der KZ-Häftlinge.[68]

Das KZ Flossenbürg war das erste Stammlager, das auf dem heutigen Gebiet der Tschechischen Republik aktiv wurde. Es richtete 1942 fünf Außenlager ein, neben drei Lagern in Bayern auch zwei im Sudetengau. Das erste dieser Außenlager im Sudetengau war ein Baukommando, das etwa 120 Häftlinge umfasste und im August 1942 mit der Fassung einer Mineralwasserquelle der SS-eigenen Sudetenquell GmbH im westböhmischen Krondorf-Sauerbrunn (Korunní) beauftragt wurde.[69] Ein bedeutend größeres KZ-Außenlager wurde am 7. Dezember 1942 von der SS-eigenen Bohemia Keramische Werke AG in Neurohlau (Nová Role) errichtet. Ab Dezember 1942 montierten 40 männliche KZ-Häftlinge Unterkunftsbaracken für später bis zu 1350 Frauen, die ab Anfang 1943 zuerst in der Porzellanproduktion und ab Januar 1944 auch für die Montage von Flugzeugteilen der Regensburger Messerschmittwerke eingesetzt wurden.[70]

Im Jahr 1943 weitete die SS die Aktivitäten der Baukommandos aus, neun weitere Außenlager wurden unter die Verwaltung des KZ Flossenbürg gestellt, darunter drei im Sudetengau (Eisenberg/Jezeří, Zwodau/Svatava und Schlackenwerth/Ostroh). In dieser Phase begann mit Zwodau im Dezember 1943 nicht nur die Errichtung des ersten Produktionsaußenlagers, sondern mit Brünn (Brno) im Oktober 1943 und Hradischko (Hradištko) im November 1943 auch die der ersten Außenlager im Protektorat.[71]

Das erste Privatunternehmen, das ein Produktionsaußenlager im Dezember 1943 im Sudetengau errichtete, war die Siemens-Tochter Luftgerätewerke Hakenfelde, die bis Kriegsende in Graslitz (Kraslice) im Sudetengau noch ein weiteres Lager betrieb, die zusammen mit weiteren Außenlagern im benachbarten Sachsen und Bayern ein eigenes Nebenlager-Netzwerk bildeten.[72]

Nach der Niederlage bei Stalingrad begann für die deutsche Rüstungsindustrie 1943 eine neue Phase in der Zusammenarbeit mit der SS, die auf den Sudetengau und das Protektorat erst ab 1944 konkrete Auswirkungen hatte. Die Situ-

68 Ulrich Herbert, Arbeit und Vernichtung. Ökonomische Interessen und Primat der „Weltanschauung“ im Nationalsozialismus, in: Europa und der „Reichseinsatz“, S. 384–426, hier S. 402 f.

69 Alfons Adam, Krondorf-Sauerbrunn (Korunní), in: Der Ort des Terrors. Geschichte der nationalsozialistischen Konzentrationslager. Bd. 4: Flossenbürg, Mauthausen, Ravensbrück. Hrsg. von Wolfgang Benz/Barbara Distel, München 2006, S. 172 ff.

70 Petr Kaňák, Neurohlau (Nová Role), in: ebenda, S. 207–210.

71 Miroslav Kárný, Brněnská pobočka koncentračního tábora Oswiecim, in: Vlastivědní věstník moravský 41 (1989), S. 16–31.

72 Werner Feldenkirchen, Siemens 1918–1945, München, Zürich 1995, S. 203; Rolf Schmolling, Graslitz (Kraslice), in: Flossenbürg, S. 117–120.

ation auf dem deutschen Arbeitsmarkt hatte sich bis 1944 so weit verschlechtert, dass KZ-Häftlinge nun auch in der Produktion auf Reichsgebiet, zu dem auch der Sudetengau zählte, eingesetzt wurden.[73]

Als Folge dieser Entwicklung errichtete KZ Flossenbürg 51 neue Außenlager. Zehn wurden im Sudetengau (Brüx/Most, Graslitz/Kraslice, Hertine/Rtyně, Holleischen/Holyšov, Leitmeritz/Litoměřice, Lobositz/Lobosice, Poschetzau/Božičany, Rabstein/Rabštejn, Sankt Georgenthal/Jiřetín pod Jedlovou und Steinschönau/Kamenický Šenov) und zwei im Protektorat (Janowitz/Vrchotovy Janovice und Jungfern-Breschan/Panenské Břežany) gegründet. Davon waren die beiden Lager im Protektorat und ein Lager im Sudetengau (Poschetzau/Božičany) als Baukommandos eingerichtet, alle anderen Lager gehörten zur Produktion – das heißt Produktionsaußenlager waren dominierend.[74]

Nur bei drei Lagern im Sudetengau (Graslitz, Hertine und Holleischen) handelte es sich um Frauenlager. „Eine kleine Entlastung brachte die Hereinnahme von weiblichen KZ-Häftlingen für zwei größere Betriebe (Luftgerätewerk Hakenfelde, Betrieb Zwodau und Metallwerke GmbH Holleischen). Die Arbeitsleistung dieser Häftlinge ist als gut zu bezeichnen“, meldete das Rüstungskommando Karlsbad im April 1944 über die ersten Einsätze von weiblichen KZ-Häftlingen in der Rüstungsindustrie des Sudetengaus.[75]

Die Expansion des Außenlagernetzes des KZ Groß-Rosen auf das Gebiet des Sudetengaus begann im März 1944 mit seiner Übernahme der Zwangsarbeiterlager für Juden, die bisher von der SS-Organisation Schmelt geführt wurden. Die seit 1941 in Schlesien und im benachbarten ostböhmischen Teil des Sudetengaus operierende Organisation Schmelt verfügte im Raum Trautenau (Trutnov) seit 1941 über 19 Lager, in denen ca. 4500 bis 5000 jüdische Frauen aus Polen Zwangsarbeit leisten mussten.[76]

73 Ulrich Herbert, Von Auschwitz nach Essen. Die Geschichte des KZ-Außenlagers Humboldtstraße, in: Dachauer Hefte 2 (1986), S. 13–34, hier 18.

74 Ulrich Fritz, Flossenbürg Subcamp System, in: Encyclopedia of Camps and Ghettos, 1933–1945, Vol. 1: Early Camps, Youth Camps, and the Concentration Camps and Subcamps under the SS-Business Administration Main Office. Hrsg. von Geoffrey P. Megargee, Bloomington 2009, S. 567 ff., hier S. 568.

75 Chronologische Darstellung der Ereignisse im Bereich des Rüstungskommandos Karlsbad, Eintragung vom 28. 4. 1944, BArch-MA RW 21-29, Nr. 8, Bl. 17.

76 Sybille Steinbacher, In the Shadow of Auschwitz. The murder of the Jews of East Upper Silesia, in: Holocaust. Critical Concepts in Historical Studies, Vol. II: From the Percecution of the Jews to Mass Murder. Hrsg. von David Cesarani, London/New York 2004, S. 110–136; Andrea Rudorff, Das Lagersystem der „Organisation Schmelt“ in Schlesien, in: Der Ort des Terrors. Geschichte der nationalsozialistischen Konzentrationslager. Bd. 9: Arbeitserziehungslager, Ghettos, Jugendschutzlager, Polizeihaftlager, Sonderlager, Zigeunerlager,

Ihren Protesten und der Unterstützung, die sie bei den regionalen Behörden wie dem Gauarbeitsamt Reichenberg fanden, war es zu verdanken, dass diese Unternehmen von der geplanten Schließung der Schmelt-Lager Ende 1943 weitgehend ausgenommen wurden.[77] Fünf dieser Lager wurden im März 1944 stattdessen in Außenlager umgewandelt und dem KZ Groß-Rosen unterstellt, das zur Verwaltung ein zentrales SS-Kommando in Trautenau errichtete. Ab März 1944 unterstanden ihm die Lager Bernsdorf (Bernartice), Gabersdorf (Libeč), Ober Altstadt (Horní Staré Město), Parschnitz (Poříči) und Schatzlar (Šacléř).[78] Darüber hinaus wurde das im Oktober 1944 errichtete Lager Ober Hohenelbe (Hořejší Vrchlabi) ebenfalls dem SS-Kommando Trautenau als Außenlager des KZ Groß-Rosen unterstellt.

Durch die Übernahme der Schmelt-Lager durch das KZ Groß-Rosen wurden die jüdischen Zwangsarbeiterinnen zu KZ-Häftlingen, die nun in der Munitionsfertigung und in der Elektroindustrie eingesetzt wurden. Die ehemaligen Schmelt-Lager wurden 1944 zum Kern des aus 17 Lagern bestehenden Groß-Rosener KZ-Außenlagersystems im Sudetengau. Dies war das größte und dichteste Netzwerk von KZ-Außenlagern in Böhmen.

Noch andere Rüstungsunternehmen nutzten im Laufe des Jahres 1944 die Groß-Rosener KZ-Häftlinge und errichteten Außenlager in Brünnlitz (Brněnec), Gablonz (Jablonec nad Nisou), Grulich (Králiky), Halbstadt (Meziměsto), Kratzau I (Chrastava I), Kratzau II (Chrastava II), Mährisch Weißwasser (Bílá Voda), Reichenau (Rychnov u Jablonce nad Nisou) und St. Georgenthal (Jiřetín pod Jedlovou).

Das KZ-Stammlager Auschwitz blieb für die böhmischen Länder als Verwaltungszentrale von Außenlagern weiter unbedeutend und errichtete im Oktober und November 1944 im Sudetengau nur zwei kleinere Frauenlager in Freudenthal (Bruntál) und Lichtewerden (Světá), über die kaum Informationen vorliegen.

Zwangsarbeiterlager. Hrsg. von Wolfgang Benz/Barbara Distel, München 2009, S. 155–160; Wolf Gruner, Juden bauen die „Straßen des Führers“. Zwangsarbeit und Zwangsarbeiterlager für nichtdeutsche Juden im Altreich 1940–1943/44, in: Zeitschrift für Geschichtswissenschaft 44 (1996), S. 789–808; Alfred Konieczny, Die Zwangsarbeit der Juden in Schlesien im Rahmen der „Organisation Schmelt“, in: Götz Aly/Susanne Heim/Miroslav Kárný, Sozialpolitik und Judenvernichtung. Gibt es eine Ökonomie der Endlösung?, Berlin 1987, S. 91–110; Stephan Lehnstaedt, Coercion and Incentive. Jewish Ghetto Labour in East Upper Silesia, in: Holocaust and Genocide Studies 24 (2010), S. 400–430.

77 Niederschrift der Rüstungsinspektion Reichenberg über die 6. Sitzung des Kriegswirtschaftsstabes am 7. 12. 1943 vom 24. 12. 1943, BArch-MA RW 20-4, Nr. 23, Bl. 109.

78 Aufstellung der Kommandantur von Groß-Rosen über KZ-Außenlager im Bereich des Höheren SS- und Polizeiführers Karl Hermann Frank vom 1. 1. 1945, NA, NSM, Sign. 110-4-88, Bl. 12 f.; Steinbacher, In the Shadow of Auschwitz, S. 125.

Im letzten Kriegsjahr rückten die alliierten Armeen auf das Gebiet des Deutschen Reiches vor. Die deutschen Unternehmen begannen, sich für die Zeit nach dem verlorenen Krieg vorzubereiten. Produktionsstandorte in den noch ein Jahr zuvor wegen ihrer Luftsicherheit begehrten böhmischen Ländern wurden aufgegeben, da diese zum einen in die von der Roten Armee besetzten Zone fallen würden. So stoppte die Berliner Osram KG erst im März 1945 ihre nach fast einjähriger Bauzeit weitgehend zum Bezug fertiggestellte Untertageverlagerung „Richard II" bei Leitmeritz (Litomerice) und gab dem Konkurrenzprojekt „Dogger" in Hersbruck bei Nürnberg den Vorzug.[79]

Während das KZ Flossenbürg 1945 noch weitere 20 Außenlager errichtete, befanden sich unter ihnen keine Lagergründungen auf dem heutigen Gebiet der Tschechischen Republik mehr.[80] Das weiter östlich gelegene KZ Groß-Rosen installierte hingegen noch in den letzten Kriegsmonaten zwei weitere Außenlager im Sudetengau, dem westlichsten Teil ihres Verantwortungsbereiches. Die Planungen der KZ-Kommandantur in Groß-Rosen sahen die Errichtung drei weiterer Lager in Grottau (Hrádek nad Nisou), Landskron (Lanškroun) und Schurz (Žireč) vor, zu denen es nicht mehr kam.[81]

Das Lager Morchenstern (Smržovka) bei Gablonz, das am 19. Februar 1945 mit der Ankunft von 300 weiblichen Häftlingen eines Evakuierungstransportes des Groß-Rosener KZ-Außenlagers Zillerthal-Erdmannsdorf (Mysłakowice) errichtet wurde, blieb eine Übergangslösung. Die Häftlinge wurden wenige Wochen später in das erst zu errichtende Außenlager Groß-Werther des KZ Mittelbau-Dora weitertransportiert.[82] Das zweite Groß-Rosener Außenlager, das noch Anfang März 1945 in Sankt Georgenthal (Jiřetín pod Jedlovou) errichtet wurde, bestand ebenfalls nur noch kurze Zeit und diente in erster Linie zur Aufnahme bereits evakuierter Häftlinge des Groß-Rosener Nebenlagers Gebhardsdorf (Giebułtów) im Kreis Lauban (Lubań).[83]

79 Karl Heinz Roth, Wirtschaftliche Vorbereitungen auf das Kriegsende und Nachkriegsplanungen, in: Dietrich Eichholtz, Geschichte der deutschen Kriegswirtschaft 1939–1945, Bd. 3: 1943–1945, München 2003, S. 610.

80 Jörg Skriebeleit, Flossenbürg – Hauptlager, in: Flossenbürg, S. 11–60, hier S. 44.

81 Schreiben des Kommandanten von Groß-Rosen, Johannes Hassebroeck, an Karl Hermann Frank v. 1. 1. 1945 über die KZ-Außenlager im Sudetengau, NA, NSM, Sign. 110-4-88, Bl. 14.

82 Jens-Christian Wagner, Groß-Werther, in: DerDer Ort des Terrors. Geschichte der nationalsozialistischen Konzentrationslager. Bd. 7: Niederhagen/Wewelsburg, Lublin-Majdanek, Arbeitsdorf, Herzogenbusch (Vught), Bergen-Belsen, Mittelbau-Dora. Hrsg. von Wolfgang Benz/Barbara Distel, München 2008, S. 308.

83 Miroslava Langhamerová/Andrea Rudorff, Sankt Georgenthal II (Jiřetín pod Jedlovou) (Anton Schulze Jr.), in: Der Ort des Terrors. Geschichte der nationalsozialistischen

Die Mehrheit der KZ-Außenlager, vor allem die Produktionsaußenlager auf dem heutigen Gebiet der Tschechischen Republik hatte eine Belegung von 200 bis 800 Häftlingen. Bei der Überführung der Schmelt-Lager in das System des KZ Groß-Rosen wurde als Mindestzahl 400 Häftlinge pro KZ-Außenlager vorgeschrieben.[84] Die Belegungszahlen der Produktionsaußenlager verdoppelten sich oftmals gegen Kriegsende, da sie zu Zielen von Evakuierungstransporten aus anderen KZ-Außenlagern wurden.

Neben den Produktionsaußenlagern existierte noch eine große Zahl von Kleinlagern, die meist für Renovierungs- oder Unterhaltsarbeiten von Gebäuden bestimmt waren und aus etwa 50 bis 200 Häftlingen bestanden. Hatten Baukommandos gewöhnlich eine Größe von 500 bis 1000 Häftlingen, so handelte es sich bei der Untertageverlagerung Leitmeritz, in dem gegen Kriegsende bis zu 9000 Häftlinge eingesperrt waren, eindeutig um das größte KZ-Außenlager auf dem heutigen Gebiet der Tschechischen Republik.

Unternehmen und KZ-Außenlager

Beim Ausbau des KZ-Außenlagersystems im Sudetengau 1944/45 lassen sich drei Hauptgruppen von Unternehmen feststellen, die auf unterschiedliche Weise an der Kriegswirtschaft beteiligt waren. Es handelte sich hierbei um die nordostböhmischen Mittelständler, um Firmen, die nach dem „Montan-Schema" aufgebaut waren und um Betriebe im Rahmen des Jäger-Programms. Alle drei Gruppen hatten unterschiedliche Betriebsgrößen, pflegten unterschiedliche Beziehungen zu den Behörden und zur SS und hatten andere Unternehmensziele. Gemeinsam war ihnen eine lange Vorgeschichte der Zwangsarbeit, die weit über den Einsatz von KZ-Häftlingen hinausging.

Unter den Betreiberfirmen einer ganzen Reihe von KZ-Außenlagern finden wir eine Gruppe von Textilunternehmen im Raum Trautenau (Trutnov), die sich bei der „Arisierung" 1938/39 besonders hervorgetan hatten. Diese Trautenauer Textilunternehmen entwickelten sich zu „Spezialisten" auf dem Gebiet der Zwangsarbeit. Sie setzten bereits kurz nach Kriegsbeginn zivile polnische Zwangsarbeiterinnen ein, und es gelang ihnen, ab 1941 die Zuteilung von jüdischen Zwangsarbeiterinnen im Rahmen der Organisation Schmelt zu erreichen, deren Abzug sie Ende 1943 dann wiederum erfolgreich verhindern konnten.

Konzentrationslager. Bd. 6: Stutthof, Groß-Rosen, Natzweiler. Hrsg. von Wolfgang Benz/Barbara Distel, München 2007, S. 434 f.

84 Kriegstagebuch der Rüstungsinspektion Reichenberg, 1. 1.–31. 3. 1944, BArch-MA RW 20-4, Nr. 24, S. 24.

Eine weitere Reihe von KZ-Außenlagern wurde von Firmen betrieben, die nach dem „Montan-Schema“ aufgebaut waren. Diese mit staatlicher Beteiligung gegründeten Munitionsfabriken, wie die westböhmischen Metallwerke Holleischen, errichteten ganze „Lagerstädte“ für verschiedene Gruppen von Zwangsarbeitern und ab 1944 auch für KZ-Häftlinge.[85] Die neu gegründeten Tochterfirmen im Sudetengau verfügten durch ihre Muttergesellschaften über beste Kontakte zu den wichtigsten Entscheidungsgremien in der deutschen Kriegswirtschaft, so war zum Beispiel der technischer Direktor der Metallwerke Holleischen, Ernst Göppert, Ende Januar 1944 zum Wehrwirtschaftsführer ernannt worden.[86]

Eine weitere Förderung erhielten diese Firmen dadurch, dass sie von den Rüstungskommandos, mit denen sie im engen Kontakt standen, gewöhnlich zu „Richtbetrieben“ für bestimmte Waffenkomponenten ernannt wurden, was die Zuweisung von Zwangsarbeitern und ab 1944 auch von KZ-Häftlingen erleichterte. Der Baubevollmächtigte des Reichsministeriums für Rüstung und Kriegswirtschaft bot Unternehmen wie der Sudetenländischen Treibstoff AG aus eigener Initiative KZ-Häftlinge für Bauarbeiten an.[87] Bei der letzten Gruppe von KZ-Produktionsaußenlagern handelte es sich um Verlagerungen im Rahmen des Jäger-Programms. Obwohl bereits die Ende 1942 einsetzenden Verlagerungen von Rüstungsbetrieben aus dem Deutschen Reich nach Böhmen und Mähren den dortigen Arbeitsmarkt belasteten, kam es außer im Fall der Siemens-Tochter Hakenfelde GmbH, die im Dezember 1943 ein KZ-Außenlager bei ihrem Werk in Zwodau (Svatava) errichtete, noch nicht zum Einsatz von KZ-Häftlingen. Den entscheidenden Schritt in Richtung KZ-Zwangsarbeit bedeutete der am 1. März 1944 gegründete Jäger-Stab, der durch Verlagerungen, Dezentralisierung sowie Bevorzugung bei der Zuteilung von Material und Arbeitskräften die Produktion von Jagdflugzeugen steigern sollte und zu einem neuen Verteilerzentrum bei der Vergabe von KZ-Häftlingen wurde. Die böhmischen Länder wurden zu einem Schwerpunktgebiet des Jäger-Stabes. Allein im Bereich des Rüstungskommandos Troppau arbeiteten im Sommer 1944 152 Firmen im Rahmen des Jäger-Programms.[88]

85 Alfons Adam, „Ich ersuche daher, diese Angelegenheit so zu regeln, dass dadurch allen diesen Interessen dabei Rechnung getragen wird“. Das Flossenbürger KZ-Außenlager Holleischen, in: Theresienstädter Studien und Dokumente 2005, Praha 2006, S. 316–331.

86 Eintragung vom 30. 1. 1944 im Kriegstagebuch der Rüstungsinspektion Reichenberg, 1. 1. 1944–31. 3. 1944, BArch-MA RW 20-4, Nr. 24, S. 25.

87 Telegramm des Baubevollmächtigten des Reichsministeriums für Rüstung und Kriegswirtschaft im Bezirk der Rüstungsinspektion IVb an die Bauleitung der SUBAG v. 9. 6. 1944, SOA Litoměřice–Most, Bestand: Sudetenländische Bergbau AG, Por. č. 59, Karton 19, Bl. 2.

88 Braumandl, Wirtschafts- und Sozialpolitik, S. 504.

Der Leiter des Jäger-Stabes, Staatssekretär Karl-Otto Saur, und einer seiner wichtigsten Funktionäre, SS-Obergruppenführer und General der Waffen-SS Hans Kammler, trugen persönlich am 20. Juni 1944 in Reichenberg die Rüstungspläne vor Vertretern der in der Region tätigen reichsdeutschen Rüstungsfirmen vor. Der Staatssekretär Saur versprach der Industrie nicht nur, dass der Jäger-Stab für eine bevorzugte Belieferung des Sudetengaus mit Unterkunftsbaracken und Baustoffen, sondern auch für ausreichend Arbeitskräfte sorgen werde.

Ein großer Teil der auf Einladung des Reichsluftfahrtministeriums in Reichenberg vertretenden Betriebe errichtete in den folgenden Monaten KZ-Außenlager.[89] Ein besonderer Fall ist die eingangs erwähnte Untertageverlagerung in Leitmeritz (Litomerice). Ein SS-Führungsstab unter der Führung von Hans Kammler war gemeinsam mit der im Sommer 1944 in Prag errichteten Einsatzgruppe VII der OT für die Durchführung der Bauarbeiten zuständig und beschäftigte neben zivilen Unternehmen, die die Facharbeiter stellten, allein KZ-Häftlinge als Zwangsarbeiter.

Fazit

Der Manager der Auto-Union, Heinrich Leggewie, hatte in seinem eingangs zitierten Bericht sehr klar den schier unstillbaren Hunger der nationalsozialistischen Kriegswirtschaft nach immer neuen Arbeitskräften beschrieben. Konnte der Arbeitskräftebedarf durch den Einsatz ziviler Fremdarbeiter und Kriegsgefangenen bis dahin weitgehend gedeckt werden, kollabierte der Arbeitsmarkt im Sommer 1944 aufgrund des fehlenden Zustroms.

Die Zwangsarbeit war sowohl im Sudetengau als auch im Protektorat Böhmen und Mähren ein wesentlicher Pfeiler des nationalsozialistischen Wirtschaftssystems. Aufgrund der massiven Abwanderung deutscher Arbeitskräfte aus dem Sudetengau in das Altreich, umfangreicher Besitzumverteilungen im Rahmen der „Arisierung" und des raschen Aufbaus einer Rüstungsindustrie im Sudetengau war der Einsatz von Zwangsarbeitern seit Kriegsbeginn besonders wichtig und umfangreich.

Die Genese der Zwangsarbeit sowohl im Sudetengau als auch im Protektorat begann mit der Verdrängung der jüdischen Bevölkerung aus dem allgemeinen Wirtschaftsleben. Mit Beginn des Zweiten Weltkriegs wurden von den deutschen Besatzungsverwaltungen Fremdarbeiter und Kriegsgefangene zuerst aus Polen,

89 Peter Kohl/Peter Bessel, Auto Union und Junkers. Die Geschichte der Mitteldeutschen Motorenwerke GmbH Taucha 1935–1948, Stuttgart 2003, S. 243 f.

später aus weiteren Staaten zum Arbeitseinsatz in den Sudetengau deportiert. Mit meist falschen Versprechungen angeworbene zivile Fremdarbeiter aus allen besetzten Ländern sowie den mit Deutschland verbündeten Staaten vergrößerten das Heer der im Sudetengau in der Kriegswirtschaft tätigen Arbeitskräfte weiter.

Tschechen aus dem Protektorat wurden nicht nur im Altreich eingesetzt, auch sie arbeiteten, neben der dort ansässigen tschechischen Minderheit, im Sudetengau. Teilweise waren sie Tagespendler, teilweise waren sie dort dauerhaft in Lagern untergebracht. Zur Disziplinierung der Tschechen richtete die Gestapo Arbeitserziehungslager im Protektoratsgebiet ein. Nach den Protektoratsangehörigen waren die größten Zwangsarbeitergruppen im Sudetengau russische, weißrussische und ukrainische zivile Fremdarbeiter sowie sowjetische und französische Kriegsgefangene.

Am Ende dieser Entwicklung stand ab Mitte 1942 die Errichtung von KZ-Außenlagern, die zu einer weiteren ergänzenden Säule des Zwangsarbeitereinsatzes wurden. Die massive Ausweitung des Netzwerkes an KZ-Außenlagern 1944 war eine Reaktion auf das Versiegen des Zustroms der bisher eingesetzten Gruppen von Zwangsarbeitern. So entstand in vielen Fällen ein kaum noch überschaubares Geflecht verschiedenster Lager mit unterschiedlichen Gruppen von Zwangsarbeitern am selben Ort.

War der Sudetengau völlig in die allgemeine Ausbreitung des Fremdarbeitereinsatzes integriert, stellte sich die Situation im Protektorat grundsätzlich anders dar. Die Hauptursache dafür, dass es im Protektoratsgebiet nur in äußerst beschränktem Maße zur wirtschaftlichen Ausbeutung von Fremdarbeitern, Kriegsgefangenen oder KZ-Häftlingen kam, ist hauptsächlich in der Person des Staatsministers Karl Hermann Frank zu suchen, der sich aus „sicherheitspolitischen" Gründen vehement gegen einen Einsatz von ausländischen Arbeitskräften im Protektorat wehrte. Allein der SS gelang es, sich über dieses von Karl Hermann Frank verhängte Verbot hinwegzusetzen und ab Ende Dezember 1943 für eigene Dienststellen insgesamt vier KZ-Außenlager auf Protektoratsgebiet zu errichten.[90]

90 Schreiben von Karl Hermann Frank an den General der Waffen-SS Jüttner vom 6. 10. 1943, NA, NSM, Sign. 110-7-53, S. 45 f.

Sjarhej Novikaŭ

Wirtschaftliche Ausbeutung und Zwangsarbeit in Weißrussland während der deutschen Besatzung von 1941–1944*

Zwangsarbeiter tauchen in der weißrussischen Geschichtsforschung nur am Rande auf. Zu diesem Schluss kamen vor einigen Jahren die Autoren der wissenschaftlichen Studie *Belorusskie ostarbajtery* (Weißrussische Ostarbeiter).[1] Das Buch wurde neben anderen Schriften aus demselben Forschungsprojekt im Jahr 2002 mit dem Staatspreis der Republik Belarus ausgezeichnet.[2] Die Historiker untersuchten die Geschichte jener circa 400 000 Bürger der weißrussischen Sowjetrepublik, die zwischen 1942 und 1944 zur Zwangsarbeit nach Deutschland deportiert wurden. Noch tiefere Spuren hinterließ die Zwangsarbeit während der dreijährigen deutschen Besatzung unmittelbar auf weißrussischem Territorium. Ab dem Sommer 1941 ist der Einsatz einheimischer Arbeitskräfte für die Besatzungsmacht dokumentarisch belegt. Doch diese Zwangsarbeit, die die militärischen und zivilen Besatzungsbehörden zur Ausbeutung breiter Teile der weißrussischen Bevölkerung organisierten, wartet noch auf wissenschaftliche Untersuchung. Im Rahmen der Promotion von Jauhen Hrėben' entstand immerhin seine Arbeit *Zwangsarbeit der weißrussischen Bevölkerung im Nationalsozialismus (1941–1944)*,[3] allerdings findet man hier keine Antwort auf die Frage, wie viele Weißrussen im Rahmen der „Arbeitspflicht" direkt auf dem Gebiet des besetzten Weißrusslands eingesetzt wurden.[4]

* Der Autor dankt herzlich seinem Kollegen, dem Historiker Dr. Jaŭhen Hrėben', für die Fotografien aus dem Heimatmuseum der Stadt Vicebsk.

1 Belorusskie ostarbajtery: Istoriko-analitičeskoe issledovanie. Hrsg. von Galina D. Knat'ko u. a., Minsk 2001, S. 5.

2 Belorusskie ostarbajtery: Ugon naselenija Belarusi na prinuditel'nye raboty v Germaniju (1941–44): Dokumenty i materialy. In 2 Bänden: Bd. 1 (1941–1942), Bd. 2 (1943–1944). Hrsg. von Galina D. Knat'ko u. a., Minsk 1996, 1997. Belorusskie ostarbajtery: Repatriacija (1944–1951): Dokumenty i materialy. Bd. 3, in 2 Teilen. Hrsg. von Galina D. Knat'ko u. a., Minsk 1998.

3 E. A. Greben', Privlečenie nacistskoj Germaniej graždan Belarusi na prinuditel'nye raboty (1941–1944): Avtoreferat Diss. Minsk 2005.

4 Belarus' u peryjad Vjalikaj Ajčynnaj vajny: Pohljad u svjatle novych krynic. Hrsg. von S. J. Novikaŭ/U. I. Lemjašonok, Minsk 2005, S. 61–104.

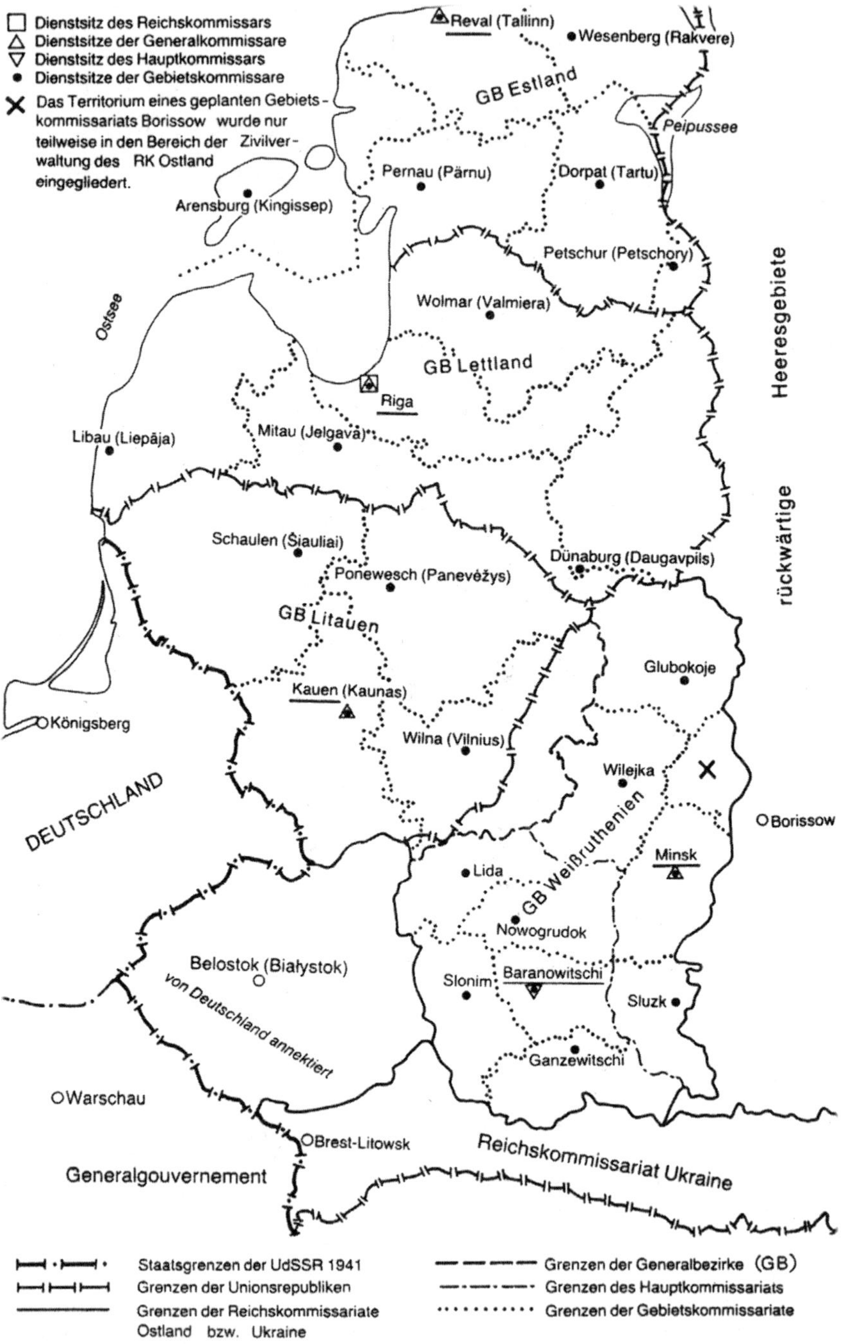

Karte 1

Karte Reichskommissariat Ostland.

Quelle: Werner Röhr (Hrsg.): Europa unterm Hakenkreuz, Analysen, Quellen, Register, Heidelberg: Hüthig 1996, S. 82

In der deutschen Forschung wurde das Thema der Zwangsarbeit im Zweiten Weltkrieg eingehend untersucht. Die Monografie *Fremdarbeiter: Politik und Praxis des „Ausländer-Einsatzes" in der Kriegswirtschaft des Dritten Reichs* von Ulrich Herbert schuf in den 1980er-Jahren eine solide Grundlage für die Erforschung der Zwangsarbeit und ihrer besonderen Bedeutung für die deutsche Kriegswirtschaft. Herbert unterteilte die ausländischen Arbeiter in die Kategorien ausländische Kriegsgefangene, Zivilarbeiter und KZ-Häftlinge.[5]

Herbert behandelte auch die Zwangsarbeit von Juden und einheimischen Zivilarbeitern, die direkt in den besetzten Gebieten als Arbeitskräfte für diverse deutsche Behörden, Einrichtungen und Dienste eingesetzt worden waren;[6] er wies ferner darauf hin, dass die Zwangsarbeit von Millionen von Menschen, die vor Ort für die deutsche Besatzungsmacht gearbeitet hatten, bisher in der Forschung kaum berücksichtigt wurde.[7]

In den neuesten Arbeiten zur Zwangsarbeit von Zivilpersonen, Kriegsgefangenen und Häftlingen werden Kriterien zur Differenzierung der Arbeiterschaft in der Kriegswirtschaft des Dritten Reichs und in den besetzten Gebieten im Zweiten Weltkrieg entwickelt.[8] Mark Spoerer nannte als wichtigste Unterscheidungskriterien den Herkunftsort, die Art der Beschäftigung und die Überlebenschancen der Arbeitenden. Aliaksandr Dalhouski versuchte erstmalig, die im besetzten Weißrussland zur Zwangsarbeit herangezogenen Arbeitskräfte zu klassifizieren.[9] Ausgehend von der Tatsache, dass einheimische Arbeitskräfte von unterschiedlichen deutschen Besatzungsbehörden sowohl zu zeitlich begrenzten Arbeiten als auch unbefristet herangezogen wurden, unterteilte der Historiker sie in folgende Kategorien:

1. einheimische Arbeitskräfte, die von der Militär- oder der Zivilverwaltung kurzfristig zum Ausheben von Gräben, Wege-, Schneeräum- und Enttrümmerungsarbeiten herangezogen wurden;

5 Ulrich Herbert, Fremdarbeiter: Politik und Praxis des „Ausländer-Einsatzes" in der Kriegswirtschaft des Dritten Reichs, Bonn 1999, S. 417.

6 Ulrich Herbert, Zwangsarbeit im „Dritten Reich": Kenntnisstand, offene Fragen, Forschungsprobleme, in: Industrie und Zwangsarbeit im Nationalsozialismus. Hrsg. von Gabriella Hauch u. a., Innsbruck/Wien 2003, S. 11–36.

7 Herbert, Fremdarbeiter, S. 417.

8 Mark Spoerer, Zwangsarbeit unter dem Hakenkreuz: Ausländische Zivilarbeiter, Kriegsgefangene und Häftlinge im Deutschen Reich und im besetzten Europa 1939–1945, Stuttgart/München 2001, S. 16 f.

9 Aliaksandr Dalhouski, „Menschenmaterial": Arbeitseinsatz der belarussischen Zwangsarbeiter unter der nationalsozialistischen Herrschaft, Magisterarbeit RWTH Aachen 2008, S. 41 f.

2. einheimische Arbeitskräfte in Stammlagern für Kriegsgefangene oder solche, die durch Militäreinheiten zu Arbeiten herangezogen oder die unbefristet für Arbeiten in der Produktion, bei der Torfgewinnung, für Baumfällarbeiten oder Bauarbeiten in der Organisation Todt eingesetzt wurden;
3. jüdische Arbeitskräfte, Kriegsgefangene oder Roma, die von der deutschen Militär- oder Zivilverwaltung für besondere Aufgaben herangezogen wurden und zur totalen Ausbeutung, teilweise auch Vernichtung bestimmt waren;
4. Einheimische, die von den deutschen Dienststellen wiederholt zu kurzfristigen Arbeiten auf dem besetzten weißrussischen Gebiet verpflichtet wurden.

Topografie der Zwangsarbeit

Im Laufe des Herbstes 1941 wurde das weißrussische Gebiet mit seinen fast neun Millionen Einwohnern[10] in vier Verwaltungseinheiten aufgeteilt und unterstand nun der deutschen Militär- bzw. Zivilverwaltung.

Fast die Hälfte der 107 000 Quadratkilometer großen Gesamtfläche des Landes (östlich der Linie Polock/Polack–Borisov/Barysaŭ–Sluck) mit über neun Millionen Einwohnern befand sich damit im rückwärtigen Heeresgebiet Mitte;[11] über die Hälfte des Landes (der Süden und der Westen) unterstand der deutschen Zivilverwaltung und wurde drei unterschiedlichen Verwaltungseinheiten zugeteilt.

Ein Teil dieser Gebiete wurde Ostpreußen zugeordnet und gehörte zum Bezirk Białystok (die Kreiskommissariate Bielsk/Bel'sk, Volkovysk/Vaŭkavysk und Grodno/Hrodna); ein Teil kam im Reichskommissariat Ostland ins Generalkommissariat Weißruthenien mit den Gebietskommissariaten in Baranoviči (Baranavičy), Borisov (Barysaŭ), Vilejka, Hanseviči (Hancavičy), Glebokie (Hlybokae), Lida, Minsk, Novogrodek (Navahrudak), Slonim und Sluck; der dritte Teil wurde dem Reichskommissariat Ukraine zugewiesen; zu ihm gehörten in den Generalkommissariaten Wolhynien-Podolien und Shitomir die Gebietskommissariate in Brest (Brėst), Kobryn, Pinsk, Stolin, Jelsk (El'sk), Komarin (Kamaryn), Lel'čycy, Mosyr (Mazyr'), Petrikov (Petrykaŭ) und Rečica. Im April 1942 wurde der nordwestliche Teil von Weißrussland mit den Städten Svir und Ošmjany

10 I. Kuz'menko, Antifašistskaja bor'ba na territorii Belorussii 1941–1944 gg.: Social'no-klassovye aspekty, in: Partizanskoe dviženie v Belarusi i ego rol' v razgrome fašistskich zachvatčikov v 1941–1944 godach: Materialy Meždunarodnoj naučno-praktičeskoj konferencii (Minsk, 25.–26. 6. 2009), Minsk 2009, S. 247.

11 Statistischer Bericht Nr. 1: Anlage 1, Nr. 1875/43 geh. St. Q., vom 30. 7. 1943, BArch-MA RW 31/570.

(Ašmjany), in dem auf einer Fläche von 5000 Quadratkilometern 200 000 Einwohner lebten, in das Generalkommissariat Litauen eingegliedert.[12]

Die Deutschen setzten von den ersten Tagen der Besatzung an weißrussische Arbeitskräfte ein.[13] Die „Richtlinien für die Führung der Wirtschaft in den neubesetzten Ostgebieten“ vom 16. Juni 1941 enthielten konkrete Vorgaben für den Einsatz einheimischer Arbeitskräfte. Danach musste die einheimische Bevölkerung zwangsweise zu Wiederaufbauarbeiten und zur Sicherstellung der Nachschubwege der Wehrmachtstruppen nach Osten herangezogen werden. Die Führung der Einheiten und der Feldkommandanturen sollte sicherstellen, dass der Einsatz der Zivilbevölkerung sich nicht negativ auf Erntearbeiten und auf militärisch wichtige Produktionszweige auswirkte.[14]

Alfred Rosenberg, Reichsminister für die besetzten Ostgebiete, führte am 5. August 1941 die „Arbeitspflicht“ für Nichtjuden zwischen dem 18. und 45. Lebensjahr und den „Arbeitszwang“ für Juden zwischen dem 14. und 60. Lebensjahr ein.[15] Eigens hierfür eingerichtete Arbeitsvermittlungsstellen der 20 Gebietskommissariate und die Arbeitsämter erfassten die arbeitsfähige Bevölkerung. Bis Februar 1942 entstanden im Generalkommissariat Weißruthenien neun Arbeitsämter: in Minsk, Baranoviči (Baranavičy), Lida, Novogrodek (Navahrudak), Slonim, Vilejka , Sluck, Glebokie (Hlybokae) und Gansevici (Hancavičy). Jeder war verpflichtet, sich beim Arbeitsamt zu melden. Die Menschen wurden durch Hunger – nur wer arbeitete, bekam Lebensmittelkarten – und durch Drohungen getrieben, in solchen Betrieben zu arbeiten, die in erster Linie militärische Bedeutung hatten, außerdem im Bauwesen, bei der Reparatur von Straßen und Bahntrassen, Flugplätzen, in der Torfgewinnung, bei Baumfäll- und -transportarbeiten usw.[16]

Das Scheitern des Blitzkriegs gegen die UdSSR zwang die Berliner Strategen dazu, in ihrer Besatzungspolitik und insbesondere in der Praxis der Kriegswirtschaft einschneidende Veränderungen vorzunehmen. Weiterhin bildeten die „Richtlinien für die Führung der Wirtschaft in den neubesetzten Ostgebie-

12 GebK Glebokie, Tätigkeits-, Räumungs- und Erfahrungsbericht vom 16. 8. 1944, BArch F 13751, Aufn. 301.

13 Belorusskie ostarbajtery, Bd. 1, S. 8.

14 Aus den Richtlinien des Wirtschaftsführungsstabes Ost (Grüne Mappe, Teil I) über die Zwangsarbeit der Bevölkerung in den besetzten sowjetischen Gebieten, Juni 1941, in: Okkupation, Raub, Vernichtung: Dokumente zur Besatzungspolitik der faschistischen Wehrmacht auf sowjetischem Territorium 1941 bis 1944. Hrsg. von Norbert Müller, Berlin 1980, S. 279–281.

15 Christian Gerlach, Kalkulierte Morde: Die deutsche Wirtschafts- und Vernichtungspolitik in Weißrussland 1941 bis 1944, Hamburg 1999, S. 452.

16 Belorusskie ostarbajtery, Bd. 1, S. 8 f.

ten" die Grundlage für die Tätigkeit der deutschen Wirtschaftsbehörden.[17] Zum obersten Grundsatz für die weitere Kriegsführung erklärte das nationalsozialistische Regime nun die Bedürfnisse der Kriegswirtschaft.[18] Zu den vordringlichsten wirtschaftlichen und militärischen Aufgaben gehörte neben der Lebensmittelversorgung der Wehrmacht aus Beständen des Besatzungsgebietes auch der Wiederaufbau der industriellen Produktion, doch an allererster Stelle stand die Nutzung der menschlichen Ressourcen der besetzten Gebiete der UdSSR. Dies betraf sowohl Juden, deren Vernichtung auch durch totale Ausnutzung ihrer Arbeitskraft erfolgte, als auch Kriegsgefangene.

Die sklavenartige Ausbeutung der arbeitsfähigen Juden im besetzten weißrussischen Gebiet war nur eine Facette der Ermordung der Juden im Rahmen der „Endlösung der Judenfrage". Laut Anweisung des Wirtschaftsführungsstabs Ost vom 15. Juli 1941 konnten Juden zur Arbeit herangezogen werden, sofern ihre Beschäftigung als kriegswichtig galt oder nicht genügend nichtjüdische Arbeitskräfte zur Verfügung standen.[19]

Der Reichskommissar für das Ostland Hinrich Lohse erließ Mitte August 1941 vorläufige Richtlinien, die die Nutzung der „arbeitsfähigen" Juden als Arbeitskräfte, die Einrichtung jüdischer Arbeitskommandos und ihren Einsatz für Arbeiten außerhalb der Gettos vorsahen.[20] Juden im Alter zwischen 14 und 60 Jahren wurden intensiv zu verschiedenen Zwangsarbeiten herangezogen. Der Anteil der Juden des Minsker Gettos vom Frühjahr 1943 belegt dies eindrücklich. Zu diesem Zeitpunkt war der Judenmord in den besetzten Ostgebieten so gut wie abgeschlossen, und dennoch stellten – die am Leben gelassenen – jüdischen Arbeiter 18,3 Prozent aller Beschäftigten der verschiedenen Arbeitsstellen in Minsk.[21]

Auch sowjetische Kriegsgefangene im besetzten weißrussischen Gebiet wurden vielfach als Arbeitskräfte eingesetzt. In der Anfangsphase des Unternehmens „Barbarossa" war die Frage der Nutzung der Arbeitskraft sowjetischer Kriegs-

17 Wirtschaftsführungsstab Ost, V. P. 19206/6 g vom 20. 11. 1941, Rossijskij Gosudarstvennyj voennyj archiv, RGVA, fond 1358-K, opis' 4, delo 1, list 42–51.

18 Ebenda, Bl. 42; Wirtschaftsführungsstab Ost, V. P. 19203/6 g., BArch-MA RW 31, Nr. 85, Bl. 74; Prestupnye celi – prestupnye sredstva: Dokumenty ob okkupacionnoj politike fašistskoj Germanii na territorii SSSR (1941–1944), Moskva 1985, S. 62.

19 Christian Gerlach, Krieg, Ernährung, Völkermord: Deutsche Vernichtungspolitik im Zweiten Weltkrieg, Zürich/München 2001, S. 57.

20 Aus der Richtlinien von RKfO Hinrich Lohse für die Behandlung jüdischer Bürger vom 13. 8. 1941 in: Die faschistische Okkupationspolitik in den zeitweilig besetzten Gebieten der Sowjetunion (1941–1944). Hrsg. von Norbert Müller u. a., Berlin 1991, S. 188.

21 Stenogramma soveščanija vysšego rukovodstva General'nogo okruga Belorussija (Minsk, 8–10 aprelja 1943). Hrsg. von S. V. Žumar'/S. E. Novikov/R. A. Černoglazaja, Minsk 2006, S. 154 (Berechnungen des Autors).

gefangener innerhalb des Reichsgebietes von der deutschen Führung noch sehr konträr diskutiert worden, doch mit dem Vormarsch der Wehrmacht auf sowjetischem Gebiet wurden Kriegsgefangene in der Regel von Anfang an bei verschiedenen Arbeiten eingesetzt: beim Abriss von Ruinen und der Trümmerbeseitigung, bei der Räumung und beim Bau von Straßen und Brücken, bei Ladearbeiten sowie in der Bauorganisation Todt.

Quartiermeister Werner Hoffmann vom Befehlshaber des Heeresgebiets Mitte gab am 2. August 1941 den Befehl, alle sowjetischen Kriegsgefangenen ausnahmslos zur Arbeit heranzuziehen.[22] Mit der Einrichtung des rückwärtigen Heeresgebietes wurden in Bobrujsk (Babrujsk), Borisov (Barysaŭ), Vitebsk (Vicebsk), Gomel' (Homel'), Žlobin, Mogilev (Mahilëŭ) und Orša Arbeitssammellager eingerichtet.[23] Die Kriegsgefangenen wurden in Arbeitskommandos aufgeteilt, deren Arbeitseinsätze je nach Umfang der anstehenden Arbeiten länger oder kürzer dauern konnten: Manche waren langfristig in der Nähe des jeweiligen Objekts stationiert, gehörten aber nicht zu einem Dulag (Durchgangslager) oder Stalag (Stammlager für Kriegsgefangene); andere wurden nur tageweise eingesetzt. Außerdem wurden bei den deutschen Fronttruppen Arbeitskolonnen, -bataillone, -kompanien und -kommandos aus zivilen Arbeitskräften eingerichtet, die Versorgungsarbeiten leisten und Verteidigungsanlagen bauen mussten.[24]

Von Beginn der deutschen Besatzung an wurden also sowjetische Kriegsgefangene und Einheimische, darunter Juden, die sich in den eroberten weißrussischen Gebieten befanden, in unterschiedlichem Maß zu diversen Arbeiten herangezogen. Bereits ab Ende 1941 galt für die gesamte arbeitsfähige Bevölkerung, dass die Kriegswirtschaft des Reiches oberste Priorität hatte. Die einheimischen Arbeitskräfte wurden in fünf Kategorien unterteilt:

1. Arbeitskräfte für dringende Aufgaben bei den Truppen oder den militärischen bzw. zivilen Besatzungsbehörden;
2. Arbeitskräfte für die Produktion von Waffen und militärischer Ausrüstung;
3. Arbeitskräfte für die Versorgung mit Lebensmitteln und für landwirtschaftliche Arbeiten;
4. Arbeitskräfte für kriegswichtige Produktionsbereiche;
5. Arbeitskräfte für die Versorgung der Bevölkerung der besetzten Gebiete.[25]

22 Gerlach, Kalkulierte Morde, S. 792.

23 Belorusskie ostarbajtery, Bd. 1, S. 9.

24 Spravočnik o mestach prinuditel'nogo soderžanija graždanskogo naselenija na okkupirovannoj territorii Belarusi 1941–1944. Hrsg. von V. I. Adamuško u. a., Minsk 2001, S. 7.

25 Der Beauftragte für VJP, der Generalbevollmächtigte für den Arbeitseinsatz, Va 5550/611 vom 14. 9. 1942, Anordnung Nr. 10 des GBA über den Einsatz von Arbeitskräften der be-

Formen der Zwangsarbeit

Die wöchentliche Arbeitszeit betrug in der Regel mindestens 54 Stunden. War zu Beginn des Unternehmens „Barbarossa" die totale Nutzung des Arbeitspotenzials der besetzten sowjetischen Gebiete, also auch in Weißrussland, noch nicht vorgesehen gewesen, so wurde angesichts der neuen Aufgaben, die der anhaltende Krieg im Osten mit sich brachte, „der Mensch zum wichtigen, entscheidenden Produktionsfaktor", ohne den die deutschen Militär- und Zivilbehörden die Wirtschaft in den besetzten Gebieten nicht in Gang bringen konnten.[26]

Bereits 1942 wurden die Ausmaße, die Formen und die geografische Verbreitung der weißrussischen Zwangsarbeit erkennbar. Die Arbeitsabteilungen der Zivilverwaltung begannen, mit den Anwerbungskommissionen, den Stäben und anderen deutschen kriegswirtschaftlichen Diensten um Arbeitskräfte zu konkurrieren, die sowohl in der Reichswirtschaft als auch in den besetzten Gebieten immer dringender benötigt wurden. Hierbei hatte die Bereitstellung von Arbeitskräften ins Reich Priorität gegenüber ihrem Einsatz in den eroberten Gebieten. Im ersten Jahr der deutschen Besatzung gab es aus Sicht der Behörden noch einen Überfluss an Arbeitskräften, doch im Verlauf des Wirtschaftsjahres 1942/43 trat immer deutlicher ein Mangel vor allem an Fachkräften zutage.

Die wichtigsten Gründe hierfür waren erstens die gezielte Deportation von Einheimischen und Kriegsgefangenen ins Reich im Rahmen des Programms des Generalbevollmächtigten für den Arbeitseinsatz; zweitens die bedeutende Verringerung der Arbeitskräfte infolge des Todes von Kriegsgefangenen, der Ermordung der Juden und des Rückgangs der einheimischen Bevölkerungszahl; drittens der intensivere Einsatz einheimischer, besonders der ländlichen weißrussischen Arbeitskräfte für den Wiederaufbau der industriellen Produktion auf dem besetzten Gebiet, und schließlich der Einsatz der Bevölkerung der frontnahen Gebiete beim Bau von Befestigungslinien.[27]

Im Generalkommissariat Weißruthenien waren laut Statistik im Jahr 1942 insgesamt 1,1 Millionen Menschen als in der Landwirtschaft beschäftigt gemeldet (das entspricht 30,6 Prozent der Arbeitskräfte im RK Ostland). Davon waren 385 000 Männer (35 Prozent), 425 000 Frauen (38,6 Prozent) und 290 000 Kinder und Jugendliche (26,4 Prozent). Ende des Jahres entsprachen diese 1,1 Millionen

setzten Ostgebieten, Nacyjanal'ny archiu Rėspubliki Belarus'/Nationalarchiv der Republik Belarus (NARB) fond 378, opis' 1, delo 189, list 9.

26 Die deutsche Wirtschaftspolitik in den besetzten sowjetischen Gebieten 1941–1943. Hrsg. von Rolf-Dieter Müller, Boppard am Rhein 1991, S. 347.

27 Verordnung über Arbeitspflicht und Arbeitseinsatz im Operationsgebiet der neu besetzten Ostgebiete. Ebenda, S. 301.

45,8 Prozent der erfassten Bewohner des GK Weißruthenien.[28] Im Frühjahr 1943 ging die Gesamtzahl der Arbeitskräfte im GK Weißruthenien auf 650 000 Menschen zurück, von denen 470 000 Menschen (72 Prozent) in der Landwirtschaft beschäftigt waren.[29]

Im Zuständigkeitsgebiet der Wirtschaftsinspektion Mitte mit Sitz in Novo-Borisov (Nova-Barysaŭ), die im rückwärtigen Heeresgebiet Mitte tätig war, lag die Gesamtzahl der Arbeitskräfte in der Landwirtschaft bei 2,654 Millionen Menschen, wovon 1,844 Millionen (69,5 Prozent) Frauen, Kinder und Jugendliche waren.[30] Mehr als die Hälfte dieser Arbeitskräfte befand sich auf dem Gebiet von Weißrussland.[31] Der Anteil der Beschäftigten an der Gesamtbevölkerung betrug im östlichen Weißrussland (rückwärtiges Heeresgebiet Mitte) 41 Prozent gegenüber 45,6 Prozent im GK Weißruthenien.[32]

Schon während der ersten Wochen des Unternehmens „Barbarossa" wurde das Gebiet von Weißrussland durch eine ganze Reihe deutscher kriegswirtschaftlicher Besatzungsorgane ausgebeutet. Zu ihnen gehörten: drei Wirtschaftsabteilungen (IV Wi) der Armeeoberkommandos (AOK); sieben Wirtschaftsgruppen (Gruppe IV Wi) der Feldkommandanturen sowie vier Wirtschaftskommandos (WiKdos) mit drei Außenstellen der Wirtschaftsinspektion (WiIn) Mitte.[33] Bis die eroberten Gebiete westlich von Borisov (Barysaŭ) an die Zivilverwaltung übergeben wurden, hatten die Truppen bereits die rechtlichen und organisatorischen Grundlagen für die Ausbeutung gelegt, soweit es nicht evakuiert worden war.[34]

Gemäß den Richtlinien war die Wirtschaftsinspektion Mitte mit den ihr unterstellten Diensten für die Lebensmittelversorgung der Heeresgruppe Mitte verantwortlich, deren Personalstärke Ende des Sommers 1941 über 1,5 Millionen Menschen betrug. Die Wirtschaftskommandos waren die wichtigsten Organe bei

28 Wirtschaftsstab Ost, Chefgruppe La 2a, 3 und RMfbO, III E 2a: Die Landwirtschaft in den besetzten Ostgebieten: Statistik der landwirtschaftlichen Erzeugung 1942, BArch-MA RW 31, Nr. 306, Bl. 17.

29 Stenogramma soveščanija vysšego rukovodstva General'nogo okruga Belorussija, S. 24.

30 Wirtschaftsstab Ost, Chefgruppe La 2a 3 und RMfbO, III E 2a: Die Landwirtschaft in den besetzten Ostgebieten: Statistik der landwirtschaftlichen Erzeugung 1942, BArch-MA RW 31, Nr. 306, Bl. 17.

31 Wirtschaftsinspektion Mitte, Chefgruppe Fü./Abt. Arbeit, Az.: 4200 vom 31. 3. 1942: Lagebericht für Monat März 1942 (Anlage 1), BArch-MA RW 31, Nr. 558, Bl. 2.

32 WiIn Mitte, Chefgruppe Arbeit: Grundlagen für Arbeitseinsatzplanung vom 31. 12. 1942, BArch-MA RW 31, Nr. 562, Bl. 304.

33 WiIn Mitte: Besondere Anordnung Nr. 1 vom 12. 7. 1941, NARB, fond 412, opis' 1, delo 21, list 81–87.

34 Historyja Belarusi, Bd. 5: Belarus' u 1917–1945 gg., Minsk 2006, S. 551 f.

der Nutzung der Ressourcen des Landes.[35] Neben der Versorgung der Wehrmacht mit Lebensmitteln waren sie verantwortlich für den Einsatz der einheimischen Arbeitskräfte beim Wiederaufbau der industriellen Produktion, für die Rohstoffgewinnung und -weiterverarbeitung, für Forstwirtschaft und Holzverarbeitung, für die Organisation des Bankenwesens und des Handels.[36] Jedes Kommando bestand aus Abteilungen und Unterabteilungen, die für die Lebensmittelversorgung sowohl von Wehrmachtstruppen als auch anderer Einheiten, zum Beispiel SS- und Polizei-Einheiten, zuständig waren.[37] Laut der Sonderanordnung Nr. 1 der Wirtschaftsinspektion Mitte vom 12. Juli 1941 gehörte das zu diesem Zeitpunkt besetzte Gebiet von Weißrussland zum Zuständigkeitsbereich der Wirtschaftskommandos „Belgard“ (Minsk), „Hirschberg“ (Vicebsk), „Bunzlau“ (Babrujsk) und „Schweidnitz“ (Orša).[38] Für die Wirtschaftskommandos „Hirschberg“, „Bunzlau“ und „Schweidnitz“ waren im Weiteren in Russland Moskau, Tula und Gor’kij (Nižnij Novgorod) als Einsatzorte vorgesehen.

Die meisten Angehörigen dieser aus jeweils 200 bis 600 Personen bestehenden Kommandos gehörten zu den Gruppen Landwirtschaft, die unmittelbar für die Lebensmittelversorgung der Wehrmacht verantwortlich waren und hierfür das landwirtschaftliche Potenzial der besetzten Gebiete ausnutzen sollten. In den Gebieten der Wirtschaftskommandos in Orša, Bobrujsk (Babrujsk) und Vitebsk (Vicebsk) beispielsweise war fast die Hälfte der Mitarbeiter der Wirtschaftsinspektion Mitte hierfür eingesetzt.[39] Das Wirtschaftskommando „Belgard“ (zuständig für Minsk) war das erste, das ab Juli 1941 die „Richtlinien für die Führung der Wirtschaft“ auf dem besetzten weißrussischen Gebiet umsetzte.[40]

35 Die deutsche Wirtschaftspolitik in den besetzten sowjetischen Gebieten 1941–1943, S. 34.

36 Richtlinien für die Führung der Wirtschaft in den neubesetzten Ostgebieten (Grüne Mappe), BArch-MA RW 31, Nr. 128, Bl. 6 f.; Das Deutsche Reich und der Zweite Weltkrieg, Bd. 4: Der Angriff auf die Sowjetunion, Stuttgart 1983, S. 133; „Zelënaja papka“ Geringa, in: Voenno-istoričeskij žurnal (1991) 4, S. 13; Velikaja Otečestvennaja vojna 1941–1945: Voenno-istoričeskie očerki, Bd. 4: Narod i vojna, Moskva 1999, S. 119.

37 WiIn Mitte, Stellenbesetzungsplan für die WiIn Mitte, Anfang Juli 1941, NARB, fond 412, opis’ 1, delo 19, list 32, 37.

38 Ebenda, Bl. 38.

39 Wi Stab Ost, Abt. I/Id, Nr. 90088/42, Monatsbericht für Oktober 1942, BArch-MA RW 31, Nr. 302b, Bl. 116 (Berechnungen des Autors).

40 Sjarhej Novikaŭ, Vaenna-haspadarčaja dzejnasc’ kamandy „Minsk“ (1941—1942 gg.), in: Slavjanski svet: Minulae i sučasnae: Matėr. Rėsp. navuk. kanf., 26 sakavika 2004 g., Teil 2, Minsk 2004, S. 130 f., 139; K. I. Kozak, Germanskie voenno-ėkonomičeskie formirovanija v Belarusi: Opredelenie mesta v sisteme okkupacionnogo režima, in: Druhaja susvetnaja vajna: Novyja aspekty dasledavannjaŭ, Minsk 2004, S. 58.

Die darin vorgegebenen Aufgaben konnten nur erfüllt werden, indem die Besatzer einheimische Arbeitskräfte einsetzten und zur Lebensmittelversorgung der Wehrmachtstruppen heranzogen.

Zu Beginn des Herbstes 1941 gehörte fast die Hälfte von Weißrussland östlich von Borisov (Barysaŭ) (rückwärtiges Heeresgebiet Mitte) zum Einsatzgebiet dreier Wirtschaftskommandos, die neben dem Kommando „Belgard" (Minsk) für Lebensmittellieferungen aus zwei Versorgungsbezirken zuständig waren: dem Versorgungsbezirk Warschau – mit Versorgungsstützpunkten in Brest-Litovsk (Brėst-Litaŭsk), Voronovo (Voranava), Baranoviči (Baranavičy), Borisov (Barysaŭ), Lepel', Sluck und Minsk – und dem Versorgungsbezirk Mitte oder Dnjepr – mit Versorgungsstützpunkten in Bobrujsk/Babrujsk, Vitebsk/Vicebsk, Gomel'/Homel', Mogilev/Mahilëŭ, Orša, Roslavl' und Smolensk.[41]

Bereits 1941 wurde bei der Organisation der Erntearbeiten der Arbeitskräftemangel bei den deutschen Wirtschaftsdiensten spürbar, als zusätzlich zu Kriegsgefangenen auch Zivilisten dringend als Arbeitskräfte benötigt wurden. Anfang August 1941 führten die Deutschen für die arbeitsfähige Bevölkerung die Arbeitspflicht ein.[42]

Nach der Niederlage der deutschen Truppen vor Moskau, als die Strategie des Blitzkriegs endgültig gescheitert war, nahm die kriegswirtschaftliche Leitung des Dritten Reiches grundsätzliche Änderungen an der Wirtschaftspolitik für die Ostgebiete vor. Von diesem Zeitpunkt an galt: „Das wirtschaftliche Hauptziel ist Lebensmittel- und Mineral*erzeugung*."[43] Zu diesem Zweck wurde die Zahl der Wirtschaftskommandos auf dem weißrussischen Gebiet der Heeresgruppe Mitte von vier auf neun erhöht (bzw. elf, wenn man die Wirtschaftskommandos Smolensk und Brjansk hinzuzählt, die ab Januar 1942 teilweise auf besetztem weißrussischem Gebiet im Einsatz waren).[44]

Außerdem waren im rückwärtigen Heeresgebiet der 3. Panzerarmee der Wehrmacht, zu dem seit Anfang 1942 auch der Nordosten des Vitebsker Gebiets (Vicebsk) gehörte, Außenstellen der Wirtschaftskommandos im Einsatz. Damit befand sich 1942 der Ostteil von Weißrussland im direkten Interessengebiet von 14 ausführenden kriegswirtschaftlichen Organen (Wirtschafts- und Armee-

41 Anlage zum Vierzehntagebericht Wi Stab Ost, 17. 8.–30. 8. 1941, BArch-MA RW 31, Nr. 98, Bl. 11; Rolf-Dieter Müller, Das Scheitern der wirtschaftlichen „Blitzkriegsstrategie", in: Der Angriff auf die Sowjetunion, Frankfurt a. M. 1996, S. 1152 f.

42 Gerlach, Kalkulierte Morde, S. 452.

43 BfdVP, Wi Fü Stab Ost, V. P. 19206/6 g vom 20. 11. 1941, RGVA, fond 1358 K, opis' 4, delo 1, list 42 (Hervorhebung vom Autor).

44 Geschichte des Wi Stab Ost: KTB Wi Kdos Witebsk, Polozk, Lepel, Orscha, Mogilew, Borissow, Klimowitschi, Bobruisk, Gomel', BArch-MA RW 31, Nr. 80–85, 770–870, 980.

wirtschaftskommandos), die im weißrussischen Militärverwaltungsgebiet tätig waren.[45]

Ein großer Teil der Wirtschaftsdienste war auf dem nun zu den Reichskommissariaten Ostland und Ukraine gehörenden Gebiet von Weißrussland tätig. Der östliche Teil von Weißrussland unterstand der Kontrolle von neun Wirtschaftskommandos und fünf dazugehörigen militärischen Außenstellen, die übrigen Teile (Nordwesten, Westen, Mitte und Süden) dagegen unterstanden der Zivilverwaltung, innerhalb derer mehr als 20 Wirtschaftsabteilungen oder sogenannte Referate ihre Arbeit aufnahmen.[46]

Exekutivorgane der Zwangsarbeit

Die vorliegenden Quellen geben Aufschluss über die Zusammensetzung der Wirtschaftsabteilungen als der wichtigsten Exekutivorgane der Zivilverwaltung im Bereich der Wirtschaft. Am wichtigsten waren hier die Landwirtschafts- und Ernährungsabteilungen der General- und Gebietskommissariate, außerdem die landeseigenen Verwaltungen. Auf lokaler Ebene waren die Gemeinde- und Rayonverwaltungen als die untersten Exekutivorgane jedes Gebietskommissariats die wichtigste Stütze der zivilen Wirtschaftsstrukturen.[47]

Für die Lebensmittelversorgung der Wehrmacht schuf die kriegswirtschaftliche Führung ein spezielles Organ, die Zentralhandelsgesellschaft Ost m. b. H. für landwirtschaftlichen Absatz und Bedarf (ZHO). Auf Anordnung des Beauftragten für den Vierjahresplan Hermann Göring vom 27. Juli 1941 war diese staatsmonopolistische Vereinigung für die Arbeit in allen besetzten Ostgebieten

45 Wirtschaftsstab Ost, Stab Abt. I/Ib, Nr. 900900 vom 9. 11. 1942: Stand der Wirtschaftsorganisation Ost zum 1. 11. 1942 (Anlage 10), BArch-MA RW 31, Nr. 24; Sjarhej Novikaŭ, Da pytannja navukovaj raspracoŭki matėryjalaŭ fonda „Wi Stab Ost" ab hermanskaj vaenna-haspadarčaj palitycy ŭ Belarusi (1941–1944 gg.), in: Belarus' i Hermanija: historyja i sučasnasc': Matėr. Mižnar. navuk. kanf., 16 maja 2003 g., Minsk 2003, S. 139.

46 „Führer-Erlasse" 1939–1945: Edition sämtlicher überlieferter, nicht im Reichsgesetzblatt abgedruckter, von Hitler während des Zweiten Weltkrieges schriftlich erteilter Direktiven aus den Bereichen Staat, Partei, Wirtschaft, Besatzungspolitik und Militärverwaltung. Hrsg. von Martin Moll, Stuttgart 1997, S. 186–190, 195; Der GenK in Minsk, Abt. II Verw.-5.A. 3, vom 20. 10. 1942, BArch R 90, Nr. 390, Bl. 3; Sjarhej Novikaŭ, Asablivasci vaennaėkanamičnaj historyi Belaruskaha Palessja (1941—1944 gg.), in: Belaruski histaryčny časopis (2004) 4, S. 15–18; Velikaja Otečestvennaja vojna 1941–1945: Voenno-istoričeskie očerki. Bd. 4: Narod i vojna, S. 122.

47 Aleksandr A. Faktorovič, Krach agrarnoj politiki nemecko-fašistskich okkupantov v Belorussii, Minsk 1979, S. 25 f.

bestimmt, mit Ausnahme der rückwärtigen Armeegebiete. „Vor der Leitung der ZHO stand das Minimalziel der Versorgung der Wehrmacht [mit Lebensmitteln] aus den besetzten Ostgebieten."[48]

Alle Fragen bezüglich des Einsatzes von einheimischen Arbeitskräften, der Lebensmittelproduktion und des Transports wurden von der Führung der ZHO in Absprache mit der Zivil- und der Militärverwaltung, den jeweiligen Wirtschaftsbehörden entschieden. Zusätzlich wurden in den Reichskommissariaten Ostland und Ukraine sowie im rückwärtigen Heeresgebiet Hauptgeschäftsstellen und Geschäftsstellen der ZHO eingerichtet. Eine der Hauptgeschäftsstellen befand sich in Novo-Borisov (Nova-Barysaŭ). Nach erfolgreichem Abschluss des Blitzkriegs sollte sie nach Moskau verlegt werden, blieb dann aber bis Mai 1944 in Weißrussland. Die Hauptgeschäftsstelle in Novo-Borisov (Nova-Barysaŭ) stand den Geschäftsstellen in Orša, Bobrujsk (Babrujsk), Vitebsk (Vicebsk), Smolensk und Orël vor. Die Hauptgeschäftsstelle von Riga hatte Geschäftsstellen in Kaunas, Reval (Tallinn), Minsk und Pskov. Jede Geschäftsstelle hatte Außen- und Nebenstellen. Der Minsker Geschäftsstelle beispielsweise unterstanden neun Außenstellen und 61 Nebenstellen.[49]

Im Verlauf des ersten Jahres nahmen die Mitarbeiterzahlen der ZHO stark zu, da unter anderem aus den Ankaufstellen für Getreide (Zagotzerno), Vieh und Fleisch (Zagotskot) und Geflügel (Zagotpticeprodukt) einheimische Fachkräfte übernommen wurden. Das Verhältnis von deutschen zu einheimischen Arbeitern und Angestellten lag im Reichskommissariat Ostland bei 1:97, auf dem Gebiet der Wirtschaftsinspektion Mitte bei 1:29[50] und im Reichskommissariat Ukraine bei 1:115.[51] Dazu kam noch, dass ab Herbst 1941 die ZHO für eine Reihe von fleischverarbeitenden Betrieben in Minsk, Gomel' (Homel'), Baranoviči (Baranavičy) und Borisov (Barysaŭ) verantwortlich war.[52]

Ab Dezember 1941 wurde die Zuständigkeit der ZHO auf alle Be- und Verarbeitungsbetriebe für Wolle, Flachs, Hanf, Leder, Pelz usw. ausgedehnt. Insgesamt gab es im GK Weißruthenien und im rückwärtigen Heeresgebiet Mitte 21 Außenstellen der ZHO, „Ost-Mitte" genannt, mit 146 Nebenstellen, außerdem 5500

48 Beauftragter für den Vierjahresplan, Geschäftsgruppe Ernährung, Tgb. Nr. O 426/41, BArch-MA RW 31, Nr. 132, Bl. 191.

49 Galina Knat'ko, „Matka, davaj mleko, davaj jajki!", in: Narodnaja gazeta, Minsk, 23.–25. 12. 1995.

50 Ebenda.

51 Wi Stab Ost: Die Aufgaben und Leistungen der landwirtschaftlichen Verwaltung in den besetzten Ostgebieten, BArch-MA RW 31, Nr. 84, Bl. 15.

52 Richtlinien für die Führung der Wirtschaft in der neubesetzten Ostgebieten (Grüne Mappe), Teil II, 3. Aufl., BArch-MA RW 31, Nr. 132, Bl. 191.

Bezugs- und Absatzkontore und -punkte sowie Kreisstellen für Agrarprodukte und Futtermittel.[53] In den rückwärtigen Armeegebieten und im Bezirk Białystok gab es keine Dienststellen der ZHO.[54]

Neben der ZHO gab es noch andere Monopolvereinigungen, die in den Reichskommissariaten Ostland und Ukraine in Landwirtschaft und Produktion tätig waren, zum Beispiel bei der Verarbeitung von Fellen, Pelz und anderen Tierprodukten, der Faser- und Torfgewinnung, in der Holzverarbeitung, der chemischen Industrie usw.[55] Die Aufgaben dieser speziell geschaffenen Vereinigungen waren laut der oben genannten Anordnung Görings: Bezug und Absatz von Agrarprodukten, die Versorgung der Landwirtschaft mit Betriebsmitteln und Waren des täglichen Bedarfs, die Erfassung und Revision tierischer Naturprodukte sowie die Herstellung und Verarbeitung von Rohstoffen für die Textilindustrie usw.

Erst die endgültige Niederlage der deutschen Wehrmacht an der Ostfront im Sommer 1943 veranlasste die Führung des Deutschen Reichs dazu, die Wirtschaftskommandos und die Wirtschaftsinspektion Mitte am 31. Oktober 1943 aufzulösen.[56] Mit der Befreiung von Weißrussland im Sommer 1944 wurde der deutsche kriegswirtschaftliche Apparat, der ein System von Gewalt, Raub und Ausbeutung auf seinem Gebiet errichtet hatte, vollständig beseitigt.

Zwangsarbeit in der Landwirtschaft

Die Landwirtschaft war die Versorgungsquelle der Truppen „aus dem Lande"[57] und zentrales Objekt der wirtschaftlichen Ausbeutung. Hier war die Politik der deutschen Besatzer am konsequentesten. Von Anfang an versuchten die Wehrmachtstruppen mit ihren Wirtschaftsdiensten nicht nur das Maximum an Lebensmitteln in den eroberten Gebieten einzuziehen, sondern auch das Niveau der Lieferungen sowohl für die Bedürfnisse der Wehrmacht als auch für die deutsche Bevölkerung beizubehalten. Ein Rückgang der Anbauflächen und der Ernteerträge bedeutete

53 WiIn Mitte, Jahresbericht Chefgr. La vom 30. 6. 1942, BArch-MA F 43386, Aufn. 634; Gerlach, Kalkulierte Morde, S. 238; Faktorovič, Krach agrarnoj politiki, S. 54–55; G. Knat'ko, „Matka, davaj mleko, davaj jajki!".

54 NARB, fond 398, opis' 2, delo 144, list 35; ebenda, fond 393, opis' 1, delo 321, list 68.

55 Bericht des Wirtschaftsstabes Ost über den Arbeitseinsatz in der gewerblichen Wirtschaft in den besetzten Ostgebieten Ende 1942, RGVA, fond 700-K, opis' 1, delo 82, list 1–2.

56 Gerlach, Kalkulierte Morde, S. 146.

57 Richtlinien für die Führung der Wirtschaft in der neubesetzten Ostgebieten (Grüne Mappe), Teil I: Aufgaben und Organisation der Wirtschaft, Juni 1941, 1. Aufl., BArch-MA RW 31, Nr. 128, Bl. 2.

einerseits eine Nichterfüllung des Ablieferungssolls und andererseits eine Kürzung der Lebensmittelrationen für die Bevölkerung der eroberten Gebiete.[58] Für alle Wirtschaftsorgane, die seit den ersten Wochen der Besatzung auf dem Gebiet von Weißrussland tätig waren, galten die Richtlinien über die Versorgung der Heeresgruppe Mitte: Die täglichen Lieferungen betrugen Ende August 1941 1200 Stück Rinder (20 Prozent über der Norm), 7500 Zentner Getreide (plus 20 Prozent), 24 000 Zentner Kartoffeln, 9600 Zentner Öl und Fett, 24 000 Zentner Hafer und 20 000 Zentner Heu.[59] Anfangs hatte die kriegswirtschaftliche Führung von den Versorgungsdiensten verlangt, zwei Drittel des Bedarfs der Wehrmacht an Agrarprodukten aus den besetzten Ostgebieten zu decken, doch Mitte September 1941 wurde das Soll auf 100 Prozent angehoben.[60]

Der deutsche Wirtschaftsapparat begann von den ersten Tagen der Besatzung in Weißrussland an mit der Erfassung nicht nur der Bestände an Agrarprodukten, sondern auch der Verarbeitungskapazitäten. So waren bereits Ende des Jahres alle Kolchosen und Sowchosen erfasst, ihre technische Ausstattung und ihre Zugkraft inventarisiert und – das Wichtigste – die einheimischen Arbeitskräfte je 100 Hektar landwirtschaftliche Nutzfläche registriert. Auf dem besetzten Gebiet von Weißrussland waren 10 249 Kolchosen erfasst, von denen der überwiegende Teil (90 Prozent) im rückwärtigen Heeresgebiet Mitte lag. Die übrigen zehn Prozent befanden sich in den Gebietskommissariaten Brest und Pinsk[61] des Reichskommissariats Ukraine.

Nach der Erfassung der auf besetztem weißrussischen Gebiet verbliebenen einheimischen Arbeitskräfte bestimmte der Wirtschaftsstab Ost die Gesamtmenge an landwirtschaftlichen Lieferungen. Hierbei wurde berücksichtigt, dass im GK Weißruthenien mit 40,9 Prozent der Bevölkerung die höchste Konzentration an Arbeitskräften je 100 Hektar landwirtschaftliche Nutzfläche vorlag,[62] im rückwärtigen Heeresgebiet Mitte waren es 28,4 Prozent, während der Durch-

58 Verbrechen der Wehrmacht: Dimension des Vernichtungskrieges 1941–1944: Ausstellungskatalog, Hamburg 2002, S. 64.

59 Einsatz des Wi Kdo Minsk: Erfahrungsbericht des Hptm. Dorn vom 28. 8. 1941, BArch-MA RW 30, Nr. 37, Bl. 3; Sjarhej Novikaŭ, Haspadarčaja kamanda „Minsk“: Vyniki peršaha hoda dzejnasci na akupavanaj tėrytoryi Belarusi, in: Druhaja susvetnaja vajna: Novyja aspekty dasledavannjaŭ, Minsk 2004, S. 48.

60 Beauftragter für Vierjahresplan, V. P. 16098/41g., Besprechungsnotiz von Reichsmarschall mit Staatssekretär Backe vom 15. 9. 1941, RGVA, fond 700-K, opis' 1, delo 31, list 8.

61 WiIn Mitte, Anzahl der Kolchosen in Weißrussland, Stand vom 24. 7. 1941, NARB, fond 412, opis' 1, delo 7, list 49.

62 Bevölkerungsdichte und landwirtschaftliche Arbeitskräfte je 100 ha landwirtschaftliche Nutzfläche, für den Dezember 1942, Anlage 11, BArch-MA RW 31, Nr. 84 (Berechnungen des Autors).

schnittswert für alle besetzten Ostgebiete 26,3 Prozent betrug. Dabei wurden im GK Weißruthenien die meisten der verfügbaren Arbeitskräfte eingesetzt (78 Prozent), im rückwärtigen Heeresgebiet Mitte waren es 49,2 Prozent und durchschnittlich in den besetzten Ostgebieten 39,5 Prozent.[63] Im Jahr 1942 wurden im GK Weißruthenien 72 Prozent der vorhandenen Arbeitskräfte oder 470 000 Menschen beschäftigt,[64] im Reichskommissariat Ukraine dagegen 33,8 Prozent.

Für die weißrussischen Bauern wurde jeweils ein bestimmtes Ablieferungssoll festgelegt, das sich allerdings ändern konnte. Beispielsweise betrug das Soll für Getreide im Raum Minsk und im Gebiet Brest anfangs durchschnittlich 3 Doppelzentner je Hektar, im Gebiet der Wirtschaftsinspektion Mitte zwischen 1 und 1,85 Doppelzentnern, für Kartoffeln zwischen 2 und 12 Doppelzentnern je Hektar.[65] Im Rayon Bobrujsk (Babrujsk) mussten 4 Doppelzentner je Hektar Getreide und 15 Doppelzentner Kartoffeln abgegeben werden, außerdem 80 Kilogramm Fleisch und 400 Liter Milch pro Hof im Jahr. Für das Wirtschaftsjahr 1943/44 waren pro Hektar Saat- und Nutzflächen 85 Kilogramm Getreide, 160 Kilogramm Kartoffeln und 6 bis 7 Kilogramm Fleisch abzugeben.[66] Die Ablieferungen wurden in Abhängigkeit vom bäuerlichen Jahresrhythmus fällig: Die für Getreide begannen beispielsweise am 1. August, die Fleischabgaben am 1. Oktober, wobei allerdings 60 Prozent des Getreides und 40 Prozent des Fleischs innerhalb von drei Monaten abgeliefert sein mussten.[67]

Anfang Herbst 1941 wurde die Verantwortlichkeit für die Versorgung der Truppen neben den Wirtschaftsdiensten der Wehrmacht und der Zivilverwaltung auch noch den Dienststellen der ZHO übertragen: Sie sollten zentralisiert Agrarprodukte bereitstellen, indem sie bei Einheimischen Getreide, Vieh, Fleisch, Öl und Fett aufkauften. Die Praxis sah jedoch anders aus. Der Historiker Christian Gerlach führt an, dass ein nicht angemessener Wechselkurs zwischen Rubel und Reichsmark angesetzt wurde, die Preise für Agrarprodukte einer realen Grundlage entbehrten und zusätzlich laufend ohne entsprechende Bezahlung die Erzeugnisse der Bauern requiriert wurden.[68]

63 Ebenda (Berechnungen des Autors).

64 Der GKW in Minsk, Protokoll über die Tagung der Gebietskommissare, HA-Leiter u. Abt.-Leiter des Generalkommissars in Minsk vom 8. April bis 10. April 1943, BArch R 93, Nr. 20.

65 WiIn Mitte, Lagebericht Nr. 20 vom 4. 8. 1942, BArch-MA F 42859, Aufn. 295.

66 Der GKW in Minsk, Abt. III E 2, Az. II D 100, BArch R 93, Nr. 7, Bl. 9; Gerlach, Kalkulierte Morde, S. 245. Der durchschnittliche Ertrag von Getreidebauern und Kolchosen lag in der 1930er-Jahren in der BSSR bei 6,5 Doppelzentnern pro Hektar.

67 Sjarhej Novikaŭ, Ėkanamičnaja palityka nacysckaj Hermanii ŭ Belarusi 1941–1944 gg.: Ahljad krynic i hermanskaj histaryjahrafii 1990-ch hadoŭ, Minsk 2002, S. 108.

68 Gerlach, Kalkulierte Morde, S. 240–241; Galina I. Olechnovič, Ėkonomika Belorussii v uslovijach Velikoj Otečestvennoj vojny (1941–1945), Minsk 1982, S. 35.

Die harten Forderungen der deutschen Wirtschaftsorgane an die weißrussischen Bauern, die festgelegte Mengen an Getreide, Fleisch, Milch, Öl, Fetten usw. zu liefern hatten, brachten die ländlichen Gegenden in eine katastrophale Lage. Im GK Weißruthenien beispielsweise blieben einem Menschen nach Abgabe des Ablieferungssolls im Durchschnitt noch 100 Kilogramm Getreide und etwas mehr Kartoffeln.[69] In den südlichen Rayonen von Weißrussland, die zum Reichskommissariat Ukraine gehörten, sollten pro Kopf bäuerlicher Bevölkerung 110–160 Kilogramm zum Verzehr bleiben.[70]

Bei Nichterfüllung der Ablieferungspflicht wurden gegen jeden einzelnen Bauern oder gegen die gesamte Dorfgemeinschaft Strafen verhängt und Zwangsmittel eingesetzt, sodass vielen Bauern nicht einmal mehr das Nötigste zum Leben blieb; man überließ sie und ihre Familien dem Hunger, um möglichst große Überschüsse für die Wehrmacht und das Reich zu erzielen. Auch Sabotage oder Nichterfüllung der Lieferungen an die Wehrmacht zogen Sanktionen wie Geldstrafen, Einziehung von Vieh und Geräten, Evakuierung aus dem Dorf, Zwangsarbeit, aber auch Haftstrafen oder Morde nach sich.[71]

Die Besatzungsbehörden und die Wirtschaftsdienste waren jedoch nicht in der Lage, ihre Probleme allein mithilfe von Strafen oder Zwangsmaßnahmen zu lösen. Dies führte dazu, dass die deutsche Führung ihre Wirtschaftspolitik gegenüber den Bauern änderte. Um die Arbeitsproduktivität der Landwirtschaft zu steigern und um einheimische Arbeitskräfte noch breiter einsetzen zu können, wurde im Februar 1942 die „Neue Agrarordnung“ beschlossen.[72]

In den „Richtlinien für die praktische Durchführung der für die neue Agrarordnung angekündigten Maßnahmen“[73] wurde die Auflösung der Kolchosen und die teilweise Einrichtung von Einzelwirtschaften angekündigt. Die ehemaligen Kolchosen und Sowchosen sollten demnach in „Landbaugenossenschaften“, „Gemeinwirtschaften“ und Einzelhöfe umgewandelt werden. Anstelle der traditionellen Dreifelderwirtschaft wurde ein Sechsfeldersystem eingeführt. Für jeden Hof wurde bereits im Voraus die konkrete Höhe der Pflichtlieferungen an Agrarprodukten festgesetzt.[74]

69 Der GKW in Minsk, Abt. III E 2, Az. II D 100, BArch R 93, Nr. 7, Bl. 10 f.

70 Gerlach, Kalkulierte Morde, S. 245.

71 Auszug aus Anordnung der Militärverwaltung vom 27. 1. 1943, NARB, fond 412, opis’ 1, delo 121, list 85.

72 RMfbO, die neue Agrarordnung für die besetzten Ostgebiete vom 15. 2. 1942, BArch-MA F 42748, Bl. 640.

73 Ebenda.

74 RMfbO, E 1 b 181/42, Richtlinien für die praktische Durchführung der durch die neue Agrarordnung angekündigten Maßnahmen vom 24. 2. 1942, BArch-MA F 42748, Bl. 647–661.

Eine Besonderheit der Agrarreform auf dem Gebiet von Weißrussland war, dass die neue Agrarordnung in den Rayonen unter Militärverwaltung vollständig und im GK Weißruthenien nur teilweise (in den Rayonen Minsk, Sluck und Borisov/Barysaŭ) eingeführt wurde. Für den größeren – ehemals polnischen – Teil des Generalkommissariats war die Reform bedeutungslos, denn hier existierten nur 641 Kolchosen – gut sechs Prozent aller auf dem besetzten weißrussischen Gebiet erfassten Kolchosen.[75] Nach Ansicht von Gerlach war für die weißrussischen Gebiete westlich von Borisov (Barysaŭ) und für die ehemals polnischen Rayone des Polesje (Palesse, also Gebiete Brest und Pinsk) keine Agrarreform geplant.

Im Generalkommissariat Shitomir, das zum Reichskommissariat Ukraine gehörte, wurde die neue Agrarordnung mit großer Verzögerung eingeführt,[76] während die Wirtschaftsinspektion Mitte zur Durchführung und Koordinierung der geplanten Maßnahmen sogar einen „Sonderstab Agrarordnung" einrichtete.[77] Im GK Weißruthenien waren die Abteilungen Ernährung und Landwirtschaft mit diesen Aufgaben betraut. Vor Ort setzten die Funktionäre früheres sowjetisches Personal ein (in erster Linie Vermessungstechniker und Agronomen).

Aus Unterlagen des Wirtschaftsstabes Ost geht hervor, dass geplant war, im Gebiet der Wirtschaftsinspektion Mitte und des GK Weißruthenien für den Anfang zehn Prozent der landwirtschaftlichen Betriebe in Landbaugenossenschaften umzuwandeln (im Reichskommissariat Ukraine – ein Prozent); im Februar 1942 sollte die Wirtschaftsinspektion Mitte 50 Prozent der Kolchosen und Sowchosen reformiert haben. Tatsächlich waren Ende des Sommers 1942 im Gebiet des GK Weißruthenien und der Wirtschaftsinspektion Mitte alle Kolchosen und Sowchosen zu 100 Prozent umgewandelt[78] (gegenüber 10–20 Prozent im Reichskommissariat Ukraine).[79] Jeder dieser Gemeinschaftsbetriebe erhielt genaue Vorgaben, welche Pflichtlieferungen bis Anfang April (Beginn des neuen Erntejahres) an das Militär abzugeben seien. An tierischen Produkten gehörten

75 Geheimbericht aus dem Büro des Generalkommissars in Minsk vom 28. 6. 1943 an Ministerialdirektor Riecke betr.: Kritik an der deutschen Verwaltung und politischen Führung der besetzten russischen Gebiete mit besonderer Berücksichtigung Weißrutheniens, in: Der Prozeß gegen die Hauptkriegsverbrecher vor dem Internationalen Militärgerichtshof, Nürnberg 14. November 1945 – 1. Oktober 1946, Nürnberg 1948 (im Folgenden: IMT), Bd. XXXI, Dok. 3000-PS, S. 464.

76 Gerlach, Kalkulierte Morde, S. 356 f.

77 WiIn Mitte, Chefgruppe La, Sonderstab Agrarordnung, Fachliche Anweisung Nr. 2 vom 14. 1. 1943, NARB, fond 412, opis' 1, delo 121, list 115.

78 RKfO, Abt. III La, Lagebericht zum 30. 6. 1942, BArch R 90, Nr. 428, Bl. 2 f.

79 Die Aufgaben und Leistungen der La-Verwaltung in den besetzten Ostgebieten, BArch-MA RW 31, Nr. 84, Bl. 27; Gerlach, Kalkulierte Morde, S. 356 f.

hierzu: Fleisch, Geflügel, Fisch, Eier, Honig, Wolle und Milch; an pflanzlichen Produkten: Getreide, Futtermittel, Buchweizen, Hafer, Hirse, Hülsenfrüchte, Ölsaaten, Flachs, Hanf, Heu, Stroh, Kartoffeln und Gemüse.[80]

Mit den geforderten Lieferungen der einheimischen Bevölkerung wurde ein Teil der wirtschaftlichen Auflagen erfüllt, die die deutschen Wirtschaftsdienste den Gemeinschaftsbetrieben auf dem besetzten weißrussischen Gebiet vorgaben. Im ersten Erntejahr wurden bei der Wirtschaftsinspektion Mitte mit den weißrussischen Rayonen östlich von Borisov (Barysaŭ) 101 Prozent des Solls bei Brotgetreide, 98 Prozent bei Kartoffeln, 85 Prozent bei der Stückzahl an Vieh und 61 Prozent bei Futtergetreide erreicht. Im zweiten Erntejahr waren es im GK Weißruthenien 81,5 Prozent bei Getreide, 62 Prozent bei Kartoffeln, 40,5 Prozent bei Fleisch, 38,5 Prozent bei Fett, 80 Prozent bei Heu und 82,5 Prozent bei Flachs.[81] Gerlach vermutet, dass die Behörde Görings als Beauftragten für den Vierjahresplan diese niedrigen Zahlen an den Oberbefehlshaber der Wehrmacht Keitel und den Reichsführer-SS und Chef der deutschen Polizei Himmler weitergab, um eine verstärkte Partisanenbekämpfung zu erreichen.[82]

Die Voraussetzungen für eine planmäßige Erfüllung der landwirtschaftlichen Auflagen sah man im GK Weißruthenien in der Einführung eines gemeinschaftlichen Lenkungssystems für die Produktion von Getreide, Fleisch, Fleisch- und Milchprodukten, Kartoffeln, Eiern, Wolle, Flachs und Hanffasern. Am 10. April 1942 verpflichtete der Generalkommissar Wilhelm Kube die Gebietskommissare, landeseigenen Verwaltungen und Landbaugenossenschaften sowie die Bezugs- und Absatzstellen der ZHO durch eine Anordnung, mit der planmäßigen Produktion von Agrarprodukten zu beginnen.[83]

Ab Frühjahr 1942 richtete sich die Aufmerksamkeit der Behörden auf dem besetzten weißrussischen Gebiet weniger auf die Einziehung von Agrarprodukten als vielmehr auf ihre planmäßige Herstellung und Verarbeitung, wofür ausschließlich einheimische Arbeitskräfte eingesetzt werden sollten. Aus diesem Grund übernahm die ZHO die Kontrolle über alle landwirtschaftlichen Produktions- und Verarbeitungsbetriebe im GK Weißruthenien. Ende 1943 gab es 3536 solcher Betriebe,[84] in denen hauptsächlich Einheimische beschäftigt waren. Die meisten Verarbeitungsstätten befanden sich im Gebietskommissariat Lida (1105

80 WiIn Mitte Chefgr. La, Sonderstab Agrarordnung, Ausführungsbestimmung Nr. 7 zur Neuen Agrarordnung, NARB, fond 412, opis' 1, delo 121, list 81.

81 Gerlach, Kalkulierte Morde, S. 250.

82 Ebenda.

83 NARB, fond 370, opis' 6, delo 38a, list 6–7.

84 ZHO, Aufstellung von allen Betrieben der ZHO Treuhandverwaltung für den 15. 11. 43, NARB, fond 398, opis' 2, delo 7, list 77 (Berechnungen des Autors).

Betriebe), gegenüber 175 im Gebietskommissariat in Sluck, 174 in Minsk (Stadt und Land), 158 in Vilejka und 62 in Gansevići (Hancavičy).[85]

Die größten Be- und Verarbeitungsbetriebe für Agrarprodukte befanden sich in Minsk. Im Sommer 1943 unterstanden der ZHO in der Stadt elf Unternehmen mit 1464 Arbeitern und Angestellten.[86] Die durchschnittlichen monatlichen Beschäftigungszahlen der Brotfabrik „Avtomat", der zwei Mühlen, der Bierbrauerei, der Molkerei, der Geflügelfabrik, der Konservenfabrik, der Hefefabrik, des Schlachthofs und des Kühlhauses schwankten im Verlauf des Jahres zwischen 1100 und 1200 Menschen.[87]

Gemessen an der Zahl der qualifizierten Fachkräfte und der Lehrlinge sowie des beschäftigten technischen Personals waren die größten Betriebe im August 1943 die Minsker Bierbrauerei (mit 252 Beschäftigten, davon 219 Arbeiter), die Brotfabrik „Avtomat" (247/204), die Mühle Nr. 4 (176/128) und die Molkerei (151/106). Am wenigsten Beschäftigte hatten die Hefefabrik (17), die Geflügelfabrik (25) und das Kühlhaus (32). Der größte Betrieb der ZHO war der Schlachthof, der Ende Juli 1943 339 Beschäftigte hatte.[88]

Die Bilanzen des Wirtschaftsstabes Ost geben einen Überblick darüber, wie weit die Planauflagen für Lebensmittellieferungen aus Weißrussland in den Wirtschaftsjahren 1941/42, 1942/43 und 1943/44 erfüllt wurden. Die Auflagen für Getreide wurden im GK Weißruthenien in fast drei Wirtschaftsjahren nur zu 41 Prozent erfüllt (im RKO zu 83 und im RKU zu 106 Prozent). Die Gesamtmenge an Getreide (ohne Futtergetreide), das aus Weißrussland an die Wehrmacht und ins Reich geliefert wurde (ohne Berücksichtigung der zum RKU gehörenden Generalkommissariate Wolhynien-Podolien und Shitomir), betrug mit über einer halben Million Tonnen 46,9 Prozent der ursprünglichen Auflage.[89]

Aus den Dokumenten geht hervor, dass die Lieferungen im Jahr 1942 im Vergleich zu den Folgejahren noch am bedeutendsten waren. Damals erhielten die Truppen der Heeresgruppe Mitte aus dem GK Weißruthenien und dem Gebiet der Militärverwaltung 60 Prozent der Auflagen bei Getreide, 20 Prozent bei Fut-

85 Ebenda, Bl. 37–47, 75–77.

86 Ebenda, Bl. 37 (Berechnungen des Autors).

87 Monatliche Produktions-Übersicht für März–August 1943, NARB, fond 398, opis' 1, delo 420, list 14–82 ob. (Berechnungen des Autors).

88 ZHO, Aufstellung von allen Betrieben der ZHO für den 15. 11. 43 (NARB, fond 398, opis' 2, delo 7, list 37); Monatliche Produktions-Übersicht für März–August 1943. Ebenda, delo 420, list 28.

89 Getreide-, Fleisch- und Fettauflagen und ihre Erfüllung in den Wirtschaftsjahren 1941/42, 1942/43 und 1943/44 (in Tonnen), Anlage 27, BArch-MA RW 31, Nr. 84. (Berechnungen des Autors); Novikaŭ, Da pytannja navukovaj raspracoŭki matėryjalaŭ fonda „Wi Stab Ost", S. 113.

termitteln, 65 Prozent bei Fleisch, 90 Prozent bei Kartoffeln, 10 Prozent bei Fett, außerdem 40 Prozent bei Heu und 20 Prozent bei Stroh.[90] Nach Berechnungen des Autors wurde in den drei Jahren der Besatzung im Gebiet der Wirtschaftsinspektion Mitte eine Getreideernte von 3,8886 Millionen Tonnen eingezogen, von denen 58,6 Prozent aus Weißrussland stammten.[91] Allerdings betrug die Getreideernte von 1943 nur noch 28,6 Prozent der Ernte von 1942. Im Verlauf der ersten zwei Erntejahre zogen die Besatzer im gesamten Gebiet der Wirtschaftsinspektion Mitte außerdem 3,6965 Millionen Tonnen Kartoffeln ein.[92]

Die Nichterfüllung der Ablieferungsauflagen war nur eines der Probleme der Versorgung der Truppen aus dem Lande. Das zweite waren zunehmend spürbare Verluste bei den bereits requirierten Vorräten. Im Wirtschaftsjahr 1941/42 waren derartige Verluste noch unbedeutend, ab 1942 jedoch stiegen sie stetig an. In erster Linie waren sie Ausdruck dafür, dass sich Partisanen und Einheimische gegen die unerträgliche Arbeitsbelastung und die Lieferauflagen wehrten. Im Bericht des Leiters der Hauptabteilung III (Wirtschaft) des GK Weißruthenien, Wilhelm Freitag, vom 28. Juni 1943 heißt es, dass von den eingebrachten Vorräten des Erntejahres 1942/43 20 Prozent des Getreides, 5 Prozent der Kartoffeln, 11 Prozent des Fleisches, 10 Prozent des Fetts, 41 Prozent des Heus und 50 Prozent des Strohs von den Partisanen vernichtet oder erbeutet worden seien.[93]

Im besetzten Weißrussland führten die Deutschen zusätzlich auch noch ein Abgabensystem für Einheimische ein.[94] Die Besatzungsbehörden legten fest: erstens ein Besteuerungssystem in Form von Naturalien als auch von Geld, zweitens direkte Beschlagnahmung und drittens ein System von Lieferauflagen. Die Höhe der Steuern und Versicherungen konnte dabei variieren und hing hauptsächlich von der jeweiligen Lokalverwaltung ab. Die Bevölkerung des Gebiets Pinsk zahlte beispielsweise während der fast dreijährigen Besatzung 19 verschiedene Steuern und Versicherungen – insgesamt 98 264 456,37 Rubel bzw. Karbovancy.[95]

90 Wi Stab Ost, Abt. Rü/H, B. Nr. 92802/42g, Material von Oberst Dr. Musset vom 17. 9. 1942, RGVA, fond 700-K, opis' 1, delo 49, list 152.

91 OKW, Wi Rü Amt, Zusammenstellung von wichtigsten Meldungen über die Ostgebiete, Anlagen 5, 6, 24, 25, 27, BArch-MA RW 31, Nr. 84; Wi Stab Ost, Stab Abt. I/Ic, Nr. 69700/43, Monatsbericht Wi Stab Ost für 1. 10.–31. 10. 1943, RGVA, fond 700-K, opis' 2, delo 4, list 11, 11 ob (Berechnungen des Autors).

92 Wi Stab Ost, Stab Abt. I/Ic, Nr. 69700/43, Monatsbericht Wi Stab Ost für 1. 10.–31. 10. 1943, RGVA, fond 700-K, opis' 2, delo 4, list 11 ob.

93 Geheimbericht aus dem Büro des Generalkommissars in Minsk vom 28. 6. 1943 (siehe Fußnote 75), S. 466.

94 Olechnovič, Ėkonomika Belorussii v uslovijach Velikoj Otečestvennoj vojny, S. 33.

95 Sjarhej Novikaŭ, Malavjadomyja staronki vaenna-ėkanamičnaj historyi Brestčyny (1941—1944 gg.), in: Aktual'nye problemy germanskoj istorii, politiki, ėkonomiki, kul'tury: Materialy meždunarodnoj naučnoj konferencii 17–19 aprelja 2003 g., Brest 2003, S. 21.

Die Besatzer kannten keine Grenzen, wenn es darum ging, Mittel und Methoden für die Ausbeutung der weißrussischen Bauern zu finden. Mit Unterstützung von Militär, Polizei und SS-Truppen wurden in Weißrussland während der deutschen Besatzung mehr als 140 große Strafaktionen durchgeführt, deren Ziel – wie aus Dokumenten hervorgeht – zum einen die Beschlagnahmung von Agrarprodukten und zum anderen die Erfassung einheimischer Arbeitskräfte war.

Allerdings führte keines der von den deutschen Besatzungsbehörden eingesetzten Mittel – weder Zwangsmittel noch Strafen, weder die Versuche, eine neue Agrarordnung einzuführen, noch Lieferungen von hochwertigem Getreidesaatgut oder die Einfuhr von Zuchtvieh und Landmaschinen – zu einer vollständigen Erfüllung der „Richtlinien für die Führung der Wirtschaft" auf dem Gebiet von Weißrussland. Auch die Entscheidung der deutschen Führung vom 3. Juni 1943, das Privateigentum an Grund und Boden einzuführen, zeitigte nicht das gewünschte Ergebnis. Bei einer Erfüllung der Lieferauflagen der Wirtschaftsinspektion Mitte für das Erntejahr 1942/43 für die weißrussischen Gebiete bzw. das GK Weißruthenien von 40 Prozent bzw. 41 Prozent bei Getreide, 36 bzw. 25 Prozent bei Fleisch, 45 bzw. 80 Prozent bei Öl und 70 bzw. 68 Prozent bei Fett[96] kam also ein beträchtlicher Teil der Agrarprodukte nicht bei den Wirtschaftsbehörden an, sondern wurde von Partisanen, Untergrundkämpfern und der einheimischen Bevölkerung zerstört oder gehortet.

Der Widerstand der Partisanen in Weißrussland verstärkte sich und führte zu einem drastischen Rückgang der von den Besatzern kontrollierten landwirtschaftlichen Fläche. Aus Aktenmaterial der Wirtschaftskommandos in Vitebsk (Vicebsk) und Orša geht hervor, dass im Wirtschaftsjahr 1941/42 noch 35 Prozent der Lieferauflagen an Agrarprodukten und Futtermitteln geleistet wurden. Ein Jahr später (zum 3. Juni 1943) hatte sich die Lage radikal verändert. Im Gebiet des Wirtschaftskommandos in Vitebsk (Vicebsk) ging die Anbaufläche auf 20,4 Prozent zurück, die landwirtschaftliche Nutzfläche insgesamt sogar auf 19,2 Prozent,[97] der durchschnittliche Getreideertrag lag bei etwas mehr als sieben Zentnern je Hektar.[98] Selbst noch kurz vor dem Rückzug aus dem besetzten weißrussischen Gebiet, während die Evakuierung vorbereitet wurde, beuteten die deutschen Wirtschaftsdienste die weißrussische Landbevölkerung ungemindert aus. So konstatierte Gerhard Erren, Gebietskommissar in Slonim, zwei Monate

96 WiIn Mitte, Chefgr. La, Ausfälle an landwirtschaftlichen Produktion durch Bandeneinwirkung, Anlage 5, RGVA, fond 700-K, opis' 1, delo 50, list 134.

97 WiIn Mitte, Chefgruppe La, Ib 5, Bäuerl betr.: Gemeinwirtschaften und Staatsgüter, vom 3. 6. 1943, NARB, fond 412, opis' 1, delo 134, list 5 (Berechnungen des Autors).

98 Wi Stab Ost, Stab Abt. I/Ic, Nr. 69700/43, Monatsbericht Wi Stab Ost für den 1. 10.–31. 10. 1943, RGVA, fond 700-K, opis' 2, delo 4, list 11, 11 ob.

vor Ende der Lieferfrist für das Erntejahr 1943/44, dass trotz schwierigster Bedingungen angesichts eines verstärkten Partisanenkampfs die wichtigsten Agrarprodukte erfasst worden seien: 72,5 Prozent der Auflagen bei Getreide, 108,4 Prozent bei Futtermitteln, 80,7 Prozent bei Kartoffeln, 76,6 Prozent bei Gemüse, außerdem 77,5 Prozent bei Heu und 97 Prozent bei Stroh.[99]

Infolge der totalen Ausbeutung der weißrussischen Landbevölkerung in den drei Jahren der deutschen Besatzung gingen ihre Produktionskapazitäten katastrophal zurück. Diese Tendenz erkannte die Leitung der Hauptabteilung Wirtschaft des Generalkommissars in Minsk bereits Anfang 1942, als der Bestand an Pferden im Vergleich zum 1. Januar 1941 um ein Drittel und der Bestand an Rindern, Schweinen und Schafen um ein Viertel geschrumpft war.[100] Nach Einschätzung von Gerlach erlitt Weißrussland in den drei Jahren der deutschen Besatzung im Vergleich zu den anderen Besatzungsgebieten die höchsten relativen Verluste.[101]

Die Dimensionen der Ausplünderung durch die deutschen Besatzungsbehörden sind ausführlich belegt. Von 1941 bis 1944 wurden nach Angaben der Außerordentlichen Staatskommission zur Untersuchung der deutsch-faschistischen Verbrechen 5,638 Millionen Rinder, Pferde, Schweine, Schafe und Ziegen im Gesamtwert von 4,096 Milliarden Rubel beschlagnahmt, geschlachtet oder einfach abtransportiert. 5,13 Millionen Tonnen Getreide, Mehl, Kartoffeln, Gemüse und Obst im Wert von 3,1 Milliarden Rubel wurden eingezogen. Der Gesamtschaden, den die Kolchosen der weißrussischen Sowjetrepublik erlitten, liegt bei 19 389 943 000 Rubel.[102]

Was sich jedoch nicht in Zahlen ausdrücken lässt, ist die menschliche Tragödie der weißrussischen Landbevölkerung, die in den Jahren der deutschen Besatzung die ganze Härte der Lieferauflagen, Beschlagnahmungen, Zerstörungen, Gewalt und Verbrechen ertragen musste. 37 Monate und 6 Tage dauerte die deutsche Besatzung, und ein Teil der weißrussischen Landbevölkerung musste nicht nur das deutsche Militär- und Polizeiregime erdulden, sondern auch die nationalsozialistische Praxis des kriegswirtschaftlichen Zwangs, der Plünderung, Gewalt und Ausbeutung. Und doch war es gerade die ländliche Bevölkerung von Weißrussland, die in der Extremsituation der deutschen Besatzung nach Kräften die vieltausendköpfige sowjetische Partisanenarmee mit Agrarprodukten versorgte.

99 GebK Slonim, Tätigkeitsbericht für die gesamte Zeit seit Übernahme des Gebietes in die Zivilverwaltung vom 10. 8. 1944, BArch R 93, Nr. 13, Bl. 5.

100 NARB, fond 370, opis' 1, delo 245, list 5.

101 Gerlach, Kalkulierte Morde, S. 327.

102 Prestuplenija nemecko-fašistskich okkupantov v Belorussii 1941–1944, Minsk 1965, S. 422 f.

Zwangsarbeit in der Industrie

Im Gegensatz zum landwirtschaftlichen Potenzial rückte das industrielle Potenzial des besetzten weißrussischen Gebiets erst dann ins Zentrum der Aufmerksamkeit der Militär- und der Zivilverwaltung, als sich der Plan der Eroberung der Sowjetunion mit der Schlacht um Moskau endgültig zerschlagen hatte. Entsprechend den „Grundzügen für die Wirtschaftspolitik in den neubesetzten Ostgebieten“[103] vom 8. November 1941 wurde die maximale Nutzung der Industrie und der menschlichen Ressourcen der besetzten sowjetischen Gebiete zum „obersten Gebot der Kriegswirtschaft“ erklärt.[104]

Die Verteilung der Industrieanlagen, die bis Sommer 1942 im Gebiet der Wirtschaftsinspektion Mitte (inklusive den Gebieten der Russischen Sowjetrepublik) in Betrieb waren, zeigt, dass die Menge und die Dichte an Industriebetrieben von Osten nach Westen und von Norden nach Süden zunahm. So befand sich auf dem Gebiet des Wirtschaftskommandos in Vitebsk (Vicebsk) ungefähr ein Sechstel aller Betriebe der Wirtschaftsinspektion Mitte mit 5100 Beschäftigten (circa 11,4 Prozent). Auf dem Gebiet des Wirtschaftskommandos in Orša gab es 159 Betriebe (30 Prozent) mit 16 200 Beschäftigten (36,5 Prozent). Die meisten Industriebetriebe – 173 (32,3 Prozent) mit 18 800 Beschäftigten (42,3 Prozent) – befanden sich auf dem Gebiet des Wirtschaftskommandos in Bobrujsk (Babrujsk).

Im Ostteil von Weißrussland, der zusammen mit den westlichen Gebieten der Russischen Föderation der Wirtschaftsinspektion Mitte zugeordnet war, befanden sich im Sommer 1942 mehr als 80 Prozent aller Betriebe und mehr als 90 Prozent aller in der Industrie Beschäftigten – oder, in Zahlen ausgedrückt, 40 100, von denen ein Drittel weiblich war.[105] Ein Jahr später, zum 1. Juli 1943, war die Gesamtzahl der in der Industrie Beschäftigten auf 67 241 angestiegen, davon 61,3 Prozent männlich und 38,7 Prozent weiblich.[106] Die wichtigsten Industriezweige waren die Torfgewinnung (47,0 Prozent der Beschäftigten), die Textil- und die Papierindustrie (14,2 Prozent) und die Energiewirtschaft (9,2 Prozent).

103 Wi Fü Stab Ost. V. P. 19203/6 g., Allgemeine Grundzüge für die Wirtschaftspolitik in den neubesetzten Ostgebieten vom 8. 11. 1941, BArch-MA RW 31, Nr. 85, Bl. 74–85; „Obščie osnovy ėkonomičeskoj politiki v okkupirovannych vostočnych oblastjach“, in: Prestupnye celi – prestupnye sredstva, S. 62.

104 Der deutsche Überfall auf die Sowjetunion: „Unternehmen Barbarossa“ 1941. Hrsg. von Gerd R. Ueberschär/Wolfram Wette, Frankfurt a. M. 1999, S. 333.

105 WiIn Mitte Chefgruppe, Gruppe Statistik, Az. 8057, die wirtschaftliche Struktur des Raumes der Wirtschaftsinspektion Mitte unter Zugrundelegung der Beschäftigungszahlen nach dem Stande vom 31. 8. 42, NARB, fond 412, opis’ 1, delo 113, list 296 ob.

106 Der Statistische Bericht Nr. 1 vom 30. 7. 1943, BArch-MA RW 31, Nr. 570, Bl. 125.

Nach Berechnungen des Autors gab es Ende 1942 auf dem Gebiet von Weißrussland 812 Industriebetriebe mit über 150 000 Beschäftigten.[107] Die meisten Betriebe gab es in Minsk, laut Materialien des Rüstungskommandos Minsk von Anfang Oktober 1941 51 Betriebe.[108] Ein Jahr später waren es über 130 Betriebe mit 55 000 Beschäftigten, darunter 10 000 Juden und 2000 sowjetischen Kriegsgefangenen.[109] Anfang 1943 waren 140 Industriebetriebe registriert,[110] in denen 35 000 Einheimische arbeiteten, außerdem 8500 Juden und 3190 Kriegsgefangene (bei einer Einwohnerzahl von 105 000). Gleichzeitig fehlten in der Stadt fast 6000 Fachkräfte und 2000 bis 4000 ungelernte Arbeiter. Die meisten Betriebe hatten mehr als 20 Beschäftigte und galten damit als registrierungspflichtig.[111] Insgesamt gab es in den Betrieben des GK Weißruthenien zum 1. November 1943 einen Fehlbestand von 23 879 Arbeitskräften.[112]

Im statistischen Bericht der Chefgruppe Wirtschaft des Wirtschaftsstabs Ost vom 31. Dezember 1942 heißt es, dass im GK Weißruthenien 262 Betriebe mit insgesamt 9925 Beschäftigten beständen.[113] Die weißrussisch-sowjetische Geschichtsforschung ging von einer niedrigeren Zahl von sechzig Betrieben aus,[114] was sich aber in erster Linie mit der Unzugänglichkeit deutscher Archivmaterialien erklären lässt.

Laut Gerlach existierten im GK Weißruthenien Anfang 1943 zwischen 100 und 300 registrierte Betriebe mit insgesamt 7000 bis 12 000 Beschäftigten.[115] In der Untersuchung *Belorusskije ostarbajtery* wird hingegen belegt, dass „Anfang 1943 in den Industriebetrieben des GK Weißruthenien mehr als 100 000 Men-

107 WiIn Mitte, Chefgruppe W, Gr. Statistik, Verzeichnis der arbeitenden Betriebe der Chefgruppe W und Chefgruppe FH nach dem Stande vom 1. 3. 1943, NARB, fond 412, opis' 1, delo 189, list 2–82 (Berechnungen des Autors).

108 Rü Kdo Minsk, Gr. BB, Lagebericht für Monat September vom 11. 10. 1941, NARB, fond 412, opis' 1, delo 19, list 47.

109 Galina D. Knat'ko, Istorija minskogo getto, in: Henacyd u Druhoj susvetnoj vajne: Prablemy dasledavannja (u pamjac' achvjar Trascjanca): Matėr. Mižnar. navuk. kanf., 25–27 kras. 2002 g., Minsk 2003, S. 53.

110 Sjarhej Novikaŭ, Adljustravanne ŭ ajčynnaj i hermanskaj histaryjahrafii ėkanamičnaj palityki nacysckaj Germanii ŭ Belarusi, in: Vesci NAN Belarusi, Ser. humanit. Navuk (2003) 2, S. 54.

111 Novikaŭ, Ėkanamičnaja palityka nacysckaj Hermanii ŭ Belarusi, S. 196.

112 RKfO, Arbeitseinsatz: Vermerk für Herrn Gauleiter Lohse, Anlage I: Kräftebedarf im Ostland, 1. 11. 1943, Latvijas Valsts Vestures Arhivs (LVVA), P-70, apraksts (ap.) 5, Nr. 13, Bl. 4.

113 Chefgruppe W, Abt. Allg. W, VI b Statistik, Beschäftigte Industriebetrieben in besetzten Ostgebieten, BArch-MA RW 31, Nr. 260, Bl. 1.

114 Olechnovič, Ėkonomika Belorussii v uslovijach Velikoj Otečestvennoj vojny, S. 18.

115 Gerlach, Kalkulierte Morde, S. 386.

schen beschäftigt waren".[116] Andere Dokumente zeigen außerdem, dass die Evakuierung von Industrieanlagen aus eroberten russischen und ukrainischen Gebieten einer der Gründe für ein vorübergehendes starkes Anwachsen der Industrie im besetzten Weißrussland war. Die Beschäftigtenzahlen der einzelnen Betriebe lagen zwischen 20 bis hin zu 5000 Menschen.[117]

5000 Beschäftigte waren für ein spezielles „Programm für die Produktion von Transportmitteln" in Minsk vorgesehen.[118] Gemeint war damit ein Auftrag, den der Generalinspektor für das Kraftfahrwesen, Daimler-Benz-Direktor Jakob Werlin, durch Befehl des Oberkommandos der Wehrmacht (Nr. 855 vom 3. April 1942) erhielt; innerhalb des Jahres 1942 sollte hier eines „der größten Unternehmen des Ostlands"[119] in Betrieb genommen werden: das „Groß-K-Werk" für die Reparatur von Militärfahrzeugen – ähnliche Werke sollten für die Heeresgruppe Süd in Dnepropetrovsk (Dnipropetrovs'k)und für die Heeresgruppe Nord in Pskov gebaut werden. Die Dimension des Bauprojekts wurde laut Rüstungskommando Minsk durch die Lage der Stadt (circa 600 Kilometer Entfernung zur Frontlinie) sowie durch den ständig steigenden Bedarf an Instandsetzung von Militärtechnik und Waffen bestimmt. Hier sollten monatlich 100 Panzer und andere Fahrzeuge (Zugfahrzeuge, PKW und LKW, Motorräder) sowie verschiedene Waffenarten repariert werden.[120]

Im Juni 1942 arbeiteten elf spezialisierte deutsche Baufirmen mit über 300 Fachkräften am Bau von 30 geschlossenen Gebäuden mit einer Gesamtfläche von mindestens 76 000 Quadratmetern,[121] daneben waren auch Einheiten der Organisation Todt beteiligt. Allein in den drei Monaten vom 1. April bis 30. Juni wurden 284 Waggons mit Technik, Maschinen und Baumaterialien auf das Gelände geliefert.[122] Anfang Oktober 1942 waren mehr als 3500 Arbeiter auf dem Bau beschäftigt, unter anderem 1050 sowjetische Kriegsgefangene, 2463 Zivilarbeiter, davon 878 Deutsche, 429 Polen, 104 Franzosen und Italiener, 932 Weißrussen (davon wiederum 165 Frauen und 107 Kinder und Jugendliche).[123] Allerdings reichten diese Arbeiter nicht aus, wie aus Anträgen des GK Weißruthenien auf zusätzliche

116 Belorusskie ostarbajtery, S. 68.

117 Novikaŭ, Ėkanamičnaja palityka nacysckaj Hermanii ŭ Belarusi 1941–1944 gg., S. 196.

118 Chefgruppe W, Abt. Allg. W, VI b, Statistik: Beschäftigte in Industriebetrieben in besetzten Ostgebieten, BArch-MA RW 30, Nr. 260, Bl. 32.

119 Sjarhej Novikaŭ, Haspadarčaja kamanda „Minsk", S. 51.

120 Chefgruppe W, Abt. Allg. W, VI b, Statistik: Beschäftigte in Industriebetrieben in besetzten Ostgebieten, BArch-MA RW 30, Nr. 260, Bl. 32.

121 Zwangsarbeit bei Daimler Benz. Hrsg. von Hans Pohl, Stuttgart 1994, S. 39.

122 Gerlach, Kalkulierte Morde, S. 437.

123 Novikaŭ, Haspadarčaja kamanda „Minsk", S. 52.

Bereitstellung von 500 bis 4500 Arbeitskräften hervorgeht.[124] Gleichwohl wurden in den bereits im Sommer 1942 errichteten Werkstätten bis zum Einmarsch der sowjetischen Truppen im Sommer 1944 Reparaturarbeiten durchgeführt.

Abgesehen von Minsk befanden sich auf dem besetzten weißrussischen Gebiet zum Beispiel „das größte Torfwerk" Osintorf bei Orša (4000 Beschäftigte),[125] „das größte Holzkombinat" im Bobrujsk (Babrujsk) (bis zu 2000 Beschäftigte),[126] außerdem ein Sperrholzwerk in Pinsk (1100 Beschäftigte), die Pinsker Schiffswerft (900 Beschäftigte),[127] ein metallverarbeitendes Werk in Bobrujsk (Babrujsk) (872 Beschäftigte), ein Zementwerk in Kričev (Kryčaŭ) (677 Beschäftigte), eine Zündholzfabrik in Gomel' (Homel') (558 Beschäftigte), ein Metallkombinat in Mogilev (Mahilëŭ) (493 Beschäftigte), eine Seilmanufaktur in Vetka (460 Beschäftigte) und andere.[128] Ende 1942 war auf dem weißrussischen Teil im Einsatzgebiet der Wirtschaftsinspektion Mitte in der industriellen Produktion eine starke Differenzierung nach Wirtschaftszweigen zu beobachten. Die Torfgewinnung war der führende Wirtschaftszweig: 1942 arbeiteten in den 72 Betrieben 36,3 Prozent aller auf dem Gebiet der Wirtschaftsinspektion Mitte in der Produktion Beschäftigten, ein knappes Jahr später waren es bereits 52,1 Prozent. Der zweitgrößte Wirtschaftszweig war die Textilherstellung: Hier waren 9626 Menschen beschäftigt, nachdem die Zahl der Betriebe von 106 auf 126 angestiegen war. An dritter Stelle folgte die Produktion von Baumaterialien. Die Zahl der Betriebe stieg im angegebenen Zeitraum von 67 auf 143, während die Zahl der Beschäftigten auf das 1,8-fache anwuchs und statt 2824 nun 5126 betrug.

Allerdings entsprach die Produktion der im besetzten Weißrussland eingerichteten Betriebe nicht den Erwartungen des Wirtschaftsstabes Ost und der Wirtschaftsinspektion Mitte. Dies betraf insbesondere den wichtigen Bereich des Flachsanbaus. Flachs wurde in Deutschland beim U-Boot-Bau verwendet. Doch die weißrussischen Bauern reduzierten die Anbauflächen immer mehr, in erster Linie um die eigene Versorgung mit Getreide und Kartoffeln sicherzustellen.

124 Der Bevollmächtigte des Generalbevollmächtigten für die Regelung der Bauwirtschaft, Bezirk Minsk, Sonderbau Werlin, Frontführung vom 31. 3. 1943, NARB, fond 393, opis' 3, delo 321, list 89.

125 Gerlach, Kalkulierte Morde, S. 388, 406.

126 Forst- und Holzwirtschaft in den bis zum Sommeroffensive besetzten Gebieten, Stand und Planung für 1943, RGVA, fond 700-K, opis' 1, delo 49, list 13.

127 Liste der Betriebe GebK Pinsk vom 25. Mai 1943, BArch-MA RW 30, Nr. 155; RMfbO, Schr. Nr. 223 vom 3. 6. 1942: Die Neuordnung für Handwerk in der Ukraine, Institut für Zeitgeschichte (IfZ), MA 795; Novikaŭ, Malavjadomyja staronki vaenna-ėkanamičnaj historyi Brestčyny, S. 20.

128 WiIn Mitte, Chefgruppe W, Gruppe Statistik: Arbeitende Betriebe auf Grund der vorliegenden Angaben vom 1. 5. 1943, NARB, fond 412, opis' 1, delo 189, list 10 ob. 12, 13.

Zwangsarbeit in der Holzwirtschaft

Weißrussland war über seine Grenzen hinaus für Holz und Holzprodukte bekannt. Doch bereits im Frühjahr 1942 hatten die Partisanen den Holzeinschlag und die Verflößung im rückwärtigen Heeresgebiet Mitte zum Erliegen gebracht.[129] Im Frühjahr 1943 standen 90 Prozent der Waldbestände in diesem Gebiet von Weißrussland unter der Kontrolle der Partisanen.[130] Außerdem geht aus statistischen Materialien des Wirtschaftsstabes Ost hervor, dass Weißrussland regelmäßig große Mengen an Holz in die Ukraine lieferte: nach Dnepropetrovsk (Dnipropetrovs'k), Zaporož'e (Zaporižžja) und Stalino (heute Donec'k). So kamen im Frühjahr 1943 aus Borisov (Barysaŭ), Orša, Mogilev (Mahilëŭ), Bobrujsk (Babrujsk) und Gomel' (Homel') fast 3000 Waggons.[131]

Im GK Weißruthenien orientierte sich die Gewinnung von Holz, das zum Teil ins Reich geliefert wurde, bis zum Sommer 1944 an den Sollvorgaben. Im Wirtschaftsjahr 1941/42 wurden 93 Prozent, 1942/43 42 Prozent und 1943/44 87 Prozent des Solls geliefert.[132] In diesen Jahren waren 90 bis 150 Sägewerke und Gattersägen in Betrieb, die monatlich 220 bis 260 Kubikmeter Holz je Gattersäge verarbeiteten.[133] Die wichtigsten Auftraggeber waren hierbei die Papierindustrie des Dritten Reiches, die Wehrmacht, die Organisation Todt sowie die Eisenbahn.[134]

Die deutschen Wirtschaftsbehörden maßen der Forstwirtschaft der weißrussischen Region Polesje (Palesse) große Bedeutung bei, die ab dem Zeitpunkt, zu dem sie der Zivilverwaltung unterstellt wurde, immer wieder Gegenstand von Konflikten zwischen dem Oberkommando der Wehrmacht und dem Ostministerium sowie zwischen dem Reichskommissar der Ukraine Erich Koch und den Generalkommissaren von Weißruthenien Wilhelm Kube bzw. Curt von Gottberg war. Hauptgrund hierfür war der Holzmangel in der Ukraine.[135] Außerdem waren die Betriebe von Kobryn und Pinsk[136] für das weißrussische Polesje

129 Vsenarodnaja bor'ba v Belorussii protiv nemecko-fašistskich zachvatčikov v gody Velikoj Otečestvennoj vojny, Minsk 1983, Bd. 1, S. 473.

130 RGVA, fond 700-K, opis' 1, delo 50, list 133.

131 Sonderbeauftragter für die Holzverwaltung Südost, Abt. III, Az. 105, Holzabtransport aus dem Bereich der HGMitte zur HGSüd, vom 26. 3. 1943. Ebenda, Bl. 84.

132 Der GKW, HA Fo u. Ho, Abwicklungsstelle, Tätigkeitsbericht über die seit Errichtung der Zivilverwaltung geleistete Arbeit, vom 5. 9. 1944, BArch R 6, Nr. 289, Bl. 82.

133 Ebenda, Bl. 84–85.

134 Der Generalkommissar in Minsk, Abt. II Verw., Lagebericht vom 15. 10. 1942. Ebenda, R 93, Nr. 3, Bl. 37.

135 Novikaŭ, Asablivasci vaenna-ėkanamičnaj historyi Belaruskaha Palessja, S. 18.

136 Rü In Ukraine, Liste der inganggesetzten Betriebe: Bericht Außenstelle 17 vom 20. 1. 1942, BArch-MA RH 3, Nr. 332.

(Palesse), das bis zum Frühjahr 1944 zu den nordukrainischen Generalkommissariaten Wolhynien-Podolien und Shitomir gehörte, von besonderer Bedeutung. Sie führten Aufträge der Wehrmacht aus und unterstanden der Rüstungsinspektion Ukraine. Bis zur Befreiung der Stadt von den deutschen Besatzern waren in diesen Betrieben circa 1000 Menschen beschäftigt, die fast ausschließlich für die Wehrmacht produzierten.[137]

Der Arbeitskräftemangel und der Rückzug

Einer der Hauptgründe, warum die Betriebe die Produktionsziele nicht erreichen konnten, war der eklatante Fachkräftemangel. Deshalb begannen die Besatzungsbehörden Ende des Sommers 1942, in den Gebietskommissariaten die Berufsausbildung junger Menschen zu organisieren. Allerdings veränderte dies die Situation kaum. Die Suche nach Fachkräften blieb eine der Hauptaufgaben der Wirtschaftspolitik der deutschen Besatzer, beispielsweise der Haupteisenbahndirektion Mitte in Minsk. Diese führte bereits am vierten Tag des Krieges die „Richtlinien für die Einstellung und Entlohnung einheimischer Arbeitskräfte" ein,[138] und ab dem 1. Dezember 1941 galten „Neue Richtlinien über die Entlohnung einheimischer Arbeitskräfte", wonach sie je nach Lohnniveau unterschiedlichen Gruppen zugeteilt wurden.[139] Ab dem Sommer 1942 wurde für ortsansässige Arbeiter ein spezielles Prämienverfahren eingeführt, das nicht nur Prämien für besondere Leistungen vorsah, sondern auch Lohnfortzahlung selbst im Fall der Nichterfüllung von Arbeitsnormen.[140]

Als Hauptgrund, warum einheimische Arbeitskräfte sich nicht am „Programm Ostbahn" eingesetzt werden konnten, nannten die deutschen Wirtschaftsbehörden die unzureichende Versorgung der Arbeiter mit Lebensmitteln. Die einheimische Bevölkerung beteiligte sich viel bereitwilliger an von den Wirtschaftsabteilungen der deutschen Wehrmacht und der Zivilverwaltung ausgeschriebenen Arbeiten als an solchen der Eisenbahndirektion oder der Organi-

137 RMfbO, Schr. Nr. 223 vom 3. 6. 1942 betr. Die Neuordnung für das Handwerk in der Ukraine, IfZ, MA 795, Bl. 100–105.

138 HED Mitte, Richtlinien für die Einstellung und Entlohnung einheimischer Arbeitskräfte, gültig ab 25. 6. 1941, NARB, fond 378, opis' 1, delo 48, list 3–10.

139 HED Mitte, Neue Richtlinien über die Entlohnung einheimischer Arbeiter vom 26. 11. 1941, NARB, fond 378, opis' 1, delo 34, list 28–29.

140 HED Mitte, Vereinheitlichung der in dem EAW eingeführten Prämienverfahren für ortsansässige Arbeiter von Werkstätten vom 13. 7. 1942, NARB, fond 378, opis' 1, delo 189, list 51.

sation Todt. Außerdem wurden ab dem Sommer 1942 auch Aktivitäten der Partisanen immer häufiger als Haupthindernis für die Anwerbung einheimischer Arbeitskräfte auf weißrussischem Gebiet bezeichnet.[141]

Bereits im Herbst 1942 zeichnete sich in den besetzten weißrussischen Gebieten ein dramatischer Mangel an Arbeitskräften ab. Im April 1943 konstatierte Helmut Freudenberg, Leiter der Abteilung Arbeitseinsatz und Sozialpolitik des GK Weißruthenien, bei einem Treffen in Minsk einen „absoluten Mangel an Facharbeitern" im Generalkommissariat.[142] Ende 1943 fehlten in den Betrieben des Generalkommissariats fast 24 000 Arbeitskräfte, darunter 4568 im Bauwesen, 4365 in Militärbetrieben, 3323 in land- und forstwirtschaftlichen Betrieben, 2882 in der Torfgewinnung, 2297 im Transportwesen, 2033 in der Organisation Todt, 677 in Metallverarbeitungsbetrieben, 180 in holzverarbeitenden Betrieben, 95 in der chemischen Industrie und 459 in anderen Betrieben.[143]

Laut Gerlach war der Anteil der Arbeitskräfte an der Gesamtbevölkerung in den besetzten Gebieten von Weißrussland „sehr niedrig"[144] und lag in Borissow (Barysaŭ) bei 33, in Orša bei 45, in Suraž bei 38 und in Gorodok (Haradok) bei 47,5 Prozent.[145] Im Einsatzgebiet der Wirtschaftsinspektion Mitte waren es 41 Prozent, wobei das Verhältnis von Männern zu Frauen bei 2:3 lag.[146]

Während der deutschen Besatzung wurden die einheimischen Arbeitskräfte zu einem wichtigen strategischen Faktor der Besatzungspolitik. Besondere Ausmaße nahm ihr Einsatz im östlichen Teil von Weißrussland bei der Errichtung des sogenannten Ostwalls an. Ab Herbst 1943 wurde der „totale" Einsatz einheimischer Arbeitskräfte, die zu unterschiedlichen Formen der Zwangsarbeit herangezogen wurden, zu einer allgegenwärtigen Erscheinung des Kriegsalltags. Im April 1942 wurde jeder fünfte der 54 000 Einwohner des besetzten Gomel' (Homel') zum Einsatz bei Versorgungsarbeiten herangezogen, sechs Monate später war es bereits jeder dritte.[147] Im Frühjahr 1943 wurden in der Umgebung von Orša und Vitebsk (Vicebsk) 50 000 Arbeitskräfte für solche Arbeiten benötigt.[148]

141 HED Mitte, Einheimische Arbeitskräfte für das Programm Ostbahn 1942, NARB, fond 378, opis' 1, delo 158, list 72.

142 Protokoll über die Tagung der Gebietskommissare, HA-Leiter u. Abt.-Leiter des Generalkommissars in Minsk vom 8. April bis 10. April 1943 (NARB, fond 370, opis' 1, delo 1262, list 98; ebenda, delo 1263, list 71; BArch R 93, Nr. 20, Bl. 27712.

143 Der RKfO, Arbeitseinsatz: Vermerk für Herrn Gauleiter Lohse, Anlage I: Kräftebedarf im Ostland, vom 1. 11. 1943, LVVA, P-70, ap. 5, Nr. 13, Bl. 4.

144 Gerlach, Kalkulierte Morde, S. 456.

145 Ebenda, S. 456.

146 Kriegswirtschaft im Operationsgebiet des Ostens in den Jahren 1941–1943, IfZ, ED 2/I, Bd. 2, Bl. 359.

147 Gerlach, Kalkulierte Morde, S. 456.

148 Dieter Pohl, Die Herrschaft der Wehrmacht: Deutsche Militärverwaltung und einheimische Bevölkerung in der Sowjetunion 1941–1944, München 2008, S. 309.

Im Sommer desselben Jahres wurde der Arbeitskräftemangel am Rangierbahnhof Gomel' (Homel') besonders spürbar, wo Anfang Juli 950 Personen, einschließlich der Beschäftigten der Nachtschicht, benötigt wurden. Der Mangel an Arbeitskräften aus der Zivilbevölkerung wurde in diesem Fall durch den Einsatz von Kriegsgefangenen aus dem Dulag 121 ausgeglichen.[149] Um einen flexiblen Einsatz von Kriegsgefangenen entlang der Knotenpunktbahnhöfe des GK Weißruthenien zu gewährleisten, wurden 39 zusätzliche Lager eingerichtet, in denen sich immer zwischen 100 (Damašany, Žodzina, Zalesse, Kojdanava, Prudy, Rudzensk, Fanipal', Uneča) und 300 (Bobruisk/Babrujsk, Žlobin, Molodečno/Maladzečna, Asipovičy) und in Minsk sogar bis zu 600 Kriegsgefangene befanden.[150]

Katastrophal wurde die Lage der städtischen und ländlichen Bevölkerung im östlichen Teil von Weißrussland um den Jahreswechsel 1943/1944, als die Wehrmachtsführung den totalen Einsatz aller Arbeitskräfte, ohne Rücksicht auf Alter und Geschlecht, für die Arbeiten im Frontgebiet forderte. So wurden für den Bau von Feldbefestigungen an der Verteidigungslinie der 3. Panzer-Armee, die in der Gegend von Vitebsk (Vicebsk) stationiert war, ausnahmslos alle Männer und Frauen, einschließlich alter Menschen, schwangerer Frauen (selbst im neunten Schwangerschaftsmonat), Schwerkranker, Blinder und Herzkranker etc. eingesetzt.[151] Tatsächlich mussten Frauen und Mädchen, ja sogar alte Menschen und Kinder die wichtigsten Arbeiten verrichten. Der Zwangscharakter dieses massenhaften Einsatzes Einheimischer wurde durch den dramatischen Lebensmittelmangel noch verschärft. Dazu kamen niedrige Löhne, die, gemessen an den allgemeinen Kosten für Konsumgüter, de facto völlig unzureichend waren. Schließlich verschlimmerten die ständigen Veränderungen der Frontlinie, die Luftangriffe und die beginnende Evakuierung die Not der Menschen.[152]

Eine der wichtigsten Aufgaben der Wehrmachtstruppen beim Rückzug aus Weißrussland lag in der Rekrutierung arbeitsfähiger Menschen aus der Zivilbevölkerung für den Bau von Feldbefestigungen an der „Panther-Linie", die in Nord-Süd-Richtung entlang der Flüsse Pronja und Sož durch Weißrussland ver-

149 Der Kommandierende General der Sicherungstruppen und Befehlshaber im Heeresgebiet Mitte, Bedarf an Arbeitskräften im Eisenbahnausbesserungswerk Gomel', NARB, fond 378, opis' 1, delo 539, list 31–31 ob.

150 HED Mitte, Kriegsgefangenennebenlager der HED, o. D., NARB, fond 378, opis' 1, delo 95, list 1–4 (Eigene Berechnungen).

151 Der Bericht des Festungs-Pionierstabes 7 an den Pionierführer der 3. Panzerarmee über katastrophale Zustände bei der Zwangsrekrutierung und Versorgung sowjetischer Arbeitskräfte, 6. 3. 1944, in: Okkupation, Raub, Vernichtung, S. 320.

152 Novikaŭ, Vaenna gaspadarčyja kamandy i vyniki dzejnasci na akupavanaj tèrytoryi Vicebščyny, S. 183.

lief. Die Kommandeure der Korps und Divisionen forderten den aktiven Einsatz von einheimischen Arbeitskräften zur Durchführung von Hitlers Befehl, einen uneinnehmbaren Ostwall zu errichten.

Die Bewohner wurden zwangsweise in Arbeitskolonnen eingeteilt und in die entsprechenden Abschnitte geschickt, wo sie fern von ihren Heimatdörfern in Arbeitslagern untergebracht wurden, bis die anstehenden Arbeiten beendet waren.[153] Aufgrund des Arbeitskräftemangels und des Rückstands beim Bau von Feldbefestigungen befahl der Oberbefehlshaber der Heeresgruppe Mitte, Generalfeldmarschall Ernst Busch, am 10. Mai 1944 die Zwangsrekrutierung aller Kinder über zehn Jahren.[154] Im zweiten Halbjahr 1943 und im ersten Halbjahr 1944 mussten Zehntausende Menschen in Weißrussland die Realität eines deutschen Arbeitslagers erfahren.

Die militärische Führung musste daneben einen reibungslosen Schienentransport gewährleisten. Denn ununterbrochene Reparaturarbeiten an den Bahnlinien, die die Partisanen in ihrem groß angelegten „Schienenkrieg" zerstörten, wurden ab Herbst 1943 zum Hauptproblem für alle militärischen Wirtschaftsdienste, ganz besonders aber für die Bauorganisationen. Die Einheiten der Organisation Todt, die in großem Maßstab sowjetische Kriegsgefangene einsetzte, hatten aus diesem Grund einen gewaltigen zusätzlichen Bedarf an Arbeitskräften zu decken. Sie rekrutierten arbeitsfähige Einheimische und bildeten geschlossene Arbeitsabteilungen. Während des Rückzugs wurden sie immer weiter nach Westen verlegt. Die sowjetische Seite versuchte, dies zu verhindern. Durch entschlossenes Eingreifen von Partisanen konnte die Verschleppung von fast 80 000 Menschen aus dem östlichen Teil von Weißrussland ins Reichsgebiet verhindert werden.[155]

Die in den frontnahen Gebieten eingesetzte Zivilbevölkerung lässt sich in zwei Gruppen untergliedern. Zur ersten Gruppe gehörten Arbeitsbataillone, die kaserniert waren; die zweite Gruppe bestand aus Einheimischen, die weiterhin in ihren Dörfern wohnten, jedoch immer wieder zu diversen landwirtschaftlichen Arbeiten herangezogen wurden. Die Größe der ersten Gruppe war durch den Oberbefehlshaber der 9. Armee vorgegeben, laut dessen Befehl jede Infanteriedivision über nicht weniger als vier Gruppen mit je 150 Arbeitskräften verfügen sollte. Nicht eingesetzte Einheimische sollten abtransportiert werden.[156] Obwohl

153 Norbert Müller, Wehrmacht und Okkupation: Zur Rolle der Wehrmacht und ihrer Führungsorgane im Okkupationsregime des faschistischen deutschen Imperialismus auf sowjetischem Territorium, Berlin 1971, S. 203.

154 Ebenda, S. 204.

155 Pohl, Herrschaft der Wehrmacht, S. 318.

156 Christoph Rass, „Menschenmaterial": Deutsche Soldaten an der Ostfront. Innenansichten einer Infanteriedivision 1939–1945, Paderborn 2003, S. 368.

die Verbringung von Arbeitskräften aus den Operationsgebieten der Armeen ins Reichsgebiet Vorrang haben sollte, versuchte die militärische Führung der Divisionen häufig, mehr Arbeitskräfte bei ihren Divisionen zu belassen, um sicherzustellen, dass alle notwendigen Arbeiten ausgeführt werden konnten.

Ab Ende 1943 gab es in der Gliederung jeder deutschen Felddivision spezielle Zivilarbeitsdienstabteilungen (ZADA). Sie waren für die Versorgung von Kampfstellungen mit Arbeitskräften sowie für die Instandhaltung und Errichtung von Straßen und Brücken, Baumfällarbeiten, Torfgewinnung und andere Arbeiten zuständig. Laut militärischen Anordnungen sollte jede Division über mindestens 1000 Arbeitskräfte verfügen, dazu zählten sowohl Männer als auch Frauen im Alter von 14 bis 65 Jahren. Die ZADA sollte einheimische Arbeitskräfte bereitstellen, welche die Wehrmachtstruppen auf dem Rückzug dringend benötigten. Aus diesem Grund wurden nun alle arbeitsfähigen Bewohner, die sich in der 100-Kilometer-Zone des rückwärtigen Gebietes befanden, kasernenähnlich vor Ort untergebracht. Die Zivilarbeitsdienstabteilungen erfassten die lokale Bevölkerung und unterteilten sie in „produktive" bzw. „nicht-produktive" Gruppen.

Nach Berechnungen von Christoph Rass wurden im Frühjahr 1944 insgesamt zwischen 60 000 und 95 000 Menschen zur Zwangsarbeit herangezogen und in Lagern auf dem Gebiet der Heeresgruppe Mitte untergebracht.[157] Im April 1944 waren es allein im Frontabschnitt der 2. und der 9. Armee, das heißt auf dem besetzten Gebiet von Gomel' (Homel'), 30 973 Personen.[158] Bei einzelnen Divisionen erreichte die Zahl der eingesetzten Einheimischen die Stärke von zwei Bataillonen, was 20 bis 25 Prozent der Gesamtstärke der Kampfdivisionen der Wehrmacht entsprach.[159] Laut Anordnungen der Armeeführung sollten bei jeder Division ausreichend arbeitsfähige Zivilisten für die Durchführung aller notwendigen Arbeiten und den Bau der benötigten Feldbefestigungen zur Verfügung stehen. Laut Rass wurden diese Einheimischen in zwei Kategorien unterteilt: Zur einen gehörten Arbeitsbataillone oder Arbeitskolonnen, die in der Landwirtschaft oder für lokale militärische Aufgaben wie den Bau von Straßen oder Befestigungsanlagen eingesetzt wurden; die andere bildete die nicht arbeitsfähige einheimische Bevölkerung, welche die Wehrmacht nicht einsetzen konnte und die daher hinter die Frontlinie verbracht werden sollte.[160]

157 Ebenda, S. 368.

158 Gerlach, Kalkulierte Morde, S. 496.

159 Rass, „Menschenmaterial", S. 368.

160 Sergej Novikov, K voprosu ob analize faktov istorii trudovoj povsednevnosti v Belarusi (1941–1944 gg.), in: Uroki istorii: Velikaja Otečestvennaja i Vtoraja mirovaja vojny, istorija Rossii i mira 20–21 vekov: Sbornik trudov Tret'ej meždunarodnoj naučno-praktičeskoj konferencii, 23–25 nojabrja 2009 g., Sankt-Peterburg 2009, S. 183.

Schluss: Quantität und Qualität des Zwangarbeitereinsatzes in Weißrussland

Sowohl die deutschen Wirtschaftsdienste als auch die Militär- und die Zivilverwaltung nutzten also das einheimische „Menschenmaterial" (Rass) auf besetztem weißrussischen Gebiet intensiv, wofür ein komplexes Organisationsgefüge vonnöten war, um die Versorgung der Wehrmacht aus dem Lande und eine maximale Ausnutzung des Wirtschaftspotenzials des Besatzungsgebietes im Sinne des Deutschen Reichs sicherzustellen.

Die Zahl der einheimischen Zwangsarbeiter im besetzten weißrussischen Gebiet lässt sich anhand der durch die weißrussische Geschichtsforschung belegten Haftstätten für zivile Zwangsarbeiter zwischen 1941 und 1944 annähernd bestimmen.[161] Während der deutschen Besatzung gab es in Weißrussland 154 Gettos, 73 Lager für Zivilpersonen, 54 Arbeitsbataillone, -kompanien, -kolonnen und -kommandos, 47 Arbeitslager, 21 Lager für Kriegsgefangene und Zivilpersonen, drei Lager an der deutschen Verteidigungslinie und zwei Arbeitserziehungslager bzw. Strafbataillone.[162] Beweise für die massive Ausbeutung weißrussischer Arbeitskräfte während der Besatzung von 1941 bis 1944 gibt es auch im deutschen Archivmaterial in großer Menge. Nach Berechnungen des Autors auf der Grundlage dieses Materials wurden während der drei Jahre deutscher Besatzung über zwei Millionen Menschen in unterschiedlichem Ausmaß zu verschiedenen Formen von Pflicht-, Zwangs- und Sklavenarbeit herangezogen,[163] darunter min-

161 Spravočnik o mestach prinuditel'nogo soderžanija, S. 3.

162 Karatel'nye akcii v Belarusi. Hrsg. von Valentin J. Gerasimov/Sviatoslav M. Gajduk/Ivan N. Kulan, Minsk 2008, S. 82.

163 Wi Stab Ost, Chefgr, La 2a 3 und RMfbO, III E 2a, die Landwirtschaft in den besetzten Ostgebieten: Statistik der landwirtschaftlichen Erzeugung 1942, BArch-MA RW 31, Nr. 306, Bl. 17; WiIn Mitte, Chefgruppe Arbeit, Grundlagen für Arbeitseinsatzplanung vom 31. 12. 1942 (ebenda, Nr. 562, Bl. 2); der Statistische Bericht Nr. 1, Anlage 1, Nr. 1875/43 geh. St. Q., vom 30. 7. 1943 (ebenda, Nr. 570, Bl. 125); WiIn Mitte Chefgruppe, Gruppe Statistik, Az. 8057, die wirtschaftliche Struktur des Raumes der Wirtschaftsinspektion Mitte unter Zugrundelegung der Beschäftigungszahlen nach dem Stande vom 31. 8. 1942 (NARB, fond 412, opis' 1, delo 113, list 296 ob.); WiIn Mitte, Chefgruppe W, Gr. Statistik, Verzeichnis der arbeitenden Betriebe der Chefgruppe W und Chefgruppe FH nach dem Stande vom 1. 3. 1943 (ebenda, delo 189, list 2–82); die Statistik der Chefgruppe Arbeit des Wirtschaftsstabes Ost zum Arbeitseinsatz in den bis Ende 1942 besetzten Ostgebieten, RGVA, fond 700-K, opis' 1, delo 82, list 1–2; Protokoll über die Tagung der Gebietskommissare, Hauptabteilungsleiter und Abteilungsleiten des Generalkommissars in Minsk vom 8. April bis 10. April 1943, in: Stenogramma soveščanija vysšego rukovodstva General'nogo okruga „Belorussija", S. 24; Sjarhej J. Novikaŭ, Nekatoryja vyniki dasledavannja vaenna-ėkanamičnaj historyi ŭschodnich ablascej Belarusi (1941–1944),

destens 380 000 weißrussische Ostarbeiter, die ins Reichsgebiet verschleppt wurden.[164]

Die Tragödie der Menschen in Weißrussland, die sich während des Krieges im besetzten Gebiet befanden, besteht auch darin, dass sie noch lange nach dem Krieg Erinnerungen aus jener Zeit, insbesondere über ihre Arbeit während der Besatzung, verschweigen mussten, um ihr eigenes Leben und das ihrer Angehörigen zu schützen und um in der Sowjetzeit einen anerkannten gesellschaftlichen Status zu erlangen.

Diese Bevölkerungsgruppe wird oft übersehen und ist bis heute aus der Erinnerungskultur des Landes so gut wie ausgeschlossen. Die Familien, die die Bürde der Zwangsarbeit in den besetzten Gebieten tragen mussten, bewahren noch 65 Jahre nach Kriegsende schweigend die Erinnerung an diese tragischen Ereignisse im Leben Hunderttausender Menschen in Weißrussland.

Die Zuerkennung des Opferstatus wäre ein wichtiger Schritt zur Aufarbeitung dieses dunklen Kapitels und zur Aufbewahrung im kollektiven Gedächtnis. Dies könnte die Erinnerungskultur der weißrussischen Gesellschaft des 21. Jahrhunderts auf ein qualitativ neues Niveau heben.

in: Belarus' i Hermanija: Historyja i sučasnasc': Matėryjaly Mižnarodnaj navukovaj kanferėncyi, Minsk, 12 maja 2006 g., Minsk 2007, S. 115–116; Sjarhej J. Novikaŭ, Novae njameckae dasledavanne akupacyjnaj palityki Vermachta, in: Belaruski histaryčny časopis (2009) 4, S. 20; Sjarhej Novikaŭ, Kol'kasnyja maštaby prycjahnennja belaruskaha nasel'nictva njameckaj vaennaj administracyjaj da prymusovaj pracy na tėrytoryi Belarusi (1941–1944 gg.), in: Raznjavolenaja pamjac': Prymusovaja praca belaruskich hramadzjan na akupavanaj tėrytoryi Belarusi (1941–1944 gg.): Zbornik navukovych artykulaŭ, Minsk 2010, S. 133 (Berechnungen des Autors).

164 Belorusskie ostarbajtery, Bd. 1, S. 14.

Abbildung 1
Werbeplakat für die Arbeitsaufnahme im Reichsgebiet, ca. 1940.
© Archiwum Państwowe w Radomiu

Abbildung 2
„Durchschleusung": Bei der Prüfung der „Eindeutschungsfähigkeit" von Polen waren die Arbeitsämter beteiligt, April 1942.
© *Archiwum Państwowe w Poznaniu*

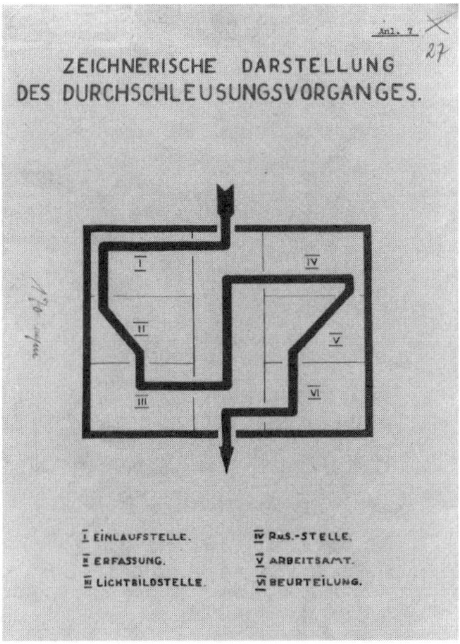

Abbildung 3
Eine Parade des lettischen Reichsarbeitsdienstes auf dem Domplatz von Riga im Jahre 1943, Videostill aus der Ostlandwoche.
© *Latvijas valsts kinofotofonodokumentu arhivs*

Abbildung 4
Deutsches Plakat in Lettland: „Deine Arbeit in Deutschland hilft den Bolschewismus zu vernichten!", o. D.
© *Bundesarchiv, Bild 183-1990-0518-028 / Fotograf: Bernd Settnik*

Abbildung 5
Porta 1. Schleusenbauten am Hafen La Pallice, Gruppe von Arbeitern unterschiedlicher Nationalität, Originaltitel: „Zimmererkolonne, und zwar: Franzosen, Spanier, Holländer, Neger", ca. 1942/43.
© *Unternehmensarchiv Bilfinger SE, Mannheim*

Abbildung 6
Porta 3. Schleusenbauten am Hafen La Pallice, Arbeiter, ca. 1942/43.
© Unternehmensarchiv Bilfinger SE, Mannheim

Abbildung 7
Ausländische Arbeiter im Lager 27 der „Sudetendeutschen Treibstoffwerke AG", 27. Januar 1942.
© Státní oblastní archiv v Litoměřicích

Abbildung 8
SS-Wachmann Schmiller vor einer Scheune des Zwangsarbeiterlagers in Lipa, wo jüdische Arbeiter Heu dreschen, o. D.

Abbildung 9
Bewohnerinnen des Dorfes Glebokie (Hlybokae) im Gebiet Vitebsk (Vicebsk) beim Straßenbau, Sommer 1942.

Abbildung 10
Jugendliche Lastenträger beim Warten auf Arbeit, Vitebsk (Vicebsk), Sommer 1942.

III. Arbeit

Karte 2
Karte Generalgouvernement.
Quelle: Werner Röhr (Hrsg.): Europa unterm Hakenkreuz, Analysen, Quellen, Register, Heidelberg 1996, S. 56

Mario Wenzel

Die Arbeitslager für Juden im Distrikt Krakau des Generalgouvernements 1940–1941

Unmittelbar nach dem Kriegsende begannen die Mitarbeiter und Mitarbeiterinnen des Jüdischen Historischen Instituts (JHI) in Warschau mit der Erforschung von Verfolgung und Ausbeutung der polnischen Juden unter deutscher Herrschaft. Ihre Ergebnisse, darunter bis heute wertvolle Aufsätze zum Arbeitszwang für Juden, publizierten sie in der Vierteljahresschrift des Instituts.[1]

Diese grundlegende Arbeit, zu der die Herausgabe einer der wichtigsten Quelleneditionen gehörte,[2] und die Publikationen im Umfeld der Hauptkommission zur Untersuchung von NS-Verbrechen in Polen wurden von der westlichen Historiografie bis zum Beginn der 1990er-Jahre nicht oder nur unzureichend rezipiert.[3] Der nun einsetzenden regionalgeschichtlich orientierten Forschung[4] gebührt unter anderem das Verdienst, die Bedeutung des Arbeitszwangs für Juden als integralen Bestandteil der nationalsozialistischen Vernichtungspolitik und die Beteiligung der verschiedenen deutschen Dienststellen aufgezeigt zu haben.

1 Zum Beispiel: Adam Rutkowski, Hitlerowskie obozy pracy dla Żydów w dystrykcie radomskim, in: Biuletyn Żydowskiego Instytutu Historycznego w Polsce 17/18 (1956), S. 106–128; Tatiana Berenstein, Obozy pracy przymusowej dla Żydów w dystrykcie lubelskim, in: ebenda, 24 (1957), S. 3–20; dies., Praca przymusowa Żydów w Warszawie w czasie okupacji hitlerowskiej, in: ebenda, 45/46 (1963), S. 42–93; dies., Żydzi Warszawscy w hitlerowskich obozach pracy, in: ebenda, 67 (1968), S. 39–65; dies., Praca przymusowa ludności żydowskiej w tzw. dystrykcie Galicja (1941–1944), in: ebenda, 69 (1969), S. 3–45.

2 Faschismus – Getto – Massenmord: Dokumentation über Ausrottung und Widerstand der Juden in Polen während des zweiten Weltkrieges. Hrsg. vom Jüdischen Historischen Institut Warschau, Berlin 1960.

3 Erst Frank Golczewski, Polen, in: Dimension des Völkermords. Die Zahl der jüdischen Opfer des Nationalsozialismus. Hrsg. von Wolfgang Benz, München 1991, S. 411–497, bediente sich in größerem Maße der polnischen Forschungsergebnisse.

4 Dieter Pohl, Von der „Judenpolitik" zum Judenmord: Der Distrikt Lublin des Generalgouvernements 1939–1944, Frankfurt a. M. u. a. 1993; ders., Nationalsozialistische Judenverfolgung in Ostgalizien 1941–1944: Organisation und Durchführung eines staatlichen Massenverbrechens, München 1996; Thomas Sandkühler, „Endlösung" in Galizien: Der Judenmord in Ostpolen und die Rettungsaktionen von Berthold Beitz 1941–1944, Bonn 1996.

Aufgrund der Fokussierung auf das Geschehen in den östlichen Distrikten Lublin und Galizien des Generalgouvernements ab dem Frühjahr 1942 nahmen sie vor allem die Zwangsarbeitslager für Juden der Jahre 1942–1944 in den Blick, die unter der Regie von SS und Rüstungswirtschaft standen.[5] Diese Feststellung gilt aber auch für die jüngeren Studien zum Distrikt Radom, die zwar ausführlicher auf die Zustände in den frühen Lagern eingehen, aber kaum etwas darüber erfahren lassen, wer die Lager errichtete, leitete und bewachte, woher und wie die jüdischen Arbeiter in die Lager kamen, wann und aus welchen Gründen diese aufgelöst wurden, ob und welche Konflikte bezüglich der Lager bestanden.[6]

Intensiv mit der Anfangsphase der Arbeitslager hat sich Christopher R. Browning auseinandergesetzt, dessen Schlussfolgerungen jedoch nur bedingt auf das gesamte Generalgouvernement übertragbar sind, da sie zum einen auf der Analyse von zwei besonderen Gruppen von Lagern in den Distrikten Warschau und Lublin fußen und sich zum anderen auf eine schmale Quellenbasis stützen.[7] Über eine strukturgeschichtliche Darstellung der frühen Arbeitslager[8] hinaus gehen die Arbeiten von David Silberklang zum Distrikt Lublin und Marta Janczewska zum Distrikt Warschau, indem sie stärker als bisher die Reaktionen und das Handeln der jüdischen Arbeiter, Gemeinden und Institutionen in ihren Untersuchungen berücksichtigen.[9]

Insgesamt betrachtet ist die Geschichte der frühen Arbeitslager für Juden im Vergleich zur Phase ab Sommer 1942 noch wenig erforscht. Mit diesem Beitrag soll unser Wissen über die Entstehung, Strukturen, Lebens- und Arbeitsbedingungen sowie die Akteure im Umfeld der frühen Arbeitslager im Generalgou-

5 Vgl. zu diesen Lagern den vorzüglichen Überblick von Dieter Pohl, Die großen Zwangsarbeitslager der SS- und Polizeiführer für Juden im Generalgouvernement 1942–1945, in: Die nationalsozialistischen Konzentrationslager. Hrsg. von Ulrich Herbert/Karin Orth/Christoph Dieckmann, Frankfurt a. M. 2002, S. 415–438.

6 Robert Seidel, Deutsche Besatzungspolitik in Polen: Der Distrikt Radom 1939–1945, Paderborn u. a. 2006; Jacek Andrzej Młynarczyk, Judenmord in Zentralpolen: Der Distrikt Radom im Generalgouvernement 1939–1945, Darmstadt 2007, S. 140–154.

7 Christopher R. Browning, Nazi Germany's Initial Attempt to exploit Jewish Labor in the General Government: The Early Jewish Work Camps 1940–1941, in: Die Normalität des Verbrechens: Bilanz und Perspektiven zu den nationalsozialistischen Gewaltverbrechen. Hrsg. von Helge Grabitz u. a., Berlin 1994, S. 171–185.

8 Józef Marszałek, Obozy pracy w Generalnym Gubernatorstwie w latach 1939–1945, Lublin 1998.

9 David Silberklang, Holocaust in the Lublin District, unveröff. Diss. phil., Jerusalem 2003, S. 77–128; Marta Janczewska, Obozy pracy przymusowej dla Żydów na terenie dystryktu warszawskiego, in: Prowincja noc: Życie i zagłada Żydów w dystrykcie warszawskim. Hrsg. von Barbara Engelking/Jacek Leociak/Dariusz Libionka, Warszawa 2007, S. 271–320.

vernement auf eine breitere empirische Basis gestellt und – anknüpfend an die Arbeiten von Janczewska und Silberklang – ein differenzierterer Blick auf das Geschehen gegeben werden.

Im Fokus steht dabei der von der Holocaustforschung lange vernachlässigte Distrikt Krakau, der aus der ehemaligen polnischen Wojewodschaft Krakau, den beiden südwestlichen Kreisen der Wojewodschaft Kielce sowie acht ganzen und fünf geteilten Kreisen der Wojewodschaft Lemberg gebildet wurde. Hier lebten nach Schätzungen der jüdischen Sozialfürsorge Ende des Jahres 1940 etwas mehr als 203 000 Juden,[10] deren Zahl sich durch die Eingliederung des östlich des Flusses San gelegenen Teils der Stadt Przemyśl und Umgebung nach dem Überfall auf die Sowjetunion auf etwa 220 000 Personen erhöht haben dürfte.[11] Zu diesem Distrikt liegt bis heute weder eine Gesamtdarstellung der allgemeinen Besatzungspolitik noch zur Judenverfolgung vor.[12]

Der Ausbau der Infrastruktur und der Einsatz von jüdischen Arbeitskräften

Mit der Umstellung der Wirtschaftspolitik im Generalgouvernement von einer rücksichtslosen Ausplünderung hin zur Wiederingangsetzung der örtlichen Wirtschaft für die Interessen des Reiches gewann auch der Ausbau des Eisenbahn-, Straßen- und Wasserwegenetzes an Bedeutung. Er sollte Grundlage für eine erfolgreiche Industrialisierung sein.[13] Im Rahmen des daraufhin eingeleite-

10 Bericht des Beraters der Jüdischen Sozialen Selbsthilfe (JSS) beim Chef des Distrikts Krakau, Juda Zimmermann, vom 28. 12. 1940 betreffend Verteilung der ausländischen Liebesgaben, Archiwum Żydowskiego Instytutu Historycznego w Warszawie (AŻIH), 211: JSS, Nr. 92, Bl. 309–311.

11 Der San bildete die Grenze zwischen den von Deutschland besetzten und von der Sowjetunion annektierten Teilen Polens. Im unter deutscher Verwaltung stehenden westlichen Stadtteil lebten im Mai 1941 66 Juden, vgl. Haushaltsvoranschlag der Stadt Deutsch-Przemysl für 1941, Archiwum Państwowe w Przemyślu (APP), 129: Akta miasta Przemyśla, Nr. 2286, Bl. 2. Nach der Besetzung des östlichen Stadtteils, in dem die Mehrzahl der jüdischen Bevölkerung lebte, kamen insgesamt 16 408 Juden unter deutsche Herrschaft, vgl. Haushaltsplan der Stadt Przemysl für 1941, ebenda, Nr. 2287, Bl. 3.

12 Lediglich E. Podhorizer-Sandel, O zagładzie Żydów w dystrykcie krakowskim, in: Biuletyn Żydowskiego Instytutu Historycznego w Polsce 30 (1959), S. 87–109 gibt einen knappen Überblick zur Judenverfolgung.

13 Seidel, Deutsche Besatzungspolitik, S. 89–92; Bericht über den Aufbau im Generalgouvernement bis 1. Juli 1940, Archiwum Instytutu Pamięci Narodowej w Warszawie (AIPN), 196: Proces Bühlera (PB), Nr. 277, Bl. 48 ff.

ten Programms „Straßenbau Ost“ beauftragte die Abteilung Bauwesen, Gruppe Straßenbau im Amt des Generalgouverneurs ab dem Frühjahr 1940 deutsche Baufirmen, die Transitverbindungen zwischen dem Reich und dem Generalgouvernement sowie die Verbindungen zwischen den Distrikten des Generalgouvernement zu modernisieren und auszubauen.

Die Mehrzahl der eingesetzten Arbeitskräfte im Distrikt Krakau rekrutierte sich zunächst aus jungen Männern des Polnischen Baudienstes, wohingegen die deutschen Behörden und Firmen zur Realisierung dieser Bauarbeiten nur vereinzelt auf Juden zurückgriffen. Von den insgesamt etwa 27 000 Arbeitern, die bis Juli 1940 im gesamten Generalgouvernement rekrutiert wurden, waren rund 1300 jüdische Arbeitskräfte.[14]

Ende Juli 1940 wurde das „Straßenbau Ost“-Projekt auf Anweisung des Oberkommandos der Wehrmacht in das umfassendere „Otto-Programm“ integriert,[15] das den forcierten Ausbau der für die Wehrmacht und das Unternehmen „Barbarossa“ wichtigen Straßen- und Eisenbahnlinien zum Ziel hatte. Der Schwerpunkt der Arbeiten lag zunächst in den Distrikten Radom und Krakau, ausgeführt wurden sie von spezialisierten deutschen Baufirmen, wie zum Beispiel der Siemens Bau-Union,[16] der Straßen- und Tiefbauunternehmung AG (STUAG), den Firmen Klee & Jäger, Mayreder und Kraus oder den „Chemischen Werken Askania“, die im Rahmen der Organisation Todt tätig waren. Ihnen unterstanden im Distrikt Krakau unter anderem die Lager Płaszów in Krakau, Chabówka in der Kreishauptmannschaft (KH) Neumarkt (Nowy Targ), Tarnobrzeg und Głogów Małopolski in der KH Reichshof (Rzeszów) sowie fünf weitere Lager in der Umgebung der Stadt Krosno in der KH Jaslo.[17]

Ein weiteres Großprojekt zur Verbesserung der Energieversorgung des gesamten Generalgouvernements war die Fertigstellung der Dunajec-Talsperre bei Rożnów und des Wasserkraftwerkes in Czchów im Südwesten des Distrikts Krakau, deren Bau die polnische Regierung 1938 initiiert hatte. Auch hier wur-

14 Ebenda, Bl. 188 f.; Marszałek, Obozy, S. 59 ff. Zum Polnischen Baudienst vgl. Mścisław Wróblewski, Służba Budowlana (Baudienst) w Generalnym Gubernatorstwie 1940–1945, Warszawa 1984.

15 Schreiben des OKW/Chef des Transportwesens an das Reichsarbeitsministerium vom 27. 7. 1940, BArch R 3901, Nr. 20193, Bl. 1; Anordnung Nr. 630-9 des Landesstraßenbevollmächtigten beim Militärbefehlshaber im Generalgouvernement vom 7. 8. 1940, Archiwum Państwowe w Krakowie (APK), 426: Akta niemieckich władz (ANW), Nr. 16, unpag. Vgl. Marszałek, Obozy, S. 63 f.

16 Karl Heinz Roth, Zwangsarbeit im Siemens-Konzern, in: Konzentrationslager und deutsche Wirtschaft 1939–1945. Hrsg von Hermann Kaienburg, Opladen 1996, S. 149–168, hier S. 155 f.

17 Marszałek, Obozy, S. 65 f.

den für Straßenarbeiten Juden eingesetzt, die in dem Arbeitslager Lipie in der KH Neu-Sandez untergebracht waren.[18]

Entsprechend der im Januar 1940 getroffenen Vereinbarungen mit der Zivilverwaltung begann im Sommer der Ausbau der Truppenübungsplätze für Wehrmacht und Waffen-SS im Nordosten des Distrikts. Die von ihnen beauftragten Baufirmen setzten jüdische Arbeiter aus den Lagern Pustków und Huta Komorowska ein, um Unterkünfte für die Soldaten und die verschiedenen Schieß- und Übungsbahnen zu errichten.

Flussregulierungs- und Meliorationsarbeiten hatten im Vergleich zu den Distrikten Radom, Warschau und Lublin zwar einen untergeordneten Stellenwert, doch auch im Distrikt Krakau eröffneten die deutschen Behörden zu diesem Zweck Arbeitslager für Juden, beispielsweise in den Krakauer Vororten Pychowice und Kostrze sowie in Piotrkowice Małe bei Proszowice in der KH Miechow.[19]

Die Deutschen entschieden sich, für die Umsetzung der projektierten Baumaßnahmen auf jüdische Arbeitskräfte zurückzugreifen, nachdem bereits Anfang des Jahres 1940 ein Mangel an polnischen Arbeitern deutlich wurde. Er war Folge der seit Oktober 1939 durchgeführten Transporte ins Deutsche Reich.[20] Die Kompetenzen für die notwendige systematische Erfassung und Vermittlung der jüdischen Arbeiter hatte die deutsche Arbeitsverwaltung – genauer gesagt die regionalen Arbeitsämter – im Juni 1940 vom SS- und Polizeiapparat übernommen.

Am 5. Juli 1940 schickte der Leiter der Abteilung Arbeit im Amt des Generalgouverneurs, Max Frauendorfer, einen Rundbrief an alle Abteilungen in den Distrikten und an die Leiter der Arbeitsämter, in dem er die für die kommenden zwei Jahre verpflichtenden Richtlinien fixierte. Besonders betonte er die Unterscheidung zwischen einer „freien Arbeitsvermittlung“ und der „Anwendung der Vorschriften über den Arbeitszwang“. Die letztere Form der Beschäftigung komme „im allgemeinen nur in Frage bei größeren Projekten, bei denen eine große Anzahl von Zwangsarbeitern beschäftigt, lagermäßig untergebracht und bewacht werden“ müsse.[21]

18 Ebenda, S. 30; Gazeta żydowska, Nr. 12 vom 31. 8. 1940, S. 4.

19 Korrespondenz des Präsidiums der JSS mit der Delegatur und dem Judenrat in Proszowice vom 2. 6.–28. 7. 1941, AŻIH, 211: JSS, Nr. 821; Korrespondenz Jakub Sternbergs, Berater der JSS beim Gouverneur in Krakau, vom 4. 3.–9. 5. 1942, ebenda, Nr. 146, Bl. 16 ff.

20 Arbeitsbericht 1939, APK, 33: Starosta Miasta Krakowa (SMKr), Nr. 9, Bl. 487; Arbeitsbericht April–Mai 1940, ebenda, Bl. 369; Arbeitsbericht September 1940, ebenda, Bl. 543; und undatierter Bericht der Abtl. Arbeit [Oktober 1940], ebenda, Bl. 639.

21 Rd.-Erl. Nr. 100/40 der Abteilung Arbeit im Amt des Generalgouverneurs für die besetzten polnischen Gebiete vom 5. 7. 1940, Archiwum Państwowe w Lublinie (APLu), sygn. 745, k. 9–14, Zitate: k. 9, 11. Der Erlass ist teilweise abgedruckt, in: Faschismus – Getto – Massenmord, S. 210 ff. Zur deutschen Arbeitsverwaltung im Generalgouvernement allgemein

Auf der Sitzung der Abteilung Arbeit in der Regierung des Generalgouvernements am 6. August 1940 ordnete Oberregierungsrat Ernst von Gschließer für den Distrikt Krakau an, dieser habe „in erster Linie aus den dort verfügbaren Juden den Bedarf der Talsperre Rożnów, sowie der Straßenbauverwaltung ab[zudecken]. Nach Möglichkeit werden im Zuge der Evakuierung von Krakau auch Kräfte nach Lublin zu den Grenzsicherungsarbeiten abgegeben“.[22]

Die Errichtung der frühen Arbeitslager und die Rekrutierung der jüdischen Arbeitskräfte

Für die Errichtung der frühen Arbeitslager für Juden im Distrikt Krakau zeichneten verschiedene Institutionen verantwortlich. Während die Lager für Flussregulierungs- oder Forstarbeiten in Piotrkowice Małe (KH Miechów) und Poręba Wielka (KH Neu-Sandez) auf Anweisung der örtlichen Arbeitsämter entstanden, die gleichzeitig den Judenräten die Verantwortung für deren Aufbau und Organisation übertrugen,[23] scheint die deutsche Arbeitsverwaltung in der Frage, an welchem Ort und in welcher Form die Lager für Arbeiten im Rahmen des Otto-Programms errichtet werden sollten, kein Mitspracherecht gehabt zu haben.

Das war Sache der Firmen, die auf jüdische Arbeiter zurückgreifen wollten, und der Behörde, in deren Auftrag die Firma Baumaßnahmen durchführte. So heißt es in dem auf einem Standardformular basierenden Bauvertrag zwischen dem Landesstraßenbevollmächtigten des Militärbefehlshabers im Generalgouvernement, Theodor Bauder, und der STUAG vom 30. Juni 1940: „Soweit Juden für den Arbeitseinsatz in Frage kommen, erhalten diese bei [...] Ableistung der gesetzlichen Zwangsarbeit unter Unterbringung in vom Auftragnehmer zu

vgl. Stephan Lehnstaedt, Die deutsche Arbeitsverwaltung im Generalgouvernement und die Juden, in: Vierteljahrshefte für Zeitgeschichte 60 (2012), S. 409–442. Der Autor dankt Stephan Lehnstaedt dafür, dass er ihm bereits das Manuskript zur Verfügung gestellt hat.

22 Auszug aus dem Protokoll einer Sitzung der Abteilung Arbeit in der Regierung des Generalgouvernements am 6. 8. 1940 vom 9. 8. 1940, zit. nach: Faschismus – Getto – Massenmord, S. 214 f., hier S. 215; vgl. Erlass 105/40 der Abteilung Arbeit im Amt des Generalgouverneurs vom 31. 7. 1940, AŻIH, 233: Dokumenty niemieckie, Nr. 33, Bl. 3 ff.

23 Poręba Wielka: Abschrift des Dienstbefehls des Arbeitsamtleiters in Neu-Sandez an den Judenrat in Mszana Dolna vom 8. 8. 1940, AŻIH, 211: JSS, Nr. 709, Bl. 6, abgedruckt, in: Die Verfolgung und Ermordung der europäischen Juden durch das nationalsozialistische Deutschland (VEJ), Bd. 4: Polen September 1939 – Juli 1941, bearb. von Klaus-Peter Friedrich, München 2011 (im Folgenden VEJ 4), Dok. 153, S. 352 f.; Piotrkowice Małe: Postkarte der Delegatur der JSS in Proszowice an Präsidium der JSS vom 18. 6. 1941, AŻIH, 211: JSS, Nr. 821, Bl. 13 f.

errichtenden Baracken die tägliche Unterkunft und Verpflegung. [...] Soweit die Baracken vom Auftraggeber gestellt werden können, ist die Beifuhr, Aufstellung, Unterhaltung, Abbruch, Abtransport Sache des Auftragnehmers."[24] Die STUAG, die den Auftrag für den Ausbau der Straße zwischen Krakau und Zakopane in der KH Neumarkt erhalten hatte, ließ tatsächlich im Juli 1940 in der Nähe ihrer Bauleitung in Chabówka ein Arbeitslager für Juden errichten.[25]

Der entscheidende Grund, warum für die Straßenbauarbeiten zusätzlich zu den jüdischen Arbeitsbataillonen aus den umliegenden Städten[26] Arbeitslager für Juden in der Nähe der Baustellen errichtet wurden, lag im Mangel an geeigneten jüdischen Arbeitskräften in den betreffenden Kreisen. Der Kreishauptmann in Neu-Sandez, Reinhard Busch, meldete Ende Juni 1940 nach Krakau: In „immer stärkerem Umfange werden Juden mit Arbeiten, die auf Grund des Arbeitszwangs durchgeführt werden, beschäftigt. [...] Insbesondere soll die Zahl der beim Straßenbau bei Rożnów jetzt beschäftigten Juden von 100 auf 500–600 erhöht werden."[27] Zwei Monate später gab er einen ausführlicheren Bericht. Demnach war der Bedarf an ungelernten Arbeitern immer noch sehr groß. Der Kreishauptmann schrieb, er benötige mindestens 1000 von ihnen. Dem Mangel „soll durch Einsatz von jüdischen Arbeitern abgeholfen werden, die aber in Anbetracht der geringen Eignung der Juden im Kreis nicht mehr aufgebracht werden können. Der Bedarf wurde zunächst abgedeckt durch Juden aus Krakau, bei Einsetzen der Krakauer Aktion[28] jedoch umgestellt auf Tarnow und Rzeszow. Es sind schon mehrere Hunderte von Juden im Kreisgebiet tätig und zunächst in Rożnów eingesetzt. Sobald Unterbringungsmöglichkeiten geschaffen sind, werden weitere 600 Juden antransportiert."[29]

24 Vertrag zwischen dem Landesstraßenbevollmächtigten des Militärbefehlshabers im Generalgouvernement und der STUAG vom 30. 6. 1940, APK, 426: ANW, Nr. 21, unpag.

25 Abschrift eines Briefes von Emanuel Warenhaupt an das American Joint Distribution Commitee (AJDC) in Krakau vom 15. 10. 1940, AŻIH, 210: AJDC, Nr. 20, Bl. 41 f., abgedruckt in: VEJ 4, Dok. 179, S. 413 f.

26 Schreiben der Delegatur der JSS in Gorlice an das Präsidium der JSS in Krakau vom 23. 9. 1940, AŻIH, 211: JSS, Nr. 413, Bl. 21 f.; Bescheinigung der Chemischen Werke Askania, Bauleitung Strzyżów vom 2. 11. 1940, Archiwum Państwowe w Rzeszowie (APRz), 736: Gmina Wyznaniowa Żydowska w Czudcu, Nr. 18, Bl. 103; Eintrag vom 4. 11. 1940 im Tagebuch des Judenrates in Strzyżów, ebenda, Nr. 21, unpag.

27 Lagebericht des Kreishauptmanns in Neu-Sandez für Juni 1940 vom 29. 6. 1940, zit. nach: Faschismus – Getto – Massenmord, S. 210.

28 Damit ist die Vertreibung der jüdischen Bevölkerung aus Krakau in die umliegenden Gemeinden und den Distrikt Lublin zwischen April 1940 und März 1941 gemeint.

29 Lagebericht des Kreishauptmanns in Neu-Sandez für August 1940 vom 9. 9. 1940, BArch R 52 III/22, Bl. 51 ff., Zitat Bl. 54.

Die Motive der Zentralbauleitung der Waffen-SS und der Kommandantur des SS-Truppenübungsplatzes „Ostpolen" (später „Heidelager" bzw. „Dębica" genannt), in der Nähe des Dorfes Pustków ein Arbeitslager zu errichten, sind unbekannt. Offenbar hielten sie die zunächst praktizierte tägliche An- und Abreise der meisten jüdischen Arbeiter mit dem Zug aus dem 40 Kilometer östlich liegenden Tarnów für unzweckmäßig.

Im Spätsommer 1940 umstellten Angehörige des Wachbataillons „Oranienburg" die auf dem an den Truppenübungsplatz angrenzenden Bahnhof Kochanówka wartenden Arbeiter und brachten sie in einer Halle auf dem Gelände der ehemaligen Munitionsfabrik „Lignosa" unter, in der die Kommandantur des Truppenübungsplatzes ihren Sitz hatte. Bis zum Sommer 1942 mussten die jüdischen Arbeitskräfte zweimal die Unterkünfte innerhalb des Übungsplatzes wechseln: Nachdem einige Garagen auf dem Ring I[30] fertiggestellt waren, verlegte die SS die Arbeiter im Herbst 1940 von der Fabrik dorthin; Ende Juli oder Anfang August 1941 mussten sie sich in das ursprünglich für französische Kriegsgefangene vorgesehene Lager im Ring V in der Nähe des Bahnhofs Kochanówka begeben.[31]

Das Arbeitslager Huta Komorowska entstand auf Anweisung der Kommandantur des Wehrmacht-Truppenübungsplatzes Süd im Sommer 1941. Die Verwaltung des Lagers übertrug sie der für die Errichtung von Schießbahnen verpflichteten Baufirma Wilhelm Fischer aus Mörfelden bei Frankfurt am Main.[32]

Im Gegensatz zur Errichtung der Arbeitslager, bei der die beteiligten Institutionen uneinheitlich vorgingen, besaßen die Arbeitsämter im Distrikt Krakau bei der Zuweisung der jüdischen Arbeitskräfte – von einigen Konflikten abgesehen – seit dem Sommer 1940 die alleinige Autorität, auch gegenüber SS und Polizei.[33]

30 Bei einem Ring handelte es sich um eine ringförmige Straße, an deren beiden Seiten Unterkünfte für Mannschaften bis zu einer Stärke von einem Regiment, Kraftfahrzeughallen und andere für die Versorgung der Truppe notwendige Gebäude errichtet wurden.

31 Stanisław Zabierowski, Pustków: Hitlerowskie obozy wyniszczenia w służbie poligonu SS, Rzeszów 1981, S. 47–51; Melanie Hembera, Nationalsozialistische Ausbeutungs- und Vernichtungspolitik im Generalgouvernement: Eine Fallstudie am Beispiel des jüdischen Zwangsarbeitslagers Pustków, unveröff. Magisterarbeit, Universität Heidelberg 2008, S. 55 ff.; Urteil des LG Hannover vom 14. 11. 1973 gegen Hanns Proschinsky, abgedruckt in: Justiz und NS-Verbrechen: Sammlung deutscher Strafurteile wegen nationalsozialistischer Tötungsverbrechen 1945–1999. Hrsg. von Adelheid L. Rüter-Ehlermann u. a., Bd. 39, Amsterdam 2008, S. 313–462, hier S. 336 ff.

32 Tadeusz Kowalski, Obozy hitlerowskie w Polsce południowo-wschodniej 1939–1945, Warszawa 1973, S. 108–114, hier S. 108 f.

33 Vgl. zum gesamten Generalgouvernement Lehnstaedt, Die deutsche Arbeitsverwaltung; zur anders gelagerten Situation im Distrikt Lublin vgl. Wolf Gruner, Jewish forced labor under the Nazis: Economic needs and racial aims, 1938–1944, Cambridge 2006, S. 244 ff.

Für das Arbeitslager Pustków wurde zu diesem Zweck eigens eine Außenstelle des Arbeitsamtes Dębica eingerichtet.[34] Die Mitarbeiter der Ämter nahmen die Forderungen der Firmen und Behörden nach jüdischen Arbeitern entgegen und gaben diese an die örtlichen Judenräte weiter, die nach eigenem Ermessen die entsprechende Zahl von Juden bereitzustellen hatten.[35]

Reichten die örtlichen Arbeitskräfte nicht aus, ließ die Arbeitsverwaltung im Rahmen des sogenannten überbezirklichen Austauschs auch Juden aus anderen Distrikten in die Krakauer Arbeitslager bringen. Unmittelbar vor dem Überfall auf die Sowjetunion war der Arbeitskräftebedarf für kurzfristige Aufträge im östlichen Teil des Distrikts Krakau so groß, dass nicht nur erstmals jüdische Frauen eingesetzt,[36] sondern auch 1400 Juden aus Warschau Mitte Mai 1941 in die Region gesandt und in fünf Arbeitslagern der Organisation Todt in der Umgebung Krosnos untergebracht wurden.[37] Dort mussten sie unter anderem für die Firmen „Chemische Werke Askania", Otto Heil und Vianova Straßenbauarbeiten ausführen.

Die Rekrutierungspraxis von jüdischen Arbeitskräften folgte keinem einheitlichen Muster, sie konnte sich vielmehr für die Betroffenen sehr verschieden darstellen. Innerhalb des allgemeinen repressiven Charakters des Arbeitseinsatzes lassen sich unterschiedliche Grade des Zwangs ausmachen. Die Spannbreite reichte vom Arbeiter, der sich in der Hoffnung, damit seine Familie versorgen zu können, beim Judenrat meldete, der ihn so gut wie möglich mit Lebensmitteln, Kleidung und Decken ausstattete, bis hin zum Berufstätigen, der im Rahmen einer Polizeirazzia verhaftet und ohne Unterstützung des Judenrates in ein Arbeitslager in einem anderen Distrikt verschleppt wurde.

34 Fragmentarischer Bericht über das ZAL Pustków, o. D. [nach Juni 1941], AŻIH, Archiwum Ringelbluma I, Nr. 669, unpag.; Zabierowski, Pustków, S. 49.

35 Schreiben des Judenrats in Słomniki an JSS vom 11. 11. 1940, AŻIH, 211: JSS, Nr. 973; Schreiben des Judenrats in Grybów an Präsidium JSS vom 22. 11. 1940, ebenda, 211: JSS, Nr. 437; für 1942 bspw. die Eintragung vom 10. 4. 1942 im Tagebuch des Judenrats in Czudec, APRz, 736: Gmina Wyznaniowa Żydowska w Czudcu, Nr. 21.

36 Lagebericht des Gouverneurs in Krakau für den Monat Juni 1941 vom 5. 8. 1941, AIPN, 196: PB, Nr. 281, Bl. 141 f.

37 Die Lager befanden sich in Frysztak, Dobrzechów, Strzyżów, Wiśniowa und Wojaszówka, vgl. Rapport über Transporte aus Warschau in die Arbeitslager im Generalgouvernement, Januar–Dezember 1941, AŻIH, Archiwum Ringelbluma I, Nr. 671, Bl. 4 ff.; Vermerk der JSS in Krakau über Arbeitslager im Kreis Jasło vom 17. 6. 1941, ebenda, 211: JSS, Nr. 168, Bl. 49; Vermerk der JSS in Krakau vom 1. 7. 1941, ebenda, Nr. 170, Bl. 1 f.; Bericht der JSS in Strzyżów über Tätigkeit in der Zeit 24. 12. 1939–31. 5. 1941, ebenda, Nr. 995, Bl. 14. Zum überbezirklichen Ausgleich vgl. Protokoll der Sitzung vom 6. 8. 1940 in der Abtl. Arbeit, auszugsweise abgedruckt, in: Faschismus – Getto – Massenmord, S. 214 f.

Der Kreishauptmann von Neu-Sandez hielt etwa in seinem Lagebericht für November 1940 fest, dass die aus Krynica und Umgebung vertriebenen Juden durch das Arbeitsamt zu den Arbeiten des Otto-Programms, das heißt in die Arbeitslager im Kreis, vermittelt wurden.[38] Doch dies war wahrscheinlich eine euphemistische Beschreibung einer Zwangsrekrutierung von Arbeitern durch die Polizei. Darauf weist zumindest ein Bericht des damaligen Mitarbeiters des Arbeitsamtes Neu-Sandez, Adalbert Szepessy, hin. Darin hielt er fest, dass am 20. September 1940 „im Zuge einer Pol[izei] Aktion 50 Juden aus Limanowa u. [Ms]zana Dolna dem Arbeitsamte für das Lager Lipie übergeben" worden seien. Obwohl von ihnen „höchstens 10 bis 15 für unsere Arbeit hier geeignet waren, habe ich den Judenrat um 10 Uhr abends noch beauftragt, […] von alle[n] Juden von dem Transport am 21. früh Karteikarten anzulegen und [sie] dann sofort zur Baustelle hinaufzuschicken".[39]

Die Nachrichten über die Zustände in den Arbeitslagern verbreiteten sich unter der jüdischen Bevölkerung sehr schnell. Während die Lager der Wasserwirtschaft im Distrikt Warschau gefürchtet waren, galten die Lager in der Nähe Krosnos als bessere Arbeitsstellen, weshalb sich nach Angaben der Jüdischen Sozialen Selbsthilfe (JSS) im Juni 1941 drei Viertel der dorthin gesandten Warschauer Juden freiwillig gemeldet haben sollen.[40] Den verbleibenden Rest ließ der Judenrat in Warschau dagegen ohne Rücksicht auf berufstätige Juden durch den Ordnungsdienst zusammentreiben.[41] Ähnlich erging es fünf Mitarbeitern der JSS in Ciężkowice in der KH Tarnów, die im September 1941 während einer Razzia festgenommen und ins Arbeitslager Pustków verschleppt wurden.[42]

Für zum Arbeitseinsatz einberufene und noch nicht verarmte Juden bestand die Möglichkeit, sich bei den Judenräten vom Transport in ein Arbeitslager freizukaufen. Dieses Geld der sogenannten Arbeitsablöse nutzten die Judenräte, um Kleidung, insbesondere Schuhe, anzuschaffen oder um Lebensmittel für die

38 Lagebericht des Kreishauptmanns in Neu-Sandez für November 1940 vom 29. 11. 1940, vgl. Archiv des Instituts für Zeitgeschichte – IfZ, MA 158/1, Faszikel 19, k. 90–96, hier k. 91.

39 Bericht über das Jüdische Zwangsarbeitslager Lipie vom 22. 9. 1940, BArch, Ordner Verschiedenes XVII, Bl. 3–10, hier Bl. 9.

40 Vermerk der JSS in Krakau vom 3. 6. 1941, AŻIH, 211: JSS, Nr. 167, Bl. 22; Vermerk der JSS in Krakau über Arbeitslager im Generalgouvernement vom 30. 6. 1941, ebenda 211, Nr. 169, Bl. 35 ff.

41 Bericht von Stefan Cukierman, o. D. [nach Juni 1941], AŻIH, Archiwum Ringelbluma I, Nr. 397, abgedruckt, in: VEJ 4, Dok. 298, S. 655 f.; Schreiben der Delegatur der JSS in Krosno an das Präsidium der JSS vom 17. 7. 1941, AŻIH, 211: JSS, Nr. 613, Bl. 29 f.

42 Schreiben der Delegatur der JSS an das Arbeitsamt in Tarnów vom 20. 10. 1941, AŻIH, 211: JSS, Nr. 1020, Bl. 25.

ins Lager gesandten Arbeiter zu kaufen.[43] Die jüdischen Gemeinden in Krosno und Neumarkt (Nowy Targ) entwickelten zum gleichen Zweck eine modifizierte Form des Lastenausgleichs: Das Arbeiterreferat des Judenrates in Neumarkt richtete mit Genehmigung des Arbeitsamtes einen Arbeiterfonds ein, der sich aus „einer Besteuerung der von der Pflicht der Zwangsarbeit freigestellten Arbeiter bzw. Handwerker" speiste.[44]

Die Struktur der Lager, die Lebensbedingungen und die Tätigkeit der Judenräte und der Jüdischen Sozialen Selbsthilfe

Der Begriff *Lager* suggeriert die falsche Vorstellung einer hermetisch abgeschlossenen Haftstätte mit einer ausdifferenzierten Verwaltungsstruktur und Bewachungspersonal. Die frühen Arbeitslager für Juden im Distrikt Krakau waren in der Regel nicht mit Zäunen oder Stacheldraht sowie Wachtürmen umgeben. Wenn es überhaupt einen Lagerleiter gab,[45] dann betrauten die Firmen einen oder zwei ihrer Mitarbeiter mit dieser Aufgabe, oder – wie im Fall des Lagers in Poręba Wielka – das Arbeitsamt bestimmte eine Aufsichtsperson, hier den für den Ausbau des staatlichen Jagdreviers verantwortlichen polnischen Architekten.[46] In dieser Hinsicht weicht das Arbeitslager Pustków von den anderen Lagern ab, da es von Anbeginn einem SS-Unteroffizier unterstand.[47]

Allen gemeinsam ist jedoch, dass – obwohl sich der Höhere SS- und Polizeiführer auch nach Übernahme der Kompetenzen für den Arbeitseinsatz der Juden durch die Arbeitsverwaltung die Zuständigkeit für die Bewachung der Arbeitslager vorbehalten hatte – der SS- und Polizeiführer des Distrikts Krakau im Gegensatz zu seinen Kollegen in Lublin und Galizien keine SS- oder Polizeiformationen für diese Aufgabe bereitstellte. Bewachung, Begleitung und Beaufsichtigung der

43 Bericht der Inspektionsreise von Artur Reinberg, Inspektor des AJDC für den Distrikt Krakau, vom 10.–16. 9. 1940, AŻIH, 210: AJDC, Nr. 20, Bl. 35 ff., hier Bl. 37.

44 Tätigkeitsbericht des Hilfskomitees in Neumarkt für Oktober 1941, ebenda, 211: JSS, Nr. 745, Bl. 76 f.; Schreiben der Arbeitergestellungsstelle in der Verwaltung der Jüdischen Gemeinde in Krosno [Juli 1941], AŻIH, 211: JSS, Nr. 613, Bl. 31.

45 Trotz Drängen des Arbeitsamtes und Zusage der Firmenleitung hatte die Wiener Baufirma Helmut Swietelsky auch noch mehr als zwei Monaten nach Errichtung des Lagers Lipie keinen Lagerleiter ernannt, vgl. Bericht über das Jüdische Zwangsarbeitslager Lipie vom 22. 9. 1940, BArch, Ordner Verschiedenes XVII, Bl. 3–10, hier Bl. 7, 9.

46 Abschrift des Dienstbefehls des Arbeitsamtleiters in Neu-Sandez an den Judenrat in Mszana Dolna vom 8. 8. 1940, AŻIH, 211: JSS, Nr. 709, Bl. 6, abgedruckt, in: VEJ 4, Dok. 153, S. 352.

47 Zabierowski, Pustków, S. 49.

Juden war vielmehr die Aufgabe der Angehörigen des jüdischen Ordnungs- oder Arbeitsdienstes, der von den jeweils zuständigen Jüdischen Gemeinden gestellt wurde.[48]

Zum Personal der jüdischen Lagerselbstverwaltung gehörten in einigen Lagern neben den Lagerältesten, Ärzten und Sanitätern jüdische Verbindungsmänner, die die Interessen der Arbeiter gegenüber der Lager- bzw. Firmenleitung, der JSS und den zuständigen Judenräten vertraten. Im vergleichsweise großen Arbeitslager Pustków gab es sogar zwei dieser Verbindungsleute: Herman Immerglück, der als Vertreter des Judenrates in Dębica nicht im Lager wohnen musste und für die „Außenbeziehungen" des Lagers zuständig war, sowie einen Mann namens Bitkower als Vertreter des Judenrates in Tarnów, der für die inneren Angelegenheiten verantwortlich zeichnete, im Lager lebte und einmal in der Woche nach Tarnów fahren durfte.[49] Für die Arbeitslager Nawojowa-Góra und Nowa Góra in der Kreishauptmannschaft Krakau-Land ist bekannt, dass die Nebenstelle des Arbeitsamtes Krakau in Krzeszowice (Kressendorf) den Obmann des Kreisjudenrates als Betreuer der dortigen Arbeiter bestimmt hatte.[50]

Die jüdischen Arbeiter in den frühen Arbeitslagern des Distrikts Krakau stammten aus fast allen von den Deutschen besetzten polnischen Gebieten und waren zu unterschiedlichen Zeiten in diese Region deportiert oder gesandt worden, zwangsweise oder infolge eigener Meldung. Es lassen sich Lager unterscheiden, in denen sich überwiegend Juden aus der unmittelbaren Umgebung befanden, wie in Pustków, wo im November 1940 allein 467 (77,8 Prozent) der insgesamt 600 Arbeiter aus dem 40 Kilometer entfernten Tarnów stammten.[51]

48 Bericht von Stefan Cukierman, o. D. [nach Juni 1941], AŻIH, Archiwum Ringelbluma I, Nr. 397, abgedruckt, in: VEJ 4, Dok. 298, S. 655 f., hier S. 656; Fragmentarischer Bericht über das ZAL Pustków, o. D. [nach Juni 1941], AŻIH, Archiwum Ringelbluma I, Nr. 669, unpag.; Vermerk der JSS in Krakau vom 1. 7. 1941, AŻIH, 211: JSS, Nr. 170, Bl. 2; Schreiben des Hilfskomitees in Neu-Sandez an das Präsidium der JSS vom 11. 5. 1941, ebenda, Nr. 738, Bl. 49 f., hier Bl. 50.

49 Fragmentarischer Bericht über das ZAL Pustków, o. D. [nach Juni 1941], AŻIH, Archiwum Ringelbluma I, Nr. 669, unpag.

50 Schreiben Lothar Sch. an das Präsidium der JSS vom 13. 9. 1940, AŻIH, 211: JSS, Nr. 622, Bl. 2 f.; Schreiben Lothar Sch. an den Stadtkommissar in Kressendorf vom 4. 7. 1941 (APK, 426: ANW, Nr. 26, Bl. 553.

51 Protokoll der Verteilung von 540 Hosen in Pustków vom 9. 11. 1940, AŻIH, 211: JSS, Nr. 1018, Bl. 54. Die in den Lagern Nowy Targ (Neumarkt), Chabówka und Rabka untergebrachten Juden rekrutierten sich vor allem aus den Gemeinden der KH Neumarkt, vgl. Liste der Arbeiter in den Lagern Maków Podhalański, Rabka und Neumarkt, AŻIH, 211: JSS, Nr. 742, Bl. 59 ff.; Abschrift eines Briefes von Emanuel Warenhaupt an das AJDC in Krakau vom 15. 10. 1940, ebenda, 210: AJDC, Nr. 20, Bl. 41 f. Gleiches gilt für das Lager Poręba Wielka, in dem sich im November 1940 50 Personen aus Mszana Dolna und um-

Daneben gab es Lager, in die auf Anweisung der Arbeitsämter Juden aus weiter entfernten Städten und Kreisen geschickt wurden. Sie sollten den erhöhten Arbeitskräftebedarf für Arbeiten in Kreishauptmannschaften mit geringer jüdischer Bevölkerung decken: Im Lager Lipie, das sich in der südwestlich gelegenen KH Neu-Sandez befand, trafen im September 1940 etwa 200 jüdische Männer aus der Stadt und der KH Rzeszów (Reichshof) ein; im östlichen Teil des Distrikts existierten im Frühjahr 1941 in und außerhalb des Dorfes Frysztak weitere Lager, in denen aus Krakau vertriebene Juden einen großen Teil der Lagerinsassen stellten; im Lager Dęba auf dem Gebiet der KH Dębica stammte die Mehrheit der 400 Arbeitskräfte aus den Städten Reichshof (Rzeszów) und Przemyśl.[52]

Als weitere Gruppen von Arbeitern sind die im Laufe des Jahres 1940 aus dem Reichsgau Wartheland[53] und Ende 1940 aus den aufgelösten Arbeitslagern im benachbarten Distrikt Lublin[54] deportierten oder im Mai 1941 aus War-

liegenden Orten in der KH Neu-Sandez befanden, vgl. Notiz des Judenrates in Mszana Dolna vom 7. 11. 1940, ebenda, 211: JSS, Nr. 709, Bl. 16.

52 Bericht des Hilfskomitees in Jasło vom 3. 4. 1941, AŻIH, 211: JSS, Nr. 469, Bl. 17, 21; Schreiben des Judenrates in Frysztak an das Präsidium der JSS in Krakau vom 14. 4. 1941, ebenda, 211: JSS, Nr. 388, Bl. 14 f.; Kowalski, Obozy, S. 96 ff. Den Arbeitseinsatz der Krakauer Juden und ihre Unterbringung in Arbeitslagern legte der Runderlass Nr. 105/40 der Abteilung Arbeit im Amt des Generalgouverneurs vom 25. 7. 1940 fest, abgedruckt in: VEJ 4, Dok. 142, S. 332 ff.

53 Juden aus dem Reichsgau Wartheland befanden sich in den Lagern Chabówka, Maków Podhalański und Nowy Targ (Neumarkt), vgl. Abschrift eines Briefes von Emanuel Warenhaupt an das AJDC in Krakau vom 15. 10. 1940, AŻIH, 210: AJDC, Nr. 20, Bl. 41 f.; Telefonnotiz vom 18. 10. 1940 über ein Gespräch mit dem Vorsitzenden des Hilfskomitees beim Judenrat in Maków Podhalański, AŻIH, 211: JSS, Nr. 679, Bl. 14; Telefonnotiz über ein Gespräch mit dem Sekretär der jüdischen Gemeinde in Neumarkt vom 24. 10. 1940, ebenda, Nr. 742, Bl. 36; Liste der Arbeiter in den Lagern Maków Podhalański, Rabka und Neumarkt, ebenda, Bl. 59 ff.

54 Sie kamen z. B. in die Lager Pustków, Chabówka, Neumarkt, vgl. Protokoll der Verteilung von 540 Hosen in Pustków vom 9. 11. 1940, AŻIH, 211: JSS, Nr. 1018, Bl. 54; Bericht des Referats Arbeitslager beim jüdischen Arbeitsbataillon in Warschau, o. D. [Anfang 1941], ebenda, Archiwum Ringelbluma, Nr. 3, Bl. 325; Schreiben des Wasserwirtschaftsinspekteurs in Radom, Brüggemann, vom 28. 10. 1940 an die Abt. Arbeit in Radom, Archiwum Państwowe w Radomiu (APR), 209: Gouverneur des Distrikts Radom, Nr. 808, Bl. 63 (für diese Quelle ist der Autor Robert Seidel zu Dank verpflichtet); Schreiben des Hilfskomitee in Neumarkt an das Präsidium der JSS vom 5. 2. 1942, ebenda, 211: JSS, Nr. 746, Bl. 60. Zum Teil stammten die Arbeitskräfte der aufgelösten Lager im Distrikt Lublin aus dem Distrikt Radom, vgl. Telefonnotiz vom 18. 10. 1940 über ein Gespräch mit dem Vorsitzenden des Hilfskomitees beim Judenrat in Maków Podhalański, ebenda, Nr. 679, Bl. 14; Liste der Arbeiter in den Lagern Maków Podhalański, Rabka und Neumarkt, ebenda, Bl. 59 ff.

schau[55] gesandten Juden zu nennen, die – wie im Fall der Warschauer Juden in den Lagern Frysztak, Dobrzechów, Wiśniowa, Strzyżów und Wojaszówka – zum Teil die Mehrheit der gesamten Lagerinsassen bildeten. Mit Transporten von Arbeitskräften von einem ins andere Lager innerhalb des Distrikts konnte sich die Zusammensetzung der Insassen eines Lagers fundamental ändern, so geschehen, als die Lager um Krosno im Juni 1941 aufgelöst und die meisten der Warschauer Juden in das Arbeitslager Pustków gebracht wurden.

In der Regel handelte es sich bei den Lagerinsassen um sehr junge, ungelernte männliche Arbeiter aus den ärmeren Schichten der jüdischen Bevölkerung, die besonders unter den antijüdischen Maßnahmen der deutschen Besatzer zu leiden hatten. Ein Beispiel: Von den 104 Arbeitern in den Lagern Maków Podhalański, Rabka und Neumarkt, die im November 1940 von der JSS Hosen zugeteilt bekamen, gehörten mehr als die Hälfte (58) zu den Jahrgängen 1915 bis 1926, jeder Dritte von ihnen (insgesamt 37) war sogar nur zwischen 14 und 19 Jahre alt.[56]

Um die von deutscher Seite geforderte Anzahl an Arbeitskräften zu erreichen, mussten die Judenräte verstärkt auf Zwangsmaßnahmen bei der Rekrutierung zurückgreifen. Entscheidendes Kriterium war die physische Eignung der Personen, weshalb es sein konnte, dass auch für Erdarbeiten überqualifizierte Facharbeiter und eigentlich in Arbeit stehende Juden in die Lager gesandt wurden.[57]

Die meisten der frühen Arbeitslager, zu denen Informationen vorliegen, bestanden aus leichten Holzbaracken, die aufgrund fehlender Außenisolierung, Fußböden und Beheizung nur für den Einsatz im Sommer geeignet waren (Lipie, Chabówka, Huta Komorowska, Dęba und Pustków ab August 1941).[58] Wenn das

55 Rapport über Transporte aus Warschau in die Arbeitslager im Generalgouvernement, Januar–Dezember 1941, AŻIH, Archiwum Ringelbluma I, Nr. 671, Bl. 4 ff.; Vermerk der JSS in Krakau über Arbeitslager im Kreis Jasło vom 17. 6. 1941, ebenda, 211: JSS, Nr. 168, Bl. 49; Vermerk der JSS in Krakau vom 1. 7. 1941, ebenda, Nr. 170, Bl. 1 f.

56 Liste der Arbeiter in den Lagern Maków Podhalański, Rabka und Neumarkt, ebenda, Nr. 742, Bl. 59 ff. Vgl. außerdem Bericht über das Jüdische Zwangsarbeitslager Lipie vom 22. 9. 1940, BArch, Ordner Verschiedenes XVII, Bl. 3–10, hier Bl. 7; Bericht der Inspektionsreise von Artur Reinberg, Inspektor des AJDC für den Distrikt Krakau, vom 10.–16. 9. 1940, AŻIH, 210: AJDC, Nr. 20, Bl. 35 ff., hier Bl. 35; Abschrift eines Briefes von Emanuel Warenhaupt an das AJDC in Krakau vom 15. 10. 1940, ebenda, Bl. 41 f.

57 Bericht von Stefan Cukierman, o. D. [nach Juni 1941], AŻIH, Archiwum Ringelbluma I, Nr. 397, abgedruckt in: VEJ 4, Dok. 298, S. 655 f.; Vermerk der JSS in Krakau über die Lage der jüdischen Bevölkerung im Kreis Sanok vom 16. 6. 1941, AŻIH, 211: JSS, Nr. 168, Bl. 36.

58 Bericht der Inspektionsreise von Artur Reinberg, Inspektor des AJDC für den Distrikt Krakau, vom 10.–16. 9. 1940, AŻIH, 210: AJDC, Nr. 20, Bl. 35 ff., hier Bl. 35; Abschrift eines Briefes von Emanuel Warenhaupt an das AJDC in Krakau vom 15. 10. 1940, AŻIH, 210: AJDC, Nr. 20, Bl. 41; Kowalski, Obozy, S. 109.

Lager, wie im Fall Lipie, sehr dicht an einem Fluss errichtet wurde, stand regelmäßig Wasser in den Baracken, und die Arbeiter mussten mit feuchter Kleidung zur Arbeit gehen. Da die äußere Struktur der Baracken kaum verändert wurde, konnten selbst die von der verantwortlichen Baufirma „Helmut Swietelsky" im Oktober 1940 installierten Öfen nur eine eingeschränkte Heizwirkung erzielen, weshalb die jüdischen Arbeiter ständig froren und in großer Zahl aus dem Lager flohen.[59]

Für die Arbeitslager in der Nähe von Krosno dienten neben Holzbaracken zwei Synagogen, Privatwohnungen und Schulgebäude als Unterkünfte; auch in Głogów Małopolski wurde 1941 eine ehemalige Schule zu einem Arbeitslager für 100 Juden umfunktioniert, in Tarnobrzeg ebenfalls eine Synagoge und das Gebäude des Rabbiners. Ein Teil der Arbeiter des Lagers Pustków war zunächst in einer im Bau befindlichen Fabrikhalle untergebracht, während in Krakau-Kostrze die unterirdischen Gewölbe einer Festung als Unterkunft genutzt wurden.[60]

Die Lebensbedingungen in den frühen Arbeitslagern variierten sehr stark, wobei die Trägerschaft durch die SS nicht gleichbedeutend mit schlechten Bedingungen und die Zuständigkeit durch zivile Baufirmen mit guten Verhältnissen sein musste. Sie hingen nicht nur vom jeweiligen Träger der Lager und dem Verhalten der zivilen Behörden (Arbeits-, Wirtschafts- und Ernährungsamt) ab, sondern auch die Einstellung und das Auftreten der Judenräte und der Jüdischen Hilfskomitees hatten im positiven wie im negativen Sinne Einfluss auf die Lebenssituation der jüdischen Arbeiter. Diesbezüglich verlief die Trennlinie nicht selten zwischen den Insassen ein und desselben Lagers, wenn sich dort sowohl einheimische als auch Juden aus anderen Kreisen oder Distrikten befanden.[61]

Die Zuständigkeit für die Versorgung mit Lebensmitteln, Kleidung und Medikamenten lag formal bei den Baufirmen. Diese wälzten die Verantwortung auf die örtlichen Judenräte oder Hilfskomitees der JSS ab, die etwa für die Zuweisung von Bezugsscheinen für die benötigten Gegenstände mit den lokalen

59 Bericht von Bronisława F. an Artur Reinberg, Inspektor des AJDC für den Distrikt Krakau, vom 19. 10. 1940, ebenda, 211: JSS, Nr. 733, Bl. 22 f.; Eidesstattliche Aussage David W. vom 14. 12. 1955, vgl. Staatsarchiv München, Staatsanwaltschaften 3507/3, Bl. 469 f.

60 Vermerk der JSS in Krakau vom 1. 7. 1941, AŻIH, 211: JSS, Nr. 170, Bl. 1; Schreiben der Delegatur der JSS in Krosno an das Präsidium der JSS vom 17. 7. 1941, ebenda, Nr. 613, Bl. 29 f.; Notiz über die Besichtigung des Arbeitslagers in Kostrze am 17.–18. 4. 1942, ebenda, 211: JSS, Nr. 146, Bl. 22; Zabierowski, Pustków, S. 49; Kowalski, Obozy, S. 175.

61 Abschrift eines Briefes von Emanuel Warenhaupt an das AJDC in Krakau vom 15. 10. 1940, AŻIH, 210: AJDC, Nr. 20, Bl. 41 f.; Bericht von Bronisława F. an Artur Reinberg, Inspektor des AJDC für den Distrikt Krakau, vom 19. 10. 1940, ebenda, 211: JSS, Nr. 733, Bl. 22 f.; Vermerk der JSS in Krakau über Arbeitslager im Generalgouvernement vom 30. 6. 1941, ebenda Nr. 169, Bl. 35 ff.

deutschen Behörden in Kontakt treten mussten und von deren Bereitschaft zur Unterstützung abhängig waren.

Die JSS hatte zudem die Aufgabe, die durch amerikanische Hilfsorganisationen wie das American Joint Distribution Commitee (AJDC) oder das Internationale Rote Kreuz ins Generalgouvernement gesandten Hilfslieferungen an Lebensmittel, Kleidung und Medikamenten sowie Gelder an die bedürftige jüdische Bevölkerung zu verteilen. Trotzdem waren die Möglichkeiten der örtlichen jüdischen Fürsorgeinstitutionen sehr begrenzt, und ihre Mitarbeiter fühlten sich nicht selten von den zu lösenden Problemen überfordert. Es dauerte zum Teil mehrere Wochen, bis die ersten Kleidungsstücke, Schuhe, Medikamente und Seife in den Lagern eintrafen. Wenn beispielsweise für 2500 Zwangsarbeiter nur 230 Stück Seife oder lediglich 60 Paar Schuhe unter einigen Hundert Lagerinsassen verteilt werden konnten, dann bedeutete die Hilfeleistung nur eine Besserung für kurze Zeit und für eine Minderheit der Bedürftigen. Die Probleme in der Versorgung mit Kleidung und Schuhen hielten bis zum Ende des Jahres 1941 an.[62]

Deshalb hatten individuelle, von Angehörigen geleistete Paketsendungen mit Lebensmitteln und Kleidung oder Geldüberweisungen unschätzbaren Wert; das Arbeiterreferat bei der Jüdischen Gemeinde in Neumarkt (Nowy Targ) ließ zu diesem Zweck eine Sammelstelle einrichten.[63]

Von Zeit zu Zeit erhielten die Verbindungsmänner von den Lagerleitern Passierscheine, um in den Heimatgemeinden die dringend benötigten Gegenstände zu organisieren.

62 Korrespondenz der Delegatur der JSS und des Judenrats in Jasło mit dem Präsidium der JSS vom 1. 5.–1. 7. 1941, AŻIH, 211: JSS, Nr. 470; Schreiben des Judenrats in Krosno an Präsidium der JSS vom 16. 5. und 18. 6. 1941, ebenda, 211: JSS, Nr. 612, Bl. 18 und Nr. 613, Bl. 15; Schreiben der Delegatur der JSS in Krosno an das Präsidium der JSS vom 17. 7. 1941, ebenda, Bl. 29 f.; Abschrift eines Briefes von Emanuel Warenhaupt an das AJDC in Krakau vom 15. 10. 1940, ebenda, 210: AJDC, Nr. 20, Bl. 41 f.; Schreiben Lothar Sch. an das Präsidium der JSS vom 13. 9. 1940, ebenda, 211: JSS, Nr. 622, Bl. 2 f.; Korrespondenz des Präsidiums der JSS mit Delegatur und Judenrat in Nowy Targ vom 13. 8.–30. 12. 1940, ebenda, Nr. 742, Bl. 40 ff.; Schreiben Delegatur in Strzyżow an das Präsidium der JSS vom 21. 5. 1941, ebenda, Nr. 925, Bl. 18; Schreiben des Judenrates in Rozwadów an das Präsidium der JSS vom 3. 11. 1941, ebenda, Nr. 910, Bl. 53 f.; Schreiben des Hilfskomitees in Neumarkt an das Präsidium der JSS vom 14. 11. 1941, ebenda, Nr. 745, Bl. 55; Schreiben des Vorsitzenden des Hilfskomitees in Neumarkt, Markus Guensberg, an die Abtl. Wirtschaft beim Kreishauptmann vom 1. 12. 1941, ebenda, Bl. 78.

63 Schreiben des Hilfskomitees in Dębica an das Präsidium der JSS vom 14. 7. 1941, AŻIH, 211, Nr. 347, Bl. 41; Schreiben Arbeiterreferat der Jüdischen Gemeinde in Neumarkt an das Präsidium der JSS vom 28. 6. 1942, ebenda, Nr. 747, Bl. 55 f.; The black book of Polish Jewry: An account of the martyrdom of Polish Jewry under the Nazi occupation, bearb. von Jacob Apenszlak, New York 1982 [1943], S. 183.

In den ersten Monaten nach Errichtung des Lagers Lipie setzte sich die tägliche Essensration aus 250 Gramm Brot, zwei warmen Mahlzeiten (eine wässrige Kartoffel- und Gemüsesuppe) und Kaffee zusammen. Besonders häufig fehlte es an Fleisch und Fett als Suppeneinlage, was die Lagerinsassen angesichts der schweren körperlichen Arbeit besonders beklagten.

Ähnlich niedrige Rationen an Lebensmitteln und das Fehlen von nahrhaften Zutaten sind auch für die Lager Chabówka und Poręba Wielka bei Mszana Dolna überliefert. Das Essen wurde entweder direkt im Lager zubereitet und ausgegeben oder über die Volksküchen der JSS an die Arbeiter verteilt.[64] Erst nach wiederholten Besprechungen zwischen den Trägern der Arbeitslager und den Arbeitsämtern sowie den ständigen Interventionen vonseiten der Mitarbeiter der JSS gelang es im Herbst 1940, eine ausreichende Lebensmittelversorgung für die jüdischen Arbeiter durchzusetzen.[65] Die von der Zentrale der JSS in Krakau an die örtlichen Hilfskomitees zugeteilten Kontingente an Lebensmitteln konnten nur zur Ergänzung bzw. Überbrückung von Notsituationen dienen. Das Hilfskomitee in Neu-Sandez gab zum Beispiel im August 1941 für das Arbeitslager in Lipie 680 Kilogramm Brot aus. Bei einer durchschnittlichen Belegung mit 250 Personen konnten somit etwa 90 Gramm Brot pro Tag und Person verteilt werden. Zum Vergleich: Von der Volksküche in Neumarkt erhielten bedürftige Kinder zum Frühstück 100 Gramm Brot mit Marmelade.[66] Nach Errichtung der Lager und Unterbringung der Juden führten Mitarbeiter der Arbeitsämter Kontrollen im Rahmen der sogenannten Arbeiterfürsorge durch: Sie überprüften die Ernährung und Gesundheit der Insassen, den Zustand der Unterkünfte, die Arbeit der jüdischen Amtsärzte sowie die Zahlung der Löhne durch die Baufirmen.[67] Nicht zuletzt von ihrer Einstellung und Durchsetzungsfähigkeit gegenüber den Unternehmen hing es ab, ob die – gerade in der Anfangszeit der Lager vorherrschenden – katastrophalen Zustände

64 Bericht der Inspektionsreise von Artur Reinberg, Inspektor des AJDC für den Distrikt Krakau, vom 10.–16. 9. 1940, AŻIH, 210: AJDC, Nr. 20, Bl. 35 ff.; Abschrift eines Briefes von Emanuel Warenhaupt an das AJDC in Krakau vom 15. 10. 1940, ebenda, Bl. 41 f.; Schreiben des Judenrates in Mszana Dolna an das Präsidium der JSS vom 24. 11. 1940, ebenda, 211: JSS, Nr. 709, Bl. 17.

65 Bericht von Bronisława F. an Artur Reinberg, Inspektor des AJDC für den Distrikt Krakau, vom 19. 10. 1940, AŻIH, 211: JSS, Nr. 733, Bl. 22 f.; Vermerk der JSS in Krakau vom 1. 7. 1941, ebenda, Nr. 170, Bl. 1 f.

66 Tätigkeitsbericht des Hilfskomitees in Neu-Sandez für August 1941 vom 11. 9. 1941, AŻIH, Nr. 741, Bl. 52; Tätigkeitsbericht des Hilfskomitees in Neumarkt für April 1941 vom 27. 5. 1941, ebenda, Nr. 743, Bl. 73.

67 Für die Kontrollen im Arbeitslager Pustków waren die Arbeitsämter in Tarnów, Dębica und Pustków zuständig, vgl. fragmentarischer Bericht über das ZAL Pustków, o. D. [nach Juni 1941], AŻIH, Archiwum Ringelbluma I, Nr. 669, unpag.

sich besserten. Der Inspektor des AJDC für den Distrikt Krakau, Artur Reinberg, berichtete Mitte September 1940, dass ein Beamter des Arbeitsamtes nicht nur beim Transport von etwa 200 Juden aus Rzeszów (Reichshof) in das Arbeitslager Lipie anwesend gewesen sei, sondern sich auch in den folgenden Tagen um die Unterbringung und Versorgung der Lagerinsassen gekümmert habe.[68] Der Mitarbeiter des Arbeitsamtes Neu-Sandez, Adalbert Szepessy, berief nach Feststellung der unhaltbaren Zustände im Lager mehrere Besprechungen mit Vertretern der Bauleitung und der Wiener Baufirma Helmut Swietelsky ein – mit dem Resultat, dass sich bis zum Ende des Jahres zumindest die Lebensmittelversorgung und ärztliche Betreuung merklich besserten.[69]

Die Ergebnisse der Lagerbesichtigungen übermittelten Adalbert Szepessy und seine Kollegen an die Abteilung Arbeit in Krakau,[70] die aus diesem Grund im Laufe des Jahres 1940 wiederholt gezwungen war, auf die im Juli getroffenen Regelungen hinzuweisen.[71]

Die Formen der Arbeit und die Frage der Entlohnung

Sowohl die Unterkunfts- und Versorgungssituation als auch die Behandlung der jüdischen Arbeitskräfte durch das Lager- und Firmenpersonal waren mit der Art und dem Ort der zu leistenden Arbeiten verknüpft. Das lässt sich gut am Beispiel des Lagers Pustków zeigen: Neben dem Baracken- und Betonbau, Be- und Entwässerungsarbeiten, Straßenbau und Malerarbeiten unter Anleitung deutscher und österreichischer Firmen hatten die jüdischen Lagerinsassen auch Bauarbeiten für die Schieß- und Kampfbahnen unter Aufsicht der Zentralbauleitung der Waffen-SS auszuführen. Weitere Arbeitsstellen befanden sich bei der Kommandantur des Truppenübungsplatzes und der SS-Standortverwaltung (Pferdeställe, Wäscherei, Müllabfuhr, Kantine usw.). Im Gegensatz zu den schweren Erdarbeiten bei den Baumaßnahmen, bei denen die Arbeiter vom Aufsichtspersonal ständig angetrieben und geschlagen wurden, waren die Arbeitsbedingungen in den zuletzt genannten Einsatzorten vergleichsweise erträglich und nicht mit ständigen Übergriffen verbunden.

68 Bericht der Inspektionsreise von Artur Reinberg, Inspektor des AJDC für den Distrikt Krakau, vom 10.–16. 9. 1940, AŻIH, 210: AJDC, Nr. 20, Bl. 35 ff.

69 Bericht von Bronisława F. an Artur Reinberg, Inspektor des AJDC für den Distrikt Krakau, vom 19. 10. 1940, AŻIH, 211 JSS, Nr. 733, Bl. 22 f.

70 Vgl. Stellungnahme des Abteilungsleiters Pavlu vom 24. 9. 1940, APK, 33: Starosta Miasta Krakowa (SMKr), Nr. 9, Bl. 535.

71 Ebenda, Bl. 533.

Die Arbeit bei den SS-Verwaltungsdienststellen bot zudem Schutz vor den Witterungsbedingungen, bessere Verpflegung und ein gewisses Maß an Bewegungsfreiheit auf dem Truppenübungsplatz. Die dort beschäftigten Juden lebten in einer von den anderen Arbeitern abgegrenzten Baracke und durften gelegentlich das Lager am Wochenende verlassen. Ihre Sonderstellung schlug sich in den Bezeichnungen „Kommandanturjuden" oder „bessere Schicht" nieder, die unter den Lagerinsassen verbreitet waren. Doch auch unter den Arbeitsstellen für die Baumaßnahmen existierten Unterschiede, besonders gefürchtet waren die Arbeitskommandos bei der Straßenbaufirma Krause, das sogenannte Waldkommando, der Schießstand an der Bahnstation Kochanówka und das Ausheben der Entwässerungsgräben. Aufgrund der kraftraubenden Arbeiten war die Anzahl der Erschöpften und Verletzten hier besonders hoch.[72]

Für die Behandlung von leichteren Verletzungen und Erkrankungen gab es eine Krankenstube im Lager Pustków, die von zwei jüdischen Ärzten – unterstützt von einigen Sanitätern – geleitet wurde. Im Fall von schweren Erkrankungen kamen die Arbeiter in Krankenhäuser der Umgebung oder wurden bei Arbeitsunfähigkeit nach Rücksprache mit dem Arbeitsamt nach Hause geschickt.[73]

Wie auch in anderen Distrikten[74] stieß insbesondere die Entlohnung der jüdischen Arbeiter auf den erbitterten Widerstand der Firmen. Der Inspektor des AJDC für den Distrikt Krakau Artur Reinberg berichtete über die Lohnverhältnisse im Lager Lipie in seinem Inspektionsbericht vom September 1940, dass ein jüdischer Arbeiter in der Woche 22 Złoty bei einem Stundenlohn von 0,40 Złoty und einer Arbeitszeit von 55 Stunden verdiene, von denen 16 Złoty für Verpflegung und Sozialabgaben abgezogen würden. Im Vergleich dazu erhalte ein nichtjüdischer Arbeiter 0,50 Złoty pro Arbeitsstunde und zusätzlich 1,60 Złoty täglich für Verpflegung, das heißt bei gleicher Wochenarbeitszeit 37,10 Złoty. Die jüdischen Arbeiter erhielten demnach also 59 Prozent des Lohns eines polnischen Kollegen.[75] Doch aus vielen Arbeitslagern ist überliefert, dass die Firmen und die SS über lange Zeit gar keine Löhne auszahlten, oder wenn sie es doch taten, nur an

72 Urteil des LG Hannover vom 14. 11. 1973 gegen Hanns Proschinsky, abgedruckt, in: Justiz und NS-Verbrechen, Bd. 39, S. 313 ff.; Zabierowski, Pustków, S. 49, 55 ff.

73 Zabierowski, Pustków, S. 62; Hembera, Nationalsozialistische Ausbeutungs- und Vernichtungspolitik, S. 69.

74 Seidel, Deutsche Besatzungspolitik, S. 269; Christopher R. Browning, Jüdische Arbeitskräfte in Polen: Existenzkampf, Ausbeutung, Vernichtung, in: ders., Judenmord: NS-Politik, Zwangsarbeit und das Verhalten der Täter, Frankfurt a. M. 2001, S. 93–137, hier S. 97.

75 Bericht der Inspektionsreise von Artur Reinberg, Inspektor des AJDC für den Distrikt Krakau, vom 10.–16. 9. 1940, AŻIH, 210: AJDC, Nr. 20, Bl. 35 ff., hier Bl. 36. Zum ähnlichen Verdienst in anderen Lagern vgl. Schreiben der Delegatur in Proszowice an das Präsidium der JSS vom 25. 6. 1941, ebenda, 211: JSS, Nr. 821, Bl. 27.

die verheirateten Arbeiter.[76] Das Beispiel Lipie zeigt auch, dass sie von der Lohnsumme einen unverhältnismäßig hohen Anteil für unzureichende und qualitativ minderwertige Lebensmittel einbehielten.[77]

Unmittelbar verbunden mit der Problematik der Lohnzahlungen ist die Frage nach der „Produktivität" der jüdischen Arbeitslager für die deutschen Besatzer. Regelmäßig berichteten die Kreishauptleute in ihren monatlichen Lagebeurteilungen nach Krakau über die Unzufriedenheit der deutschen Firmen mit den zugewiesenen jüdischen Arbeitskräften, die nur 60 Prozent der Leistung eines nichtjüdischen Polen erbringen würden. Im Umkehrschluss bedeutete die für das Lager Lipie genannte Zahlung von 59 Prozent des Lohns eines polnischen Arbeiters, dass eine Arbeitsleistung eines jüdischen Arbeiters von mindestens gleicher Prozentzahl aus der Perspektive der deutschen Firma als produktiv anzusehen war.

Der erwähnte Bericht des Inspektors Reinberg zeigt, dass die jüdischen Arbeiter bei einer besseren Versorgung durchaus in der Lage waren, das Leistungsniveau eines Polen zu erreichen.[78] Der Unwille der Firmen, auf jüdische Arbeiter zurückzugreifen, resultierte eben nicht nur aus der geringeren Arbeitsleistung der Juden, sondern erklärte sich sowohl aus ihrer Einstellung, die bisher geübte Praxis des unbezahlten und damit lukrativeren Arbeitseinsatzes fortführen zu wollen, als auch aus handfesten antisemitischen Einstellungen bei vielen Firmenmitarbeitern.[79]

Fazit

In den Jahren 1940 und 1941 ließen die deutschen Behörden im Distrikt Krakau nicht weniger als 20 Arbeitslager errichten, in denen insgesamt mindestens 7000 jüdische Männer aus allen Distrikten des Generalgouvernements und aus

76 Bericht über das Jüdische Zwangsarbeitslager Lipie vom 22. 9. 1940, BArch, Ordner Verschiedenes XVII, Bl. 3 ff., hier Bl. 3; Gesprächsnotiz mit Vertretern des Judenrates in Mszana Dolna vom 7. 11. 1940, AŻIH, 211: JSS, Nr. 709, Bl. 17.

77 Notiz betreffend die Behandlung der Arbeiter im Arbeitslager in Lipie, o. D., AŻIH, 211: JSS, Nr. 735, Bl. 53.

78 Bericht der Inspektionsreise von Artur Reinberg, Inspektor des AJDC für den Distrikt Krakau, vom 10.–16. 9. 1940, AŻIH, 210: AJDC, Nr. 20, Bl. 35 ff., hier Bl. 36.

79 „Im übrigen bringe ich ihnen zur Kenntnis, dass sie beide noch nicht mit dem Judenrat verhandelt haben, sondern nur ihr Herr Bauleiter Herr Ing. Haiden und der nur immer in sehr aufgeregter Form, wovon das Wort Saujud u. s. w. die mindeste Bezeichnung für die jüdischen Zwangsarbeiter war." Bericht über das Jüdische Zwangsarbeitslager Lipie vom 22. 9. 1940, BArch, Ordner Verschiedenes XXII, Bl. 8. Vgl. auch die Notiz des AJDC in Krakau über Zwangsarbeit vom Oktober 1940, AŻIH, 210: AJDC, Nr. 20, Bl. 43.

dem Reichsgau Wartheland untergebracht waren.[80] Die Größe der Lager variierte dabei sehr stark: Während im Lager Poręba Wielka bei Mszana Dolna (KH Neu-Sandez) im November 1940 50 Arbeiter untergebracht waren, lebten zum gleichen Zeitpunkt im Lager Pustków 600 Juden, deren Zahl sich bis August 1941 auf etwa 1300 Personen erhöhen sollte.[81]

Die frühen Arbeitslager für Juden waren weder hermetisch von ihrer Umwelt abgeschlossen, noch existierte eine ausdifferenzierte deutsche Lagerverwaltung. Es war den jüdischen Arbeitern möglich, über die Judenräte und Hilfskomitees der JSS Kontakt zur Außenwelt aufzunehmen und durch deren Hilfe materielle Unterstützung zu erhalten. Diese durch die absichtliche Vernachlässigung vonseiten der Firmen aufgezwungene Selbstversorgung der jüdischen Arbeiter hatte langfristig betrachtet verheerende Auswirkungen: Aus den Berichten deutscher Arbeitsamtmitarbeiter, von Funktionären des AJDC und der JSS geht eindeutig hervor, dass die dort herrschenden Arbeits- und Lebensbedingungen trotz Interventionen und zusätzlicher Hilfe zu zahlreichen Krankheiten, Verletzungen, dauerhaften körperlichen Schäden und einzelnen Todesfällen führten.

Dass die Judenräte de facto für die Verpflegung, Kleidung und Unterbringung der zumeist aus den armen Teilen der jüdischen Bevölkerung stammenden Arbeiter aufkommen mussten, diesen aber bis in das Jahr 1941 die dazu notwendigen Lohnzahlungen häufig verweigert wurden, trug maßgeblich zur fortschreitenden Verelendung der jüdischen Gemeinden bei. Die Berichte zeigen aber auch, dass in Bezug auf die frühen Arbeitslager für Juden nicht von einem exterminatorischen Charakter gesprochen werden kann. Kurzum: Sie stellten nicht den Anfang des Judenmords unter dem verschleiernden Mantel des Arbeitseinsatzes dar.[82]

Die frühen Arbeitslager im Distrikt Krakau sind auch nicht als „Fehlschlag" in dem Sinne zu interpretieren, dass die durch ihre Insassen geleistete Arbeit nutzlos (wie im Fall des Lubliner Buggraben-Projektes 1940), die jüdischen Arbeiter unproduktiv und der Unterhalt der Lager dadurch zu kostspielig (wie im Fall der Lubliner und Warschauer Wasserinspektionen) gewesen seien.[83]

80 Diese Angaben basieren auf der Auswertung der Bestände der JSS, des AJDC und des Ringelblum-Archivs im Jüdischen Historischen Instituts in Warschau. Für weitere Orte, die von Marszałek, Obozy, S. 139 ff. und Kowalski, Obozy, S. 91 ff. aufgelistet werden, ließen sich keine zeitgenössischen Quellen oder Nachkriegsaussagen jüdischer Zwangsarbeiter finden, um die vor allem auf Nachkriegsaussagen polnischer Anwohner basierenden Angaben zu bestätigen.

81 Notiz des Judenrates in Mszana Dolna vom 7. 11. 1940, AŻIH, 211: JSS, Nr. 709, Bl. 16; Anlage zum Protokoll der Verteilung von 540 Hosen in Pustków vom 10. 11. 1940, ebenda, Nr. 1018, Bl. 54; Vermerk der JSS vom 12. 8. 1941, ebenda, Nr. 171, Bl. 19.

82 So die Interpretation von Janczewska, Obozy, S. 271–320, hier S. 305 f.

83 Browning, Nazi Germany's Initial Attempt, S. 171. Diese Einschätzung gilt für die Lager der SS und der Wasserwirtschaft in den Distrikten Lublin und Warschau, sie ist jedoch

Die im Distrikt Krakau verrichteten Arbeiten an Straßen, Eisenbahnstrecken und auf Truppenübungsplätzen hatten höchste Priorität, dienten sie doch der Vorbereitung des Überfalls auf die Sowjetunion und der Aufrechterhaltung des Nachschubs für die Wehrmacht. Die so häufig in den Monatsberichten der Kreishauptleute beklagte, jedoch selbst zu verantwortende geringere Arbeitsleistung der eingesetzten Juden gegenüber nichtjüdischen Polen kompensierten die Baufirmen sowohl durch geringere oder keine Lohnzahlungen als auch durch die Abwälzung der Unterhaltskosten auf die Judenräte und örtlichen Hilfskomitees der JSS. Im Gegensatz zur Situation in den Distrikten Warschau und Lublin stellte die Bereitstellung der notwendigen Geldmittel für Unterkunft und Versorgung kein großes Problem dar.[84]

Als Indiz dafür, dass die Arbeitslager aus deutscher Sicht durchaus als zweckmäßig für den Arbeitseinsatz der jüdischen Bevölkerung angesehen wurden, spricht die Tatsache, dass viele der frühen Arbeitslager über einen längeren Zeitraum betrieben und etwa nach dem Ende der zum Stopp der Arbeiten zwingenden Winterpause 1941 wieder in Gang gesetzt wurden.

Einige der größeren Lager im Distrikt Krakau bestanden bis in das Jahr 1942 (Lipie, Pustków, Krakau-Kostrze), vereinzelt sogar bis zum Herbst 1943 (Huta Komorowska, Krakau-Płaszów). Die Lager wurden in dem Moment aufgelöst, als entweder die geplanten Arbeiten beendet waren[85] oder die jüdischen Arbeiter, soweit sie nicht ermordet wurden, in die Arbeitslager von SS und Rüstungsindustrie überführt werden mussten.[86]

nicht verallgemeinerbar für das gesamte Generalgouvernement. Darüber hinaus sind die Meliorationsarbeiten durch die besonders schweren Bedingungen nicht mit Straßenarbeiten vergleichbar, vgl. Vermerk der JSS vom 30. 6. 1941, AŻIH, 211: JSS, Nr. 169, Bl. 35–37.

84 Stellungnahme des Abteilungsleiters Pavlu vom 24. 9. 1940, APK, 33 SMKr, Nr. 9, Bl. 535.

85 Für die Lager um Krosno vgl. Vermerk der JSS über Arbeitslager im Generalgouvernement vom 21. 6. 1941, AŻIH, 211: JSS, Nr. 169, Bl. 11 f.; Schreiben der Delegatur der JSS in Frysztak an das Präsidium der JSS vom 19. 1. 1942, ebenda, Nr. 389, Bl. 29 f.

86 Der Grund hierfür war, dass die im Herbst 1942 getroffenen Vereinbarungen zwischen SS-Führung, Wehrmacht und Ostbahn über den Verbleib der jüdischen Zwangsarbeiter nicht für die im Auftrag der Zivilverwaltung und der Holzindustrie tätigen Firmen galten, vgl. Anlagen zum KTB MiG/OQu., IfZ, MA 679/5, fr. 631 ff.; Abschrift eines Schreibens des Leiters der Hauptabteilung Eisenbahnen bei der Regierung des Generalgouvernements an den HSSPF vom 16. 9. 1942, BArch R 5, Nr. 23128, Bl. 43 f.; Schreiben des HSSPF an RFSS vom 14. 1. 1943, AIPN, 196: PB, Nr. 255, Bl. 282–284.

Maryna Dubyk

Arbeitseinsatz und Lebensbedingungen im Reichskommissariat Ukraine und im ukrainischen Gebiet unter Militärverwaltung (1941–1944)

Als *Zwangsarbeit* im Zweiten Weltkrieg wird in der Forschung einerseits die Arbeit nichtdeutscher Staatsbürger bezeichnet, die ins Dritte Reich verschleppt wurden, andererseits die Arbeit von Häftlingen der unterschiedlichen Arten von Lagern, einschließlich der Ghettos, in den besetzten Gebieten. Als wichtigste Merkmale für Zwangsarbeit gelten die Anwendung von körperlicher Gewalt oder die Androhung von Waffengewalt bei der Mobilisierung von Arbeitskräften; weiter die geschlossene Unterbringung der Zwangsarbeiter in kasernenähnlichen Unterkünften und ihre Bewachung während der Arbeit. Da viele Betroffene aus der Ukraine nach 1990 ihren Lageraufenthalt im besetzten Gebiet nicht nachweisen konnten, wurden ihre Anträge auf Entschädigungszahlungen abgelehnt; von besonderer Bedeutung war hier die nur lückenhafte Dokumentation der Lagerstandorte auf dem besetzten Gebiet.

Gegenstand und Raum

Seit dem Erscheinen neuer Forschungsarbeiten zum Thema, insbesondere von Tanja Penter, Dieter Pohl, Karl Heinz Roth und Jan-Peter Abraham,[1] verän-

1 Dieter Pohl, Die Herrschaft der Wehrmacht: Deutsche Militärbesatzung und einheimische Bevölkerung in der Sowjetunion 1941–1944, München 2008; Tanja Penter, Kohle für Stalin und Hitler: Arbeiten und Leben im Donbass 1929 bis 1953, Essen 2010; Karl Heinz Roth/Jan-Peter Abraham, Reemtsma auf der Krim: Tabakproduktion und Zwangsarbeit unter der deutschen Besatzungsherrschaft 1941–1944, Hamburg 2011. Vgl. außerdem Karsten Linne, Baumwollanbau im Zweiten Weltkrieg: Eine „Einsatzfirma" in Südrussland, in: Zeitschrift für Unternehmensgeschichte 48 (2003), S. 196–214; Herwig Baum, „Für die Stadt Kiew wird eine ‚Fangaktion' vorbereitet …": Akteure und Praxis der Zwangsarbeitrekrutierungen in der Ukraine während des Zweiten Weltkriegs, in: Arbeitskräfte als Kriegsbeute: Der Fall Ost- und Südosteuropa 1939–1945. Hrsg. von Karsten Linne/Florian Dierl, Berlin 2011, S. 270–302; Karel C. Berkhoff, Harvest of Despair: Life and Death in Ukraine under Nazi Rule, Cambridge/London 2004; Ihor Vjetrov, Ekonomična ekspansija tret'oho rejchu v Ukraïni, Kyïv 2000; Viktorija M. Naumenko, Polityka Ekonomičnoho

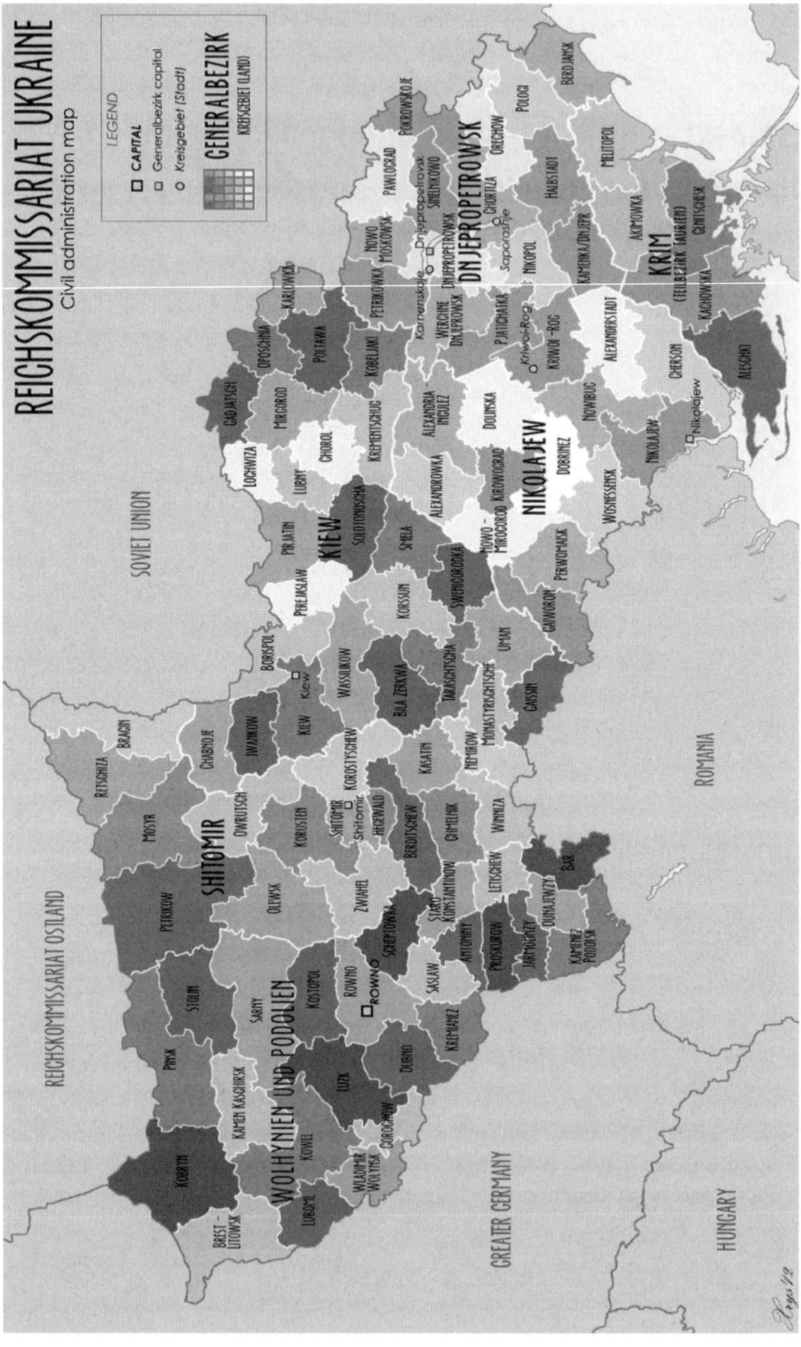

Karte 3
Karte Reichskommissariat Ukraine.
© Wikimedia, XrysD/John Nennbach

dert sich allmählich der Blick auf das ukrainische Kapitel in der Geschichte der unfreien Arbeit während der deutschen Besatzung im Zweiten Weltkrieg. Als Merkmale von Zwangsarbeit in den besetzten Gebieten gelten inzwischen auch andere Formen des wirtschaftlichen und politischen Zwangs wie die Zwangsregistrierung beim Arbeitsamt und harte Reglementierung des Aufenthaltes; die Tatsache, dass ein Arbeitsplatz Voraussetzung für die Versorgung mit Lebensmitteln war; harte Methoden zur Mobilisierung von Arbeitskräften. Außerdem haben Untersuchungen ergeben, dass die Betroffenen, die zur Arbeit gezwungen wurden, in der Regel keinen Unterschied zwischen den Methoden zur Ausbeutung ihrer Arbeitskraft vor dem Krieg und während der Besatzungszeit sahen; sie waren sich des Zwangscharakters oft gar nicht voll bewusst, da sie sich über den Unterschied zwischen Zwangsarbeit und freier Arbeit nicht im Klaren waren.

Die Behörden der deutschen Besatzungsmacht nutzten die Organisationsformen des stalinistischen Zwangsarbeitssystems der 1930er-Jahre. Die Androhung von körperlicher Gewalt war nicht das einzige Zwangsmittel – schon die Lebensumstände der auf dem besetzten Gebiet verbliebenen Bevölkerung verengten die Handlungsspielräume, bedeuteten einen Zwang. Die Besatzer setzten Hunger und Massenterror gezielt ein, ebenso die Beschlagnahmung von Lebensmitteln, die strenge Reglementierung des Wohnortes, die Meldepflicht beim Arbeitsamt, die Abhängigkeit der Lebensmittelrationen vom Arbeitsplatz, die künstliche Preisbildung und andere finanzpolitische Instrumente, die zu Inflation und Lebensmittelverknappung führten. Deshalb ist es angebracht, vom Zwangscharakter der Arbeit bzw. von der *Ausbeutung der Arbeitskraft* der lokalen Bevölkerung in den besetzten Gebieten zu sprechen. In Ermangelung einer Alternative waren die Menschen gezwungen, wirtschaftlich mit der Besatzungsmacht zusammenzuarbeiten. Manche Historiker haben das als Massenkollaboration bewertet, obwohl diese Art der Zusammenarbeit nicht dem üblichen Verständnis von Kollaboration entspricht. Sie war vielmehr ein Versuch, unter schwierigen Umständen zu überleben, weil eben diese Umstände selbst das Zwangsmittel darstellten.

Gegenstand des vorliegenden Artikels ist die Zwangsarbeit im seit dem 20. August 1941 bestehenden Reichskommissariat Ukraine (RKU) und im Gebiet der Militärverwaltung. Betrachtet wird also das Gebiet der Ukrainischen Sowjetrepublik in den Grenzen von 1941 inklusive einer Reihe südlicher Rayone der Belorussischen Sowjetrepublik sowie der Krim. Nicht einbezogen werden Galizien, das seit dem 1. August 1941 zum Generalgouvernement gehörte, die Bukowina und das sogenannte Transnistrien – die Gebiete zwischen den Flüssen Dnjestr

Štabu Ost v sferi promyslovosti na terytoriï okupovanoï Ukraïny, Diss. kand. istor. nauk, Charkiv 2008.

(Dnistr) und Südlichem Bug (Pivdennyj Buh) – also das Gebiet Izmail (Izmaïl), fast das ganze Gebiet Odessa und die südwestlichen Rayone der Gebiete Vinnica (Vinnycja) und Nikolaev (Mykolaïv) –, die unter rumänische Besatzung fielen.

Zum Militärverwaltungsbereich gehörten während der gesamten Besatzungszeit fünf Gebiete in der Ostukraine: die Gebiete Černigov (Černihiv), Sumy, Charkow (Charkiv), Stalino (Donec'k) und Vorošilovgrad (Luhans'k) sowie die Krim, die bis 1954 Teil der Russischen Sozialistischen Föderativen Sowjetrepublik war. Bis zum September 1942 unterstanden auch Gebiete der linksufrigen Ukraine (Livoberežna Ukraïna), also östlich des Dnjepr, der Militärverwaltung, die später zum RKU gehörten und dann ab Herbst 1943 mit dem Näherrücken der Frontlinie wieder in die Militärverwaltung übergingen: die Gebiete Poltava, Dnepropetrovsk (Dnipropetrovs'k), Zaporož'e (Zaporižžja). Die Gebiete der rechtsufrigen Ukraine (Pravoberežna Ukraïna), also westlich des Dnjepr, befanden sich am längsten – also teilweise von September 1941 bis zum Frühjahr 1944 – unter Zivilverwaltung. Diese beiden Gebiete – unter Militär- und unter Zivilverwaltung – werden hier zusammengefasst, da erstens besonders aus der Sicht der Bevölkerung selbst die Arbeitspolitik hier ähnlich war und da zweitens die Übergabe der Gebiete aus der Militär- in die Zivilverwaltung schrittweise vor sich ging. Aus diesem Grund wäre es nicht angebracht, für die Untersuchung ein einheitliches System des Arbeitskräfteeinsatzes künstlich in Regionen aufzusplittern, deren Status sich während der Besatzungszeit mehrmals änderte.

Die wichtigsten Faktoren im Zusammenhang mit dem Arbeitszwang in den besetzten Ostgebieten waren: 1) die Arbeitspflicht sowie ein System von Strafen bis hin zur Hinrichtung für das Fernbleiben von der Arbeit; 2) ein doppeltes Meldeverfahren – am Wohnort und beim Arbeitsamt; nur so bekam man Lebensmittelkarten, die gerade eine minimale Versorgung sicherten; 3) die Tatsache, dass die Menschen nur selten gemäß ihrer Qualifikation arbeiten und den Arbeitsplatz nicht frei wählen konnten; 4) Löhne, die in keinem Verhältnis zu den Preisen für die Grundnahrungsmittel standen; 5) harte Methoden der Zwangsmobilisierung von Arbeitskräften in großem Umfang; 6) die Verschleppung von Arbeitskräften sowohl ins Reich als auch innerhalb der Ukraine und in andere von den Deutschen besetzte Gebiete.

Demografie der Zwangsarbeit

Insgesamt lebten in den besetzten Ostgebieten nach Angaben des Wirtschaftsstabes Ost im März 1943 über 55 Millionen Menschen, davon 16,91 Millionen im Reichskommissariat Ukraine und circa 6 Millionen im Gebiet der Wirtschaftsinspektion Süd, die im rückwärtigen Heeresgebiet Süd auf dem Gebiet unter Militärverwaltung tätig war.[2] Dabei ist zu berücksichtigen, dass zu diesem Zeitpunkt bereits über eine Million Menschen aus den genannten Gebieten zur Zwangsarbeit ins Reich deportiert worden waren.

Der Großteil der in den besetzten Gebieten Verbliebenen waren alte Menschen, Frauen und Kinder, die meisten Männer dienten in der Armee oder waren zusammen mit Industriebetrieben gen Osten evakuiert worden. Ein großer Teil der Bevölkerung war während der Eroberung durch gezielte Vernichtungsaktionen, Erkrankungen und Mangelernährung umgekommen und vor allem in den Städten der Ostukraine verhungert – allein in Charkow (Charkiv) verhungerten bis Ende 1942 bis zu 30 000 Menschen.[3] Laut Abschlussbericht der Ukrainischen Staatskommission zur Untersuchung der deutsch-faschistischen Verbrechen[4] aus dem Jahr 1945 kamen auf dem Gebiet der Ukrainischen Sowjetrepublik über 3,1 Millionen Zivilisten und über 1,3 Millionen Kriegsgefangene um,[5] wobei die meisten Opfer in den Jahren 1941 und 1942 zu beklagen waren. Anderen Schätzungen zufolge betrugen die Verluste der Ukraine und der Krim in der Zivilbevölkerung sogar fast 4 Millionen Menschen, während der Besatzung sank die Bevölkerungszahl um 13,6 Millionen Menschen, allein die städtische Bevölkerung nahm um 45 Prozent ab.[6]

Als Zwangsarbeiter kamen in erster Linie arbeitsfähige Kriegsgefangene zum Einsatz, ebenso Juden, die den Massenerschießungen im Herbst 1941 entgangen waren. Nach erschreckend vielen Todesfällen unter den Kriegsgefangenen im Jahr 1941 war ihre Zahl im genannten Gebiet nicht mehr so hoch, was auch damit zusammenhing, dass laufend Kriegsgefangene ins Reich abgeschoben wurden. Zum 1. Oktober 1942 mussten von den 332 500 Kriegsgefangenen in den Lagern

2 Die deutsche Wirtschaftspolitik in den besetzten sowjetischen Gebieten 1941–1943: Der Abschlussbericht des Wirtschaftsstabes Ost und Aufzeichnungen eines Angehörigen des Wirtschaftskommandos Kiew. Hrsg. von Rolf-Dieter Müller, Boppard a. Rh. 1991, S. 519.

3 Pohl, Herrschaft der Wehrmacht, S. 192.

4 Für die gesamte UdSSR: Außerordentliche Staatliche Kommission für die Feststellung und Untersuchung der Gräueltaten der faschistischen deutschen Eindringlinge und ihrer Handlanger sowie des den Bürgern, Kolchosen, öffentlichen Einrichtungen und staatlichen Betrieben der UdSSR zugefügten Schadens (Črezvyčajnaja gosudarstvennaja komissija po ustanovleniju i rassledovaniju zlodejanij nemecko-fašistskich zachvatčikov i ich posobnikov i nanesennogo nimi uščerba graždanam, kolchozam, obščestvennym organizacijam, gosudarstvennym predprijatijam SSSR).

5 Sovetskaja Ukraina v gody Velikoj Otečestvennoj vojny 1941–1945. Dokumenty i materialy, Kiev 1985, Bd. 3b, S. 257.

6 Ebenda, S. 453.

des RKU fast 166 000 Zwangsarbeit leisten.[7] So wurden die Arbeitskommandos, die für Reparaturarbeiten an Straßen, Schienen und Flugplätzen, bei Straßenbauarbeiten und im Bergbau im Donezbecken (Donbas) eingesetzt wurden, aus Kriegsgefangenen gebildet. Beim Bau der Durchgangsstraße IV, die vom Generalgouvernement durch das RKU und weiter in Richtung Kaukasus führen sollte, waren im Januar 1942 50 000 Kriegsgefangene und 10 000 Juden im Einsatz.[8] Für die Kohleindustrie waren die höchste Zahl von 100 000 Zwangsarbeitern, davon bis zu 20 000 Kriegsgefangene, im Zeitraum von Oktober 1942 bis März 1943 erreicht.[9]

Der Großteil der jüdischen Bevölkerung war im Verlauf der Vernichtungsaktionen im Herbst 1941 direkt nach der Besetzung umgebracht worden, vor Ort wurden Ghettos und Zwangsarbeiterlager für arbeitsfähige Juden eingerichtet. Die zweite Vernichtungswelle begann in der zweiten Jahreshälfte 1942. Auf dem Gebiet des RKU, vor allem in Wolhynien (Volyn'), gab es große Ghettos, von denen die meisten im Laufe des Jahres 1942 aufgelöst wurden. So wurde das Ghetto in Luck (Luc'k) im August 1942 aufgelöst und 15 000 Juden ermordet, 500 jüdische Handwerker aus diesem Getto wurden Mitte Dezember 1942 umgebracht. Das Ghetto in Kovel' wurde in zwei Stufen aufgelöst: Im Juni 1942 wurden 9000 Menschen erschossen, im August weitere 6500. Aus dem Ghetto in Vladimir-Volynskij (Volodymyr-Volyns'kyj) wurden im September 1942 15 000 Juden erschossen, während einer weiteren Vernichtungsaktion Mitte Oktober noch einmal 2500. Einige jüdische Arbeitslager hat es dennoch bis Ende 1943 gegeben.[10] So wurden mindestens 500 jüdische Handwerker Mitte Dezember 1943 in Vladimir-Volynskij (Volodymyr-Volyns'kyj) erschossen. Ende 1943 wurden mit Näherrücken der Front und dem damit verbundenen Arbeitsstopp auch die Arbeitslager aufgelöst, die entlang der im Bau befindlichen Durchgangsstraße IV eingerichtet worden waren. Dort waren neben einheimischen Juden auch solche aus dem rumänischen Besatzungsgebiet im Einsatz gewesen, die Mitte 1942 dorthin verbracht worden waren.[11]

Nach Angaben des Reichsministeriums für die besetzten Ostgebiete wurden Mitte 1943 über 400 000 Menschen in den Betrieben im RKU (ohne Nah-

7 BArch-MA RW 6, Nr. 450, Bl. 101.

8 Baum, „Für die Stadt Kiew wird eine ‚Fangaktion' vorbereitet …", S. 281.

9 Tanja Penter, „Robota na voroha" čy „prymusova pracja" u vuhil'nij promyslovosti Donbasu pid čas okupaciï 1941–1943 rr, in: Ukraïnskyj istoričnyj žurnal (2005) 1, S. 34–41, hier 37.

10 A. I. Kruglov, Ėnciklopedija Cholokosta: Evrejskaja ėnciklopedija Ukrainy, Kiev 2000, S. 30 f.

11 Ebenda, S. 15 f.

rungsmittelindustrie und Militärbetriebe) eingesetzt.[12] In der Landwirtschaft des Reichskommissariats Ukraine arbeiteten fast 5 Millionen Menschen, bei der Wirtschaftsinspektion Süd (einschließlich eines Teils des Gebiets Kursk und der Krim) bis zu 10 Millionen.[13] Der Anteil der offiziell arbeitenden Bevölkerung lag bei über 20 Prozent der Gesamtbevölkerung, in Kiew bei circa 30 Prozent. Wenn man berücksichtigt, dass über 2,2 Millionen Menschen aus der Ukraine zur Zwangsarbeit ins Reich und in andere von den Deutschen besetzte Gebiete verschleppt wurden, so lässt sich feststellen, dass nicht die „Ostarbeiter" den größten Teil der Zwangsarbeit zu leisten hatten, sondern die einheimische Bevölkerung der besetzten Gebiete.

Das Zwangsarbeitsregime

Unmittelbar nach der Besetzung der Ukraine wurden zum Zweck der Kontrolle und der maximalen Ausbeutung der Arbeitskraft der einheimischen Bevölkerung Maßnahmen zur Errichtung eines rigorosen Kriegsregimes getroffen. Die Besatzungsbehörden regelten den Aufenthalt und die Bewegungsfreiheit der Bewohner des Landes streng; alle Bürger unterlagen der Meldepflicht am Wohnort, wenn man diesen verlassen wollte, war eine Sondergenehmigung erforderlich. So wurde am 7. Dezember 1941 in der Zeitung *Holos Volyni* ein Erlass des Generalkommissars von Žitomir (Žytomyr) veröffentlicht, nach dem sich alle Bewohner des Generalkommissariats im Laufe einer Woche beim Dorfältesten anmelden mussten. Ein Wohnortwechsel innerhalb einer Stadt oder eines Dorfes durfte nur mit Erlaubnis des Bürgermeisters oder Dorfältesten erfolgen, für einen Umzug in einen anderen Ort war eine Erlaubnis des Gebietskommissars erforderlich. Bei Verletzung dieses Erlasses drohten Zuchthaus oder Gefängnis.[14]

In einer Ankündigung des Vorsitzenden der Stadtverwaltung von Kamenec-Podol'skij (Kam'janec'-Podil's'kyj) (RKU) vom 11. Februar 1942 hieß es: „Wer Nichtansässigen, die sich nicht ausweisen können, Obdach, Nahrung, Kleidung und sonstige Hilfe bzw. Unterstützung in jedweder Form gewährt – wird erschossen. Wenn sich herausstellt, dass die einheimische Bevölkerung Nichtansässigen Hilfe gewährt hat oder wenn ein solcher Verdacht besteht, der Schuldige aber

12 BArch-MA RW 31, Nr. 260.

13 Basierend auf Angaben zur Zahl der Landbevölkerung je Flächeneinheit, in: Die deutsche Wirtschaftspolitik in den besetzten sowjetischen Gebieten 1941–1943, S. 432.

14 K. Kurylyšyn, Ukraïns'ke žyttja v umovach nimec'koï okupaciï (1939–1944 rr.). Za materialamy ukraïnomovnoï lehal'noï presy, L'viv 2010, S. 60–61.

nicht zu ermitteln ist, so werden statt seiner Geiseln erschossen."[15] Laut einer Verordnung der Schutzpolizei in Sumy (unter Militärverwaltung) die in der Zeitung *Sums'kyj Visnyk* vom 11. April 1943 veröffentlicht wurde, musste, wer sich nicht am neuen Wohnort anmeldete, mit einer Geldstrafe von 1000 Rubeln oder einer Festnahme und Verbringung in ein Lager rechnen.[16]

In den meisten Orten galt von 19 bis 5 Uhr eine Ausgangssperre. In Kiew verhängte der Stadtkommissar am 16. November 1941 ein Ausgangsverbot von 17.30 bis 5 Uhr.[17] „Personen, die nach 19 Uhr in der Stadt unterwegs sind, werden einfach erschossen. Man behauptet, sie seien Brandstifter. Außer in Kiew war ich noch in Poltava, Lubny, Krasnograd (Krasnohrad) und Borispol' (Boryspil'). In Poltava ist die Situation die Gleiche wie in Kiew", berichtete Frau G., nachdem sie aus dem Gebiet geflohen war.[18]

Arbeitsämter und Arbeitslager

Eine entscheidende Rolle für den Arbeitskräfteeinsatz spielten sowohl im RKU als auch im Militärverwaltungsbereich die vor Ort eingerichteten Arbeitsämter. Sie waren verschiedenen Stellen untergeordnet. Im RKU unterstanden sie einem Stadt- bzw. einem Gebietskommissar, während sie im Militärverwaltungsbereich den Wirtschaftskommandos des Wirtschaftsstabs Ost untergeordnet waren (im Sommer 1943 gab es allein im Militärverwaltungsbereich 45 Arbeitsämter mit 110 Nebenstellen).[19]

Die Verordnung des Reichsministers für die besetzten Ostgebiete vom 5. August 1941 über die Einführung der Arbeitspflicht für Nichtjuden zwischen dem 18. und 45. Lebensjahr und des Arbeitszwanges für Juden zwischen dem 14. und 60. Lebensjahr wurde nicht nur vom Reichskommissar der Ukraine, sondern auch vom Wirtschaftsstab Ost im Militärverwaltungsbereich umgesetzt, wobei die Altersgrenzen in ihren Erlassen zum Arbeitskräfteeinsatz sogar noch erweitert wurden: Alle Einwohner zwischen dem 14. und 65. Lebensjahr unterlagen der Arbeitspflicht. Laut einer Verordnung von Reichskommissar Erich Koch vom 21. November 1941 mussten sich alle Arbeitslosen auf dem Gebiet des RKU beim

15 Podillja u Velykij Vitčyznjanij vijni (1941–1945 rr.): Zbirnyk dokumentiv i materialiv, L'viv 1960, S. 52.

16 Sumskaja oblast' v period Velikoj Otečestvennoj vojny Sovetskogo Sojuza (1941–1945 gg.): Sbornik dokumentov i materialov, Char'kov 1963, S. 161.

17 Nimec'ko-fašysts'kyj okupacijnyj režym na Ukraïni: Zbirnyk dokumentiv i materialiv, Kyïv 1963, S. 55.

18 Kyïv u dni nacysts'koï navaly (za dokumentamy radjans'kych specslužb): Naukovo-dokumental'ne vydannja. Red. S. A. Kokin u. a., Kyïv/L'viv 2003, S. 249.

19 Baum, „Für die Stadt Kiew wird eine ‚Fangaktion' vorbereitet...", S. 118 f.

Arbeitsamt melden. Als Strafe für Nichteinhaltung dieser Verordnung drohten Gefängnis, Geldstrafen oder Zwangsarbeiterlager[20] (eine spätere Fassung der Verordnung wurde in den meisten Zeitungen der Besatzungsbehörden mehrmals abgedruckt).

Die Arbeitsämter hatten Hausverwalter, und diese waren für die Zusammenstellung von Listen aller arbeitslosen Männer zuständig und wurden zur Verantwortung gezogen, wenn diese nicht vollständig waren. Die Erlaubnis, ein Gewerbe oder Handel zu betreiben, erhielt man nur nach Prüfung durch das Arbeitsamt. Und auch Brot- und Lebensmittelmarken bekam man nur, wenn man Papiere vom Arbeitsamt vorweisen konnte.[21] In Novoukraïnka im Gebiet Kirovograd (Kirovohrad) hatten sich laut Erlass des Vorsitzenden der Rayonverwaltung vom 16. September 1941 alle arbeitslosen Frauen und Männer zwischen 16 und 55 Jahren umgehend bei der Stadtverwaltung zu melden, um Arbeit zugewiesen zu bekommen. Frauen mit Kindern über sechs Jahren mussten auch arbeiten und ihre Kinder in Kindergärten unterbringen – bei Zuwiderhandlungen waren strenge Strafen vorgesehen.[22]

Ein Bild von der Funktionsweise des Arbeitsamtes und seinen Befugnissen liefert folgendes Dokument, dessen Aussagen durch viele Zeitzeugen bestätigt wurde: „Laut Befehl der Deutschen ist die gesamte arbeitsfähige Bevölkerung dazu verpflichtet, sich beim Arbeitsamt anzumelden und täglich einmal dort zu erscheinen. Das Arbeitsamt verpflichtet alle ungeachtet ihrer Qualifikation zur Arbeit, und zwar in der Anzahl, welche die Deutschen für die Erledigung einer bestimmten Aufgabe benötigen. Erscheint jemand nicht zur täglichen Erfassung beim Arbeitsamt oder entfernt sich von der Arbeit, so gilt das als Sabotage und wird durch Erschießen bestraft. Die Hausverwaltungen sind verpflichtet, Arbeitslose aufzuspüren und zum Arbeitsamt zu schicken. Das Arbeitsamt ist dennoch nicht imstande, den Bedarf der Deutschen an Arbeitskräften zu decken. Tausende Menschen umgehen das Arbeitsamt ungeachtet der Repressionen. Deshalb werden Razzien durchgeführt. Bewaffnete und motorisierte Polizisten riegeln die Straßen, Plätze und Märkte ab, sammeln unerbittlich alle Männer und Frauen ein und bringen sie zur Arbeit. Die Arbeitenden werden von bewaffneten Deutschen und Ungarn bewacht. Nachts werden alle Arbeiter in Lagern untergebracht, bis zum Abschluss der Arbeiten wird niemand nach Hause gelassen. Wenn jemand aus gewichtigen Gründen – etwa eine Mutter wegen ihres Kindes – von der Arbeit

20 Zentrales Staatliches Archiv der obersten Organe und Verwaltungen der Ukraine, Central'nyj deržavnyj archiv vyščych orhaniv vlady ta upravlinnja Ukraïny (CDAVO), fond 3206, opys 2, sprava 193, ark. 8–9.

21 Ebenda, ark. 36–37.

22 Kurylyšyn, Ukraïns'ke žyttja v umovach nimec'koï okupaciï, S. 63.

weggelassen wird und nicht rechtzeitig zurückkehrt, so wird er, wenn man ihn zu Hause antrifft, direkt in der Wohnung erschossen", teilte der Zentralstab der Partisanenbewegung Nachrichtendiensten über die Lage im besetzten Kiew mit.[23]

Augenzeugen berichteten über die ständigen Razzien: „Im Winter, im Januar und Februar 1942, wurden durchweg alle Männer und Frauen in Kiew nicht nur auf den Ein- und Ausfallstraßen der Stadt, sondern auch in der Stadt selbst aufgegriffen. Die Menschen mussten diverse Arbeiten verrichten: auf den Straßen Schnee räumen, Wege reinigen, einige wurden auch nach Deutschland verbracht – noch vor der massenhaften Verschleppung von Menschen nach Deutschland."[24] Wegen eigenmächtigen Verlassens der Arbeitsstelle wurden in Zaporož'e (Zaporižžja) am 9. August 1943 sieben Personen zu drei bis fünf Jahren Gefängnis verurteilt (der Staatsanwalt hatte die Todesstrafe verlangt, aber „das Gericht hatte Rücksicht auf das junge Alter der Delinquenten genommen").[25] Am 10. September 1943 wurden drei Arbeiter der Metallfabrik Zaporošstal' wegen eigenmächtigen Verlassens der Arbeitsstelle und bolschewistischer Propaganda durch ein Militärgericht zum Tode verurteilt.[26]

Im Frontgebiet wurden alle Bewohner zwischen 14 und 65 Jahren mobilisiert, es wurde eine Sechstagewoche mit 54 Arbeitsstunden eingeführt. Bei Bedarf wurde die Arbeitszeit verlängert, die Menschen wurden gezwungen, auch nachts und an den Wochenenden zum Dienst zu erscheinen.[27] In der Zeitung *Sums'kyj Visnyk* vom 15. August 1943 gab die Ortskommandantur der Stadt Sumy einen Erlass über die Zwangsmobilisierung der gesamten arbeitsfähigen Bevölkerung zu Schanzarbeiten bekannt. Bei Verweigerung drohe der Abtransport in ein Arbeitslager.[28]

Im Juni 1943 wurden mindestens 210 000 Menschen beim Bau von Befestigungsanlagen im Frontgebiet eingesetzt.[29] Die flüchtige Frau G. berichtete darüber: „In Kiew werden am linken Dnjepr-Ufer Befestigungsanlagen errichtet. Zum Bau werden Männer zwangsverpflichtet. Freiwillig geht keiner dorthin. Auf den Straßen und Märkten werden Menschen aufgegriffen und nach Deutschland verschleppt, manche werden auch in Kiew beim Bau der Befestigungsanlagen eingesetzt. Sie bauen Schützengräben, Bunker und Panzersperren."[30]

23 Kyïv u dni nacysts'koï navaly, S. 258 f.
24 Ebenda, S. 283.
25 Nimec'ko-fašysts'kyj okupacijnyj režym na Ukraïni, S. 217.
26 Ebenda, S. 231.
27 Kurylyšyn, Ukraïns'ke žyttja v umovach nimec'koï okupaciï, S. 64.
28 Sumskaja oblast' v period Velikoj Otečestvennoj vojny Sovetskogo sojuza, S. 174.
29 Baum, „Für die Stadt Kiew wird eine ‚Fangaktion' vorbereitet…", S. 284.
30 Kyïv u dni nacysts'koï navaly, S. 251.

Ein Erlass vom 23. Januar 1942 lässt darauf schließen, dass Arbeitslager eine alltägliche Erscheinung waren, auch wenn dies sich durch die spätere schlechte Aktenlage oft nicht belegen lässt: Dieser Erlass der übergeordneten Rayonverwaltung des Gebiets Černigov (Černihiv) (unter Militärverwaltung) ordnete die Einrichtung von Arbeitslagern durch alle Regionalverwaltungen an, „wo alle arbeitsfähigen Personen zu internieren sind, die ihrer Arbeitspflicht nicht nachgehen. Die internierten Personen sind in diesen Lagern auf eigene Kosten unterzubringen und bei diversen Arbeiten einzusetzen".[31]

Zwangsarbeit auf dem Land

In ländlichen Gebieten wurden die einheimischen Arbeitskräfte noch rigoroser ausgebeutet als in der Stadt. Die Hoffnungen der Landbewohner auf eine Verbesserung ihrer Lebensbedingungen unter den Deutschen erfüllten sich nicht – die Besatzer übernahmen für die Verwaltung das System der Kollektivwirtschaften, und ab 1942 mussten sämtliche Familienmitglieder einschließlich der Kinder arbeiten. Während der Erntezeit wurde die gesamte Bevölkerung mobilisiert, Sabotage wurde „nach dem Kriegsrecht" geahndet.[32] Während der Ernte wurden Kindergärten eingerichtet, in denen ältere Frauen, die nicht auf dem Feld arbeiteten, auf die Kinder aufpassten.[33] Die meisten Arbeiten wurden von Hand verrichtet – mit Schaufeln, Pflügen und anderen Geräten, manchmal wurden Kühe vor den Pflug gespannt, in Ermangelung von Treibstoff konnten keine Kraftfahrzeuge oder Maschinen eingesetzt werden. Neben Steuern mussten die Landbewohner umfangreiche Abgaben in Naturalien leisten, die für fast alle landwirtschaftlichen Erzeugnisse erhoben wurden und deren Höhe die Besatzungsbehörden nach eigenem Ermessen festlegten. Bei Hinterziehung drohten Geldstrafen, Konfiskation von Eigentum und andere Strafen bis hin zur Todesstrafe.

Ein typisches Bild vom Arbeitskräfteeinsatz in der Landwirtschaft liefert die Situation im Rayon Ivankov (Ivankiv) im Kiewer Gebiet, der damals zum gleichnamigen Kreisgebiet zählte. Eine mikrohistorische Untersuchung erlaubt die Schlussfolgerung, dass bis 1943 so gut wie alle Arbeitsfähigen zur Zwangsarbeit herangezogen wurden. Ende September 1942 wurden von 19 300 beim Arbeitsamt des Rayons gemeldeten erwachsenen Einheimischen (über 15 Jahren, mehr als 12 000 davon waren Frauen) nur fünf Personen als Arbeitslose geführt, circa 2000 arbeiteten in diversen Betrieben, fast 5000 waren bereits zur Zwangsarbeit

31 Nimec'ko-fašysts'kyj okupacijnyj režym na Ukraïny, S. 80.

32 So hieß es im Erlass des Gebietskommissars von Dunajevcy (Dunaïvci), der im November 1941 in der Zeitung Dunajevec'ki visti veröffentlicht wurde. Vgl. Podillja u Velikij Vitčiznjanij vijni, S. 46.

33 Kurylyšyn, Ukraïns'ke žyttja v umovach nimec'koï okupaciï, S. 75.

nach Deutschland verschleppt worden und über 11 000, davon 7800 Frauen, arbeiteten in der Landwirtschaft.[34] Johann Bösche, einfacher Beamter der deutschen Zivilverwaltung, der im Gebiet Ivankov (Ivankiv) für Landwirtschaft und Erfassung zuständig war, schrieb am 7. September 1942 an seine Frau: „In dieser Gegend ist landwirtschaftlich gar nichts zu holen. Sand und nochmal Sand, dazu ist es jetzt zwei Monate trocken gewesen, so daß alles verdorrt ist. Die Bevölkerung ist aber das Höherhängen des Brotkorbes gewöhnt. Hier hat auch jeder ein Soll, was erfüllt werden muß an allen Teilen. Wenn dann die Mengen für die Heimat noch dazu kommen, so wird für die Bevölkerung nicht viel übrig bleiben. Aber wir müssen hart in diesen Dingen bleiben, damit unser eigenes Volk erst einmal leben kann. Jetzt ist es hier auch so trocken, daß gar nicht gepflügt werden kann. Wenn man die Pferde (Panje) mit ihrer Bespannung sieht, so muß man sich nur wundern, wie es immer geht. Wer den Osten nicht aus eigener Anschauung kennen gelernt hat, kann sich von vielem kein richtiges Bild machen."[35]

Dabei beschrieb Bösche seinen Aufenthalt als durchaus komfortabel, was die Ernährung betraf, sogar vergleichbar mit der in Deutschland. Das Leben der Einheimischen hingegen schilderte er in einem Brief vom 24. September 1942 in düsteren Farben: „Es wird hier noch teilweise sehr gehungert werden müssen, die Städte sind natürlich am schlechtesten dran. Wenn wir aber vor der Frage stehen, wer hungern soll, so kann es doch nur eine Antwort geben. Über diese Ausführungen in diesem Briefe erzähle aber bitte nichts. Es ist eben Krieg und wir dürfen nie und nimmer den Krieg verlieren. Wie es uns ergehen würde, darüber macht sich mancher bestimmt kein Bild."[36]

Während der Aussaat und der Ernte wurde die Arbeitspflicht auch auf die Stadtbewohner ausgedehnt. Tausende Menschen wurden aus den Städten zur Arbeit aufs Land geschickt. Im Frühjahr 1942 sollten über 400 000 Menschen zur Arbeit in der Landwirtschaft in den Süden der Ukraine umgesiedelt werden; es lässt sich jedoch nicht mit Gewissheit sagen, inwieweit dieses Programm umgesetzt wurde.[37]

Straßen- und Bahnbau

Auch bei Straßenreparaturarbeiten wurden Einheimische eingesetzt. So mussten in Wolhynien im RKU alle Landbewohner sechs Tage im Jahr Straßenrepa-

34 Staatliches Gebietsarchiv Kiew (Deržavnyj archiv Kyïvs'koï oblasti), fond R-2659, opys 1, sprava 2, ark. 110, 216.

35 Harald Bösche, „Meine liebe Elli ...!": Fotos, Briefe und Berichte aus der Gebietslandwirtschaft Iwankow (Ukraine) 1942 und 1943, Münster 2010, S. 62.

36 Ebenda, S. 80.

37 Berkhoff, Harvest of Despair, S. 268.

ratur- oder Straßenbauarbeiten ableisten. In der Region von Poltava betrug die Arbeitspflicht zehn Tage à 9,5 Stunden unentgeltlicher Arbeit im Quartal und erstreckte sich auch auf Personen, die in Betrieben und Behörden arbeiteten.[38] In der Region von Černigov (Černihiv) (unter Militärverwaltung) mussten alle Landbewohner – Männer im Alter zwischen 16 und 50 Jahren, Frauen zwischen 18 und 45 Jahren – eine Woche unentgeltlich beim Straßenbau arbeiten. Wer sich verweigerte, musste 100 Rubel Geldstrafe zahlen, bei wiederholter Verweigerung konnte man eingesperrt oder in ein Zwangsarbeitslager geschickt werden.[39]

Beim Bahnbau waren die Arbeiter in bewachten Lagern untergebracht, Flüchtige wurden als Saboteure erschossen und auch ihre Familien wurden bestraft. Nikolaj J., Jahrgang 1925, aus dem Dorf Lozovatka im Gebiet Kirovograd (Kirovohrad) wurde 1943 in ein Lager an der Station Pomošnaja (Pomična) geschickt. Die Lagerinsassen (circa 700 Personen, die meisten von ihnen ebenfalls Jahrgang 1925) bauten eine Eisenbahnlinie nach Uman'. „Das Konzentrationslager war von Stacheldraht umgeben und wurde von Deutschen mit Hunden bewacht, morgens mussten wir zur Arbeit, die viel zu schwer war für unser Alter, zu essen gab es Wassersuppe, abends mussten wir zurück ins Lager, wo uns die Läuse auffraßen. So ging es vom Mai 1943 bis zum März 1944, als die Rote Armee uns befreite."[40] Während des Jahres 1943 wurden bei den Bahnarbeiten auf dem Gebiet der besetzten Ukraine mindestens 300 000 einheimische Arbeiter eingesetzt, die nur knappe Essensrationen und höchstens 200 Karbowanez erhielten.[41]

Einen besonderen Fall beschrieb Marija K., die im Jahr 1942 aus dem Gebiet Žitomir (Žytomyr) statt Deutschland in die deutsche Kolonie Zürichtal (Zolote Pole) im Gebiet Nikolaev (Mykolaïv) verschleppt wurde, von dort kam sie nach Tamarino (Tamaryne) im selben Gebiet, wo sie bis zur Befreiung dieser Gegend zwei Jahre lang in Lagern lebte und Zwangsarbeit leisten musste.[42]

38 Poltavščyna u Velykij Vitčyznjanij vijni Radjans'koho Sojuzu 1941–1945. Zbirnyk dokumentiv i materialiv, Kyïv 1977, S. 72.

39 Kurylyšyn, Ukraïns'ke žyttja v umovach nimec'koï okupacii, S. 83.

40 Kolekcija lystiv hromadjan do Ukrains'koho nacional'noho fondu „Vzajemorozuminnja i prymyrennja" (Sammlung von Briefen von Bürgern an die Ukrainische nationale Stiftung „Verständigung und Versöhnung"), befindet sich in der Gedenkstätte „Nationalmuseum für Geschichte des Großen Vaterländischen Krieges 1941–1945" in Kiew (im Weiteren: Briefsammlung), Nr. 31–1997.

41 Berkhoff, Harvest of Despair, S. 161. Die Währung unter deutscher Besatzung war im Reichskommissariat Ukraine der Karbowanez (karbovanec'), der ab Juli 1942 im Umlauf war (der Tauschkurs Reichsmark-Karbowanez betrug 1:10). Im Gebiet der Militärverwaltung waren sowjetische Rubel im Umlauf.

42 Briefsammlung. Nr. 30–2002.

Kinder, Alte, Frauen

Kinder und Jugendliche, ältere Menschen und Frauen wurden in großem Umfang zur Arbeit eingesetzt. Offiziell unterlagen Menschen ab 14 Jahren der Arbeitspflicht, diese Regel wurde aber häufig außer Kraft gesetzt, vor allem bei Bewohnern ländlicher und frontnaher Gebiete. So wurde in Sumy am 1. Dezember 1942 die Arbeitspflicht für Jugendliche von 13 bis 18 Jahren eingeführt, bei Zuwiderhandlung wurde den Eltern eine Geldstrafe auferlegt.[43] Gemäß einer Verordnung des Gebietskommissars Kiew-Land vom 13. März 1943 wurden Kinderbrigaden aus Neun- bis 14-Jährigen für landwirtschaftliche Arbeiten gebildet. Kinder, die nicht in die Schule gingen, mussten vom Morgen an arbeiten, alle anderen begannen nach dem Unterricht: „Wir Kinder wurden zu schweren Erd- und Feldarbeiten gezwungen. Auf den Feldern ernteten Kinder ganz allein den schweren zusammengefallenen Weizen und anderes" (aus einem Brief von Lidija S., geboren 1928).[44]

Auf der Krim – so berichteten ehemalige Arbeiter, von denen die meisten damals zwischen 8 und 16 Jahren alt waren – wurde fast die gesamte Dorfbevölkerung auf den Tabakfeldern und bei der Sortierung eingesetzt.[45]

Entlohnung und Lebenshaltungskosten

Obwohl alle Arbeiten mit Ausnahme derer, die im Rahmen der Arbeitspflicht geleistet wurden, vorschriftsgemäß zu entlohnen waren, deckte der Lohn in der Realität doch nicht die Lebenshaltungskosten der Beschäftigten, und viele Arbeiter bekamen nur eine Lebensmittelration oder gar keine Entlohnung. Für die Betroffenen war das Wichtigste nicht die finanzielle Entlohnung ihrer Arbeit, sondern dass sie Lebensmittelkarten erhielten und in der Kantine des Betriebs oder in öffentlichen Kantinen essen konnten.

Die Besatzungsorgane regelten die Bezahlung von Arbeitern und Angestellten. Gemäß einer Verordnung des Generalkommissars von Wolhynien-Podolien vom 25. September 1941 erhielten Arbeiter je nach Qualifikation zwischen 0,60 und 1,50 Rubeln in der Stunde und Angestellte je nach Position zwischen 130 und 800 Rubeln pro Monat (der offizielle Wechselkurs von Reichsmark zu Rubel lag bei 1:10). Juden und Frauen erhielten 80 Prozent des tariflichen Lohns; das Überschreiten der Lohnobergrenzen wurde streng geahndet.[46] Gemäß einer Verordnung des Reichskommissars Ukraine über die Löhne für Industriearbeiter vom 7. Januar 1942 erhielten Arbeiter zwischen 0,70 und 2,50 Rubeln in der Stunde,

43 Nimec'ko-fašysts'kyj okupacijnyj režym na Ukraïni, S. 175 f.

44 Briefsammlung, Nr. 15–2000, Nr. 04–1997.

45 Roth/Abraham, Reemtsma auf der Krim, S. 360.

46 Kurylyšyn, Ukraïns'ke žyttja v umovach nimec'koï okupaciï, S. 65.

Volksdeutsche sollten 150 Prozent, Juden und Frauen nur 80 Prozent des tariflichen Lohns beziehen.[47]

Laut Befehl des Oberbefehlshabers des Heeres vom 1. Februar 1943[48] bekamen Arbeiter im Gebiet der Militärverwaltung je nach Qualifikation einen Stundenlohn von 1,40 bis 2,50 Rubel, angestellte Einheimische je nach Bildungsabschluss zwischen 300 (technisches Personal, Sekretärinnen und Kassiererinnen) und 1200 Rubeln (Leiter von Großbetrieben). In den Archiven der Betriebe sind Zahlungsbelege erhalten, die solche Lohnzahlungen bestätigen.[49] Insgesamt war die Lohnhöhe damit fast identisch mit den Tarifen der Vorkriegszeit.

Auf einem anderen Blatt stand allerdings, was man für dieses Geld kaufen konnte: Bei den meisten Menschen reichte es nicht einmal für Lebensmittel, zumal viele von ihnen auch ihre Familien versorgen mussten. „Während der Besatzung in Charkow arbeiteten wir alle, die noch am Leben waren (mein Vater, meine Mutter und ich), mein Vater reparierte Schuhe, meine Mutter schnitt zu und nähte für Nachbarn und Bekannte, sie hatte zwar keine Nähmaschine, aber sie ging mit den zugeschnittenen Sachen zu Nachbarn, um sie abzusteppen. Dafür musste sie bezahlen. Ich fuhr mit einer selbstgebauten Karre zu einem Privatbetrieb und brachte Sitro-Kisten[50] zu privaten Kiosken, und abends half ich meinem Vater, Schuhe zu flicken, die er aus der Werkstatt mitbrachte. Doch all diese Einkünfte reichten unserer Familie gerade mal für eine spärliche Verpflegung, die im Wesentlichen aus Kartoffeln und etwas Brot bestand." (aus einem Brief von K. Miacakan).[51]

„In den Betrieben erhalten die Mitarbeiter den gleichen Lohn wie unter der Sowjetregierung. Wer arbeitet, bekommt 1200 Gramm Brot pro Woche, alle anderen kriegen 200 Gramm Brot am Tag, allerdings unregelmäßig. Das Brot gibt es nur auf Karten, die man von der Leitung der Lebensmittel-Handelsorganisation (*piščetorg*) erhält. Früher bekamen noch alle Karten, jetzt muss man dafür, wenn man keine Arbeit hat, die Papiere vom Arbeitsamt vorlegen. Die Karten werden monatsweise ausgegeben. Jede Karte hat 45 Abschnitte – 30 für Brot und 15 Extraabschnitte. Für diese Extraabschnitte bekommt man manchmal ein Pfund Salz oder eine Schachtel Streichhölzer" – so beschrieb Frau G. das Leben in Kiew im Jahr 1942.[52]

47 Ebenda, S. 66.

48 Die deutsche Wirtschaftspolitik in den besetzten sowjetischen Gebieten 1941–1943, S. 529–539.

49 Naumenko, Polityka Ekonomičnoho Štabu Ost, S. 153.

50 Sitro: Bezeichnung einer Limonade in der Sowjetunion (Anm. d. Übers.).

51 Briefsammlung, Nr. 40–1997.

52 Kyïv u dni nacysts'koï navaly, S. 251.

„In den Geschäften der Stadt gibt es nur eine Sorte Brot (aus schlechtem Getreide, zur Hälfte mit Sand gemischt): Ein Arbeiter in der Produktion bekommt 200 Gramm pro Tag, alle anderen 550 Gramm pro Woche. Ein Kilogramm kostet 1 Rubel und 30 Kopeken. Die Menschen in der Stadt haben zu wenig zu essen und hungern. Auf dem Markt blüht die Spekulation. Die Preise: 1 Glas Roggenmehl kostet 10 Rubel, 1 Glas Hirse – 15 Rubel, 1 Glas Salz – 10 Rubel, 1 Kilo Speck – 1000 Rubel, 1 Kilo Butter – 800 Rubel, 10 Kartoffeln – 25 Rubel, 1 Liter Milch – 45 Rubel, 1 Pud[53] grob gemahlenes Mehl – 1200 Rubel. Es gibt ein paar private Cafés und Kantinen, wo ein Teller dünner Suppe 19 Rubel kostet, ein Ei – 8 Rubel und 50 Kopeken, eine Frikadelle – 85 Rubel und ein Kilo Brot – 100 Rubel. Aus Angst vor einem starken Anstieg der Spekulation haben die Deutschen Strafen eingeführt. Auf dem Markt steht jetzt in der Mitte ein Galgen, drei Frauen wurden gehängt, weil sie andere Dinge gegen Lebensmittel getauscht hatten" – so lautete eine Mitteilung des Zentralstabs der Partisanenbewegung über die Situation in Kiew.[54] „Vor der Einführung des Karbowanez kostete 1 Liter Milch auf dem Markt 50 Rubel, 1 Glas Zucker – 55–60 Rubel, 1 Glas Hirse – 15 Rubel, 1 Kilo Brot – 75–80 Rubel, 10 Kartoffeln – 30–50 Rubel, 1 Glas Tabak – 50–75 Rubel. Nach der Einführung des neuen Geldes verdoppelten sich die Lebensmittelpreise" – so berichtet eine andere Quelle aus dem Besatzungsgebiet.[55]

Im RKU betrug die Tagesration an Brot für Arbeitende in der Gegend von Kirovograd (Kirovohrad) 350 Gramm, für nicht Arbeitsfähige, Arbeitslose und Arbeitssuchende 100 Gramm. In Gorlovka (Horlivka) im Gebiet Stalino (Donec'k) (unter Militärverwaltung) lag die Wochennorm für Lebensmittel ab dem 1. Dezember 1942 für Arbeiter und Angestellte bei 2 Kilogramm Brot, 150 Gramm Fleisch, 50 Gramm Sonnenblumenöl, 500 Gramm Getreide und 2,5 Kilogramm Gemüse. Kinder, nicht arbeitsfähige Menschen und Familien von nach Deutschland Deportierten erhielten 1,5 Kilogramm Brot, 70 Gramm Fleisch, 30 Gramm Sonnenblumenöl und 2 Kilogramm Gemüse.[56]

Um zu überleben, gingen die Menschen auf der Suche nach irgendetwas Essbarem aus den Städten aufs Land.

„Aufgrund des Lebensmittelmangels zogen die Menschen aus Kiew in die Dörfer, jeder schleppte mit, was er noch hatte, um es gegen Brot einzutauschen. Auf die andere Seite des Dnjepr, in Richtung Borispol' (Boryspil') und Brovary, durfte man nicht, deshalb gingen alle Kiewer in Richtung Vasil'kov (Vasyl'kiv) und Belaja Cerkov' (Bila Cerkva). Die Straßen waren schwarz vor Menschen. Die

53 1 Pud = 16,38 kg (Anm. d. Übers.).
54 Kyïv u dni nacysts'koï navaly, S. 260 f.
55 Ebenda, S. 295.
56 Kurylyšyn, Ukraïns'ke žyttja v umovach nimec'koï okupaciï, S. 73.

Leute hatten verschiedene Kleidungsstücke dabei, Laken, Kleider, ein Handtuch, ein Beil, einen Spaten, Sägen, Stühle und anderes. Wer aus den Dörfern zurückkam, hatte Lebensmittel dabei. Vor allem Erbsen und Hirse. Wer etwas Gutes anzubieten hatte, konnte auch Fett eintauschen, Speck, Fleisch, Hühner, Eier, Zucker und Mehl. Mehl war schwer zu bekommen, da die Mühlen nicht arbeiteten, Getreide wurde mit Handmühlen gemahlen, wie sie fast jeder Bauer besaß. Die Leute gingen zu Fuß nach Belaja Cerkov' (Bila Cerkva), in die Rayone Skvira (Skvyra), Obuchov (Obuchiv), Fastov (Fastiv) usw. Manche gingen sogar bis Uman', Kazatin (Kozjatyn) oder Vinnica (Vinnycja). In den ersten Monaten des Tauschhandels bekam man Lebensmittel noch in den Dörfern und Rayonen in der näheren Umgebung. Doch bald musste man immer weiter und weiter von Kiew aufs Land hinausziehen. Man wurde seines Lebens nicht froh, wenn man Lebensmittel über 200 oder 300 Kilometer bis Kiew tragen musste, bis man nicht nur an den Füßen, sondern selbst auf den Schultern Blasen hatte. Wie Vieh schleppten sich die Menschen mit ihrer Last auf dem Buckel die Straßen entlang. Der Anblick war entsetzlich. Doch noch schlimmer war, dass die Deutschen vor Kiew diese teuer bezahlten Bündel und Taschen kontrollierten und Eier, Butter, Speck, Hühner, Zucker und Mehl beschlagnahmten. Die Leute versuchten, ein Stück Speck unter dem Arm zu verstecken oder in die Haare einzuwickeln – aber die Deutschen fanden es doch, nahmen es weg und schlugen diejenigen, die Lebensmittel und Fett versteckt hatten."[57]

Für die Dorfbewohner, die auf ihrem Land etwas anpflanzen konnten, war die Versorgung etwas leichter. Im Winter 1941/42 fand eine regelrechte Flucht der Stadtbewohner in die Dörfer statt. Während der Ernte wurden sie von den Behörden gezwungen, aufs Land zu gehen.

In Nežin (Nižyn) (unter Militärverwaltung) war es 1942 nur an Sonntagen von 10 bis 15 Uhr erlaubt, auf dem Markt zu verkaufen, der Verkauf von Fleisch, Fett, Kartoffeln, Getreideprodukten, Milchprodukten und Eiern war verboten. Auch der Tausch von Gegenständen gegen Lebensmittel und das Anheben der Preise waren verboten, auf Zuwiderhandlung stand Strafe oder Gefängnis.[58] In der Gegend von Kirovograd (Kirovohrad) (RKU) durfte man vormittags bis 10 Uhr und an Sonntagen bis 14 Uhr Gemüse, Obst und Ziegenmilch verkaufen. Die Preise waren in einer Verordnung des Reichskommissars festgelegt, sie durften nicht angehoben werden, und auf Handel mit verbotenen Lebensmitteln stand Konfiszierung der gesamten Ware.[59]

57 Kyïv u dni nacysts'koï navaly, S. 281 f.

58 Kurylyšyn, Ukraïns'ke žyttja v umovach nimec'koï okupaciï, S. 70.

59 Ebenda.

Im Jahr 1943 wurde der Verkauf auf den Märkten aufgrund der schwierigen Versorgungslage in vielen Orten ganz verboten. In der Gegend von Starokonstantinov (Starokostjantyniv) beispielsweise verbot der Gebietskommissar die sonntäglichen Märkte sowohl in der Stadt Starokonstantinov selbst als auch in den anderen Kreisstädten des Gebiets mit der Begründung, dass „die Bevölkerung ihre Pflichtlieferungen an Agrarprodukten nicht erfüllt hat". Zuwiderhandlung wurde mit Konfiszierung der Lebensmittel und hohen Geldstrafen sowie Gefängnis geahndet.[60]

In Jampol' (Jampil') im Gebiet Sumy (unter Militärverwaltung) befahl der Kommandant, jeden zu erschießen, der Lebensmittel vor der Wehrmacht verstecke. Das sei Sabotage.[61]

Deportationen

Ab Frühjahr 1942 organisierte der Generalbevollmächtigte für den Arbeitseinsatz Massendeportationen von Zwangsarbeitern nach Deutschland, sehr zum Missfallen der Arbeitsämter, die die Betriebe vor Ort mit Arbeitskräften zu versorgen hatten. Die Folge waren immer schärfere Methoden bei der Mobilisierung von Arbeitskräften: Razzien an belebten Orten gehörten zum Alltag, während der Arbeitszeit aufgegriffene Menschen, die nicht arbeiteten, kamen nach Deutschland, Arbeiter holte man direkt im Betrieb vom Arbeitsplatz weg, die gesamte Bevölkerung aus Dörfern, die man verdächtigte, Partisanen zu unterstützen, wurde deportiert. Die einzige Gegend der Ukraine, aus der es keine Massendeportationen ins Reich gab, wo im Gegenteil durch Mobilisierung immer wieder neue Arbeiter hinzukamen, war der Rayon Nikopol', wo Manganerz, ein wichtiger Rohstoff für die Rüstungsindustrie, abgebaut wurde.

Auch war es gängige Praxis, Arbeitskräfte von ihrem Wohnort in andere besetzte Gebiete der Sowjetunion zu verschleppen.[62]

Julija S. (geb. 1927 in Novaja Guta/Nova Huta im Gebiet Sumy) lebte mit ihrer Familie bei Partisanen in den Wäldern, nachdem die Besatzer das „Partisanendorf" im Gebiet Sumy abgebrannt hatten, schließlich wurden sie gefangen genommen und zu Fuß in verschiedene Sammellager im Gebiet Brjansk (in der Russischen Föderation) gebracht, wo man sie von Mai bis Oktober 1943 festhielt. „All die Qualen, Schrecken, die Angst und die Tränen, die ich in meinen jungen

60 Podillja u Velykij Vitčyznjanij vijni, S. 68.

61 Sumskaja oblast' v period Velikoj Otečestvennoj vojny, S. 96.

62 Bürger der Ukraine, die in andere besetzte Gebiete der UdSSR verschleppt wurden, hatten nur dann Anrecht auf die Zahlung einer Entschädigung durch die Stiftung „Erinnerung, Verantwortung und Zukunft", wenn sie einen Aufenthalt in Haftstätten belegen konnten. Dies führte in Anbetracht der Tatsache, dass über solche Lager nur wenig Material erhalten ist, in vielen Fällen zur Ablehnung von Anträgen auf Entschädigungszahlung.

Jahren erleben musste – gebe Gott, dass meine Kinder und Enkel so etwas niemals durchmachen müssen …“[63]

Fazit

Der ständige Nahrungsmangel, die Tatsache, dass selbst eine minimale Lebensmittelversorgung die Registrierung beim Arbeitsamt voraussetzte, dazu die Machtlosigkeit angesichts dieser Umstände und die beständige Angst vor Bestrafung waren die entscheidenden Faktoren, die die Menschen zur Arbeit zwangen.

Eine Besonderheit der Zwangsarbeit im Gebiet der Militärverwaltung im Vergleich zum RKU waren massenhafte Zwangsmobilisierungen für die Errichtung von Verteidigungsanlagen, die Minenräumung und andere Aufgaben in unmittelbarer Frontnähe für die Wehrmacht. Ansonsten überwogen die Gemeinsamkeiten im Zwangsarbeitsregime zwischen dem RKU und dem Gebiet unter Militärverwaltung, zumal die einzelnen ukrainischen Gebiete verschieden lange – von einem bis zu drei Jahren – der Zivilverwaltung unterstanden. Die Zwangsarbeit im Gebiet der Militärverwaltung im besetzten Gebiet der Ukraine unterschied sich auch nicht von der Zwangsarbeit im besetzten Gebiet der RSFSR, das ununterbrochen unter Militärverwaltung stand.

Die Besatzer beuteten nicht nur die materiellen Ressourcen der Ukraine aus, sondern auch die so gut wie kostenlosen Arbeitskräfte – und zwar sowohl vor Ort als auch in anderen besetzten Gebieten und im Reich, wohin sie eine enorme Zahl von Menschen deportierten. Die Arbeit der einheimischen Bevölkerung des besetzten Gebiets der Ukraine ist als Zwangsarbeit zu bezeichnen. Diese Einschätzung ergibt sich aufgrund der harten Methoden zur Mobilisierung von Arbeitskräften, des doppelten Meldeverfahrens und der Kopplung der Lebensmittelversorgung an diese Meldungen. Zudem lag die Entlohnung unterhalb des Existenzminimums. Hinzu kommen schließlich extrem schwere Arbeitsbedingungen und das Bestrafungssystem für jene, die sich der Arbeitspflicht entzogen.

Die schonungslose Ausbeutung und die brutale Bestrafung der einheimischen Bevölkerung durch die Besatzer trugen stark zum Anwachsen der Partisanenbewegung und des Widerstands bei. Sie führten dazu, dass man sich von der Roten Armee eine Befreiung von der ständigen Angst ums Überleben erhoffte, obwohl sich die meisten Menschen keinerlei Illusionen über die zu erwartenden Repressionen der Befreier gegenüber jenen hingaben, die im Jahr 1941 ihrem Schicksal überlassen worden waren.

63 Briefsammlung, Nr. 42–1997.

Natal'ja Timofeeva

Zwangsarbeit im besetzten Teil des Gebietes Voronež (1942–1943) in der Erinnerung der Zeitzeugen

Die Erinnerung an den Großen Vaterländischen Krieg bildet im heutigen Russland eine der Säulen der nationalen Identität. Interviews, die im Rahmen von Oral-History-Projekten durchgeführt wurden,[1] legen jedoch vielfältige Konstruktionen und an die jeweilige Zeit angepasste Muster der kollektiven und individuellen Erinnerung russischer Bürger an den Krieg und an die Besatzung offen.

Die Befragten hatten den Krieg und die Besatzung im Gebiet Voronež (Sommer 1942 bis Winter 1943) überwiegend im Kindesalter erlebt und berichten in den biografisch-narrativen Interviews über die Erfahrung des unfreiwilligen Zusammenlebens mit den Besatzern in der Nähe der Front. Sie alle wie auch ihre Familien hatten während der Besatzung Gewalt erfahren.

Der Verlust von Heim, Hab und Gut, Hunger, Schläge, die unfreiwillige Trennung von der Familie, Gefahren und die drohende Deportation und Zwangsarbeit bestimmten das Leben der Sowjetbürger unter deutscher Besatzung täglich. Dieser Beitrag behandelt die traumatischen Erfahrungen von äußerster Gewalt, der die Einwohner des Gebietes Voronež im Kontext der Zwangsarbeit in den frontnahen und den Frontbereichen des besetzen Gebietes Voronež ausgesetzt gewesen waren. Er basiert sowohl auf Archivquellen[2] als auch auf Interviews mit Menschen, die zwischen 1942 und 1943 im besetzten Teil des Zentralen Schwarzerdegebiets[3] Russlands gelebt hatten.

1 Es handelt sich um Projekte des Regionalen Zentrums für mündliche Geschichte Voronež: (Regionalnyj centr ustnoj istorii v Voroneže) „Russkie i nemci v 1945–1955 gg.", „Biografičeskaja dokumentacija rabskogo i prinuditel'nogo truda v nacistskoj Germanii", „Individual'naja i kollektivnaja pamjat' o vojne i okkupacii v Voroneže i Voronežskoj oblasti, 1942–1943 gg.".

2 Gosudarstvennyj archiv Voronežskoj oblasti (GAVO), R-2100: Kollekcija trofejnych dokumentov perioda Velikoj Otečestvennoj vojny 1941–1945 gg.; R-1784-1: Oblastnaja komissija po ustanovleniju i rassledovaniju zlodejanij nemecko-fašistskich zachvatčikov i ich soobščnikov i pričineniju imi uščerba graždanam, kolchozam, obščestvennym organizacijam, gosudarstvennym predprijatijam i učreždenijam Voronežskoj oblasti.

3 Das Zentrale Schwarzerdegebiet (russ.: Central'no-Černozemnaja oblast', CČO) wurde 1928 auf dem Gebiet der ehemaligen Gouvernements Voronež, Kursk, Orel und Tambov mit dem Verwaltungszentrum Voronež gebildet. 1934 wurde es aufgelöst, der Begriff hat

Die Besatzung der Stadt und des Gebietes Voronež ist natürlich in der regionalen Geschichtsschreibung thematisiert worden. Schon sehr bald nach der Befreiung erschienen erste Publikationen,[4] in den ersten Jahrzehnten nach dem Krieg haben sich auch Landeskundler immer wieder dieses Themas angenommen.[5] Insbesondere die Arbeiten des Historikers S. I. Filonenko aus Voronež seien hier hervorgehoben, die das Kriegsgeschehen und das Besatzungsregime in der Region Voronež in den Mittelpunkt stellen.[6] Im Jahr 2011 erschien die erste zusammenfassende Arbeit zur Geschichte der Region um Voronež in den Jahren 1941–1945.[7]

Gleichwohl fehlen grundlegende Studien, die tiefer gehende Analysen der Problematik der Kriegsgefangenschaft, der Konzentrations- und Arbeitslager sowie der Zwangsarbeit auf dem besetzten Teil des Gebietes Voronež leisten. Dies liegt nicht zuletzt an der langfristigen Wirksamkeit stalinistischer Denkmuster, die die Vorstellung verfestigten, dass Kriegsgefangenschaft und Zwangsarbeit für den Feind, ja sogar der Aufenthalt in den besetzten Gebieten, eine Schande, ein Verbrechen gegenüber der Heimat seien.[8] Auch die Tradition der sowjetischen Wissenschaft, die dem Individuum äußerst wenig Platz einräumte, hatte hieran ihren Anteil. Die genannten biografisch-narrativen Interviews fördern nun die Tragik und die nachhaltigen Auswirkungen der Besatzung und der Zwangsarbeit als einer Erfahrung extremer Gewalt zutage, die das Leben jener beeinflusste, die sich während des Krieges im frontnahen Gebiet Voronež aufhielten.

Seit dem 28. Juni 1942 befand sich die Rote Armee im Gebiet Voronež in einem schweren Verteidigungskampf. Am 7. Juli 1942 nahmen die Truppen der Wehrmacht den am rechten Ufer gelegenen Teil der Stadt Voronež ein, bis zum

sich aber als zusammenfassende historische Bezeichnung für die an ihrer statt entstandenen Gebiete, darunter auch das Gebiet Voronež, erhalten.

4 S. Abros'kin/V. Nejno/M. Sergienko, Zemlja, zalitaja krov'ju, Voronež 1944; Voronežskaja oblast' v Velikoj Otečestvennoj vojne Sovetskogo Sojuza 1941–1945, Voronež 1948.

5 A. Pjatunin/P. Trojanovskij/P. Ščegoleva, Na voronežskom napravlenii, Voronež 1973, S. 143–147; M. A. Gončarov, Basovskaja tragedija, Voronež 1991 u. a.

6 S. I. Filonenko, Pod Stalingradom i Voronežem. Razgrom armij satellitov fašistskoj Germanii (nojabr' 1942 goda – fevral' 1943 goda). Istoriografija i istočniki, Voronež 2000; S. I. Filonenko, Ot Pruta i Dnestra do Dona i Volgi. Razgrom armij satellitov fašistskoj Germanii pod Stalingradom i Voronežem (nojabr' 1942 goda – fevral' 1943 goda), Voronež 1999; S. I. Filonenko, N. V. Filonenko, Krach fašistskogo „novogo porjadka" na Verchnem Donu (ijul' 1942 – fevral' 1943), 3. Aufl., Voronež 2005.

7 A. V. Šamraj, Voronežskaja oblast' v gody Velikoj Otečestvennoj vojny. Očerki voennoj, političeskoj i ėkonomičeskoj istorii, Voronež 2011.

8 Prikaz Nr. 270 Stavki Verchovnogo Glavnogo Komandovanija Krasnoj Armii ot 16 avgusta 1941 g., http://www.hrono.ru/dokum/194_dok/19410816.php [31. 8. 2012].

10. Juli besetzten sie das gesamte rechte Donufer. Obgleich es der deutschen Armee nicht gelang, die sowjetischen Verbände vor Voronež vollständig zu zerschlagen, war damit ein bedeutender Teil der Operation „Blau-1“ umgesetzt, die einen Zugang zum Don und die Eroberung der Stadt Voronež zum Ziel hatte.

Vom 15. bis zum 20. Juli 1942 unternahmen die Verbände der Brjansker und Voronežer Front einen Gegenangriff, der jedoch misslang. Auch der nächste Versuch am 24. Juli schlug fehl, die sowjetischen Truppen konnten nur geringfügig vorrücken. Die im August und September 1942 unternommene Offensive, an der anfangs vier Armeen der Brjansker und der Voronežer Front, später nur die Voronežer Front beteiligt waren, blieb ebenfalls erfolglos, verhinderte jedoch ein Vorrücken der feindlichen Truppen in Richtung Stalingrad.

Die deutschen Oberkommandos waren gezwungen, bedeutende Teile der Wehrmacht und der Armeen ihrer Verbündeten bei Voronež zu stationieren. Somit blieb der bis Januar 1943 unter Besatzung stehende Teil des Gebietes Voronež[9] Frontbereich. Die Frontlinie verlief fast überall entlang des Don. Im besetzten Gebiet waren Teile der 2. deutschen und der 2. ungarischen Armee, der 8. italienischen und der 3. rumänischen Armee stationiert.[10]

Der besetzte Teil des Gebietes Voronež war in drei Bereiche unterteilt. Aus dem Bereich, der unmittelbar an die Gefechtszone grenzte, wurde die gesamte Bevölkerung ins Hinterland zwangsumgesiedelt – die Aussiedlung der Einwohner der Stadt Voronež begann Mitte Juli 1942. Die Menschen wurden gezwungen, lange Strecken ohne Essen und ohne Wasser zurückzulegen. Die Umgesiedelten wurden in Häusern der örtlichen Bevölkerung, in Lagern, in Wirtschaftsgebäuden oder gar in Schweineställen untergebracht. Die Befragte M. E. Černych (geb. 1926 im Dorf Oskino, Kreis Chochol, Gebiet Voronež) berichtet voller Trauer davon, wie die Einwohner ihres Heimatdorfes vertrieben und in eine andere Gegend abgeführt wurden: „Sie jagten uns aus den Häusern und weiter nach Rosoški [Dorf im Kreis Repevka, Gebiet Voronež], sieben Kilometer von uns. […] Dort sind wir bei Leuten untergekommen. Da hat sich eine Frau von ihrem Mann getrennt, und wir sind bei ihr eingezogen, alle sieben. Sie lebte allein. Das Haus hatte nur ein Zimmer. Und da waren wir alle. […] Dort blieben wir – weiß nicht genau – ’n Monat vielleicht, oder zwei. Und dann trieb man uns weiter. Nach Kočetovka [Dorf im Kreis Chochol, Gebiet Voronež]. Und bis nach Kočetovka sind es auch an die sieben Kilometer. […] Dort sind wir nicht lange geblieben. Aus Kočetovka trieben sie uns weiter. Wir waren sogar hinter Staryj Oskol [heute

9 Bei Kriegsausbruch zählte das Gebiet Voronež 81 Kreise mit 2 709 100 Einwohnern. Im Zuge der Sommeroffensive 1942 besetzten die deutschen Truppen 33 westliche und südwestliche Kreise des Gebietes ganz oder teilweise.

10 Vgl. dazu V. P. Morozov, Zapadnee Voroneža, Moskva 1956, S. 18.

eine Stadt im Gebiet Belgorod]. [...] die Deutschen haben uns nur begleitet. [...] So viele Menschen, alle, die da waren, haben sie vertrieben. Alle wehrlos, jeder mit dem, was er grad anhatte – und barfuß waren wir."[11]

Aus dem zweiten Bereich wurden die Einwohner nicht ausgesiedelt, sie durften jedoch ihre Häuser oder Notunterkünfte nur zu bestimmten Tageszeiten verlassen. P. F. Baškov (geb. 1928 im Dorf Djačenkovo, Kreis Bogučar, Gebiet Voronež) erinnert sich: „Nach einer oder zwei Stunden kam der Befehl, alle auszusiedeln, die deutsche Front würde einziehen, im zweiten Zug – die Italiener. [...] Mir nichts, dir nichts, also, so wie du grade warst und die zwei–drei Kinder, und zum Ovrag[12] bringen. [...] Die Deutschen haben alle Häuser besetzt."[13] A. I. Uvarova (geb. 1929 im Dorf Čudovka, Kreis Semiluki, Gebiet Voronež) erzählt, wie das Problem der Unterkünfte für die Besatzer in einem anderen Dorf gelöst wurde, das in Frontnähe lag: „Und da fiel ihnen ein, die eine Hälfte des Dorfes in die andere zu evakuieren, uns alle rauszuschmeißen und dort unterzubringen."[14] Ganz gleich, wie sich die Umstände im Einzelnen unterschieden haben mögen, der Verlust oder die Beschlagnahmung des Elternhauses hat sich tief in die Erinnerung jener eingebrannt, die die deutsche Besatzung erleben mussten.

Im dritten Bereich galt das allgemeine Regime für Besatzungsgebiete, das aber nicht typisch für das gesamte Gebiet Voronež war.

In den besetzten Städten und Kreisen des Gebiets Voronež bestand sowohl eine Militärverwaltung als auch eine örtliche Hilfsverwaltung. Die eigentliche Funktion einer Militärverwaltung nahmen die Kommandanturen wahr. Die deutschen, ungarischen und italienischen Kommandanten wurden von den Stäben der zuständigen Wehrmachtverbände eingesetzt. Zu den Aufgaben der Kommandanten gehörte die Partisanenbekämpfung, die Aufrechterhaltung des Besatzungsregimes, die Aufsicht über kriegswirtschaftliche Angelegenheiten, die Bildung einer lokalen Hilfspolizei sowie lokaler Hilfsverwaltungen in Form von Stadt- oder Kreisämtern, jeweils mit Bürgermeistern bzw. Kreisvorstehern an der Spitze.

11 Interview mit M. E. Černych, in: Regional'nyj centr ustnoj istorii v g. Voronež, fond „Individual'naja i kollektivnaja pamjat' o vojne i okkupacii v Voroneže i Voronežskoj oblasti, 1942–1943 gg."

12 Ovrag: tief eingeschnittene, junge Erosionsform im Steppenklima.

13 Interview mit P. F. Baškov, in: „Detstvo u menja bylo ...". Obraz koncentracionnogo lagerja v vospominanijach byvšich nesoveršennoletnich uznikov: Sbornik statej, vospominanij i interv'ju. Red. N. P. Timofeeva, Voronež 2010, S. 44–45.

14 Interview mit A. I. Uvarova, in: Regional'nyj centr ustnoj istorii v g. Voronež, f. „Individual'naja i kollektivnaja pamjat' o vojne i okkupacii v Voroneže i Voronežskoj oblasti, 1942–1943 gg."

Da die Frontlinie mitten durch das Gebiet und die Stadt Voronež verlief und der überwiegende Teil der besetzten Kreise in der Kampfzone oder in Frontnähe mit einer entsprechend starken Präsenz von Besatzungstruppen lag, nahm die Besatzungspolitik hier besonders harte, oft auch gewalttätige Züge an.[15] Auch richteten die Besatzer im Gebiet Voronež Dutzende Lager ein, in denen vor allem sowjetische Kriegsgefangene untergebracht wurden.[16]

Der hierarchisch niedrigste Vertreter der örtlichen Verwaltung war der Dorfälteste (Starost). Meist unterstand ihm das Gebiet einer früheren Kolchose oder Sowchose. Laut deutschen Anweisungen aus den Jahren 1941/42 hatten die Dorfältesten unter anderem folgende Aufgaben:

- die Erfassung der einheimischen Bevölkerung und die Registrierung aller ortsfremden und verdächtigen Personen;
- die Organisation der landwirtschaftlichen Arbeiten;
- die Rekrutierung der Bevölkerung für militärische und Straßenbauarbeiten;
- die Ermittlung von Lebensmittel- und Waffenlagern, die Requirierung von landwirtschaftlichen Erzeugnissen bei der Bevölkerung.[17]

Im Auftrag des Militärkommandanten erstellte der Älteste jeder Ortschaft je zwei Listen, in denen die Ortsbewohner verzeichnet waren. Die erste Liste registrierte die Eingesessenen, die als unverdächtig galten. Auf der zweiten Liste standen die Namen der Personen, die erst nach Kriegsbeginn in den Ort gekommen waren (Flüchtlinge, Saisonarbeiter usw.), allerdings nur jener, die einwandfreie Personalpapiere hatten und für deren Zuverlässigkeit der Dorfälteste bürgen konnte. Enttarnte Kommissare und Partisanen wurden in Lager geschickt oder erschossen.[18]

Am 5. August 1941 veröffentlichte Alfred Rosenberg, Reichsminister für die besetzten Ostgebiete, eine Verordnung zur Einführung der allgemeinen Arbeitspflicht in den besetzten sowjetischen Gebieten.[19] Im frontnahen Gebiet Voronež

15 Vgl. dazu Šamraj, Voronežskaja oblast' v gody Velikoj Otečestvennoj vojny, S. 212.

16 Im Gebiet Voronež wurden mehr als 40 Lager eingerichtet, in denen Zehntausende sowjetischer Kriegsgefangener untergebracht waren (vgl. ebenda). Eine weitere Besonderheit der Besatzung im Gebiet Voronež war, dass hier drei Varianten von Militärverwaltung nebeneinander existierten: die deutsche, ungarische und italienische. In einer Reihe von Kreisen herrschten die Deutschen gemeinsam oder in enger Zusammenarbeit mit ihren Verbündeten, wobei jedoch die dominierende Rolle in der Militärverwaltung immer bei den deutschen Verwaltungs- und Militärstellen lag.

17 B. N. Kovalev, Nacistskij okkupacionnyj režim i kollaboracionizm v Rossii (1941–1944 gg.), Novgorod 2001, S. 50 f.

18 GAVO, R-1784-1-152, Bl. 13.

19 Nemecko-fašistskij okkupacionnyj režim (1941–1944 gg.), Moskva 1965, S. 125 f.

waren die Besatzungsbehörden weder imstande, die Tätigkeit von Unternehmen und Handwerksbetrieben in geregelte Bahnen zu überführen, noch konnten sie für den überwiegenden Teil der Bevölkerung eine andere Beschäftigungsmöglichkeit schaffen. Deshalb bildete die Zwangsarbeit, zu der die Bevölkerung herangezogen wurde, von Beginn an den Großteil aller ausgeführten Arbeiten; weder kinderreiche Mütter noch Kinder wurden verschont.

T. M. Šepilova (geb. 1928 im Dorf Sinie Lipjagi, Kreis Chochol, Gebiet Voronež) erinnert sich: „Sie war allein und hatte uns sechs. [...] Da waren sie auch schon, die Hilfspolizisten[20] [...] Sie sagt: ‚Ich kann nicht jäten, meine Kinder haben Hunger.' Und fängt an zu weinen. Ich weine auch los, und dann auch die anderen. Aber er besteht darauf, hat wohl eine schwarze Seele. Dann haben wir so gefleht: Mama ging auf die Knie. Er holte eine Peitsche raus, schlug ihr mit voller Wucht auf den Rücken und ging weg. Und sie lag viele Monate deshalb flach. Ein Russe war das, aber nicht von hier. So fing dieses Leben mit der Hilfspolizei an."[21]

Über seine Kindheit unter deutscher Besatzung erzählt P. F. Baškov: „Wir sollten also hin, Pferden tränken. [...] Die Pferde waren paarweise zusammengebunden, und die Deutschen, einer vorne, und der andere eskortiert uns mit 'nem Gewehr zum Brunnen. Und so ein Pferd, wissen Sie, das kann acht oder zehn Eimer wegtrinken. Der Brunnen, das weiß ich noch genau, war an die 15 Meter tief. Wir ließen den Eimer runter, der war aus Stoff, und das Wasser wollte nicht rein. Er kommt mit einer Peitsche angelaufen, sagt, die Pferde müssen trinken. Also ließ er einen Radschlauch runter, und auf den Reifen hatte er ein Stück Brett gebunden. So ließen sie mich runter, und die anderen auch. Ja, in den Brunnen, mit den Füßen dann im eiskalten Wasser. Als drei, vier Pferde getränkt waren, holten sie mich raus und setzen einen anderen da rein. Zwei Mann kurbelten, und waren dabei angekettet, damit sie nicht weglaufen."[22]

Sämtliche Arbeiten wurden von Polizisten und Soldaten beaufsichtigt. Der Arbeitstag dauerte 14 Stunden. Wer langsam oder nicht sorgfältig arbeitete, wurde geschlagen und konnte gar erschossen werden. V. F. Kukuev (geb. 1927 im Dorf Ivanovka, Kreis Chochol, Gebiet Voronež) berichtet: „Die Jungs sind am Graben, der Abhang ist etwa zwanzig Grad steil, und ich kriege einen Malariaanfall. Schüttelfrost und hohes Fieber. Also arbeiten die Jungs, und ich liege. Die Sonne scheint, es ist warm, verstehen Sie? Kommt ein rothaariger Magyar auf mich zu – das weiß ich noch ganz genau – schimpft, packt mich am Kragen und

20 Im Russischen „Policaj", Bezeichnung für einheimische Hilfspolizisten.

21 Interview mit T. M. Šepilova, in: Regional'nyj centr ustnoj istorii v g. Voronež, f. „Individual'naja i kollektivnaja pamjat' o vojne i okkupacii v Voroneže i Voronežskoj oblasti, 1942–1943 gg."

22 Interview mit P. F. Baškov, in: „Detstvo u menja bylo ...", S. 60 f.

wirft mich wie einen kleinen Hund runter. Dann kommt er wieder auf mich zu und treibt mich nach unten wie 'nen Fußball bis zum Fuße dieser Schlucht. Die Jungs sagen ihm: ‚Er ist krank.' […] Also kommt er nochmal zu mir, ich weiß nicht mehr, ob ich Schmerzen hatte, ich spürte schon nichts mehr. Mit dem flachen Spaten schlug er mich und sagte: ‚Gyálm.' Das heißt bei denen ‚hau ab'. Und ich bin diese ganzen zehn Kilometer gekrochen, die Sonne ging schon unter. Na ja, und im Dorf haben die Frauen dann Lärm geschlagen, alle kamen angelaufen, so schlimm stand es um mich."[23]

Die Macht der Besatzer basierte auf unmittelbarem physischen Zwang und äußerte sich als Gewalt, die rassistisch legitimiert wurde, auch gegenüber den Einwohnern des Gebietes Voronež. Diese mussten dem Feind bedingungslos dienen und die Aufträge der Militärs und der Besatzungsverwaltung an der Front und in Frontnähe ausführen. Im Sommer 1942 wurden die Maßnahmen der Besatzungsbehörden verstärkt auf die landwirtschaftliche Ausbeutung der besetzten Gebiete gerichtet. Die Ernte sollte für die Versorgung der Wehrmachtverbände genutzt oder nach Deutschland gebracht werden. Alle Befragten erinnern sich mit Verbitterung an die Erntezeit 1942.

P. F. Baškov: „Im Juli, so um den 20. […] mähten die Deutschen Roggen, und die Unsrigen, die Bevölkerung, unter den Gewehren. Sie machten die Aufsicht […]."[24]

T. M. Šepilova: „Wieso sie die Menschen aufs Feld trieben? Die Erntezeit hatte doch begonnen. Sie gingen also rum und jagten die Menschen raus. Wozu waren die Dorfältesten da? Die waren so was wie Brigadeleiter. Alle Menschen haben gearbeitet, da wo sie [die Deutschen] es brauchten, da mussten sie arbeiten. Meine Mutter ist nicht zur Arbeit hin, hat nicht gehorcht. Also hat er sie mit der Peitsche … Es war Sommer, sie hatte so eine Bluse an, einmal zugeschlagen, schon gab es Blutspuren. […] Wir haben hier gar keine Produktionsbetriebe. Und das, was da war – eine Mühle zum Beispiel – wurde alles zerstört. Es gab hauptsächlich Landwirtschaft. Dort trieb man die Leute hin."[25]

A. M. Potapova (geb. 1925 im Dorf Sinie Lipjagi, Kreis Chochol, Gebiet Voronež): „Nun setzten sie uns also zu, die Ernte war noch nicht beendet, und sie wollten trotzdem die Ernte einbringen und transportierten dann alles ab. Die

23 Interview mit V. F. Kukuev, in: Regional'nyj centr ustnoj istorii v g. Voronež, f. „Individual'naja i kollektivnaja pamjat' o vojne i okkupacii v Voroneže i Voronežskoj oblasti, 1942–1943 gg."

24 Interview mit P. F. Baškov, in: „Detstvo u menja bylo …", S. 56.

25 Interview mit T. M. Šepilova, in: Regional'nyj centr ustnoj istorii v g. Voronež, f. „Individual'naja i kollektivnaja pamjat' o vojne i okkupacii v Voroneže i Voronežskoj oblasti, 1942–1943 gg."

Frauen trugen es auf Forken, schöberten, und die Männer mähten mit Sensen. Sie mähten mit Sicheln, schöberten, droschen. Und die Deutschen nahmen alles und schickten es weg. [...] Wohin? Einfach weg. Die wussten schon wohin. Aber, ich muss dazu sagen, Ungedroschenes durfte man nehmen, wir nannten es ‚chrescy'. Die Menschen haben es dann selbst gedroschen, genommen und mitgebracht. Wir hatten Angst: Wer weiß, was ihnen noch in den Sinn kommt?"[26]

Alle Befragten erinnerten sich an den Hunger, der durch die Requirierungen im frontnahen Gebiet Voronež verursacht wurde. Hier hatte die Beschlagnahmung von Nahrungsmitteln bereits in den ersten Tagen der Besatzung besonders harte Formen angenommen. In der Anweisung an die Dorfältesten und Kolchosvorsitzenden zum Verhalten der Einwohner der besetzten Gebiete vom 19. Oktober 1942 hieß es: „Es ist untersagt, Lebensmittel, Gebrauchsgegenstände oder Kraftstoff zu vergraben oder anderweitig zu verstecken. Wer Kenntnis von derartigen Handlungen bekommt, ist verpflichtet, diese zu melden. Bei Nichtabgabe bis zum 5. November 1942 droht eine Strafe."[27] Es wurden Brot, Vieh, Futter und andere landwirtschaftliche Erzeugnisse beschlagnahmt.

A. M. Potapova berichtet: „Kühe wurden abtransportiert, und die Kälber, und das Vieh, was sonst noch da war, und Hühner haben sie gefangen und selbst gefressen (*laut, vorwurfsvoll*), noch im Gehen haben sie die gerupft. Und Kühe haben sie geschlachtet. [...] Ich weiß es noch, es herrschte Hunger, wir sind – als die Deutschen weg waren – hingelaufen, haben uns die Köpfe geholt. Wir haben alles mitgenommen, sogar Därme. Mama hat es dann heimlich verarbeitet, gekocht und uns zu essen gegeben. Und wo hatten sie die Kühe her? Uns haben sie sie abgenommen, in Sinie [im Dorf Sinie Lipjagi]."[28]

Eine Sonderform der Zwangsarbeit bildete der Einsatz der Bevölkerung bei Arbeiten, die unmittelbar und in Frontnähe die Kampfhandlungen vorbereiten und unterstützen sollten. Derartige Einsätze standen im Widerspruch zu völkerrechtlichen Bestimmungen und waren durch die Haager Konventionen (Art. 52 Dritter Abschnitt der Anlage zum IV. Haager Abkommen betreffend die Gesetze und Gebräuche des Landkrieges) ausdrücklich verboten.[29]

26 Interview mit A. M. Potapova: ebenda.

27 GAVO, R-2100-1-2, Bl. 2.

28 Interview mit A. M. Potapova, in: Regional'nyj centr ustnoj istorii v g. Voronež, f. „Individual'naja i kollektivnaja pamjat' o vojne i okkupacii v Voroneže i Voronežskoj oblasti, 1942–1943 gg."

29 N. Mjuller, Vermacht i okkupacija, Moskva 2010, S. 224 (zuerst als: Norbert Müller, Wehrmacht und Okkupation 1941–1944. Zur Rolle der Wehrmacht und ihrer Führungsorgane im Okkupationsregime des faschistischen deutschen Imperialismus auf sowjetischem Territorium, Berlin 1971).

V. A. Nikitin (geb. 1925 im Dorf Lopatino, Kreis Berezovka,[30] Gebiet Voronež) erzählt: „Die Front war nicht weit. Dort gab es eine Kommandantur. Der Kommandant, ein deutscher Hauptmann, war ein Lump, verstehst Du, ein Henker. Die Einheimischen ließen sie in Ruhe, und die Evakuierten aus der Stadt schickten sie zum Don an die vorderste Linie und zwangen sie, Schützengräben auszuheben und diese Befestigungen zu tarnen, und zwar so: mit Erde, und vor den Schützengräben das Gras mähen, damit man was sehen kann und die sowjetischen Soldaten nicht über den Don übersetzen und unbemerkt hierherkommen."[31] Auch der einheimischen Bevölkerung blieb diese Art der Zwangsarbeit nicht erspart.

Für die schwere körperliche Arbeit im Straßenbau, bei der Räumung der Straßen, beim Bau von Brücken, Befestigungen, Panzerabwehranlagen usw. rekrutierte das deutsche Militär die örtliche Bevölkerung beiderlei Geschlechts im Alter zwischen 14 und 60 Jahren, bisweilen auch ältere Personen. In den Regionen, in denen die allgemeine Arbeitspflicht bestand, war die Bildung von speziellen Arbeitskompanien, die unter deutscher Bewachung Verteidigungsanlagen bauten, an der Tagesordnung. M. Potapova erinnert sich: „Die Deutschen, sie wollten ewig hier bleiben und dachten, dass sie uns ein für allemal erobert hätten. Diese Unterstände! Heute kann ich mir gar nicht vorstellen, wie sie dort gegraben haben, unsere Leute. Und sie waren maskiert, die Unterstände, so war das."[32] Diese Aussage bestätigt V. I. Guzeeva (geb. 1924 im Dorf Bogojavlenovka, Kreis Semiluki, Gebiet Voronež): „Sie ließen die Schützengräben ausheben, nahmen ganz alte Frauen dafür, halt die, die noch übrig waren. [...] Hierhin, grabt einen Graben, etwa so und so groß, damit man wenigstens den Kopf verbergen kann."[33]

Auch in der ausführlichen Erzählung von A. Ja. Šepilov (geb. 1930 im Chutor – Gehöft – Bobrov, Kreis Gremjače, Gebiet Voronež)[34] geht es um die Gräben: „Dann jagten sie uns raus, Schützengräben ausheben. Der gesamte Kreis Sinie Lipjagi[35] war voller Gräben. Du gehst 50 Meter und stößt auf einen Schützengraben, nochmal 50 – noch ein Graben. Wir haben Kriechgräben ausgehoben. Das heißt: 12 Meter lang, 60 [cm] breit und 70 tief. Und an einem Tag, so lange

30 Heute: Kreis Ramon, Gebiet Voronež.

31 Interview mit V. A. Nikitin, in: Regional'nyj centr ustnoj istorii v g. Voronež, f. „Russkie i nemci v 1945–1955 gg."

32 Interview mit A. M. Potapova, ebenda f. „Individual'naja i kollektivnaja pamjat' o vojne i okkupacii v Voroneže i Voronežskoj oblasti, 1942–1943 gg."

33 Interview mit V. I. Guzeeva, ebenda.

34 Das Gehöft Bobrov existiert nicht mehr, das Dorf Gremjače gehört heute zum Kreis Chochol.

35 Das Dorf Sinie Lipjagi liegt 84 Kilometer von Voronež entfernt.

es hell war, musste man die mit Hilfsmitteln ausheben und maskieren. Da gab es Unkraut und Laub. Wir mussten die Schützengräben unter vorgehaltenem Gewehr graben, unter Stöcken und Peitschen. […] Einmal mussten wir Schützengräben ausheben, nicht weit von hier, drei, vier Kilometer. Und ich sollte drei MG-Nester graben. Das ist ein Kreis, von solch einem Durchmesser, dass sich jemand darin frei bewegen kann. Eins zwanzig tief. Drei solche Gruben sollte ich machen. Ich hab also gegraben und gegraben und bin nicht fertig geworden. Dann kommt einer zu mir. Der Arbeitstag geht schon zu Ende, Zeit heimzugehen. Und ich musste nur noch maskieren. Er kommt also an und stößt mir den Gewehrkolben in den Rücken (*weint*). Eine schreckliche Erinnerung, diese blutende Wunde wird in meiner Erinnerung niemals verheilen (*weint*). […] Er schlug mich mit dem Kolben. Bald danach haben sie mich in den Nachschubtross geholt. Ich brachte ihnen die Munition. […] Wir hatten doch noch keine Kraft. Manchmal bist du am Graben und gräbst und gräbst, und deine Seele verabschiedet sich schon vom Körper. Und unsere Verpflegung? Die Kuh haben sie uns abgenommen, nur Kartoffeln hatten wir noch. Kein Brot, auch sonst nichts. Irgendwie haben wir den Alptraum überlebt …“[36]

Blickten die Befragten auf ihre schwere, von der Besatzungszeit geprägte Vergangenheit zurück, erinnern sie sich auch an zuweilen menschliche Züge der Besatzer. A. I. Uvarova berichtet: „Den einen Tag war ich da, den zweiten, am dritten Tag – eine Freundin von mir war da auch hingegangen, hat auch ihre Mutter vertreten. Wir graben also, alles wie immer, versuchen wie Erwachsene auszusehen. Und er steht auch da, ein Deutscher. […] Drei oder vier Tage ging das so. Und am nächsten Tag kommen wir zur Arbeit und fangen an zu graben. Da sagt er: ‚Kleine, zu mir.‘ Stellen Sie sich mal vor: Er mit einem Sturmgewehr, ich halb tot vor Angst, und die Frauen haben aufgehört zu arbeiten, setzten die Schaufeln ab und warten, was passiert. ‚Du auch‘, und er zeigte auf eine andere, das war meine Freundin. Wir sind zu ihm hin, und er sagt in gebrochenem Russisch: ‚Wie alt?‘, fragte er mich. Ich war noch nicht mal dreizehn, vielleicht zwölf. Auch jetzt bin ich nicht gerade groß, damals noch ein Mädchen, mager, ein Kind. ‚Und du?‘, meinte er dann zu meiner Freundin. Sie ist ein Jahr älter, hat alles gesagt, wie es war. ‚Geht heim, ich will euch hier nicht mehr sehen!‘ Stellen Sie sich vor, er hat ein schlechtes Gewissen bekommen, der Idiot – Pardon […] Kinder müssen graben. Wer braucht denn diesen Panzergraben? Auf wen haben sie denn gewartet? Wollten sie etwa nie wieder weg von hier?“[37]

36 Interview mit A. Ja. Šepilov, in: Regional'nyj centr ustnoj istorii v g. Voronež, f. „Individual'naja i kollektivnaja pamjat' o vojne i okkupacii v Voroneže i Voronežskoj oblasti, 1942–1943 gg.“

37 Interview mit A. I. Uvarova, ebenda.

Neben der Zivilbevölkerung wurden auch sowjetische Kriegsgefangene zur Zwangsarbeit herangezogen. Oft bildeten die Besatzer Arbeitskompanien aus Insassen von Zivil- und Kriegsgefangenenlagern. Diese Lager zeichneten sich durch besonders grausame Haftbedingungen aus. Die Gefangenen „wurden oft ausgehungert, zusammengeschlagen und mitten im Lager hingerichtet. [...] Die Leitung des Konzentrationslagers zwang die Lagerinsassen, die schwersten und gefährlichsten Arbeiten zu erledigen. Sie mussten Befestigungsanlagen bauen, nicht detonierte Bomben entschärfen, Minen räumen. Bei der Arbeit bekamen sie überhaupt kein Essen. Die im Konzentrationslager inhaftierten Kriegsgefangenen wurden systematisch und unter Einsatz qualvoller Hinrichtungsmethoden vernichtet.“[38]

In Frontnähe gehörte der Bau neuer Verkehrswege zu den vorrangigen Aufgaben. Der damals minderjährige ehemalige Lagerinsasse P. F. Baškov erinnert sich: „[...] von Čertkovo aus [eine Eisenbahnstation auf der Strecke Voronež-Rostov] bauten wir die Eisenbahn nach Vermessungspunkten. Stellen Sie sich so eine Eisenbahn vor, da sind Trockentäler, Schluchten, Wälder, das wurde alles abgetragen und geebnet. [...] ‚Russ, arbajtat!‘, und da sah es dann so aus: das ist der Abstand von einer Schwelle zur nächsten, stell dich hin und arbeite. Wer nicht schnell genug war, kriegte die Peitsche. [...] Es war schon kalt, November, und wir mussten alles auf Knien ohne Handschuhe zusammenbauen, die Schrauben eindrehen.“[39]

Weiter heißt es: „Es gab kein Mittagessen. [...] sogar Frauen haben wir gesehen, aus Djačenkovo, sie haben die Eisenbahnschienen freigeschaufelt. Wir haben die Deutschen gebeten, uns in ein Zivillager zu lassen. Wir waren ja mit den Kriegsgefangenen zusammen, da gab es schon eine härtere Disziplin, bei den Militärleuten. Aber sie erlaubten es nicht, so blieben wir dort [...] Sie kamen aus Kantemirovka [Verwaltungszentrum des gleichnamigen Kreises im Gebiet Voronež], um Schnee zu räumen. Dort gab es ein Lager mit Frauen und Jugendlichen, zwölf bis 14 Jahre alt. Sie schaufelten die Schienen frei, luden die Schienen aus, [...] halfen beim Einladen. Die Schmalspurstrecke hatten sie fertiggestellt, bis zu den Viehhöfen von Lipčanka [Kreis Bogučar, Gebiet Voronež] fuhr die Kleinbahn. Und bis zum ‚Progress‘, wo das Infektionskrankenhaus ist, haben sie nur den Damm gemacht. Und am Gehöft Čumačovka [Kreis Bogučar] war die Weiche, dort hat man die Wagen umgeleitet. [...] dorthin wurden die Leute gebracht zu 30, 60, 80, sie gingen in Kolonnen, aber sie nahmen es nicht so genau. [...] Wenn einer getötet wurde, erschossen wurde, dann wurde das für die Berichte gemeldet, von

38 GAVO, R-1784-1-295, Bl. 9.
39 Interview mit P. F. Baškov, in: „Detstvo u menja bylo ...“, S. 64 f.

dem, der die Kolonne übergab. Wie viel Mann? Hundert, zweihundert. Der eine hat hundert oder zweihundert übergeben, die anderen haben dann übernommen. Wenn jemand zu fliehen versuchte, wurde er erschossen. Man warf sie beiseite, und die russischen Einwohner merkten dann schon, wo [sie lagen].“[40]

Eine andere Art von Zwangsarbeit war die Pflege von Gräbern gefallener deutscher Soldaten. P. F. Baškov erinnert sich: „Sie kamen mit Sturmgewehren und sahen Jugendliche. ‚Komm, Rechen, Schaufel, Friedhof (ahmt die Deutschen nach), Eimer.‘ Sie führten uns also dorthin, nach dem Regen. Sie haben sie hergebracht und beerdigt; es musste ja umgehackt und gegossen werden. Astern und andere Blumen wurden gepflanzt. An jedes Kreuz kam eine Aufschrift: Nachname, Vorname, Vatersname und ein Helm. Und jeder musste [arbeiten]. Immer wenn es geregnet hat, kommen sie und nehmen den erstbesten mit, zum Arbeiten: ‚Friedhof, Friedhof.‘“[41]

Auch zur Organisation des Alltags und der Freizeit der Besatzer wurde die Bevölkerung herangezogen. N. M. Šingarëv (geb. 1928 im Dorf Divnogore, Kreis Liski, Gebiet Voronež) erinnert sich: „Bei meiner Tante dritten Grades aus Voronež haben sie die Tochter mit vorgehaltenem Gewehr abgeholt, damit sie für sie kocht.“ Und er fügt hinzu: „Der Hilfspolizist war auch jung, er führte die ‚Parade‘ an. Es gab bestimmte Höfe, wo er Selbstgebrannten bestellte, die Zutaten lieferte er selbst. Bei den Leuten wurden Schafe konfisziert und dort zu Schaschlik verarbeitet. Die Magyaren haben es wohl gebraucht. Und dort gab es dann ‚Schnaps, drinking, Schnaps‘ (*lacht*). Was sollten die Mädels denn dagegen machen, wenn man ihnen befohlen hat herzukommen. Was sollten sie denn machen? […] Und dann waren sie alle weg. Soweit ich weiß, wurde bei uns kein Einziger vor Gericht gestellt, aber dort in den Gehöften, da gab es jede Menge. 10 Jahre haben sie kassiert, wegen Kontakt [zum Feind]. […] und es gab welche, die waren aus Voronež evakuiert. Und sie [Helfershelfer der Besatzer] sind rumgegangen und haben junge Mädchen geholt, Frauen um die zwanzig, damit sie sie hier bedienen. Dort wurden sie festgehalten. Einige wurden in fremden Häusern einquartiert.“[42]

Die Gewalt der Besatzer bestand darin, die Menschen mittels direkter physischer Einwirkung zu bestimmten Handlungen zu zwingen oder aber – was viel öfter noch der Fall war – von bestimmten Handlungen abzuhalten. P. F. Baškov berichtet: „Wie ging also diese Zähmung vor sich? Zu 70 bis 80 Mann wurden

40 Ebenda, S. 73.

41 Ebenda, S. 59.

42 Interview mit N. M. Šingarëv, in: Regional'nyj centr ustnoj istorii v g. Voronež, f. „Individual'naja i kollektivnaja pamjat' o vojne i okkupacii v Voroneže i Voronežskoj oblasti, 1942–1943 gg.“

die Leute hingebracht, es war dort an der Brotfabrik, glaub ich, und dann gab es noch eine Sandsteingrube in Millerovo, wo die Erschießungen waren, mehrere Sandsteingruben. Etwa 70 Menschen haben sie an die Mauer gestellt, ich erinnere mich noch an sie, so eine Ziegelmauer, aus alten Ziegeln. 70 Menschen wurden an die Wand gestellt, mit den Händen so. Und willkürlich wurden einige von ihnen nicht mit Sturmgewehren erschossen, sondern mit Flinten ins Genick, manchmal auch mit Sturmgewehren. Von 100 gingen etwa 7 zu Boden. Und dann sollten die anderen sich umdrehen und schnell ... Sie wurden auf Wagen, riesige Wagen verladen. Man brachte sie in die Tierzucht-Sowchose Subrilinskij, in Tierkäfigen. [...] Zähmung hieß: Wenn du es nicht machst, dann ist Schluss, dann ist das dein Tod."[43]

Es war ausdrücklich verboten, Sowjetbürger wegen Handlungen gegen die Besatzungsmacht vor Gericht zu stellen. Im Grunde waren sie der Willkür der Besatzer ausgeliefert. Angehörige der Wehrmacht waren praktisch von jeder Verantwortung für von ihnen begangene Verbrechen befreit. Im Erlass über die Ausübung der Kriegsgerichtsbarkeit im Gebiet „Barbarossa" und über besondere Maßnahmen der Truppe, den der Chef des Oberkommandos der Wehrmacht Generalfeldmarschall Wilhelm Keitel am 13. Mai 1941 anordnete, hieß es: „Für Handlungen, die Angehörige der Wehrmacht und des Gefolges gegen feindliche Zivilpersonen begehen, besteht kein Verfolgungszwang, auch dann nicht, wenn die Tat zugleich ein militärisches Verbrechen oder Vergehen ist."[44]

Das Ziel der Besatzung – die Eroberung und Kolonisierung der UdSSR – bestimmte auch die Mittel, die gegen die Bürger der Sowjetunion eingesetzt wurden. Die Entscheidung für die Gewalt verstellte den Besatzern den Weg einer möglichen Zusammenarbeit mit der Bevölkerung. Die moralische Frontstellung bedeutete, dass eine gegenseitige Verständigung unmöglich, ja sogar unnötig war. Diese Konstellation brachte die Beziehungen auf eine Ebene, auf der Waffen zum einzig möglichen Argument wurden.

Mit dem in aller Grausamkeit geführten Vernichtungskrieg wurden Tod und Gewalt für Sowjetbürger zur „Gewohnheit". T. M. Šepilova erinnert sich: „Und wir marschierten über diese Leichen hinweg. Sie lagen zu beiden Seiten von uns, die Deutschen, in diesen grünen [Uniformen]. Und wir stiegen über sie hinweg. Eine Oma ging da so mit ihrem Stöckchen: ‚Na der hat Nerven, liegt hier einfach rum.' [...] Und fast bis Nižnedevick [Verwaltungszentrum des gleichnamigen Kreises im Gebiet Voronež], bis Peršino [Dorf im Kreis Nižnedevick] war der

43 Interview mit P. F. Baškov, in: „Detstvo u menja bylo ...", S. 76.
44 Mjuller, Vermacht i okkupacija, S. 69.

Weg damit übersät, ungefähr bis Peršino, ab da kann ich es nicht genau sagen."[45] Die wiederholt und in verschiedenen Ausprägungen erlebte Gewalt zerriss den sozialen Zusammenhalt und die soziale Kommunikation, zerstörte ihre allgemein anerkannten Grundlagen, die ihren Ausdruck in Traditionen, Sitten und Bräuchen sowie im sowjetischen Recht gefunden hatten.

Am 2. Februar 1943 eroberten die Truppen der Voronežer Front das Gehöft Široki, damit war das gesamte Gebiet Voronež befreit. Es kam die Zeit, die Verluste zu zählen. Die Besatzung hatte den Ausbruch von Krankheiten wie etwa Diphterie begünstigt. Die Kindersterblichkeit war gestiegen. Die Menschen waren nicht nur aufgrund der lang anhaltenden Mangelernährung ausgelaugt, es stieg auch der Anteil arbeitsunfähiger Menschen, die die Erfahrung der Haft in einem Kriegsgefangenen- oder Arbeitslager hatten machen müssen.

Bislang wurden die Traumata infolge von Zwangsumsiedlung, Verlust und Leid, das die Sowjetbürger während der Besatzung erfahren hatten, nicht thematisiert und blieben daher unerforscht. Zu den Folgen der Besatzung gehörten Depressionen und Ängste, psychosomatische Störungen und Alkoholmissbrauch. Besonders Frauen, denen in Abwesenheit ihrer Ehemänner die Rolle des Familienoberhaupts zugefallen war, waren für psychischen Stress anfällig.

Erschwerend kam hinzu, dass die sowjetischen Machthaber in der Nachkriegszeit Menschen, die sich während des Krieges in den besetzten Gebieten aufgehalten hatten, misstrauisch betrachteten. Bei der Bewerbung um eine Arbeitsstelle musste jeder Sowjetbürger ein Formular ausfüllen, in dem unter anderem anzugeben war, ob er selbst oder ein Verwandter sich in den besetzten Gebieten aufgehalten hatte. Eine positive Antwort bedeutete schlechtere Chancen für den Bewerber. Der Staat warf seinen Bürgern – den Überlebenden der Besatzung – vor, mit dem Feind kollaboriert zu haben. Dabei ignorierten die Behörden, dass die Arbeit unter Besatzung zwangsweise verrichtet worden war. Daher zogen es viele der ehemaligen Zwangsarbeiter vor, die Tatsache zu verheimlichen, dass sie sich während des Krieges auf dem besetzten Territorium befunden hatten. Erst nach dem Zusammenbruch der Sowjetunion wurde es ehemaligen Sowjetbürgern möglich, über ihre traumatischen Lebenserfahrungen und die Zwangsarbeit in besetzten frontnahen Gebieten zu sprechen. Die neue Situation ermöglichte es den befragten Einwohnern des Gebietes Voronež nun, sich selbst und die gesamte Bevölkerung der besetzten Gebiete zu den Opfern des Krieges zu zählen und dem Staat gegenüber Ansprüche auf Entschädigung zu formulieren.

45 Interview mit T. M. Šepilova, in: Regional'nyj centr ustnoj istorii v g. Voronež, f. „Individual'naja i kollektivnaja pamjat' o vojne i okkupacii v Voroneže i Voronežskoj oblasti, 1942–1943 gg."

Die Interviews zeugen von einem Prozess der Befreiung des individuellen Gedächtnisses, seiner Lösung von der sowjetischen Tradition. Das Aufgreifen der zuvor tabuisierten Fragen und Themen in den biografisch-narrativen Interviews legt eine neue Erinnerungsschicht frei, die sich nach einer weiteren Festigung unweigerlich auf die kollektive Erinnerung in Russland auswirken wird.

Tanja Penter

Opfer zweier Diktaturen

Zwangsarbeiter im Donbas unter Hitler und Stalin

Zwangsarbeit ist in der westlichen Forschung zum Zweiten Weltkrieg seit der grundlegenden Arbeit von Ulrich Herbert aus dem Jahr 1985 immer mehr zu einem zentralen Thema geworden und hat insbesondere im Zusammenhang mit den letzten Entschädigungsdebatten und Auszahlungsprogrammen eine starke Konjunktur erfahren.

Die öffentliche Wahrnehmung der NS-Zwangsarbeit ist bis heute stark von den Definitionen der Entschädigungsgesetze geprägt. Zuletzt waren in den Jahren 2001 bis 2006 im Rahmen des Auszahlungsprogramms der Stiftung „Erinnerung, Verantwortung und Zukunft“ 8,7 Milliarden DM an 1,66 Millionen NS-Zwangsarbeiter in 98 Ländern der Erde ausbezahlt worden, wobei der Schwerpunkt auf Ost- und Ostmitteleuropa lag. Einige der osteuropäischen Zwangsarbeiter hatten damit erstmals eine Entschädigungsleistung erhalten. Ähnlich wie in diesem Auszahlungsprogramm gelten auch in der öffentlichen Wahrnehmung bis heute vor allem diejenigen als Zwangsarbeiter, die Zwangsarbeit in einem KZ, einer KZ-ähnlichen Haftstätte oder einem Ghetto geleistet hatten, oder diejenigen Menschen, die aus ihren Heimatstaaten ins Deutsche Reich oder in ein vom Deutschen Reich besetztes Gebiet zur Zwangsarbeit verschleppt worden waren.

Auch in der umfangreichen Historiografie zur Zwangsarbeit wurde das Phänomen bis vor Kurzem überwiegend aus der Reichsperspektive wahrgenommen. Während die Verschleppung der „Ostarbeiter“ und ihr Arbeitseinsatz in Deutschland von der Forschung in zahlreichen Regional- und Lokalstudien mittlerweile relativ gut dokumentiert sind, stellt die Arbeit der Zivilbevölkerung und Kriegsgefangenen für die deutsche Kriegswirtschaft in den besetzten sowjetischen Gebieten bis heute ein wenig erforschtes Feld der Geschichte dar. Eine Pionierrolle übernahm hier das von Klaus Tenfelde († 2011) geleitete Forschungsprojekt am Institut für soziale Bewegungen der Ruhr-Universität Bochum zur Zwangsarbeit im Kohlenbergbau, das in mehreren Einzelstudien erstmals auch die Zwangsarbeit in den besetzten Gebieten untersucht hat.[1]

1 Nathalie Piquet, Charbon – travail forcé – collaboration. Der nordfranzösische und belgische Bergbau deutscher Besatzung, 1940 bis 1944, Essen 2008; Tanja Penter, Kohle für

Ebenfalls erst in Ansätzen erforscht ist die Frage, was nach der Befreiung mit den Zwangsarbeitern geschah, wie sie nach ihrer Repatriierung in ihren Heimatstaaten aufgenommen wurden und welche Möglichkeiten sie hatten, ihre Erfahrungen und Traumatisierungen unter deutscher Herrschaft zu verarbeiten. Der vorliegende Beitrag greift am Beispiel des Donezbeckens diese beiden Forschungsperspektiven auf.

Der Donbas (so die ukrainische Kurzform, im Russischen Donbass) hatte im Zuge zweier Industrialisierungsschübe, zunächst im ausgehenden 19. Jahrhundert und dann in der forcierten Industrialisierung unter Stalin, ein beeindruckendes Wirtschafts- und Bevölkerungswachstum erfahren und war von einer dünn besiedelten Steppenregion zu einem der wichtigsten industriellen Zentren der Sowjetunion aufgestiegen. Vor dem deutschen Einmarsch waren hier in 324 Bergwerken und 1680 Kleinbergwerken etwa 314 000 Bergleute beschäftigt, die 85 Millionen Tonnen Steinkohle im Jahr, über 57 Prozent der sowjetischen Gesamtproduktion, förderten.[2]

Das Donezbecken erlangte sowohl für die sowjetische als auch für die deutsche Kriegswirtschaft eine zentrale Bedeutung. Unter deutscher Besatzung wurden Hunderttausende von Zwangsarbeitern ins Reich deportiert; in der Nachkriegszeit hatten diese Heimkehrer aus Deutschland unter Stalin dann erneut Repressionen zu erleiden und mussten zum Teil Zwangsarbeit beim Wiederaufbau der zerstörten Bergwerke leisten. Weitere Hunderttausende wurden vor Ort für die deutsche Kriegswirtschaft ausgebeutet. Die historische Entwicklung des Donbas in der Kriegs- und Nachkriegszeit ist somit in komplexer Weise verknüpft mit der Geschichte der NS-Zwangsarbeit.

Kohle fördern für Hitler: Der Donbas unter deutscher Besatzung

Ende Oktober 1941 wurde das im Südosten der heutigen Ukraine gelegene Donezbecken, das zentrale Steinkohlerevier der Sowjetunion, von deutschen Truppen besetzt. Der westliche Teil des Donbas stand über 22 Monate bis Anfang Septem-

Stalin und Hitler. Leben und Arbeiten im Donbas 1929–1953, Essen 2010; Zwangsarbeit im Europa des 20. Jahrhunderts. Bewältigung und vergleichende Aspekte. Hrsg. von Hans-Christoph Seidel/Klaus Tenfelde, Essen 2007; Zwangsarbeit im Bergwerk. Der Arbeitseinsatz im Kohlenbergbau des Deutschen Reiches und der besetzten Gebiete im Ersten und Zweiten Weltkrieg. Hrsg. von Hans-Christoph Seidel/Klaus Tenfelde, Bd. 1: Forschungen, Essen 2005.

2 Central'nyj Deržavnyj Archiv Hromads'kych Ob'jednan' Ukraïny (CDAHOU), F. 1, Op. 23, Nr. 613, Bl. 13.

ber 1943 unter deutscher Besatzung, die östlichen und südöstlichen Teile kamen erst im Laufe der Sommeroffensive 1942 hinzu und wurden bereits im Februar 1943 von der Roten Armee zurückerobert.

Das Donezbecken verblieb über den gesamten Besatzungszeitraum unter der Verwaltung der Wehrmacht. Die Ausbeutung des Steinkohlenbergbaus gewann im Zweiten Weltkrieg für die deutschen Besatzungsorgane eine zunehmende Bedeutung, da sie es ermöglichte, weniger Kohle aus dem Reich antransportieren zu müssen. Mit der Verwaltung und Ausbeutung des Steinkohlenbergbaus wurde zunächst der Wirtschaftsstab Ost bzw. die ihm unterstellte Wirtschaftsinspektion Süd (später Wirtschaftsinspektion Don-Donez) betraut.

Im März 1942 übernahm dann die Berg- und Hüttenwerksgesellschaft Ost (BHO) die Steinkohlengruben im Donezbecken. Die BHO war im August 1941 als Monopolgesellschaft von Vertretern des Reichswirtschaftsministeriums, der Reichsgruppe Handel und der Wirtschaftsgruppen Bergbau und eisenschaffende Industrie gegründet worden. Sie besaß in den besetzten sowjetischen Gebieten das alleinige Recht zur Betreibung und Nutzung der Werkanlagen des Kohlen- und Erzbergbaus sowie der eisenschaffenden und -verarbeitenden Industrie. Die Organe der Gesellschaft unterstanden der Aufsicht des Reichswirtschaftsministers. Zum Leiter der BHO ernannte Göring den Generaldirektor der Reichswerke AG und Vorsitzenden des Präsidiums der Reichsvereinigung Kohle, Paul Pleiger.[3]

An eine Kohlenförderung war jedoch zunächst nicht zu denken, da die Bergwerke von der Roten Armee bei ihrem Rückzug in großem Maße zerstört bzw. abgebaut worden waren. Zur Wiederaufnahme der Förderung waren zunächst Instandsetzungsmaßnahmen größten Umfangs erforderlich. Die BHO ließ dafür Maschinen und Geräte im Wert von über 25 Millionen Reichsmark sowie etwa 1800 deutsche Fachkräfte – zum großen Teil aus dem Ruhrbergbau – als Aufsichtspersonal in den Donbas bringen. Bereits im Januar 1943 konnten wieder über 15 000 Tonnen am Tag gefördert werden. Das von der BHO seit Dezember 1942 angestrebte Förderziel von 30 000 Tonnen täglich, das bis Ende 1943 auf 50–60 000 Tonnen und bis Ende 1944 auf über 100 000 Tonnen gesteigert werden sollte, wurde allerdings bei Weitem nicht erreicht.

3 Vgl. zur wirtschaftlichen Ausbeutung des Donezbeckens unter der deutschen Besatzung Matthias Riedel, Bergbau und Eisenhüttenindustrie in der Ukraine unter deutscher Besatzung (1941–1944), in: Vierteljahrshefte für Zeitgeschichte 21 (1973), S. 245–284; ders., Eisen und Kohle für das Reich. Paul Pleigers Stellung in der NS-Wirtschaft, Göttingen u. a. 1978, S. 310–337; Dietrich Eichholtz, Wirtschaftspolitik und Strategie des faschistischen deutschen Imperialismus im Dnepr-Donez-Industriegebiet 1941–1943, in: Militärgeschichte 18 (1979), S. 281–296; ders., Geschichte der deutschen Kriegswirtschaft 1939–1945, Bd. II: 1941–1943, Berlin 1985, S. 460–477.

30 000 Tagestonnen wären erforderlich gewesen, um die gesamten Kohlentransporte von Oberschlesien, die den Hauptanteil des Nachschubs darstellten, zu ersetzen. Die Gesamtförderung von 4,071 Millionen Tonnen im Besatzungszeitraum war geringer als die Hälfte einer durchschnittlichen Monatsproduktion im Ruhrrevier und entsprach nur fünf Prozent der jährlichen sowjetischen Vorkriegsförderung. Dagegen beliefen sich die Steinkohlenlieferungen in die besetzten sowjetischen Gebiete von 1941 bis Ende August 1943 auf 17,48 Millionen Tonnen.[4] Obwohl im Donbas unter deutscher Herrschaft nur ein Bruchteil der Vorkriegsproduktion erzielt werden konnte, führte dies doch zu einer nicht zu unterschätzenden Entlastung des Kohlenbergbaus im Reich, die bei einem anderen Kriegsverlauf noch wesentlich an Bedeutung gewonnen hätte.[5] Von entscheidender Bedeutung war hierfür der Arbeitseinsatz von Sowjetbürgern.

Die wirtschaftliche Ausbeutungspolitik der Nationalsozialisten schloss von Anfang an auch die Ausbeutung der Arbeitskraft der einheimischen Bevölkerung ein. Bereits im August 1941 hatte der Reichsminister für die besetzten Ostgebiete eine allgemeine Arbeitspflicht für alle Einwohner der Ostgebiete im Alter zwischen 18 und 45 Jahren sowie einen Arbeitszwang für Juden im Alter von 14 bis 60 Jahren unter Androhung von massiven Strafen bei Nichteinhaltung eingeführt.[6]

Die Arbeitseinsatzpolitik der deutschen Besatzungsbehörden stand über den gesamten Besatzungszeitraum in engem Zusammenhang – und in mancher Hinsicht auch im Widerspruch – zu ihrer Ernährungspolitik. Mit dem Ziel, die Versorgung der Truppe aus dem Lande sicherzustellen und zudem ein Höchstmaß an Lebensmitteln ins Reich abzutransportieren, war im Frühjahr 1941 zwischen dem Reichsernährungsministerium und dem Oberkommando der Wehrmacht (OKW) die Durchführung einer selektiven Hungerstrategie gegenüber der sowjetischen Bevölkerung vereinbart worden. Diese beinhaltete vor allem das Aushungern der landwirtschaftlichen „Zuschussgebiete“, insbesondere der größeren Städte und Industrieregionen, während der Landbevölkerung aus pragmatischen Überlegungen eine elementare Selbstversorgung zugestanden wurde.[7]

4 Monatsbericht der BHO, Abt. Donezkohle vom November 1942, BArch-MA RW 31, Nr. 485) sowie Jahresbericht der BHO für 1942, BArch R 3101, Nr. 34174; Bergbauarchiv Bochum (BBA) 20, 241, NI-5261; BArch-MA RW 31, Nr. 261, Nr. 441; Eichholtz, Wirtschaftspolitik und Strategie, S. 293; Riedel, Bergbau und Eisenhüttenindustrie, S. 278 f.

5 Bericht des Wirtschaftsstabes Ost, Chefgruppe Arbeit zum Arbeitseinsatz in den bis Ende 1942 besetzten Ostgebieten, Rossijskij Gosudarstvennyj Voennyj Archiv (RGVA), F. 700, Op. 1, Nr. 82, Bl. 1.

6 Die faschistische Okkupationspolitik in den zeitweilig besetzten Gebieten der Sowjetunion (1941–1944). Hrsg. von Norbert Müller u. a., Berlin 1991, S. 28–30; „Grüne Mappe“, Teil I, S. 16–19, Teil II, S. 49 f., BArch R 26-IV, Nr. 33a.

7 Vgl. zu diesem Stadt-Land-Gegensatz: Tanja Penter, Arbeiten für den Feind in der Heimat.

Der Hungertod einiger Millionen Menschen wurde von den Strategen dieser Hungerpolitik bewusst in Kauf genommen. In der Praxis erwies sich der „Hungerplan“ aber schon bald als nicht durchführbar. Von den mit der praktischen Durchführung der Hungerpolitik beauftragten Besatzungsorganen kamen daher auch immer wieder Anstöße zu einem Richtungswechsel, häufig unter pragmatischen Gesichtspunkten. Vor allem der wachsende Bedarf an Arbeitskräften für den Einsatz vor Ort sowie für den Reichseinsatz spielte dabei eine wichtige Rolle. Die selektive Hungerpolitik gegenüber der Stadtbevölkerung wandelte sich zunehmend zu einer selektiven Hungerpolitik gegenüber allen Nicht-Arbeitenden.[8] Um dem Hunger in den Städten zu entfliehen, versuchte ein Großteil der Bergbaubevölkerung in den ersten Besatzungsmonaten auf das Land abzuwandern oder sich durch Tauschgeschäfte mit der Landbevölkerung Lebensmittel zu verschaffen.

Angesichts von Lebensmittelzuteilungen im Umfang von täglich 325 Gramm Brot pro Kopf der arbeitenden Bevölkerung (ohne Verpflegung der Familienangehörigen) war die Arbeit im Bergbau unattraktiv. Auch die manchmal vergebenen Kohlezuteilungen änderten daran wenig.[9] Die neben den geringen Lebensmittelrationen gezahlten Arbeitslöhne, die sich an den sowjetischen Vorkriegstarifen orientierten, standen in keinem Verhältnis zu den horrenden Preisen auf den entstehenden Schwarzmärkten. Gemessen an den herrschenden Schwarzmarktpreisen entsprach das monatliche Lohneinkommen eines Arbeiters einer Kaufkraft im Reich von etwa fünf Reichsmark.

Im April meldete die Wirtschaftsinspektion Süd zur Lage der etwa 24 000 bei der BHO beschäftigten Bergleute: „Der Ernährungszustand der Leute ist zum Teil derartig schlecht, dass sie vor Entkräftung kaum arbeiten und vielfach nur durch Zwang zum Erscheinen zur Arbeit veranlasst werden können.“[10] Aus einzelnen

Der Arbeitseinsatz in der besetzten Ukraine, 1941–1944, in: Jahrbuch für Wirtschaftsgeschichte (2004) 1, S. 65–94.

8 Vgl. zur Hungerpolitik ausführlich: Dieter Pohl, Die Herrschaft der Wehrmacht. Deutsche Militärbesatzung und einheimische Bevölkerung in der Sowjetunion 1941–1944, München 2008, S. 183–200; Das Deutsche Reich und der Zweite Weltkrieg, Bd. 4: Der Angriff auf die Sowjetunion. Von Horst Boog u. a., Stuttgart 1983, S. 989–1022; Christian Gerlach, Krieg, Ernährung, Völkermord. Forschungen zur deutschen Vernichtungspolitik im Zweiten Weltkrieg, Hamburg 1998; William Moskoff, The Bread of Affliction. The food supply in the USSR during World War II, Cambridge 1990; Verbrechen der Wehrmacht. Dimensionen des Vernichtungskrieges (Ausstellungskatalog), Hamburg 2002, S. 287–360.

9 BArch-MA RW 31, Nr. 262, Nr. 409, Nr. 431; ebenda, RH 22, Nr. 91; Deržavnyj Archiv Donec'koï Oblasti (DADO), F. R-1622, Op. 1, Nr. 1, Bl. 24–26

10 Lagebericht der Wirtschaftsinspektion Süd von April 1942, BArch-MA RW 31, Nr. 431.

Bergbausiedlungen berichteten die militärischen Verwaltungsbehörden im März 1942 von „deutlichen Anzeichen des langsamen Verhungerns – Aufschwellen“, also von Hungerödemen.[11]

In Charkiv forderte der Hungerwinter 1941/42 Tausende von Opfern. Dagegen war in Stalino (heute Donec'k) die Zahl der Hungertoten offenbar deutlich geringer. Das ist möglicherweise darauf zurückzuführen, dass die „Hamsterfahrten“ der Stadtbevölkerung auf das Land in Stalino, anders als in Charkiv, von den Besatzungsbehörden nicht unterbunden, sondern zunächst weitgehend zugelassen wurden.[12] In einem Bericht der OFK Donez vom 24. September 1942 heißt es dazu: „Die reiche Natur der Ukraine hat bisher auch den Nichtversorgten die Aufrechterhaltung ihrer Existenz ermöglicht. Allerdings konnte das nur dadurch erreicht werden, dass man den starken Wanderverkehr der städtischen Bevölkerung aufs Land zum Zweck der Beschaffung von Nahrungsmitteln nicht unterbunden hat.“[13] Bei diesen Wanderungen legte die Bevölkerung manchmal mehrere Hundert Kilometer zu Fuß zurück. Der Zeitzeuge Jakov Gorin erinnert sich: „Das Leben war sehr hart, besonders für Frauen mit Kindern. Im Winter gingen sie, komme, was da wolle, aufs Dorf, um Lebensmittel einzutauschen. Viele erfroren auf dem Weg dorthin und wurden tot zurückgebracht.“[14]

Unter diesen Bedingungen war es für die deutschen Besatzungsbehörden zunächst schwer, Arbeitskräfte zu rekrutieren. Sie taten dies über eigens zu diesem Zweck von den Wirtschaftskommandos geschaffene Arbeitsämter. Diese gehörten zu den ersten Verwaltungseinrichtungen, die in den neu besetzten Gebieten ihre Tätigkeit aufnahmen. In der Regel waren sie nur mit einem oder zwei deutschen Beamten besetzt, denen nicht selten Hunderte von einheimischen Kräften unterstanden. Die Hauptaufgabe der Arbeitsämter war die restlose Erfassung aller freien Arbeitskräfte und die Deckung des lokalen Arbeitskräftebedarfs sowie seit 1942 auch des Bedarfs an Zwangsarbeitern für das Reich.

Die Registrierung der Bevölkerung bei den Arbeitsämtern erfolgte aus den genannten Gründen zunächst schleppend. Zur „Bekämpfung des Arbeitsunwil-

11 Kriegstagebuch (KTB) 2, Anlage 18, National Archives College Park (NA), T 77, roll 1103.

12 Nach Angaben der ukrainischen Stadtverwaltung zu Charkiv fielen der Hungerkatastrophe bis September 1942 mindestens 11 918 Menschen zum Opfer. Charkiv wurde von der deutschen Militärverwaltung systematisch abgeriegelt und in ein „Hungerghetto“ verwandelt (Verbrechen der Wehrmacht: Ausstellungskatalog, S. 328–346). Genaue Zahlen für Stalino liegen in den verfügbaren Akten nicht vor. Lagebericht der Wirtschaftsinspektion Süd von Mai und Juni 1942, BArch-MA RW 31, Nr. 431.

13 BArch-MA RH 22, Nr. 91.

14 Interview mit Jakov M. G., aufgezeichnet im April 2002 in Donec'k.

lens“ der Bevölkerung setzten die Arbeitsämter daher bald Zwangsmaßnahmen ein, wie Razzien durch ukrainische Polizeikräfte, Passkontrollen, Einführung der Prügelstrafe, Verhängung von Haftstrafen bis zu 14 Tagen und Einrichtung von Arbeitslagern. Auch griffen Sicherheitspolizei und SD auf Anweisung der Arbeitsbehörden zu „drakonischen Strafen“.[15]

Der Zeitzeuge Viktor Smal'ko berichtet, dass sein Vater vor seinen Augen von den Deutschen zu Tode geprügelt wurde, weil er sich weigerte, auf seinem alten Arbeitsplatz als Gießer in der Metallfabrik zu arbeiten.[16] In der Stadt Krasnoarmijs'k wurde ein Arbeits- und Erziehungslager für Personen, die die Arbeit verweigerten und sich der „neuen Ordnung“ widersetzten, eingerichtet.[17]

Die Deportationen ins Reich

Es mag überraschen, aber die Deportation ins Reich erschien zumindest Teilen der einheimischen Bevölkerung in der Anfangszeit vorteilhafter als der „hungrige“ Arbeitseinsatz vor Ort. Dies lag vor allem daran, dass die Werber-Kommissionen mit deutlich höheren Verpflegungssätzen warben und zudem die Versorgung der zurückbleibenden Angehörigen versprachen. Am 15. Februar 1942 ging der erste Transport mit über 1000 Facharbeitern von Stalino ins Reich. Bis Ende des Monats meldeten sich in Stalino über 20 000 Menschen „freiwillig“ für den Einsatz im Reich, begründet war dies durch die schwierigen Ernährungsverhältnisse vor Ort.[18]

Manche hatten sich blenden lassen von der propagandistischen Besatzungspresse, die ein glanzvolles, völlig verzerrtes Bild der Arbeits- und Lebensbedingungen der Ostarbeiter in Deutschland zeichnete: „Alle Abgereisten erhalten, ganz gleich, wo sie arbeiten, unvergleichlich bessere Bedingungen als die, unter denen sie zuvor arbeiten und leben mußten. In Bezug auf Arbeit und Alltag sind sie dem deutschen Arbeiter gleichgestellt und in einigen anderen Aspekten haben sie

15 Bericht der Gruppe Arbeit beim Wirtschaftsstab Ost vom 20. 11. 1941, BArch-MA RW 31, Nr. 243, Bl. 158–162; Schlussübersicht über den Kriegseinsatz 1941 der Wirtschaftsinspektion Süd, NA, T 77, roll 1103; Lagebericht der Wirtschaftsinspektion Süd von März 1942, BArch-MA RW 31, Nr. 431; KTB Wirtschaftsinspektion Süd vom 21. Januar und 2., 3., 5., 6. 2. 1942, NA, T 77, roll 1103.

16 Interview mit Viktor S., aufgezeichnet im Oktober 2004 in Donec'k.

17 Archiv der Stiftung „Erinnerung, Verantwortung und Zukunft“, Berlin, Bestand: „Sonstige Haftstätten“, Historische Fragen Ukraine (505.16).

18 Doneckij vestnik, Doneck, 29. 1. 1942, 1. 2. 1942, 15. 2. 1942, 9. 8. 1942; BArch-MA RW 31, Nr. 410.

sogar bessere Bedingungen. So erhält der ukrainische Arbeiter, der an reichliche und besondere Kost gewohnt ist, eine erhöhte Norm an Kartoffeln und Getreide. Es wurden spezielle Mensen mit ukrainisch-russischen Köchen organisiert, die es verstehen die nationalen Gerichte zuzubereiten, an die die Neuankömmlinge gewöhnt sind."[19]

Insgesamt wurden aus dem Donezbecken – nach sowjetischen Angaben – über 330 000 Menschen als Ostarbeiter ins Reich verschleppt; davon 252 239 aus dem Gebiet Stalino und 74 047 aus dem Gebiet Vorošilovgrad (heute Luhans'k). Aus dem Zuständigkeitsbereich der gesamten Wirtschaftsinspektion Süd wurden von Januar 1942 bis September 1943 über 700 000 Menschen ins Reich deportiert. Über die Hälfte der Verschleppten waren Frauen.[20] Die Bevölkerung des Donbas war damit deutlich stärker als andere ukrainische Regionen von den Zwangsdeportationen ins Reich betroffen.

Die Zahl der Freiwilligen für den Reichseinsatz ging jedoch schnell zurück, als sich herausstellte, dass das Versprechen, die Angehörigen zu versorgen, von den Besatzungsbehörden nicht eingehalten wurde. Auch Nachrichten über die katastrophalen Lebensbedingungen der Ostarbeiter im Reich, die die Freiwilligen in gleichem Maße traf wie die zwangsverschleppten Arbeiter, verbreiteten sich schnell unter der Bevölkerung im besetzten Gebiet.[21] Bereits im April 1942 berichtete die Wirtschaftsinspektion Süd, dass Arbeitskräfte für das Reich mithilfe der lokalen Polizei zwangsweise rekrutiert werden mussten.

Vor diesem Hintergrund erscheint es unverständlich, dass im Rahmen des ersten Entschädigungsprogramms für ehemalige Zwangsarbeiter aus Osteuropa in den neunziger Jahren diejenigen, die laut Angaben in ihren Repatriierungsakten[22] „freiwillig" ins Reich gefahren waren, von den nationalen Entschädigungsstiftungen in der Ukraine, Belarus und Russland keine Auszahlung erhielten.

19 Doneckij vestnik, Doneck, 26. 4. 1942, S. 3.

20 CDAHOU, F. 1, Op. 23, Nr. 1478, Bl. 7; BArch-MA RW 31, Nr. 418; Die deutsche Wirtschaftspolitik in den besetzten sowjetischen Gebieten 1941–1943: Der Abschlussbericht des Wirtschaftsstabes Ost und Aufzeichnungen eines Angehörigen des Wirtschaftskommandos Kiew. Hrsg. von Rolf-Dieter Müller, Boppard a. Rh. 1991, S. 549 f.

21 Lageberichte der Wirtschaftsinspektion Süd für April und Mai 1942, BArch-MA RW 31, Nr. 431.

22 Bei den Repatriierungsakten handelt es sich um Überlieferungen der Nachkriegszeit aus dem Stalin-Regime, deren Wahrheitsgehalt kritisch zu betrachten ist.

Wachsender Konkurrenzkampf um Arbeitskräfte

Seit Sommer 1942 gerieten die Rekrutierungen für den Reichseinsatz zunehmend in Konkurrenz zum steigenden lokalen Bedarf, insbesondere an Fachkräften. Die BHO meldete aus dem Steinkohlenbergbau: „Die Belegschaft blieb hinter der erwarteten und bei den Arbeitsämtern angeforderten Zahl erheblich zurück, ganze Abbaufronten stehen leer, infolge zu schwacher Belegung und zu langsamen Abbaufortschritts gingen eine Reihe Streben zu Bruch. Infolge der in den letzten Monaten stattgefundenen Abwanderung aus dem lebensmittelarmen Donezgebiet stehen scheinbar bergbauliche Arbeitskräfte nicht mehr zur Verfügung. Die Arbeitsämter überwiesen fast ausschließlich Frauen und Invaliden."[23]

Bereits im April 1942 hatte die BHO daher gegenüber Vertretern des Wirtschaftsstabes Ost und der Vierjahresplanbehörde gefordert, dass die bereits für sie tätigen Bergleute nicht von den Sauckel-Kommissionen für die Arbeit im Reich abgeworben werden dürften. Zudem setzte sich die BHO seit Juni 1942 beim Reichswirtschaftsministerium und beim Wirtschaftsstab Ost massiv für eine Verbesserung der Ernährung der Bergleute ein. Sie verlangte für die im Donezbergbau tätigen Arbeitskräfte die gleichen Verpflegungssätze, wie sie die sowjetischen Zivilarbeiter und Kriegsgefangenen im deutschen Bergbau erhielten. Bis dahin hatten die Bergleute gemäß den Verpflegungssätzen des Wirtschaftsstabes Ost für Schwerarbeiter „weniger bekommen als der russische Normalarbeiter in Deutschland und weniger als die Hälfte des russischen Bergarbeiters im Reich". Vielfach waren sogar diese Sätze gar nicht in vollem Maße zur Ausgabe gekommen.[24]

Paul Pleiger erreichte, dass Hitler am 1. Juli 1942 einen Führerbefehl unterzeichnete, in dem er den schnellen Wiederaufbau der Kohlenförderung im Donezgebiet als „eine der wesentlichen Voraussetzungen für die Weiterführung der Operationen im Osten und die Ausnutzung des russischen Raumes für die deutsche Kriegswirtschaft" anerkannte. Zu den dort angeordneten Sondermaßnahmen zählte auch die Sicherstellung der Ernährung für die Bergleute.[25] In der Folge verbesserte sich die Verpflegung zumindest der zivilen Bergleute und ihrer

23 Bericht der Abteilung Donezkohle der BHO an die Wirtschaftsinspektion Süd vom 12. 7. 1942 über Schwierigkeiten bei der Kohlenförderung, BArch-MA RW 31, Nr. 432.

24 BArch-MA RW 31, Nr. 339, Nr. 344; ebenda, RH 22, Nr. 92; BArch R-3101, Nr. 31156; Ereignismeldung UdSSR Nr. 187 vom 30. 3. 1942, BArch R 58, Nr. 221, Bl. 184.

25 Im Hinblick auf den konkreten Umfang der Verpflegungsrationen existieren in den Akten mindestens zwei Varianten des Befehls; in beiden Fällen wurde jedoch eine Besserstellung gegenüber den zuvor geltenden Sätzen erreicht, BArch-MA RH 22, Nr. 92; ebenda, RW 31, Nr. 976.

Angehörigen offenbar deutlich, bedingt dadurch, dass die Rationen nun auch tatsächlich ausgegeben wurden.[26]

Die Belegschaft des Steinkohlenbergbaus erfuhr seit Juli 1942 einen deutlichen Zustrom und stieg bis November auf über 100 000 an. Das hatte vor allem drei Ursachen: Zum einen kehrten durch die Sicherstellung der Ernährung zahlreiche Bergleute freiwillig zu ihren Gruben zurück. Zum anderen waren im Zuge der Sommeroffensive im östlichen Donezbecken neue Bergbaugebiete hinzugekommen, die allerdings ebenfalls sehr große Zerstörungen durch die Rote Armee aufwiesen. Der Verlust dieser Gebiete bereits im Februar 1943 erklärt auch das neuerliche starke Absinken der Belegschaftskurve im März 1943. Ein dritter Grund für den Anstieg der Belegschaft bestand darin, dass seit Juli 1942 erstmals auch sowjetische Kriegsgefangene als Arbeitskräfte im Bergbau eingesetzt wurden.[27]

Leistungsanreize und Terrormaßnahmen

Die Arbeitseinsatzpolitik der Besatzungsbehörden vollzog angesichts des Arbeitskräftemangels einen deutlichen Wandel. Sie konzentrierte sich nun zum einen auf die „Erhaltung und Vermehrung der Arbeitskräfte“ und zum anderen auf ihre möglichst vollständige Erfassung.[28] Zur Steigerung der Arbeitsleistung erhöhte man nicht nur die Arbeitszeit von 48 auf 54 Wochenstunden, wobei im Bergbau die gleiche Arbeitszeitregelung galt wie im Reich (täglich 8 ¾ Stunden für die Untertagearbeiter, für die Übertagearbeiter eine Stunde mehr).

Seit Jahresende 1942 wurden zudem in vielen Betrieben Akkordarbeit und Leistungsprämien eingeführt. Bis Mai 1943 war auch im Bergbau ein Wechsel von der Zeit- zur Gedingearbeit erfolgt. Leistungssteigerungen wurden durch die Vergabe von Prämien in Form von zusätzlichen Lebensmittelzuteilungen oder später auch Freizeitprämien (z. B. für Überlandfahrten) erzielt.[29] Eine leichte Verbesserung der Versorgungslage der Bergleute wurde zudem durch umfangreiche Zuweisungen von Gartenland erreicht. Diese hatte allerdings negative Auswirkungen auf die Arbeitsdisziplin, da sich die Arbeitskräfte beurlauben ließen oder Krankheit vortäuschten, um ihr Land zu bestellen.[30]

Wie sich der ukrainische Bergmann Valentin Nikitenko erinnerte, besaßen die Bergleute im Vergleich zu anderen Gruppen der lokalen Bevölkerung grö-

26 BArch-MA RW 31, Nr. 344, Nr. 414.
27 BArch-MA RW 31, Nr. 433; ebenda RH 22, Nr. 92.
28 Vgl. dazu NA, T 77, rolls 1104, 1105; BArch-MA RW 31, Nr. 418, Nr. 434.
29 DADO, F. R-1611, Op. 1, Nr. 2, Bl. 5; BArch-MA RW 31, Nr. 418, Nr. 477, Nr. 423.
30 RGVA, F. 700, Op. 1, Nr. 40, Bl. 47–52; BArch-MA RW 31, Nr. 423, Nr. 477.

ßere Mobilitätsfreiräume: „Jeder, der arbeitete, bekam einen Ausweis. Ich durfte nachts während der Sperrstunde ausgehen, weil das Bergwerk rund um die Uhr arbeitete. Und mit diesem Ausweis durften wir uns überall bewegen, beinahe durch die ganze Ukraine, zum Beispiel wenn wir zu Fuß unterwegs waren, um Brot zu holen.“[31]

Die Vorgesetzten schienen das Fernbleiben der Arbeitskräfte stillschweigend zu tolerieren. So erklärt sich, dass täglich bis zu 25 Prozent der Belegschaft fehlten. Die auf diese Weise eingesparten Verpflegungsrationen wurden an die restliche Belegschaft als Leistungsprämien ausgegeben.[32] Für die nicht arbeitende Bevölkerung dagegen waren Fahrten von der Stadt aufs Land und umgekehrt wesentlich schwieriger, da Ausweise und Passierscheine, die an den Kontrollposten vorgezeigt werden mussten, nur an diejenigen ausgegeben wurden, die in deutschen Diensten standen.[33] Wer keine Dokumente besaß, konnte leicht in den Verdacht geraten, ein Widerstandskämpfer zu sein.

Auch auf alte sowjetische Methoden der Leistungssteigerung griff man im Bergbau – mit überwiegend gutem Erfolg – zurück: Beispielsweise wurden die besten Arbeiter durch Aushängen ihrer Namen in den Betrieben öffentlich belobigt. Unter Hinzuziehen ukrainischer Fachleute beriet man sogar ernsthaft über die Einführung früherer sowjetischer Arbeitsmethoden, insbesondere jener der Stachanov-Bewegung.[34]

Die Stachanov-Bewegung geht auf den Bergmann Stachanov zurück, der 1935 während einer Nachtschicht im Donbas-Bergbau 102 Tonnen Kohle hieb und damit die Norm zu 1457 Prozent erfüllte (dass ihm dabei zahlreiche Helfer zur Seite standen, die Kohle und Schutt wegräumten und den Streb sicherten, wurde von der Propaganda verschwiegen). Ursprünglich als Industriekampagne geplant, sollte die Stachanov-Bewegung vor allem dazu beitragen, die Arbeiter durch Leistungsanreize zur Übererfüllung der Normen zu bewegen und damit den Faktor Arbeit produktiver zu machen. Sie entwickelte sich aber schnell zu einer Massenbewegung, die weit über ihre ökonomische Bedeutung hinausging und für viele Sowjetbürger zum Symbol des Aufbruchs und der neuen Arbeitsmoral wurde. Ihre enorme Breitenwirkung erwuchs der Stachanov-Bewegung nicht zuletzt aus dem Glauben vieler Arbeiter an die Modernisierung und den permanenten Fortschritt im Sowjetsystem.[35]

31 Interview mit Valentin N. (geb. 1926), aufgezeichnet im Juni 2001 in Donec'k.

32 BArch-MA RW 31, Nr. 477, Nr. 423.

33 CDAHOU, F. 62, Op. 1, Nr. 183, Bl. 27–36.

34 BArch-MA RW 31, Nr. 423, Nr. 424.

35 Vgl. dazu: Robert Maier, Die Stachanov-Bewegung 1935–1938. Der Stachanovismus als tragendes und verschärfendes Moment der Stalinisierung der sowjetischen Gesellschaft,

Die Maßnahmen zur Leistungssteigerung scheinen im Bergbau erfolgreich gewesen zu sein, was sich in einer Steigerung der Förderung ausdrückte. Auch die Schichtleistung pro Arbeitskraft (gemessen an der Gesamtbelegschaft) zeigte eine stetig ansteigende Kurve. Dies mag umso mehr überraschen, als laut einer im Juli 1943 durchgeführten Überprüfung im Steinkohlenbergbau weiterhin ein großer Mangel an Facharbeitern bestand. Demnach war ein verhältnismäßig hoher Anteil von Frauen und Jugendlichen unter Tage eingesetzt, während gelernte Bergleute weniger als die Hälfte der Belegschaft stellten.[36] Überraschend scheint zudem die Tatsache, dass es trotz der großen Zahl unqualifizierter Arbeitskräfte in den Gruben im Besatzungszeitraum offenbar nicht zu größeren Unglücken kam. Jedenfalls findet weder in der Überlieferung der Wirtschaftsbehörden und der BHO noch in der Besatzungspresse ein Grubenunglück Erwähnung.

Dennoch fehlte es trotz Leistungssteigerung, Leistungsprämien und Propaganda, die über lokale und regionale Presseorgane verbreitet wurde, an Arbeitskräften in den Bergwerken; die Arbeit dort blieb aus mehreren Gründen unattraktiv. Die Arbeitslöhne der sowjetischen Arbeitskräfte orientierten sich an den alten sowjetischen Tarifen und besaßen angesichts der horrend angestiegenen Lebenshaltungskosten höchstens eine symbolische Bedeutung: Im Juli 1943 betrug der durchschnittliche Monatslohn eines Bergmanns (einschließlich der ausgegebenen Naturalien) 347 Rubel (35 RM), wovon noch zehn Prozent Lohnsteuer abging. Die Ingenieure und Markscheider wurden nach festen Angestelltengehältern bezahlt. Ein Oberingenieur oder Trestmarkscheider konnte monatlich zwischen 1000 und 1200 Rubel verdienen, ein einfacher Ingenieur oder Grubenmarkscheider zwischen 700 und 1000 Rubel. Auf dem Schwarzmarkt kosteten ein Kilogramm Brot 75 Rubel, ein Kilogramm Kartoffeln 40 Rubel, ein Kilogramm Butter 500 Rubel, ein Kilogramm Speck 800 Rubel und zehn Eier 120 Rubel, eine Wintermütze 700 Rubel und ein Paar Stiefel 4000 Rubel.[37]

So traf wohl auch im Sommer 1943 noch zu, was der Bergassessor Wilhelm Berkenkamp im November 1942 in einem Brief in die Heimat konstatierte: „Die Neigung der Zivilisten, auf den Schächten zu arbeiten, ist überhaupt nicht sehr groß. Die Leute werden nach dem alten russischen Tarif bezahlt, während Waren,

Stuttgart 1990; Lewis H. Siegelbaum, Stakhanovism and the Politics of Productivity in the USSR, 1935–1941, Cambridge 1988.

36 Der Anteil an qualifizierten Bergarbeitern betrug bei den Hauern und Lehrhauern 11 Prozent und bei den Zimmerhauern 6 Prozent. Zum Vergleich: Im Ruhrkohlenbergbau betrug 1942 der Anteil der gelernten Hauer und Lehrhauer 44 Prozent und der Zimmerhauer 10 Prozent, BArch-MA RW 31, Nr. 441.

37 DADO, F. R-1622, Op. 1, Nr. 1, Bl. 24–26; ebenda, F. R-1611, Op. 1, Nr. 15, Bl. 2–42; BArch-MA RW 31, Nr. 262; Doneckij vestnik, Doneck, 8.8. 1943.

wenn überhaupt, so nur zu Wucherpreisen erworben werden können. [...] Von der Lohnseite her besteht also für die Russen überhaupt kein Anreiz, auf den Schächten zu arbeiten. Das einzige Lockmittel ist die Verpflegung, die durch die BHO ausgegeben wird."[38]

Wenngleich die Kaufkraft der ausgezahlten Monatslöhne kaum ausreichte, um den Tagesbedarf an Nahrungsmitteln zu decken, maßen die einheimischen Bergleute der Höhe ihres Lohnes dennoch eine wichtige symbolische Bedeutung zu und waren in ihrem „starken Ehr- und Gerechtigkeitsgefühl verletzt", wenn sie nicht gemäß ihrer alten sowjetischen Tarife bezahlt wurden[39] – ein Phänomen, das die deutschen Besatzer mit Verwunderung zur Kenntnis nahmen und das auf spezifische Formen der Alltagswahrnehmung bei den Sowjetbürgern schließen lässt.

Um den steigenden Arbeitskräftebedarf vor Ort und im Reich zu decken, setzten die Wirtschaftsbehörden zunehmend Zwangsmaßnahmen ein. Freiwillige Meldungen für den Reichseinsatz gab es bereits im Winter 1942 kaum noch. Auf Anordnung Sauckels wurden im April 1943 von den Arbeitsbehörden erstmals ganze Geburtsjahrgänge ausgehoben.[40] Der Erfolg blieb jedoch weit hinter den Erwartungen zurück: „Die Bevölkerung nimmt allgemein eine ablehnende Haltung zum Reichseinsatz ein. Es ist ihr jedes Mittel recht, um sich der Arbeit im Reich zu entziehen. Die Androhung von Strafen, selbst der Todesstrafe, macht keinen merklichen Eindruck. Um sich der Musterung zu entziehen, verlassen die Dienstpflichtigen vielfach ihre bisherigen Arbeitsstätten und Wohnungen. Zuweilen verschwinden ganze Familien, um dem Rückgriff auf Angehörige zu entgehen."[41]

Große Ausfälle verursachte zudem der schlechte Gesundheitszustand der Musterungspflichtigen, sodass an einigen Orten gerade einmal ein Fünftel der Gemusterten überhaupt für den Reichseinsatz geeignet war. Aus Angst vor der Verschleppung war bei den Musterungspflichtigen die Praxis verbreitet, sich selbst Verletzungen oder Vergiftungen zuzufügen. Außerdem entzog sich ein erheblicher Teil der Gemusterten dem Reichseinsatz durch Flucht.[42]

Für den Arbeitseinsatz vor Ort gilt Ähnliches: Auch dort konnten Arbeitskräfte im Frühjahr 1943 nur noch unter Anwendung massiven Zwangs rekrutiert werden. Die einheimische Polizei führte an öffentlichen Plätzen Razzien und Menschenjagden auf Sowjetbürger durch oder riegelte ganze Wohnblöcke

38 Bergbauarchiv Bochum, 55/2579.
39 Lagebericht der Wirtschaftsinspektion Süd für April 1943, BArch-MA RW 31, Nr. 423.
40 BArch-MA RW 31, Nr. 434, Nr. 418, Nr. 421, Nr. 423.
41 Lagebericht der Wirtschaftsinspektion Süd für Mai 1943, BArch-MA RW 31, Nr. 439.
42 BArch-MA RW 31, Nr. 477, Nr. 423, Nr. 439.

ab, um dort bei Nacht die Wohnungen zu durchsuchen.[43] Allerdings vermitteln die Quellen den Eindruck, dass der Reichseinsatz der Mehrheit der Bevölkerung zu diesem Zeitpunkt bereits weitaus verhasster war als der Einsatz vor Ort. Die Arbeit im lokalen Bergbau versprach sogar einen gewissen Schutz vor der Verschickung ins Reich, wie sich Aleksandra Pronjakina (damals 15 Jahre alt) erinnerte: „Wir haben beschlossen, dass ich auf die Zeche gehen soll, weil man von der Zeche wahrscheinlich nicht verschleppt würde. [...] Man ist hauptsächlich deswegen gegangen, um nicht nach Deutschland abgeschoben zu werden."[44]

Um den Facharbeitermangel zu beseitigen, versuchten die Arbeitsbehörden die aufs Land abgewanderten Facharbeiter systematisch zu erfassen und zurückzuführen. Mehrere Tausend Bergleute wurden zudem aus feindgefährdeten oder zeitweilig geschlossenen Bergbaugebieten des Donbas im Frühjahr und Sommer 1943 in andere Bergbaudirektionen umgesiedelt, was in der Regel die „Anwendung schärfsten Zwangs" erforderte. Außerdem wurden die gewerblichen Betriebe von speziellen „Auskämm"-Kommissionen auf den „sparsamen und zweckentsprechenden Einsatz der vorhandenen Kräfte" hin überprüft. Alle berufsfremd beschäftigten Bergleute sollten in den Bergbau zurückgeführt werden, und auch der Lehrlingsausbildung wurde verstärkte Aufmerksamkeit geschenkt.

Um Verstöße gegen die Arbeitsdisziplin zu ahnden, wurden vermehrt Arbeitserziehungslager eingerichtet, die in der Bevölkerung gefürchtet waren.[45] Wachsende Bedeutung gewann auch der Arbeitseinsatz von Frauen. Im Bergbau war der Anteil der weiblichen Arbeitskräfte im Besatzungszeitraum ständig angestiegen und erreichte im Juli 1943 sogar 28,5 Prozent – damit lag er sogar etwas höher als in der Vorkriegszeit. In den besetzten Gebieten arbeiteten Frauen im Bergbau auch unter Tage, während dieser Arbeitsbereich im Reich eine „Männerdomäne" blieb.[46]

Der Einsatz sowjetischer Kriegsgefangener im Bergbau

Zu den dunkelsten Kapiteln der deutschen Besatzung im Donbas gehört der Arbeitseinsatz sowjetischer Kriegsgefangener in den Bergwerken. Für die Durchführung des Kriegsgefangeneneinsatzes, Unterbringung, Bewachung und Ernährung war die Oberfeldkommandantur (OFK) 397 zuständig, die seit November

43 Archiv des Sicherheitsdienstes der Ukraine im Gebiet Donec'k (ASBUDO), F. 1, Nr. 60090, Bd. 1, Bl. 259; Bd. 3, Bl. 195; Bd. 4, Bl. 103; Bd. 5, Bl. 11.

44 Interview mit Aleksandra P. (geb. 1927), aufgezeichnet im Juni 2001 in Donec'k.

45 BArch-MA RW 31, Nr. 418, Nr. 423, Nr. 424, Nr. 426, Nr. 428, Nr. 439.

46 Ebenda, Nr. 421, Nr. 424, Nr. 441; NA, T77, rolls 1105, 1106.

1942 dem Oberkommando des Heeres (OKH) direkt unterstellt war.[47] Laut Führerbefehl vom 1. Juli 1942 sollten 60 000 Kriegsgefangene für den Bergbau bereitgestellt werden. Diese Zahl wurde nicht erreicht. Ende September 1942 befanden sich in den Lagern etwa 39 000 Kriegsgefangene, von denen jedoch wegen ihres schlechten Gesundheitszustandes, mangelnder Kleidung und fehlender Aufsichtskräfte nur etwas mehr als die Hälfte zur Arbeit eingesetzt werden konnten.

Die Sterblichkeit unter den Kriegsgefangenen war extrem hoch und betrug nach Angaben der OFK Donez im November in den Bergbau-Stammlagern (Stalag) über 12 Prozent monatlich. In vielen Lagern herrschten Fleckfieber und Typhus.[48] Der Inspekteur der Wirtschaftsinspektion Nagel äußerte zur hohen Sterblichkeit der Kriegsgefangenen auf der Kommandeur-Haupttagung im November 1942: „Ich werde den Gedanken nicht los, als ob bei der Ernährung der Kriegsgefangenen die unbedingt nötige Rücksicht auf die Erhaltung ihrer Arbeitskraft vielfach vergessen worden ist. Manches wird hier schwer wieder gut zu machen sein. Es wird auch nicht immer an den Verpflegungsmengen liegen, die für die Kriegsgefangenen ausgeworfen sind, sondern oftmals mehr daran, ob die ihnen zustehenden Mengen auch wirklich ausgegeben und in nutzbarster Form zubereitet und verabfolgt sind. Die vielfachen Krankheitserscheinungen und die hohe Sterblichkeit in vielen Lagern lassen den Schluss zu, dass hier zu irgendwelchen Zeiten nicht die erforderlichen Maßnahmen getroffen sind."[49]

Für die Bergbaubetriebe erwies sich der Einsatz von Kriegsgefangenen als vollkommen unrentabel, obwohl ein Kriegsgefangener das Unternehmen nur etwa halb so viel kostete wie ein Zivilarbeiter. Die Arbeitsleistung von Kriegsgefangenen war aufgrund ihres schlechten Gesundheitszustandes und fehlender Qualifikation und Arbeitsmotivation zumeist sehr gering. Zudem durften Kriegsgefangene aus Sicherheitsgründen unter Tage nicht zu Nachtschichten eingesetzt werden, was für die Bergwerke ein betriebliches Problem darstellte.[50]

Bis März 1943 waren Kriegsgefangene daher wieder nahezu völlig aus der Belegschaft des Steinkohlenbergbaus verschwunden. Man hatte sie in noch größerem Maße als die zivilen Arbeitskräfte im Donezbergbau einfach „verheizt", ohne dass ihre Arbeitskraft dabei für den Bergbau besonders produktiv gewesen wäre, wie der Bergassessor Wilhelm Berkenkamp, der von Juli 1942 bis September 1943 für die BHO eine Bergbau-Direktion im Donezbecken leitete, im November 1942 in einem Brief in die Heimat bemerkte: „Der Einsatz der Kriegsgefangenen

47 BArch-MA RW 31, Nr. 976, Nr. 433, Nr. 343, Nr. 418; ebenda, RH 22, Nr. 92, Bl. 34 f.

48 Ebenda, RW 31, Nr. 434, Nr. 976, Nr. 343, Nr. 418, Nr. 421, Nr. 485; BArch R 3101, Nr. 34174.

49 BArch-MA RW 31, Nr. 417.

50 BArch-MA RW 31, Nr. 485, Nr. 434.

ist ein Kapitel für sich. Die Leute sind halbverhungert und schleichen durch die Gegend. An den Arbeitsstellen liegen sie mehr, als dass sie stehen und arbeiten. Die Abgänge durch Krankheit, Tod und Fluchten sind groß."[51]

Von den unmenschlichen Zuständen, die in den Kriegsgefangenenlagern in Stalino herrschten, zeugen die Erinnerungen der wenigen Überlebenden: „Auf dem Gelände des Lenin-Clubs existierte ein Kriegsgefangenenlager mit Lazarett, das zeitweilig bis zu 20 000 Kriegsgefangene beherbergte. Die Gebäude, in denen die Kriegsgefangenen untergebracht waren, besaßen keine Glasscheiben. Zum Aufwärmen der Gebäude, in denen sich bis zu 1000 Menschen befanden, wurden am Tag fünf Kilogramm Kohle ausgegeben. Es kam zu Fällen massenweisen Erfrierens. Es gab keine Waschhäuser. Die Leute wuschen sich oft ein halbes Jahr nicht und litten an einer riesigen Zahl von Parasiten. In den heißen Sommermonaten erhielten die unter der Hitze leidenden Kriegsgefangenen oft drei bis fünf Tage kein Trinkwasser. Bei jedem kleinsten Anlaß wurden sie von den Deutschen mit Stöcken und Kolben verprügelt. [...] Es gab am Tag 1200 Gramm Brot für acht Personen. Das Brot wurde aus qualitativ schlechtem, verbranntem Mehl gemacht. Zudem gab es einmal täglich eine warme Suppe aus einer geringen Menge verbrannter Kleie, manchmal mit Zugabe von bis zu einem Liter Holz-Sägemehl. [...] Als Resultat eines solchen Regimes war die Sterblichkeit im Lager sehr hoch, erreichte bis zu 200 Menschen täglich."[52]

Nach sowjetischen Angaben kamen allein im Gebiet Stalino im Zeitraum der Besatzung bis zu 150 000 sowjetische Kriegsgefangene ums Leben.[53] Untersuchungen aus dem Kontext der Oral History zeigen, dass das Leiden der Kriegsgefangenen vielen Zeitzeugen im Donbas bis heute viel präsenter ist als die Ermordung der jüdischen Bevölkerung. Dies ist darauf zurückzuführen, dass das Massensterben der Kriegsgefangenen im Donbas zahlenmäßig noch größere Dimensionen annahm und zudem über einen längeren Zeitraum und direkt unter den Augen der lokalen Bevölkerung stattfand.

Die Ermordung der Juden erfolgte deutlich schneller und war viel weniger sichtbar. In vielen Interviews mit Zeitzeugen findet sich das Motiv, dass die lokale Bevölkerung, zum Teil unter hohem persönlichen Risiko, versuchte, den verhungernden Kriegsgefangenen Essen zukommen zu lassen: „Dort [im Lager] starben die kriegsgefangenen Soldaten, hungrig und unter freiem Himmel. Sie wurden bei

51 Bergbauarchiv Bochum, 55/2579.

52 ASBUDO, F. 1, Nr. 60090, Bd. 5, Bl. 154, 180.

53 O. Ionov, Zločynstva Nimciv u Donbasi, Kyïv 1946, S. 15. Vgl. zur Behandlung der sowjetischen Kriegsgefangenen in der Ukraine auch Karel C. Berkhoff, The „Russian" Prisoners of War in Nazi-Ruled Ukraine as Victims of Genocidal Massacre in: Holocaust and Genocide Studies 15 (2001), S. 1–32; Pohl, Herrschaft der Wehrmacht, S. 201–242.

noch lebendigem Leibe auf Schubkarren angekarrt und in die Gräben geworfen. Da haben die Leute, die das sahen, verstanden, wer die Deutschen sind und wie sie sich verhalten – da zeigten sie wirklich ihre Wesensart. Offiziell war es nicht erlaubt, den Kriegsgefangenen zu helfen [...], aber die Leute warfen, was immer sie konnten, hinter den Stacheldrahtzaun. [...] Aber die Deutschen bestraften dies streng. Sie zogen sie vom Zaun weg, schlugen und erniedrigten sie."[54] Nur wenige Zeitzeugen erwähnten ähnliche Unterstützung für ihre jüdischen Nachbarn.

Der Arbeitseinsatz und das Massensterben sowjetischer Kriegsgefangener im besetzten Gebiet sind noch immer wenig erforscht. Weitere Forschung wäre aber gerade auch deshalb von großer Bedeutung, da sowjetische Kriegsgefangene von den Entschädigungsprogrammen für ehemalige Zwangsarbeiter ausgeschlossen waren und in den Nachfolgestaaten der Sowjetunion vielfach bis heute keine Rehabilitierung und Anerkennung als Opfer des Nationalsozialismus erfahren haben. Zum Desiderat der Forschung tritt eines der Politik.

Die einheimischen Ingenieure

Neben den deutschen Aufsichtskräften arbeiteten in den Bergwerken und in der Verwaltung der Bergbaugruppen im Juli 1943 2165 sowjetische Bergbauingenieure und Techniker.[55] Ein großer Teil der Industriekader war im besetzten Gebiet zurückgeblieben und nicht, wie die Sowjethistoriografie vermittelt, evakuiert worden.[56] Die einheimischen Ingenieure standen bei den Deutschen allgemein in gutem Ruf. So heißt es in einem Reisebericht einiger führender deutscher Wirtschaftsmanager, darunter Paul Pleiger und Alfried Krupp von Bohlen und Halbach, ins Donezbecken im August 1942:

„Ebenso wird die Leistung der russischen Ingenieure und Wissenschaftler seitens der deutschen Betriebsleiter außerordentlich gut beurteilt, da nach ihrer Ansicht der russische Techniker und Wissenschaftler neben einer guten geistigen

54 Interview mit Viktor I. Z. (geb. 1927) aufgezeichnet in Mariupol' im März 2004 von Dmytro Tytarenko. In der Forschung wird die These vertreten, dass das Hungersterben unter den Kriegsgefangenen bedeutend hätte gemindert werden können, wenn die Deutschen die Lebensmittel-Hilfen der Bevölkerung nicht so strikt unterbunden hätten, vgl. Berkhoff, The „Russian" Prisoners of War.

55 Arbeitsbericht der BHO für die erste Verwaltungsratssitzung im Dezember 1941, BArch R 3101, Nr. 34174, Bl. 51. Vor Kriegsbeginn arbeiteten im Steinkohlenbergbau des Donbas etwa 1600 Ingenieure und 2200 Techniker; L. M. Jasnopol'skij, Kamennougol'naja promyšlennost', Bd. 1, Kiev 1956, S. 179–183.

56 Sowjetische Quellen berichten allein für das Gebiet Stalino von 2594 Führungskadern der Industrie, die im besetzten Gebiet geblieben waren, DADO, F. 326, Op. 2, Nr. 61, Bl. 28.

Grundveranlagung eine recht gute Ausbildung genossen hat. So werden von einigen Herren die russischen Ingenieure besser als die deutschen beurteilt. Dies hat zwangsläufig dazu geführt, dass sich die Betriebsleiter veranlasst gesehen haben, sogar Deutsche besonders qualifizierten Russen zu unterstellen.“[57]

Die Mitarbeit der einheimischen Industriekader war ein entscheidender Faktor für den Erfolg der deutschen Ausbeutungspolitik im Bergbau.[58] Ihre Kenntnisse über die Gegebenheiten unter Tage waren wichtig für den Wiederaufbau der zerstörten Bergwerke, da die Rote Armee beim Rückzug nahezu alle Grubenbilder und Pläne mitgenommen hatte. Darüber hinaus halfen einige der Ingenieure bei der Rekrutierung der einheimischen Arbeitskräfte. Sie übergaben der Polizei Listen mit der früheren Stammbelegschaft der einzelnen Gruben, die diese dann – wenn erforderlich mit Gewalt – zur Arbeit einzog. In einzelnen Fällen erstellten sie auch Listen von „schlechten Arbeitskräften“ oder von Arbeitslosen, die dann ins Reich verschleppt wurden, und beteiligten sich an der „Aussonderung von Juden und Kommunisten“.[59] Die Zusammenarbeit brachte den Ingenieuren zum Teil erhebliche materielle Vorteile.[60]

Manchmal wurden die einheimischen Aufseher von den Arbeitern mehr gefürchtet als die deutschen Steiger. Es kam sogar vor, dass sich die Arbeiter beim deutschen Kommando über die einheimischen Aufseher beschwerten.[61] Beispielsweise ist aus mehreren Bergwerken überliefert, dass einheimische Ingenieure bei Arbeitsverweigerungen gegenüber den Arbeitern ein hartes Strafsystem mit Prügelstrafen und Lebensmittelentzug anwandten. Manchmal geschah dies sogar auf eigene Initiative ohne Anweisung des deutschen Bergwerksdirektors.[62]

Die Tatsache, dass sich offenbar so viele Ingenieure in deutsche Dienste stellten, erscheint erklärungsbedürftig. Das Spektrum an Motiven war breit und reichte von der elementaren Existenzsicherung über Profitstreben bis hin zu politischen Überzeugungen. Die Verbreitung einer „anti-sowjetischen Haltung“ der Ingenieure erklärt sich möglicherweise auch aus spezifischen Repressionserfahrungen der gesamten Berufsgruppe in der jüngsten Vergangenheit. So waren

57 Westfälisches Wirtschaftsarchiv, NIK-3892, Bl. 4.

58 CDAHOU, F. 1, Op. 23, Nr. 3839, Bl. 27 ff.

59 ASBUDO, F. 1, Nr. 26612; ebenda, Nr. 42341; ebenda, Nr. 66345; ebenda, F. 2, Nr. 1339; CDAHOU, F. 1, Op. 23, Nr. 3839, Bl. 27–41 RS.

60 ASBUDO, F. 1, Nr. 26612, Bd. 1, Bl. 231–276; ebenda, Bd. 2, Bl. 375–388; ebenda, Nr. 42341, Bl. 3–13.

61 Beschwerdebrief von vier Arbeitern des Bergwerks Nr. 11 „Smoljanka“ über den einheimischen Bergwerksdirektor an den „Leiter der Gestapo“, DADO, F. R-1611, Op. 1, Nr. 22, Bl. 118 f.

62 Strafsache Bessonov u. a., ASBUDO, F. 1, Nr. 42341, Bl. 3.

in den zwanziger Jahren im Zuge des „Generalangriffs auf die bourgeoisen Spezialisten" zahlreiche leitende Ingenieure unter dem vorgeschobenen Vorwurf der „Wirtschaftsspionage" oder der „konterrevolutionären Tätigkeit" zu langen Gefängnis- und Lagerstrafen verurteilt worden. Wenig später setzte die Stachanov-Bewegung in der Mitte der dreißiger Jahre den Beginn für eine neue Welle der Feindschaft gegenüber den Ingenieuren, die ihren Höhepunkt im Großen Terror der Jahre 1937/38 fand. Während des Großen Terrors wurde nahezu das gesamte Management des Steinkohlenbergbaus ausgewechselt. Die Verurteilung zu Haftstrafen und Zwangsarbeit gehörte in dieser Zeit für Manager und Ingenieure somit zum Berufsrisiko.[63]

Ein anderer Aspekt, der einige der Ingenieure bewegt haben könnte, mit den Deutschen zusammenzuarbeiten, ist die Enttäuschung über die sozialistischen Produktionsmethoden und der Glaube an die technische Überlegenheit und das Modernisierungspotenzial der deutschen Besatzer.[64] Aber nicht alle Spezialisten kooperierten mit den deutschen Besatzungsbehörden. Es gab auch Fälle, in denen Ingenieure, die in leitender Position für die Deutschen arbeiteten, tatsächlich als Agenten für den NKVD oder Partisaneneinheiten tätig waren.[65] Insgesamt war der Widerstand der lokalen Bevölkerung im Donbas gegen das deutsche Besatzungsregime – im Gegensatz zu seiner propagandistischen Überhöhung in der Sowjethistoriografie – jedoch vergleichsweise gering.[66]

Die Erfahrung der NS-Zwangsarbeit

Die individuellen Erfahrungen der Zwangsarbeit unter den Deutschen lassen sich nur noch in Ansätzen, vor allem auf der Grundlage von Oral-History-Interviews ermitteln. Dabei ist jedoch zu berücksichtigen, dass die Erinnerungskonstruktionen der Zeitzeugen die biografischen Erfahrungen immer wieder neu formen und ihnen im Kontext ihres aktuellen Wertesystems einen Sinn verleihen. Interviews

63 Vgl. dazu die Kader-Statistik des sowjetischen Kohleministeriums, Rossijskij Gosudarstvennyj Archiv Ėkonomiki (RGAĖ), F. 8225, Op. 1, Nr. 7128, Bl. 12–15, 42–59; Susanne Schattenberg, Stalins Ingenieure. Lebenswelten zwischen Technik und Terror in den 1930er Jahren, München 2002.

64 Doneckij vestnik, Doneck, 18. 12. 1941; ebenda, 12. 2. 1942; ebenda, 26. 5. 1943.

65 Vgl. z. B. die Memoiren von Aleksandra Pronjakina (A. G. Pronjakina, My pomnim, Doneck 2001).

66 Vgl. zu Kollaboration und Widerstand im Donbas ausführlich: Tanja Penter, Die lokale Gesellschaft im Donbass unter deutscher Okkupation 1941–1943, in: Beiträge zur Geschichte des Nationalsozialismus, Bd. 19: Kooperation und Verbrechen: Formen der „Kollaboration" im östlichen Europa 1939–1945, Göttingen 2003, S. 183–223.

spiegeln daher vor allem wider, wie die Befragten die historischen Ereignisse aus heutiger Sicht wahrnehmen.[67]

Zu den Motiven von Terror und Gewalt sowie katastrophalen Lebensbedingungen treten in den heutigen, aktualisierten Erzählungen manchmal neue Narrative hinzu, die auch positive Erfahrungen beschreiben. Darunter finden sich einzelne freundschaftliche Begegnungen mit Deutschen oder auch für Sowjetbürger attraktive Aspekte der deutschen Arbeitskultur. So äußerten einige der Befragten, dass sie damals gelernt hätten, „gut und gewissenhaft zu arbeiten".[68] Manche Zeitzeugen erfuhren ihren Arbeitseinsatz unter deutscher Herrschaft sogar als besonders geordnet, bis hin zum Pedantismus, und stellten diesen den viel chaotischeren Arbeitserfahrungen im Stalinismus vor und nach dem Krieg gegenüber.[69]

Angesichts der relativ großen Zahl von deutschen Spezialisten (Betriebsdirektoren, Steiger und vor allem Hauer), die unter der Besatzung im Donbas-Bergbau als Aufsichtskräfte tätig waren, ist davon auszugehen, dass die meisten einheimischen Bergleute direkte Kontakte zu Deutschen hatten. In der sowjetischen Bevölkerung trafen die deutschen Fachkräfte – zumindest in der Anfangsphase der Okkupation – auf eine hohe Erwartungshaltung im Hinblick auf den Wiederaufbau des Bergbaus und das Wiederaufblühen der Region. Wenn man deutschen Stimmungsberichten Glauben schenken kann, so waren Vorstellungen von großer Leistungsfähigkeit, Organisationstalent und technischer Überlegenheit der Deutschen in Teilen der lokalen Bevölkerung durchaus verbreitet.[70]

Die Besatzungspresse bemühte sich, dieses Bild zu bestätigen und im Umlauf zu halten. Letztlich aber gründeten sich die Vorstellungen der Sowjetbürger vom modernen Westen bereits auf die sowjetische Propaganda und Politik, die zur Mobilisierung der Bevölkerung für die Industrialisierung zu Beginn der dreißiger Jahre das Vorbild – und zugleich das abschreckende Beispiel – des westlichen Auslands, insbesondere Amerikas, beschworen hatte. Seit Ende der zwanziger Jahre hatte sie in bedeutendem Umfang moderne Technik und Spezialisten im Ausland, vor allem in den USA und in Deutschland, eingekauft. Die Arbeitsmigranten, die im Zuge dessen in den Donbas kamen, prägten das positive Bild von den deutschen Fachleuten. Einige der deutschen Aufsichtskräfte unter der Besat-

67 Harald Welzer, Das Interview als Artefakt. Zur Kritik der Zeitzeugenforschung in: BIOS: Zeitschrift für Biographieforschung und Oral History 13 (2000), S. 51–63, hier S. 60.

68 Interview mit G. E. G., (geb. 1933), aufgezeichnet von Dmytro Tytarenko in Donec'k im August 2010.

69 Interview Valentin N. (geb. 1926), aufgezeichnet im Juni 2001 in Donec'k.

70 Vgl. beispielsweise Stimmungsbericht der Technischen Überwachung im Gebiet der Direktion 4, undatiert, BArch-MA RW 31, Nr. 656, Bl. 56 f.

zung besaßen dadurch auch bereits Arbeitserfahrungen im sowjetischen Bergbau. Nicht wenige Sowjetbürger hingen daher der Vorstellung nach, „etwas von den deutschen Spezialisten lernen zu können“, wie es der bekannte Ingenieur und Wissenschaftler Šerstjukov 1942 in einem Artikel in der Besatzungspresse formulierte.[71] Insbesondere für die sowjetischen Ingenieure diente das Bild des Westens als Vergleichsmaßstab, an dem sie sich abarbeiteten.[72] Mit den Realitäten der Besatzungsherrschaft hatte der Glaube an das Potenzial der Deutschen allerdings nicht viel zu tun: Es waren häufig gerade die Inkompetentesten, die sogenannten Ostnieten,[73] die als Spezialisten in die besetzten Ostgebiete gingen. So wich die anfängliche positive Erwartung der lokalen Bevölkerung mit fortschreitender Okkupationszeit immer mehr einem Gefühl der großen Enttäuschung.[74]

Über die Arbeitsbeziehungen zwischen den deutschen und den einheimischen Arbeitskräften unter der Besatzung finden sich widersprüchliche Aussagen, die vermuten lassen, dass vieles hier von den jeweiligen Umständen abhing. Der ukrainische Bergmann Nikitenko, der als Sechzehnjähriger unter den Deutschen arbeitete, erinnerte sich: „Die Leute, die mit uns auf der Zeche gearbeitet haben, das waren Bergleute aus dem Ruhrgebiet und vielleicht auch aus dem Saarland. Sie selbst waren Bergleute von Beruf. [...] Diese Bergleute waren für uns ‚unsere Deutschen‘. Sie krümmten niemandem ein Haar. Sie verstanden uns und sagten uns sogar: ‚Wir sind genauso Arbeiter wie Ihr!‘“[75] Von der Bedeutung, die diesem Kontakt mit den Deutschen auch in der Retrospektive beigemessen wurde, zeugt die Tatsache, dass viele Zeitzeugen sich bis heute an die Vornamen der deutschen Aufsichtskräfte und ihre Herkunftsorte in Deutschland erinnern.

Aus anderen Bergwerken ist hingegen überliefert, dass die einheimischen Arbeitskräfte von deutschen Steigern geschlagen und gedemütigt wurden.[76] Auch die Wirtschaftsinspektion Süd stellte im Juli 1942 in ihrem Lagebericht fest, dass „gelegentliche schlechte Behandlung, besonders Schlagen der Arbeiter“, einen negativen Einfluss auf die allgemeine Stimmung ausübte.[77] Aleksandra Pronjakina, die im Alter von 15 Jahren in einem Bergwerk unter Tage gearbeitet hatte, erinnerte sich, dass sie von einem deutschen Steiger vor der gesamten Belegschaft

71 Doneckij vestnik, Doneck, 12. 2. 1942.

72 Vgl. zum Amerikanismus unter den Ingenieuren ausführlich Schattenberg, Stalins Ingenieure, S. 253–286.

73 Vgl. dazu Bernhard Chiari, Alltag hinter der Front. Besatzung, Kollaboration und Widerstand in Weißrussland 1941–1944, Düsseldorf 1998, S. 59 ff.

74 Vgl. dazu die Lage- und Stimmungsberichte der Wirtschaftsinspektion Süd.

75 Interview mit Valentin N. (geb. 1926), aufgezeichnet im Juni 2001 in Donec’k.

76 ASBUDO, F. 1, Nr. 26612, Nr. 42341, Nr. 66345.

77 BArch-MA RW 31, Nr. 432.

ins Gesicht geschlagen und gedemütigt wurde, weil sie nicht zur Arbeit erschienen war.[78] Ein anderer Zeitzeuge erinnerte sich, dass Arbeitskräfte, die die Arbeit verweigerten, von den Deutschen mit dem Tode bestraft wurden.[79]

Für den Fördererfolg der Bergwerke spielten die betrieblichen Arbeitsbeziehungen eine große Rolle. Eine wichtige Erfahrung der Besatzer war, dass Steigerungen der Arbeitsleistung zumeist nicht durch eine Verschärfung des Zwangs, sondern eher durch richtigen Einsatz und angemessene Behandlung der einheimischen Arbeiter erzielt werden konnten.[80] Erfahrungen mit den sowjetischen Arbeitsmethoden waren hier von besonderem Vorteil, wie die Wirtschaftsinspektion Süd im Mai 1943 berichtete: „Es hat sich überhaupt gezeigt, dass die Betriebsführer, die sich mit den Vorkriegsverhältnissen in den Betrieben und den von den Sowjets angewandten Methoden am meisten befasst haben, am besten mit ihrer Arbeiterschaft den für eine ersprießliche Arbeit erforderlichen Kontakt bekommen."[81] Insgesamt wurde die Arbeitsleistung der sowjetischen Arbeitskräfte von den deutschen Betriebsleitern sehr positiv beurteilt: „Die Aussagen der verantwortlichen Betriebsleiter über die ihnen zur Verfügung stehenden Arbeiter sind ziemlich einheitlich und gehen im wesentlichen dahin, dass der Ukrainer bei richtiger Leitung als ein sehr williger und auch fachlich und leistungsmäßig guter Arbeiter anzusprechen ist."[82]

Fragt man nach der Wahrnehmung und Erfahrung des Arbeitseinsatzes bei der Bevölkerung, so ist auffällig, dass die Arbeit unter den Deutschen von den meisten gar nicht als Form der „Zwangsarbeit" wahrgenommen und bezeichnet wurde. Denn „Zwangsarbeit" war im Verständnis der Sowjetbürger zumeist mit der Unterbringung in einem Arbeitslager verbunden. Zudem wird eine Rolle gespielt haben, dass für die sowjetischen Arbeiter nach den Erfahrungen der stalinistischen Industrialisierung der dreißiger Jahre die Verbindung von Arbeit, Zwangsmaßnahmen und einer Beschränkung der persönlichen Freiheitsrechte nichts wesentlich Neues, sondern geradezu die Normalität darstellte. Zwang war bereits zur Normalität geworden.

Die Arbeitserfahrung der Bergleute unter der Besatzung zeichnete sich durch ein überraschend großes Maß an Kontinuität aus, da die stalinistische Kommandowirtschaft bereits den Charakter einer permanenten Notstandswirtschaft besaß. Forschungsarbeiten zur Sowjetunion der dreißiger Jahre sprechen sogar

78 Interview mit Aleksandra P. (geb. 1927), aufgezeichnet im Juni 2001 in Donec'k.

79 Interview mit Viktor S., aufgezeichnet im Oktober 2004 in Donec'k.

80 BArch-MA RW 31, Nr. 418.

81 Ebenda, Nr. 477, Bl. 71.

82 Eindrücke einer Russlandreise vom 10. bis 14. 8. 1942, unter Teilnahme von Paul Pleiger und Alfried von Bohlen und Halbach, Westfälisches Wirtschaftsarchiv, NIK-3892.

von einem „simulierten Kriegszustand", der seinen Ausdruck in einer starken Militarisierung des alltäglichen Lebens fand.[83] Die Arbeitsbeziehungen unter der deutschen Besatzung sind daher als sozial-, gesellschafts- und kulturgeschichtliches Phänomen nur zu verstehen, wenn sie in jenem Kontext der sowjetischen Vorkriegszeit historisiert werden.

Fazit: Zwangsarbeit in den besetzten Gebieten?

Die Arbeits- und Lebensbedingungen der Beschäftigten im Steinkohlenbergbau unterschieden sich nicht wesentlich von denen der ins Reich verschleppten Ostarbeiter, die dort im Bergbau eingesetzt wurden. Im Hinblick auf die wirtschaftliche Ausbeutung, weitgehende Rechtlosigkeit, katastrophale Versorgung und die Erfahrung von Terror und Gewalt war ihre Situation mindestens ebenso schlecht.

Der Anteil derjenigen, die mit Gewalt zur Arbeit gezwungenen wurden, war in beiden Fällen beachtlich, wenngleich es hier wie dort auch freiwillige Meldungen gab, die jeweils mit den allgemeinen Bedingungen im besetzten Gebiet korrespondierten. Sowohl für die Bergleute im Donbas als auch für ihre Landsleute im Reich galt, dass die Arbeitsverhältnisse nicht ohne Weiteres gelöst werden konnten. Die sowjetischen Arbeitskräfte konnten weder hier noch dort Einfluss auf die Gestaltung ihrer Arbeitsbedingungen nehmen und waren weitgehend rechtlos.

Zudem bestand eine massive lohnrechtliche Benachteiligung der sowjetischen Arbeitskräfte, die im besetzten Gebiet möglicherweise sogar noch größer war. Zwar war der „Osteinsatz" im Donbas für die Deutschen durchaus mit besseren Verdienstmöglichkeiten und beruflichen Aufstiegschancen verbunden, die sowjetischen Arbeiter mussten jedoch mit Verpflegungsrationen und Löhnen auskommen, die deutlich geringer waren als jene im Reich.

Auch wenn einige zwangsweise Deportationen und „Umsiedlungen" von Arbeitskräften innerhalb des Donbas überliefert sind, so war die Mehrzahl der Zivilarbeiter hier jedoch nicht in Lagern untergebracht, sondern lebte zumeist in ihren alten Wohnungen und Familienverbänden, was für viele der Betroffenen sicher einen bedeutenden Vorteil gegenüber dem Reichseinsatz darstellte. Sie

83 Sheila Fitzpatrick, War and Society in Soviet Context. Soviet Labor before, during and after World War II in: International Labor and Working-Class History 35 (1989), S. 37–52; Manfred Hildermeier, Geschichte der Sowjetunion 1917–1991. Entstehung und Niedergang des ersten sozialistischen Staates, München 1998, S. 645; Dietmar Neutatz, Die Moskauer Metro von den ersten Plänen bis zur Grossbaustelle des Stalinismus (1897–1935), Köln/Wien 2001, S. 13.

besaßen dadurch größere Mobilitätsfreiräume und konnten ihre alten Sozialbeziehungen und Netzwerke aufrechterhalten. Dieses Zugeständnis an Mobilität war aber auch aus einer Notwendigkeit erwachsen, da die Familien nur durch regelmäßige Hamsterfahrten aufs Land ihr Überleben sichern konnten. Die Löhne und Nahrungsmittelrationen waren zu gering.

Ganz anders sah die Situation der sowjetischen Kriegsgefangenen aus, die als Arbeitskräfte im Bergbau eingesetzt wurden. Ihre Überlebenschancen in den Bergbau-Lagern waren verschwindend gering.

Angesichts der selektiven Hungerpolitik der Besatzungsmacht in den ukrainischen Industrieregionen und der allgemeinen Logik des Vernichtungskrieges könnte man den Arbeitseinsatz der Bergleute aber auch unter dem Aspekt der versuchten „Rettung durch Arbeit" betrachten. Denn letztlich war es das wachsende Interesse der deutschen Kriegswirtschaft an der Ausbeutung der Arbeitskraft der sowjetischen Industriearbeiter, das zu einer Verbesserung ihrer Lebensbedingungen und damit Erhöhung ihrer Überlebenschancen führte. Der Arbeitseinsatz war ein Bereich des grausamen Besatzungsalltags, in dem ein vergleichsweise hohes Maß an „Normalität" erfahren wurde und der den Beschäftigten einen gewissen Schutz vor physischer Vernichtung sowie die „Gemeinschaft und Solidarität des Kollektivs" sicherte, wie sich die Zeitzeugin Aleksandra Volkova erinnerte.[84]

Auch gab es große Unterschiede in den Arbeits- und Lebensbedingungen der verschiedenen Gruppen der sowjetischen Arbeitskräfte. So zeigt das Beispiel der sowjetischen Bergbauingenieure, dass nicht jedes Arbeitsverhältnis unter deutscher Besatzung mit dem Begriff der Zwangsarbeit angemessen beschrieben werden kann. Dabei hingen hier die Überlebenschancen der verschiedenen Gruppen in hohem Maße von ihrem Zugang zu Nahrungsmitteln ab.

Die Landbevölkerung war im Allgemeinen, jedoch nicht in jedem Einzelfall, besser gestellt als die Stadtbevölkerung. Auch in den Städten gab es privilegierte Arbeitsplätze bei deutschen Dienststellen oder in den einheimischen Verwaltungen. Deutlich schlechteren Arbeits- und Lebensbedingungen waren dagegen vielfach die Arbeitskräfte der Rüstungsbetriebe ausgesetzt. Unter ihnen standen in der „Arbeitskräfte-Hierarchie" nur noch die sowjetischen Kriegsgefangenen und die jüdischen Arbeitskräfte.[85]

Die Empirie zeigt die Grenzen des „Zwangsarbeiter"-Begriffs in den besetzten Gebieten auf: Er eignet sich wenig, um die Unterschiedlichkeit der Arbeitsbeziehungen und Lebenslagen im besetzten Gebiet (Stadt- und Landbevölkerung, Arbeiter und Ingenieure, Juden und Nicht-Juden, Kriegsgefangene und Zivilar-

84 Interview mit Aleksandra V. (geb. 1926), aufgezeichnet im Juni 2001 in Donec'k.

85 Vgl. dazu ausführlicher Penter, Arbeiten für den Feind.

beiter) und die engen Wechselbeziehungen, zum Teil auch Überschneidungen, zwischen der „Arbeit für den Feind", „Kollaboration" und auch „Widerstand" zu erfassen.

Von der westlichen Nachkriegsjustiz ist die Frage, ob die Arbeitskräfte im Steinkohlenbergbau des Donbas „Zwangsarbeiter" waren, juristisch eindeutig beantwortet worden: Paul Pleiger, Leiter der BHO, wurde im Nürnberger Wilhelmstraßenprozess auch im Anklagepunkt der „Verantwortlichkeit für Sklavenarbeit in den Einrichtungen der BHO in Russland" schuldig gesprochen. Die Anklage warf ihm vor, dass er den Zwangscharakter der Arbeiteranwerbungen bei der BHO gekannt und gebilligt hatte und die Verantwortung trug für „die schlechte Behandlung der Arbeiter, ihre unzulängliche Versorgung mit Lebensmitteln und Kleidung".[86]

In der sowjetischen Nachkriegsgesellschaft entwickelte sich dagegen ein ganz anderer Deutungskontext. Dort gerieten diejenigen, die „für den Feind" gearbeitet hatten, nun unter den Pauschalverdacht, „Vaterlandsverräter" und „Kollaborateure" zu sein.

Nach der Befreiung und Repatriierung: Opfer zweier Diktaturen

Nicht nur die heimkehrenden Ostarbeiter und Kriegsgefangenen, sondern auch diejenigen, die unter deutscher Besatzung gelebt hatten, erfuhren in der sowjetischen Nachkriegszeit nicht selten Repressalien und Diskriminierungen. Noch kaum untersucht ist bisher jene Arbeit, die die Repatriierten nach ihrer Heimkehr in die Sowjetunion leisten mussten: In das Steinkohlenrevier des Donbas waren bis 1948 knapp 150 000 ehemalige Zwangsarbeiter repatriiert worden, von denen ein großer Teil als Arbeitskräfte im Bergbau eingesetzt wurde.[87]

Gemessen an der Zahl von über 330 000 Ostarbeitern, die aus dem Donbas nach Deutschland verschleppt worden waren, konnte dies den enormen Bevölkerungsverlust allerdings nicht einmal zur Hälfte aufwiegen. Die Repatriierten stellten im Donbas, wo in der Nachkriegszeit die Erfahrungen von Zwangsarbeit und Deportation in vielfacher Weise gebündelt zum Tragen kamen, allerdings nur einen Teil der hier unfreiwillig eingesetzten Arbeitskräfte dar.

Mehrere große Kontingente unfreier Arbeitskräfte waren seit der Befreiung von der deutschen Herrschaft in die Region gebracht worden, darunter erstmals auch eine große Zahl von Ausländern. Dabei handelte es sich im Wesentlichen um

86 NA, M-897, roll 155, Bl. 139; ebenda, roll 141, Bl. 97 f.

87 Vgl. dazu ausführlich Penter, Kohle für Stalin und Hitler, S. 301–356.

westliche, zum größten Teil deutsche Kriegsgefangene sowie um „internierte und mobilisierte" deutsche Zivilisten – das waren überwiegend „Volksdeutsche", die aus Ostmittel- und Südosteuropa in die Sowjetunion verschleppt worden waren.

Auch die Repatriierten bildeten keine homogene Gruppe: Sowjetische Kriegsgefangene und Ostarbeiter, die nach Deutschland verschleppt worden waren, fielen darunter, aber auch Sowjetbürger, die in der besetzten Heimat beispielsweise als Hilfspolizisten oder Starosty mit den deutschen Besatzungsorganen zusammengearbeitet oder in deutschen Kampfverbänden gedient hatten. In einzelnen Bergwerken des Donbas bestand die Belegschaft im Oktober 1945 zu 80 Prozent aus unfreien Arbeitskräften.[88] Während der Arbeitseinsatz der deutschen Kriegsgefangenen und Internierten vor allem unter dem Motto „Reparationen durch Arbeit" stand, stellte die Zwangsarbeit der Repatriierten – nach Ansicht der sowjetischen Regierung – eine Wiedergutmachung ihrer persönlichen Schuld gegenüber der Heimat dar.[89]

In den neuen „Zwangsarbeiter-Hierarchien", die einhergingen mit unterschiedlichen Freiheitsrechten, einem unterschiedlichen Zugang zu Nahrungsmitteln sowie einem abgestuften System der Zwangsarbeit, offenbarte sich nicht zuletzt die Neukategorisierung und Neuhierarchisierung der sowjetischen Nachkriegsgesellschaft. Bis heute wurde die Rolle unfreier Arbeitskräfte beim Wiederaufbau in der Sowjetunion von der historischen Forschung noch kaum untersucht, was lange Zeit vor allem auf den fehlenden Aktenzugang in den russischen Archiven zurückzuführen war und auf die Tatsache, dass eine bedeutende Wiederaufbauleistung von Zwangsarbeitern im Widerspruch zu den offiziellen Wiederaufbaumythen der Sowjetideologie stand.[90]

88 In den Bergwerksbetrieben des Kombinats Stalinugol' waren im Oktober 1945 insgesamt 22 304 Internierte, 12 137 Kriegsgefangene, 12 597 Spezialkontingent und 19 900 Repatriierte, die in die beständigen Kader übergegangen waren, beschäftigt, CDAHOU, F. 1, Op. 76, Nr. 1016, Bl. 57. In den Bergwerken des Kombinats Vorošilovgradugol' zählte man zum gleichen Zeitpunkt 19 155 Internierte, 18 992 Kriegsgefangene und 891 Spezialkontingent, CDAHOU, F. 1, Op. 76, Nr. 1000, Bl. 34. Im Kombinat Artemugol' gehörten 9950 Internierte, 4640 Kriegsgefangene und 8700 Spezialkontingent zur Belegschaft, CDAHOU, F. 1, Op. 76, Nr. 1016, Bl. 41. Das Kombinat Donbasantracit zählte 5649 Internierte, 13 103 Kriegsgefangene und 1331 Spezialkontingent, CDAHOU, F. 1, Op. 76, Nr. 1000, Bl. 17. Insgesamt waren im Donbas somit im Oktober 1945 mindestens 130 000 unfreie Arbeitskräfte beschäftigt.

89 Auch im polnischen Bergbau waren in der Nachkriegszeit Zwangsarbeiter, vor allem zivile Reichs- und Volksdeutsche, Kriegsgefangene und auch politische Häftlinge, eingesetzt worden; vgl. Kazimierz Paschenda/Roman Smolorz, Zwangsbeschäftigte im polnischen Bergbau 1945–1956 in: Jahrbücher für Geschichte Osteuropas 49 (2001), S. 389–409.

90 Vgl. Pavel Poljan, Ne po svoej vole … Istorija i geografija prinuditel'nych migracij v SSSR,

Hunderttausende von Sowjetbürgern, die (wie einige der Bergbauingenieure) in leitender Funktion mit den Deutschen zusammengearbeitet oder den Tod von Landsleuten zu verschulden hatten, wurden von sowjetischen Militärtribunalen als „Vaterlandsverräter" zu langen Haftstrafen oder zum Tod verurteilt.[91]

Es trifft wohl auf alle Repatriierten zu, dass sie in ihrer Heimat Bürger zweiter Klasse waren. Das Stigma, für die Deutschen gearbeitet zu haben, sollte für den weiteren Lebensweg der meisten Heimkehrer negative Folgen haben, die sich in Form von Diskriminierungen, beruflichen Problemen, Verweigerung der Zulassung zu einer höheren Ausbildung und anderen Benachteiligungen äußern konnten. Die Repatriierten hatten bis zum Ende der Sowjetunion keine Möglichkeit, ihre Erfahrungen unter deutscher Herrschaft öffentlich zu verarbeiten. Nicht wenige verheimlichten das Stigma, in Deutschland gewesen zu sein, ein Leben lang selbst vor den engsten Angehörigen.[92]

Diskriminierungen und Stigmatisierungen aufgrund des Pauschalverdachts des Vaterlandsverrats trafen aber auch mehrere Millionen Einwohner der besetzten Gebiete, bei denen ab 1943 ein diesbezüglicher Vermerk im Ausweis eingetragen wurde. Dieser Vermerk konnte Karrierechancen unter Umständen einschränken oder andere Probleme mit sich bringen. Jemand, der in den obligatorischen Fragebögen angab, dass er im besetzten Gebiet gelebt hatte, besaß kaum eine Chance, von einer höheren Bildungseinrichtung zum Studium angenommen zu werden oder auf anderem Wege in eine berufliche Leitungsposition zu gelangen.

Die „Arbeit für den Feind" stellte bis zum Zusammenbruch der Sowjetunion ein Thema dar, über das nicht öffentlich gesprochen werden konnte. Selbst wenn dies noch keine unmittelbaren Diskriminierungen bedeutete, so hatten die Betroffenen doch ein Leben lang mit dem Stigma des „Vaterlandsverrats" zu kämpfen und waren bestrebt, diesen Abschnitt ihres Lebens zu verheimlichen.

Moskva 2001, S. 191–238; V. B. Konasov/A. V. Tereščuk, „Budut nemedlenno peredany sudu voennogo tribunala …", in: Russkoe prošloe (1994) 5, S. 318–337; P. N. Knyševskij, Gosudarstvennyj komitet oborony: metody mobilizacii trudovych resursov, in: Voprosy istorii (1994) 2, S. 53–65; M. Semirjaga, Prikazy o kotorych my ne znali. Stalin chotel vyvezti iz Germanii v SSSR vsech trudosposobnych nemcev, in: Novoe vremja (1994) 15, S. 56 f.; I. I. Čuchin, Internirovannaja junost'. Istorija 517-go lagerja internirovannych nemok NKVD SSSR, Moskva, Petrozavodsk 1995; A. S. Čajkovskij, Plen. Za čužie i svoi grechi. Voennoplennye i internirovannye v Ukraine 1939–1953 gg., Kiev 2002.

91 Tanja Penter, Local Collaborators on Trial. Soviet war crimes trials under Stalin (1943–1953) in: Cahiers du Monde russe 49 (2008), S. 341–364.

92 Pawel Polian, Deportiert nach Hause. Sowjetische Kriegsgefangene im „Dritten Reich" und ihre Repatriierung, Wien, München 2001, S. 180–187; Ulrike Goeken-Haidl, Der Weg zurück – Die Repatriierung sowjetischer Zwangsarbeiter und Kriegsgefangener während und nach dem Zweiten Weltkrieg, Essen 2006, S. 528–543.

Valentina Ivanovna aus Donec'k, die die deutsche Besatzung als 14-Jährige miterlebte, erinnerte sich an die Nachkriegsjahre: „Die Diskriminierung zeigte sich nicht so offen. Das war mehr unterschwellig. Aber der Mensch spürte, dass er kein vollwertiges Mitglied des Kollektivs war. An meinem Arbeitsplatz als Buchhalterin habe ich immer gespürt, dass die Haltung mir gegenüber nicht so war wie gegenüber den Evakuierten."[93]

Für eine andere Zeitzeugin aus dem Donezbecken, die während der Besatzung in einer Brikettfabrik gearbeitet hatte, sind die Erinnerungen an die Diskriminierungen bis heute schmerzhaft: „Als unsere Truppen kamen, wurden wir terrorisiert, weil wir geblieben waren. Man hat uns verachtet, weil wir unter der Besatzung gelebt hatten. Als ich später zur Sozialfürsorgestelle ging, sagten sie mir, dass ich für die Deutschen gearbeitet hätte. Hätten die denn nicht für die Deutschen gearbeitet, wenn man ihnen eine Pistole vor die Brust gehalten hätte? So ist es. Ich leide darunter. Ja, ich habe sogar Angst mich daran zu erinnern. Es war schrecklich. Wir wurden verachtet. Warum? Waren wir etwa Verbrecher?"[94]

Es waren vor allem die deutschen Entschädigungsdebatten und -programme seit den neunziger Jahren, die dazu führten, dass sich ehemalige Zwangsarbeiter erstmals offen zu ihrem Lebensweg bekennen konnten und sich eine breitere Öffentlichkeit für ihre Erfahrungen zu interessieren begann.[95] In vielen, allerdings nicht in allen Fällen ist heute eine Anerkennung der ehemaligen sowjetischen Zwangsarbeiter als NS-Opfer auch in ihren Heimatgesellschaften erfolgt, wobei die gesellschaftliche Anerkennung oft im direkten Zusammenhang mit dem Erhalt einer deutschen Entschädigungsleistung steht.

Umgekehrt ist die gesellschaftliche Anerkennung als NS-Opfer oft ausgeblieben, wenn – wie im Fall der Kriegsgefangenen – keine Entschädigungsleistung aus Deutschland gezahlt wurde. Es ist daher geradezu eine gesellschaftliche Notwendigkeit, auch die Zwangsarbeitsverhältnisse in den Blick zu nehmen, die (wie die Kriegsgefangenen und die Zwangsarbeiter im besetzten Gebiet) bisher von einer Entschädigungszahlung des deutschen Staates ausgeschlossen waren.

93 Interview mit Valentina I. (geb. 1927), aufgezeichnet im Dezember 2003 in Donec'k.

94 Interview mit Vera P. (geb. 1922), aufgezeichnet im Juni 2001 in Donec'k.

95 Vgl. zu den von Memorial Moskau 1990 begonnenen Versuchen zur Aufklärung des Schicksals der Ostarbeiter: Bernd Bonwetsch, Sowjetische Zwangsarbeiter vor und nach 1945: Ein doppelter Leidensweg in: Jahrbücher für Geschichte Osteuropas 41 (1993), S. 532–546.

Christian Schölzel

Zwangsarbeit und der Unabhängige Staat Kroatien 1941–1945

Nicht wenige Menschen aus dem „Unabhängigen Staat Kroatien“ (Kroatisch: Nezavisna Država Hrvatska, kurz: NDH), der zwischen 1941 und 1945 existierte, waren von Zwangsarbeitsmaßnahmen betroffen. Bislang beschränkten sich Untersuchungen zu diesem Thema aber auf wenige Detailstudien und eher randständige Abschnitte in Untersuchungen, die andere Fragestellungen behandelten.[1] Die jüngst erschienene Arbeit von Anna-Maria Grünfelder zum Einsatz von Arbeitskräften aus dem NDH im deutschsprachigen Raum berührt vorrangig Zwangsarbeit im österreichischen Teil des Großdeutschen Reichs;[2] eine vom Belgrader Institut für Zeitgeschichte in den achtziger und neunziger Jahren veröffentlichte Reihe untersucht die einzelnen Konzentrationslager, in denen sich im Zweiten Weltkrieg Jugoslawen befunden haben.[3]

Eine Gesamtschau existierte bisher jedoch nicht, weshalb wichtige Fragen lange Zeit unbeantwortet blieben: Wer organisierte die Zwangsarbeit von Menschen aus dem NDH? Welche Formen hatte diese? Wo fand sie statt? Wer waren die Betroffenen?

Erst die neueste Forschung hat sich der Zwangsarbeit von Menschen aus dem NDH systematisch angenommen.[4] Da die Zwangsarbeiter aus dem NDH auf dem

1 Holm Sundhaussen, Wirtschaftsgeschichte Kroatiens im nationalsozialistischen Großraum 1941–1945. Das Scheitern einer Ausbeutungsstrategie, Stuttgart 1983, S. 179–190; Ivo Goldstein, Croatia. A History, 2. Aufl., London 2001; Fikreta Jelić-Butić, Ustaše i Nezavisna Država Hrvatska 1941–1945, Zagreb 1977; Mirko Peršen/Ustaški Logori, Zagreb 1986; Logori, zatvori i prisilni rad u Hrvatskoj/Jugoslaviji 1941.–1945., 1945.–1951. Hrsg. vom Hrvatski institut za povijest, Zagreb 2010. Vgl. zudem Mira Kolar Dimitrijević, Radnici bivše Jugoslavije na radu u Trećem Reichu, in: Acta historico-oeconomica Iugoslaviae 3 (1976), S. 131–156; Branimir Banović, Izvoz radne snage i deportacije stanovništva s teritorije NDH u toku drugog svjetskog rata, in: Putovi revolucije 1 (1963), S. 375–389.

2 Anna-Maria Grünfelder, U radni stroj Velikog Njemačkog Reicha!, Zagreb 2007.

3 Vgl. hier exemplarisch Tomislav Pajić, Prinudni rad i otpor u logorima Borskog Rudnika 1941–1945, Beograd 1989; Milan Koljanin, Nemački logor na Beogradskom Sajmištu 1941–1944, Beograd 1992.

4 Die Stiftung „Erinnerung, Verantwortung und Zukunft“, Berlin förderte hierzu ein Forschungsprojekt, das diese erste historiografische Gesamtschau ermöglichte. Vgl. dem-

Gebiet des NDH selbst, aber auch im Großdeutschen Reich, in Norwegen und den Minen von Bor in Serbien eingesetzt wurden, ist ein transnationaler Zugang erforderlich. Staatliche und private Stellen aller dieser Länder waren an der Organisation der Zwangsarbeit beteiligt.[5] Die in der Wirtschafts- und Sozialgeschichte häufiger angewandte Figur des Netzwerks soll dabei helfen, die grenzüberschreitenden Verbindungslinien mit Bezug auf Organisatoren und Betroffene besser nachzuvollziehen.[6]

Organisatoren und Betroffene

Nahezu zeitgleich mit dem Überfall des Großdeutschen Reichs auf Jugoslawien setzte im April 1941 die Gründung des NDH ein. Dieser war von Beginn an ein Satellitenstaat von deutschen und italienischen Gnaden.[7] In der faschistischen Diktatur unter dem Führer der Ustaša-Bewegung, Ante Pavelić, begann unmittelbar die Verfolgung von Juden, ethnischen Serben sowie Roma. Darüber hinaus gerieten auch ethnische Kroaten oder Muslime in den Fokus der kroatischen Behörden. Rassismus und ethno-nationalistische Vorstellungen[8] einer ethnisch-kroatisch-katholischen Nation bedingten dies ebenso wie der Gedanke, von der Ausbeutung der Verfolgten ökonomisch zu profitieren. Diskriminierungen,

nächst: Sanela Hodžić/Christian Schölzel, Zwangsarbeit und der „Unabhängige Staat Kroatien“ 1941–1945, Berlin [im Erscheinen]. Aus Raumgründen wurde hier weitestgehend auf Einzelnachweise verzichtet. Stattdessen sei auf die detailliertere Darstellung in der oben genannten Monografie verwiesen.

5 Grundlage dieser Ausführungen sind daher umfangreiche Archivstudien in Deutschland, Serbien, Kroatien und Norwegen. Hervorzuheben sind hierbei die Überlieferungen im Bundesarchiv in Berlin und Freiburg i. Br., vor allem die Bestände des Reichsarbeitsministeriums, des Reichswirtschaftsministeriums, der SS und der Organisation Todt (OT) sowie dem Deutschen Bevollmächtigten General in Kroatien; im Politischen Archiv des Auswärtigen Amtes, Berlin – insbesondere die Akten der deutschen Gesandtschaft in Zagreb; dem Militärarchiv in Belgrad mit seinem umfangreichen Fond zum NDH; dem Kroatischen Staatsarchiv in Zagreb mit der dortigen, d. h. der nicht im Militärarchiv Belgrad befindlichen, Überlieferung zu Ministerien des NDH sowie zu Organisationen der Ustaša-Bewegung als auch dem Reichsarchiv in Oslo, dort besonders Unterlagen zur Organisation Todt, zur Einsatzgruppe Wiking und zum Reichskommissariat Norwegen.

6 Dieter Pohl, Zwangsarbeit im besetzten Osteuropa – Ein Forschungsüberblick, in: Zwangsarbeit. Die Deutschen, die Zwangsarbeiter und der Krieg. Hrsg. von Volkhard Knigge u. a., Weimar 2010, S. 202–207.

7 Hier nur Ladislaus Hory/Martin Broszat, Der kroatische Ustascha-Staat 1941–1945, Stuttgart 1964, S. 39–58; Hrvoje Matković, Povijest Nezavisna Država Hrvatska, Zagreb 1994.

8 Vgl. Bogdan Denić, Etnički nacionalizam. Tragična smrt Jugoslavije, Beograd 1996.

Plünderungen, Inhaftierungen, Folter und Mord standen auf der Tagesordnung. Viele der Verfolgten sollten in Zwangsarbeit geraten.

Von April 1941 bis zum schrittweisen Zusammenbruch des Unabhängigen Staates Kroatien gelang es der NDH-Führung kaum, einen selbst geregelten Umgang mit dem Arbeitskräfte-Potenzial aufrechtzuerhalten. Zu stark war die Verflechtung mit dem Großdeutschen Reich, die sich zunächst in der Tradition eines temporären oder nachhaltigen Einsatzes von freiwilligen Arbeitskräften aus dem späteren jugoslawischen Raum in Deutschland widerspiegelte.[9] Diese reichte vom 19. Jahrhundert bis in die späten dreißiger Jahre des 20. Jahrhunderts. Diese Erfahrungen mit der Anwerbung von Arbeitskräften aus dem jugoslawischen Raum, der deutsche Umgang mit deren Protesten gegen als unzureichend empfundene Arbeitsbedingungen und einige andere Bereiche des Einsatzes von Ausländern bildeten in der Rückschau gleichsam Erfahrungspotenzial und Probebühne für den hegemonialen deutschen Umgang mit Arbeitern aus dem NDH.

Auch der jahrelang eingeübte Blick deutscher und österreichischer Wirtschaftsexperten auf Südosteuropa als „Ergänzungswirtschaftsraum" deutscher wirtschaftsräumlicher Strategien unterstützte dies und presste Kroatien in die Rolle eines Zulieferers von Rohstoffen und Arbeitskräften.[10] So erwiesen sich aus Sicht der deutschen Organisatoren von Zwangsarbeit ökonomische Erwägungen für einen effizienten Einsatz der Arbeitskräfte aus Kroatien zumeist als handlungsleitend. Eine Ausnahme von diesem Muster bildete zuweilen der Umgang mit Volksdeutschen. Deren „rassische Wertigkeit" wurde akzentuiert. Eine NS-Rassenhierarchie wurde hier zuweilen gegenüber ökonomischen Interessen handlungsleitend.[11] Vertreter des Unabhängigen Staates Kroatien waren hingegen weitaus häufiger von ideologisch geprägten Haltungen bestimmt, die auf Momente einer ethnisch-konfessionellen Homogenisierung oder das Fernhalten

9 Kolar Dimitrijević, Radnici; Ulrich Herbert, Fremdarbeiter. Politik und Praxis des „Ausländer-Einsatzes" in der Kriegswirtschaft des Dritten Reiches, Berlin 1985, S. 56 ff.

10 Auf den älteren Arbeiten von Andrej Mitrović fußend: Milan D. Ristović, Nemački novi poredak i jugoistočna evropa 1940/41–1944/45, Beograd 1991. Vgl. Hans-Jürgen Schröder, Der Aufbau der deutschen Hegemonialstellung in Südosteuropa, in: Hitler, Deutschland und die Mächte. Hrsg. von Manfred Funke, Düsseldorf 1976, S. 757–773.

11 Vgl. exemplarisch BArch-MA RW 19, Akte 2160, Bl. 121 (Rüstungsinspektion des Wehrkreises VII an verschiedene Unternehmen im Wehrkreis VII, 21. 11. 1941). Um kroatischen Zivilarbeitern einen Anreiz zum Verbleib zu bieten, konnten diese ihre Frauen nachkommen lassen, sofern beide an einem Ort arbeiteten. Eine Genehmigung erfolgte durch die zivile Arbeitsverwaltung. Allerdings musste es sich um Volksdeutsche handeln. Vgl. in derselben Akte, Bl. 114 ff. Der Chef des SD und der Sipo widersprach dieser Regelung aus „volkspolitischen Gründen". Es wurde eine Schwächung der Deutschen in Kroatien durch eine dauerhafte Abwanderung befürchtet.

vermeintlicher politischer Gegner im eigenen Land abhoben. Vor diesem Hintergrund waren Überlegungen zum Aufbau einer strukturierten Verwaltung für den Arbeitseinsatz von Menschen aus dem NDH von Anfang an belastet und wenig aussichtsreich. Die unterschiedlichen Organisationsgrade der Volkswirtschaften trugen zu den Schwierigkeiten einer effizienten Organisation der Zwangsarbeit bei. War die deutsche Wirtschaft zu Beginn der vierziger Jahre in hohem Maße industriell geprägt und organisiert, erwies sich die Ökonomie des NDH noch als stark agrarisch strukturiert. Groß angelegte industrielle Produktion mit Lagerinsassen war im NDH daher schwerer zu organisieren als in Deutschland.[12]

Der binnen Kurzem improvisierte Satellitenstaat an der östlichen Adria vermochte es daher weder eine nennenswerte eigene Organisationsstruktur aufzubauen, noch gelang es, adäquate Instanzen zur administrativen Betreuung der im Ausland eingesetzten Arbeitskräfte zu entwickeln.

Faktisch bestand ein Nebeneinander klassischer ministerieller Ressorts für Arbeit, Soziales und Inneres in ungeklärter Konkurrenz zu Organisationen der Ustaša-Bewegung. Für die Betreuung der im Reich eingesetzten Arbeitskräfte aus Kroatien sollten seitens des NDH Mitarbeiter des Ustaški radnik (deutsch: Ustaša-Arbeiter), einem Pendant zur Deutschen Arbeitsfront, tätig werden.

Aber es fehlte an klaren Zuständigkeitsbereichen und dem personellen Apparat, um auch nur ansatzweise Betreuungsaufgaben übernehmen zu können. Was blieb, war der Griff der Großmacht Deutschland nach immer weiteren Arbeitskräften aus dem NDH. So entstand ein grenzübergreifendes, transnationales Netzwerk von deutschen Behörden (etwa dem Außen-, Luftfahrt-, Rüstungs-, Finanz- oder dem Arbeitsministerium wie auch Stellen der Zivilverwaltung in den besetzten Gebieten), der Wehrmacht, NS-Organisationen (zum Beispiel die SS, die Deutsche Arbeitsfront oder die OT), kroatischen Ministerien oder Ustaša-Organisationen, Unternehmen aus Deutschland, Österreich, dem NDH, Norwegen oder Italien, aber auch serbischen oder norwegischen Kollaborateuren, das bei der Organisation von NS-Zwangsarbeit für Menschen aus dem NDH, trotz aller immanenten Widersprüche, arbeitsteilig zusammenwirkte.

Hierbei gerieten drei Gruppen von Betroffenen auf unterschiedliche Weise in die Zwangsarbeit:

Zivilarbeiter – zunächst gab es freiwillig angeworbene Arbeitskräfte in Industrie, Landwirtschaft, privaten und zivilen wie militärischen öffentlichen Einrichtungen aus Kroatien und Bosnien-Herzegowina, die teils schon vor dem

12 Nataša Mataušić, Koncentracioni logor Jasenovac. Fotomonografija, Zagreb 2008, S. 7, mit dem Hinweis darauf, Zwangsarbeit habe im Lagerkomplex Jasenovac einen im Vergleich mit deutschen Konzentrationslagern manufakturiellen Charakter besessen.

April 1941 in Deutschland waren. Mit dem deutsch-kroatischen Abkommen vom 8. Mai 1941,[13] das im Verlauf des Krieges mehrere Erweiterungen erfuhr, war die Anwerbung von Zivilarbeitern im NDH für deutsche Belange bilateral geregelt. Viele dieser zunächst als Freiwillige betrachteten Zivilarbeiter gerieten nach dem Ausbruch des Krieges verstärkt in die Situation von Zwangsarbeitern. Ihr Aufenthalt in Deutschland wurde zwangsweise und einseitig verlängert. Löhne wurden unvollständig ausgezahlt, Lohnersparnisse durften nicht in die Heimat überwiesen werden. Urlaubs- oder Heimkehrverbote gehörten ebenfalls zu den häufigen Zwangsmaßnahmen.

Zwangsverschleppte und KZ-Häftlinge – seit 1942 verschoben sich die Gewichte des weiterhin als „Anwerbung“ deklarierten Vorgehens mehr und mehr zur Zwangsverschleppung von Arbeitskräften respektive zur Deportation von Häftlingen nach Deutschland. Der kroatische Arbeitsmarkt bot kaum noch freie Arbeitskräfte. Die Anwerbung wurde durch den Ausbruch von Seuchen in Bosnien und das militärische Vordringen der Partisanen unter Josip Broz Tito zusätzlich erschwert. Unter dem zunehmenden Einfluss der SS in Teilen des NDH wurde daher seit 1943 die Rekrutierung von Häftlingen und von Zwangsverschleppten verstärkt forciert. Hierdurch konnten auch unter direkter deutscher Regie leichter Personen zur Arbeit deportiert werden.

Kriegsgefangene – bei den zum Arbeitseinsatz eingesetzten Kriegsgefangenen handelte es sich um einstige Angehörige der königlich jugoslawischen Armee, die bis zur Kapitulation des Landes gefangengenommen worden waren. Das zeitgenössische Kriegsvölkerrecht ließ den Arbeitseinsatz von Kriegsgefangenen zwar in bestimmten Grenzen zu, jedoch wurden diese öfters übertreten.

Zudem stellte sich mit Blick auf die Gruppe der Kriegsgefangenen eine andere, weitaus drängendere Frage. Die Behörden des Ustaša-Staates, interessiert an einer ethnischen Segregation der Bevölkerung des NDH, drängten darauf, die serbisch-stämmigen Kriegsgefangenen im Reich zu belassen, die ethnischen Kroaten jedoch zu repatriieren. Mit dem vorgeschobenen Verweis auf langwierige bürokratische Prozeduren der Registrierung von Kriegsgefangenen nach ethnischen Kriterien verweigerten die deutschen Behörden dieses Anliegen. Denn je länger es gelang, die Arbeitskraft der ethnischen Kroaten aus dem NDH für die deutsche Kriegswirtschaft auszunutzen, umso mehr Arbeitskräfte standen der deutschen Ökonomie zur Verfügung.[14] Auch hier standen die ökonomischen

13 Politisches Archiv des Auswärtigen Amtes, Berlin, Deutsche Gesandtschaft Agram 108x, o. P. (Protokoll der deutsch-kroatischen Regierungsverhandlungen vom 2. 5. – 8. 5. 1941). Vgl. auch die nicht wortgleiche Niederschrift, BArch R 16, Akte 170.

14 Hier nur BArch-MA RW 40, Akte 8, Bl. 3–10 (Militärbefehlshaber in Serbien, Kommandostab, Anlage zum Kriegstagebuch, 13. 5. 1941); Vojni Arhiv, Belgrad (VA), NDH, K. 85,

Interessen der Deutschen den ethnisch-ideologischen Überlegungen des NDH gegenüber. Aufgrund unklarer Registrierungsverfahren und Unsicherheiten bei der ethnischen Zuordnung der Kriegsgefangenen sowie Statuswechseln zwischen Zivilarbeitern und Kriegsgefangenen kann lediglich geschätzt werden, dass bis 1944 etwa 35 000 Kriegsgefangene, die aus dem NDH stammten, zu lange in deutschen Lagern festgehalten wurden.

Lebens- und Arbeitsbedingungen von Zwangsarbeiterinnen und Zwangsarbeitern

Die Lebens- und Arbeitsbedingungen der Betroffenen wurden maßgeblich durch das bereits skizzierte übernationale Netzwerk der Organisatoren von Zwangsarbeit bestimmt. Gab es im komplexen Zusammenspiel von Behörden verschiedener Länder, NS- und Ustaša-Stellen, Militärs oder Unternehmen Rivalitäten, Kompetenzstreitigkeiten oder Interessenkonflikte, so wirkten sich diese im Sinne einer Verschlechterung der Lebens- und Arbeitsbedingungen der hiervon betroffenen Arbeitskräfte aus.

Ungeachtet dessen wiesen die Lebens- und Arbeitswelten der hier untersuchten Gruppe von Zwangsarbeitern – Männer, Frauen und zum Teil Kinder – ein breites Spektrum auf. Das Leben eines KZ-Häftlings, der massiv unter unzulänglicher Unterbringung, Bekleidung, Ernährung und medizinischer Versorgung sowie Gewaltanwendung durch Wachpersonal zu leiden hatte, konnte sich erheblich von einem in der Landwirtschaft eingesetzten Zivilarbeiter unterscheiden, der sich besseren Bedingungen ausgesetzt sah.

F. 1, D. 7, zur Rückkehr der kroatischstämmigen Kriegsgefangenen in der Jugoslawisch-Königlichen Armee im Mai 1941. Vgl. zu den frühen Bemühungen von kroatischer Seite: im selben Bestand, K. 236, F. 1, D. 36 (Schriftverkehr zwischen dem MVP NDH und der Deutschen Gesandtschaft Zagreb, Mai 1941). Vgl. ebenda, K. 238, F. 1, D. 53 (O. A., Briga Hrvatske Države za Hrvate u Srbiji, te u Zarobljeničkim logorima, in: Novi list, 8. 7. 1941, S. 7). In dem Artikel ging es um kroatischstämmige Kriegsgefangene in Lagern in Serbien und Makedonien. Vgl. zudem BArch-MA RW 19, Akte 686, Bl. 75, 77 f.; VA, NDH, K. 213, F. 2, D. 5 (Deutscher General in Zagreb an Zapovjedništvu Hrvatske vojske, 20. 6. 1941); BArch R 3901, Akte 20215, Bl. 115, 117 (Chef des Wehrwirtschaftsstabes Serbien an den Stab des Wirtschaftsrüstungsamtes beim OKW, 4. 6. 1941); BArch-MA RW 40, Akte 8, Bl. 72 (Wehrmachtbericht, 6. 7. 1941); VA, NDH, K. 235, F. 2, D. 29/50, 51 (Politische Abteilung des MVP NDH, Abschnitt für Deutschland und die germanischen Länder, Wochenbericht an den Staatssekretär, 17. 11.–29. 11. 1941). Hier wurde die Zahl von 28 500 ethnischen Kroaten genannt, die sich noch bei den Deutschen in Kriegsgefangenschaft befänden.

Zwangsarbeit im NDH

Der Einsatz von Zwangsarbeitern im NDH selbst ist quellenmäßig schwer zu fassen. Betroffene wurden in privaten Unternehmen ebenso wie in der staatlichen Verwaltung (Straßenbau) oder staatlichen Unternehmen (zum Beispiel Holzwirtschaft, Bergbau) eingesetzt. Zahlenmäßige Registrierungen der Eingesetzten seitens der Behörden des NDH konnten nicht ermittelt werden. In der Frühzeit der Besatzung gab es noch „Heimschläfer" unter den jüdischen Zwangsarbeitern. Ansonsten findet sich eine Vielzahl an Unterbringungs- und/oder Arbeitsorten, die teilweise mit den Haftorten (vor allem Arbeits- oder Konzentrationslagern) identisch sein konnten. In Gefängnissen und Transitlagern erfolgten vor allem Arbeiten zum Unterhalt der Einrichtungen.

Von deutscher Seite wurden im NDH einige Unternehmen, vor allem von Luftwaffe und Heer, mit Zwangsarbeitern betrieben. Die Beschäftigung von Arbeitskräften aus dem NDH in kriegswichtigen Betrieben warf für die deutsche Verwaltung im NDH und im Reich aber auch die Frage auf, ob die „knappen" Arbeitskräfte besser in Kroatien oder in der Kriegswirtschaft in Deutschland einzusetzen seien.

Zwangsarbeit im Großdeutschen Reich

Bei Kriegsausbruch befanden sich in Deutschland und Österreich etwa 45 000 Menschen aus Jugoslawien, darunter Zehntausende aus dem in Gründung begriffenen NDH. Neben den „regulären Anwerbungen", Verschleppungen und „Rekrutierungen" in Lagern durch die deutsche Arbeitsverwaltung (Stellen des Reichsarbeitsarbeitsministeriums, ab 1942 des Generalbevollmächtigten für den Arbeitseinsatz), die SS, die Wehrmacht sowie zum Teil unter Mithilfe kroatischen Militärs oder der Sicherheitskräfte des NDH kam es schon im Jahre 1941 zu „Sonderfällen" der Verschleppungen von Arbeitskräften durch Luftwaffe und Feldkommandanturen. Hinzu traten die bereits erwähnten Kriegsgefangenen. Genaue Zahlenangaben zu den im Großdeutschen Reich Eingesetzten sind aber kaum zu gewinnen. Verschiedene Zählungen respektive bewusst und unbewusst herbeigeführte Ungenauigkeiten in der Registrierung durch deutsche und kroatische Stellen verhinderten dies. Ging es Deutschland um die Feststellung möglichst niedriger Ist-Zahlen, die hohe Nachforderungen an Personal zur Erlangung der bilateral vereinbarten Soll-Zahlen rechtfertigten, setzte die kroatische Seite dem hohe Ist-Zahlen entgegen, um den Schwund an Bevölkerung, Arbeitskräften oder Wehrfähigen möglichst zu verlangsamen.

Im Reich fand sich ein breites Spektrum an Einsatzorten der Betroffenen, das sich vom kroatischen Hausmädchen bis zum KZ-Häftling ersteckte. Im Verlauf der Kriegsjahre wurden Männer wie auch Frauen und Kinder zunehmend in der Industrie eingesetzt; Kriegsgefangene eher in der Landwirtschaft. Für den Bergbau galten „Kroaten" rasch als „nicht geeignet".

Zwangsarbeit in Norwegen

Josef Terboven, Reichskommissar für das 1940 besetzte Norwegen, wollte gegenüber der als Rivalin angesehenen Wehrmacht Arbeitskräfte im Lande wissen, die alleinig seiner Oberhoheit unterstanden. So initiierte er, zunächst unter Ausschaltung von Wehrmachtsstellen, unter Mithilfe der SS den Transport mehrerer Tausend Gefangener aus dem jugoslawischen Raum nach Norwegen.[15] Aber auch Wehrmacht und OT bemerkten schnell, dass der Arbeitsmarkt in Norwegen kaum hinreichend Arbeitskräfte für die Realisierung der gigantomanischen Projekte der deutschen Planer bieten würde. So folgten der wohl eher vereinzelte Einsatz „freiwilliger" Zivilarbeiter aus dem NDH sowie die Deportation von mehreren Tausend Zwangsverschleppten aus dem Ustaša-Staat nach Norwegen.[16] Ihr Status oszillierte zwischen dem von Kriegsgefangenen und Häftlingen, auch da sie in ein Spannungsfeld zwischen SS einerseits und Wehrmacht und OT andererseits gerieten.

Denn die Inhaftierung eines Großteils der Zwangsverschleppten in deutschen Lagern in Norwegen folgte den sicherheitspolitischen Aspirationen der SS, die als politisch gefährlich Eingestuften einzusperren und gegebenenfalls umzubringen. Wehrmacht oder OT waren dagegen verstärkt daran interessiert, die Arbeitskraft der Eingesperrten möglichst zu erhalten und auszubeuten.

Der Rückgriff auf Häftlinge vom Balkan erwies sich letztlich, und systemimmanent gedacht, als äußerst ineffizient, galt es doch, die im Krieg knappen Transportkapazitäten nicht für einen allzu langen Weg zu beanspruchen.

15 Dirk Riedel, Ordnungshüter und Massenmörder im Dienst der „Volksgemeinschaft". Der KZ-Kommandant Hans Loritz, Berlin 2010, S. 297 ff.

16 Genauere Zahlenangaben sind nicht möglich, da die über das Lager Sajmište abgewickelten Transporte nach Ethnien, etwa „Serbe", nicht jedoch nach der geografischen Herkunft, Serbien oder NDH, registriert wurden.

Zwangsarbeit in Serbien

Zwangsarbeiter aus dem NDH fanden sich auch in Serbien. Das Transitlager Sajmište bei Belgrad, das zunächst von den Deutschen, ab 1944 dann von Kroatien betrieben wurde, war hier die zentrale Drehscheibe für die Deportation von Arbeitskräften aus dem NDH und Serbien in das „Großdeutsche Reich" und nach Norwegen. Hier wurden ethnische Serben aus Serbien und aus dem NDH in Transporten zusammengefasst, weshalb Zahlenschätzungen über Zwangsarbeiter aus dem NDH nahezu unmöglich sind. In der Mitte des Jahres 1941 kam es im NDH zu unkoordinierten massenhaften Abschiebungen von etwa 90 000 ethnischen Serben durch Kräfte der Ustaša in das von Deutschen besetzte Serbien. Erst auf deutsches Drängen wurde dieser kroatische Versuch einer ethnisch-konfessionellen „Säuberung" eingedämmt. Es muss angenommen werden, dass viele der Abgeschobenen zur Zwangsarbeit in Serbien oder im Reich eingesetzt wurden.

In Serbien wurden vor allem die Kupferminen von Bor zum Arbeitsort vieler der Zwangsverschleppten aus dem NDH. Das Minenunternehmen zählte zu den größten Europas.[17] Die Zahl der hier im Verlauf des Krieges eingesetzten Zwangsarbeiter aus dem NDH lässt sich nicht genau bestimmen. Sie dürfte jedoch im Bereich mehrerer Hundert, unter Umständen einiger Tausend Personen gelegen haben.

Fazit

Die Zwangsarbeit von Menschen aus dem NDH wurde in einem grenzübergreifenden Netzwerk organisiert. Vorrangig Deutsche, Österreicher und Kroaten waren hieran beteiligt. Hinzu kamen Serben und Norweger, die in ihren jeweiligen Ländern den dortigen Einsatz von Arbeitskräften aus dem NDH mit organisierten.

Mindestens 270 000 Arbeiterinnen und Arbeiter kamen aus dem NDH in das Großdeutsche Reich.[18] Viele von ihnen waren oder gerieten in die Situation der Zwangsarbeit. Von einer Dunkelziffer von mehreren Zehntausend Menschen, die als Zivilarbeiter in Serbien oder im Reichsgebiet eingesetzt wurden und deren Zahl sich nicht genauer quantifizieren lässt, ist auszugehen. Analoges gilt für die im NDH selbst eingesetzten Zwangsarbeiter. In Norwegen wird man, trotz aller

17 Pajić, Rad.

18 Jeweils mit niedrigeren Angaben: Banović, Izvoz radne snage i deportacije stanovništva; Matković, Povijest, S. 106; Sundhaussen, Wirtschaftsgeschichte, S. 179–190; Goldstein, Croatia, S. 139.

Unsicherheiten in der statistischen Erfassung, von mindestens mehreren Tausend Personen sprechen müssen, die als Zwangsverschleppte oder „freiwillige" Zivilarbeiter dort arbeiteten.

Die Lebens- und Arbeitsbedingungen innerhalb der drei Gruppen – Zivilarbeiter, Zwangsverschleppte und Kriegsgefangene – wiesen zuweilen eine große Bandbreite auf, die vom Status, von der ethnischen Zugehörigkeit, dem Einsatzort oder Arbeitgeber, der Dringlichkeit des Bedarfs an Arbeitskraft oder anderen situativen Gegebenheiten abhängig war.

Die Entwicklung und die Aufrechterhaltung eines derartigen Netzwerkes waren von systemimmanenten Mängeln und von Widersprüchen nicht frei. An erster Stelle betrifft dies das kroatisch-deutsche Verhältnis, da die Zwangsarbeiterfrage auf den beiden Seiten unter verschiedenen Prämissen und mit unterschiedlichem Interesse betrachtet wurde. Zudem existierten aber interne strukturelle Gegensätze in den jeweiligen Apparaten beider Länder, die zu Hierarchie- und Kompetenzkonflikten verschiedener Personen und Institutionen führten.

Solche Konflikte entwickelten sich auf kroatischer Seite etwa zwischen UNS (Ustaša Nadzorna Služba, deutsch: Ustaša-Überwachungsdienst) und RAVSIGUR (Ravnateljsvto za javni red i sigurnost, deutsch: Verwaltung für öffentliche Ordnung und Sicherheit) oder zwischen dem Außenministerium in Zagreb und der Gesandtschaft in Berlin. Auf deutscher Seite kam es etwa zwischen Siegfried Kasche als Vertreter des Auswärtigen Amtes und dem Generalbevollmächtigten für den Arbeitseinsatz respektive dessen Dienststelle Kroatien zu verschärften Auseinandersetzungen. Auch zwischen Zivilverwaltung und Wehrmacht entstanden solche. In Norwegen standen sich die Interessen des Chefs der Zivilverwaltung und diejenigen der Vertreter der Wehrmacht gegenüber.

Die Auswirkungen derartiger Systemkonflikte spürten die betroffenen Zwangsarbeiter durch eine Verschlechterung ihrer Lebens- und Arbeitsbedingungen.

Will man die Form der Zwangsarbeit von Menschen aus dem NDH im europäischen Kontext typologisieren und einordnen, wird man sich vergegenwärtigen müssen, dass sich diese vornehmlich in einem von Deutschland dominierten „Verbündetenverhältnis" bewegte.[19] Daran ändert auch der Befund nichts, dass Menschen aus Kroatien unter anderem in Lagern des wenig industrialisierten NDH Zwangsarbeit verrichteten, also nicht alle Arbeitskräfte an Deutschland übergeben wurden. Beim Arbeitseinsatz in Kroatien, bei der Verbringung von

19 Hagen Fleischer, Nationalsozialistische Besatzungsherrschaft im Vergleich. Versuch einer Synopse, in: Anpassung, Kollaboration, Widerstand. Kollektive Reaktionen auf die Okkupation. Hrsg. von Wolfgang Benz u. a., Berlin 1996, S. 257–302, bes. S. 257, 261, 269.

Arbeitern nach Serbien, in das Reich oder nach Norwegen war die deutsche Seite gleichwohl maßgeblich „Herrin des Verfahrens". Es gelang den Vertretern von Staat und Ustaša-Bewegung kaum, eigene Institutionen mit nachhaltiger Wirkung für die Betreuung oder Registrierung von Arbeitern, die nach Deutschland überstellt wurden, aufzubauen. Analog gilt dies für das System der Häftlings- und Transitlager in Kroatien. Fehlende Erfahrungen im Aufbau von Verwaltungsapparaten, vor allem aber der stete Druck deutscher Ansprüche nach noch mehr Arbeitskräften erschwerten diese Aufgabe.

Neben Momenten der messbaren Ineffizienz bleibt im grenzübergreifenden Netzwerk der Organisatoren auch auf Momente einer inszenierten, bewusst instrumentalisierten Ineffizienz hinzuweisen, etwa wenn vermeintlich unabdingbare bürokratische Hindernisse von deutscher Seite aufgebaut wurden, um die ethnisch kroatischen Kriegsgefangenen nicht sogleich in den NDH repatriieren zu müssen, sondern deren Arbeitskraft zum eigenen ökonomischen Nutzen weiter ausbeuten zu können.

Ob Reibungsverluste im grenzübergreifenden System der Organisation von Zwangsarbeit, inhumane Ökonomisierung menschlicher Arbeitskraft, Rassismus oder andere Feindbilder: Die Leidtragenden all dieser Faktoren waren die Arbeitskräfte aus dem Unabhängigen Staat Kroatien. Viele von ihnen gelangten 1941/42 vom Status freiwillig angeworbener Zivilarbeiter mehr und mehr in denjenigen von Zwangsarbeitern. Hinzu kamen Zwangsverschleppte, respektive Häftlinge und Kriegsgefangene, deren völkerrechtlich garantierte Rechte von der deutschen Seite, die der hegemoniale Akteur in diesem Netzwerk blieb, nur partiell geachtet wurden.

Karte 4
Karte Transnistrien 1940–1944.
© Viorel Achim, Andrei Nacu, Călin Pantea

Viorel Achim

Die Zwangsarbeit der deportierten Juden und Roma für die Wehrmacht in Transnistrien

Die Zwangsarbeit der deportierten Juden und Roma für die deutsche Armee in Transnistrien – einem sowjetischen Gebiet zwischen den Flüssen Dnjestr und Südlichem Bug, das sich von 1941 bis 1944 unter rumänischer Besatzung befand – ist ein spezielles Kapitel der Zwangsarbeit in Europa während des Zweiten Weltkrieges. Ihr wurde bisher keine spezielle Studie gewidmet, jedoch gibt es in der reichhaltigen Literatur über Transnistrien einige Hinweise auf rumänische Juden, die der deutschen Armee als Arbeitskräfte zur Verfügung gestellt wurden.[1] Erst in den letzten Jahren sind ein paar Arbeiten erschienen, die den Arbeitseinsatz der deportierten Roma behandeln.[2] In den Werken über das Schicksal der Juden in Transnistrien – vor allem in den Büchern Jean Ancels,[3] – gibt es einige Abschnitte über Zwangsarbeit. Hinweise lassen sich auch in anderen Werken finden, die sich nicht exklusiv mit dem Holocaust in Rumänien befassen.[4] Am ausführlichsten wird die Zwangsarbeit der Juden in Transnistrien in den Memoiren Überlebender geschildert.[5] Die Quellenlage zum Thema indes ist gut. Die Archivbestände der rumänischen Besatzungsbehörden Transnistriens, die in den Staats-

1 Die bedeutendsten Publikationen sind Jean Ancel, Transnistria, 3 Bde., Bucureşti 1998, hier Bd. 2, S. 225–237; ders., Transnistria, 1941–1942. The Romanian Mass Murder Campaigns, 3 Bde., [Jerusalem] 2003, hier Bd. 1, S. 322–330.

2 Viorel Achim, Decizia deportării ţiganilor şi proiectul utilizării lor la munci în Transnistria, in: Partide politice şi minorităţi naţionale din România în secolul XX. Hrsg. von Vasile Ciobanu/Sorin Radu, Bd. 5, Sibiu 2010, S. 256–263; ders., Un aspect nestudiat al deportărilor în Transnistria: utilizarea la muncă a ţiganilor deportaţi, in: Confluenţe identitare şi realităţi demografice la est de Carpaţi în secolele XIX-XX. Hrsg. von Cătălin Turliuc/Dumitru Ivănescu, Iaşi 2010, S. 401–426; ausführlicher: ders., Die nach Transnistrien deportierten Roma. Ihr Einsatz als Arbeitskräfte durch die Besatzungsbehörden. 1942–1944, Bukarest 2013 (im Erscheinen).

3 Siehe Anm. 1.

4 Wie Raul Hilberg, Die Vernichtung der europäischen Juden, Frankfurt a. M. 1990, Bd. 2, S. 834.

5 Das bekannteste Buch handelt von einem Metallwerk von Mohyliv, das von dem Ingenieur (ein Deportierter aus der Bukowina) geschrieben wurde, der diese Fabrik geleitet hat: Siegfried Jägendorf, Das Wunder von Mogilew. Die Rettung von zehntausend Juden vor dem rumänischen Holocaust. Hrsg. von Aron Hirt-Manheimer, Berlin 2009 (engl. 1991).

gebietsarchiven in Odessa, Mykolaïv und Vinnycja (Ukraine) aufbewahrt werden, enthalten viele Unterlagen, die die Bereitstellung von Arbeitskräften unter den deportierten Juden und Roma für die Wehrmacht dokumentieren. Darüber hinaus existieren zahlreiche Aussagen von Überlebenden aus Transnistrien. In der vorliegende Studie soll es jedoch nur um die zentralen Aspekte der Thematik gehen. Sie konzentriert sich zudem auf das Territorium Transnistriens, das sich in jenen Jahren unter rumänischer Besatzung befand, nicht jedoch auf die Zwangsarbeit, die rumänische Juden östlich des Bug, im Reichskommissariat Ukraine, für die Wehrmacht leisteten.

Viele Tausende Juden wurden von rumänischen Behörden Transnistriens den SS-Einheiten oder der deutschen Zivil- und Militärverwaltung auf dem Territorium östlich des Bug auf deren Wunsch zur Verfügung gestellt. Sie wurden an zahlreichen Arbeitseinsatzstellen eingesetzt, zum Beispiel beim Bau der Durchgangsstraße IV, von Lemberg (L'viv) nach Stalino (Donec'k), die das Generalgouvernement mit der Südukraine verband. Nach Schätzungen Jean Ancels überstellten die Rumänen den Deutschen mindestens 15 000 Juden für diesen Bau.[6] Es versteht sich von selbst, dass jeder Transfer von Juden über den Bug auf Befehl oder mit der Genehmigung des Gouverneurs von Transnistrien durchgeführt wurde. Die Juden, die man in die deutschen Arbeitslagern östlich des Bug deportierte, wurden für eine begrenzte Zeit zu Zwangsarbeiten eingesetzt, dann aber fast alle durch SS-Einheiten oder die örtlichen ukrainischen Hilfspolizei ermordet. Nach den Aussagen eines Überlebenden aus einem deutschen Arbeitslager in der Ukraine, „haben die Deportierten ihr Transfer an den Deutschen als ein endgültiges Todesurteil verstanden. Auf der rumänischen Seite [des Bug, das heißt, in Transnistrien] hat man uns misshandelt, viele verhungerten und erfroren, jedoch gab es immer die Chance zu überleben."[7]

Solche Überstellungen über den Bug sind besonders im Winter 1941/1942 und in der ersten Hälfte des Jahres 1942 vorgekommen, also in der Zeit, als das Gouvernement von Transnistrien jene Juden, die in seinem Gebiet lebten – deportierte Juden aus Rumänien und einheimische Juden aus der Südukraine – loswerden wollte. Den rumänischen Funktionären schien dies am leichtesten möglich, indem sie die Juden, die als nutzlos betrachtet wurden, den Deutschen übergaben. Diese Transporte von Juden über den Bug wurden mit Wissen der Behörden in Bukarest durchgeführt. Seit Sommer 1942, als die rumänische Regierung den

6 Ancel, Transnistria, Bd. 2, S. 225–229, 236 f.; ders., Transnistria, 1941–1942, Bd. 1, S. 322–324, 329 f.

7 Nach Ancel, Transnistria, Bd. 2, S. 227; ders., Transnistria, 1941–1942, Bd. 1, S. 323, die Aussage von Shimon Rosenrauch, einem Deportierten aus Czernowitz, die im Yad Vashem Archiv aufbewahrt ist.

Massenmorden in Transnistrien ein Ende setzte, nahm die Zahl der Fälle deutlich ab, in denen rumänische Behörden Juden an deutsche Stellen über den Bug transferierten.[8]

Transnistrien unter rumänischer Besatzung, 1941–1944

Transnistrien kam unter rumänische Besatzung aufgrund der rumänisch-deutschen Vereinbarung von Tighina (30. August 1941), die das provisorische Regime des Gebietes zwischen den Flüssen Dnjestr (Dnistr, rum.: Nistru) und Bug – das von nun an „Transnistrien" genannt wurde – festlegte, das bis dahin Teil der Moldawischen SSR und der Ukrainischen SSR gewesen war.[9] Laut dieser Vereinbarung übernahm die rumänische Regierung dieses Territorium in eigener Verwaltung und setzte einen Gouverneur ein. Das Gebiet wurde allerdings nicht annektiert. Transnistrien blieb bis April 1944 unter rumänischer Besatzung, als die Rote Armee dieses Gebiet befreite.[10]

Sowohl die Rumänen als auch die Deutschen betrachteten diesen im Sommer 1941 geschaffenen Status als Provisorium. Die deutsche Führung war nicht damit zufrieden, dass sie dieses Gebiet im Süden der UdSSR nicht umfassend kontrollieren konnte. Die Deutschen versuchten deshalb mehrmals, die rumänisch-deutsche Demarkationslinie in der Ukraine zu ihren Gunsten zu verändern. Unstimmigkeiten gab es aber auch in der Frage der Schwarzmeerdeutschen in Transnistrien (ca. 130 000), die *de facto* und *de iure* der Kontrolle des Gouvernements von Transnistrien entzogen wurden. Sie unterstanden jedoch einer deutschen Dienststelle, dem *Sonderkommando R* mit Sitz in Landau (heute Šyrokolanivka), das zur Volksdeutschen Mittelstelle gehörte.[11]

Der rumänische Staatsführer Marschall Ion Antonescu spielte hingegen anfangs mit dem Gedanken, Transnistrien an Rumänien anzugliedern und dieses Gebiet mit Rumänen aus dem Staatsgebiet und den sowjetischen Territorien öst-

8 Vgl. Ancel, Transnistria, Bd. 2, S. 226 f., 228 f.; ders., Transnistria, 1941–1942, Bd. 1, S. 322–324.

9 Für die Vereinbarung von Tighina siehe Ekkehard Völkl, Transnistrien und Odessa (1941–1944), Regensburg 1996, S. 12–15. Der Text der Vereinbarung (deutsche Version) vgl. ebenda, S. 110–113.

10 Vgl. Alexander Dallin, Odessa, 1941–1944: A Case Study of Soviet Territory under Foreign Rule, Iaşi, Oxford, Portland 1998 (zuerst 1957); Olivian Verenca, Administraţia civilă română în Transnistria 1941–1944, 2. Aufl., Bucureşti 2000 (zuerst 1993); Völkl, Transnistrien und Odessa; Rodica Solovei, Activitatea Guvernământului Transnistriei în domeniul social-economic şi cultural (19 august 1941 – 29 ianuarie 1944), Iaşi 2009.

11 Völkl, Transnistrien und Odessa, S. 41 ff.

lich des Bug anzusiedeln. Im Frühling 1942 wurde diese Idee jedoch aufgegeben. Die Entscheidungsträger in Bukarest wollten Transnistrien nun als Tauschobjekt für eine Nachkriegsregelung einsetzen. Ihr Plan war, Transnistrien nach Kriegsende an Deutschland zu übergeben und dafür Nordsiebenbürgen zu bekommen, das beim Zweiten Wiener Schiedsspruch (30. August 1940) an Ungarn abgetreten worden war. Bis dahin sollte Transnistrien als Deportationsziel für die „ethnische Homogenisierung" Rumäniens dienen. Dorthin sollten die Ukrainer und Russen aus Bessarabien und der Bukowina verschleppt werden, die in den Planungen als erste völlig „rumänisierte" Provinzen vorgesehen waren. Gleichzeitig sollten die Rumänen aus Transnistrien und aus den anderen Gebieten der UdSSR nach Rumänien zurückgeführt werden, und zwar in die zwei obengenannten Provinzen.[12] In den Jahren 1941 und 1942 wurden einige „unerwünschte" Bevölkerungsgruppen aus Rumänien nach Transnistrien deportiert, vor allem circa 160 000 Juden, die hauptsächlich aus Bessarabien und der Bukowina kamen, über 25 000 Roma aus allen Regionen Rumäniens sowie andere Bevölkerungsgruppen, wie zum Beispiel die Innokentisten, Mitglieder einer religiösen Sekte, 2000 insgesamt. Man schätzt, dass zwischen 105 000 und 120 000 rumänische Juden und etwa 11 000 Roma in Transnistrien ums Leben kamen. Die meisten dieser Menschen starben aufgrund der erbärmlichen Lebensbedingungen, an Hunger, Krankheiten und Kälte. Im Herbst und Winter 1941 wurden zwischen 115 000 und 180 000 einheimische Juden in großen Massakern ermordet, die in Transnistrien, insbesondere in Odessa und in den Kreisen Golta und Berezivka, lebten.[13] Transnistrien war also für die Antonescu-Regierung das, was das Generalgouvernement für das von Deutschland annektierte Westpolen war: eine Art ethnischer „Abladeplatz".[14]

12 Zur Rolle Transnistriens in der Bevölkerungspolitik der Antonescu-Regierung siehe Viorel Achim, Proiectul guvernului de la Bucureşti vizând realizarea schimbului de populaţie româno-ruso-ucrainean (1943), in: Revista Istorică 11 (2000) 5–6, S. 395–421; ders., Die Deportation der Juden nach Transnistrien im Kontext der Bevölkerungspolitik der Antonescu-Regierung, in: Holocaust an der Peripherie. Judenpolitik und Judenmord in Rumänien und Transnistrien 1940–1944. Hrsg. von Wolfgang Benz/Brigitte Mihok, Berlin 2009, S. 151–160.

13 Diese Zahlen in: International Commission on the Holocaust in Romania. Final Report. Hrsg. von Tuvia Friling/Radu Ioanid/Mihail E. Ionescu, Iaşi 2005, S. 382 (weiter: Final Report).

14 Zur Deportation der Juden nach Transnistrien siehe insbesondere: Ancel, Transnistria; ders., Transnistria, 1941–1942; Radu Ioanid, The Holocaust in Romania. The Destruction of Jews and Gypsies Under the Antonescu Regime, 1940–1944, Chicago 2000, S. 142–224; Final Report, S. 134–179; Dennis Deletant, Hitler's Forgotten Ally: Ion Antonescu and his Regime, Romania 1940–44, London 2006, S. 150–229. Zur Deportation der Roma siehe

In den zwei Jahren und sieben Monaten, in denen Transnistrien besetzt blieb, beuteten die Rumänen mittels des Etappenkommandos Ost (*Comandamentul Etapelor de Est*), eine logistische Behörde für alle rumänischen Einheiten an der Ostfront, dieses Gebiet wirtschaftlich aus. Ende 1943, als sich die Front wieder dem Bug näherte, begannen die Rumänen mit der Demontage von Fabrikanlagen und deren Abtransport nach Rumänien, zusammen mit anderen aus diesem Territorium geplünderten Gütern.[15]

Die Zwangsarbeit der Juden und Roma in Transnistrien

Bei der Deportation von Juden und Roma ging es nicht in erster Linie um ihren Arbeitseinsatz, sondern sie sollten aus Rumänien verdrängt werden. Das Land sollte gemäß der bevölkerungspolitischen Projekte der Antonescu-Regierung von allen Minderheiten „gesäubert" werden. Die Besatzungsbehörden in Transnistrien, die mit der Ernährung der Deportierten beauftragt waren, setzten die arbeitsfähigen Personen im Bereich der Zivilverwaltung und der Armee ein. Juden und Roma arbeiteten überall: in Sowchosen und Kolchosen, in Werkstätten aller Art, auf Baustellen usw. Mancherorts war die Zwangsarbeit extrem hart, so bei der Torfgewinnung im Kreis Tul'čyn im Norden Transnistriens. Diese Arbeiten waren schon zu sowjetischen Zeiten betrieben worden, und das Gouvernement von Transnistrien versuchte, allerdings erfolglos, diesen Betrieb wieder aufzunehmen.[16]

In einigen Orten erhielten Deportierte dieselbe Entlohnung wie die ortansässigen Arbeiter. Für die Organisation der Arbeit in Transnistrien war die Arbeitsdirektion (*Direcţia Muncii*) des Gouvernements von Transnistrien zuständig, eine Art Gouvernementsministerium. Die Juden und die Roma fielen in die Kompetenz einer Sonderabteilung der Arbeitsdirektion, des Migrationsdienstes (*Serviciul Migraţiunilor*). Die Arbeitsdirektion hatte Außenstellen (*Serviciu de Muncă*) in jedem Kreis und ein gesondertes Büro (*Oficiu de Muncă*) in der Stadt Odessa. In den Rayons gab es noch je ein Arbeitsamt (*Biroul Muncii*), das sich dem Arbeitsdienst im jeweiligen Kreis unterordnete.[17]

insbesondere Viorel Achim, The Deportation of Gypsies to Transnistria, in: Documente privind deportarea ţiganilor în Transnistria. Hrsg. von Viorel Achim, 2 Bde., Bucureşti 2004, Bd. 1, S. XXIII–LII.

15 Völkl, Transnistrien und Odessa, S. 36 f.

16 Siehe das Interview mit Simon Meer aus Dorohoi, Juli 2008, http://www.inshr-ew.ro/media/interviuri/interviu-simon-meer (10. 7. 2011).

17 Einige Angaben über die Arbeitsverwaltung in Transnistrien in: Solovei, Activitatea Guvernământului Transnistriei, S. 67 ff.

Der Arbeitseinsatz der Juden und Roma in Transnistrien fällt eindeutig unter den Begriff der Zwangsarbeit. Es waren Menschen, die aufgrund ethnisch-kultureller Kriterien, damals „Rassenkriterien", in ein fremdes Land deportiert worden waren. Die Besatzungsbehörden und die Deutschen zwangen sie, Arbeiten zu leisten, die meistens nichts mit ihrer Qualifizierung zu tun hatten. Sie hatten keine Arbeitsverträge und konnten nicht einmal daran denken, nach Hause zurückzukehren. Meistens wurden sie für ihre Arbeit nicht oder nur minimal bezahlt; die Entlohnung bestand für die meisten Zwangsarbeiter und -arbeiterinnen aus ein wenig Essen für sich und ihre Familien.

In Transnistrien beschränkte sich die Zwangsarbeit nicht auf die deportierten Juden und Roma und die einheimischen Juden. Den anderen Einwohnern wurde eine sogenannte Pflichtarbeit (*munca obligatorie*) auferlegt. Die Pflichtarbeit wurde durch der Verordnung Nr. 26 vom 21. November 1941 des Gouvernements von Transnistrien eingeführt,[18] die nur die Stadt Odessa betraf, und durch die Verordnung Nr. 58 vom 20. März 1942[19] wurde sie auf das ganze Transnistrien ausgeweitet und strikt geregelt. Alle arbeitsfähigen Bewohner im Alter von 16 bis 60 Jahren mit Wohnsitz in Transnistrien waren verpflichtet, diese Arbeit zu leisten. Es gab Ausnahmen vor allem für die Angestellten der öffentlichen und privaten Dienststellen und Betriebe. Die zweite Verordnung betonte ausdrücklich, dass die Bürger, die zur Arbeit verpflichtet waren, „gemäß ihrer Qualifikation und ihrer physischen Leistungsfähigkeit, geschlossen zu verschiedenen Arbeiten für Militäreinheiten, die zugelassenen öffentlichen oder privaten Institutionen und Betriebe, aber auch zu dringenden Landarbeiten eingesetzt werden". Die Arbeit sollte gegen Bezahlung in Geld oder Sachmitteln erfolgen.

Die Wehrmacht in Transnistrien und ihr Bedarf an Arbeitskräften

In Transnistrien war die Wehrmacht zwischen Juli 1941 und April 1944 ständig präsent. Deutsche Einheiten wurden an strategischen Punkten platziert, wie zum Beispiel an Bahnknotenpunkten oder wichtigen Flussüberquerungen:

- Tiraspol', eine Stadt am Dnjestr, wichtigster Verbindungspunkt zwischen Rumänien und der Ukraine; hier war vom 19. August bis zu 17. Oktober 1941 der Sitz des Gouvernements von Transnistrien, bevor er nach Odessa verlegt wurde.

18 Deržavnyj archiv Odes'koï oblasti, Staatliches Regionalarchiv Odessa (DAOO), f. 2242, op. 1, d. 1, Bl. 32, United States Holocaust Memorial Museum (USHMM), RG-31.004M, reel 1.

19 DAOO, f. 2242, op. 1, d. 1, Bl. 83, USHMM, RG-31.004M, reel 1.

- Žmerynka, im Norden Transnistriens, ein Bahnknotenpunkt mit vitaler Bedeutung für die Deutschen, weil hier die Militärzüge in Richtung Front durchfuhren. Der Bahnhof Žmerynka befand sich unter der völligen Kontrolle der Wehrmacht.
- Golta, am westlichen Ufer des Bug gelegene Teil der Stadt Pervomajs'k; hier lag ein Bahnhof an der Überquerung des Flusses. Der Bahnhof stand unter der Kontrolle der rumänischen Armee, aber deutsche Militäreinheiten waren hier ständig präsent.
- Die Wehrmacht war auch in Odessa, der größten Stadt in Transnistrien mit dem strategisch wichtigen Hafen am Schwarzen Meer. Hier befanden sich mehrere Dienststellen wie die Hafen-, die Bahnhofs- und die Flughafenkommandantur. Im Januar 1944, während des Rückzuges der deutschen und rumänischen Armeen, übergab der rumänische Generalstab den Hafen Odessa sogar komplett an die Wehrmacht.
- Deutsche Militäreinheiten gab es schließlich auch im Süden Transnistriens in jenen Gegenden, in denen zahlreiche Schwarzmeerdeutsche lebten.

Das wichtigste deutsche Militärkommando für dieses Gebiet war der Verbindungsstab der Deutschen Wehrmacht für Transnistrien. Er sicherte die Verbindung mit dem Gouvernement und mit der rumänischen Armee. Am Ende des Jahres 1943, als sich die Front wieder Transnistrien annäherte, stellte hier die Führung der Wehrmacht das Kommando „Befehlshaber der deutschen Truppen in Transnistrien" auf. Deutsche Ortskommandanturen waren in Tiraspol', Žmerynka und Landau (heute Šyrokolanivka) vertreten.[20]

Deutsche Militäreinheiten in Transnistrien beschäftigten ständig lokale Arbeitskräfte, die ihnen in der Regel von der rumänischen Zivilverwaltung zur Verfügung gestellt wurden. Es handelte sich um die folgenden Arbeiterkategorien:

- Einheimische (die meisten Ukrainer, aber auch andere Nationalitäten), die zur Arbeit für die deutsche Armee eingesetzt werden konnten, als Teil ihrer „Pflichtarbeit";
- Juden, die aus Rumänien deportiert worden waren;
- Juden aus Transnistrien, die die Vernichtungsaktionen in den ersten Monaten des Krieges überlebt hatten und die unter denselben Bedingungen wie die rumänischen Juden in Gettos und Lagern lebten;
- Roma, die aus Rumänien deportiert worden waren.

20 Vgl. Völkl, Transnistrien und Odessa, S. 41 ff.

Die meisten Arbeiter, die der deutschen Armee zur Verfügung gestellt wurden, waren Einheimische, die der Arbeitspflicht unterlagen. Es gab jedoch auch einheimischen Arbeiter und Arbeiterinnen, die freiwillig für die Wehrmacht arbeiteten. Sie wurden direkt von den deutschen Einheiten angeworben, die dann die rumänischen Behörden formal um ihre Bewilligung baten.

Es erwies sich durchaus als schwierig, den deutschen Einheiten genügend Arbeitskräfte zur Verfügung zu stellen, da in Transnistrien Mangel an Arbeitskräften herrschte und das Gouvernement sich selbst ständig darum bemühte, Arbeiter für die rumänische Armee in Transnistrien zu rekrutieren. Dazu kam noch die Bautätigkeit des Gouvernements und der Rumänischen Eisenbahn in Transnistrien (C. F. R. T.), für die man auch auf lokale Arbeitskräfte angewiesen war.

Wie aus den Archivdokumenten hervorgeht, bestanden allerdings nur im Jahr 1943 größere Probleme bei der Bereitstellung von Arbeitskräften für die Deutschen, als wegen der Offensive der Rote Armee eine große Anzahl von deutschen und rumänischen Militäreinheiten in Transnistrien stationiert wurde, die Zivilarbeiter benötigten. Deutsche Stellen richteten hier mehrere Brückenbaustellen ein, für die eine große Anzahl von Arbeitskräften vonnöten war. Da die Ersuchen der verschiedenen deutschen Kommandos und Einheiten, besonders jene für qualifizierte Arbeiter, nicht ganz erfüllt werden konnten, erlaubte das Gouvernement von Transnistrien den Deutschen, Arbeiter und Fachkräfte samt ihren Familien von der anderen Seite des Bug, aus dem Reichskommissariat Ukraine, zu überstellen. Im Oktober 1943 bewilligte beispielsweise der Gouverneur von Transnistrien einen Antrag des Verbindungsstabs der Deutschen Wehrmacht und erteilte einer Gruppe von 117 Facharbeitern die Aufenthaltsbewilligung für Žmerynka, die in einem Wagenreparaturbetrieb der Deutschen Reichsbahn, die früher in Darnycja, einem Vorort der Stadt Kiew, zu jener Zeit aber in Žmerynka, arbeiteten.[21] Bis dahin war es Politik des Gouvernements von Transnistrien gewesen, Ukrainern von jenseits des Bug, außer der rumänischen Minderheit, den Übertritt nach Transnistrien nicht zu gestatten.

21 DAOO, f. 2242, op. 1, d. 1503, Bl. 83 f., USHMM, RG-31.004M, reel 5, Referat der Arbeitsdirektion an den Gouverneur von Transnistrien, 1. 11. 1943.

Der rechtliche Rahmen des Einsatzes von Arbeitskräften in Transnistrien durch die Wehrmacht

Die Zuweisung von Arbeitskräften für die Wehrmacht war meist vertraglich geregelt. Nach Antrag von deutscher Seite stellten die rumänischen Besatzungsbehörden eine bestimmte Anzahl von qualifizierten oder unqualifizierten Arbeitern für einen bestimmten Zeitraum und unter festgelegten Bedingungen zur Verfügung. Diese Vereinbarungen wurden zwischen dem Gouvernement von Transnistrien (mittels der Arbeitsdirektion) und dem Verbindungsstab der Deutschen Wehrmacht für Transnistrien (ab Ende 1943 „Befehlshaber der deutschen Truppen in Transnistrien“) geschlossen. Es existierten gelegentlich zudem Vereinbarungen auf lokaler Ebene zwischen der deutschen Ortskommandantur oder Militäreinheit und dem rumänischen Leiter der jeweiligen administrativ-territorialen Einheit (dem Präfekten des Kreises oder dem Prätoren des Bezirkes). Die rumänischen Ortsbehörden informierten in solchen Fällen immer das Gouvernement von Transnistrien. Die Informationen wurden bei der Arbeitsdirektion gesammelt, die alle Arbeiterzuweisungen an deutsche Stellen überwachte, sowohl jene des Gouvernements als auch jene der regionalen und lokalen Zivilverwaltung.

Lange Zeit war diese Zusammenarbeit nicht offiziell geregelt. Deswegen entstanden manchmal Unstimmigkeiten. Ab Herbst des Jahres 1943 vervielfachten sich die Probleme, weil die Deutschen, die jetzt massiv in Transnistrien präsent waren, damit begannen, Arbeiter einzustellen, ohne die rumänischen Besatzungsbehörden zu informieren. Eine große Anzahl von Einheimischen verpflichtete sich freiwillig bei den deutschen Einheiten und folgte dem Aufruf des Gouvernements zur Pflichtarbeit nicht mehr. Die rumänischen Behörden reagierten alles andere als erfreut.

In dieser Situation wurde Anfang Februar 1944 zwischen dem Gouvernement von Transnistrien und dem „Befehlshaber der deutschen Truppen in Transnistrien“ eine Vereinbarung bezüglich der Rekrutierung von Arbeitskräften für die deutschen Militäreinheiten geschlossen. Die Arbeitsdirektion des Gouvernements übersandte diese Vereinbarung am 8. Februar 1944[22] an die Präfekturen der Kreise. Die Vereinbarung sicherte zu, dass das Gouvernement mittels seiner Arbeitsdirektion und den unterstellten Arbeitsbehörden den deutschen Einheiten die Arbeitskräfte, die sie benötigen, zur Verfügung stellen würde. Allerdings

22 Der Text der Vereinbarung (rumänische Ausgabe) wird in einem Rundschreiben des Gouvernements von Transnistrien, Arbeitsdirektion, an die Kreis-Präfekturen, von 8. 2. 1944 wiedergegeben: Deržavnyj archiv Mykolaïvs'koï oblasti, Staatliches Regionalarchiv Mykolaïv (DAMO), f. 1028, op. 1, d. 118, Bl. 28–30.

nannte sie Bedingungen, die von den deutschen Einheiten respektiert werden mussten, „damit die Arbeitsbehörden Arbeiter rekrutieren können". Weiter hieß es: „Alle Anträge [der Deutschen] bezüglich Arbeitskräften, wie die Anstellungen von Arbeitern, qualifizierten Arbeitern oder Beamten, dürfen nur der Deutschen Kommandantur in Odessa oder den deutschen Militäreinheiten im restlichen Transnistrien zugeschickt werden. Die Deutsche Kommandantur in Odessa (bzw. die anderen Militäreinheiten) werden diese Anträge ordnen, zentralisieren und dem Arbeitsamt für deren Bewilligung und Vollzug zuschicken (für die Kreishauptstädte) oder den Arbeitsbüros (in den Bezirkshauptstädten)." Gleichzeitig wurde festgelegt, dass „in Zukunft alle freiwilligen Anwerbungen von Arbeitern [lokale ukrainische Arbeitskräfte] nur mit der Einwilligung der jeweiligen Arbeitsorgane vorgenommen werden".

Die Arbeiter sollten gemäß der Verordnung Nr. 137 des Gouvernements von Transnistrien vergütet werden. Diese Verordnung wurde am 6. Oktober 1943 erlassen.[23] Sie hat die Tages- oder Monatslöhne in den staatlichen Institutionen in Transnistrien vereinheitlicht, neue – höhere – Vergütungsniveaus und den Höchst- und Mindestlohn für alle Angestelltenkategorien festgelegt. Die Verordnung bezog sich jedoch nur auf die freien Arbeiter und nicht auf die deportierten Juden und Roma, die einen anderen Status hatten. Die rumänisch-deutsche Vereinbarung vom Februar 1944 erwähnte aber auch die Juden, die einen um 25 Prozent reduzierten Lohn erhalten sollten. Die Sonderstellung von Juden im Bereich der Arbeitsvergütung war zuletzt durch den Beschluss Nr. 3505 vom 4. August 1943 des Gouvernements von Transnistrien geregelt worden.[24] Die Vereinbarung vom Februar 1944 besagte zugleich, dass die Arbeiter, die den Deutschen zur Verfügung gestellt wurden, mit dem in der Verordnung Nr. 137 vorgeschriebenen Minimum entlohnt werden und die deutschen Militäreinheiten zehn Prozent davon als Steuern an die Finanzdirektion des Gouvernement von Transnistrien abführen müssten.

23 Verordnung Nr. 137 vom 6. 10. 1943: DAOO, f. 2242, op. 1, d. 1, Bl. 249–257, USHMM, RG-31.004M, reel 1.

24 Anordnung Nr. 3505 vom 4.8. 1943: DAMO, f. 2178, op. 1, d. 367, Bl. 54, Bl. 55.

Verteilung des Arbeitseinsatzes von Juden und Roma für die Wehrmacht

Golta

In der Stadt Golta arbeiteten ständig deportierte Juden für die Wehrmacht. Dies ist nicht nur aus den Statistiken der Arbeitsdirektion in Odessa ersichtlich, sondern auch aus den periodisch zusammengestellten Namenslisten mit jüdischen Zwangsarbeitern, die vom Amt für Judenarbeit[25] in Golta aufgestellt wurden. Demnach waren im Juli/August 1943 bei der Deutschen Versorgungsstelle zehn Juden beschäftigt, bei der 10. Kompanie vier Juden, beim Soldatenheim fünf Juden.[26] Zur gleichen Zeit arbeiteten für die rumänische Armee in der Stadt Golta: beim Kommando der Etappen Ost zwei Juden, beim Militärkrankenhaus 391 zehn Juden, beim Militärkrankenhaus 466 drei Juden, beim Infanterieregiment 40 ein Jude. In den Namenslisten wurden auch die Berufe dieser Personen festgehalten, sodass wir wissen, dass für die Wehrmacht im August 1943 im Getto Nr. 2, in dem insgesamt 119 Juden wohnten, zwei Metzger, ein technischer Zeichner, eine Hausfrau, ein Wurstwarenspezialist, eine Schneiderin und ihre zwei Kinder arbeiteten.[27] Die Juden, die der deutschen oder der rumänischen Armee in Golta zugeteilt waren, stammten alle aus den Gettos dieser Stadt. Hier hat es von 1941 bis 1944 zwei Ghettos und ein Arbeitslager gegeben, das später „Getto Nr. 3" benannt wurde. Die Mehrheit der ungefähr 500 Juden, die sich im Sommer 1943 in Golta befanden, waren Deportierte aus Rumänien, einschließlich Bukarest, die anderen stammten aus Transnistrien.[28] Die meisten deportierten Juden arbeiteten in den Werkstätten des Rathauses Golta (Uhrmacherhandwerk, Schneiderei, Kürschnerei, Posamenterhandwerk, Frisörgeschäft, Schuhmacherei) oder beim technischen Dienst des Rathauses.[29]

25 Durch die Anordnung Nr. 3270 des Gouvernements von Transnistrien vom 31. 12. 1942 wurde in Orten mit einer größeren jüdischen Einwohnerschaft ein Amt für Judenarbeit (*Biroul organizării muncii evreiești*) gegründet. Anordnung Nr. 3270 vom 31. 12. 1942: DAOO, f. 2242, op. 2, d. 72, Bl. 12.

26 DAMO, f. 2178, op. 1, d. 37, Bl. 75–77.

27 Ebenda, Bl. 81.

28 Für die Gettos und Lager in Golta siehe Dennis Deletant, Ghetto Experience in Golta, Transnistria, 1942–1944, in: Holocaust and Genocide Studies 18 (2004), S. 1–26; ders., Lebensbedingungen in den Gettos und Arbeitslagern in Transnistrien 1942–1944: Der Fall Golta, in: Holocaust an der Peripherie, S. 45–70.

29 Zur Situation der Juden, die im Juli 1943 in diesen Werkstätten und für das Rathaus der Stadt Golta arbeiteten, siehe DAMO, f. 2178, op. 1, d. 73, Bl. 29–36; die Namenlisten dieser Arbeitskräfte, Bl. 29, 37 und 38.

Im September 1943 wurde das Lager für Juden in Golta aufgelöst und an seiner Stelle ein „Arbeitslager für Zigeuner" errichtet. Hier sperrte man jene Roma ein, die beim Versuch, aus Transnistrien nach Rumänien zu fliehen, gefangen genommen worden waren. Hier wurden auch die Roma interniert, die ihre Zwangsarbeitsorte verlassen hatten.[30] Das „Zigeuner-Lager" in Golta war ein Straflager mit sehr strenger Disziplin. In einem Bericht der Gendarmerielegion Golta heißt es, dass die Internierten verhungerten.[31] Diese Roma wurden bei Arbeiten für die Stadtverwaltung in Golta oder für die Wehrmacht eingesetzt. Ein Befehl des Präfekten des Kreises Golta vom 25. November 1943 besagte, dass die 677 Häftlinge Zwangsarbeit werden leisten müssen: „Alle arbeitsfähigen Personen müssen für die deutschen Einheiten arbeiten, die der Stadtverwaltung die Arbeitskosten bezahlen werden, so wie es vom Gouvernement bestimmt wurde."[32]

Wenn wir den Fall Golta näher betrachten, fällt auf, dass Juden und Roma quasi als Arbeitskräfte vermietet wurden. Die deutsche Kommandantur und die Militäreinheiten mussten die von den Juden und Roma geleistete Arbeit bezahlen. Der Lohn richtete sich – zumindest theoretisch – nach der Qualifikation der betreffenden Person. Das Geld wurde aber nicht an die Arbeiter ausgezahlt, sondern ging an die Stadtverwaltung Golta. Dies wurde damit begründet, dass die Juden und die Roma von der Stadtverwaltung Golta versorgt würden und nicht vom Gouvernement oder der Präfektur des Kreises, so wie es an anderen Orten in Transnistrien der Fall war. Mit diesem Geld sollte das Rathaus die Lebensmittel für die Deportierten und die Kosten für den Betrieb des Gettos und des Lagers decken. Die Juden und die Roma mussten sich jeden Tag zur deutschen Dienstelle oder zum von den Deutschen angegebenen Arbeitsort begeben. Sie arbeiteten dort die angewiesene Anzahl von Stunden und kehrten dann wieder ins Getto oder Lager zurück.

30 Ein Befehl des Hauptgendarmerie-Unterinspektorats Odessa verfügte, dass „alle [Zigeuner], die vor der angeordneten Arbeit geflohen sind und wieder eingefangen werden, in das Arbeitslager Golta geschickt und zur Zwangsarbeit eingesetzt werden". Der Befehl ist in einer Anordnung des Gendarmerie-Inspektorats Balta an die unterstellten Gendarmerielegionen vom 17. 9. 1943 wiedergegeben, DAMO, f. 2178, op. 1, d. 369, Bl. 93.

31 Documente privind deportarea țiganilor în Transnistria, Bd. 2, Nr. 543, S. 379 f., vom 22. 11. 1943.

32 Ebenda, Bd. 2, Nr. 547, S. 383 f., die Präfektur des Kreises Golta, Arbeitsdienst, an die Stadtverwaltung Golta, den Sanitätsdienst des Kreises Golta und die Gendarmerielegion Golta vom 25. 11. 1943.

Der Bau der Durchgangsstraße IV in Transnistrien

Eine Strecke von ungefähr 15 Kilometern der oben erwähnten Durchgangsstraße IV verlief durch Transnistrien, und zwar zwischen der Stadt Braclav und dem Dorf Semenky, das heißt, etwa auf halbem Weg zwischen Vinnycja und Uman'. Die deutschen Baustellen an dieser Strecke wurden 1942/43 mit Arbeitskräften aus Transnistrien beschickt, nämlich mit Juden, die von den rumänischen Behörden Transnistriens an die SS-Einheiten übergegeben worden waren.[33] In Braclav gab es mehrere Arbeitslager mit rumänischen Juden, die an der Steinbrücke und an der Straße eingesetzt waren. Die Überlebenden beschrieben später detailliert die Arbeit auf diesen Baustellen.[34] Einige dieser Zeugen arbeiteten zunächst auf der transnistrischen Seite des Bug und später jenseits des Bug, in der unter deutscher Besatzung stehenden Ukraine. Allein im August 1942 beschaffte das Gouvernement von Transnistrien den SS-Einheiten aus Haisyn 5000 Juden aus dem Kreis Tul'čyn, um diese am Bau des Streckenabschnitts Nemyriv–Braclav–Semenky–Haisyn einzusetzen.[35]

Die Brücke bei Mohyliv-Otači, 1943

Im Jahr 1943, als deutsche Dienststellen immer mehr Baustellen in Transnistrien eröffneten, stieg die Anzahl der Juden und Roma, die hier zwangsweise arbeiten sollten. Im August 1943 stellten die Rumänen den deutschen Pioniereinheiten, die am Bau der Eisenbahnbrücke über dem Dnjestr bei Mohyliv-Otači arbeiteten, 100 jüdische Arbeitskräfte zur Verfügung. Diese wurden aus den Deportierten im Kreis Mohyliv rekrutiert.[36]

Žmerynka

Im Dezember 1943 wurden 200 jüdische Arbeitskräfte aus der Stadt Mohyliv dem Eisenbahnverwaltungsamt der Deutschen Reichsbahn Vinnycja zur Verfügung gestellt, um sie an Eisenbahnarbeiten in Žmerynka in Transnistrien einzusetzen.[37] Sie wurden in dem dortigen jüdischen Getto untergebracht. Ein Doku-

33 Ancel, Transnistria, Bd. 2, S. 226–227; ders., Transnistria, 1941–1942, Bd. 1, S. 322 f.

34 Ein Beispiel: Aussage von Julius Kronenfeld, einem Deportierten aus Czernowitz, über das deutsche Arbeitslager in Braclav und die Zwangsarbeit an der Brücke über den Bug; Yad Vashem Archive, O.3/1468. Diese Aussage ist erwähnt in Hilberg, Vernichtung, Bd. 2, S. 834 f.

35 Rundschreiben des Gouvernements von Transnistrien, Verwaltungsdirektion, an das Gendarmerieinspektorat Transnistriens vom 11. 8. 1942: Ancel, Transnistria, 1941–1942, Bd. 3, Nr. 898, S. 1646.

36 Die Akten zur Verschickung dieser Arbeitskräfte: DAOO, f. 2264, op. 1, d. 23, USHMM, RG-31.004M, reel 13.

37 Die Akten zur Verschickung der jüdischen Arbeitskräfte: DAOO, f. 2264, op. 1, d. 18, USHMM, RG-31.004M, reel 13.

ment besagt, dass „die Entlohnung und die Versorgung der Juden der Deutschen Reichsbahn gemäß den gültigen Verordnungen obliegt".[38] Dabei handelte es sich um die oben erwähnte Verordnung Nr. 137 des Gouvernements von Transnistrien vom 6. Oktober 1943.

Im Süden Transnistriens

Der Arbeitskräftebedarf des Deutschen Militärkommandos in Landau wurde im Großen und Ganzen von den schwarzmeerdeutschen Siedlungen im Süden Transnistriens gedeckt, aber in der zweiten Hälfte des Jahres 1943 wurden auch Zwangsarbeiter aus dem Kreis der Deportierten eingesetzt, die im Bezirk Landau untergebracht waren. Die einzig verfügbaren Arbeitskräfte in dieser Gegend waren Roma, die von der Prätur rekrutiert wurden. Mehrmals mussten die Roma aus dem Lager von Zelenyj Haj[39] für die deutsche Kommandantur in Landau arbeiten. Zum Beispiel am 12. August und später am 24. September 1943 befahl der Prätor des Bezirkes Landau dem „Zigeuner-Bürgermeister"[40] von Zelenyj Haj, dass dieser acht, später 15 „unter den besten" Roma schicke, damit diese zu verschiedenen Arbeiten für die deutsche Ortskommandantur eingesetzt werden könnten.[41]

Die Juden und Roma bei den militärstrategischen Arbeiten im Südosten Transnistriens, Juni 1943 – März 1944

Die rumänisch-deutsche Zusammenarbeit bei der Rekrutierung von Arbeitskräften war vor allem von militärstrategischen Erwägungen geprägt. Zwischen April 1943 und März 1944 kam es im südöstlichen Teil Transnistriens und im Generalbezirk Nikolajew zu zahlreichen Joint Ventures, so beispielsweise der Bau zweier Brücken über den Bug: die Eisenbahnbrücke zwischen den Dörfern Trychaty und Pisky (und weiter Nikolaev/Mykolaïv) und die Straßenbrücke zwischen dem Dorf

38 DAOO, f. 2264, op. 1, d. 18, USHMM, RG-31.004M, reel 13, das Gouvernement von Transnistrien, Arbeitsdirektion, an die Präfektur des Kreises Mohyliv, das Hauptgendarmerie-Unterinspektorat Odessa, die Gesundheitsdirektion des Gouvernements von Transnistrien und die Direktion der Rumänischen Eisenbahn Transnistrien, vom 9. 12. 1943.

39 Das „Zigeuner-Lager" oder die „Zigeuner-Kolonie" in der Nähe des Dorfes Zelenyj Haj erscheint in den Akten der Besatzungsverwaltung auch mit dem Namen „Nova India", der sich auf die indische Herkunft der Roma bezieht.

40 An der Spitze der größeren Zwangssiedlungen von Roma (sogenannte Zigeuner-Lager oder Zigeuner-Kolonien) stand ein „Zigeuner-Bürgermeister", der selbst ein Deportierter war und von den Behörden bestimmt wurde.

41 DAMO, f. 594, op. 3, d. 10, Bl. 25; Documente privind deportarea ţiganilor în Transnistria, Bd. 2, Nr. 489, S. 319 f.

Varvarivka[42] und der Stadt Nikolaev (Mykolaïv). Dazu gehörten die notwendigen Eisenbahn- und Straßenanschlüsse. Diese Brücken stellten die kürzeste Verbindung zwischen Rumänien und dem Süden der Ukraine her. Unter dem Druck des schnellen Vormarsches der Roten Armee überquerten an diesen Stellen zwischen Dezember 1943 und April 1944 sowohl deutsche und rumänische Truppen als auch Zivilbevölkerung, Repatriierte und Flüchtlinge den Bug.

Die Entscheidung zum Bau dieser Brücken war von der Heeresgruppe A der Wehrmacht getroffen worden. Die Arbeiten an der Eisenbahnbrücke in Trychaty begannen im April 1943 und dauerten bis November 1943; jene an der Straßenbrücke in Mykolaïv dauerten vom Juni 1943 bis März 1944. Der Bau der zwei Brücken wurde der Organisation Todt, Einsatzgruppe Russland-Süd, Sondereinsatz Zmölnig übergegeben.[43]

Der rumänische Beitrag zu diesen Bauprojekten bestand aus drei Teilen. Erstens führten die Rumänen auf eigene Kosten bestimmte Bauarbeiten durch, die mit den deutschen Projekten verbunden waren. Zweitens rekrutierten die rumänischen Stellen den größten Teil der Arbeitskräfte für die von den Deutschen organisierten Baustellen.[44] Drittens übernahm das Gouvernement von Transnistrien die Verpflegung nicht nur für die Arbeitskräfte an den rumänischen Baustellen, sondern auch für jene Arbeiter, die es an den deutschen Baustellen entsandte; genauer gesagt, wurden die wichtigsten Lebensmittel von den benachbarten schwarzmeerdeutschen Siedlungen durch die Volksdeutsche Mittelstelle Odessa abgegeben, und diese Menge sollte aus den Abgaben dieser Dörfer gegenüber dem Gouvernement abgezogen werden. Die erforderlichen Lebensmittel, die die deutschen Siedlungen nicht liefern konnten, wurden vom Gouvernement besorgt.[45]

Zunächst, am 28. April 1943, forderte der Chef des Verbindungsstabes der Deutschen Wehrmacht für Transnistrien vom Gouverneur von Transnistrien 1500 Arbeitskräfte für den Brückenbau in Trychaty an.[46] Am 15. Mai 1943 ver-

42 Heute ein Stadtviertel von Mykolaïv.

43 Dr. Zmölnig war der Einsatzleiter des Brückenbaus in Nikolaev. Die Arbeiten an der Brücke in Trychaty wurde vom Oberinspektor von der Deutschen Reichsbahn, Heinrich Knoche, dem Direktor des Brückenbauamts in Trychaty, geleitet.

44 Die Akten zur Verschickung der jüdischen Arbeitskräfte an die Brückenbaustellen in Trychaty und Mykolaïv: DAOO, f. 2264, op. 1, d. 23, USHMM, RG-31.004M, reel 13. Siehe auch Ancel, Transnistria, Bd. 2, S. 229–236; ders., Transnistria, 1941–1942, Bd. 1, S. 324–329.

45 Die Korrespondenz zwischen beiden Seiten und die Vereinbarung zur Lieferung von Lebensmittel für die Juden bei den Brückenstellen bei Trychaty und Mykolaïv, DAOO, f. 2264, op. 1, d. 22, USHMM, RG-31.004M, reel 13.

46 Organisation Todt, Einsatzgruppe Russland-Süd, Sondereinsatz Zmölnig, an den Gouverneur von Transnistrien, 28. 4. 1943, DAOO, f. 2264, op. 1, d. 23, USHMM, RG-31.004M, reel 13.

langte der Einsatzleiter Dr. Zmölnig weitere 1500 Arbeitskräfte für die Straßenbrücke bei Nikolaev (Mykolaïv),[47] deren Bau später beschlossen wurde. Staatsführer Antonescu entschied am 13. Mai 1943, dass zu diesem Zweck Juden aus den Lagern überstellt werden sollten.[48]

Die Deutschen fragten keineswegs explizit nach Juden oder Roma, sondern nach „einheimischen Arbeitskräften" oder „Zivilarbeitern". Juden und Roma stellten gleichwohl fast die einzigen Arbeitskräfte, die zu diesem Zeitpunkt noch verfügbar waren, da auch die Rumänen Arbeitskräfte für die Durchführung ihrer Projekte in Transnistrien brauchten. Die Rumänen erfüllten das erste Ersuchen der Deutschen nur teilweise. Sie begründeten dies mit dem Mangel an Arbeitskräften, insbesondere an qualifizierten Arbeitern. Der Gouverneur von Transnistrien bewilligte für den Brückenbau in Trychaty 800 nichtqualifizierte Arbeiter (300 Ukrainer und 500 Juden) und 325 qualifizierte Arbeiter, sämtlich Juden. Unter den qualifizierten Arbeitern befanden sich 200 Zimmerleute, Holzarbeiter und Tischler, 100 Schlosser und Schmiede und 30 Maurer.[49] Alle diese Juden wurden aus dem Distrikt Mohyliv im Norden Transnistriens geschickt. Bei den Einheimischen handelte es sich um Ukrainer aus Odessa, die im Rahmen der Pflichtarbeit mobilisiert wurden. Die Juden, insgesamt 829, wurden den Deutschen im Laufe des Monats Juni 1943 in mehreren Gruppen übergeben. Weitere 300 Juden wurden im Oktober 1943 nach Trychaty geschickt, um die Ukrainer zu ersetzen, die von den rumänischen Behörden von der Baustelle abgezogen worden waren. Nach Trychaty kamen im Herbst 1943 auch mehrere Hundert Roma.

Zur Brückenbaustelle in Nikolaev (Mykolaïv) schickten die rumänischen Behörden im Laufe des Monats Juli 1943 1432 Juden in mehreren Gruppen (der erste Transport von 806 Menschen wurde in Varvarivka am 2. Juli übergegeben).[50] Weitere 485 Juden wurden im Oktober 1943 entsandt. Die ersten 1432 von ihnen kamen alle aus dem Kreis Balta, die folgende aus anderen Kreisen.

47 DAOO, f. 2264, op. 1, d. 23, USHMM, RG-31.004M, reel 13, Organisation Todt, Einsatzgruppe Russland-Süd, Sondereinsatz Zmölnig, an den Gouverneur von Transnistrien, 15.5. 1943.

48 DAOO, f. 2264, op. 1, d. 40, Bl. 157, USHMM, RG-31.004M, reel 14, Ministerrat, Kabinett für Bessarabien, die Bukowina und Transnistrien an den Gouverneur von Transnistrien, 13. 5. 1943; hierin wird der Beschluss von Staatschef Antonescu mitgeteilt.

49 DAOO, f. 2264, op. 1, d. 23, USHMM, RG-31.004M, reel 13, Gouverneur von Transnistrien an den Verbindungsstab der Deutschen Wehrmacht für Transnistrien, 5. 5. 1943. Die Namensliste der qualifizierten jüdische Arbeitskräfte, die nach Trychaty geschickt wurden, findet sich ebenda.

50 DAOO, f. 2264, op. 1, d. 23, USHMM, RG-31.004M, reel 13, Organisation Todt, Einsatzgruppe Russland-Süd, Sondereinsatz Zmölnig, an den Gouverneur von Transnistrien, 8.7. 1943, bestätigt den Empfang der 806 jüdischen Arbeiter.

Anfang November 1943, nach der Beendigung der Arbeiten an der Brücke von Trychaty, wurden die Zwangsarbeiter zwischen der Baustelle der C. F. R. T. in Trychaty (für die Errichtung der Eisenbahnlinie Trychaty) und derjenigen für das Brückenbauamt Nikolaev aufgeteilt.[51]

Die jüdischen Zwangsarbeiter kamen besonders aus dem nördlichen Teil Transnistriens, wo, trotz der Massenmorde an den Juden und der Typhusepidemie im Winter/Frühjahr 1941/1942, die Anzahl der am Leben Gebliebenen größer war. Die meisten Zwangsarbeiter kamen aus den Kreisen Mohyliv (829) und Balta (1 432). Aus dem Kreis Tul'čyn wurden ebenfalls über 1000 Juden verschickt. Der Kreis Golta, wo nur wenige Juden überlebten, schickte 200 nichtqualifizierte und 130 qualifizierte Zwangsarbeiter.[52]

Die Roma kamen aus den drei Kreisen, in denen eine größere Anzahl von Deportierten lebten: Golta, Berezivka und Očakiv. Die Arbeitsdirektion setzte Roma als Arbeitskräfte erst dann ein, als sie keine arbeitsfähigen Juden mehr zur Verfügung hatte. Infolge des Befehles der Arbeitsdirektion vom 7. August 1943[53] wurden Listen mit allen arbeitsfähigen Roma (Männer), die zwischen 20 und 40 Jahren alt waren, erstellt. Die Rekrutierung der Roma erwies sich als schwierig.[54] Ihre Familien waren in der Regel sehr groß, und anfangs war nicht klar, ob nur die Männer weggeschickt werden sollten oder ihre ganze Familie; wenn die Männer weggingen, dann blieb der Rest der Familie hilflos zurück. Der Kreis Berezivka, der 1000 Roma zur Verfügung stellen musste, wählte daraufhin aus der Liste der arbeitsfähigen Männer zuerst nur diejenigen Roma aus, die keine Familie hatten, und dann jene, die wenige Familienmitglieder aufzuweisen hatten.[55] Ein großes Problem war der Mangel an Kleidung. Die Roma waren kaum bekleidet, da die Kleider, mit denen sie aus Rumänien 1942 gekommen waren, verschlissen waren und sich die Anschaffung von neuen Kleidern als schwierig erwies.

Als der Verbindungsstab der Deutschen Wehrmacht für Transnistrien sein Ersuchen um Arbeitskräfte vom 28. April 1943 versandte, versicherte er, dass die Bezahlung der Arbeitskräfte durch die deutschen Dienststellen erfolge. Die Verpflegung dieser Arbeiter müsste aber aus Transnistrien sichergestellt werden.

51 Dokumente bezüglich dieser Gruppen von jüdischen Arbeitern: DAOO, f. 2242, op. 1, d. 1503, Bl. 236–243, USHMM, RG-31.004M, reel 5.

52 Vgl. Ancel, Transnistria, Bd. 2, S. 230; ders., Transnistria, 1941–1942, Bd. 1, S. 325.

53 Documente privind deportarea ţiganilor în Transnistria, Bd. 2, Nr. 446, S. 274 f.

54 Siehe das Referat des Arbeitsdienstes der Präfektur des Kreises Golta, 13. 10. 1943: Ebenda, Bd. 2, Nr. 510, S. 343 f.

55 DAOO, f. 2361, op. 1c, d. 41, Bl. 41, USHMM, RG-31.004M, reel 20, Anordnung der Präfektur des Kreises Berezivka, Verwaltungsdienst, an die Prätoren der Rayons Mostovoj und Landau, 12. 8. 1943.

Die in den Gebietsarchiven in Odessa und Mykolaïv aufbewahrten Korrespondenzen zwischen rumänischen und deutschen Behörden enthalten viele Informationen über die Juden und Roma, die Zwangsarbeit leisteten: ihre Anzahl, die Organisierung der Arbeitsgruppen, die Verlegung einer Arbeitergruppe von einer Baustelle zur anderen, die Art der Arbeiten, die durchgeführt wurden, die Rückverschickung der kranken oder arbeitsunfähigen Personen, die Unterbringung der Arbeiter in Lagern, die Lebensmittelversorgung,[56] die Art und Weise, in der die Zwangsarbeiter von den Deutschen behandelt wurden, usw. Zugleich erfahren wir aus den Archivdokumenten von der Arbeit und der Art, in der die Juden und die Roma auf den rumänischen Baustellen im Südosten Transnistriens behandelt wurden. Auf jeder Baustelle waren sie in Arbeitsgruppen eingeteilt. An manchen Orten wurden gemischte Gruppen erstellt, die aus Juden und Roma gebildet waren. Diese Zwangsarbeiter mussten in Lagern leben. Auf der „rumänischen" Seite des Bug existierten Lager in Trychaty, Varvarivka und Kolosivka und auf der „deutschen" Seite in Hur'ïvka und Matvïvka.[57] Nur wenige Juden wurden auf der „deutschen" Seite untergebracht. Die Roma mussten alle westlich des Bug leben.

Die Zusammenarbeit zwischen Rumänen und Deutschen beim Einsatz der an deutsche Baustellen geschickten Arbeitskräfte war nicht frei von Reibungen. Der Arbeitsdirektion des Gouvernements von Transnistrien gelang es nur unter großen Schwierigkeiten, die Deutschen dazu zu veranlassen, dass diese die 300 Ukrainer aus Odessa freiließen, die im Juni 1943 zum Brückenbau in Trychaty geschickt worden waren und ihr Soll an Pflichtarbeit erfüllt hatten. Die Rumänen hatten dies schon am 13. September gefordert und mussten ihr Verlangen sechsmal wiederholen. Die Deutschen wollten diese qualifizierten Arbeiter nicht wieder abgeben und knüpften ihre Freilassung an die Bedingung, dass Ersatzkräfte zugeteilt würden. Erst nachdem die Arbeitsdirektion eine neue Gruppe von Juden geschickt hatte, ließen die Deutschen die Ukrainer ziehen; sie kehrten zwischen dem 14. und 20. Oktober 1943 nach Odessa zurück.[58]

Die deutschen Berichte geben auch Auskunft über die Lage der jüdischen und Roma-Zwangsarbeiter. In einem Rapport an die Arbeitsdirektion in Odessa zum Bestand an jüdischen Arbeitskräften am 10. September 1943 teilte der Leiter der Baustelle in Varvarivka, der Frontführer Wahl mit, dass von den 1432 Juden, die er im Juli 1943 erhalten hatte, nur 1175 übrig geblieben seien. Zehn Juden seien

56 Dokumente bezüglich der gelieferten Lebensmittel: DAOO, f. 2264, op. 1, d. 40, Bl. 138–141, USHMM, RG-31.004M, reel 14.

57 Vgl. Ancel, Transnistria, Bd. 2, S. 229; ders., Transnistria, 1941–1942, Bd. 1, S. 325.

58 Akten hierzu in: DAOO, f. 2242, op. 1, d. 1502, Bl. 253, USHMM, RG-31.004M, reel 4; DAOO, f. 2242, op. 1, d. 1503, Bl. 348–352, USHMM, RG-31.004M, reel 5.

geflohen, zwei gestorben, elf erschossen und 251 den rumänischen Behörden rücküberstellt worden, da sie arbeitsunfähig gewesen seien. Es findet sich hier auch die Namensliste der geflohenen, gestorbenen oder erschossenen Personen.[59] Im Oktober 1943 brachten die Rumänen weitere 489 Juden nach Varvarivka, die die gestorbenen, geflohenen, erschossenen oder arbeitsunfähigen Juden ersetzen sollten. Damit stieg die Zahl der Juden, die zu diesem Zeitpunkt auf dieser Baustelle eingesetzt wurden, auf 1664.[60] Die von den Deutschen verübten Morde sind von einem überlebenden Roma bestätigt worden.[61]

Die Rumänen waren sehr gut darüber informiert, was auf den deutschen Baustellen vor sich ging. Sie notierten in ihren Berichten, dass die Deutschen allerdings „uns überhaupt nicht erlauben, uns in dieser Sache einzumischen".[62]

Aus dieser Zeit entstammen auch einige Berichte über den Gesundheitszustand der Juden, die auf den Baustellen tätig waren.[63] In einem Bericht des Primararztes im Kreis Berezivka vom 22. Oktober 1943 heißt es über seine Inspektion auf der durch Rumänen organisierten Eisenbahnbaustelle in Trychaty unter anderem:

„1. Es wurden 40 Personen aufgefunden [...], die an unterschiedlichen schweren Krankheiten leiden und die dringend ins Krankenhaus gebracht werden müssen [...], sowohl für sie, als auch um nicht die anderen mit diesen Krankheiten anzustecken. / 2. Es wurden 17 Personen aufgefunden [...], die arbeitsunfähig sind und dringend in ihr Lager zurückgeschickt werden sollten. / [...] / 4. Es wurden ca. 50–60 Personen aufgefunden, die fast nackt waren, die mit Sackstücken bedeckt waren, die [nicht] einmal die Geschlechtsorgane bedecken. Weil es so kalt ist, können diese Personen überhaupt nicht arbeiten. Sie sollten eingekleidet oder in ihr Lager zurückgeschickt werden. / 5. Es gibt überhaupt keine Medi-

59 DAOO, f. 2242, op. 1, d. 1502, Bl. 152–153, 154–155, USHMM, RG-31.004M, reel 4, vom 13. 9. 1943. Siehe auch Ancel, Transnistria, Bd. 2, S. 232; ders., Transnistria, 1941–1942, Bd. 1, S. 326.

60 Ancel, Transnistria, Bd. 2, S. 232; ders., Transnistria, 1941–1942, Bd. 1, S. 326.

61 Tragedia romilor deportați în Transnistria. 1942–1945. Mărturii și documente. Hrsg. von Radu Ioanid/Michelle Kelso/Luminița Mihai Cioabă, Iași 2009, S. 259–264, Interview mit Pavel Zagonea. In dem Interview (S. 259 f., 262 f.) erzählte er von der Arbeit, die er auf dem Brückenbaustelle in Trychaty leisten musste: Die Juden und Roma arbeiteten demnach in denselben Arbeitsgruppen; eines Tages, als die Arbeit fast zu Ende war und die Arbeiter „nach Hause" geschickt werden sollten, seien vier junge Juden aus der Gruppe herausgenommen worden. Nach ein paar Tagen hätten die Roma von ihren jüdischen Kollegen erfahren, dass jene Jugendlichen von den Deutschen erschossen worden waren.

62 DAMO, f. 1028, op. 1, f. 18, Bl. 127, die Präfektur des Kreises Očakiv an das Gouvernement von Transnistrien, Arbeitsdirektion, Bericht über die Juden in diesem Kreis, 17.8. 1943.

63 Siehe Ancel, Transnistria, Bd. 2, S. 233; ders., Transnistria, 1941–1942, Bd. 1, S. 326 f.

kamente oder Verbandsmaterial, nicht einmal für dringende Fälle, für die erste Hilfe bei Unfällen oder Erkrankungen. / 6. Es wurden Personen aufgefunden, die älter als 60 sind, sowie Kinder, die jünger als 16 waren. / 7. Das Essen ist relativ gut, genauso wie die Unterbringung."[64]

Die Situation wurde von der Arbeitsdirektion als „bedauernswert" eingeschätzt.[65] Da die Einkleidung ein großes Problem darstellte, schickte die „Judenzentrale", der zentrale Judenrat in Rumänien, den Juden aus Trychaty und Varvarivka gebrauchte Kleider, die sie Anfang Dezember 1943 übernehmen konnten.[66]

Die Statistik der Zwangsarbeiter

Die Arbeitsdirektion des Gouvernements von Transnistrien registrierte die Arbeiter, die der Wehrmacht zur Verfügung gestellt wurden. Die Zahl der Arbeiter variierte von Monat zu Monat. Lange Zeit waren es nur ein paar Hundert. Die Situation änderte sich aber im Sommer des Jahres 1943, als sich viele deutsche Einheiten nach Transnistrien zurückzogen und der Bedarf an Arbeitskräften plötzlich wuchs.

Für den Zeitraum zwischen dem 26. Oktober und dem 26. November 1943 zählte die Arbeitsdirektion bei 56 unterschiedlichen Einheiten der Wehrmacht 2660 qualifizierte und unqualifizierte Arbeiter.[67] Darunter waren nicht nur Juden und Roma; die meisten waren vielmehr einheimische Ukrainer. Ein Teil dieser Arbeiter arbeitete dauerhaft für die Deutschen, andere nur für ein paar Tage. Diese statistischen Angaben schließen aber nicht die Arbeiter ein (die meisten davon Juden und Roma), die an den zwei Brücken über den Bug, im Südosten Transnistriens, eingesetzt wurden. Sie waren ein spezielles Kapitel in der Beziehungsgeschichte zwischen dem Gouvernement von Transnistrien und der deutschen Wehrmacht.

64 DAOO, f. 2242, op. 1, d. 1503, Bl. 245, USHMM, RG-31.004M, reel 5, Präfektur des Kreises Berezivka, Sanitätsdienst, an das Regionale Direktorat der C. F. R. T., 22. 10. 1943.

65 DAOO, f. 2242, op. 1, d. 1503, Bl. 239, USHMM, RG-31.004M, reel 5, Gouvernement von Transnistrien, Arbeitsdirektion, an die Gesundheitsdirektion, 6. 11. 1943.

66 Es wurden insgesamt 19 Kisten von gebrauchten Kleidern geschickt, 14 für die Deportierten in Trychaty und fünf für die Deportierten in Varvarivka. DAMO, f. 1028, op. 1, d. 98, Bl. 117, Präfektur des Kreises Očakiv an die Prätur des Bezirkes Varvarivka, 6. 12. 1943.

67 DAOO, f. 2264, op. 1, d. 5, Bl. 159, USHMM, RG-31.004M, reel 13, Bericht der Arbeitsdirektion, 8. 12. 1943.

Schluss

Der Arbeitseinsatz von deportierten Juden und Roma für die deutschen Militäreinheiten in Transnistrien oder auf den von den Deutschen organisierten Baustellen in diesem Territorium gehört zweifelsohne zum großen Komplex der Zwangsarbeit im besetzten Europa während des Zweiten Weltkrieges. Die spezielle Lage Transnistriens – ein sowjetisches Territorium, das sich von 1941 bis 1944 unter Besatzung Rumäniens befand, eines Verbündeten NS-Deutschlands – bewirkte, dass die Zwangsarbeit hier spezifische Merkmale hatte. Die Deutschen mussten in Rechnung stellen, dass sie sich in einem Gebiet befanden, das von einer anderen Macht kontrolliert war, und es existierten bestimmte Auflagen für die deutsche Armee, die diese zu erfüllen hatte. Solche Einschränkungen bestanden in den sowjetischen Territorien östlich des Bug, die die Deutschen direkt kontrollierten, nicht. Dort konnten sie nach Belieben über die lokalen Arbeitskräfte verfügen.

Eine Zuweisung von Arbeitskräften hing meistens von einer Vereinbarung zwischen der rumänischen Zivilverwaltung in Transnistrien und einer deutschen Kommandantur oder Militäreinheit ab. Gemäß diesen Vereinbarungen mussten die Deutschen die Arbeit dieser Arbeitskräfte bezahlen, ob dies einheimische Ukrainer waren oder Juden und Roma. Die Arbeiter wurden als Tagelöhner bezahlt, entsprechend dem Entlohnungssystem des Gouvernements von Transnistrien. Der Lohn war – wenigsten theoretisch – von der Qualifikation abhängig; die Zwangsarbeiter erhielten aber nur das Minimum für den jeweiligen Beruf. Die Zahlungen der deutschen Einheiten für die Arbeitskräfte kamen nur zum Teil bei den Arbeitern selbst an. Einheimische ukrainische Arbeiter konnten den Lohn selbst vereinnahmen, für die Juden und Roma unter den Arbeitskräften kassierten die rumänische Besatzungsverwaltung das Geld.

Die Zwangsarbeit war mit den komplizierten politischen und militärischen Beziehungen zwischen Rumänien und Deutschland in jenen Jahren, aber auch mit den Entwicklungen der antijüdischen Politik der rumänischen Regierung verbunden. Die rumänisch-deutschen Beziehungen auf dem Gebiet der Zwangsarbeit der Juden und Roma sind ein Indikator für die Judenpolitik der rumänischen Regierung. Im Winter 1941/1942 und in der ersten Hälfte des Jahres 1942 übergaben rumänische Stellen den Deutschen östlich des Bug, in dem Reichskommissariat Ukraine, deportierte Juden, in der Absicht, diese Menschen loszuwerden, und in dem Wissen, dass diese Menschen in den Tod geschickt wurden. Seit dem Sommer 1942 wurden solche Fälle jedoch seltener.

Die Wende der antijüdischen Politik Rumäniens setzte im Sommer 1942 ein und wurde im Herbst 1942 offenkundig, als die Antonescu-Regierung zwei bedeutende Entscheidungen traf: Erstens: Im September 1942 verzichtete sie auf die Deportation der Juden aus dem Regat, also Altrumänien, und aus Südsiebenbürgen in die Vernichtungslager in Polen; diese Deportation war von der deutschen Führung verlangt worden, und die rumänischen Führer waren mit ihr anfangs einverstanden; auf diese Weise beendete Rumänien seine weitere Beteiligung an der „Endlösung". Zweitens: Auf der Sitzung des Ministerrates am 13. Oktober 1942 wurde zudem der Beschluss angenommen, die Deportationen von Juden und Roma nach Transnistrien einzustellen.

Diese zwei Entscheidungen und die Änderung der Judenpolitik Rumäniens sind in der Geschichtsschreibung der letzten Jahre intensiv diskutiert worden.[68] Wie Jean Ancel vermutet hat, folgten sie auf zwei Treffen des rumänischen Außenministers Mihai Antonescu mit Hitler, Ribbentrop und deutschen Wehrmachtführern am 22./23. September 1942 in Vinnycja. Diese Unterredungen erschütterten Mihai Antonescus Vertrauen in Deutschlands Fähigkeit, den Krieg zu gewinnen. Gleichzeitig wurde ihm klar, dass die großen menschlichen und materiellen Opfer Rumäniens an der Ostfront von Deutschland nicht mit der Rückgabe Nordsiebenbürgens an Rumänien belohnt werden würden. Die Fortsetzung der Vernichtungspolitik gegen die Juden würde gegen das außenpolitische Interesse Rumäniens verstoßen, da die Anglo-Amerikaner auf die Verfolgung der Juden in Europa sensibel reagierten. Im Sommer und Herbst 1942 realisierten die rumänischen Führer, dass die deutschen und die rumänischen strategischen Interessen nicht mehr zusammenfielen, und sie versuchten daraufhin, so zu handeln, dass die Behandlung der Juden nicht die Position des Landes bei einer zukünftigen Friedenskonferenz beeinträchtigen würde.[69]

Die Tatsache, dass seit dem Herbst 1942, und insbesondere 1943, die rumänischen Besatzungsbehörden in Transnistrien sich mehr als zuvor um eine vertragliche Form der Zuweisung von Arbeitskräften für die deutsche Armee bemühten, kann vor allem mit der neuen Judenpolitik der Antonescu-Regierung erklärt werden. Nach den rumänischen Massakern an den Juden zwischen Herbst 1941 und Frühjahr 1942 versuchte das Gouvernement von Transnistrien seit Herbst 1942, das Überleben der Juden zu sichern. Zugleich bestand aber auch das praktische Interesse des Gouvernements, die Arbeitskraft der Juden (der Deportierten aus Rumänien oder der Einheimischen) und der Roma zu nutzen. Die Bereitstellung von Arbeitskräften aus diesen Bevölkerungsgruppen für die deutsche Armee in Transnistrien gehörte zu diesem praktischen Interesse.

68 Siehe insbesondere Jean Ancel, Contribuţii la istoria României. Problema evreiască, Bd. 2, Teil 2, Bucureşti 2003, S. 180–213; Final Report, S. 168–172.

69 Ancel, Contribuţii la istoria României, Bd. 2, Teil 2, S. 200, 202. Auch Final Report, S. 171 f.

Robert Bohn

Zwangsarbeiter und Zwangsarbeiterinnen im Reichskommissariat Norwegen

Fakten und Erinnerung

Norwegen war das einzige deutsch besetzte Land, aus dem keine Arbeitskräfte als Zwangs- oder Fremdarbeiter ins Deutsche Reich kamen. Im Gegenteil: Die Besatzer deportierten eine große Anzahl Menschen als Arbeitssklaven in das skandinavische Land. Infolge gigantischer deutscher Bauprojekte[1] und aufgrund fehlender norwegischer Arbeitskräfte wurden ab August 1941 sowjetische Kriegsgefangene zum „Arbeitseinsatz" in das Reichskommissariat für die besetzten norwegischen Gebiete verbracht.[2] Ihre Zahl stieg bis Ende 1944 sukzessive auf mindestens 100 000. Darüber hinaus kamen etwa 10 000 sowjetische Zivilisten als sogenannte Ostarbeiter nach Norwegen – darunter viele Frauen. Außer diesen sowjetischen Zwangsarbeitern wurden etwa 5000 (vielleicht auch mehr) jugoslawische Zwangsarbeiter (überwiegend Serben) auf Baustellen in Norwegen eingesetzt sowie rund 1600 polnische. Die genaue Zahl der insgesamt nach Norwegen deportierten Zwangsarbeitenden lässt sich aufgrund der schwierigen Quellenlage indes nur annährend ermitteln.[3]

1 Ausführlich dargestellt in: Robert Bohn, Reichskommissariat Norwegen. „Nationalsozialistische Neuordnung" und Kriegswirtschaft, München 2000.

2 „Reichsmarschall genehmigt Einsatz von 20 000 kriegsgefangenen Russen in Norwegen." Fernschreiben Dienststelle des Reichskommissars in Berlin an Reichskommissar Norwegen in Oslo, Abt. Arbeit und Sozialwesen, 5. 8. 1941, Archiv Norges Hjemmefrontmuseum (Widerstandsmuseum) in Oslo, Spredte tyske arkiver, FO 11, Nr. 83.

3 Vgl. Kristian Ottosen, Arbeits- und Konzentrationslager in Norwegen 1940–45, in: Neutralität und totalitäre Aggression. Nordeuropa und die Großmächte im Zweiten Weltkrieg. Hrsg. von Robert Bohn u. a., Stuttgart 1991, S. 355–368; Einar Kr. Steffenak, Russerfangene. Sovjetiske krigsfanger i Norge og deres skjebne, Oslo 2008; Marianne Neerland Soleim, Sovjetiske krigsfanger i Norge 1941–1945. Antall, organisering og repratriering, Oslo 2009. Letztere geht in ihrer umfangreichen Untersuchung von einer Zahl von mindestens 100 000 sowjetischen zwangsarbeitenden Kriegsgefangenen aus; ebenda, S. 43.

Fakten

Im Wesentlichen wurden die Zwangsarbeiter in den von der Organisation Todt geleiteten Projekten eingesetzt, insbesondere beim Bau der Nordlandbahn (das war die über Trondheim nach Norden führende Eisenbahnlinie) und der Reichsstraße 50 (heute Europastraße 6) nach Kirkenes. Beides waren aus deutscher Sicht, insbesondere in Hitlers Augen, militärstrategisch wichtige Projekte. Vor allem der Straßenbau gewann durch die Kriegführung gegen die Sowjetunion am Eismeer und in Finnland ein besonderes strategisches Gewicht.

Darüber hinaus wurde ein erheblicher Teil der Zwangsarbeitenden bei Bauvorhaben der Wehrmacht (Stichwort: Festung Norwegen), aber auch in der Privatwirtschaft eingesetzt – sowohl der deutschen als auch der norwegischen. Ich denke hier in erster Linie an die Bergwerke und die Industrieanlagen zur Nutzung der Wasserkraft (IG Farben, RWE). Der Ausbau der Wasserkraftwerke und Schmelzhütten an den norwegischen Fjorden stand überwiegend in Verbindung mit dem gigantischen „Leichtmetallausbau Norwegen", das heißt dem Aufbau einer Aluminiumproduktion in großem Stil, wobei die Initiative von Hermann Göring ausging und vor allem der Luftwaffe zugutekommen sollte.[4] „Ostarbeiterinnen" mussten überwiegend in den Fischverarbeitungsfabriken im Norden Norwegens (Bodø, Hammerfest) arbeiten. Die in insgesamt mindestens 460 meist kleineren Lagern untergebrachten Gefangenen lebten und arbeiteten unter extremen, menschenunwürdigen Bedingungen. Die einschlägigen Bestimmungen der Genfer Konvention und der Haager Landkriegsordnung wurden in der Regel missachtet. Die Gefangenen sollten – so hatte es der Generalbevollmächtigte für den Arbeitseinsatz Fritz Sauckel festgelegt und Reichskommissar Josef Terboven in einer entsprechenden Verordnung vom 25. November 1942 geregelt – keine günstigeren Bedingungen als die im Reich eingesetzten „Ostarbeiter" erhalten und gänzlich dem deutschen Straf- und Zivilrecht unterstehen.[5] Damit sollte unter anderem die Zuständigkeit und Einmischung des norwegischen Sozialdepartements von vornherein ausgeschaltet werden, das sonst gegebenenfalls die Beachtung norwegischer Arbeitsschutzbestimmungen hätte einfordern können.

Schätzungen zufolge kamen etwa 14 000 dieser sowjetischen Zwangsarbeiter zu Tode – durch Hunger, Seuchen oder die harten Arbeitsbedingungen bzw. durch alle drei Ursachen zusammen. Nicht wenige wurden durch die deutschen (mitunter auch norwegischen) Wachmannschaften aus nichtigen Anlässen umge-

4 Mehr hierzu bei Bohn, Reichskommissariat Norwegen, S. 383–417; auch Fritz Petrick, Der „Leichtmetallausbau Norwegen" 1940–1945. Eine Studie zur deutschen Expansions- und Okkupationspolitik in Nordeuropa, Frankfurt a. M. u. a. 1992.

5 Siehe Bohn, Reichskommissariat Norwegen, S. 377.

bracht. Aufseiten der jugoslawischen Zwangsarbeiter war die Todesrate vermutlich signifikant höher: Die Schätzungen gehen bis zu 50 Prozent. Odd-Bjørn Fure spricht in diesem Zusammenhang von reinen Vernichtungslagern.[6]

Leider gibt es keine hinreichenden schriftlichen Quellen, die uns hierüber genaue Zahlen liefern könnten. Allerdings finden sich in den Archiven Akten, die zumindest erahnen lassen, welche Verhältnisse hier herrschten. Der folgende Schriftwechsel zwischen OKW/Amt Ausland Abwehr und der Dienststelle des Wehrmachtbefehlshabers Norwegen in Oslo vom Spätsommer 1943 vermittelt einen Eindruck über den Umgang der Besatzer mit den Zwangsarbeitern:[7]

Anfrage des OKW [Oberkommando der Wehrmacht]/Amt Ausland Abwehr beim WBN [Wehrmachtbefehlshaber Norwegen], 19. August 1943:

„Feindlichen Nachrichten zufolge soll Reichskommissar Terboven persönlich angeordnet haben, dass über 300 jugoslavische [!] Kriegsgefangene am 16. und 17. Juli 1942 hingerichtet wurden. Die Kriegsgefangenen seien von SS-Zügen in Norwegen unter dem Vorwand, sie verbreiteten Typhus, hingerichtet worden. Es wird um Nachprüfung und Bericht gebeten."

Fernschreiben der 230. Infanteriedivision an WBN, Ic, 2. September 1943:

„Nach bisherigen Feststellungen wurden Ende Juli 1942, 374 jugoslawische Konzentrations-Lager-Gefangene (zum grossen Teil Zivilisten, aber auch Soldaten) in ein Lager nach Karasjok überführt.[8] Hiervon sollen bis 8. 12. in Karasjok etwa 140 erschossen worden, weitere 123 an Entkräftung und Krankheit gestorben sein. Grund für Erschiessung waren Sabotage, Arbeitsverweigerung oder Fluchtversuch. Bei 46 nicht Transportfähigkeit bei Auflösung des Lagers. Der Rest von 110 wurde 15. 12. nach Südnorwegen abtransportiert. Angeblich sollen schon auf dem Abtransport im Juni oder Juli 1942 26 in Tromsö erschossen worden sein. Lagerleiter war bis 8. 8. Polizei-Oblt. Rudolph, danach bis Ende November SS-Obersturmführer Demartin, von da ab SS-Untersturmführer Lehmann."

Fernschreiben WBN an OKW/Amt Ausl. Abw., 3. September 1943:

„W. B. kann die Frage von sich aus nicht beantworten, da sich die angeblichen Vorgänge ausserhalb der Wehrmacht und ohne deren Beteiligung abgespielt haben. Die Anfrage ist daher an den Reichskommissar weitergeleitet worden."

6 Odd-Bjørn Fure, Norsk okkupasjonshistorie. Konsensus, berøringsangst og tabuisering, in: I krigens kjølvann. Hrsg. von Stein U. Larsen, Oslo 1999, S. 31–46, hier S. 37.

7 Alle siehe BArch-MA RW 39/67.

8 Zu den Zuständen in Karasjok siehe auch: Justiz und NS-Verbrechen. Sammlung deutscher Strafurteile wegen nationalsozialistischer Tötungsverbrechen 1945–1966, Bd. 18, Amsterdam 1977, S. 397–404: Strafsache gegen Diederich Scholz vor dem Schwurgericht beim Landgericht München I, 10. 4. 1962 wegen Tötung jugoslawischer Kriegsgefangener auf der OT-Baustelle in Karasjok im August 1942.

Fernschreiben WBN an OKW/Amt Ausl. Abw., 12. September 1943:

„Es handelt sich nicht um Kriegsgefangene, sondern um politische Häftlinge, die sich RK Terboven persönlich von einem ihm bekannten Polizeiführer im Südosten [das heißt Jugoslawien] verschafft hatte. Die Vorgänge im Sommer 1942 haben sich also außerhalb der Wehrmacht abgespielt. Unterlagen sind hier nicht vorhanden. Im März 1943 sind auf Grund einer Vereinbarung mit RK [Reichskommissar] 1315 dieser serbischen Häftlinge von der Wehrmacht, Kgf. Bez. Kdt. [Kriegsgefangenen-Bezirkskommandant] Norwegen übernommen worden. Diese werden seitdem auf Befehl OKW als Kriegsgefangene behandelt und sind als verstärktes Kriegsgefangenen-Arbeits- und Bau-Btl. [Bataillon] bei der O. T. [Organisation Todt] eingesetzt. gez. Bamler“[9]

Fernschreiben WBN an OKW/Amt Ausl. Abw., 17. November 1943:

„W. B. wird vom RK kaum die gewünschte Auskunft erhalten, nachdem die alte, auf Grund des dortigen Schreibens vom 19. 8. ergangene Anfrage unbeantwortet blieb. Falls dringende Gründe Klärung erfordern, empfiehlt sich unmittelbares Schreiben OKW an RK. gez. Bamler“

In diesem Zusammenhang beredt ist auch ein Schreiben des Höheren SS- und Polizeiführers (HSSPF) in Norwegen, Wilhelm Rediess, an Himmler vom 23. Oktober 1943, in dem er berichtete, dass sich in den OT-Lagern zurzeit 1800 Serben befänden, und hinzufügte, „die gleiche Anzahl etwa mußte im Verlauf des bisherigen Einsatzes als Totalverlust abgeschrieben werden“.[10] Bis zur Überführung in die Zuständigkeit der Wehrmacht befanden sich die jugoslawischen Zwangsarbeiter im Zuständigkeitsbereich des Reichskommissariats, da sie nicht als Kriegsgefangene betrachtet wurden.

Hinsichtlich der sowjetischen Toten ergab eine 1951 von der norwegischen Regierung in Auftrag gegebene Übersicht über Gräber sowjetischer Kriegsgefangener eine Zahl von 10 704 Gräbern in 191 Gräberstätten. Es blieb allerdings unklar, wie viele Tote in einzelnen Gräbern bestattet worden waren. Im größten dieser Gräber fand man etwa 1500 Leichen (Høybuktmoen in Sør-Varanger), in einem anderen Grab in Saltedal in Norrland 957 Tote. Fast alle Begrabenen blieben aber anonym, nur 2700 Tote konnten namentlich identifiziert werden.

9 Rudolf Bamler war zu diesem Zeitpunkt Chef des Generalstabes beim WBN.

10 Wiedergegeben in: Europa unterm Hakenkreuz. Die Okkupationspolitik des deutschen Faschismus in Dänemark und Norwegen (1940–1945). Hrsg. Von Fritz Petrick u. a., Berlin/Heidelberg 1992, Dokument Nr. 73, S. 152.

Erinnerung

Die norwegische Historiografie über die Okkupationszeit war bis in die 1980er-Jahre hinein ganz und gar auf bestimmte nationalgeschichtliche Themenkreise fokussiert, wobei die zivilen und militärischen Widerstandsbewegungen absolut im Vordergrund standen. Zu den Themen, die bis zum Ende des Kalten Krieges fast vollständig ausgeblendet blieben, gehörte die Zwangsarbeit der von der Besatzungsmacht nach Norwegen deportierten sowjetischen, jugoslawischen und polnischen Kriegsgefangenen. Selbst noch in dem Standardwerk *Norsk Krigsleksikon* von 1995 findet man zum Zwangsarbeitseinsatz nur knappe und allgemeine Hinweise.[11]

Dabei gehörte die Zwangsarbeit keineswegs zu den tabuisierten oder verdrängten Themen, die in der „Meistererzählung" der norwegischen Okkupationsgeschichte ausgespart blieben, wie beispielsweise das Schicksal der norwegischen Juden, die Deutschenkinder oder die norwegischen sogenannten Frontkämpfer, also die Freiwilligen der Waffen-SS. Um diese Themen haben drei Generationen norwegischer Nachkriegshistoriker, wie Odd-Bjørn Fure 1999 feststellte, einen zum Teil weiten Bogen gemacht.[12]

Die Geschichte der Zwangsarbeit war zwar nicht mit einem Tabu belegt, doch hatte man sie ganz einfach vergessen. „Weder in Schulbüchern noch in der Forschung oder kulturellen Manifestationen ist diese Gruppe als Teil der norwegischen Besatzungsgeschichte als öffentlich erinnerungswürdig betrachtet worden."[13] Warum war das so? Marianne Soleim führt in ihrer 2009 erschienenen umfangreichen Untersuchung über sowjetische Kriegsgefangene als Gründe den raschen Abtransport der überlebenden sowjetischen Zwangsarbeiter nach Kriegsende, den lokal begrenzten Kontakt zwischen Norwegern und Zwangsarbeitenden und nicht zuletzt den Kalten Krieg an. Dieser vor allem überlagerte alles. Ideologisch motivierte Kampagnen stellten die Zwangsarbeitenden nicht als Opfer des NS-Regimes, sondern als repatriierte Opfer des Stalinismus dar.[14]

Ein besonderes Produkt des Kalten Krieges war die sogenannte Operasjon Asfalt [Operation Asphalt|. In Kreisen des Militärs wuchs die Furcht, dass die zahlreichen im Land verstreut liegenden Grab- und Gedenkstätten die sowjetische Seite dazu veranlassen könnten, unter dem Vorwand der Pflege dieser Gräberstätten Delegationen im Land herumzuschicken, deren eigentliches Anliegen militärische Spionage sei. Die sowjetische Regierung war unmittelbar nach

11 Norsk Krigsleksikon 1940–45, Oslo 1995, Stichw. „Tvangsarbeid" S. 426.

12 Fure, Norsk okkupasjonshistorie, S. 38 f.

13 Soleim, Sovjetiske krigsfanger, S. 365.

14 Vgl ebenda. S. 367.

dem Zweiten Weltkrieg an die norwegische mit dem Wunsch herangetreten, „so viele Gedenkstätte an die Nazityrannei" wie möglich beizubehalten.[15] Deshalb begannen die Norweger bereits 1948 mit der Planung einer großen zentralen Gräberstätte für die sowjetischen Toten. Nach der erwähnten Inventarisierung der bekannten Gräber entfernte man gegen sowjetischen Protest 1951 in Nordnorwegen die meisten Monumente. Zudem wurden die Toten auf einen zentralen Friedhof auf der kleinen Insel Tjötta südlich von Bodö umgebettet, der 1953 als Kriegsgräberstätte eingeweiht wurde. Die Bezeichnung „Operation Asphalt" erhielt diese Umbettung deshalb, weil die exhumierten Leichen in asphaltimprägnierten Tüchern transportiert wurden.[16]

Wenngleich in der norwegischen Geschichtsschreibung, insbesondere in den die kollektive Erinnerung konstruierenden Gesamtdarstellungen, das Schicksal der Zwangsarbeitenden bis in die 1990er-Jahre hinein so gut wie nicht vorkam (in der sowjetischen war es übrigens nicht anders), heißt das nicht, dass es gänzlich in Vergessenheit geraten wäre. Es überwogen bis dahin lokale Erinnerungen, die sich vor allem auf den Bau der Nordlandbahn und den Bau der Reichsstraße 50 (dem „Blutweg/Blodveien") bezogen. Ein Unikat im Gedenken an das Schicksal der hier eingesetzten jugoslawischen Zwangsarbeiter stellte die 1955 in norwegisch-jugoslawischer Kooperation entstandene filmische Dokumentation *Blodveien* dar.[17]

Vielerorts errichteten Norweger unmittelbar nach dem Zweiten Weltkrieg in und bei aufgelösten Lagern und an Gräberstätten Gedenksteine oder Erinnerungstafeln. Oder sie trugen Dokumente zusammen, die in die – meist kleinen – Ausstellungen über die lokalen Ereignisse während des Krieges einflossen. Es gibt zudem – insbesondere in Nordnorwegen – eine aus der Oral History gespeiste kollektive Erinnerungstradition. In heimatgeschichtlichen Zeitschriften und Jahrbüchern findet man hier durchgängig immer wieder überwiegend von Lokalforschern geschriebene, oft sehr subjektiv geprägte Artikel über alle möglichen örtlichen Facetten der Zwangsarbeit oder über Themen wie Flucht und Hilfe.[18]

Diese relative Vielzahl lokalgeschichtlicher Darstellungen über die Zwangsarbeit fand allerdings kaum Beachtung in den von der akademischen Zunft pro-

15 Vgl ebenda. S. 373.

16 Über die sowjetisch-norwegischen diplomatischen Verwicklungen im Zusammenhang dieser Umbettungsaktion, die praktische Durchführung sowie über lokale Proteste dagegen siehe ebenda, S. 374–381; siehe dazu auch Steffenak, Russerfangene, S. 258–281, 287–298.

17 Filmtext: Sigurd Evensmo, Regie: Kåre Bergström und Rados Novakovic.

18 Eine systematische Untersuchung dieser facettenreichen Literatur wäre ein lohnendes Forschungsthema.

duzierten Synthesen über den Zweiten Weltkrieg. Das hat nicht allein mit der vergessenen Thematik zu tun, sondern ist auch Ausdruck einer gewissen Geringschätzung, die die norwegische professionelle Zeitgeschichtsschreibung dieser Art von Heimatforscherliteratur lange Zeit entgegengebracht hat.

Auch wenn diesbezüglich in den 1980er-Jahren eine gewisse Trendwende eintrat, dauerte es, bis das Thema Zwangsarbeit größere Beachtung fand. Signifikant wurde dies erst, als sich auch in Norwegen die Alltagsgeschichte als sozialgeschichtliche Disziplin durchsetzen konnte. So beschäftigte sich beispielsweise der Band 5 der um die Mitte der 1980er-Jahre erschienenen neuen, nun maßgeblichen achtbändigen Gesamtdarstellung *Norge i Krig* (Norwegen im Krieg) mit dem Alltag der Norweger zwischen 1940 und 1945.[19] Dieser Alltag bedeutete für Norweger in vielen Orten, vor allem im Norden des Landes, die Nachbarschaft zu Zwangsarbeitslagern. Gleichwohl besitzen die in diesem Band ausgebreiteten Beispiele über das Verhältnis von Norwegern zu Zwangsarbeitenden eher impressionistischen Charakter, und die Darstellung von den Arbeits- und Lebensbedingungen dieser Zwangsarbeitenden ist recht stereotyp. In erster Linie sollen an diesen Beispielen die vielfältigen Hilfsleistungen von Norwegern gewürdigt werden. Das Hauptmotiv der Meistererzählung ist und bleibt der Widerstand des Volkes.

Erst mit der Auflösung der Ost-West-Konfrontation setzte die auf archivalische Quellen gestützte wissenschaftliche Aufarbeitung dieses dunklen Kapitels der Besatzungsgeschichte ein. Sie war jetzt auch geschichtspolitisch erwünscht. Ausgangspunkt waren museale und Gedenkstätten-Initiativen. Eine Vorreiterrolle spielte hierbei das Fredssenter (Friedenscenter) in Narvik, das aus Anlass des 50. Jahrestags des Kriegsendes in der Mitte der 1990er-Jahre ein diesbezügliches Forschungsprojekt in Gang zu bringen versuchte, was aber erst rund vier Jahre später – Anfang 1999 – von Erfolg gekrönt war, nachdem staatliche Fördermittel einem Projektverbund zur Verfügung gestellt wurden. Ziel des Projektes war zum einen, erstmalig eine auf umfassender Quellengrundlage erarbeitete Gesamtzahl der zur Zwangsarbeit nach Norwegen verbrachten sowjetischen Kriegsgefangenen zu ermitteln. Zum anderen sollten deren Einsatzorte sowie Arbeits- und Lebensbedingungen recherchiert werden.

Dieses staatlich geförderte Projekt und die damit einhergehende norwegisch-russische Zusammenarbeit führten nicht nur zu einer ersten wissenschaftlich fundierten Gesamtdarstellung, sondern im April 2010 auch zu einer umfassenden Ausstellung im norwegischen Militärmuseum in Oslo, die landesweit starke

19 Norge i krig. Fremmedåk og frihetskamp, 1940–1945. Hrsg. von Magne Skodvin, Bd. 5: Hverdagsliv, Oslo 1986.

Beachtung fand – nicht nur aufgrund des Besuchs der beiden Staatsoberhäupter.

Dieses Projekt bezieht sich gleichwohl nur auf die Zwangsarbeit der sowjetischen Kriegsgefangenen; die der Zivilisten bleibt weitgehend ausgeblendet. Und die Zwangsarbeit von Jugoslawen und Polen in Norwegen ist noch immer weitgehend ein Desiderat der Forschung. Auch warten weitere wichtige Fragen auf Antworten. Wie etwa die Frage, welchen Beitrag die Zwangsarbeitenden zur deutschen und norwegischen Kriegswirtschaft leisteten – und zur Modernisierung der norwegischen Verkehrsinfrastruktur. So kamen beispielsweise nicht wenige Straßen- und Bahnkilometer in den peripheren Teilen des Landes durch den Einsatz von Zwangsarbeitern zustande. Auch die Tätigkeit der Organisation Todt in Norwegen ist noch weithin unerforscht.

Und die deutsche Geschichtsschreibung? So wie die Darstellung des Zweiten Weltkrieges im Norden Europas und der deutschen Besetzung Norwegens in der seriösen deutschen Geschichtsschreibung ein Schattendasein fristete, so ist insbesondere das Schicksal der rund 130 000 dort Zwangsarbeitenden – und darüber hinaus der in den nordfinnischen Nickelgruben zwangsweise Schuftenden – der Vergessenheit anheimgefallen.

Abbildung 11
Wiśniowa, Polen, 1941: Jüdische Gefangene in einem Arbeitslager.
© *Yad Vashem Photo Archive*

Abbildung 12
Jüdische Frauen im Zwangsarbeitslager Płaszów. Hinter ihnen befindet sich die Baracke Nr. 121, die der Kleidungsfirma J. Madritsch aus Wien gehörte.
© *United States Holocaust Memorial Museum, Instytut Pamieci Narodowej, mit freundlicher Genehmigung von Leopold Page Photographic Collection*

Abbildung 13
„Gleichstellung der Geschlechter". Dorf Ivankiv in der Region Kiew, Frühjahr 1943. Der dritte von links ist Johann Bösche, Referent des Gebietslandwirts in Ivankiv.
© Privatarchiv von Harald Bösche, Münster

Abbildung 14
Einmieten von Kartoffelvorräten. Ivankiv in der Region Kiew, November 1942.
© Privatarchiv von Harald Bösche, Münster

Abbildung 15
Einmieten von Kartoffelvorräten, Dorf Ivankiv in der Region Kiew, November 1942.
© Privatarchiv von Harald Bösche, Münster

Abbildung 16
Demontage eines Firmenschildes der Berg- und Hüttenwerksgesellschaft Ost nach der Befreiung des Donbas (Kramators'k).
© Rossijskij gosudarstvennyj archiv kinofotodokumentov, Krasnogorsk

Abbildung 17 u. 18
Eine Kolonne von Zivilisten, die während der Besetzung in Voronež zum Aufräumen der Straßen herangezogen wurden, Juli 1942 (Bildausschnitt aus der Deutschen Wochenschau, Nr. 620).
© Gosudarstvennyj archiv Voronežskoj oblasti

Abbildung 19
Zwangsarbeiter im Lager Jasenovac III beim Kalkmischen für die Ziegelei, Juni 1943.
© United States Holocaust Memorial Museum, mit freundlicher Genehmigung des Memorijalni muzej Jasenovac Comité International de la Croix Rouge

Abbildung 20
Jüdische Zwangsarbeiter in einem Militärlager in Sarajevo, o. D.
© United States Holocaust Memorial Museum, mit freundlicher Genehmigung des Jüdischen Historischen Museums Jugoslawiens

Abbildung 21
Tiraspol', Rumänien: Lager für rumänische Roma, 1944.
© *Yad Vashem Photo Archive*

Abbildung 22
Gruppenfoto von jüdischen Zwangsarbeitern in der Turnatoria, der Werkstatt Siegfried Jagendorfs in Mogilev Podol'skij (Mohyliv Podil's'kyj), 1943.
© *United States Holocaust Memorial Museum, mit freundlicher Genehmigung von Max Schmidt*

Abbildung 23
Sowjetische Kriegsgefangene bei Straßenbauarbeiten in Nordnorwegen, o. D.
© *Salten Museum & Falstadsenteret (Fotograf: Johannes Martin Henning)*

Abbildung 24
Sowjetische Kriegsgefangene in Oppdal auf dem Rückweg von einem Arbeitseinsatz, Winter 1944/45.
© *Privatbesitz, Lars Gisnås Fotosammlung, Norwegen (Fotograf: Helge Hoel)*

IV. Folgen

Nikita Petrov

Unter Verdacht

Die staatliche Überprüfung sowjetischer Repatrianten und ihre rechtlichen Folgen (1944–1954)

Im Sommer 1944 erreichten die Truppen der Roten Armee die Staatsgrenze der UdSSR von 1941. Die Grenze wurde daraufhin wieder geschlossen und konnte nicht mehr ohne Weiteres passiert werden.[1] Das galt auch für die große Mehrheit all jener, die zuvor von den deutschen Besatzungsstellen als Kriegsgefangene oder Zwangsarbeiter ins Reich verschleppt worden waren oder sich aus anderen Gründen jenseits der sowjetischen Vorkriegsgrenzen aufgehalten hatten. Das hatte schwerwiegende Folgen, denn natürlich verfügten diese Menschen über keinerlei Papiere, mit denen sie hätten wieder einreisen können. Und es erscheint überflüssig, daran zu erinnern, welch übergeordneten Wert die Grenze in den Augen der sowjetischen Führer hatte: Es war eine Wasserscheide zwischen den Welten.

Es durften nur jene in die UdSSR gelassen werden, die hierzu die Erlaubnis der „zuständigen Stellen" erhalten hatten, und dies erst nach penibler Überprüfung. Das sowjetische System errichtete also ständig neue Barrieren und baute die Praxis mehrstufiger Überprüfung und Filtration all jener aus, die sich „auf der anderen Seite" aufgehalten hatten. Die Erklärung hierfür liegt in der beispiellosen, an Paranoia grenzenden Angst vor Spionen begründet, die tief im sowjetischen System verwurzelt war und sich aus der stalinschen Doktrin von der „kapitalistischen Einkreisung" und der besonderen Heimtücke der „bourgeoisen Geheimdienste" ergab.[2]

Repatrianten bis Kriegsende

Seit dem Jahr 1941 war die Grenze mit dem Frontverlauf gleichbedeutend, und es sollten all jene, die jenseits der Front und eingekesselt gewesen waren, über-

1 Pavel M. Poljan, Žertvy dvuch diktatur, 2. Aufl., Moskva 2002, S. 385.
2 Josif V. Stalin, O nedostatkach partijnoj raboty i merach likvidacii trockistskich i inych dvurušnikov, Moskva 1937, S. 11–13.

prüft werden. Die Abteilungen der sowjetischen Geheimpolizei NKVD (*Narodnyj komissariat vnutrennich del'*; Volkskommissariat für innere Angelegenheiten) richteten seit dem 6. Januar 1942 ein Netz von „Speziallagern" ein, die von allen durchlaufen werden mussten, die von jenseits der Frontlinie zurückkehrten.[3] Hiermit wurde der von Stalin unterzeichnete Beschluss Nr. 1069ss des Staatlichen Verteidigungskomitees (GKO) vom 27. Dezember 1941 umgesetzt,[4] und zwar, wie es in dessen Präambel heißt, „[…] um in den Reihen der ehemaligen Angehörigen der Roten Armee, die sich in Gefangenschaft oder in der Umzingelung des Feindes befunden haben, Heimatverräter, Spione und Saboteure ausfindig zu machen".

Als die Grenze auf ihrer gesamten Länge wiederhergestellt war, wurde der Beschluss Nr. 6457 des GKO vom 24. August 1944 „Über die Aufnahme in die Heimat zurückkehrender sowjetischer Bürger, die gewaltsam von den Deutschen verschleppt wurden oder aber sich aus anderen Gründen außerhalb der Grenzen der UdSSR aufgehalten haben", verabschiedet.[5] Auf der Grundlage dieses Beschlusses wurden per Befehl Nr. 001063 des NKVD der UdSSR vom 28. August 1944 an der Westgrenze der UdSSR Grenzübergangsstellen eingerichtet, und zwar „für die Aufnahme, Überprüfung und Filtration in die Heimat zurückkehrender ehemaliger Angehöriger der Roten Armee, die sich in Gefangenschaft befunden haben, sowie für Zivilpersonen, die gewaltsam verschleppt wurden oder mit den zurückweichenden Truppen des Feindes freiwillig das Gebiet der UdSSR verlassen haben".

Um die offizielle Politik zur Rückführung sowjetischer Bürger umzusetzen und die nötigen Kontakte mit dem Westen herzustellen, wurde per Beschluss Nr. 1315-392s des Rates der Volkskommissare der UdSSR (SNK) vom 4. Oktober 1944 der „Apparat des Beauftragten des SNK für Fragen der Repatriierung von

3 Lubjanka. VČK–OGPU–NKVD–NKGB–MGB–MVD–KGB. 1917–1960. Spravočnik. Bearb. von A. I. Kokurin/N. V. Petrov. Red. R. G. Pichoja, Moskva 1997, S. 132.

4 Postanovlenie GKO Nr. 1069ss ot 27 dekabrja 1941 g., in: Sbornik zakonodatel'nych i normativnych aktov o repressijach i reabilitacii žertv političeskich repressij, Bd. 1, Kursk 1999, S. 461 f. Mit den Befehlen und Direktiven des NKVD und der Staatssicherheitsbehörden NKGB/MGB, die das Verfahren der staatlichen Überprüfung regelten, hat sich der Autor in der kurzen Phase von 1992/1993 vertraut machen können, als er als Experte der Kommission des Obersten Sowjets der Russischen Föderation für die Überführung der Archive der KPdSU und des KGB in staatliche Aufbewahrung tätig war. Zurzeit sind die hier und im Folgenden zitierten Befehle und Direktiven des NKVD und NKGB/MGB für Wissenschaftler weitestgehend unzugänglich. Es ist bekannt, dass sie im Zentralarchiv des Föderalen Sicherheitsdienstes, Central'nyj Archiv Federal'noj Služby Bezopasnosti (CA FSB) f. 66-01 aufbewahrt werden.

5 Rossijskij gosudarstvennyj archiv social'no-političeskoj istorii (RGASPI), f. 644-1-296, Bl. 237–239.

Bürgern der UdSSR aus Deutschland und den von Deutschland besetzten Ländern" eingerichtet.[6] Zu den Aufgaben dieser Behörde gehörte es, die Suche nach Repatrianten in den Ländern des Westens und deren Abtransport in die UdSSR zu organisieren. An der Durchführung der staatlichen Überprüfung der Rückkehrer war der Apparat des Bevollmächtigten jedoch nicht direkt beteiligt.

Es versteht sich von selbst, dass der Apparat bei seiner Arbeit unter anderem auch von den Interessen der sowjetischen Geheimpolizei geleitet wurde und unter den Entsandten des Apparates in die westlichen Besatzungszonen Vertreter des NKVD, des Volkskommissariats für Staatssicherheit (NKGB) und der Spionageabwehr SMERŠ[7] vertreten waren. Es genügt hier der Hinweis, dass in den Kommissionen, die bei den sowjetischen Botschaften und Missionen die Anträge auf Wiederherstellung der sowjetischen Staatsbürgerschaft prüften, stets ein Vertreter der Ersten Verwaltung (Aufklärung) des NKGB, später des Ministeriums für Staatssicherheit (MGB) saß.[8]

Ein Bericht der Verwaltung für Spionageabwehr des MGB der UdSSR vom Mai 1946 lässt erkennen, womit sich die sowjetischen Emissäre bei ihren Besuchen in den Ländern des Westens tatsächlich befasst hatten: „Zur Aufdeckung feindlicher Elemente unmittelbar in den ausländischen Lagern für sowjetische Bürger und unter dem Deckmantel des Apparates des Bevollmächtigten für Repatriierungsfragen sind operative Gruppen nach England, Italien, Belgien, Schweden, Norwegen und in die Schweiz geschickt worden. Durch die Arbeit dieser Gruppen wurde belastendes Material über 17 157 Menschen gesammelt."[9] Zu all diesen Personen wurden sogenannte operative Vorgänge angelegt, und es lässt sich unschwer vorstellen, was mit ihnen nach ihrer Rückkehr in die UdSSR geschah. Im selben Bericht der Spionageabwehr des MGB – diese war für die „Filtration" zuständig – lesen wir: „[...] seit Juli 1945 sind 17 194 Menschen verhaftet worden".[10] Wir sehen also, dass unter dem Deckmantel des Apparates des Bevollmächtigten für Repatriierungsfragen die staatliche Überprüfung der Repatrianten bereits

6 Die Tätigkeit des Apparats des Bevollmächtigten des SNK der UdSSR wurde durch Beschluss Nr. 1344-402s des SNK der UdSSR vom 6. Oktober 1944 geregelt. Nach dem März 1946 trug er die Bezeichnung „Apparat des Bevollmächtigten des Ministerrates der UdSSR für Repatriierungsfragen".

7 Hauptverwaltung der Spionageabwehr SMERŠ des Volkskommissariats für Verteidigung (GUKR SMERŠ NKO); SMERŠ ist ein Akronym aus „Smert' špionam!" („Tod den Spionen!").

8 Siehe beispielsweise das Protokoll P43/3 des Politbüros vom 20. Januar 1946, RGASPI, f. 17-3-1056. Am 15. 3. 1946 erfolgte die Umbenennung aller Volkskommissariate in Ministerien, aus NKGB wurde MGB.

9 CA FSB, f. 4os-4-23, Bl. 129–137.

10 Ebenda.

geraume Zeit vor ihrer Ankunft am Grenzübergang einsetzte. Zur Überprüfung und Filtration der Bürger, die die Grenzübergänge passierten, wurden „Überprüfungs- und Filtrationskommissionen" aus Mitarbeitern von NKVD, NKGB und der Spionageabwehr SMERŠ gebildet. Das Ziel dieser Überprüfung wurde in der später ergangenen Direktive Nr. 139 des NKGB vom 31. Oktober 1944 formuliert, und es lief auf eine Verhaftung all jener hinaus, zu denen „ausreichend Hinweise über ihre feindliche Tätigkeit" vorlagen. Nach der Verhaftung waren sie „zum Tatort" abzutransportieren, also in die Gegend, in der sie während der Besatzung angeblich mit den Deutschen zusammengearbeitet hatten. Die übrigen Repatrianten, bei denen die Überprüfung keine Hinweise auf „feindliche Tätigkeit" ergeben hatte, wurden an ihren Wohnort verschickt, falls sie nicht im wehrpflichtigen Alter waren und somit noch in der Roten Armee zu dienen hatten.

Aber auch am Wohnort wartete auf die Repatrianten kein ruhiges Leben. Gemäß der Direktive Nr. 139 des NKGB wurden diejenigen, zu denen die Überprüfungskommissionen „belastende Materialien" zusammengetragen hatten, bei den örtlichen Stellen der Staatssicherheit erfasst und anschließend penibel überwacht. Den Abteilungen des NKGB/MGB kam die Aufgabe zu, unter diesen Personen all jene ausfindig zu machen, zu enttarnen und anschließend unbedingt zu bestrafen, die angeblich von den deutschen Nachrichten- und Abwehrdiensten als Agenten angeworben wurden oder Agenten anderer Geheimdienste waren. Dies galt auch für „Verräter, Heimatverräter sowie Handlanger und Helfershelfer der Besatzer", also für Bürgermeister, Polizisten und andere Mitarbeiter der deutschen Verwaltung, sowie für Angehörige der von den Deutschen eingerichteten bewaffneten Einheiten – der Russischen Befreiungsarmee (ROA) und der verschiedenen nationalen Legionen – und für Mitglieder nationalistischer Organisationen und „weißer", also antikommunistischer Emigrantenorganisationen.

Die Behandlung der Repatrianten unmittelbar nach Kriegsende

Nach dem Ende der Kampfhandlungen in Europa wurde der Befehl Nr. 00474 des NKVD vom 14. Mai 1945 erlassen, der das Verfahren der Überprüfung und Filtration sowjetischer Bürger in den Sammel- und Durchgangsstellen (SPP) bei den Frontabschnitten vorgab.[11] Der Befehl erging an alle Bevollmächtigten des NKVD der UdSSR für die Frontabschnitte der Roten Armee. Diesem Befehl zufolge waren bei jeder Sammel- und Durchgangsstelle sowie in den Lagern für

11 CA FSB, f. 66-1-881, Bl. 181–183.

Repatrianten Überprüfungs- und Filtrationskommissionen aus Vertretern von NKVD, NKGB und der Spionageabwehr SMERŠ zu bilden, wobei der Vertreter des NKVD stets den Vorsitz innehatte. Diese Kommissionen wurden unmittelbar den Bevollmächtigten des NKVD für die jeweiligen Frontabschnitte unterstellt. Die Kommissionen jedoch, die bei den Sammel- und Durchgangsstellen sowie den Lagern für Repatrianten angesiedelt waren, die zur in Österreich stationierten Zweiten und Dritten Ukrainischen Front gehörten, waren den jeweiligen Kommandeuren der NKVD-Truppen unterstellt, die das Hinterland dieser Frontabschnitte kontrollierten. Im Januar 1945 war hier nämlich kein Amt eines NKVD-Bevollmächtigten eingerichtet und die Aufgabe der „Säuberung des Hinterlandes" unmittelbar den Truppen des NKVD auferlegt worden. Der Befehl schrieb den Überprüfungs- und Filtrationskommissionen vor, sich bei ihrer Tätigkeit vom Befehl Nr. 001063 des NKVD vom 28. August 1944 leiten zu lassen. Dieser regelte das Überprüfungsverfahren, lieferte Vorgaben zur Form und zur Führung der „Überprüfungs- und Filtrationsakte" und legte die Art und Weise fest, in der eine Akte an andere Behörden – das NKVD oder den SMERŠ – zu übergeben sei. Die Überprüfungsfrist wurde auf „höchstens ein bis zwei Monate" angesetzt.

Nach der Überprüfung sollte der Weg der Repatrianten wie folgt aussehen: Männer im wehrpflichtigen Alter und ehemalige Militärangehörige (die in Gefangenschaft gewesen waren) wurden, falls sie „keinen Verdacht erregten", dem Kommando des Militärs unterstellt. Zivilpersonen, die „keinen Verdacht erregten und nicht der Roten Armee zu überstellen" waren, wurden an ihren Wohnort geschickt. Unter ihnen bildeten Einwohner der grenznahen Regionen der UdSSR (Baltikum, Ukraine, Weißrussland und Moldawien) eine Ausnahme. Sie wurden erst nach Durchlaufen der entsprechenden „Überprüfungs- und Filtrationsstellen an der Grenze" zu ihrem Wohnort geschickt.

Darüber hinaus konnten ehemalige Einwohner Moskaus, Leningrads oder Kiews sowie der Ortschaften in den „reglementierten Zonen um diese Städte" Schwierigkeiten bekommen. Falls sie ihre „Alltagsbindungen (familiären Kontakt oder Wohnsitz) zu diesen Städten verloren" hatten, wurde ihnen eine Rückkehr dorthin untersagt, und sie wurden in andere Orte geschickt.[12] Die Feststellung, ob Repatrianten eine solche „Bindung" zu ihren Heimatorten „verloren" hatten, war natürlich eine subjektive Angelegenheit, und sie wurde durch die Überprüfungskommissionen entschieden. Es lässt sich unschwer erraten, in welchem Geiste dies geschah.

Anders stand es um jene, die überprüft wurden und in den Augen des NKVD verdächtig oder gar schuldig waren. So waren jene, die in deutschen Militärein-

12 Siehe den Beitrag von Tetiana Pastušenko in diesem Band.

heiten, bei der Polizei oder in Vlasov-Einheiten gedient hatten, „zur weiteren Überprüfung" in das System der Überprüfungs- und Filtrationslager (PFL) des NKGB zu überführen. Wer lediglich „Verdacht erregte", wurde an seinen Wohnort geschickt und dort umgehend ins Register der örtlichen NKGB-Stellen aufgenommen. Diejenigen schließlich, über die Hinweise auf „feindliche Tätigkeit" vorlagen, mussten verhaftet und dem NKGB oder der Spionageabwehr SMERŠ übergeben werden, damit dieser oder jener ein Ermittlungsverfahren einleitete.[13]

Bald erfolgte eine Änderung der Überprüfungsfristen in den Sammel- und Durchgangsstellen bei den Frontabschnitten. Die sowjetische Führung war daran interessiert, so schnell wie möglich Arbeitskräfte in die UdSSR zurückzuholen. Daher wurde durch den Befehl Nr. 00582 des NKVD vom 25. Mai 1945, der ebenfalls an alle Frontbevollmächtigte des NKVD und die Kommandeure der Truppen, die das Hinterland der Zweiten und der Dritten Ukrainischen Front sicherten, gerichtet war, vorgeschrieben, dass keine Überprüfung durchzuführen sei, sondern eine „Registrierung", die nicht länger als zehn Tage zu dauern habe. Dies war durch den Beschluss Nr. 8670 des GKO vom 22. Mai 1945 „Über Maßnahmen zur Beschleunigung der Überprüfung von Sowjetbürgern, die repatriiert werden" vorgegeben worden.[14]

Zur Umsetzung des durch den Beschluss vom 22. Mai 1945 festgelegten Repatriierungsverfahrens erging der gemeinsame Befehl Nr. 00706 / Nr. 00268 von NKVD und NKGB vom 16. Juni 1945 „Über das Verfahren der Überprüfung und Filtration am ständigen Wohnsitz von Sowjetbürgern, die in die Heimat zurückkehren und repatriiert werden".[15] Mit dem Verfahren zur „Überprüfung und Filtration" wurden nun die lokalen Stellen von NKVD und NKGB am Wohnort der Betroffenen betraut. Die Sammel- und Durchgangsstellen der Frontabschnitte hatten die Repatrianten (mit Ausnahme der ehemaligen Angehörigen der Roten Armee) lediglich zu registrieren und sie dann in die UdSSR zu ihrem „ständigen Wohnsitz" zu schicken. Der Befehl schrieb vor, dass bei der Miliz, also der örtlichen Polizei, ein Verzeichnis der eintreffenden Repatrianten zu führen sei, und die Listen den Kreis- und Stadtverwaltungen des NKVD vorgelegt werden müssten. Die Listen der Repatrianten, die nicht an ihrem Wohnort eingetroffen waren, wurden nach Moskau in die Registratur- und Archivabteilung (1. Sonderabteilung) des NKVD weitergeleitet, um sie zur Fahndung auszuschreiben.

Alle eintreffenden Repatrianten mussten beim NKVD erscheinen, um sich registrieren zu lassen und Aufenthaltspapiere zu erhalten. Es wurden vorüber-

13 Ebenda.
14 RGASPI, f. 644-1-418, Bl. 71.
15 Gosudarstvennyj Archiv Rossijskoj Federacii (GARF), R-9401-1a-178, Bl. 14 f.

gehende Ausweise ausgestellt, die sechs Monate gültig waren und eine Wohnberechtigung ausschließlich für den betreffenden Kreis bedeuteten, das hieß, sie durften diesen nicht verlassen. Auf lokaler Ebene wurden in den Kreisen „Überprüfungs- und Filtrationskommissionen" aus operativen Mitarbeitern des NKVD und des NKGB gebildet. Das Verfahren der „staatlichen Überprüfung" beinhaltete die Befragung des Repatrianten zu den Umständen, unter denen er oder sie nach Deutschland gelangt waren, sowie zu ihrem Aufenthalt „auf dem Gebiet des Feindes". Alle Aussagen der Repatrianten wurden eingehend protokolliert. Anschließend konnte „bei Bedarf", wie es in dem Befehl heißt, eine Befragung von Zeugen folgen, und es konnten Nachforschungen angestellt werden. Erst nach dieser Untersuchungsprozedur konnte die Repatriierungskommission einen Beschluss (eine Stellungnahme) verabschieden, der vom Vorsitzenden der Überprüfungs- und Filtrationskommission des Kreises zu bestätigen war. Einer besonders genauen Überprüfung, so hieß es in dem Befehl, seien Repatrianten zu unterziehen, die „unter Umgehung der Sammel- und Durchgangslager an den Frontabschnitten zu ihrem ständigen Wohnsitz gelangt waren" und die dadurch nicht über die dort ausgestellten Bescheinigungen verfügten, die sie zur Fahrt zum ständigen Wohnort berechtigt hätten.[16]

Nach der Überprüfung der Repatrianten durch die Kommissionen auf Kreisebene waren die Akten der Personen, die „keinen Verdacht erregten", den Archiven der Gebietsverwaltungen des NKVD zu übergeben, damit sie dort erfasst werden konnten. Die eigentliche Überprüfung galt damit als abgeschlossen. Falls sich jedoch bei einem der zu Überprüfenden der Verdacht ergäbe, dass „Beteiligung an feindlicher Tätigkeit aufseiten der deutsch-faschistischen Okkupanten" vorliege, sollten die Unterlagen an die örtlichen Stellen der Staatssicherheit (NKGB/MGB) „zur weiteren geheimdienstlichen Bearbeitung" übergeben werden.[17]

Im Befehl Nr. 00706/00268 von NKVD und NKGB vom 16. Juni 1945 wurde – wie auch durch die Direktive Nr. 139 des NKGB von 1944 – den Überprüfungs- und Filtrationskommissionen in den Kreisen die Aufgabe übertragen, unter den Repatrianten all jene ausfindig zu machen, die in diesem oder jenem Maße mit den deutschen Behörden zusammengearbeitet hatten (Agenten des deutschen Geheimdienstes, Mitarbeiter der Polizeistellen, „Handlanger und Helfershelfer der Okkupanten" etc.) sowie Mitglieder „weißer" Emigrantenorganisationen und „andere antisowjetische Elemente". Die Akten zu „Agenten ausländischer Geheimdienste, Saboteuren, Terroristen und Mitgliedern antisowjetischer Organisationen" sollten für weitere Ermittlungen an die Stellen der Staatssicherheit

16 Ebenda.
17 Ebenda.

(des NKGB/MGB) übergeben werden, und die Akten zu „Verrätern und Heimatverrätern, Handlangern, Helfershelfern der Okkupanten" und anderen Personen, die als „antisowjetisch" galten, wurden zur weiteren Bearbeitung an die Stellen des NKVD/MVD übergeben. Pässe wurden den Repatrianten erst nach Abschluss der gesamten Überprüfung ausgestellt; diese konnte sich, berücksichtigt man die geheimdienstliche „Bearbeitung", über eine geraume Zeit erstrecken, ein Jahr oder länger.

Die formale Ausfertigung der Unterlagen während der „Filtration" und „staatlichen Überprüfung" wurde detailliert durch den Befehl Nr. 00865 des NKVD vom 21. Juni 1945 geregelt.[18] Dieser legte das Verfahren der Erfassung und Registrierung in den Sammel- und Durchgangsstellen (die Form der Registrierbögen und Erfassungskarten) fest, ebenso das Verfahren zur Erfassung der zurückgekehrten Repatrianten durch die Kreis- bzw. Stadtverwaltungen des NKVD, das Verfahren zur Ausschreibung einer landesweiten Fahndung nach Repatrianten, die sich nicht an ihrem Wohnort eingefunden hatten, das Verfahren zur Erstellung und Übermittlung von Sammelmeldungen und Berichten über den Stand der Überprüfungen und schließlich das Verfahren zur Weiterleitung der Überprüfungs- und Filtrationsakten an andere Behörden.

Die Überprüfung der Repatrianten wurde durch den gemeinsamen Befehl Nr. 001027/00381/00169sš des NKVD, NKGB und der Spionageabwehr SMERŠ vom 8. September 1945 geregelt.[19] Das betraf Rückkehrer, die in die Arbeitsbataillone oder die Reservedivisionen des Volkskommissariats für Verteidigung (NKO) abgeordnet oder die gemäß Beschluss Nr. 9871s des GKO vom 18. August 1945 in Industriebetrieben eingesetzt wurden.[20] Das Überprüfungsverfahren wurde analog zu dem bestehenden Verfahren für Zivilpersonen festgelegt. Der Unterschied bestand darin, dass die Überprüfungs- und Filtrationskommissionen an den Stationierungsorten der Arbeitsbataillone von stellvertretenden Volkskommissaren des Inneren der Republiken oder stellvertretenden Leitern der Regions- oder Gebietsverwaltungen des NKVD geleitet wurden. Zudem wurden die Repatrianten – nachdem sie der Überprüfung unterzogen worden waren – als „ständige Industriekader" erfasst, und sie mussten an ihrem Einsatzort bleiben. Auch enthielt der Befehl im Anhang einen Plan, wie die Arbeitsbataillone auf die Betriebe der UdSSR zu verteilen waren. (Der Plan umfasste zu diesem Zeitpunkt 240 000 Personen).

18 CA FSB, f. 66-1-882, Bl. 297–314.

19 GARF, R-9401-1a-180, Bl. 96–101.

20 „Über den Arbeitseinsatz in der Industrie von Angehörigen der Roten Armee, die aus deutscher Gefangenschaft befreit wurden, sowie von Repatrianten im wehrpflichtigen Alter". RGASPI, f. 644-1-457, Bl. 194–202.

In der Direktive Nr. 104 des NKGB vom 6. Oktober 1945 hieß es, dass ein Teil der Repatrianten, die an ihren Wohnort geschickt wurden, es aus Furcht vor Verfolgung und Strafen vorzog, sich nicht registrieren zu lassen, und lieber in die „Illegalität" gehe. In der Direktive wurde betont, dass es sich hierbei meist um „Staatsverbrecher" handele. Eine solche Entwicklung beunruhigte die Leiter der sowjetischen Staatssicherheit ernstlich. So bemängelte die Direktive den „Formalismus", den die örtlichen Stellen des NKGB bei der Erfassung und Überprüfung der Repatrianten an den Tag legten. Ebenso war von unzureichender „operativer Agentenarbeit" die Rede, mit der Illegale gesucht und enttarnt werden sollten. In diesem Zusammenhang wurde in der Direktive Nr. 104 neben der Erfassung der eintreffenden Repatrianten verlangt, dass Agenten der Staatssicherheit zum Aufspüren jener Repatrianten eingesetzt würden, die sich der Registrierung entzogen, und dass die Erfassung und Überprüfung der Ankömmlinge vorzunehmen sei, *bevor* deren Unterlagen aus den Sammel- und Durchgangsstellen der Frontabschnitte eingetroffen waren.

Anfang 1946 stellte die Führung des NKGB ernstliche Defizite bei der Überprüfung der Repatrianten fest. In erster Linie betraf dies das Tempo der Bearbeitung. Wie es hierzu in der Direktive Nr. 9 des NKGB vom 6. Februar 1946 stand, war zu diesem Zeitpunkt erst ein Drittel aller eingetroffenen Repatrianten überprüft worden. In der Direktive wurde betont, dass „dieses Tempo der Überprüfung völlig unbefriedigend ist", besonders vor dem Hintergrund, dass die Kreiskommissionen nur eine „Erstüberprüfung" durchführen sollten, nach der dann eine „tagtägliche geheimdienstliche Beobachtung" aufzunehmen sei. Darüber hinaus wurden in dieser Direktive die schwachen Leistungen der örtlichen Stellen des NKGB bei der Ermittlung angeblicher Agenten deutscher Dienste – wie auch von Agenten „des englischen, amerikanischen, französischen Geheimdienstes und anderer Geheimdienste" – unter den Repatrianten bemängelt. Bekräftigt wurde dies durch die Formulierung: „[…] es ist bekannt, dass die ‚alliierten' Geheimdienste die massenhafte Rückkehr sowjetischer Bürger in die Heimat zur Einschleusung ihrer Agenten in die UdSSR genutzt haben." Die Überzeugung der sowjetischen Führung, dass viele der Repatrianten vom Westen angeworben worden seien, setzte die Betroffenen einem Verdacht aus, der das Leben der Repatrianten über lange Jahre hinweg unerträglich machen konnte.

In derselben Direktive wurden mehr oder weniger deutlich auch die „antisowjetischen Elemente" erwähnt. Zu dieser Kategorie gehörten unter anderem auch jene, die unter der örtlichen Bevölkerung „provokatorische Gerüchte verbreiteten". Das bedeutete, dass jeder Repatriant, falls seine Äußerungen der Parteilinie zuwiderliefen, der Kategorie „antisowjetisch" zugerechnet werden konnte – mit allen sich hieraus ergebenden Konsequenzen (bis hin zu einer Verurteilung nach

Artikel 58-10 des Strafgesetzbuches der RSFSR). So trug die Februar-Direktive des NKGB aus dem Jahr 1946 den örtlichen Stellen des NKGB erstens auf, die Erstüberprüfung der Repatrianten zu beschleunigen und dabei „besonderes Augenmerk auf das Aufspüren von Illegalen und Personen zu richten, die sich der Registrierung entziehen". Zweitens sollte die „Arbeit verbessert" werden, mit der Agenten der Deutschen sowie Mitglieder „antisowjetischer Organisationen und Gruppen" enttarnt werden sollten. Und drittens, schließlich, sollten jene Repatrianten, die aus den „alliierten Staaten oder deren Besatzungszonen" zurückgekehrt waren, einer „besonders genauen Überprüfung" unterzogen werden, um Personen ausfindig zu machen, „die von den Geheimdiensten dieser Länder angeworben wurden".

Hiermit waren jedoch die Maßnahmen, die die Tschekisten für die Repatrianten bereithielten, noch nicht erschöpft. In der oben genannten Direktive wurde von der Notwendigkeit gesprochen, unter den Repatrianten Agenten anzuwerben, damit diese dann in ihren Kreisen für die sowjetische Staatssicherheit arbeiteten. Dabei wurde deutlich benannt, welch schmutzige Methoden anzuwenden waren. Um Repatrianten zu einer Zusammenarbeit mit der Staatssicherheit zu nötigen, wurde nahegelegt, „vor allem auf der Basis kompromittierenden Materials [vorzugehen], sowie unter der Voraussetzung, dass die verbrecherische Tätigkeit [durch die angeworbenen Repatrianten] umfassend eingestanden wird". Die Direktive Nr. 9 vom 6. Februar 1946 forderte darüber hinaus, die Überprüfung jener Repatrianten zu beschleunigen, die aus den Reservedivisionen des NKO in die Arbeitsbataillone für die Industrie überstellt worden waren. Hierzu wurden den Kommissionen aus Vertretern von NKVD, NKGB und SMERŠ zusätzliche operative Mitarbeiter zugeteilt. Die Überprüfung sollte bis Februar oder März 1946 abgeschlossen werden. Zugleich änderte diese Direktive das früher festgelegte Verfahren der Berichterstattung: Die statistischen Angaben sollten künftig nur noch zweimal im Monat nach Moskau übermittelt werden.

Bald darauf legte die Direktive Nr. 40 des MGB vom 3. Mai 1946 fest, dass die Berichterstattung der örtlichen Staatssicherheitsbehörden über die Repatrianten „einmal im Monat mit Stand vom Monatsersten" dem MGB vorgelegt werden müsse. Die Berichterstattung lief nach folgendem Schema ab: Die örtlichen Stellen des MGB sollten die Gesamtzahl der Repatrianten an ihren Wohnort mitteilen, und zwar mit der Angabe, von wo sie zurückgekehrt waren. Zudem sollte die Anzahl der dabei aufgespürten „Illegalen" und „Personen, die sich der Registrierung entziehen", mitgeteilt werden. Bei der Gesamtzahl der zurückgekehrten Repatrianten war anzugeben, wie viele dieser Personen bereits „filtriert" und wie viele noch einer Filtration zu unterziehen waren. Aus der Gesamtzahl der bereits „Filtrierten" musste die Anzahl der Verhafteten mitgeteilt werden, mit der Angabe, wohin die Betroffenen für die Ermittlungen überstellt würden (beispielsweise an die Abteilungen von NKGB, NKVD oder SMERŠ). Ebenso sollte die jeweilige Anschuldigung (Zugehörigkeit zum deutschen, englischen, amerikanischen oder französischen Geheimdienst, landesverräterische Tätigkeit, Handlangerdienste, antisowjetische Tätigkeit etc.) angegeben werden. Darüber hinaus war mitzuteilen, wie viele Repatrianten aufgrund welcher operativen Vorgänge durch die Stellen des NKGB „zur Bearbeitung genommen" und wessen diese Personen verdächtigt wurden. Hier schenkten die sowjetischen Behörden erneut jenen Repatrianten besondere Aufmerksamkeit, „die der Angehörigkeit zum englischen, amerikanischen oder einem anderen Geheimdienst verdächtigt wurden". Und es sollte zudem über „die Stimmungen und das Verhalten der Repatrianten (positiver oder negativer Art), sowie über Anzeichen einer antisowjetischen Haltung bei ihnen" berichtet werden.

Die Verfahren zur Überprüfung der Repatrianten erforderten im System der NKVD-Stellen auf lokaler Ebene die Schaffung von Sonderabteilungen und Arbeitsgruppen. Mit dem Befehl Nr. 00179 des NKVD vom 2. März 1946 wurde die Kontrolle über die Repatrianten-Arbeit der Hauptverwaltung für die Bekämpfung des Bandentums (GUBB) des NKVD der UdSSR übertragen. Dort bildete man für diese Zwecke eine neue „Abteilung des GUBB des NKVD der UdSSR zur Leitung der operativen Agentenarbeit zu Heimatverrätern, Verrätern, Handlangern und Helfershelfern der Deutschen" mit einer Personalstärke von 18 Mitarbeitern. In ähnlicher Weise wurde auch im NKVD der Unionsrepubliken und in den Verwaltungen des NKVD auf Regions- und Gebietsebene das Personal aufgestockt. Dort waren innerhalb der Verwaltungen und Abteilungen zur Bekämpfung des Bandentums (UBB und OBB) entsprechende neue Abteilungen (oder Arbeitsgruppen) entstanden, um sich um die Repatriantenfrage zu kümmern. Aufgrund des Befehls Nr. 00179 des NKVD vom 2. März 1946 wurde die Mitarbeiterzahl der regionalen und lokalen Abteilungen des NKVD für die Arbeit unter den Repatrianten um 335 erhöht.

Aus der Zuordnung zur „Bandenabteilung" des NKVD wird deutlich, welche Gruppe von Repatrianten Gegenstand des Interesses der Innenbehörden war. Die Arbeit unter den Repatrianten, die der Spionage oder antisowjetischen Tätigkeit verdächtigt wurden, oblag weiterhin den Stellen des NKGB/MGB. Die Sortierung der Repatrianten in zwei Gruppen, die für die Ermittlungen entweder den Stellen des NKGB oder aber des NKVD übergeben wurden, geht aus dem Befehl Nr. 00706 / 00268 von NKVD und NKGB vom 16. Juni 1945 hervor.[21] Diesem Befehl zufolge wurden dem NKGB „Agenten ausländischer Geheimdienste, Saboteure,

21 GARF, R-9401-1a-178, Bl. 14 f.

Terroristen und Mitglieder antisowjetischer Organisationen“ übergeben sowie dem NKVD „Verräter, Heimatverräter, Handlanger und Helfershelfer der Besatzer sowie andere antisowjetische Elemente“.

Dieser Prozess hatte sich jedoch in die Länge gezogen – ungeachtet der Vorgaben der Direktive Nr. 9 des NKGB vom 6. Februar 1946, wonach die Überprüfung der Repatrianten, die aus den Reservedivisionen des NKO in die Arbeitsbataillone für die Industrie überstellt wurden, zu beschleunigen und bis zum März 1946 abzuschließen sei. Die gemeinsame Direktive Nr. 56/24 von NKVD und NKGB vom 5. März 1946 stellte fest, dass die Überprüfung dieser Repatriantenkategorie „ausnehmend langsam verläuft“. Dadurch hatte sich die Übernahme von Repatrianten aus den Arbeitsbataillonen als ständige Mitarbeiter der Industrie verzögert, was, wie es in der Direktive hieß, „[...] eine berechtigte Unzufriedenheit unter den Repatrianten erzeugt, die während ihrer Zeit in den Bataillonen sowohl materielle wie rechtliche Nachteile erleiden; ebenso verzögert sich die Rückkehr von Berufsoffizieren in die Rote Armee“. Es ist erstaunlich, dass in dieser Direktive sowohl die Situation der Rechtlosigkeit als auch die klägliche Entlohnung offen erwähnt wird. Die Direktive forderte die Leiter der NKVD- und NKGB-Behörden auf, „persönlich den Gang der Überprüfung der Repatrianten in den Arbeitsbataillonen zu beaufsichtigen und dabei unbedingt den Abschluss der Überprüfung in der nächsten Zeit zu gewährleisten“. Bei Bedarf sollten zur Beschleunigung der Arbeit in den Kommissionen zusätzliche Mitarbeiter des NKVD und des NKGB abgestellt werden.

Der gemeinsame Befehl Nr. 001113 / 00536 von MVD und MGB vom 9. Dezember 1946[22] stellte fest, dass die Überprüfung der Repatrianten „im Wesentlichen“ abgeschlossen sei. Die grundlegenden Befehle vom 16. Juni und 8. September 1945, die die Arbeit der Überprüfungs- und Filtrationskommissionen reglementierten, wurden dementsprechend revidiert. Zur wichtigsten Behörde, die künftig für die „Bearbeitung“ der Repatrianten (Beschattung durch Agenten, Verhaftungen und Durchführung der Ermittlungen) zuständig war, wurde nun das MGB. Mit diesem Befehl sollten die geheimdienstlichen Ermittlungen zu den Repatrianten und deren Vorgangsakten von den Innenbehörden an die örtlichen Stellen des MGB übergeben werden. Das Gleiche galt für alle Unterlagen „über Agenten ausländischer Geheimdienste, Mitglieder antisowjetischer Organisationen, Heimatverräter, Verräter, Handlanger und Helfershelfer der Deutschen sowie andere antisowjetische Elemente, die im Zuge der Überprüfung der Repatrianten entdeckt wurden“. Das Innenministerium (MVD) übergab dem MGB auch die Führung jener Agenten, die zuvor die Repatrianten überwacht hatten.

22 GARF, R-9401-1a-203, Bl. 128.

Dennoch verblieb ein gewisser Teil der Repatriantenakten im MVD, nämlich Vorgänge zu „Angehörigen von Bandenverbänden,[23] Bandengruppen und deren Helfershelfern sowie zu denjenigen, die sich in Sondersiedlungen[24] befinden oder dorthin zu verschicken sind". Den Stellen des MVD wurden zur Überprüfung der Repatrianten folgende Aufgaben übertragen: Gemeinsam mit dem MGB sollten jene Repatrianten einer Filtration unterzogen werden, die noch nicht überprüft worden waren. Es galt, jene Repatrianten zu ermitteln, die unter die Direktive Nr. 97 vom 20. April 1946 fielen und in Sondersiedlungen zu verschicken seien. Diese Direktive betraf alle ehemaligen Angehörigen der Ostlegionen der Wehrmacht, der Vlasov-Einheiten sowie Hilfspolizisten. Die MVD-Stellen sollten auch nach Repatrianten fahnden, die sich der Überprüfung zu entziehen versuchten oder aus den Überprüfungs- und Filtrationslagern bzw. den Arbeitsbataillonen geflohen waren. Darüber hinaus schrieb die Direktive vor, die Fälle von Repatrianten zu bearbeiten, die als Organisatoren oder Mitglieder von „Bandenformationen" oder deren Unterstützer galten. Später wurden die Akten der letztgenannten Repatriantengruppe ebenfalls an das MGB übergeben, als nämlich die entsprechenden Abteilungen des MVD organisatorisch in die Strukturen des MGB eingegliedert wurden (1947 waren dies die Inneren Truppen des MVD, die gegen den nationalistischen Widerstand eingesetzt wurden, und 1950 die für die Sondersiedlungen zuständigen Abteilungen). Der Befehl von MVD und MGB vom 9. Dezember 1946 legte auch den Zeitpunkt fest, zu dem die Überprüfungs- und Filtrationskommissionen auf Kreisebene die Überprüfung aller Repatrianten zu beenden hatten (1. Februar 1947).

Um die operative Agentenarbeit unter den Repatrianten zu koordinieren und die Arbeit der örtlichen Repatriierungsbehörden durch den Zentralapparat des MGB der UdSSR zu kontrollieren, wurde in dessen Zweiter Hauptverwaltung (Spionageabwehr) die Abteilung 2-O gebildet, die in den Strukturen der Zweiten Hauptverwaltung bis zum 25. Dezember 1951 fortbestand.[25]

Das Ausmaß der Verhaftungen unter den Repatrianten, die am ständigen Wohnsitz überprüft wurden, lässt sich anhand des Zwischenberichts Nr. 2762/M des Ministers für Staatssicherheit Merkulov vom 9. April 1946 abschätzen, der an Stalin, Molotov und Berija erging. Mit Stand vom 1. April 1946, so Merkulov, seien 2057 400 repatriierte sowjetische Bürger, die an ihren früheren Wohnort zurück-

23 So wurden in den Dokumenten des MVD die nationalen Unabhängigkeitsbewegungen bezeichnet, die es in einigen Unionsrepubliken gegeben hat.

24 Verbannungsorte unter NKVD-Bewachung, meist in entlegenen Regionen der Sowjetunion.

25 Nikita V. Petrov, Kto rukovodil organami gosbezopasnosti, 1941–1954, Moskva 2010, S. 47 f.

gekehrt waren, registriert worden, von denen 1162 454 Personen durch die Überprüfungs- und Filtrationskommissionen von MVD/MGB überprüft worden seien. Von den überprüften Repatrianten wiederum seien zu diesem Zeitpunkt 14 724 Personen verhaftet und 108 123 unter Überwachung gestellt worden.[26] Die Verhaftungen von Repatrianten wurden auch in den folgenden Jahren fortgesetzt.

Die Repatriantenfrage in den 1950er-Jahren

Fünf Jahre nach den oben beschriebenen Ereignissen war das MGB immer noch mit der Fahndung nach Repatrianten beschäftigt, die nicht an dem von ihnen angegebenen Wohnort eingetroffen waren und sich der Filtration entzogen. Allerdings hatte das MGB gegen viele dieser Personen nicht genügend Verdachtsmomente in der Hand. Mit der Direktive Nr. 81 vom 23. September 1951, die an die Stellen vor Ort erging, forderte die Leitung des MGB, die Fahndungsakten der Repatrianten zu überprüfen und diejenigen abzuschließen, die keine „Materialien über eine verbrecherische Tätigkeit" enthielten. Gleichzeitig wurde jedoch weiter nach Repatrianten gefahndet, die in den Augen des MGB Verdacht erregten. Ebenso wurden weiterhin diejenigen Repatrianten durch Agenten überwacht, gegen die bei den MGB-Stellen operative Vorgänge eröffnet worden waren. Für die Tschekisten waren sie leichte Beute (stets in Sichtweite und unter Beobachtung der Agenten). Bei jeder kritischen Äußerung über die Zustände in der Sowjetunion oder einer falschen politischen Äußerung konnten sie augenblicklich verhaftet und wegen „antisowjetischer Propaganda" verurteilt werden. Bisweilen reichte es bereits, wenn ein Repatriant eine Bemerkung darüber machte, dass die Lebensbedingungen und die Verpflegung in Deutschland nicht ganz so schlecht gewesen seien. Die Betroffenen konnten dann mit einer Verhaftung rechnen.

Der Strom der in der UdSSR eintreffenden Repatrianten wurde mit jedem Jahr kleiner, und gegen Ende der Herrschaft Stalins gab es kaum noch Rückkehrwillige. Wenn es der Sowjetunion zwischen 1944 und 1946 gelang, 5 399 872 Personen zurückzuholen, so waren die Ziffern im weiteren Verlauf nicht sonderlich beeindruckend. Im Jahr 1947 wurden 30 346 Personen repatriiert, in den Jahren 1948 bis 1951 kehrten jeweils 14 272, 6542, 4527 bzw. 2297 zurück. Von Januar bis Juli 1952 waren es lediglich 732 Personen, von denen nur 131 aus den „kapitalistischen Ländern" eintrafen. Insgesamt waren bis zu diesem Zeitpunkt 5 458 588 Personen in die UdSSR zurückgeführt worden.[27]

26 CA FSB, f. 4os-4-4, Bl. 1089–1096.

27 Archiv Prezidenta Rossijskoj Federacii, f. 3-50-509, Bl. 21–23.

Vor diesem Hintergrund erließ der Ministerrat der UdSSR am 20. August 1952 die Anweisung Nr. S-25147, der zufolge die Auflösung des Apparates des Repatriierungsbevollmächtigten erörtert werden sollte. Eine Kommission mit Finanzminister Zverev, dem stellvertretenden Außenminister Puškin und dem stellvertretenden Repatriierungsbevollmächtigten Filatov erarbeitete hierzu ihre Vorschläge und übermittelte diese im November 1952 dem ZK der KPdSU. Der von der Kommission ausgearbeitete Entwurf für einen Ministerratsbeschluss wurde am 29. Dezember 1952 vom Büro des Präsidiums des ZK der KPdSU angenommen (BP6/78).[28] Daraufhin wurde der Beschluss Nr. 5305-2071s des Ministerrats der UdSSR vom 29. Dezember 1952 über die Abschaffung des Apparats des Bevollmächtigten für Repatriierungsfragen beim Ministerrat der UdSSR verabschiedet.

Darin wurde festgelegt, dass alle Maßnahmen zur Abwicklung des Apparates zum 1. März 1953 abgeschlossen sein sollen. Gleichzeitig sollten anstelle einer Zentralbehörde, wie sie der Apparat des Repatriierungsbevollmächtigten darstellte, bei den Ministerräten der Unionsrepubliken Litauen, Lettland und Estland Abteilungen für Repatriierungsfragen gebildet werden. Auch in den westlichen Gebieten Weißrusslands und der Ukraine sollten die Gebietsexekutivkomitees entsprechende Abteilungen erhalten. Darüber hinaus wurde zum 1. Februar 1953 das Lager Nr. 226 für repatriierte Sowjetbürger aufgelöst, das in Frankfurt/Oder bestand, ebenso die Sammel- und Durchgangsstellen (SPP) Nr. 227 in der Stadt Walau in Polen und Nr. 300 in Wiener Neustadt in Österreich.[29] Diese Entscheidung bedeutete an sich noch kein Ende der Repatriierungskampagne. Es erfolgte schlichtweg eine Dezentralisierung bei der Verwaltung und Organisierung. Am Kern des Verfahrens änderte sich kaum etwas. Wie zuvor waren die MGB-Abteilungen vor Ort mit der Überprüfung der Rückkehrer beauftragt.

Die Überwachung der Repatrianten durch die Staatssicherheit wurde auch nach dem Tode Stalins fortgesetzt. Am 30. Juni 1954 erging die Direktive Nr. 46ss des KGB „Über das Verfahren zur Überprüfung von Personen, die sich während des Krieges auf dem Gebiet Deutschlands befunden haben". Die Mitarbeiter des KGB überprüften nun die Akten der Repatrianten, die unter Beobachtung standen, und die Vorgänge, zu denen „keine ernstlichen Materialien erlangt worden waren", wurden zur Aufbewahrung in die örtlichen Archive des KGB (auf Republik-, Regions- und Gebietsebene) übergeben.

Der gemeinsame Befehl Nr. 00899 / 00782 von MVD und KGB vom 27. November 1954 verkündete eine neue Instruktion „Über das Verfahren zur

28 Ebenda, Bl. 17–20.
29 Ebenda. So im Dokument (möglicherweise Waldau/Wałdowo in Schlesien).

Überprüfung von Personen, die die Ausreise aus der UdSSR, eine private Einreise in die UdSSR, die Repatriierung, den Erwerb oder die Aufgabe der sowjetischen Staatsbürgerschaft beantragen". All diese Verfahren, einschließlich der Überprüfung der Repatrianten, blieben nach wie vor äußerst bürokratisch und der Geist der „Überprüfungen" vom alten Misstrauen gegenüber all jenen durchzogen, die sich im Ausland aufgehalten hatten. Es kann wohl kaum behauptet werden, dass diese 1954/1955 erfolgte Revision der operativen Vorgänge alle unter Beobachtung stehenden Repatrianten betroffen hätte. Sie betraf die Mehrheit der Repatrianten, ein kleiner Teil jedoch stand weiter unter ernstlichem Verdacht – und dementsprechend unter Beobachtung des KGB. Dies setzte sich bis Mitte der 1960er-, Anfang der 1970er-Jahre fort.

Die Überprüfungs- und Filtrationsakten zu den Repatrianten lagen bis zum August 1991 wohlbehalten in den Archiven des KGB, als der Beschluss gefasst wurde, sie in die staatlichen Archive zu übergeben. In der Regel wurden die Akten aus den Gebiets-und Regionsarchiven der entsprechenden KGB-Verwaltungen (oder aber des jeweiligen KGB der Republik, wenn diese administrativ nicht in Gebiete unterteilt war) an die staatlichen Archive der entsprechenden Gebiete, Regionen oder Republiken übergeben. In Moskau wurden die Überprüfungs- und Filtrationsakten, die im Archiv der KGB-Verwaltung für Moskau und das Moskauer Gebiet lagerten, 1995 an das Russische Staatliche Militärarchiv transferiert. Sie bilden dort einen Bestand von nicht weniger als 55 000 Verfahrensakten, zu denen Historiker jedoch keinerlei Zugang erhalten.

Elena Roždestvenskaja

Probleme und Strategien der Integration ehemaliger „Ostarbeiter“ in die sowjetische Gesellschaft

Die Kultur kollektiver Erinnerungen des 20. und 21. Jahrhunderts dreht sich vorwiegend um Gewalt und Traumata. Dem amerikanischen Historiker Paul Fussell zufolge kreisen „moderne“ Erinnerungen, wie zum Beispiel die an den Ersten Weltkrieg, um eine vergleichsweise geringe Anzahl reproduzierbarer Szenen.[1] Diese Szenen erzeugten nicht etwa deshalb besondere Resonanz, weil sie den Krieg präzise darstellten, sondern weil sie die sozialen Befindlichkeiten der erinnernden Epoche verkörperten. Gewalt und Kriege – sowohl der Erste als auch der Zweite Weltkrieg – gehörten somit zu den attraktivsten Ressourcen für die Politik und die lokale kollektive Erinnerung.

Einige andere Bilder des Krieges sind hingegen am Rande der kollektiven Erinnerung verblieben. Sie finden sich kaum im offiziellen Geschichtsdiskurs und existieren zumeist im kollektiven Gedächtnis der noch lebenden Zeitzeugen. Zu diesen Erscheinungen mit geringer Resonanz gehört in Russland die Erinnerung an die „Ostarbeiter“. Denn der Impuls zur Reproduktion kollektiver Erinnerung kommt nicht nur aus den gemeinsamen Erinnerungen, sondern er wird auch durch Kommemorabilität stimuliert, also durch bestimmte Anstrengungen einer Gemeinschaft von Menschen mit gemeinsamen Erinnerungen, die über die institutionellen Möglichkeiten verfügen, um Erinnerungsrituale und Gedenkfeiern zu entwickeln.[2]

Eine wichtige Voraussetzung für Kommemorabilität ist in der Mobilisierungsfähigkeit jener zu sehen, die sich der Aufgabe widmen, eine kollektive Erinnerung aufzubauen, angefangen bei der Schaffung und Formulierung „sozialer Rahmen“ bis hin zum Drehbuch eines öffentlichen Rituals.[3] In Bezug auf die

1 Paul Fussell, The Great War and Modern Memory, Oxford 1975, S. 335.

2 David A. Snow/E. Burke Rochford, Jr./Steven K. Worden/Robert D. Benford, Frame Alignment Processes. Micromobilization and Movement Participation, in: American Sociological Review 51 (1986), S. 477; Robin Wagner-Pacifici, Memories in the Making. The Shapes of Things that Went, in: Qualitative Sociology 19 (1996), S. 301–322; Elizabeth A. Armstrong/Suzanna M. Crage, Movements and Memory. The Making of the Stonewall Myth, in: American Sociological Review 71 (2006), S. 724–751.

3 Siehe hierzu Robin Wagner-Pacifici/Barry Schwartz, The Vietnam Veterans Memorial. Commemorating a Difficult Past, in: American Journal of Sociology 97 (1991), S. 376–420;

„Ostarbeiter" in Russland gilt hierbei: geringe Kommemorabilität, eingeschränkte Mobilisierungsfähigkeit, fehlende institutionelle Ressourcen für die Entfaltung eines öffentlichen Rituals kollektiver Erinnerung und – was am wichtigsten ist – die fehlende symbolhafte Anerkennung der „Ostarbeiter" als unschuldige zivile Opfer sowie die fehlende Möglichkeit, diese soziale Gruppe diskursiv den Kriegsveteranen gleichzustellen.

Im vorliegenden Beitrag werden die Ergebnisse einer Studie vorgestellt, die anhand von 30 narrativen Interviews die biografischen Erfahrungen ehemaliger „Ostarbeiter" aus der Stadt und dem Gebiet Pskov, die sich vom 9. Juli 1941 bis zum 22. Juli 1944 unter deutscher Besatzung befanden, untersucht.[4] Interviewt wurden ehemalige Zivilpersonen, die zur Zwangsarbeit nach Deutschland deportiert worden waren, Kriegsgefangene und Bewohner der besetzten Gebiete. Aus dem umfangreichen Material haben wir jenes ausgewählt, das den Aspekt ihrer Integration in die sowjetische Gesellschaft betrifft und damit die vielfältigen Strategien, die die ehemaligen „Ostarbeiter", Kriegsgefangenen und Bewohner besetzter Gebiete verfolgten, um ihre „sowjetische" Identität wiederzuerlangen.

Die Rückkehr der „Ostarbeiter" in die Sowjetunion

Diversen offiziellen sowjetischen Schätzungen zufolge haben sich insgesamt 6,8 bis 7 Millionen sowjetische Bürger im nationalsozialistischen Deutschland befunden, darunter etwa zwei Millionen Kriegsgefangene und zwischen 4,8 und 5 Millionen Zivilisten. Die Zahl der „Ostarbeiter", die von den Deutschen und deren Verbündeten aus der UdSSR deportiert wurden, wird auf etwa 3,2 Millionen geschätzt.[5] Ihre Rückkehr in die Heimat war dramatisch und für Offiziere besonders tragisch, auch wenn die meisten Repatrianten einer Verhaftung ent-

Vered Vinitzky-Seroussi, Commemorating a Difficult Past. Yitzhak Rabin's Memorials, in: American Sociological Review 67 (2002), S. 30–51; States of Memory. Continuities, Conflicts, and Transformations in National Retrospection. Hrsg. von Jeffrey K. Olick, Durham 2003.

4 Teile der Lebensgeschichten von „Ostarbeiterfrauen" wurden im Rahmen dieses internationalen Projektes, das vom Institut für Geschichte und Biographie der Fernuniversität Hagen mit Unterstützung der Stiftung „Erinnerung, Verantwortung und Zukunft" koordiniert wurde, bereits veröffentlicht: Olga Nikitina/Elena Rozhdestvenskaya/Victoria Semenova, Frauenbiographien und Frauenerinnerungen an den Krieg, in: Hitlers Sklaven. Lebensgeschichtliche Analysen zur Zwangsarbeit im internationalen Vergleich. Hrsg. Alexander von Plato/Almut Leh/Christoph Thonfeld, Wien u. a. 2008, S. 273–284.

5 P. M. Poljan, Sovetskie graždane v rejche. Skol'ko ich bylo? in: Sociologičeskie issledovanija (Socis) (2002) 5, S. 95–100.

gingen.[6] Die breite Masse der Heimkehrer wurde einer Überprüfung und Filtration in Front- und Armeelagern, in Sammel- und Durchgangsstellen (SPP) des Volkskommissariats für Verteidigung (NKO) und in Überprüfungs- und Filtrationsstellen (PFP) des NKVD unterzogen. Ein Teil der Kriegsgefangenen wurde an den Stationierungsorten der Ersatztruppen überprüft. Diejenigen, die dabei als „verbrecherische Elemente" ermittelt wurden oder „Verdacht erregt" hatten, wurden gewöhnlich zu einer eingehenderen Überprüfung in Speziallager des NKVD geschickt, die im Februar 1945 in Überprüfungs- und Filtrationslager (PFL) umbenannt wurden, sowie in Besserungsarbeitslager (ITL) der Hauptverwaltung der Lager (GULAG).

Zum 1. März 1946 betrug die Zahl der Repatrianten 4 199 488 (2 660 013 Zivilpersonen und 1 539 475 Kriegsgefangene), die Binnenvertriebenen nicht mitgerechnet. Bis 1952 wurden durch die Repatriierungsbehörden über 4,3 Millionen Sowjetbürger in die UdSSR zurückgeholt.[7] Den Repatrianten wurde erklärt, dass sie alle Rechte eines Bürgers der UdSSR einschließlich des Wahlrechts erhalten würden und dass für sie sowohl die Arbeitsgesetze als auch die Sozialversicherung gültig seien. Nach ihrer Rückkehr an den Heimatort sahen sie jedoch häufig ihre Rechte verletzt, da die örtlichen Behörden, nicht selten im Gegensatz zu den Weisungen aus Moskau, die während des Krieges erfolgte Verbringung ins Ausland als eine an Verrat grenzende freiwillige Auswanderung in ein feindliches Land ansahen und den Repatrianten gegenüber offen ihr Misstrauen, ihre Verachtung und Feindseligkeit demonstrierten.

Auf die Flut von Beschwerdebriefen, die die Repatrianten schrieben, reagierte das Zentralkomitee der Kommunistischen Partei (KPdSU) am 4. August 1945 mit dem Beschluss „Über die Durchführung politischer Aufklärungsarbeit mit repatriierten sowjetischen Bürgern", der das generelle Misstrauen gegenüber repatriierten Sowjetbürgern verurteilte und daran erinnerte, dass die Heimkehrer sämtliche Bürgerrechte wiedererlangt hätten und zur aktiven Teilnahme am Arbeitsleben sowie am politischen und gesellschaftlichen Leben herangezogen werden sollten. Dies konnte jedoch das Misstrauen nicht zerstreuen und den Diskriminierungen kein Ende setzen. Hinzu kam, dass Kriegsgefangene nicht als echte Kriegsteilnehmer galten, mit Ausnahme jener, die nach ihrer Befreiung aus der Gefangenschaft in die Rote Armee eingezogen und an der Front eingesetzt worden waren.

In diesem Kontext ist das unfreiwillige diskursive Schweigen der sozialen Gruppe der „Ostarbeiter" zu verorten, die nach ihrer Heimkehr in ihren Bürger-

6 V. Zemskov, Repatriacija peremeščennych sovetskich graždan, in: Vojna i obščestvo. 1941–1945, Bd. 2, Moskva 2004, S. 331–358.

7 Zemskov, Repatriacija.

rechten beschnitten und in dem Maße, in dem ihre Erfahrungen als Zwangsarbeiter in Deutschland bekannt wurden, marginalisiert wurden.

Rekonstruktive Fallanalysen

Bei der Auswertung und Analyse der Interviews wurde besonderes Augenmerk auf die strukturellen Unterschiede zwischen Erlebtem und Erzähltem, zwischen erlebter und erzählter Lebensgeschichte gelegt.[8] Untersucht wurde, in welcher narrativen bzw. nicht-narrativen Form und in welcher Reihenfolge Menschen über bestimmte Momente ihres Lebens sprechen. Es wurden Mechanismen rekonstruiert, die die Menschen dazu veranlassten, die eine oder andere Unterhaltung fortzuführen und etwas zu erzählen. Die erzählte Lebensgeschichte, so die methodische Annahme, besteht nicht aus einer Reihe einzelner Ereignisse, sondern liegt vielmehr in der selbstständigen Auswahl der Ereignisse durch den Erzählenden und der Komposition der Geschichten im Bedeutungskontext begründet, also in der Gesamtinterpretation des Erzählenden.

Die Interviews erzählen jedoch nicht nur individuelle Biografien, sondern auch Lebensgeschichten, die Strukturen von kollektiv geteilter Erfahrung (nach Karl Mannheim) aufweisen. Es bestehen zum einen individuelle Erinnerungen an die tragische Erfahrung der Entbehrung und Diskriminierung während des Krieges und die jeweiligen Motive, die die Individuen dazu bewegen, das Erlebte mitzuteilen. Zum anderen existieren kollektive oder institutionelle Vorstellungen über Kriegserfahrungen. Das eine wie das andere hat wenig mit einer Objektivierung der tatsächlichen Ereignisse zu tun. Es handelt sich vielmehr um einen Prozess, bei dem Ereignisse und ihre Details selektiert und auf eine bestimmte Art und Weise rekonstruiert werden. Diese subjektive Aufarbeitung der Vergangenheit erzeugt eine Semantik der Relevanz dieser Erfahrungen. Somit wird Erinnerung zu einem Raum sozialer Interaktion, in dem kollektive Vorstellungen über vergangene Ereignisse (hier die Verschleppung nach Deutschland) im Modus kollektiven Handelns erlebt werden und sich nicht nur als die Summe individueller Erinnerungen darstellen. Es handelt sich zweifellos um eine „Rekonstruktion" der historischen Ereignisse, deren Sinn darin besteht, die Gruppensolidarität zu wahren. Maurice Halbwachs fand hierfür den Terminus „sozialer Erinnerungsrahmen".[9]

8 Zur Methode vgl. Gabriele Rosenthal, Erlebte und erzählte Geschichte. Gestalt und Struktur biographischer Selbstbeschreibungen, Frankfurt a. M. 1995, S. 16.

9 Maurice Halbwachs, Les cadres sociaux de la mémoire, Paris 1925.

Aber bei Weitem nicht jeder hatte die Möglichkeit, über die Vergangenheit zu sprechen. Die Repressionen, die bei der Heimkehr drohten, verhinderten, dass Erfahrungen der Vergangenheit Eingang in das kulturelle Gedächtnis einer „Ostarbeiter"-Gemeinschaft fanden. In Russland entstand diese Gemeinschaft erst in den 1990er-Jahren, als deutsche Stiftungen angefangen hatten diejenigen zu entschädigen, die während des Krieges durch NS-Deutschland zur Sklavenarbeit verschleppt worden waren.

Die Analyse der Strategien zur Integration ehemaliger „Ostarbeiter" in die sowjetische Gesellschaft der Nachkriegszeit sollte einerseits den sozialen und politischen Kontext, der die Träger einer solchen Erfahrung marginalisierte, beachten und andererseits die vom Erzählenden selbst unternommenen Anstrengungen zur Überwindung der biografischen Brüche, die als Abweichung von einer generationsbezogenen Norm empfunden und wahrgenommen wurden. Es handelte sich hierbei um eine Art Instandsetzung der Biografie, die sich auf zwei Ebenen bemerkbar machte: zum einen in den Strategien zur Normalisierung des Lebenslaufs und zur Anpassung an die biografische Norm und zum anderen auf der Ebene der Erzählung selbst, in Form von narrativen Strategien zur Darstellung der Lebensstationen. Die posttraumatische Situation spielt bei den Erzählungen ebenso eine Rolle wie die Ausdrucksfähigkeit, mit der der Autor den Sinn vermittelt; oder aber die Ausdrucksfähigkeit des Sinnzusammenbruchs. Damit ist der Sinnverlust gemeint (eine Krise in der Beziehung zwischen Vergangenheit und Gegenwart, bei der die Vergangenheit entwertet wird, oder aber eine Erfahrung, die eine Interpretation unmöglich macht), der Verlust der inhaltlichen Stimmigkeit des biografischen Konstrukts oder der biografischen Kohärenz. Dieses Problem äußert sich in biografischen Brüchen, in der Unfähigkeit der Erzähler, alle Phasen ihres Lebensweges in einer Erzählung zu vereinen. Es äußert sich im Zusammenbruch des geschlossenen Narrativs, in der Fragmentierung desselben, in Lücken, Aposiopesen und ähnlichen narrativen Strategien. Hinter der Beschäftigung mit der Mikrogeschichte, mit den einzelnen Biografien, steckt der Versuch, ins Bewusstsein der Interviewten zu dringen, zu verstehen, wie sie ihre eigene Welt empfanden und interpretierten, mit dem Ziel, diesen Menschen eine kulturelle Selbständigkeit zurückzugeben und ihrer Wahrnehmung – die sich von der unsrigen unterscheidet – Legitimität zu verleihen.[10]

Wir betrachten die gesammelten Biografien der „Ostarbeiter" als einen Raum zerrissener, inkohärenter sozialer Identität. Sie erlebten eine Sinnkrise, die unter

10 Jörn Rüsen, Über die Ordnung der Geschichte. Die Geschichtswissenschaft in der Debatte über Moderne, Postmoderne und Erinnerung, in: Orte der Erinnerung. Denkmal, Gedenkstätte, Museum. Hrsg. von Ulrich Borsdorf/Theodor Heinrich Grütter, Frankfurt a. M. 1999, S. 79–100.

dem Druck diskursiver Regeln entstand, die eine Zustimmung anderer Gruppen der sowjetischen Gesellschaft bezüglich der Stellung und Rolle der „Ostarbeiter", der Beurteilung und Anerkennung ihres Nachkriegsnarrativs, und damit im Grunde auch die Anerkennung der Legitimität dieses Narrativs unwahrscheinlich machten. Aus der Sicht der „Ostarbeiter" wiederum konnte die katastrophale Erfahrung des Erlebten nicht mit Sinn gefüllt werden.

Interpretiert wurden Biografien von „Ostarbeitern" aus Pskov, die die Phase verspäteter Legitimation durch die Entschädigungszahlungen aus Deutschland erlebten. Eine Entschädigung erhielten jedoch nur jene, die beweisen konnten, tatsächlich Zwangsarbeit geleistet zu haben. Es war diese Gruppe der Betroffenen, die sich zu einer Erinnerungsgemeinschaft zusammengeschlossen haben und jene ausschlossen, die keine Nachweise, Bescheinigungen oder Zeugen beibringen konnten.

Integrationsstrategien der Ostarbeiter

Wie versuchten sich die ehemaligen „Ostarbeiter" in die sowjetische Gesellschaft zu integrieren, eine Normalisierung zu erreichen, den biografischen Bruch zu überwinden oder die biografische Ganzheitlichkeit wiederherzustellen? Wir konnten empirisch mehrere Strategien unterscheiden, die eine Anpassung des Lebenswegs der „Ostarbeiter" nach dem Krieg an einen Weg ermöglichten, der aus der Sicht der Bürger der sowjetischen Nachkriegsepoche legitim war.

Als erste Strategie ist die genderspezifische *Normalisierungsstrategie* zu nennen. Männliche Biografien normalisierten sich dank „zusätzlicher" Militärerfahrung in Kombination mit einer beruflichen Tätigkeit. Weibliche Biografien normalisierten sich durch den traditionellen Mechanismus der Heirat samt des „gesetzlich-rituellen" Ablegens des Nachnamens – jenes Namens, der durch die Zwangsarbeit in Deutschland in Verruf gebracht worden war – sowie durch die Geburt von Kindern und durch berufliche Tätigkeit, was zusammengenommen den klassischen Geschlechtervertrag der Sowjetepoche darstellt (mit der Rolle der Frau als Arbeiterin und Mutter).

Betrachten wir zwei männliche Biografien näher. Die erste (N. S.) stellt ein Beispiel dafür dar, wie die Gefangennahme und der Aufenthalt in einem Konzentrationslager durch die Fronterfahrung in einer Strafkompanie aufgehoben werden. Diese Erfahrung „überschreibt" den Makel der Gefangenschaft. So erlebt N. S. das Ende des Krieges bereits in einer anderen Eigenschaft. Als Angehöriger einer Strafkompanie begeht er eine Heldentat und bekommt den Ruhmesorden dritter Klasse verliehen. Zu seiner Biografie gehört die Schlacht um Berlin sowie eine Karriere in der Kommunalwirtschaft auf Gebietsebene, aber selbst der Status eines Kriegshelden kann ihn nicht vor Vorwürfen retten: „[…] die Vorwürfe kamen von unseren eigenen Mitarbeitern – wahrscheinlich aus Neid: Ich war in Kriegsgefangenschaft, und jetzt habe ich plötzlich so einen Posten.“

In der zweiten Biografie (Vater von R. K.) geht es um die Einberufung in die Armee als Angehörigen der Logistik. Aber auch diese Erfahrung erlaubt es dem „Befleckten“, den Krieg mit einer Front- und eben nicht mit einer Lagererfahrung zu beenden.

In ihrem Interview berichtet R. K. über die Mobilisierung ihres Vaters und über die Rückkehr in die Heimat: „Zwei Leutnants kamen angefahren, einer von ihnen – er war ganz wütend – sagte: ‚Ihr wolltet also für die Deutschen arbeiten?‘ Der zweite sprach meinen Vater an und sagte: ‚Weißt Du was, Alter, fahrt weg … ganz weit weg. Sonst … ziehen wir uns zurück, und ihr kommt wieder unter die Deutschen.‘ Wir sind etwa einen Kilometer direkt auf der Straße gelaufen, weil hier ständig alle Leute am Straßenrand laufen. Und dann kam einer vom Militär und sagte: ‚Väterchen, welcher Jahrgang bist du denn?‘ Vater nannte ihm das Jahr, und da sagte der, dass Vater vor den Karren müsse … Und da haben sie ihn in die Armee geholt. Und wir waren nur noch zu dritt.“

Die Biografie von L. T., die als Lehrerin in einem besetzten Dorf arbeitete, verweist auf die Praxis der Berufsverbote und zudem auf die Strategie der Heirat und des Kinderkriegens. „Wir hatten nicht mal Adressen ausgetauscht, nach dem Krieg haben wir nicht versucht, einander zu finden. Es ist im Sand verlaufen, der Krieg sollte zu Ende gehen und nichts sollte an ihn erinnern. Dann gab es hier so was, wie soll ich sagen, alle, die in besetzten Gebieten waren, alle Lehrer sollten abberufen werden, da bin ich rausgeflogen wegen dieser Besatzung. Sie haben sich natürlich einen anderen Grund ausgedacht, haben es nicht direkt so geschrieben. Und später bin ich nicht mehr in die Lehrerlaufbahn zurück. Dann hab ich hier geheiratet, war mit den Kindern zu Hause, danach hab ich als Sekretärin in Büros gearbeitet.“

Die Strategie der Normalisierung war in diesem Fall – wie das Narrativ zeigt – nur zum Teil erfolgreich, da die Befragte diskriminiert wurde und von Berufsverbot betroffen war.

Eine weitere Strategie beruht auf *Anonymisierung*. Diese war bereits im Vorkriegsstalinismus als Mittel gegen drohende Repressionen verbreitet. Arbeitsmigration, die erwähnten Heiratsstrategien und Manipulierung von Dokumenten (Verlust, Austausch, Verheimlichung von Tatsachen beim Erhalt eines neuen Personalausweises) gehören in diesen Bereich.

E. M. berichtet: „In der Stadt war es ja einfacher: du tauchst unter, niemand stellt Fragen … redest nicht darüber – und fertig. […] Die vierte Klasse hab ich noch beendet, dann war Schluss, dann musste ich arbeiten. Ich musste Mama helfen, Steuern für alles bezahlen. Solche Naturalabgaben gab es, [...]. Egal, ob du Hühner hältst oder nicht – eine bestimmte Menge Eier musst du abgeben, Wolle genauso und Milch von der Kuh. [...] Soundso viele Kartoffeln, so viel Knoblauch [...]. Und die Geldabgaben auch noch dazu. [...] Es war ein Alptraum. Ich ging also in eine Ziegelfabrik arbeiten, da war ich noch ein Mädchen. Ich war fünfzehn, die zweite Saison hab ich da schon gearbeitet, dann bekam ich eine Bescheinigung und 'nen Arbeitspass. Dann hab' ich mich anwerben lassen – nach Leningrad, auf eine Baustelle. Drei Jahre hab ich dort gearbeitet, und als der Vertrag ausgelaufen ist [...] bin ich in eine Fabrik."

Als nächste Variante ist die *Kompensationsstrategie* zu nennen. Sie besteht in der Suche nach kulturellen Nischen, die es den Betroffenen ermöglichen, einen nicht immer direkten, aber stetigen Dialog über das Erlebte zu führen, eine Expertentätigkeit zu wählen und in Archiven zu arbeiten, eine eigene Interessengemeinschaft, wie zum Beispiel die Vereinigung ehemaliger minderjähriger Häftlinge, zu gründen, literarische oder geschichtliche Werke zu verfassen usw.

Einer der Befragten, G. K., war als Kind in Sachsenhausen und leitet die Pskover Vereinigung ehemaliger KZ-Häftlinge. Einige Mitglieder dieser Vereinigung schreiben Gedichte, Essays, historische und landeskundliche Artikel, was ihnen die Möglichkeit eröffnet, ihre biografischen Erfahrungen in eine literarische Form zu bringen, die das Erlebte abstrahiert, und wenigstens auf diese Weise eine symbolische Anerkennung zu erhalten.

Eine spezifische Strategie stellt die *Überkompensation* dar, etwa durch Rollentausch oder Identifikation mit den Wächtern.

Auf ein Beispiel dieser Strategie sind wir zufällig gestoßen. Während eines Interviews mit einer Angehörigen der Pskover Vereinigung ehemaliger KZ-Häftlinge erfuhren wir, dass ihre Nachbarin eine ähnliche Erfahrung gemacht hatte. Nach telefonischer Vereinbarung kamen wir zu dieser älteren Frau, füllten den Fragebogen aus und waren bereit, mit dem eigentlichen Interview zu beginnen. Sie wollte das Interview jedoch nicht machen und versuchte sogar, die bescheidenen Geschenke, die wir ihr bei unserer Ankunft überreicht hatten, zurückzugeben. Immerhin liegt uns trotz der fehlenden Erzählung das biografische Konstrukt, ihr „Lebensweg" vor. M. I. wurde mit 19 Jahren aus Pskov verschleppt. Sie arbeitete drei Jahre als Schweißerin in einem Rüstungsbetrieb in der Nähe von Dresden. Nach ihrer Befreiung nahm sie Kontakt zu einer Schicksalsgefährtin aus dem Arbeitslager in Deutschland auf und kam in den Norden des Landes, wo sie in einer Goldmine die dort arbeitenden Häftlinge bewachte. Dort lernte sie ihren Mann – ebenfalls einen Aufseher – kennen und kehrte erst nach seinem Tod in die Heimat zurück. Der Rollentausch und der individuelle Weg der

Deviktimisierung erklären zum Teil den Widerwillen, darüber zu berichten. Diese in den erzählten Biografien der Erzähler empirisch anzutreffenden Normalisierungsstrategien stellen realisierte Lebensverläufe dar, deren Muster auf bestimmte soziale Kompetenzen der Subjekte dieser biografischen Erfahrung hindeuten (das heißt auf ihre Beherrschung der Regeln des „Überlebensspiels"), auf ihr Bestreben, sich den institutionellen Koordinaten anzupassen, um so wie alle anderen zu werden.

Die Position der Repatrianten in der Gesellschaft

Wie wurden die Betroffenen in der Heimat empfangen? Die massenhafte Rückkehr der ehemaligen „Ostarbeiter" aus Pskov endete im September/Oktober 1945. Unsere Befragungen in Pskov ergaben, dass nach der Repatriierung über 75 Prozent der Befragten auf Unverständnis, zuweilen auf offene Feindseligkeit und auf Vorwürfe stießen.

In einem Interview mit R. K. heißt es: „Kostjugov lebte damals in unserem Haus, er sagte also: ‚Da haben wir sie ja! Habt euch in ganz Deutschland herumgetrieben, jetzt kreuzt ihr hier auf!'"

Aus dem Interview mit E. Š.: „Wir kommen zurück, und unser Haus ist leer, alles hat man uns weggenommen, nichts haben sie dagelassen, gar nichts. Da gab es eine Grube, mein Vater hatte – es gab Warnungen –, also in der Nacht davor, da hatte er eine Grube gemacht, hat da die Nähmaschine vergraben, das Fahrrad vergraben, einige Sachen, Kleidung dort vergraben. So, und das alles wurde ausgegraben. Alles hat man ausgegraben und geklaut. Nichts ist geblieben. Sogar die Nähmaschine, die vergrabene, auch die haben die Nachbarn ausgegraben. […] Mama hat nachgeforscht. Und als sie den Weg entlang ging – gegenüber das Haus, da hing unsere Decke am Zaun, unsere Kissen, alles bei den Nachbarn."

Aus dem Interview mit N. K.: „Na, wir spürten [nach der Heimkehr] nicht […] so einen Druck auf uns, kein Misstrauen. […] Nur wurde Mama für 'nen Orden vorgeschlagen [für die Unterstützung der Partisanen], aber sie hat ihn nicht bekommen, wahrscheinlich aus diesem Grund."

Bei der Beschreibung der Heimkehr, auf die die zur Zwangsarbeit nach Deutschland verschleppten Frauen so lange gewartet hatten, erwähnen sie beiläufig sexuelle Übergriffe durch sowjetische Offiziere und Soldaten. Einige zogen es – durch die Erzählungen über Diskriminierungen verängstigt – vor, nicht an ihre Heimatorte zurückzukehren; so auch Mutter und Tochter M. Nach der Befreiung wurden ihnen gleich bei der ersten Filtrationsstelle die Ausweispapiere abgenommen, darunter auch der Pass der Mutter. Man sagte ihnen, sie würden diese erst nach ihrer Rückkehr in das Gebiet Pskov wiederbekommen. Es ging das Gerücht um, dass dann alle in NKVD-Lager geschickt werden sollten, also beschlossen sie, nicht in den Heimatort zurückzukehren. Die nächsten sechs Jahre irrten sie in den verschlafenen Dörfern Weißrusslands umher, und erst als es für die Tochter M. an der Zeit war, einen Pass zu bekommen, beantragten sie die Papiere schriftlich in ihrer Heimatstadt. Einige andere der Befragten wurden noch lange Zeit vom NKVD beobachtet, konnten keine Arbeit finden und ihre Ausbildung nicht wieder aufnehmen.

Eine besondere Rolle spielten in diesem Integrationsprozess die Ausweispapiere. Die Inlandsdokumente wurden vielfach von den entsprechenden Institutionen dazu benutzt, soziale Gruppen mit untypischer Kriegserfahrung herauszufiltern. Viele der Befragten waren nach ihrer Rückkehr aus Deutschland lange Zeit ohne vollwertige Ausweispapiere geblieben, sie besaßen nur eine Bescheinigung über die Befreiung. Dadurch waren sie gezwungen, sich einer Strategie der Anonymisierung, des Verschweigens, der Suche nach sicheren Nischen zu bedienen – selbst wenn sie dabei auf die Zusammenführung der Familie verzichten mussten, wie es im folgenden Beispiel, im Interview mit E. M., der Fall ist:

„Auf dem Waggondach sind wir nach Weißrussland gefahren. Dort waren wir im Bezirk Livny. Mutter hat sozusagen in sein Haus hineingeheiratet. Seine Frau war gestorben, vier Kinder sind geblieben, und ich war die fünfte. Wir hatten keine Wahl, waren ohne Papiere. An Leningrad war gar nicht zu denken. In die siebte Klasse der Mittelschule haben sie mich ohne Papiere nicht mehr genommen. Also hab ich nach Leningrad ins Archiv geschrieben. Und erst, als die Geburtsurkunden da waren, bekam ich meinen richtigen Nachnamen: Ivanova. Und gleich darauf schrieb mir meine Tante aus Leningrad. Vater ist nach dem Lazarett zur Nachbehandlung in Čeljabinsk geblieben. Die Genesenen wurden dort von den Einheimischen aufgenommen, jeder nahm so viele auf, wie er konnte. Und er wurde von dieser Frau aufgenommen, von der Rothaarigen. Also blieb er auch bei ihr. Ich hab die zehnte Klasse beendet und bin da hin. Er hat mir einen Brief geschrieben, da dachte ich, vielleicht nimmt er mich auf. Ich musste mir nix dir nix wieder zurück. Und mein Stiefvater sagte: ‚Dein Vater wollte dich nicht aufnehmen, und ich brauche dich hier auch nicht. Raus hier, ich will dich nicht mehr sehen!‘ Noch im selben Monat bin ich zum Kreiskomitee des Komsomol und bin weg, nach Kasachstan.“

E. Š. erzählt in ihrem Interview, wie sie Arbeit in den Bergwerken suchte, nachdem ihr klar geworden war, dass der nachteilige Kriegsgefangenenstatus durch Spitzeldienste verbessert werden kann:

„Wir wurden in die Stadt Lida, nach Weißrussland, gebracht. Dort hat man uns im Lager für ehemalige Kriegsgefangene in Erdhütten untergebracht. In den

Erdhütten gab es Pritschen, und dort wurden wir wieder mal überprüft. Das einzige Dokument, das ich hatte, das wir alle hatten, war so eine Bescheinigung, so groß wie meine Hand etwa, auf der stand, wer und was ich bin und wohin ich geschickt wurde. Mit dieser Bescheinigung kam ich nach Vladikavkaz. Und dort bin ich zur Miliz gegangen. Dort sagte man mir: ‚Hier sind sie falsch.' – ‚Wo soll ich denn hin?' – ‚Gehen Sie zum KGB.' Ein Unterleutnant, so ein Jüngling, nahm mich wieder in die Mangel, hat wieder ausgefragt, wieder überprüft, wie die es so machen. Schließlich sagt er: ‚Wo wohnst du?' Ich hab ihm ehrlich erzählt, wie mich eine Frau aus dem Zug aufgenommen hat, eine von den Baptisten. Dann hieß es: ‚Du gehst ins Werk, wirst dort arbeiten. Und wirst für uns arbeiten.' Ich hab 'nen Schrecken bekommen, es liegt nicht in meinem Charakter, für den KGB zu arbeiten. Sie gaben mir eine Adresse und sagten: ‚Gehe ins Werk, dort gehst du zu einem von der Ersten Abteilung, mit dem wirst du arbeiten.' Und da bekam ich von der Miliz statt eines Passes 'nen Ausweis, gültig für ein Jahr. Und als ich das alles verstand, als ich es begriff, da bin ich ausgerissen [...] ins Donezbecken, zu Klava. Ihr Vater hat dort gearbeitet, war der Chef der Zechen. Einige Tage, nachdem ich dort angekommen war, kommt eines Abends ein Mann und fragt: ‚Wohnt die hier?' Ich sage: ‚Ja, das bin ich.' – ‚Kommen Sie mit.' Ich sage: ‚Gut.' Er fragt mich: ‚Wer bist du, woher kommst du?' Ich hab wieder alles erzählt. ‚Was gedenkst du zu tun?' – ‚Ich will arbeiten. Geht das?' Es sagt: ‚Ja.' Also. Und ich sage: ‚Bekomme ich denn eine Anmeldung?' – ‚Ja. Melden Sie sich an und suchen Sie sich eine Arbeit!' Ich konnte mich anmelden und habe angefangen, im Bergwerk zu arbeiten. War das schwer dort. [...] Aus dem Donbas bin ich nur dank Klavas Vater weggekommen. Weil man nicht kündigen durfte. Wenn du hier einmal gebunden bist, bleibst du auf ewig hier, oder? Aber da er am meisten sich selbst und seine Familie bedauerte: Wieso soll ich dann bei ihnen wohnen? Oder ich muss in dieses Wohnheim gehen. Aber auch ich tue ihm leid, und seine Familie tut ihm leid. Deshalb hat er einfach gebeten, dass ich ganz still und leise entlassen werde."

Solche Praktiken im Umgang mit Ausweispapieren spiegeln die mit den Dokumenten verbundene Macht wider, die alle Ebenen des Alltags durchdrang und es nahezu unmöglich machte abzutauchen.[11] Die angeführten Beispiele belegen aber auch, dass ziviler Widerstand gegen die Politik der Kategorisierung mittels Ausweispapieren existierte, der sich als Mittel der Beziehungsnetze, Familienbande, den Manipulationen mit Namensänderung und einer aktiven Arbeitsmigration bediente.

11 Shona Hunter, Living Documents. A Feminist Psychosocial Approach to the Relational Politics of Policy Documentation, in: Critical Social Policy 28 (2008), S. 523.

Die Schwierigkeit zu erzählen

Das Spezifische der gemachten Erfahrung und die Unmöglichkeit, sie an gesellschaftliche Narrative anzubinden, machten es für unsere Interviewpartnern schwierig, sie in ein schlüssiges Narrativ zu bringen. Sie hatten Schwierigkeiten, eine geschlossene, kontinuierliche Erzählung zustande zu bringen.

Die Mehrheit der Befragten zog es vor, darüber zu schweigen, welchen Stellenwert das wichtigste Ereignis der Epoche in ihrem eigenen Leben hatte. Paradoxerweise mischte sich in dieses Schweigen jedoch der Wunsch, es doch zu erzählen, es mit jemandem zu teilen. Jene, die gemäß dem offiziellen sowjetischen Diskurs „für den Feind gearbeitet hatten", durften nicht heroisiert werden. Es war ihnen daher unmöglich, sich in gesellschaftlich anerkannte Sinnzusammenhänge der Nachkriegszeit – „wie wir den Sieg schmiedeten" oder „wie wir im Hinterland zum Sieg beitrugen" – einzugliedern. In der Folge kam es zu einem biografischen Bruch, die Betroffenen verzichteten auf einen Teil ihrer Vergangenheit als Ressource für ihre eigene Identifikation.

Im Interview mit E. A. heißt es: „Eine Freundin von mir wusste es, aber sonst hatte ich niemandem erzählt, dass ich in Deutschland war. Später hat man dann begonnen, darüber zu reden. Aber früher galt: kein Wort zu niemandem […]."

Die meisten Befragten sprachen sogar mit ihren nächsten Verwandten, den Ehepartnern, den Kindern, erst in den 1990er-Jahren zum ersten Mal über ihre Erfahrung.

Die Schwierigkeit einer solchen Erzählung lag im Fehlen einer ganzheitlichen Gestalt dessen, was zwar erlebt, aber noch nicht erzählt worden war. In einer solchen Situation griffen die Befragten in ihren narrativen Bemühungen entweder zu Gruppennarrativen, zur Fragmentierung der Erzählung oder zum Beschweigen.

Bei den Versuchen, die Lebensgeschichte aufzubauen, kam es zu Schwierigkeiten. Zunächst wurde über den Kriegsausbruch berichtet, dann wurde das Ereignis selbst – die zwangsweise Mobilisierung zum Arbeitseinsatz – beschrieben, danach folgte die Befreiung. Das Leben nach dem Krieg erschien auf der narrativen Ebene ereignislos, obwohl das Überleben in einem Dorf nach dem Krieg oft kaum einfacher war als in einem deutschen Arbeitslager. Auch beim Erzählen über die Kindheit und das Leben vor der Verschleppung wurde die Narration unsicher: Diese Lebensabschnitte ließen sich nicht so einfach in die Biografie integrieren, da der gesamte nachfolgende Lebensverlauf zerbrochen war. Wollte man die Gestalt dieser Situation beschreiben, könnte man sagen, dass die Konstruktion des Lebens vor dem Krieg nicht mehr in die der Nachkriegszeit integrierbar war, es gab keine Verbindungslinien. Ein anderer möglicher Grund dafür, dass die Befragten nicht imstande waren, eine vollständige Erzählung über ihr Leben herzustellen, ist die Idealisierung der Zeit vor der traumatischen Erfahrung wie auch der Figuren dieser Zeit sowie die Verzerrung aller damit verbundenen Gefühle, Handlungen und Gedanken.[12] Die Idealisierung der glücklichen Zeit oder der herzlichen, liebevollen Eltern und Geschwister kann generell dazu führen, dass Erzählungen, die das idealisierte Bild zerstören könnten, grundsätzlich gemieden werden. In den Interviews, die wir geführt haben, entfaltete allerdings die Idealisierung der Kindheit in der Vorkriegszeit, insbesondere im bäuerlichen Umfeld, das Bild eines gut funktionieren Haushalts mit gutem Auskommen und der vielen notwendigen und als selbstbestimmt empfundenen Arbeit.

Im Interview mit N. D. heißt es: „Wir waren sechs Kinder, [...]. Die Eltern waren sehr gut, besonders Papa und Mama, [...] und überhaupt waren die Eltern sehr gut. [...] Wir hatten ein schönes Haus. Eine Pjatistenka [ein größeres Bauernhäuschen]. Erst waren wir neun Kinder, drei sind gestorben. Weil die Zeit fehlte, sie zu betreuen, es waren viele Kinder, es gab ja viel Arbeit zu Hause. Wir haben alles gemacht, mussten alles machen, Wäsche waschen, alles mussten wir machen. [...] Also, meine Kindheit besonders, darf man nicht [...]. Und so machten wir abends das, was uns die Eltern aufgetragen hatten – und wenn wir fertig waren, durften wir noch soundso lange rausgehen. [...] Und wenn wir nicht fertig wurden, dann mussten wir so lange weitermachen, bis es fertig war. Weil man den Eltern auch helfen musste. So war das."

Eine noch fehlende symbolische Anerkennung

In den 1990er-Jahren wurde nun die biografische Erfahrung der „Ostarbeiter" offen angesprochen oder publik gemacht. Es sei daran erinnert, dass unsere Interviewpartner zu dieser Zeit das Rentenalter erreichten; in der Zeit nach der Perestrojka, einer Zeit, in der ein Wechsel der historischen Diskurse vollzogen wurde oder zumindest verschiedene Geschichtsdiskurse nebeneinander präsent waren. Eine finanzielle Kompensation des Leids, das die Befragten während des Krieges erlitten haben, die durch einen entsprechenden offiziellen Diskurs zu untermauern gewesen wäre, hätte Perspektiven für eine narrative Verarbeitung des Erlebten eröffnen können. Der begonnene Prozess einer Dokumentierung dieser Erfahrung – angefangen bei der Ausfertigung von Dokumenten, die die in Deutschland geleistete Zwangsarbeit belegen, bis hin zur Entfaltung normativer

12 The Holocaust in Three-Generation-Families of Victims and Perpetrators of the Nazi Regime. Hrsg. von Gabriele Rosenthal, Kassel 1998.

Interpretationsvarianten in Bezug auf die Vergangenheit, die zur Rehabilitation der „Ostarbeiter" in der öffentlichen Meinung hätten beitragen können – hatte sich jedoch nicht voll entwickelt. Über eine Auszahlung der Entschädigungen gingen die Maßnahmen nicht hinaus.

Obwohl die Entschädigungen zum Maß all jener Dinge wurden, die nicht messbar sind (Gesundheitsschäden, materielle Verluste, seelisches Leid, die Schuld derer, die diesen Schaden zufügten), versteht sich von selbst, dass das Geld „es einem traumatisierten Menschen dennoch erlaubt, ein anderes Leben zu beginnen".[13]

Aus dem Interview mit O. A.: „Für die Entschädigungssumme habe ich den Fernseher gekauft, diesen Unterschrank, ein Sofa. Ich habe das Geld gewechselt und bin mit einer Freundin zum Warenhaus gefahren, dort haben wir den Fernseher gekauft. Dann [...] habe ich das Sofa und den Schrank gekauft. Damit mein Geld nicht futsch geht. Wir haben ja immer sehr sparsam, bescheiden gelebt. Ich habe angefangen, darüber zu erzählen, als es möglich wurde. Davor waren meine Lippen versiegelt. Man durfte nicht zu viel reden."

Aus dem Interview mit A. U.: „Als ich das Geld zum ersten Mal bekam, haben wir das Dach mit Schiefer gedeckt, und den Kredit haben wir zurückbezahlt. Und beim zweiten Mal waren es dreißig Tausend: Den Kühlschrank, diese Gardinenstangen haben wir gekauft, die Gardinen, ein paar Anziehsachen gekauft. [...] Nichts Großartiges halt. [...] Nun brauchen wir Farbe, um das Haus zu streichen. [...] Wissen Sie, ich meine, für den Staat, für Deutschland, ist das doch kein Geld. [...] Sie haben unsere Leben zerstört. Sie haben uns unser Zuhause genommen. Einige konnten nach dem Krieg zurückkehren, aber wir nicht. Weil wir nichts mehr hatten, wo wir hin konnten. Sie haben uns alles zerschlagen. Na, und seelisch? Ist das etwa eine Entschädigung? Was für eine Entschädigung soll das sein? Was wir alles durchgemacht haben! [...] Erst dann verstehst du, was das ist. Und dass sie uns dreißig Tausend hingeschmissen haben, ist das etwa eine echte Summe? Das Sofa müssen wir austauschen, es ist zu alt. Wir haben nichts, wo wir baden könnten, wir bräuchten eine Banja, müssen Holz für das Häuschen kaufen."

Im Bewusstsein der Befragten liegt die Schuld ausschließlich bei Deutschland („sie haben uns alles zerschlagen"), und die Höhe der Entschädigung ist angesichts des zugefügten Schadens nicht angemessen. Aber wie Gabriele Freitag schreibt, sind die Zahlungen aus den Mitteln der Stiftung „Erinnerung, Verantwortung und Zukunft" für viele zugleich eine Bestätigung ihres Schicksals

13 K. L. Šeppeli, Dvojnoj sčet. Rasskazy i rasčety posle terakta na Dubrovke, in: Travma. Punkty. Hrsg. von S. Ušakin/E. Trubina, Moskva 2009, S. 276.

durch eine „offizielle Instanz". Somit können die Zahlungen außer dem materiellen Wert auch noch eine symbolische Bedeutung bekommen und von einigen ehemaligen Zwangsarbeitern als eine Art verspätete Rehabilitierung im eigenen Land empfunden werden.[14]

Dennoch bleiben Schwierigkeiten. Die Probleme der sozialen Anpassung jener Menschen, die mit dem Stigma „Helfershelfer des Feindes" heimgekehrt waren, wurden den Betroffenen selbst aufgeschultert. Die Schuld an den Problemen bei der Adaptation wird dabei noch immer stillschweigend bei jenen gesehen, die bezahlen. Solange ein klares Narrativ über individuelle und kollektive Schuld fehlt, verlieren die Zahlungen ihren Bezug zu Sinngehalten, die eine Entschädigung auf symbolischer Ebene nähren. Das Ziel der Zahlungen ist nicht eindeutig klar, und die materiellen Probleme, die mithilfe dieser Zahlungen gelöst werden wollen, gehen ins Unendliche.

Da der diskursive Raum um Entschädigungszahlungen in Deutschland durch langjährige öffentliche Diskussionen und Gerichtsverfahren gegen Konzerne, die während des Krieges von Zwangsarbeit profitiert hatten, entstanden ist, er also einen festen Bestandteil des komplexen Prozesses der Aufarbeitung der deutschen Schuld bildet, konnte er inhaltlich nicht auf den postsowjetischen Kontext übertragen werden. Auch nachdem im Lauf der Auszahlung von Entschädigungsleistungen die Kategorie der „Ostarbeiter" für den Diskurs entdeckt worden war, ist die symbolische Bedeutung der Lebensgeschichten dieser Menschen in der offiziellen Geschichte des Großen Vaterländischen Krieges noch nicht revidiert worden.

Die Geschichte der „Ostarbeiter" blieb und bleibt bisher lediglich ein Randmotiv in der offiziellen postsowjetischen Geschichtsschreibung Russlands, für die der Große Vaterländische Krieg und der damit verbundene Sieg das wichtigste und positivste Ereignis in der jüngeren Geschichte des Landes darstellen. Lev Gudkov spricht deshalb vom „Krieg" als Kultur.[15] Und in diesem Punkt stimmt er mit dem eingangs erwähnten amerikanischen Historiker Fussell überein. Das Symbol des „Krieges" schafft ein Bedeutungsfeld, auf dem sich die wichtigsten Konflikte um die Erinnerung der modernen Geschichte Russlands abspielen.

Da die Reichweite des kollektiven historischen Gedächtnisses maximal zehn bis zwölf Jahre beträgt, muss eine Erinnerung, die diesen Rahmen übersteigen möchte, in einem institutionell überarbeiteten, symbolischen Format weitergege-

14 Gabriele Freitag, NS-Zwangsarbeit – 60 Jahre später. Die Arbeit der Stiftung „Erinnerung, Verantwortung und Zukunft", in: Osteuropa 55 (2005), S. 462–476, hier S. 475.

15 Lev Gudkov, Die Fesseln des Sieges. Russlands Identität aus der Erinnerung an den Krieg, in: Osteuropa 55 (2005), S. 56–72.

ben werden. Und da im Diskurs der postsowjetischen Geschichte die Erfahrung des Krieges mit all ihren Randmotiven nicht in vollem Umfang kritisch verarbeitet, rationalisiert und institutionell verankert wurde, dominiert weiterhin die offizielle Version des Krieges und begräbt dabei diskursiv die alternativen und verschwiegenen Versionen unter sich. In Russland ist die offizielle Version des Krieges, in der es keinen Platz für symbolische Rechtfertigung ehemaliger „Ostarbeiter" gibt, noch immer die einzige institutionell verankerte, und somit verfügt sie auch als einzige über die Ressourcen für die Reproduktion der kollektiven postsowjetischen Identität.

Tetiana Pastušenko

„Die Niederlassung von Repatriierten in Kiew ist verboten …"

Die Wiedereingliederung von ehemaligen Zwangsarbeitern in die sowjetische Gesellschaft nach dem Krieg*

Die Auswirkungen des Zweiten Weltkriegs auf die sowjetische Gesellschaft können kaum überbewertet werden. Das liegt nicht nur an der beispiellosen Zahl von Opfern, am Ausmaß der Zerstörung und an den Leiden der Bevölkerung der UdSSR. Die Teilnahme am Krieg wurde nach Kriegsende auch auf die eine oder andere Weise zum einzigen Kriterium, mit dem der Status einer Person in der Gesellschaft bestimmt wurde. Die inquisitorische Frage „Waren Sie im besetzten Gebiet?" hing wie ein Damoklesschwert über jedem sowjetischen Bürger, der unter der nationalsozialistischen Besatzungsmacht gelebt hatte – über jenen, die in Gefangenschaft geraten waren oder bei deutschen Unternehmen gearbeitet hatten. In ihrer Politik ließ die sowjetische Staatsführung dabei bewusst außer Acht, dass die Ukraine komplett besetzt war und über zwei Millionen ukrainische Bürger nicht aus eigenem Willen als Zwangsarbeiter und unter die Herrschaft des Dritten Reichs geraten waren. Man kann schwerlich einen Ort finden, der von der Verschleppung und Versklavung seiner Bewohner durch die deutsche, rumänische oder ungarische[1] Besatzungsmacht verschont geblieben wäre. Auch unter den sowjetischen Kriegsgefangenen, die massenhaft in der Wirtschaft des nationalsozialistischen Deutschland eingesetzt wurden, stellten Ukrainer einen wesentlichen Anteil. Nach dem Kriegsende kehrten diese „Ostarbeiter" und Kriegsgefangenen (nach offiziellen Angaben 4,5 Millionen Menschen)[2] frei-

* Dieser Artikel ist eine Kurzfassung der Monografie von Tetiana Pastušenko, die unter dem Titel „Das Niederlassen von Repatriierten in Kiew ist verboten …". Die Lage von ehemaligen Zwangsarbeiter/innen und Kriegsgefangenen in der Ukraine nach dem Krieg, 2011 in Kiew erschien. Sie wurde als Projekt im Rahmen des Programms „Dokumentation der Zwangsarbeit als Erinnerungsaufgabe" finanziell von der deutschen Stiftung „Erinnerung, Verantwortung und Zukunft" gefördert.

1 Siehe Erinnerungen von V. M. Lendel und O. M. Chymyč, in: Pam'jat' zarady majbutnjoho. Spohady, Kyïv 2001, S. 285, 412.

2 V. Zemskov, Repatriacija peremeščennych sovetskich graždan, in: Vojna i obščestvo, 1941–1945, Moskva 2004, Bd. 2, S. 346.

willig oder unfreiwillig in die UdSSR zurück. Die Nachkriegsperiode war eine der dramatischen Entwicklungsphasen des totalitären sowjetischen Systems und seiner Gesellschaft. In dieser Zeit erlangte die Sowjetunion als einer der Sieger des Zweiten Weltkriegs auf der internationalen Bühne den Höhepunkt ihres Ansehens. Andererseits erreichte der Gulag in den ersten Nachkriegsjahren seine größte Ausdehnung. Zu der neuen Gruppe der gewaltsam unterdrückten Bürger stießen nun überwiegend Militärangehörige hinzu: Soldaten der Wehrmacht, „Wlassow-Soldaten“ und Hilfspolizisten, die in deutschen Diensten gestanden hatten, ehemalige Kriegsgefangene sowie Zivilisten, die nach der Zwangsarbeit als Repatrianten in die Sowjetunion zurückgekehrt waren. Nicht alle Repatrianten wurden strafrechtlich verfolgt; doch ungeachtet der staatlicherseits angekündigten Rechte und sozialen Garantien, erhielten sie einen ungewissen sozialen Status und spürten deutlich die Diskriminierung.

Im Mittelpunkt der meisten Forschungen über den Spätstalinismus der Jahre 1945 bis 1953 stehen die politischen Verfolgungen und die Opfer der Gewalt.[3] In den Arbeiten über die Gesellschaft der Nachkriegszeit spielen Probleme von Bevölkerungsgruppen wie den Repatrianten eine eher untergeordnete Rolle.[4] Bis auf wenige Ausnahmen[5] betrachtete die Forschung die Repatriierung überwiegend unter Verwaltungsaspekten und untersuchte die für diese Tätigkeit geschaffenen Behörden (das Amt des Bevollmächtigten des Sowjets der Volkskommissare der UdSSR für Repatriierungsangelegenheiten, die gleichnamigen Dienststellen beim Sowjet der Volkskommissare der Ukrainischen Sozialistischen Sowjetrepublik und bei den Kreissowjets). Der Geschichte der Wiedereingliederung der

3 Ju. I. Stecovskij, Istorija sovetskich repressij, 2 Bde., Moskva 1997; G. M. Ivanova, Istorija GULAGa. 1918–1958, Moskva 2006; Ju. Šapoval, V. Prystajko, V. Zolotar'ev, ČK-HPU-NKVD v Ukraïni: osoby, fakty, dokumenty, Kyïv 1997; Polityčnyj teror i teroryzm v Ukraïni XIX–XX st.: Istoryčny narysy, Kyïv 2002; Nikita Petrov, Istorija imperii „GULAG“, http://www.pseudology.org/GULAG [10. 4. 2012]; T. V. Vrons'ka, Zaručnyky totalitarnoho režymu: repressiï proty rodyn „Vorohiv narodu“ w Ukraïni (1917–1953), Kyïv 2009.

4 T. V. Vrons'ka, V umovach vijny: žyttja ta pobut naselennja mist Ukraïny (1943–1945 rr.), Kyïv 1995; E. Ju. Zubkova, Poslevoennoe sovetskoe obščestvo: politika i povsednevnost' 1945–1953, Moskva 1999; Amir Weiner, Making Sense of War. The Second World War and the Fate of the Bolshevik Revolution, Princeton 2001; Martin J. Blackwell, Regime City of the First Category. The Experience of the Return of Soviet Power to Kyiv, Ukraine, 1943–1946, Ph. D. diss. Indiana University, 2005; Katrin Boeckh, Stalinismus in der Ukraine. Die Rekonstruktion des sowjetischen Systems nach dem Zweiten Weltkrieg, Wiesbaden 2007, S. 291–327; Tanja Penter, Kohle für Stalin und Hitler. Arbeiten und Leben im Donbass 1929 bis 1953, Essen 2010, S. 326–337.

5 S. D. Halčak, Na usbičči suspil'stva. Dolja ukraïns'kych „ostarbajteriv“ (Podillja, 1942–2007), Vinnycja 2009.

ehemaligen Ostarbeiter und Kriegsgefangenen in das soziale Umfeld wurde hingegen nicht genügend Beachtung geschenkt.[6]

Die vorliegende Untersuchung ist ein Versuch, die Erforschung der rechtlichen Reglementierung und der praktischen Umsetzung der Repatriierungspolitik in der UdSSR an Beispielen von Rückkehrern nach Kiew zusammenzubringen. Dafür wird die Auswertung mündlich überlieferter Erfahrungen dieser Bevölkerungsgruppe bei ihrer Wiedereingliederung in der Nachkriegszeit herangezogen. Die besondere Lage der repatriierten Kiewer, die in der Forschung bisher wenig Beachtung fand, gründete sich darauf, dass ihnen die Niederlassung in der ukrainischen Hauptstadt offiziell verboten wurde. Gemäß Beschluss des Rats der Volkskommissare der UdSSR Nr. 30-12c vom 6. Januar 1945 „Über die Organisation der Aufnahme der von der Roten Armee und den Streitkräften der Alliierten befreiten Bürger"[7] mussten alle Repatrianten an ihre früheren Wohnorte zurückkehren, ein Wohnsitz in Moskau, Leningrad und Kiew wurde ihnen jedoch verwehrt. Diese Entscheidung betraf Zehntausende von Menschen. Kiew war die einzige Stadt in der Sowjetunion, aus der während der Besatzung Menschen massenhaft zur Zwangsarbeit abtransportiert worden waren (es waren über 50 000)[8] und denen die Rückkehr nach dem Krieg verboten wurde. Dabei lebten nach offiziellen Angaben 1947 in der ukrainischen Hauptstadt über 16 000 Repatrianten.[9] Es gilt nun zu klären, auf welche Weise die Kiewer Rückkehrer und

6 Mark R. Eliott, The Repatriation Issue in Soviet-American Relations, 1944–1947, PhD diss. University of Kentucky, 1974; Wolfgang Jacobmeyer, Vom Zwangsarbeiter zum Heimatlosen Ausländer. Die Displaced Persons in Westdeutschland 1945–1951, Göttingen 1985; P. M. Poljan, Žertvy dvuch diktatur. Ostarbajtery i voennoplennye w Tretjem Rejche i ich repatriacija, Moskva 1996; A. F. Bičechvost, Prestupnaja i protivorečivaja politika, Saratov 1995; Ju. N. Arsamanskin, Repatriacija sovetskich i inostrannych graždan v 1944–1953 gg.: voenno-političeskij aspekt, Moskva 1999; Liubomir Y. Luciuk, Searching for a Place. Ukrainian Displaced Persons, Canada, and the Migration of Memory, Toronto 2000; Marta Dyczok, The Grand Alliance and Ukrainian Refugees, Oxford 2000; E. V. Vertlickaja, Repatrianty v Sverdlovskoj oblasti w 1944 – načale 1950 gg., Ekaterinburg, 2004; Ulrike Goeken-Haidl, Der Weg zurück. Die Repatriierung sowjetischer Kriegsgefangener und Zwangsarbeiter während und nach dem Zweiten Weltkrieg, Essen 2006; M. P. Kunyc'kyj, Prymusova repatriacija radjans'kych hromadjan do SRSR pislja Druhoï svitovoï vijny (ukraïns'kyj vektor), Luc'k 2007; Hitlers Sklaven – Stalins „Verräter". Aspekte der Repression an Zwangsarbeitern und Kriegsgefangenen. Eine Zwischenbilanz. Hrsg. von Peter Ruggenthaler/Walter M. Iber, Innsbruck u. a. 2010.

7 Poljan, Žertvy dvuch diktatur, S. 359, 367.

8 T. V. Pastušenko, Ostarbajtery z Kyïvščyny: verbuvannja, prymusova pracja, repatriacija (1942 – 1953), Kyïv 2009, S. 84.

9 Central'nyj Deržavnyj Archiv Vyščych Orhaniv Vlady ta Upravlinnja Ukraïny (CDAVOU), Fond R-2, op. 7, spr. 5820, Bl. 54.

die Behörden sich hierbei arrangierten. Hierfür werden zwei Ebenen einbezogen und analysiert: a) die Struktur und Tätigkeit jener sowjetischen Behörden, die die Wiedereingliederung der Repatrianten in der Nachkriegszeit organisierten und kontrollierten; b) die persönlichen Erinnerungen ehemaliger Zwangsarbeiter über ihre Anpassung an die Lebensumstände in der Hauptstadt der sowjetischen Ukraine nach dem Krieg, auch als Ausdruck eines sozialen Gedächtnisses. Die Subjekte der Geschichte passten sich nicht nur an die Kultur ihres Umfelds an, sondern entwickelten auch eigene Mechanismen und Methoden zur Existenz in einer veränderten Gesellschaft.

Als Quellen dienten Archivunterlagen[10] sowie die zwischen 2002 und 2010 von der Autorin aufgenommenen biografischen Interviews mit ehemaligen Repatrianten.[11] Hierbei wurde die Methode des biografischen halbstrukturierten

10 Akten folgender Behörden wurden eingesehen: der Abteilung für Repatriierungsangelegenheiten beim Sowjet der Volkskommissare (SNK, ab März 1946 Ministerrat) der Ukrainischen SSR sowie der zuständigen Amtsstellen bei den Kiewer Stadt- und Kreissowjets in den Beständen des Staatlichen Zentralarchivs der höchsten Regierungs- und Verwaltungsorgane der Ukraine (CDAVOU, Fond 2: Ministerrat der Ukrainischen SSR, op. 7: Beschlüsse des Ministerrats, 1936–1949, op. 8: Abteilung für Repatriierungsangelegenheiten, 1950–1953), des Staatlichen Zentralarchivs der öffentlichen Organisationen der Ukraine, Central'nyj Deržavnyj Archiv Hromads'kych Orhanizacii Ukraïny (CDAHOU), Fond 1: Zentralkomitee der Kommunistischen Partei der Ukraine – ZK der KP der Ukraine, op. 23: Unterlagen der Abteilung für allgemeine Angelegenheiten (Immobilien im Privateigentum, geheimer Teil – ZK der KP der Ukraine), des Staatlichen Archivs des Bezirks Kiew, Deržavnyj Archiv Kyïvs'koï Oblasti (DAKO), Fond R-880: Exekutivkomitee beim Sowjet der Deputierten der Werktätigen im Kreis Kiew, op. 2: Abteilung für Repatriierungsangelegenheiten des Exekutivkomitees beim Sowjet der Deputierten der Werktätigen im Kreis Kiew, und des Staatlichen Archivs der Stadt Kiew, Deržavnyj Archiv mista Kijeva (DAmK), Fond R-1: Kiewer Sowjet der Volksdeputierten. Für die Erforschung der Struktur und Tätigkeit der Behörden, die für die Filtration der Repatrianten und deren nachfolgende Überwachung verantwortlich zeichneten, waren die Auskünfte vom Volkskommissariat für Staatssicherheit über den Verlauf der Überprüfungen sowie über die operative und Agentenarbeit mit Repatrianten am wichtigsten. Diese befinden sich im Staatlichen Archiv des Sicherheitsdienstes der Ukraine, Halusevyj Deržavnyj Archiv Služby Bezpeki Ukraïny (HDA SBU), Fond 16: Vorschriften und Verwaltungsunterlagen der VČK-KGB-Behörden/Allrussische außerordentliche Kommission – Komitee für Staatssicherheit und im CDAHOU. Behördliche Anweisungen, Erlasse und andere Vorschriften des NKVD (seit März 1946 MVD) aus dem Staatlichen Archiv des Innenministeriums der Ukraine, Halusevyj Deržavnyj Archiv Ministerstva Vnutrišnych Sprav Ukraïny (HDA MVSU), Fonds 45 und 46: Erlasse, Verfügungen NKVD, MOHP, MVD der UdSSR bzw. der UkrSSR geben Einblick in die Filtration und die darauf folgende Überwachung der Repatrianten.

11 Zur Auswahl der Interviewpartner vgl. Pastuschenko, „Das Niederlassen von Repatriierten". 20 in dieser Arbeit verwendete Interviews wurden für andere Projekte aufge-

Interviews gewählt,[12] das in drei Phasen zur Aufzeichnung kam: In der ersten, offenen Phase berichtet der Befragte in freier Form über sein Leben; in der zweiten, für offene Fragen bestimmten Phase wurden, in der Regel in chronologischer Reihenfolge, Nachfragen zum Gehörten sowie zu nicht erwähnten Zeitspannen und Episoden gestellt. In der dritten Phase wurden die Angaben dann präzisiert. Das Gespräch wurde so aufgebaut, dass der Interviewpartner in der Schilderung seines Lebens frei war. In der Phase der offenen Fragen wurde das Gespräch darauf ausgerichtet, den gesamten Lebensweg des Gesprächspartners detaillierter zu rekonstruieren. Beim Vergleich der erzählten Geschichte mit der Lebensgeschichte des Interviewten konnte man feststellen, wie bedeutend für die befragte Person das Problem der Wiedereingliederung in Kiew gewesen und wie es von ihr bewältigt worden war.

Der rechtliche Status der Repatrianten in der sowjetischen Gesellschaft

Die sowjetische Politik gegenüber den Repatrianten ergab sich häufig aus unterschiedlichen und sich gegenseitig ausschließenden Motiven, die bedingt als ideologisch und pragmatisch bezeichnet werden können. Sowjetische Bürger, die im Ausland gewesen waren oder Kontakte zu ausländischen Bürgern hatten, riefen bei den Behörden beständig Verdacht und Misstrauen hervor. Die Gesetzgebung der UdSSR erlaubte es, den Kontakt zum Ausland als Verbrechen gegen den Staat zu werten. Diese Sichtweise setzte sich auch im Bewusstsein der Bevölkerung fest. Das Strafgesetzbuch der Russischen Sozialistischen Föderativen Sowjetrepublik (RSFSR) in der Fassung von 1926 enthielt als spezielles Kapitel I „Die Staatsver-

nommen, vgl. Hitlers Sklaven. Lebensgeschichtliche Analysen zur Zwangsarbeit im internationalen Vergleich. Hrsg. von Alexander von Plato/Almut Leh/Christoph Thonfeld, Wien 2008, http://www.zwangsarbeit-archiv.de; Gedächtnisbuch für die Häftlinge des KZ Dachau: Namen statt Nummern. Katalog Internationale Wanderausstellung, Augsburg, 2008, www.gedaechtnisbuch.de; Ukraïnski v'jazni konctaboru Mauthausen: Spohady tych, chto vyžyv. Hrsg. von T. Pastušenko/M. Ševčenko, Kyïv 2009. Einige schon an anderer Stelle veröffentlicht, vgl. „... To bula nevolja". Spohady ta lysty ostarbajteriv. Red. T. V. Pastušenko, M. Ju. Ševčenko, Kyïv 2006; „Prošu vas mene ne sabuvaty". Usni istorii ukraïns'kych ostarbajteriv. Red H. Hrynčenko [Grinchenko], bearb. von I. Jastreb/T. Pastušenko u. a., Charkiv 2009, S. 208.

12 Gabriele Rosenthal, Erlebte und erzählte Lebensgeschichte. Gestalt und Struktur biographischer Selbstbeschreibung, Frankfurt a. M. 1995; Valerie Raleigh Yow, Recording Oral History. A Guide for the Humanities and Social Sciences, 2. Aufl., Oxford 2005, S. 225–236; Alexander von Plato, Interview-Richtlinien, in: Hitlers Sklaven, S. 443–450.

brechen“ (Art. 58-1 bis 58-14 und 59-1 bis 59-13). Dieses Kapitel wurde auch in die Strafgesetzbücher sämtlicher Republiken der UdSSR übernommen, so auch als Art. 54 StGB der UkrSSR, und galt mit diversen Änderungen und Ergänzungen bis Ende 1958. Die Artikel in diesem Kapitel hatten grundlegenden Charakter und dienten als juristische Basis für die politische Verfolgung. So wurden zum Beispiel im Artikel 58-3 „Beziehungen jeglicher Art zu ausländischen Staaten bzw. deren einzelnen Vertretern“ mit dem Ziel, im Kriegsfall einen bewaffneten Eingriff herbeizuführen, als Verbrechen eingestuft.[13] Das Tatbestandsmerkmal „jeglicher Art“ ermöglichte es, beliebige Kontakte zum Ausland mit Spionage gleichzusetzen und als Verbrechen zu werten.

Von 1929 an galt auch die Weigerung von Sowjetbürgern, in die UdSSR zurückzukehren, als kriminelle Handlung.[14] 1934 wurde als neuer Verbrechenstatbestand der „Vaterlandsverrat“ eingeführt. Die Aufzählung der Einzeltaten, die als „Vaterlandsverrat“ gewertet wurden, schloss auch „Überlaufen auf die Seite des Feindes, Flucht oder Flug ins Ausland“ ein. Das Überlaufen eines Armeeangehörigen zum Feind oder der unerlaubte Rückzug von der Kampfposition zählten zu militärischen Verbrechen (Art. 193 StGB RSFSR) und wurden mit dem Tod bestraft; die Familienangehörigen des Verurteilten unterlagen ebenfalls einer Bestrafung – Haft bzw. Verbannung – unabhängig davon, ob sie von den Absichten des Verurteilten wussten.[15]

Mit dem katastrophalen Kriegsausbruch von 1941 wurden die Repressalien vor allem innerhalb des Militärs nochmals verschärft. Der Befehl Nr. 270 des Hauptquartiers des Oberkommandos (VGK) der Roten Armee vom 16. August 1941 definierte die Gefangenschaft als Fahnenflucht und „Vaterlandsverrat“, für die nicht nur Militärangehörige selbst, sondern auch ihre Familienmitglieder bestraft wurden: Familienmitglieder von Kommandeuren und politischen Offizieren waren zu verhaften, den Soldatenfamilien wurde das Recht auf staatliche Zuwendungen entzogen.[16]

Anfang 1942 wurden dann die ersten Gesetze erlassen, die Zivilpersonen kriminalisierten, welche in den von der Wehrmacht besetzten Gebieten der Sowjetunion lebten: der Erlass Nr. 46-ss des (General-)Staatsanwalts der UdSSR vom 15. Mai 1942 „Über die Qualifizierung der Straftaten von Personen, die in den vom Feind zeitweise besetzten Gebieten mit den deutsch-faschistischen Okku-

13 StGB der RSFSR, http://www.law.edu.ru/norm/norm.asp?normID=1241189.

14 Ivanova, Istorija GULAGa, S. 75.

15 Ugolovnoe zakonodatel'stvo SSSR i sojuznych respublik. Sbornik (Osnovnye zakonodatel'nye akty), Moskva 1957, S. 72–78.

16 Organy gosudarstvennoj bezopasnosti SSSR v Velikoj Otečestvennoj vojne. Sbornik dokumentov. Bd. 2/1: Načalo: 22 ijunja – 31 avgusta 1941 goda, Moskva 2000, S. 485.

panten kollaboriert haben", der geheime Beschluss von GKO der UdSSR vom 24. Juni 1942 „Über Familienangehörige von Vaterlandsverrätern", der Beschluss des Plenums des Obersten Gerichts der UdSSR Nr. 22/M/16/U-ss vom 25. November 1943 „Über die Qualifizierung der Beihilfehandlungen von Sowjetbürger gegenüber dem Feind in den von den deutschen Angreifern zeitweise besetzten Gebieten", der Beschluss des Plenums des Obersten Gerichts der UdSSR vom 7. März 1944 „Über die Qualifizierung des eigenmächtigen Wechsels der Frontseite zum Feind".[17] Diese Dokumente schufen die entsprechende normative Grundlage, aufgrund derer alleine die Tatsache, dass man sich in Gefangenschaft bzw. auf dem Territorium des Dritten Reiches befand, als „Vaterlandsverrat", „Beihilfe" dazu oder „Unterstützung des Feindes" gewertet werden konnte; auch hierbei wurden Familienangehörige der Beschuldigten zur Verantwortung gezogen.

Die Wende der militärpolitischen Lage im Jahre 1944 – der Vorstoß der Roten Armee auf das Territorium anderer Staaten, und vor allem ein gewaltiger Bedarf an Arbeitskräften zum Wiederaufbau des zerstörten Landes –, all das führte zu wesentlichen Korrekturen im Verhalten des Regimes gegenüber Millionen sowjetischer Bürger, die in den Kriegsjahren ins Ausland geraten waren. In den Vordergrund traten nun die Rückführung der arbeitsfähigen Bevölkerung und deren effektiver Einsatz in der Wirtschaft des Landes. Die offiziellen Kurskorrekturen gegenüber zivilen Zwangsarbeitern und Kriegsgefangenen wurden am 11. November 1944 in der Zeitung *Prawda* in Form eines Interviews mit Generaloberst Filipp Golikov bekannt gegeben, dem kurz zuvor ernannten Bevollmächtigten des Rates der Volkskommissare in Repatriierungsangelegenheiten.[18] „In sowjetischen Kreisen vertritt man die Meinung, dass selbst die sowjetischen Bürger, die unter deutschem Zwang und Terror gegen die Interessen der UdSSR gehandelt haben, nicht zur Verantwortung gezogen werden, wenn sie nach ihrer Rückkehr in die Heimat *ihre Pflicht* ehrlich erfüllen werden. […] Sämtliche sowjetischen Bürger, die zurückkehren, bekommen im vollen Maße die Möglichkeit, sich unverzüglich und tatkräftig an der Zerschlagung des Feindes und Erlangung des Siegs zu beteiligen, ob mit der Waffe in der Hand, in der Industrie oder im Kulturleben."[19]

Einerseits nahm man damit Abstand von den bisherigen, in den Regierungserlassen enthaltenen Deutungen von Kriegsgefangenschaft und Zwangsarbeit für den Feind als verbrecherischer Tätigkeit. Andererseits ließ die Formulierung mit dem Vorbehalt der Pflichterfüllung keinen Zweifel daran, dass die absolute

17 T. V. Vrons'ka, Femida vojennoï doby i cyvil'ne naselennja, in: Storinky vojennoï istoriï Ukraïny. Zbirnyk naukovych stattej 3 (1999), S. 100–119.

18 Poljan, Žertvy dvuch diktatur, S. 338 f.

19 Pravda, 11. 11. 1944; Hervorhebung T. P.

Loyalität gegenüber der Sowjetmacht sowie die Bereitschaft, die Anweisungen zu befolgen und dort zu arbeiten, wo man eingesetzt wurde, als Bedingung für die Rückkehr der Repatrianten an ihre Heimatorte und zu ihren Familien vorausgesetzt wurde. Anderenfalls könnte man Unzufriedenheit jeder Art oder jedes „unbedachte“ Wort nach geltenden Gesetzen als Verrat auslegen.

Der Erlass des Präsidiums des Obersten Sowjets UdSSR vom 7. Juli 1945 „Über Amnestie anlässlich des Sieges über Hitlerdeutschland“[20] setzte die Reihe von Regierungsbeschlüssen fort, die die Rechte der Repatrianten als Sowjetbürger sichern sollten. Die Bedeutung des Erlasses über die Amnestie reichte über den Rahmen der im Dokument aufgeführten „Straftaten“ weit hinaus. Damit wurden nicht nur Absichtserklärungen abgegeben, sondern das Regime demonstrierte damit auch, dass es den Bürgern ihre durch den Krieg und die Besatzung bedingten „Verschulden und Vergehen“ „vergeben“ hatte. Mit dem Beschluss des Präsidiums des Obersten Sowjets der UdSSR vom 1. Dezember 1945 „Über die Aufnahme der repatriierten Sowjetbürger in die Wahllisten“[21] bekamen die Heimkehrer die gleichen formalen Wahlrechte wie alle anderen zugesprochen.

Im Zeitraum von 1944 bis 1948 fasste die sowjetische Regierung 67 Beschlüsse über diverse rechtliche und soziale Belange der Repatrianten.[22] Diese dokumentieren das zunehmende Bemühen, die soziale Eingliederung der Repatrianten in der sowjetischen Nachkriegsgesellschaft zu erleichtern, insbesondere für die am meisten hilfsbedürftigen Personen – Mütter, Minderjährige und Behinderte. Doch schon die hohe Anzahl der Erlasse über die Rechte der Repatrianten verrät, dass sie in der Realität keine Bedeutung hatten und sehr oft verletzt wurden. Parallel zu Erklärungen über die Gleichberechtigung der Repatrianten in der sowjetischen Gesellschaft ergingen geheime Regierungsverordnungen und Anweisungen der Sonderbehörden, die die Überprüfung, intensive Überwachung und Kontrolle jener Personen forderten, die sich während des Krieges im Ausland befunden hatten.

Politische Überprüfungen

Für die Überprüfung und Filtration von Kriegsgefangenen und zivilen Displaced Persons (DPs) waren folgende Behörden zuständig: die Zweige der Geheimpolizei NKVD bzw. NKGB der UdSSR und die militärische Spionageabwehr „Tod den

20 Sbornik zakonov SSSR i Ukazov Prezidiuma Verchovnogo Soveta SSSR 1938–1961 gg., Moskva 1961, S. 851 f.

21 Poljan, Žertvy dvuch diktatur, S. 551.

22 Hal'čak, Na usbičči suspil'stva, S. 618.

Spionen“ (NKO „SMERŠ“). Ein Prüfungsverfahren für sowjetische Bürger, die sich auf dem feindlichen Territorium befanden, wurde erstmals Ende 1941 für Kriegsgefangene entwickelt, die zu diesem Zweck für einige Monate in NKVD-Sonderlager kamen. Diese waren anfangs organisatorisch der Hauptverwaltung für Kriegsgefangene und internierte Personen beim NKVD der UdSSR (GUPVI) zugeordnet.[23] Insgesamt gab es 43 solche Sonderlager, von denen einige bis 1949 in Betrieb waren.[24] Ab Herbst 1943, mit der Befreiung größerer sowjetischer Territorien und einer Zunahme derjenigen Bevölkerung, die auf Loyalität überprüft werden sollte, begann man mit Errichtung der Überprüfungs- und Filtrationslager (Proveročno-fil'tracionnye lagerja; PFL) des NKVD. Ihre Aufgabe bestand in der Internierung, Überprüfung und Filtration sowohl von sowjetischen Kriegsgefangenen als auch von Zivilisten und in der Entlarvung von „Vaterlandsverrätern“ unter ihnen – Personen, die bei der Wehrmacht gedient oder anderweitig mit den deutschen und rumänischen Besatzern kollaboriert hatten. In der UdSSR bestanden 29 Lager,[25] und in einigen europäischen Ländern wurden 74 PFL eingerichtet.[26] Ab Herbst 1944 entstanden auch an der Grenze Überprüfungs- und Filtrationsstellen (Proveročno-fil'tracionnye punkty; PFP) des NKVD mit den gleichen Aufgaben.[27] Außerdem wurden Überprüfungen von Repatrianten in sogenannten Front-Sammelverschickungsstellen und -lagern des Volkskommissariats für Verteidigung durchgeführt.

Nachdem die Befragten eine formelle Prozedur mittels Ausfüllen von Fragebögen durchlaufen hatten, wurden sie in Kategorien eingeteilt. Frauen, Kinder und ältere Menschen wurden in ihre Wohnorte geschickt, Männer in die Rote Armee einberufen oder den Arbeitsbataillonen zugewiesen, „kriminelle Elemente“ bzw. „verdächtige Personen“ – das sogenannte Spezialkontingent – wurden zwecks weiterer Ermittlungen an die Überprüfungs- und Filtrationslager des NKWD bzw. den Ermittlungsbehörden (NKVD, NKGB, „SMERŠ“) übergeben.[28]

Die Umsetzung der Filtration in den Lagern des NKVD und diverse organisatorische Fragen wurden grundlegend in der „Anweisung für die operativ-tschekistischen Abteilungen in den Überprüfungs- und Filtrationslagern des NKVD der UdSSR“[29] vom 13. April 1945 geregelt. Die zentrale Aufgabe der Abteilungen

23 Lubjanka. VČK-OGPU-NKGB-MGB-MVD-KGB. 1917–1960. Spravočnik. Bearb. von A. I. Kokurin/N. V. Petrov. Red. R. G. Pichoja, Moskva 1997, S. 132.

24 HDA SBU, f. 9, spr. 108, Bl. 195–197 (Kopie von T. V. Vrons'ka zur Verfügung gestellt).

25 N. Petrov, Istorija imperii „Gulag“.

26 HDA SBU, f. 9, spr. 108, Bl. 197–201.

27 Ebenda, Bl. 201 f.

28 CDAVOU, f. 2, op. 7, spr. 3025, Bl. 127–127a.

29 HDA MVSU, f. 45, op. 1, spr. 144, prim. 30, Bl. 1–7. Eine Kopie wurde von O. V. Potyl'čak

lag in der Aufdeckung und Festnahme von Mitarbeitern des deutschen Nachrichtendienstes, der Spionageabwehr, der Polizei- und Straforgane des Feindes, deren Agenten sowie von Spionen ausländischer Geheimdienste, Aktivisten und Kommandeure der von den Deutschen aufgestellten nationalen Militäreinheiten und antisowjetischen Organisationen usw.

Die Personen im wehrpflichtigen Alter, die die Überprüfung durchlaufen und keinen Verdacht erregt hatten, waren gemäß den Anweisungen den Wehrämtern zu schicken. Die Personen, die nicht einer Einberufung in die Armee unterlagen, kamen an ihre Wohnorte (ausgenommen Moskau, Leningrad, Kiew und die Grenzbezirke) oder wurden auf spezielle Anweisung des NKVD dem „Facharbeiterstamm der Industriebetriebe" zugeführt, also in große Betriebe und in den Bergbau zur Zwangsarbeit eingeteilt.

Zum 1. März 1946 wurde 57,8 Prozent der Repatrianten nach Überprüfung und Filtration erlaubt, an ihre einstigen Wohnorte zurückzukehren, 19,1 Prozent wurden in die Armee einberufen, 14,5 Prozent den Arbeitsbataillons des Verteidigungskommissariats zugewiesen, 6,5 Prozent verhaftet und dem NKVD übergeben; über 2 Prozent der Repatrianten arbeiteten noch in Sammelpunkten bzw. bei sowjetischen Militäreinheiten und Stellungen im Ausland.[30]

Alle Repatrianten, die an ihren festen Wohnsitz zurückkehren durften, mussten sich noch einer Überprüfung bei den lokalen Dienststellen für Inneres und Staatssicherheit unterziehen. In der Ukrainischen SSR wurde ein solches Prüfverfahren im Juni 1945 eingerichtet.[31] Die Erfassung und Registrierung der heimgekehrten Repatrianten wurde in ländlichen Gebieten dem Dorfsowjet und den Abschnittsbevollmächtigten, in den Städten und Bezirkszentren den Milizrevieren und -abteilungen übertragen. Alle Heimkehrer wurden in Listen eingetragen, die dann zwecks Erfassung und Überprüfung an die Bezirks-, Stadt- und Kreisabteilungen und -verwaltungen des NKVD weitergeleitet wurden. Gleichzeitig wurden die Repatrianten aufgefordert, zwecks Registrierung und Erteilung einer Aufenthaltserlaubnis persönlich bei den Milizbehörden vorstellig zu werden. Diejenigen, die innerhalb eines Monats nicht persönlich bei der NKVD-Behörde erschienen, wurden von der 1. Spezialabteilung des NKVD der UdSSR unverzüg-

zur Verfügung gestellt.

30 Zemskov, Repatriacija peremeščennych sovetskich graždan, S. 342; Poljan, Žertvy dvuch diktatur, S. 529.

31 Erlass Nr. 00706/00268 des NKVD-NKGB der UdSSR vom 16. 6. 1945 und die auf seiner Grundlage herausgegebene gemeinsame Direktive der Volkskommissare für Inneres und Staatssicherheit der UkrSSR Nr. 15/188903/1431/s vom 29. 6. 1945; HDA MVSU, f. 46, op. 1, spr. 86, Bl. 72–76. Der Text des Dokuments wurde von O. Potyl'čak zur Verfügung gestellt.

lich zur landesweiten Fahndung ausgeschrieben.[32] Bei Bezirks- und Stadtbehörden des NKVD sowie in den NKVD-Regionalverwaltungen (UNKVD) wurden spezielle Überprüfungs- und Filtrationskommissionen (PFK) gebildet, die für die unmittelbare Erfassung und Überprüfung der Heimkehrer vor Ort zuständig waren. Diese PFK setzten sich aus drei Vertretern der drei Zweige der Geheimpolizei NKVD, NKGB und Spionageabwehr SMERŠ zusammen[33] und hatten in Städten und Kreisen die Aufgabe, unter den Repatrianten Agenten des deutschen Nachrichtendienstes und der Spionageabwehr, Angehörige der Polizei und der Strafvollzugsorgane und sonstige „Vaterlandsverräter“ zu identifizieren.

Repatrianten, die bei den NKVD-Stellen registriert waren, sollten einen für sechs Monate gültigen Personalausweis bekommen. Dieser Ausweis bedeutete noch keine dauerhafte Aufenthaltserlaubnis, sondern ermöglichte seinem Besitzer lediglich, vorläufig in dem Bezirk zu leben, in dem er registriert war, ohne diesen Aufenthaltsort jedoch verlassen zu dürfen. Erst für die Repatrianten, die die abschließende Überprüfung durchlaufen hatten und über die kein „kompromittierendes Material“ vorlag, war eine ordnungsgemäße Ausstellung von Pässen vorgesehen.

In der Direktive vom 29. Juni 1945 wurde ein bestimmtes Verfahren zur Überprüfung der Heimkehrer festgelegt. Über jeden heimgekehrten Repatrianten wurde eine Personalakte, eine sogenannte Filtrationsakte, angelegt. Im Laufe der Überprüfungen wurde jeder Repatriant einzeln und ausführlich über die Umstände seines Weges ins feindliche Gebiet und seinen Aufenthalt dort befragt. Nach dem Verhör und der Überprüfung anhand „operativer“ Erkenntnisse sowie nach der Einholung entsprechender Auskünfte wurde über jeden betroffenen Repatrianten eine Entscheidung getroffen. Personalakten über Repatrianten, deren Überprüfung ohne kompromittierende Ergebnisse als abgeschlossen galt, wurden an die 1. Sonderabteilung des NKVD zwecks Erfassung dieser Personen übersandt. Personalakten von Verdächtigen gingen zwecks weiterer Recherchen – unter Heranziehung von Agenten – an die UNKVD. Die Entscheidungen in Repatrianten-Verfahren mussten vom Leiter der Überprüfungs- und Filtrationskommission der jeweiligen Stadt bzw. des jeweiligen Bezirks abgezeichnet werden.[34] Mit der zunehmenden Zahl von Überprüfungen gewannen die jeweiligen Abteilungen, Dienststellen und Gruppen für Repatriierungsangelegenheiten innerhalb des NKVD (MVD) der UdSSR, bei den Republik-NKVD (MVD) Inneres sowie bei den Kreisabteilungen der UNKVD (MVD) erheblich an Bedeutung. Sergej N.

32 Ebenda, Bl. 72.

33 HDA SBU, f. 16, op. 7 (1948), p. 4, t. 9, Bl. 19.

34 HDA MVSU, f. 46, op. 1, od. sb. 86, Bl. 76.

Kruglov, Volkskommissar für Inneres, zementierte diesen Strukturwandel mit seinem Erlass Nr. 00179 vom 2. März 1946.[35] Demnach gehörten die entstehenden Abteilungen, Dienststellen und Gruppen für Repatriierungsangelegenheiten zur Hauptverwaltung für Bandenbekämpfung (GUBB) beim NKVD (MVD) der UdSSR. Unter anderem wurde bei der Verwaltung für Bandenbekämpfung im Ukrainischen NKVD eine Abteilung für Repatriierungsangelegenheiten gebildet, analog bei den UNKWD-Kreisabteilungen. Von nun an wurde diesen Institutionen auch das Überprüfungsverfahren in den PFP der Grenzregionen, in den Arbeitsbataillonen, in den Industriegebieten und an den Wohnorten der Heimkehrer im vollen Umfang übertragen.

Ab März 1946 wurde die operative Datenerfassung für repatriierte Bürger in der Sowjetunion zentralisiert. Mit Stand vom 1. Juli 1946 waren in der Ukraine 652 940 der 1 081 541 repatriierten Bürger durch die PFK überprüft worden.[36] Ende 1946 galt die Überprüfung der Repatrianten größtenteils als abgeschlossen, wenn auch zum 1. September 1947 immer noch 56 761 Heimkehrer das Verfahren durchlaufen mussten.[37] Die Akten landeten beim MGB und blieben bis 1993 geheim.[38]

Eine analytische Auswertung der Ergebnisse der PFK-Tätigkeit ist zwei Berichten des MGB der Ukraine für die Jahre 1946/47 zu entnehmen.[39] So wur-

35 Ebenda, ob. sb. 152, prim. 28, Bl. 1 f.

36 HDA SBU, f. 16, op. 7 (1948), p. 4, t. 14, Bl. 237.

37 Zemskov, Repatriacija peremeščennych sovetskich graždan, S. 343 f.

38 Gemäß Befehl Nr. 001113/00563 vom 9. Dezember 1946 „Über die Arbeit der Behörden MVD-MGB mit den repatriierten Sowjetbürgern" waren sämtliche bei MVD-UMVD befindliche Personalakten, die durch Agenten gewonnenen Erkenntnisse über Repatrianten sowie die für diese Verfahren tätigen Agenten an die Behörden für Staatssicherheit zu übergeben. Von der Übergabe an MGB-Behörden ausgeschlossen waren die unter Heranziehung von Agenten geführten Ermittlungsunterlagen „Mitglieder bandenartiger Vereinigungen und Gruppen sowie deren Mithelfer" unter den Repatrianten sowie über die Rückkehrer, die in die Sonderansiedlungen in entlegene Regionen der UdSSR verschickt werden sollten bzw. sich bereits dort befanden. Diese besonderen Dossiers über Ostarbeiter und Kriegsgefangene lagerten in den Archiven des KGB, später SBU, und galten als Staatsgeheimnis, bis sie 1993 an die staatlichen Regionalarchive der Ukraine übergeben wurden. M. Koval's'kyj, V. Čencov, Polynovyj prysmak čužyny. Dokumenty pro dolju meškanciv Dnipropetrovščyny, deportovanych hitlerivcjamy na prymusovi roboty v Nimeččynu, in: Z archiviv VUČK, HPU, NKVD, KHB (1995) 1/2, S. 60–68; M. Koval's'kyj, V. Čencov, „Filtracijni spravy" - nevidome džerelo deržavnych archiviv, in: Archivy Ukraïny (1993) 1–3, S. 35–44.

39 HDA SBU, f. 16, op. 7 (1948), p. 4, t. 9, 10, 11, 12, 13, 14, „Über die Überprüfung und Ermittlungstätigkeit bezüglich Repatrianten unter Heranziehung von Agenten" und „Über die Ermittlungstätigkeit unter Heranziehung von Agenten im MGB der Ukraine".

den beispielsweise für die Überprüfung der 1945 in die Ukraine geschickten Soldaten der Arbeitsbataillone insgesamt 427 operative Mitarbeiter bereitgestellt, davon 191 Angehörige von SMERŠ, 132 vom MGB und 140 vom MVD. Sie sollten 174 685 Heimkehrer überprüfen, die in den Gebieten Stalino (Donec'k), Vorošilovhrad (Luhans'k), Dnipropetrovsk und Zaporyžžja eingetroffen waren.[40] Im Zeitraum von Februar bis März 1946 waren 120 394 Personen filtriert worden, 416 von ihnen wurden als „Agenten des Gegners, Verräter, Mithelfer, deutsche Günstlinge und andere antisowjetische Elemente" verhaftet.[41] Bis Anfang Juli 1946 wurden von 652 940 überprüften Repatrianten (sowohl Militärs als auch Zivilisten) 1,3 Prozent, also 8726 Personen verhaftet.[42]

Trotz der vom Staat verkündeten Rechte und sozialen Garantien zeugt die Einführung dieses komplizierten mehrstufigen Prüfverfahrens gegenüber Rückkehrern von deren Diskriminierung. Gleichzeitig ist es wichtig anzumerken, dass nicht alle Repatrianten repressiven Maßnahmen wie Verhaftung, Inhaftierung und Verbannung ausgesetzt waren. So betrug die Anzahl der verhafteten Repatrianten in der UdSSR (sowohl Militärs als auch Zivilisten) nicht mehr als 6,5 Prozent.[43] Man kann sagen, dass sie in der Sowjetunion wie die aus der Haft entlassenen Kriminellen behandelt wurden: die gleichen Gespräche mit Mitarbeitern von NKVD und NKGB, eine ähnliche „Personalakte", obligatorische Erfassung und regelmäßige Milizbesuche am Wohnort. Die Einschränkung ihrer Rechte erfolgte durch diverse Einschränkungen der Bewegungsfreiheit sowie durch die obligatorische Arbeitszuweisung.

Das Passregime als Mittel der politischen Kontrolle

Die Berichte der Abteilungen für Repatriierungsangelegenheiten in der Stadt und im Kreis Kiew, die beim Stadtsowjet im Kreis Kiew tätig waren, zeigen die vielen Themenbereiche, mit denen sich die für die Repatriierung zuständigen Stellen befassten. Das waren die „Anleitung und Kontrolle der Aufnahme und Unterbringung repatriierter Zivilisten", ihre Erfassung, die Aufsicht über ihre Arbeitsaufnahme, finanzielle Hilfeleistungen, Überwachung der Stimmung und der politischen Schulung, „Prüfung der Anträge und der Beschwerden von Repatrianten

40 Ebenda, t. 9, Bl. 19.
41 Ebenda, Bl. 20.
42 Ebenda, t. 14, Bl. 237.
43 Zemskov, Repatriacija peremeščennych sovetskich graždan, S. 342; Poljan, Žertvy dvuch diktatur, S. 529.

über gesetzwidrige Handlungen seitens der lokalen Behörden".[44] Tatsächlich zeigen sich hier die eingeschränkten Kompetenzen dieser Behörden in Fragen der Wiedereingliederung. Das letzte Wort bei der Entscheidung über den Wohnort und die Arbeitsstelle hatte das NKVD/MVD. Die Kontrolle erfolgte durch das System der Inlandspässe und die Meldepflicht.[45]

Seit 1930 galt in bestimmten Regionen (überwiegend in Republikhauptstädten, großen Industriezentren und Grenzgebieten) der Pass als einziges Ausweisdokument. „Verdächtige" Einwohner bekamen keinen Pass und wurden aus solchen Gebieten mit Sonderregimen ausgesiedelt. Durch die Kontrolle des Passwesens überwachten die NKVD- bzw. MVD-Stellen letztlich auch das Verhalten der Bevölkerung.

In den meisten Städten der Ukrainischen SSR herrschte in der Nachkriegszeit ein strenges Passregime. Von 1943 bis 1945 wurden vom NKVD und NKGB sämtliche Bewohner in den vorher besetzten Gebieten durch Neuregistrierung ihrer Pässe und Neuanmeldung überprüft.[46] Schon 1940 zählte Kiew zu den Orten mit Sonderregime, nach seiner Befreiung und in den Nachkriegsjahren wurden die Beschränkungen der Wohnsitznahme zusätzlich verschärft und betrafen fast alle Bürger – nicht nur Repatrianten –, „die unorganisiert nach Kiew kommen, d. h. ohne Zuweisung, ohne Anwerbung oder ohne eine Arbeitszusage von Einrichtungen, Organisationen oder Betrieben, mit Ausnahme der früher in Kiew wohnhaften Kriegsinvaliden und Familien der Militärangehörigen, die zum Zeitpunkt ihrer Einberufung in die Rote Armee, Kriegsmarine oder in die NKVD-Truppen in Kiew wohnhaft waren und über Wohnraum in Kiew verfügen".[47] Für die Anmeldung am Wohnort und die Ausstellung der Pässe in Kiew waren lokale NKVD-Stellen zuständig.

Parallel dazu arbeitete in den Jahren 1944 bis 1946 beim Kiewer Stadtsowjet eine provisorische Kommission für Regelung des Zuzugs von Bürgern, die Wohnsitzgenehmigungen erteilte. Nach Auflösung der Kommission wurden die Entscheidungen vom Vorsitzenden des Exekutivkomitees beim Stadtsowjet getroffen.

44 CDAVOU, f. 2, op. 7, spr. 5800, Bl. 67 f.

45 Ausführlicher über das Passregime: V. P. Popov, Pasportnaja sistema w SSSR (1932–1976), in: Sociologičeskie issledovanija (1995) 9, S. 3–13; T. V. Vrons'ka, Režymno-obmežuval'ni zachody orhaniv na vyzvolenij terytoriï Ukraïny pid čas Velykoï Vitčyznjanoï vijny ta v perši povojenni roky, in: Storinky vojennoï istoriï Ukraïny 1 (1997), S. 125–142; T. V. Vrons'ka, S. V. Kul'čyc'kyj, Radjans'ka pasportna systema, in: Ukraïns'kyj istoryčnyj žurnal (1999) H 3, S. 39–44; 4, S. 3–15.

46 Ausführlicher siehe: T. V. Vrons'ka, Femida vojennoï doby.

47 Zitat aus: Vrons'ka, Režymno-obmežuval'ni zachody, S. 139.

Wie bereits zuvor betont, wurde die Niederlassung in Kiew, als Stadt mit Regimeeinschränkung der 1. Kategorie, für Repatrianten verboten. Alle als Repatrianten zurückgekehrten Kiewer sollten in den Aufnahme- und Verteilungspunkt (PRP) Myronivka weitergeleitet und außerhalb einer 50-Kilometer-Zone im Kreis Kiew untergebracht werden. Die Einhaltung dieses Verbots wurde durch die Registrierung, Überprüfung, Passausstellung und Meldepflicht kontrolliert.[48]

Gemäß einer Direktive der Geheimpolizei[49] mussten Repatrianten nach dem Eintreffen an ihrem festen Wohnort bei der Miliz vorstellig werden und sich registrieren lassen. Lag kein Verdacht gegen sie vor, so sollte ihnen die vorläufige, auf sechs Monate befristete Bescheinigung ausgestellt werden. Die Behörde für Inneres führte monatliche Passkontrollen durch. Dabei wurden die Dokumente aller Bewohner von Wohnhäusern, Wohnheimen sowie aller Beschäftigten in Betrieben überprüft und bei Verletzung der Passbestimmungen verwaltungsrechtliche und strafrechtliche Sanktionen verhängt. Die Ergebnisse der Passkontrollen in Kiew im Jahre 1946 zeigen das Ausmaß der Bekämpfung von sogenannten Minus-Personen, wie man die aus den Städten mit Sonderregime ausgesiedelten Menschen bezeichnete. Im Mai 1946 wurden 820 Personen aus der Stadt ausgewiesen und zehn strafrechtlich belangt, im Oktober entsprechend 595 und 16 Personen; im November 1946 zählten die Ausgewiesenen aus der Stadt Kiew bereits 4085 Personen.[50] Noch im ersten Vierteljahr 1948 wurden 1355 Personen wegen des Verstoßes gegen das Passregime aus der Stadt ausgewiesen, 251 von ihnen wurden zur Verantwortung gezogen und verhaftet.[51] Man kann davon ausgehen, dass unter diesen Personen auch zahlreiche Heimkehrer waren.

Für Repatrianten war es in der Realität noch komplizierter, einen Pass und eine Anmeldung in Kiew zu erhalten, als es in den Dienstvorschriften stand. Eine Art Vermittlungsfunktion hatten hier die Behörden für Repatriierungsangelegenheiten. Aus deren Archivunterlagen lassen sich bestimmte Phasen bei der Erteilung von Aufenthaltserlaubnissen herauslesen. Bis zum 1. Januar 1947 gingen bei der Repatriierungsstelle beim Rat der Volkskommissare (ab März 1946 Ministerrat) der UkrSSR circa 18 000 Schreiben und Beschwerden von Bürgern ein, ein Drittel davon betraf Probleme mit der Anmeldung und Passausstellung an Repatrianten in Kiew.[52] Das standardisierte Antwortschreiben auf die ersten Klagen

48 HDA MVSU, f. 46, op. 1, od. sb. 86, Bl. 72–76. Der Text wurde von O. Potyl'čak zur Verfügung gestellt.

49 Ebenda, Direktive des NKVD und des NKGB der Ukrainischen SSR, Nr. 15/188903/1431/s vom 29. Juni 1945.

50 Vrons'ka, Režymno-obmežuval'ni zachody, S. 139.

51 CDAHOU, f. 1, op. 23, spr. 5169, Bl. 241.

52 Ebenda, spr. 4351, Bl. 24

der Kiewer Einwohner (im Mai 1945) enthielt eine Ablehnung der Anmeldung.[53] Daraus lässt sich schließen, dass Repatrianten bis zum Kriegsende die Wohnsitznahme in Kiew ausnahmslos untersagt worden war. Dieses Verbot wurde mit dem Amnestieerlass vom 7. Juli 1945 etwas gelockert.[54] Der Befehl erlaubte den zuständigen Behörden die Zuweisung in die Orte mit Sonderregime und die dortige Anmeldung von Minderjährigen, Schwangeren und Frauen mit Kleinkindern, älteren und behinderten Personen, auf die sich die Amnestie erstreckte und die auf dem Weg „zu ihren früheren Wohnorten, zu ihren Familien und nahen Verwandten" waren.[55]

Der Sonderbefehl des NKVD der UdSSR Nr. 00865 vom 21. Juli 1945 erlaubte den oben aufgezählten begünstigten Kategorien von Repatrianten die Anmeldung in Kiew, wenn sie zu ihren Familien zurückkehrten und über einen eigenen Wohnraum verfügten.[56] Daraufhin schickte die ukrainische Repatriierungsabteilung Listen von Kiewer Repatrianten an die NKVD-Behörde im Bezirk Kiew mit der Bitte um Anmeldung dieser Leute. Die meisten dieser Ersuche beschied der NKVD positiv.

Ende 1946 führten dann eine Reihe von Erlassen wieder zur Verschärfung des Passregimes. Bereits am 13. März erließ das NKVD der UdSSR die Direktive „Zur Aktivierung der operativen Agentenarbeit der NKVD-Behörden unter repatriierten Sowjetbürgern", in der er den örtlichen Überprüfungs- und Filtrationskommissionen eine schlampige Überprüfung der Repatrianten vorwarf und eine Steigerung der Zahl der aufgedeckten „Agenten ausländischer Spionagedienste und Vaterlandsverräter, die antisowjetische Tätigkeit betreiben" forderte.[57] Am 22. April 1946 verabschiedeten der Ministerrat und das ZK der KP(b)U die gemeinsame Verfügung „Über Maßnahmen zur Zuzugsbeschränkung der Bürger in Kiew und zur besseren Einhaltung der Gesetze über das Passregime

53 CDAVOU, f. 2, op. 7, spr. 3018, Bl. 66.

54 Erlass des Präsidiums des Obersten Sowjets UdSSR vom 7. Juli 1945 „Über Amnestie anlässlich des Sieges über Hitlerdeutschland" und auf Grundlage dieses Erlasses vom NKVD, NKGB, dem Volkskommissariat für Justiz und dem Staatsanwalt UdSSR gemeinsam erteilter Befehl Nr. 0192/069/042/149 vom 7. Juli 1945 „Über die Umsetzung des Erlasses des Präsidiums des Obersten Sowjets UdSSR über die Amnestie anlässlich des Sieges über Hitlerdeutschland"; V. Popov, Pasportnaja sistema sovetskogo krepostničestva, in: Novyj mir (1996) 6, http://magazines.russ.ru/novyi_mi/1996/6/popov-pr.html [1. 4. 2012].

55 Ebenda.

56 Im Schriftverkehr zwischen der Abteilung für Repatriierungsangelegenheiten beim SNK UkrSSR und der Milizverwaltung der NKVD der UkrSSR in Kiew wird auf diesen Befehl Bezug genommen: CDAVOU, f. 2, op. 7, spr. 3018, Bl. 220, 253, 255.

57 HDA MVSU, f. 45, op. 1, od. sb. 160, Vermerk 22, Bl. 1–3. Der Text wurde von O. Potyl'čak zur Verfügung gestellt.

in Kiew".[58] Deren Umsetzung hatte die erneute Ausweisung von bereits in Kiew angemeldeten Repatrianten zur Folge. Als Begründung für diese Entscheidung dienten in erster Linie die von den Überprüfungs- und Filtrationskommissionen gegen diese Personen ermittelten „kompromittierenden Materialien". Pauschal formulierte man Beschuldigungen der politischen Unzuverlässigkeit: „Arbeit während der Besatzung" (gemeint ist Arbeit für deutsche Stellen) oder „freiwillige Ausreise nach Deutschland".

Im Winter 1946/47 erreichten die Beschwerden von Kiewer Einwohnern, die plötzlich aufgefordert worden waren, die Stadt zu verlassen, ihren Höhepunkt. Es grenzte ans Absurde: Kinder, die zu ihren Eltern zurückgekehrt waren, Frauen mit Säuglingen, Studenten an Kiewer Hochschulen, Beschäftigte in den Betrieben wurden aufgefordert, die Stadt zu verlassen, nur weil sie Repatrianten waren. Doch selbst diejenigen, denen erlaubt wurde, sich in Kiew niederzulassen, hatten lange Zeit Schwierigkeiten, ihren Status endgültig zu legalisieren. Nach Angaben der Passbehörde vom 1. Januar 1947 befanden sich in Kiew 15 320 Repatrianten, die lediglich im Besitz einer befristeten Bescheinigung waren.[59] Wie der Alltag an einem Ort mit Sonderregime ohne ein entsprechendes Dokument aussah, macht ein Vorfall deutlich, von dem die ehemalige Heimkehrerin Zoja berichtete: „Einmal wurde ich zum Schlittschuhlaufen in einem Stadion eingeladen. Und ich hatte ja diese Bescheinigung [als Repatriantin]. Da ich keine Schlittschuhe hatte, musste ich mir welche im Verleih holen. Dort hat man mir diese Bescheinigung hingeschmissen. Beleidigt und verbittert verließ ich das Stadion. Na ja, man konnte eigentlich nirgends was sagen, weil man wie ein Verräter angeschaut wurde."[60]

Der Hauptgrund für die Einführung einer derart strengen Regelung für den Zuzug nach Kiew lag im Mangel an Wohnraum.[61] Um diese wertvollen Quadratmeter und um den Meldestempel im Pass entbrannten zahlreiche alltägliche Auseinandersetzungen zwischen „gebürtigen" Kiewer Einwohnern, die die Besatzung überlebt hatten bzw. aus Deutschland zurückgekehrt waren, und jenen, die neu nach Kiew kamen, ob nach der Evakuierung oder als Neuankömmlinge. Nicht selten bekamen diese Konflikte eine deutlich nationalistische Färbung und erreichten ein derartiges Ausmaß, dass sie im Herbst 1944 zum Gegenstand einer Sondermeldung vom NKGB UkrSSR an den Sekretär des ZK KP(b)U Nikita Chruschtschow wurden.[62] In diesem Dokument geht es vor allem um antisemi-

58 HDA SBU, f. 16, op. 7, Nr. 4 (1948), spr. 11, Bl. 117.

59 CDAVOU, f. 2, op. 7, spr. 5820, Bl. 8.

60 „Prošu vas mene ne sabuvaty", S. 167.

61 Diese Auffassung wurde schon früher von T. Vrons'ka geäußert.

62 Kyïv u dni nacysts'koï navaly (za dokumentamy radjans'kych specslužb): Naukovo-dokumental'ne vydannja. Red. S. A. Kokin u. a., Kyïv/L'viv 2003, S. 514–522.

tische Vorfälle in der Ukraine; die Funktionäre werden darin wegen ihrer Untätigkeit und Nachsicht gegenüber derartigen Stimmungen in der Bevölkerung kritisiert. Drei von vier der in der Meldung angegebenen Vorfälle, Schlägereien, Beleidigungen und Ausschreitungen in Kiew und Dnipropetrovsk drehten sich um Wohnraum.

Auch anderen dramatischen Ereignissen im September 1945 in Kiew, die Amir Weiner als den ersten jüdischen Pogrom in der sowjetischen Ukraine bezeichnete[63] und die ebenso in einer Sondermeldung des NKGB UkrSSR an das ZK KP(b)U gemeldet wurden,[64] lag das Wohnungsproblem zugrunde. In den Mittelpunkt dieses Konflikts um Wohnraum sind die Heimkehrer geraten. Am 4. September tötete ein jüdischer NKVD-Offizier namens Rosenstein zwei Repatrianten, die Rotarmisten Hrabar und Mel'nykov, weil sie ihn in angetrunkenem Zustand als „Taschkenter Partisan" beschimpft und ihm ein paar Schläge versetzt hatten. Die Beisetzung der Getöteten, an der 300 Personen teilnahmen, fand ein paar Tage später statt; sie wurde von antisemitischen Ausschreitungen, Beleidigungen und Gewalt gegen jüdische Bürger (laut Dokument fünf Personen) begleitet, die der Prozession zufällig entgegenkamen. Der junge Rotarmist Ivan Hrabar, ein ehemaliger Ostarbeiter, kam während seines Urlaubs aus familiären Gründen nach Kiew. Sein Haus war im Herbst 1943 zerstört worden, und die Familie zog in eine leere Wohnung im benachbarten Haus ein. Im Februar 1945 kehrten die jüdischen Wohnungseigentümer, die Familie Rybčyns'kyj, aus der Evakuierung zurück und setzten bei der Staatsanwaltschaft die Rückgabe ihrer Wohnung durch. Einige Tage vor dem Mord war Hrabar wegen der Bereitstellung einer Wohnung für seine Mutter beim Staatsanwalt des Kahanovyč-Bezirks in Kiew: „Was ist denn das, wir kämpfen im Krieg, und die Scheißjuden nehmen unsere Wohnungen weg."[65]

Selbstverständlich widersprachen die Mitglieder des ZK den vorgebrachten Anschuldigungen gegen die obersten sowjetischen und Parteifunktionäre der UkrSSR und verwiesen auf die Tätigkeit „deutscher Agenten und Organisationen ukrainischer Nationalisten" und deren Bemühungen, nationalen Hass zu säen, sowie auf die Tätigkeit zionistischer Elemente, die in der letzten Zeit aktiv geworden seien und sogar versuchten, am Jahrestag des Massakers in Babij Jar eine Massendemonstration der jüdischen Bevölkerung in Kiew zu organisieren.[66]

Empört und beunruhigt über die Ereignisse in der ukrainischen Hauptstadt schrieb eine Gruppe jüdischer Schriftsteller und Frontkämpfer einen Brief an Sta-

63 Weiner, Making Sense of War, S. 192.
64 CDAHOU, f. 1, op. 23, spr. 2366, Bl. 1–8.
65 CDAHOU, f. 1, op. 23, spr. 2366, Bl. 6.
66 CDAHOU, f. 1, op. 23, spr. 1363, Bl. 15 f.

lin, Berija und Pospelov, den Chefredakteur der Zeitung *Pravda*, der den „Antisemitismus“ in Kiew als Folge des Einflusses der Deutschen und „Nationalisten aller Art, manchmal auch mit einem Parteiausweis in der Tasche“, thematisierte.[67] Mit solchen Formulierungen fiel es relativ leicht, tief greifende soziale Probleme der Nachkriegsgesellschaft mit dem Einfluss der „Feinde“ und „Fremden“ zu erklären. Trotz des offiziellen Stils schimmert auch hier die Atmosphäre einer hoffnungslosen Not und in deren Gefolge eine Feindseligkeit und Intoleranz durch, die damals in ukrainischen Großstädten herrschten.

Auch für Überlebende des Holocaust aus Kiew war die Rückkehr in ihre Heimatstadt voller Probleme. So bat Evhenija Korobkova in einem Brief aus dem Jahr 1948 um Unterstützung bei der Wohnungszuteilung und Anmeldung.[68] Sie war der Erschießung im Babij Jar entkommen, konnte sich aber im besetzten Kiew nicht lange verstecken. Von ihrem Nachbarn verfolgt, rettete sie sich, indem sie nach Deutschland arbeiten ging, wo es niemanden gab, der ihre eigentliche Herkunft hätte verraten können. Nach der Heimkehr verfügte sie über keinerlei Existenzgrundlage, wohnte über zwei Jahre bei einer Bekannten und arbeitete als Heizerin. In der Antwort auf ihr Schreiben sagte die Abteilung für Repatriierungsangelegenheiten ihr Unterstützung zu, doch wurde nicht anerkannt, dass sie besonderer Verfolgung ausgesetzt gewesen war.

Ein anderer jüdischer Repatriant namens Leonid,[69] Kriegsgefangener und Ostarbeiter, hatte zwar selbst keine Probleme bei der Rückkehr in seine Heimatstadt, sein Vater allerdings kehrte aus der Evakuierung nach Kiew nur unter größten Schwierigkeiten zurück und versuchte erfolglos, sein Zimmer aus der Vorkriegszeit, das bereits von anderen Leuten bewohnt wurde, zurückzuerlangen. Die jüdischen Rückkehrer hatten sowohl mit den Formalitäten zu kämpfen, als auch mit der Meinung der Bevölkerung, die Juden hätten nicht gekämpft, sondern im Hinterland die Evakuierung abgewartet und würden nun mittels gekaufter fingierter Unterlagen und Belobigungsschreiben Wohnraum wegnehmen. Ein Brief aus der Armee und die Bescheinigung über seine Teilnahme an Kampfhandlungen wirkten sich im Fall Leonids zugunsten seines Vaters aus. So hat die Familie das Zimmer aus der Vorkriegszeit doch noch zurückbekommen.

Das Pass- und Meldesystem kannte kein ethnisches Prinzip. Keine Gruppe in Kiew – Ukrainer, Russen oder Juden – wurde bei der Erteilung einer Genehmigung zur Wohnsitznahme für die Hauptstadt besonders privilegiert. Ent-

67 Ebenda, spr. 2366, Bl. 15.

68 CDAVOU, f. 2, op. 7, spr. 10007, Bl. 100.

69 Privatarchiv der Autorin, Interview (Repatrianten aus Kiew, nachfolgend RK) 001 mit Leonid, geb. 1924, Kiew, aufgenommen am 10. 9. 2008, 17. 9. 2008, 24. 9. 2008 und am 15. 10. 2008 in Kiew.

scheidend waren der politische Status der betroffenen Person in der sowjetischen Gesellschaft, deren Verhalten und Einstellung gegenüber der Sowjetmacht.

Das Pass- und Meldesystem mit seinem mehrstufigen Überprüfungsverfahren stellte das wirksamste Instrument für die Regulierung, Überwachung und Filtration des Zuzugs nach Kiew dar. Es ermöglichte nicht nur die Steuerung des Migrationsstroms in die Hauptstadt der Ukrainischen SSR und in die Sowjetunion im Ganzen, sondern auch die Überwachung der Stimmungen jener Bürger, die für eine Weile der ideologischen Kontrolle der UdSSR, aus welchen Gründen auch immer, entronnen waren.

Erfahrungen von Repatrianten in Kiew der Nachkriegszeit

Ein solcher Blick von außen auf das Nachkriegsleben der Repatrianten, auf die Umstände der Rückkehr und der Wiedereingliederung, überwiegend gestützt auf Unterlagen der staatlichen Archive, kann keine Antwort auf die Frage geben, wie erfolgreich die Handlungsstrategien der Akteure dabei letztendlich waren. Eine Erweiterung der Perspektive über die Grenzen einer kurzen Episode hinaus und die Entfaltung der geschilderten Prozesse in einer weiteren Zeitperspektive ermöglicht die Auswertung von biografischen Interviews mit ehemaligen Kriegsgefangenen und Ostarbeitern.[70] Die Analyse der in den Interviews geschilderten Überlebensstrategien einzelner Personen unter den besonderen gesellschaftlichen Bedingungen soll Rückschlüsse auf die sozialen Anpassungspraktiken von Repatrianten in die sowjetische Gesellschaft der Nachkriegszeit geben.

Die Sammlung von 40 Interviews mit Einwohnern Kiews, die für dieses Projekt ausgewählt und aufgenommen wurden, besteht aus den Erzählungen von 18 Frauen und 22 Männern. Die Hälfte der Interviewpartner (8 Männer und 12 Frauen) lebte vor dem Krieg in Kiew bzw. zog vor dem Krieg nach Kiew („Kiewer"), die übrigen haben sich erst nach dem Krieg in Kiew niedergelassen. In Bezug auf die Altersstruktur ergibt sich folgendes Bild: Der älteste Interviewpartner wurde 1915 geboren, der jüngste 1940, die älteste Interviewpartnerin, deren Lebensgeschichte für das Projekt ausgewählt wurde, war Jahrgang 1917, die jüngste Jahrgang 1938. Die überwiegende Mehrheit der Befragten (29) wurde im Zeitraum zwischen 1925 und 1927 geboren, somit gehörte der Durchschnitt aller Befragten dem Jahrgang 1926 an. Der Auswertung liegen die Erinnerungen einer relativ eng begrenzten Alterskategorie von ehemaligen Repatrianten vor,

70 Al'f Ljudtke [Alf Lüdtke], Istorija povsednevnosti v Germanii. Novye podchody k izučeniju truda, vojny i vlasti, Moskva 2010, S. 76.

von denen die meisten erst gegen Kriegsende ihre Volljährigkeit erreicht hatten. In den ersten Nachkriegsjahren begannen sie mit der beruflichen Laufbahn und gründeten eine Familie. Die Hälfte der Interviewpartner musste diese ersten Schritte in das Erwachsenenleben ohne die Unterstützung eines und manchmal auch beider Elternteile gehen. Die Väter von neun Interviewpartnern (darunter drei Kiewern) waren staatlichen Verfolgungsmaßnahmen ausgesetzt, bei elf Befragten (davon sieben Kiewern) waren die Väter im Krieg gefallen. Ein Drittel der Interviewpartner hatte trotz des relativ jungen Alters bereits traumatische Erfahrungen aus den NS-Konzentrations- und Kriegsgefangenenlagern hinter sich: Fünf der befragten Männer (drei von ihnen Kiewer) waren in Kriegsgefangenschaft, 15 Personen (13 Männer und zwei Frauen, sechs Kiewer) waren ehemalige Häftlinge der NS-Konzentrationslager. Von den gebürtigen Kiewern kehrten 15 Personen nach dem Krieg in ihre Heimatstadt zurück, fünf wurden durch das Verbot der Wohnsitznahme gezwungen, Kiew zu verlassen, und konnten erst nach einer Weile dorthin ziehen.

Oberflächlich gesehen verlief das Leben der befragten ehemaligen Repatrianten erfolgreich. Mehr als die Hälfte konnten sich entsprechend den gesellschaftlichen Wertvorstellungen sowohl beruflich als auch privat entfalten. Insgesamt hatten 23 Interviewpartner (16 Männer und sieben Frauen) einen Hochschulabschluss. Unter den Kiewern hatten neun Personen einen Hochschulabschluss (fünf Männer und vier Frauen). Alle Befragten konnten auf eine lange berufliche Laufbahn in staatlichen Betrieben und Institutionen zurückblicken. Unter den Interviewpartnerinnen gab es keine einzige, die nur „Hausfrau“ war, alle verfügten über langjährige Berufserfahrung. Alle Männer und die meisten Frauen lebten in einer Ehe und hatten Kinder. Die in dieser Interviewgruppe festzustellende hohe „Erfolgsquote“ bei der beruflichen und privaten Entwicklung kann allerdings nicht automatisch auf die ganze Gruppe der Repatrianten übertragen werden.

Die Erzählungen der Befragten setzen sich aus kurzen Geschichten und Beschreibungen einzelner Situationen aus ihrem alltäglichen Leben zusammen, die normalerweise chronologisch geschildert werden. Die biografische Struktur eines Interviews besteht zumeist aus drei Teilen: dem Leben vor dem Krieg, dem Krieg und der Nachkriegszeit. Eine dominierende Rolle in den Erzählungen nahm die Beschreibung der Ereignisse in der Kriegszeit sowie der Zwangsarbeit in Deutschland ein. Den Schwierigkeiten bei der Wiedereingliederung in der Nachkriegszeit, wie zum Beispiel bei der Passausstellung, Anmeldung, Arbeitssuche oder der Bildung, schenkten bei Weitem nicht alle Interviewpartner Beachtung. Es gab Gesprächspartner, die über ihr Leben nach der Rückkehr in die UdSSR gar nichts Negatives verlauten ließen und berichteten, dass sie ihren Aufenthalt in NS-Deutschland vor Familienangehörigen und Kollegen gar nicht hatten verheimlichen müssen und keine Verfolgung oder Diskriminierung seitens der sowjetischen Behörden wegen ihrer „Arbeit für den Feind" erfahren hatten. Doch in den meisten Fällen nahmen die Rückkehr nach Hause und die Wiedereingliederung in die sowjetische Gesellschaft der Nachkriegszeit einen wichtigen Platz in der Erzählung ein. Sie wurden als Fortsetzung der Verlust- und Leidensgeschichte und des Überlebenskampfes der Kriegszeit, als eine weitere Prüfung auf dem Weg zur Normalisierung empfunden. In einigen Interviews wurde die Repatriierung schließlich als ein Drama geschildert, das die Hoffnungen der Befragten für ihr weiteres Leben zerstörte.

Die Männer schilderten die Nachkriegszeit vor allem bezüglich Bildungsgang und beruflichem Aufstieg, während sie das Thema Familie und Kinder nur am Rande erwähnten. Die Erzählungen der Frauen sind dagegen um ihre Partnersuche und ihre familiären Beziehungen herum aufgebaut, die Geburt der Kinder bildet das Gerüst ihrer biografischen Konstruktion.[71]

Ein weiteres wichtiges Motiv der Interviews bildet die Erzählung über den Ort. Bezeichnend ist, dass ausschließlich in den Berichten der Interviewpartner, die in Kiew geboren und aufgewachsen waren, von der Stadt mit ihren Gebäuden, Straßen, Parks, Schulen, Einwohnern und Nachbarn wie von einer vollwertig handelnden Person gesprochen wird. In Schilderungen der befragten Kiewer kommen, unabhängig von ihren (positiven oder negativen) Erfahrungen mit der Repatriierung, eine Reihe ähnlicher Probleme und Handlungsstrategien zur Sprache. Da ist die obligatorische Überprüfung und Registrierung am Wohnort, die Suche nach Wohnraum und Arbeitsplatz, der Zugang zu Bildung, die Lösung gesundheitlicher Probleme, die Familiengründung, Sorge um die Eltern und Kinder, das Bedürfnis nach Selbstverwirklichung und anderes. Die von den Interviewpartnern verfolgten Handlungsstrategien kann man – mit Einschränkungen – als Legitimierung, Anonymisierung, Normalisierung und Kompensation bezeichnen. Diese Strategien kennzeichnete die russische Soziologin Elena Roždestvenskaja in ihrer Analyse der narrativen Interviews mit ehemaligen Ostarbeitern in der Region Pskov als mögliche Strategien zur Überwindung der Folgen von traumatischen Lebenserfahrungen.[72] In jedem Interview waren nicht nur eine, sondern gleich mehrere Strategien sichtbar, die je nach gesellschaftlichen

71 Ausführlicher über die Spezifik in Biografien von Frauen und Männern siehe: Ustnaja istorija i biografija: ženskij vzgljad. Red. E. Ju. Meščerkina, Moskva 2004, S. 252.

72 Vgl. den Beitrag von Elena Roždestvenskaja in diesem Band. Außerdem: E. Roždestvenskaja, Biografičeskaja rabota po vosvraščeniju smysla. Istorija žizni ostarbajterov, in: U pošukach vlasnoho holosu. Usna istorija, jak teorija, metod ta džerelo. Red. H. H. Hrinčenko, N. Chanenko-Friezen, Charkiv 2010, S. 25–38.

und alltäglichen Umständen sukzessive ineinander übergehen konnten. Deswegen kann man eine derartige Abfolge von Strategien auch als Etappen der Resozialisierung in der sowjetischen Gesellschaft sehen.

Die Etappe der *Legitimierung* umfasste das Durchlaufen einer Filtrationsüberprüfung, Registrierung bei den NKVD-Ämtern, Ausstellung einer speziellen Aufenthaltserlaubnis am angegebenen Ort. Für die aus Kiew stammenden Repatrianten, denen die Wohnsitznahme in der Hauptstadt offiziell verboten wurde, schien das formelle Verfahren zur „Frage von Leben und Tod" zu werden. Als „das Jüngste Gericht" beschrieb Ljudmyla den Besuch mit ihrer Mutter bei der Passbehörde in Kiew: „Eine Woche verging, man musste zu diesem … in Chreščatyk 4 gehen – dort wurden all die empfangen, die in Deutschland gewesen waren, Re… Re… Repatriierungsabteilung. Also kamen wir hin, doch da stand man Schlange! Die Warteschlange mit Papieren zog sich beinahe über den halben Chreščatyk. So. Und so standen wir und warteten, dass wir dran kommen. Dann sahen wir: einige, die schon da waren, kamen heraus in Tränen, schluchzend … die eine kam raus und fiel in Ohnmacht … doch jemand kam hinaus und lächelte … und jemand so – jeder unterschiedlich. Ich erinnere mich, wie wir uns sehr früh morgens angestellt haben und erst gegen fünf oder sechs Uhr, kurz vorm Feierabend, zu ihm reingelassen wurden. Major Rudenko. Ich habe ihn mir für mein ganzes Leben eingeprägt; dort in der Warteschlange nannte man ihn Wolfshund."[73]

Eine verbreitete Variante, an die benötigten Unterlagen zu gelangen, war Bestechung. Von den durch die Autorin befragten Zeitzeugen erzählte nur einer, dass seine Familie sich für die Rückkehr nach Kiew mit der Bitte um Hilfe an die Behörde wandte;[74] die Mehrheit nahm den „Umweg". In Erinnerungen der ehemaligen Repatrianten wird Bestechung nicht als kriminell oder riskant empfunden, sondern eher als eine günstige Gelegenheit, die die Lösung der Probleme ermöglichen sollte. „Nun, hier haben wir auch *Glück gehabt*. Ich glaube, diese Valja oder jemand anderer, ich weiß es nicht mehr genau, arbeitete beim Exekutivkomitee des Bezirks Moskovskij. Und um die [Aufenthalts-]Erlaubnis für sechs Monate zu bekommen, gab es so ein Formblatt, und man brauchte einen Stempel von diesem Bezirksexekutivkomitee, dass ich arbeite und eine Bescheinigung habe. Ich weiß nicht mehr genau, um welchen Betrag es ging, aber wir haben bezahlt. Ich, Zoja Ivanovna, und Nataša, meine Mitschülerin, die in Hannover gearbeitet hatte. Wir haben bezahlt und den Stempel auf diese Bescheinigung bekommen,

73 Archiv des Schidnyj Instytut Ukraïnoznavstva (Ostinstitut für ukrainische Landeskunde – nachfolgend ASIU), Interview FL032 (weibl. Person, geb. 1929), aufgenommen am 12. 5. 2005 in Kiew.

74 Privatarchiv der Autorin (nachfolgend PAA), Interview RK 012 (männl. Person, geb. 1933), aufgenommen am 11. 7. 2009 in Kiew.

so haben wir dann die [Aufenthalts-]Erlaubnis für sechs Monate erhalten."[75] Die Fertigkeit, das staatliche Kontrollsystem zu umgehen, war eine Voraussetzung für die Wiedereingliederung in die sowjetische Gesellschaft.

Eine Möglichkeit, die Kontrolle zu umgehen und in der UdSSR unauffällig zu leben, war die *Anonymisierung*, das heißt die Verheimlichung der eigenen Vergangenheit. Die Repatrianten griffen hierbei auf bereits eingespielte Methoden zurück. So musste zum Beispiel Evhen den deutschen Nachnamen des Vaters gegen den russischen Mädchennamen der Mutter wechseln. Er ist überzeugt, dass er anders nie ein Schriftsteller und Doktor der Hydrogeologie hätte werden können.[76] Inesa und ihre Mutter lebten in Kiew über ein Jahr ohne Dokumente und Lebensmittelkarten, sie versteckten sich bei verschiedenen Bekannten. Erst als die Mutter eine Arbeitsstelle als Krankenschwester beim Institut für Orthopädie bekam, konnte sie ihren Aufenthalt legalisieren und ihre 13-jährige Tochter die Schule besuchen.[77] Der Vater von Valerija griff dagegen zu ganz anderen Mitteln, damit seine Tochter, eine ehemalige Ostarbeiterin, ohne Probleme die Schule beenden und einen Hochschulabschluss erlangen konnte. Er holte eine Bescheinigung von der psychiatrischen Klinik, verbrannte den Pass der Tochter und zog von Kiew in einen weißrussischen Provinzort.[78]

Neben der Flucht aus dem Rücktransport oder aus dem Filtrationslager, dem Untertauchen, der Umgehung der Registrierung bei der Miliz, der Arbeitsmigration und den Dokumentenmanipulationen bei Eheschließungen gehörte zur Anonymisierung auch das Verschweigen der Vergangenheit und sogar der eigenen Verwandten. Hier ein Auszug aus Zojas Erzählung: „Mein Bruder durfte mich als seine Schwester nirgendwo angeben. Er hatte einen Abschluss in Kybernetik und arbeitete in dieser Branche. Nirgendwo in seinen Unterlagen dort wurde vermerkt, dass er eine Schwester hat. [...] Sonst – vorbei! Das wäre das Ende seiner Karriere gewesen!"[79] Verschweigen nicht nur als notwendige vorübergehende Anpassungsstrategie, sondern als Ausdruck der Angst und eigener Schuldgefühle beschreibt Valeria in ihren Erinnerungen: „Ich habe viele Jahre geschwiegen. Geschwiegen aus Angst, dass alles früher oder später ans Licht kommt. Die Angst verfolgte mich die ganze Zeit [...]. Doch ich musste schweigen und fühlte mich

75 PAA, Interview RK 007 (weibl. Person, geb. 1925), aufgenommen am 11. 2. 2009 in Kiew. Hervorhebung T. P.

76 ASIU, Interview FL027 (männl. Person, geb. 1936), aufgenommen am 22. 4. 2005 in Kiew.

77 ASIU, Interview FL023 (weibl. Person, geb. 1933), aufgenommen am 19. 1. 2006 in Kiew.

78 „...To bula nevolja". Spohady ta lysty ostarbajteriv, S. 194.

79 PAA, Interview RK 006 (weibl. Person, geb. 1928), aufgenommen am 9. 2. 2009 in Kiew.

schuldig, ohne zu wissen wofür."[80] Die geschilderten Anonymisierungspraktiken waren wichtig, um ein normales Leben führen zu können, das heißt, eine gesellschaftlich akzeptierte Laufbahn einzuschlagen.

Zur *Normalisierung* in den Biografien der Frauen gehört die Eheschließung, der Wechsel des Nachnamens, die Geburt der Kinder, die Erwerbstätigkeit und seltener die Bildung. Bei den Männern gehörten der Wehrdienst, die Bildung und die berufliche Karriere dazu. Ein Beispiel für die Normalisierung durch Liebe und Heirat liefert die nicht ganz typische Biografie von Oleksandr: Die extreme Phase in seiner Biografie (Flucht von der Zwangsarbeit, Gefangenschaft im Konzentrationslager Buchenwald und in einem sowjetischen Gefängnis, illegales Leben im Kiew der Nachkriegszeit) findet ihren Abschluss in der glücklichen Heirat mit Anna und der Geburt der gemeinsamen Tochter. Aber auch dies gestaltete sich unter außergewöhnlich schwierigen Lebensbedingungen. Oleksandr musste Kiew verlassen und im Donbass arbeiten. Mit dieser Gruppe der Rekrutierten fuhr auch Anna mit. Ein paar Tage später machte er ihr einen Heiratsantrag. Als Ehepaar wurden sie für die Arbeit an der Eisenbahn, und nicht im Bergwerksschacht, eingeteilt.

Oleksandr erzählte: „Die Flitterwochen verbrachten wir in der Kälte und mit nackten Hintern. Wir wurden in einem einfachen Eisenbahnwaggon untergebracht. Einem Viehwaggon. Wir bekamen Stroh und Stoff für eine Matratze. Decken gab es keine. Kohle für den Ofen gab man uns auch nicht. Das musste man selbst besorgen, wo auch immer. Draußen herrschte die Kälte von minus 20 bis minus 25 °C. Alle Bretter im Waggon waren von Reif beschlagen. Später, im April, gelang es uns, ein Zimmer anzumieten, in dem vier Ehepaare und ein älterer Mann wohnten. In Slavjansk wohnten wir in einem Wohnheim an der Station. In einem Zimmer wohnten zwölf Mädchen und vier Ehepaare, wir beide hatten eine Soldatenpritsche. Zehn Monate später, am 23. November kam unsere Tochter zur Welt. Zuhause wollte das niemand glauben. Weder die Verwandten noch die Mutter. Wie soll das gehen?! Alleine weggefahren und zu dritt angekommen."[81]

Aufgrund seines Verhaltens könnte man dem Erzähler schnell materielle Motive unterstellen, denn Eheleute wurden etwas milder behandelt und konnten etwas bessere Arbeitsbedingungen und Unterbringung erlangen. Mit der Antwort auf meine Frage: „Also haben Sie geheiratet, weil Verheiratete sich besser einrichten konnten?" bestätigte Oleksandr sein eigenes Bedürfnis, das Leben nach den

80 „…To bula nevolja". Spohady ta lysty ostarbajteriv, S. 194.

81 PAA, Interview RK 016 (männl. Person, geb. 1925), aufgenommen am 21. 10. 2009 in Kiew.

gesellschaftlich anerkannten Normen zu gestalten: „Nein! Ich habe geheiratet, weil es an der Zeit war, die Bindung mit einer Frau einzugehen.“[82]

In den meisten Biografien der befragten Zeitzeugen ist eine chronologische Übereinstimmung der Etappe der *Kompensation* mit der Demokratisierung der sowjetischen Gesellschaft, dem Zerfall der Sowjetunion, der Gründung von Vereinen und Verbänden der ehemaligen NS-Opfer und dem Beginn der Entschädigungszahlungen durch Deutschland und Österreich erkennbar; entscheidende Ereignisse im Privatleben der Interviewpartner wie zum Beispiel Pensionierung oder Tod des Ehepartners, vor dem die „unerwünschten“ Teile der eigenen Biografie verheimlicht wurden, treten hinzu. In dieser Etappe beginnen die Suche nach den eigenen Wurzeln, das schriftliche Festhalten des Vergangenen und das Bemühen, einen kontinuierlichen Dialog über das Erlebte zu führen, als Zeuge für die eigene Vergangenheit aufzutreten und somit eine symbolische Anerkennung zu finden. Die Interviews mit den ehemaligen Ostarbeitern und Kriegsgefangenen, die bereit waren, ihre Lebensgeschichten für dieses Projekt zu erzählen, sind unmittelbare Beispiele dafür. Eine ungewöhnliche Erinnerungsarbeit stellen die Arbeiten von Viktor[83] dar: eine Serie aus 35 Bleistiftzeichnungen als Illustration der eigenen Lebensgeschichte mit kurzen Erläuterungen. Der Autor malt nicht professionell, und er betrachtet diese Zeichnungen nicht als Kunst, sondern in erster Linie als historisches Dokument.

Schlussfolgerungen

Die sowjetische Politik gegenüber den ehemaligen Zwangsarbeitern und Kriegsgefangenen in Kiew war von ständigem Wechsel gekennzeichnet. In relativ kurzer Zeit nahm die Sowjetführung Abstand von ihren ursprünglichen Absichten, all jene zu bestrafen, die aus eigenem Willen oder unter Zwang „für den Feind gearbeitet hatten“, wie es noch in den Jahren 1942 bis 1944 in den Erlassen und Verordnungen der Sonderbehörden vorgeschrieben wurde. Sie erließ eine Amnestie für diese Bürger und organisierte deren Repatriierung in die Heimat in großem Stil.

Gleichzeitig wurde jedoch eine ganze Reihe von Maßnahmen eingeführt, die die Freiheit wieder einschränkten: Filtrationsüberprüfung, Erfassung bei den NKVD-Behörden am Wohnort, Einführung von Sonderausweisen für Repatrianten, Verbot der Wohnsitznahme an Orten mit Sonderregimen, zwangsweise

82 Ebenda.

83 PAA, Interview RK 012 (männl. Person, geb. 1933), aufgenommen am 11. 7. 2009 in Kiew.

Einteilung zur Arbeit in den Betrieben der Schwerindustrie usw. Die Untersuchungen über die Tätigkeit der Filtrations- und Überprüfungskommissionen widerlegen das verbreitete Stereotyp, dass die Repatrianten nach dem Krieg umfassend verfolgt worden seien; Verhaftung, Haft oder Verbannung waren eher die Ausnahme.

Die vorhandenen Quellen liefern auch keine Bestätigung dafür, dass für die Verhaftung der ehemaligen Ostarbeiter allein ihr Aufenthalt als Zwangsarbeiter in Deutschland ausschlaggebend war. Eine detaillierte Analyse der Lebensumstände von ehemaligen Ostarbeitern und Kriegsgefangenen, die nach Kiew zurückgekehrt waren, zeigt, wie das System der Überprüfungen und Genehmigungen für Repatrianten funktionierte. Passregime und Meldepflicht ermöglichten den Behörden die Kontrolle in allen Lebensbereichen: bei der Auswahl des Wohnortes und der Arbeit, bei Ausbildung und Beruf, selbst darüber, wie Repatrianten ihre Freizeit verbrachten.

Die Auswertung der biografischen Interviews mit ehemaligen Zwangsarbeitern und Kriegsgefangenen, die gegenwärtig in Kiew wohnhaft sind, zeigt die Sicht der Betroffenen. Die in den Interviews dokumentierten Verhaltensformen und Überlebensstrategien ermöglichen die Rekonstruktion der konkreten Praxis der sozialen Wiedereingliederung von Repatrianten in der sowjetischen Gesellschaft. Neben den Strukturen und Tätigkeiten der Behörden kommt so auch die lebensweltliche Perspektive in den Blick. Die beschriebenen vielfältigen Wege zur Überwindung von Einschränkungen und Verboten, wie die Verheimlichung des Aufenthalts in Deutschland, die Vermeidung von Erfassung, Manipulation der Dokumente, machen die individuellen Handlungsoptionen und -spielräume und zugleich die Grenzen im eingespielten Zwangssystem eines totalitären Staates sichtbar.

Ein Vergleich der Lebensgeschichten der befragten Repatrianten zeigt, dass es einerseits einigen von ihnen gelang, einen hohen sozialen Status in der sowjetischen Gesellschaft zu erreichen. Andererseits aber wurden die Kriegsgefangenen und Ostarbeiter in der UdSSR als eigene soziale Gruppe mit ihren spezifischen Erfahrungen aus der Kriegszeit, im Gegensatz zu anderen, z. B. Beteiligten an Kriegshandlungen, Partisanen oder Arbeitern im Hinterland, an den Rand der Gesellschaft verdrängt. Erst mit dem Zerfall des kommunistischen Systems wurde auch ihnen eine entsprechende gesellschaftliche Anerkennung als Kriegsbeteiligte und Opfer der nationalsozialistischen Verfolgung zuteil.

Gelinada Grinchenko

Ukrainische Zwangsarbeiter im Dritten Reich

Besonderheiten der Erinnerung und die (Re-)Konstruktion des historischen Gedächtnisses in der sowjetischen und postsowjetischen Ukraine

In den achtziger Jahren des letzten Jahrhunderts entstand ein echter „Memory-Boom", der bis heute nicht nachgelassen hat, vielmehr an Bandbreite gewinnt und immer mehr Wissenschaftler zu entsprechenden Studien veranlasst. Während der letzten zehn Jahre nahm die Erforschung des Gedächtnisses (einschließlich seiner historischen, kulturellen, sozialen, kollektiven und individuellen Aspekte) auch in den ukrainischen Geistes- und Sozialwissenschaften einen wichtigen Platz ein. Wobei von Beginn an die Erinnerungen und traumatischen Erfahrungen der Zeitzeugen und Opfer des Zweiten Weltkriegs im Mittelpunkt des Interesses standen – die der Zwangsarbeiter des Dritten Reiches, der sogenannten Ostarbeiter, die die größte und eine der am stärksten diskriminierten Gruppe von Zivilarbeitern in der NS-Wirtschaft darstellten.[1] Konstitutiv für diese Arbeiten sind die (Re-)Konstruktion des Gedächtnisses an die Zwangsarbeit im Dritten Reich mithilfe von persönlichen Unterlagen und die Erforschung des *individuellen Gedächtnisses* auf dieser Grundlage. In der Masse dieser Forschungen fehlen allerdings Untersuchungen zur Entwicklung von *kollektiven* Vorstellungen und zur Entstehung des *kulturellen nationalen Gedächtnisses* an die Zwangsarbeit.[2]

1 Siehe vor allem die Forschungen zu diesem Thema im Rahmen der Dissertationen: Tetjana Dmytrivna Lapan, Verbuvannja i deportacija naselennja Ukraïny do Nimeččyny ta umovy joho praci i pobutu u nevoli. Diss. Kand. hist., L'viv 2001; Anton Volodymyrovyč Meljakov, Masovi džerela s istoriï deportaciï cyvil'noho naselennja Charkivščyny do Nimeččyny v period 1941–1943 rr.. Diss. Kand. hist., Charkiv 2002; Serhij Dmytrovyč Halčak, „Ostarbajtery" z Podillja (1942–1947 rr.). Diss. Kand. hist., Charkiv 2003; Tetjana Viktorivna Pastušenko, Ostarbajtery z Ukraïny. Verbuvannja, prymusova pracja, repatriacija (istoryko-social'nyj analiz na materialach Kyïvščyny). Diss. Kand. hist., Kyïv 2007.

2 Die Forschungen entstanden im Rahmen der Dissertation H. H. Hrinčenko [G. G. Grinchenko], Ukraïnski ostarbajtery v systemi prymusovoï praci Tretjoho rajchu. Problemy istoryčnoï pam'jati. Diss. Dr. hist., Kyïv 2011; vgl. Gelinada Grinchenko, The Ostarbeiter of Nazi Germany in Soviet and Post-Soviet Ukrainian Historical Memory, in: Canadian Slavonic Papers 54 (2012), S. 401–426.

Im Folgenden soll daher beleuchtet werden, auf welche Art sich das Gedächtnis an die Zwangsarbeit im öffentlichen Raum der sowjetischen und postsowjetischen Ukraine gebildet hat und in die Erinnerung zurückgerufen wurde; wie die Rolle der Zwangsarbeiter, als Teil der Gesamtheit aller Kriegsteilnehmer, eine Neubewertung erfahren hat und wie sich die Relevanz einzelner Aspekte dadurch verschoben hat.

Die größte Beachtung soll dabei der sowjetischen Variante dieses Gedächtnisses zuteilwerden. Die verbreitete These, wonach die Geschichte, die Leistungen und die Erinnerungen dieser Bevölkerungsgruppe in der offiziellen sowjetischen Version des Krieges „getilgt" und „vergessen" wurden, die erstmals Anfang der neunziger Jahre aufgestellt wurde und im Laufe der Zeit in der postsowjetischen (u. a. einheimischen) Publizistik und wissenschaftlichen Literatur eine erhebliche Bedeutung erlangte, wird dabei neu beleuchtet und bewertet werden müssen.

Die NS-Zwangsarbeit im sowjetischen historischen Gedächtnis: Besonderheiten bei der Entstehung und Rekonstruktion

Das sowjetische Gedächtnis an den Krieg durchlief mehrere Phasen, bis es sich Mitte der sechziger Jahre im Rahmen der bekannten Version der „Sieger" endgültig verfestigte, die zur zentralen Komponente für die Legitimierung des Sowjetregimes und der Identität des „Sowjetvolkes" in der Nachkriegszeit wurde.

Die Repräsentation der Zwangsarbeit im sowjetischen öffentlichen Raum begann unmittelbar nach dem Beginn der Deportationen nach Deutschland im Frühjahr 1942. Die ersten Zeitungsmeldungen[3] über das Schicksal der Zwangsarbeiter erschienen mit dem Ziel, die Leser über die schweren Bedingungen in der Sklaverei zu informieren, nicht zuletzt auch als Gegenpropaganda und Antwort auf die massive Agitation der Besatzungsmacht im Bezug auf die angeblichen

3 Siehe z. B. Russkaja devuška v Kjol'ne, in: Krasnaja zvezda, Nr. 175 vom 28. 6. 1942; K. Seleznev, Sovetskie ljudi na nemeckoj katorge, in: Pravda, Nr. 232 vom 20. 8. 1942; I. O. Suchorukov, O russkoj devuške v Kjol'ne, in: Komsomol'skaja pravda, Nr. 208 vom 4. 9. 1942. Die große propagandistische Bedeutung der Veröffentlichung von „Ein russisches Mädchen in Köln", die auf den Briefen von Ol'ga Semenova basiert und mit einem eindringlichen Aufruf endet, sich der Verschickung nach Deutschland zu entziehen, den Partisaneneinheiten beizutreten, die Okkupanten zu schädigen und zu töten, wurde im Memorandum des Zentralbüros für Erfassung der östlichen Völker vom 30. September 1942 zum aktuellen „Stand in Angelegenheiten der Ostarbeiter" hervorgehoben, siehe Njurnbergskij process, Bd. 2: Voennye prestuplenija. Prestuplenija protiv čelovečnosti, Moskva 1996, S. 242.

Vorteile der „gut bezahlten Arbeit in Deutschland“.[4] Ein für die damalige Zeit typisches Beispiel dafür, wie die Deportation zur Zwangsarbeit dargestellt wurde, bietet der Artikel „Ukrainische Bauernschaft kommt nicht in die faschistische Sklaverei“.[5] Den emotionalen Ausführungen des Verfassers zufolge werde die ganze Bevölkerung der Ukraine zu Leibeigenen gemacht: „Rechtlose, untertänige Leibeigene in der Ukraine, rechtlose und untertänige Sklaven, ins faschistische Deutschland verschleppt – das erwartet uns.“ Die Lage der versklavten Zwangsarbeiter wird dabei mit der Lage der leibeigenen Bauern verglichen und als noch schwieriger und unmenschlicher dargestellt: „In Deutschland sind schon 14 Konzentrationslager für Ukrainer errichtet. Das sind Lager für heutige Sklaven. Sklavenhalter bringen sie aus der Ukraine und anderen sowjetischen besetzten Gebieten. Schikanen und Hunger treiben die Ärmsten zum Wahnsinn. Sie sind soweit gebracht worden, dass sie Regenwürmer und Gras essen und Essensreste aus Abfalleimern herausklauben.“[6]

Mit dieser Propaganda in den Jahren 1942/43 strebte man eine möglichst hohe Mobilisierung der ganzen Bevölkerung zum Kampf gegen den Feind an; zu diesem Zweck wurden psychologisch eindrückliche Muster entwickelt, die keinen sowjetischen Menschen gleichgültig lassen sollten; so beispielsweise die Broschüre *Räche dich an den Deutschen!* von Olena Kononenko, die ihre äußerst emotionale Spannung durch die Einführung der Figur eines sowjetischen Sklaven-Kindes gewinnt: „... [sich ein Kind] als Sklaven vorzustellen. Beklagenswerter, rechtloser Sklave. Deutsche Faschisten haben es aus seiner Familie gerissen, seine lichten Träume zerstört und nach Deutschland in die Knechtschaft verschleppt. So lebt es dort wie eine Waise, ohne Vater, ohne Mutter, hungernd, leidend, weinend. Die Deutschen schlagen es, schikanieren es, zwingen es zur Schufterei. Es ist ein Sklave. [...] Es findet keine Ruhe vor unerträglichen Erniedrigungen. Nachts vergräbt es sich weinend in seinen Lumpen, ruft flüsternd seine Mutter. [...] Doch die Mutter ist nicht da. Wenn der faschistische Aufseher, der Deutsche mit der roten

4 So zum Beispiel hieß es im Aufruf des Kiewer Generalkommissars an die Einwohner der Stadt: „Kommissare der Bolschewiken haben eure Fabriken und Arbeitsplätze zerstört und euch somit um Lohn und Brot gebracht. Deutschland gibt euch die Möglichkeit zu einer nutzbringenden und gut bezahlten Arbeit. Im Januar 1942 fährt der erste Zug nach Deutschland. Während der Fahrt werdet ihr gut versorgt und bekommt außerdem in Kiew, Zdolbunov und Peremyšl warmes Essen. In Deutschland werdet ihr gut untergebracht und versorgt. Auch die Entlohnung wird gut: Ihr werdet das Geld gemäß Tarif und Arbeitsleistung bekommen. Während eures ganzen Arbeitsaufenthalts in Deutschland wird man sich um eure Familien kümmern.“ Nove ukraïns'ke slovo, Kiew, 11. 1. 1942; Rückübersetzung aus dem Ukrainischen.

5 Z. Šul'ha, Ukraïns'ke seljanstvo ne bude u fašysts'kyj nevoli, Ufa 1942, S. 36.

6 Ebenda, S. 22 f.

Fresse, das Kind stöhnen hört, schlägt er ihm mit der Peitsche auf den Rücken, aufs Gesicht und schreit: ‚Schweig, Russ!'"[7] Das Buch endet mit dem Aufruf an alle sowjetischen Menschen – sowohl an die Kämpfer an der Front als auch an die Arbeiter im Hinterland, – „Schlage Sklavenhändler und Kindermörder im deutschen Waffenrock bis zum Tode! Schlage sie mit Feuer und Arbeit! Nicht dafür haben wir unsere Kinder gepäppelt und gehütet, damit sie in faschistischer Gefangenschaft sterben!"[8]

Die mobilisierende Kraft dieser Aufrufe wird im Buch mit Plakaten und Bildern illustrativ verstärkt, darunter mit dem Aufruf „Kämpfer, rette mich vor Sklaverei!" des bekannten sowjetischen Grafikers und Plakatmalers Viktor Koreckij (siehe Abbildung 25 auf S. 403) aus dem Jahr 1942. Während der gesamten Kriegszeit spielten Plakate als das wichtigste Propagandamittel bei der Gestaltung des Diskurses über die Zwangsarbeit eine bedeutende Rolle. Während des Krieges fand die Visualisierung des Zwangsarbeiters ihre Form größtenteils in Plakaten mit dem Aufruf zur Rache und zur Befreiung der Sowjetmenschen aus der deutsch-faschistischen Gefangenschaft; so auch die Plakate aus dem Jahr 1942 *Kämpfer der Roten Armee, rette uns vor der faschistischen Sklaverei!* (siehe Abbildung 27 auf S. 403) und *Ich warte auf dich, Kämpfer-Befreier!* von D. Šmarinov (siehe Abbildung 26 auf S. 403). In diesen in Massenauflage verbreiteten Arbeiten sind die zwei wichtigsten Motive der Mobilisierung vereint: die Betroffenheit, die diese Plakate hervorrufen sollen, als Anstoß für eine aktive Teilnahme – den Befreiungskampf.

Das Bild der Frau in der Zwangsarbeit

In den ersten Kriegsjahren hatten vor allem Nachrichten über das Schicksal der Frauen und Mädchen, die nach Deutschland verschleppt wurden, sehr großen moralisch-psychologischen Einfluss: „Hunderttausende gesunder, starker und schöner junger Mädchen im Alter zwischen 18 und 25 Jahren werden in die Bordelle zur Vergnügung des faschistischen Gesindels geschickt."[9] Flugblätter der Partisanen sekundierten: „Aufgrund von Hitlers Befehl wird die Jugend in den von den Deutschen besetzten sowjetischen Gebieten rekrutiert und zwangsweise nach Deutschland verschickt, um sie in Bordellen und in gefährlichen Arbeiten bei Errichtung von Militärbefestigungen als Sklaven einzusetzen."[10]

7 E. Kononenko, Otomsti nemcu, Moskva 1943, S. 3 f.

8 Ebenda, S. 28.

9 Šul'ha, Ukraïns'ke seljanstvo, S. 23.

10 Lystivka Jams'koho pidpil'noho rajkomu KP(b)U i Jams'koho partyzans'koho zahonu Donec'koï oblasti z zaklykom do molodi unykaty mobilisaciï i vidpravlennja do Nimeččyny, 21. 8. 1942 r., in: Lystivky partijnoho pidpillja i partyzans'kych zahoniv Ukraïny u roky Velykoï Vitčyznjanoï Vijny, Kyïv 1969, S. 44 f.

Gerade die Bordelle rückten an zentrale Stelle im entstehenden Bild der Zwangsarbeit und in der Darstellung des zukünftigen Schicksals der deportierten Frauen, was sich auch in den 1942/43 erschienenen Publizistik- und Propagandatexten widerspiegelte. Danach erwartete ein solches Schicksal nicht nur erwachsene Frauen, sondern auch jugendliche Mädchen: „Deutschfaschistische Wüstlinge bespucken ihre Seelen und Körper, ruinieren ihr ganzes Leben. Betrunkene deutsche Großbauern und Gutsbesitzer vergewaltigen heranwachsende Mädchen, geben sie ihren Dienern zum Beischlaf, stecken sie mit Syphilis an. Und wie viele Bordelle haben die Nationalsozialisten erst eröffnet! In diesen Häusern werden nicht nur junge Frauen, sondern sogar minderjährige Mädchen erniedrigt und zu Tode gequält."[11]

Die Figur des Deutschen als Vergewaltiger wehrloser Frauen und Mädchen im Allgemeinen nahm während der ganzen Kriegszeit einen der wichtigsten Plätze in der sowjetischen Propaganda ein und hatte großen Einfluss auf die Stimmung des weiblichen Teils der Bevölkerung: „Wir Mädchen waren belesen", schreibt Roza Solouchina-Zasedateleva in ihren kürzlich erschienenen Erinnerungen. „Wir suchten besonders in den Zeitungen nach Berichten über Vergewaltigungen russischer Mädchen durch deutsche Soldaten. Obwohl wir den Sinn der Sache nicht begriffen, sträubten uns die Haare vor dem Anblick der riesigen Armada der Deutschen. [...] Doch plötzlich! In der Mundpropaganda unter Erwachsenen hieß es: ‚Keine Vergewaltigung! Keine Belästigung!' Dann fingen auch wir Mädchen an uns umzusehen und merkten, dass die Deutschen uns Mädchen gar nicht beachten."[12]

Erst Ende 1943 wandelte sich die Berichterstattung etwas, es war nun weniger von Massenvergewaltigungen der nach Deutschland verschleppten Frauen und Mädchen die Rede: „Deutsche, bei denen russische Frauen und Mädchen arbeiten, zwingen sie zum Beischlaf."[13] Anfang 1944 verschwanden dann in der sowjetischen Presse nach und nach die Berichte über Bordelle als „Arbeitsstellen" von Zwangsarbeiterinnen; von dieser Zeit an verlagerte sich der Schwerpunkt im offiziellen Diskurs auf die ausgesprochen schwierigen Arbeits- und Lebensbedingungen in den Lagern und in der Landwirtschaft, die mannigfaltige Schikanen, jedoch keine Vergewaltigungen seitens der „Herren" bedeuteten. Dies wurde durch die zunehmende Publikation von Briefen von Zwangsarbeitern veranschaulicht.

11 Kononenko, Otomsti nemcu, S. 8.

12 Solouchina-Zasedateleva, Na zadvorkach Pobedy; N. Karpov, Malenkij Ostarbajter. Hrsg. von P. M. Poljan/N. L. Pobol', Moskva 2008, S. 34, 37.

13 K. A. Pol', Inostrannye rabočie v nemecko-fašistskom rabstve, Moskva 1943, S. 41.

Briefe als Quellen

Gerade in der Kriegszeit und den ersten Nachkriegsjahren galten diese „Briefe der Sklaven" als eine der Hauptquellen im offiziellen sowjetischen Diskurs über die Zwangsarbeit. Dabei wurde in der sowjetischen Presse schon während der Anfangsphase 1942 aus Briefen, die von gefallenen oder gefangen genommenen Deutschen erbeutet worden waren, zitiert, wie zum Beispiel in der oben erwähnten Publikation von S. Šul'ga. Der Verfasser wählte solche Briefe aus, in denen der Umgang mit den ukrainischen Zwangsarbeitern als einer mit billigem, doch nützlichem Arbeitsvieh oder Werkzeug geschildert wurde: „Sie sind wesentlich belastbarer als Franzosen, nur einer ist gestorben, der Rest arbeitet im Feld und auf dem Hof. Ihre Erhaltung kostet nichts …", oder: „Wer hätte gedacht, dass so ein Vieh wie unsere Ukrainerin so toll nähen kann. Das ist sehr angenehm."[14]

Anfang 1945 hörte die Veröffentlichung der Briefe deutscher Soldaten über die Ausnutzung der Zwangsarbeit sowjetischer Arbeiter praktisch auf; das letzte Beispiel findet man im Brief einer unbekannten deutschen Frau an einen Soldaten namens Schäfer unter dem reißerischen Titel *Deutsche Sklavenhalter trieben Tosja Turčanska in den Selbstmord* im Sammelband *Dokumente klagen an*, der 1945 erschienen ist.[15]

Aus den Briefen der Zwangsarbeiter selbst wurden anfangs nur ausgewählte Zitate in den öffentlichen Raum eingebracht; doch bereits 1943 erschienen die ersten thematischen Sammelbände, die komplette Brieftexte und Erinnerungen sowjetischer Bürger über die Zwangsarbeit im nationalsozialistischen Deutschland enthielten.[16] Außerdem verbreitete man während des Krieges Briefe und Auszüge daraus unter der Bevölkerung mit dem klaren Ziel, die Verschickung zur Zwangsarbeit zu verhindern.[17] „Sklavenbriefe" wurden von vielen Kriegskorrespondenten und anderen Verfassern in Zeitungsartikeln zitiert,[18] in den Zeitschriften für Literatur und Kultur wurde ihnen eine gesonderte thematische

14 Z. Šul'ga, Ukraïns'ke seljanstvo, S. 23 f.

15 Dokumenty obvinjajut. Sbornik dokumentov o čudoviščnych prestuplenijach nemecko-fašistskich zachvatčikov na sovetskoj territorii, Moskva 1945, Bd. 2, S. 384 f.

16 Pis'ma iz nemeckogo rabstva, Moskva 1943; V fašistskom adu. Rasskazy sovetskich ljudej, pobyvavšich v gitlerovskoj nevole, Moskva 1943.

17 Siehe entsprechende Flugblätter im Sammelband: Lystivki partijnoho pidpillja, S. 339; M. D. Juščenko, Ahitacija i propahanda komunistiv Ukraïny v umovach nimec'ko-fašysts'koï okupaciï, Kyïv 1962, S. 120.

18 Siehe z. B. S. Žurachovič, N. Lobrin, Ston vo mgle. Pis'ma s fašistskoj katorgi, in: Izvestija, Nr. 34, 11. 2. 1943; S. Zlatopol'skij, Pis'ma, vsyvajuščie k mesti, in: Izvestija, Nr. 276, 23. 11. 1943; E. Kameneckij, Pis'ma s gitlerovskoj katorgi, in: Krasnyj flot, Nr. 258, 31. 10. 1943; Pis'ma s nemeckoj katorgi, in: Komsomol'skaja pravda, Nr. 81, 7. 4. 1943.

Rubrik gewidmet.[19] Mit diesen Publikationen wurde noch ein weiteres Ziel verfolgt: Sie sollten eine allgemeine Vorstellung von der Zwangsarbeit schaffen, die nicht so sehr von der Sorge der durch Sklavenarbeit und Schikanen gezeichneten Betroffenen geprägt wurde, sondern eher das Gefühl des bedingungslosen Hasses gegen den Feind und die Erwartung einer unvermeidlichen und gerechten Rache erzeugen sollte.

Alle während der Kriegszeit und in den ersten Nachkriegsjahren veröffentlichten Briefe zeichneten sich daher durch die Auswahl von emotionalen und extrem negativen Aussagen der Verfasser über die Arbeits- und Lebensbedingungen, über die Arbeitgeber und die deutsche Bevölkerung im Allgemeinen aus. Die mobilisierende Wirkung derartiger Publikationen wurde durch reißerische Überschriften hervorgehoben wie: *Lieber Tod als Arbeit in Deutschland, Ständig am Hungern, Man handelt mit den Menschen wie mit dem Vieh, Rächt euch an den Hitlerbanditen, Mein Leben endet mit 19, Wir sehen nur Tränen, Qualen und den Tod* usw.[20]

Gleich nach dem Krieg wurden die Briefe und Zeugnisse der Zwangsarbeiter in die Sammelbände mit Dokumenten über die Aufdeckung nationalsozialistischer Verbrechen[21] und die Besatzung in den sowjetischen Gebieten[22] aufgenommen. Durch die Veröffentlichung der Briefe und Erinnerungen ukrainischer Zwangsarbeiter in den Sammelbänden *Briefe aus der faschistischen Zwangsarbeit,*[23] erschienen 1947, und *Menschen der sowjetischen Region Žytomyr über die Zwangsarbeit in Deutschland,*[24] erschienen 1948, wurden sie der Allgemeinheit leicht zugänglich gemacht. Die Auswahl der Korrespondenz der „Ostarbeiter“ erfolgte offensichtlich nicht ohne Einmischung der sowjetischen Zensur. Sie musste der damals vorherrschenden Meinung über die Zwangsarbeit entsprechen und so bestimmte Stereotypen im kollektiven Gedächtnis der sowjetischen Bevölkerung verankern, wie: brutale Zwangsverschickung, stundenlange erschöpfende Arbeit, Schikanen und Prügel seitens der Arbeitgeber, Existenz am Rande der Hungersnot, schwierige Lebensbedingungen, Einsamkeit und Isolation.

19 Siehe z. B. F. Kandyba, Šestnadcat’ pisem, in: Krest’janka, Nr. 1 (Januar), 1944, S. 17–19; Na fašistskoj katorge. Vrag otvetit za svoi prestuplenija, in: Krest’janka, 1944, Nr. 4 (April), S. 22 f.; P. Vovk, Lysty nevil’nyka, in: Dnipro, 1945, Nr. 1–2, S. 84–89.

20 Pis’ma iz nemeckogo rabstva, S. 2, 6, 8, 13.

21 Siehe z. B. Auswahl von Briefen und Erinnerungen im Kapitel III „U fašistskomu rabstvi“ im Sammelband Dokumenty obvinjajut.

22 Siehe z. B. Auswahl von Briefen und Erinnerungen in: Žytomyrščyna v period tymčasovoï okupaciï nimec’ko-fašysts’kymy zaharbnykamy 1941–1944 rr., Žytomyr 1948.

23 Lysty z fašysts’koï katorhy: Zbirnyk lystiv radjans’kych hromadjan, jaki buly vyhnani na katoržni roboty do fašysts’koï Nimeččyny. Red. F. Ševčenko, Kiew 1947.

24 Ljudy radjans’koï Žytomyrščyny pro nimec’ku katorhu, Žytomyr 1948.

Die Rückkehr der Zwangsarbeiter

Als die Rückkehr sowjetischer Zwangsarbeiter einsetzte, wurde in der offiziellen Propaganda zur Wiedereingliederung der in Massen heimkehrenden Repatrianten in die sowjetische Gesellschaft aufgerufen. Die Zeitungsredaktionen in den Republiken, Bezirken und Kreisen wurden vom Zentralkomitee der Kommunistischen Partei verpflichtet, „Unterlagen über den Aufenthalt sowjetischer Menschen in der nationalsozialistischen Sklaverei und über ihre Befreiung durch die Rote Armee systematisch zu veröffentlichen und dabei auf die Berichte und Erinnerungen der sowjetischen Repatrianten zurückzugreifen. Die Zeitungen enthielten Artikel und Reportagen über die Unterstützung durch die Partei und des sowjetischen Staates bei der Arbeitssuche der repatriierten Bürger und ihre Beteiligung am Wiederaufbau der Wirtschaft in den Städten und auf dem Land."[25] Von den letzten Kriegsmonaten bis zum Ende der vierziger Jahre gehörten zu den agitatorischen und Propagandamaßnahmen die Vorbereitung und Verbreitung von entsprechenden Broschüren im Kleinformat, die Ausstrahlung bestimmter Radiosendungen, die Herstellung von Dokumentar- und Spielfilmen, der Druck von Plakaten usw.

Die beginnende Rückkehr der befreiten sowjetischen Bürger markierte eine neue inhaltlich-thematische Ausrichtung in den Plakaten, entsprechend den Bedürfnissen der Zeit und den neuen Aufrufen in der Propaganda. Zur Verstärkung der Propagandawirkung des gedruckten Wortes gab der Verlag *Mystectvo* 1944/45 im Auftrag der Politabteilung für Agitation sechs Plakate zum Thema Repatriierung heraus.[26]

So erweiterte sich der im öffentlichen Raum entstehende Diskurs über das Kriegsgedenken um visuelle Muster der ehemaligen Sklaven, die glücklich über ihre Befreiung waren (siehe Abbildung 29 auf S. 404), ihre ungeduldig auf die Rückkehr wartenden Angehörigen und Verwandten,[27] die soziale Unterstützung, die auf die Repatrianten an deren früherem Wohnort wartete,[28] und die gerechte Rache, die die Unterdrücker unausweichlich einholen werde.[29]

25 Propahanda i ahitacija v rišennjach ta dokumentach VKP(b), Kyïv 1950, S. 468.

26 Ausführlich über die entsprechende politische Aufklärungsarbeit siehe: Barbara Stelzl-Marx, „Die Heimat wartet auf Euch ..." Zur politisch-agitatorischen Arbeit unter ehemaligen weißrussischen Zwangsarbeitern, in: „Ostarbeiter" – „Ostarbajtery". Weißrussische Zwangsarbeiter in Österreich. Dokumente und Materialien, Graz/Minsk 2003, S. 44–61.

27 Plakat von V. Koreckij My ždem tebja iz fašistskoj nevoli (Wir warten auf deine Rückkehr aus der faschistischen Sklaverei), Moskva/Leningrad 1944.

28 Plakat von V. Muchin Vozvraščenie v rodnoj sovchoz (Rückkehr in die heimische Sowchose), Moskva/Leningrad, 1945.

29 Plakat von V. Koreckij Za muki, za rany ja otomšču nemcam (Für die Leiden, für die Wunden werde ich mich an den Deutschen rächen), Moskva/Leningrad, 1944.

Einen solchen moralisch-psychologischen Impuls enthielt das Plakat von V. Ivanov *Kehre schneller in die Heimat zurück* (siehe Abbildung 28 auf S. 404). Die Gestalt der Mutter Heimat sollte alle Zweifel oder Ängste vor der Rückkehr zerstreuen. Sie sollte im Bewusstsein der Repatrianten, ja der ganzen Bevölkerung, den festen Glauben an die gerechte Mission der Heimat verankern, die mit dem Sieg über die faschistischen Angreifer alle ihre Töchter und Söhne befreit hatte, um sie nun in ihre mütterlichen Arme zu schließen. Dieses eindrückliche Plakat zeigte im ideologischen Sinne die Quintessenz des offiziellen Standpunktes der UdSSR zu den Zwangsarbeitern, an dem weder irgendwelche Zweifel möglich noch Korrekturen zulässig waren.

Bis zum Frühjahr 1946 kehrte der größte Teil von Repatrianten – über fünf Millionen Menschen – in die UdSSR zurück. Allerdings befand sich noch bis in die fünfziger Jahre eine relativ große Zahl Menschen im Ausland, die der Sowjetstaat mit allen Mitteln zurückzuholen versuchte. Neben den entsprechenden Maßnahmen gegenüber den „Displaced Persons" (DPs) im Westen wurden ab Ende 1946 im öffentlichen Raum vermehrt Berichte über jene Bürger verbreitet, die „es nicht geschafft haben, die Fahrt in die Heimat rechtzeitig anzutreten" und die „in den Lagern für Displaced Persons mit Gewalt zurückgehalten werden".

Es ist bezeichnend, dass in der Berichterstattung sowjetischer Zeitungen und Zeitschriften Ende der vierziger, Anfang der fünfziger Jahre das Schicksal der DPs mit den gleichen Bildern und Begriffen dargestellt wurde wie die Zwangsarbeit im Dritten Reich im Rahmen des offiziellen sowjetischen Diskurses: „Die Lager für die Displaced Persons sind zu einer Art Markt für den Sklavenhandel umgebaut worden, wo man Sklaven für die schwierigsten und die dreckigsten Arbeiten bei miserablem Lohn ohne die geringste Gewährleistung der elementaren Rechte und Freiheiten holt. Während der Sklavenauswahl arbeiten ärztliche Kommissionen, die die Muskel abtasten, die Zähne begutachten usw."[30]

Diese Gegenüberstellung zwischen dem freien Leben und dem Leben in der Sklaverei als zentrales Muster der sowjetischen Propaganda während der Kriegszeit wurde nun in die beginnende Konfrontation zwischen der UdSSR und ihren früheren Alliierten aus der Anti-Hitler-Koalition überführt – als Beweis für das ausbeuterische Wesen der westlichen Alliierten und mit der Beschuldigung, diese würden einen neuen Krieg vorbereiten.

Gerade am Beispiel von DPs, in denen die westlichen Staaten laut sowjetischer Propaganda ausschließlich eine Sklavenreserve sahen, sowie am Beispiel von angeblichen Plünderern, Spionen und Söldnern, wurden dröhnende Parallelen zwischen der Politik der vor kurzem noch alliierten Staaten und dem

30 O. Vojtenko, V pazurach rabovlasnykiv XX viku, in: Sučasne i majbutnje (1948) 5, S. 26.

nationalsozialistischen Deutschland gezogen.[31] Zusätzliche Überzeugungskraft sollten „repräsentative" Zeugnisse von repatriierten DPs sowie Briefe von abgeworbenen und in die westlichen Länder geratenen Arbeitskräfte erzeugen. Diese Propaganda, die auf die Stimmung und Meinung der Bevölkerung eine nicht unerhebliche Wirkung hatte, wurde bereits zu Kriegszeiten erfolgreich erprobt. In Veröffentlichung zum Thema „Sklavenstimmen" wurden die „neuen Sklaven" in grellen Farben präsentiert – nun Zwangsarbeiter in der kapitalistischen Knechtschaft der Nachkriegszeit.[32]

Die Zwangsarbeit im sowjetischen Kino

Auch in der sowjetischen Filmindustrie der Nachkriegszeit fand das Thema Repatriierung seinen Widerhall. Im Auftrag der Abteilung für politische Aufklärung bei der Behörde für Repatriierungsangelegenheiten wurden Ende der vierziger Jahre zwei Dokumentarfilme *In die Heimat* und *Sie kehrten in die Heimat zurück* sowie ein Spielfilm *Sie haben eine Heimat* herausgebracht. Alle diese Filme behandelten das gleiche Thema – die Rückkehr sowjetischer Bürger, unter anderem Kinder, in die UdSSR, eingeflochten in den Kontext der Konfrontation zwischen dem sowjetischen Repatriierungsauftrag und der Besatzungsverwaltung der westlichen Alliierten in Deutschland.

Der 1949 nach dem Drama von Sergej Michalkov *Ich will nach Hause*[33] gedrehte Spielfilm der Regisseure Aleksandr Fajncimmer und Vladimir Legošyn *Sie haben eine Heimat*, erzählt von den sowjetischen *Aufklärern* Dobrynin (P. Kadočnikov) und Sorokin (V. Sanajev), die in Westdeutschland ein Waisenhaus mit sowjetischen Kindern ausfindig machen und deren Rückkehr nach Hause organisieren. Dieser Film wurde mit der Stalin-Prämie dritter Stufe ausgezeichnet, nicht so sehr für die Glanzleistung der Filmemacher und Hauptdarsteller, sondern eher für die Aktualität dieser Thematik für den ganzen öffentlichen Diskurs in der Nachkriegszeit.

Höhepunkt der visuellen Umsetzung der typischen Vorstellung von Zwangsarbeit und Zwangsarbeitern war der Spielfilm *Mensch Nr. 217*, der 1944 im Filmstudio *Mosfilm* in Zusammenarbeit mit dem Taschkenter Filmstudio von dem

31 Siehe z. B. L. Zelyns'kyj, Tabory peremiščenych – rynky rabiv i škola špygunstva, in: Sučasne i majbutnje (1950) 5, S. 31–34.

32 Siehe z. B. Holos nevil'nykiv (Lysty z kapitalistyčnoï katorhy), in: Sučasne i majbutnje (1950) 1, S. 37–39.

33 S. Michalkov, Ja choču domoj, Moskva, Leningrad 1949. Im Prolog des Dramas stellt der Autor das künftige Schicksal der Kinder dar, falls sie bei den Alliierten blieben: „Was wird aus dem Kleinen aus dem Kreis Pskov – Soldat, Spion, Sklave/Der Heimat und des Obdachs beraubt, ein stummes Arbeitsvieh?", S. 3.

talentierten Regisseur Michail Romm gedreht wurde. Er und Evgenij Gabrilovič haben gemeinsam das Drehbuch verfasst, die Filmmusik komponierte Aram Chačaturjan. Der Streifen und seine starke Wirkungskraft der Bildsprache, erntete nicht nur Lob und Anerkennung von der sowjetischen Regierung (für diese Filmarbeit bekam M. Romm die Stalin-Prämie zweiter Stufe), sondern wurde auch international sehr hoch bewertet: auf dem ersten Filmfestival in Cannes im Jahre 1946 erhielt M. Romm eine Auszeichnung in der Kategorie „Beste Regie".[34]

In diesem Film fanden fast alle Elemente der Vorstellung über die Zwangsarbeit, die während des Krieges im sowjetischen öffentlichen Raum (diskursiv) konstruiert worden waren, ihr symbolisches Abbild: die Kolonne am Bahnhof vor der Abreise, die kurze agitatorische Ansprache des Deutschen mit der klischeehaften Ermahnungen, „sich der Ehre, für das Dritte Reich zu arbeiten, bewusst zu sein", Menschenhandel einschließlich Begutachtung der Hände, Muskeln, Zähne der Sklaven, Trennung der Freundinnen durch den Verkauf, die Frage „Wie viel kostet *das*" und die Antwort „nur 15 Mark", „Ausbildung" des Dienstmädchens wie bei einem Hund mit einem vorgehaltenen Stückchen Brot als Belohnung, symbolisches Abschneiden der langen Zöpfe der Hauptfigur durch die Tochter des Hausherren, der überfüllte Zug mit invaliden und kranken Arbeitern, die am Filmende als „abgeschrieben" und „nutzlos" nach Hause zurückkehren.

In kurzen Sequenzen von ein bis zwei Sekunden Dauer wird im Film der Arbeitsalltag der Hauptfigur Tanja gezeigt, die die Nummer 217 zugewiesen bekam: Abwaschen von Bergen von Geschirr und Fensterputzen, Waschen und Bügeln der Wäsche, Nähen, Schuhe putzen, Wischen der Fußböden im Haus, Holzhacken, Arbeit im Hof, dies alles unter Beschimpfungen, Prügeln und Erniedrigungen. So wischt der Herr, unzufrieden mit den geputzten Schuhen, die Sohlen an Tanjas Gesicht ab, die Herrin stößt sie mit den Füßen, als sie erschöpft durch die schwere Arbeit entkräftet umfällt. Einer weitere Erniedrigung – „Behandlung wie eine Null" – ist das allabendliche Waschen des Herren: „Ich wasche diesen alten Bock, und er macht sich gar nichts daraus, vor seiner Ehefrau würde er sich wohl schämen, vor mir aber nicht", – erzählt Tanja ihrer Freundin aufgebracht.

Im Unterschied zu fast allen anderen sowjetischen Kinostreifen der Kriegszeit, die den heldenhaften Widerstand und Kampf bestärken sollten, lässt der Film *Mensch Nr. 217* jede Art von Huldigung der Partei und ihres Führers sowie Propaganda für die ideologische Unerschütterlichkeit und die Führungsrolle der Kommunisten vermissen. Die Hauptfiguren werden im Film weder als Komso-

34 http://www.festival-cannes.com/en/archives/artist/id/20580.html [30. 9. 2012], mit dem Grand Prix wurde auf dem ersten Filmfestival in Cannes der sowjetische Film Die große Wende des Regisseurs F. Emler nach dem Drehbuch von B. Čyrskov ausgezeichnet, der dem Schicksal der Kämpfer in der Schlacht von Stalingrad gewidmet war.

molzen noch als Kommunisten dargestellt, in ihren Worten gibt es nicht mal eine Andeutung von ideologischer Standhaftigkeit oder Überzeugung vom Sieg der kommunistischen Ideen. Durch diesen Film mit seinen harten und realistischen Darstellungen des *Leidens* der nach Deutschland verschleppten Zwangsarbeiter wurde dem während des Kriegs geschaffenen Bild des Zwangsarbeiters ein zentrales Element hinzugefügt.

Wandel zu Beginn der fünfziger Jahre

Auf diese Weise diente in den Jahren 1942 bis 1953 die offizielle Wahrnehmung von Zwangsarbeit und Zwangsarbeitern vor allem der Mobilisierung: Die zur Kriegszeit in den öffentlichen Raum eingeführten „Sklavensujets" spielten eine wesentliche Rolle bei der Konsolidierung einer Gesellschaft im Krieg und förderten gleichzeitig stereotype Ansichten über die „Sklaverei in Deutschland" im semantischen Rahmen von Unterjochung und Sklavenarbeit.

Mit der bereits im letzten Kriegsjahr beginnenden Rückkehr der Zwangsarbeiter in die UdSSR wandelte sich diese gesteuerte Wahrnehmung. Nun ging es um die propagandistische Flankierung der Repatriierung, der Eingliederung der ehemaligen Zwangsarbeiter in die sowjetische Nachkriegsgesellschaft und eine „faire Behandlung" aller Repatrianten seitens des Staates. Mit der endgültigen Beendigung des Repatriierungsprozesses verloren die von uns betrachteten überwiegend publizistischen und propagandistischen Mittel und Materialien ihre Bedeutung. Dennoch war das Thema weiterhin präsent und so blieben, beispielsweise durch die vielen veröffentlichten folkloristischen Prosa- und Poesiewerke, weiterhin Bilder der Zwangsarbeit gesellschaftlich sichtbar.

Zwangsarbeiter in der Folklore der Sowjetzeit

Die in der Sowjetzeit publizierte Folklore der Zwangsarbeiter lässt sich chronologisch in drei Phasen unterteilen. Die Kriegszeit; die Zeit von 1945 bis Anfang der fünfziger Jahre; und der Zeitraum der sechziger bis in die achtziger Jahre.

Die Folklore der Kriegs- und unmittelbaren Nachkriegszeit

Typisch für die der während des Krieges publizierte Zwangsarbeiterfolklore sind die „Lieder der versklavten Frauen", also Kompositionen, in denen als Hauptfigur ein junges Mädchen oder eine junge Frau auftritt, die zur Arbeit nach Deutschland deportiert wurde. Diese „Sklavenlieder" erschienen bereits 1943 in sowjetischen Zeitungen und Zeitschriften und entwickelten sich zu einem populären Genre. Während des Kriegs erschienen ihre Texte dann komplett oder teilweise auch in Propaganda-Sammelbänden,[35] veröffentlichten Brieftexten aus Deutschland[36] und in eigenen folkloristischen Publikationen.[37]

In den ersten Jahren nach Kriegsende (1945–1953) erreichte die Popularität der Folklore ihren Höhepunkt. Es wurden weit mehr folkloristische Werke als zuvor oder jemals nachher gedruckt. Die meisten erschienen jedoch nicht mehr in Zeitungen, sondern in spezifischen Themenbänden mit Folklore aus der Kriegszeit,[38] in allgemeinen Büchern mit sowjetischer Folklore sowie in Veröffentlichungen von Materialien (Erinnerungen, Briefe, Lieder, Sprichwörter etc.) über die Zivilbevölkerung in den von Deutschland besetzten Gebieten. Ein Sammelband mit Briefen und Erinnerungen aus der Region Žytomyr ist hierfür besonders charakteristisch; unter anderem enthält er *Lieder aus der nationalsozialistischen Gefangenschaft*.[39] Man findet hier – angepasst an die neue Situation in der „Knechtschaft" – die traditionellen Hochzeits-, Soldaten- und Rekrutenlieder, mit genretypischen Motiven wie der „Kuckucks-Mutter" (oder das Gespräch zwischen der Mutter und dem Kuckuck) und des „schwarzen Raben" (der Unglück und Trennung prophezeit bzw. symbolisiert). Außerdem neue Adaptionen der populären folkloristischen Reihe *Kalyna-Malyna*, Werke, die traditionelle Züge, Rhythmik und Symbolik der Volkslieder bewahren und Überarbeitungen, die nicht aus traditioneller Folklore stammen, sondern als populäre Sänger- bzw. Volkslieder der Vorkriegszeit entstanden sind.

Die wichtigste ukrainische Folklore der Kriegsjahre, auch solche der Zwangsarbeiter, wurde erst im ersten Jahrzehnt nach dem Krieg in russischer Übersetzung veröffentlicht, zum Beispiel im Sammelband *Schwester Ukraine*.[40] Hier finden sich keine Überarbeitungen von populären sowjetischen oder vorrevolutionären Liedern, sondern ausschließlich Neukompositionen, die auf Motiven der Volkslieder und der traditionellen Folklore basieren. Dabei handelt es sich überwiegend um Abschiedslieder, als Lieder gesungene Briefe und Gespräche. Als Protagonistinnen treten ein Mädchen, das gezwungen ist, sein Zuhause zu verlassen, und eine Mutter auf, die ihre Tochter auf die Abreise vorbereitet und sie

35 Pesni nevol'nic. Pesni, složennye devuškami, ugnannymi v Germaniju, in: Bloknot agitatora Krasnoj Armii, 1944, Nr. 5.

36 Pis'ma s nemeckoj katorgi, in: Komsomol'skaja pravda, Nr. 81 vom 7. 4. 1943.

37 „Pisnja nevil'nyci", „Kolo stolu ja sidaju", „A vse hory ta dolyny", in: Dnipro (Juli 1944) 1, S. 100 f.

38 Ukraïns'ka narodna poesija pro Velyku Vitčyznjanu vijnu. Red. M. T. Ryl'skyj, Kyïv 1953.

39 Pisni z fašysts'koï nevoli. Ljudy radjans'koï Žytomyrščyny pro nimec'ku katorhu. Zbirnyk lystiv ta spohadiv, Žytomyr 1948, S. 41–59.

40 Sestra Ukraina (Pesni nevoli i bor'by). Hrsg. von A. Globa, Moskva 1947.

verabschiedet. Einige Lieder sind in Dialogform gesungen. Das zentrale Thema ist die Trauer; sowohl um jene, die in der Fremde leiden, als auch jener, die in der Ukraine geblieben sind:

„... Dort, im grausamen Deutschland,
Wie ein Stein unter Wasser,
Wirft man ihn –
so bleibt er liegen,
Und das Wasser fließt und fließt."[41]

„... Bei dir, Mama,
blühte ich wie eine
Schneeballblume,
In der Fremde, Mama,
vertrockne ich wie ein
Span Holz!"[42]

Es existierten aber auch Lieder mit optimistischer Haltung, hier beispielsweise als Appell und Hilferuf des Liedermachers an „Vater Stalin" ausgedrückt:

„Lass uns deine Stimme hören!
Ohne dich gehe ich hier zugrunde!
Rette uns aus der Hölle
Bring uns in die Ukraine zurück!"[43]

Oder mit der festen Überzeugung auf Rettung:

„Unsere Brüder vergessen uns nicht
Sie werden uns erlösen
In der Ukraine blühen die Gärten, um uns zu empfangen."[44]

Das folkloristische Schaffen der Zwangsarbeiter hielt Einzug in verschiedene Genres: Limericks, Klagelieder und Epen.[45] Besondere Verbreitung fanden sowohl Neufassungen und Überarbeitungen als auch die Abfassung neuer Texte zu alten Melodien. Die Folklore der Zwangsarbeiter basierte meist auf den traditionellen Liedern der Rekruten, Soldaten und Lohnarbeiter mit typischen Sujets wie die

41 Ebenda, S. 35.

42 Ebenda, S. 61.

43 Ebenda, S. 46.

44 Ebenda, S. 62.

45 Außer den genannten s. auch auf Russisch: Pesni i skasy. Fol'klor kasakov-nekrasovcev o Velikoj Otečestvennoj vojne. Hrsg. von F. V. Tumilevič, Rostov 1947; Sovetskij fol'klor Čkalovskoj oblasti. Hrsg. von A. V. Bardin/N. I. Roždestvenskaja, Čkalovsk 1947; Ural'skij fol'klor. Red. M. G. Kitajnik, Sverdlovsk 1949; Fol'klor Vitčyznjanoï vijny. Red. F. Kolessa, L'viv 1945.

Trennung von Zuhause und von der Familie, der Aufenthalt und das Leiden in der Fremde und das Heimweh, teilweise auch mit den Motiven einer städtischen „grausigen Romanze“. Auch der ursprüngliche Text des Liedes *Breit ist das Meer* von M. F. Ščerbina wurde häufig überarbeitet. Aus dem ursprünglichen Liedtext entstanden die meisten Neufassungen mit jeweils einer Menge unterschiedlicher Versionen. Eine davon wurde zu einer Art Markenzeichen für die Kriegszeit:

> „Die Bahnschienen führen weit weg,
> Darauf fahren die Züge dröhnend,
> Sie bringen unsere Mädchen
> Aus der Ukraine nach Deutschland weg …“[46]

Nicht wenige Lieder der Zwangsarbeiter sind Entlehnungen aus der Häftlingsfolklore vom Ende des 19. und Anfang des 20. Jahrhunderts, geprägt von den Sujets sozialer Entfremdung, bitterer Einsamkeit und Hoffnung. So beispielsweise das Lied *Auf einem abgelegenen unbekannten Weg, im weiten Sibirien*, das auf der Gefängnisfolklore des 19. Jahrhunderts basiert:

> „Auf einem abgelegenen unbekannten Weg,
> Im weiten Deutschland,
> Bringt man sowjetische Mädchen weg,
> Bringt sie weg in ein ganz fremdes Land …“[47]

Die Folklore der fünfziger bis achtziger Jahre

Die Veröffentlichungen im Zeitabschnitt der fünfziger bis achtziger Jahre bestanden wieder überwiegend aus Nachkriegsliedern und -gedichten der Zwangsarbeiter, die jetzt aber nach ihrer traditionellen oder folkloristischen Herkunft gruppiert waren.[48] Anstelle der bisherigen Themen wie Transport nach Deutschland, erschöpfende Arbeit oder schmerzhafte Trennung traten Lieder mit lyrischen Texten voller persönlicher Gefühle, z. B. über eine neue Bekanntschaft, die damit verbundenen Gefühle und die Hoffnung auf ihre Fortsetzung:

46 Aus „Al'bom dlja pisen' z žyttja v Nimeččyni Nadiï Koval', 1944“ (A. Tvardovskij, Iz pesen o nemeckoj nevole, in: Izvestija, Nr. 299 vom 22. 12. 1945).

47 N. Rylenkov, Živaja voda (ustno-poetičeskoe tvorčestvo Smolenščiny ėpochi Velikoj Otečestvennoj vojny). Red. P. M. Sobolev, Smolensk 1946.

48 Siehe z. B. Radjans'ka pisnja, Kiew 1967; Pesni i skazy Donbassa. Hrsg. von A. V. Ionov, Stalino 1960; Skazki, pesni, častuški, poslovicy Leningradskoj oblasti: Sbornik. Hrsg. von V. S. Bachtin, Leningrad 1982.

„Mit einem zärtlichen und schönen Lächeln
Bist du mir begegnet
Mit einer weißen Baskenmütze,
in einer blauen Jacke mit ‚Ost' an der Brust.

Wir begegneten uns
beim Tageslicht,
Und ich vergesse nicht das
Lächeln
Des Mädchens mit
dunkelblondem Zopf."[49]

Ein weiteres Beispiel ist die zum ersten Mal in diesem Sammelband erschienene Überarbeitung eines humoristischen Liedes aus dem populärsten Vorkriegsfilm *Wolga-Wolga* (Komponist I. Dunajevskij, Text V. Lebedev-Kumač), das mit den Worten beginnt: „Verblüffende Frage – warum bin ich Wasserträger?" und die in der überarbeiteten Version auf den für alle Zwangsarbeiter obligatorischen Aufnäher „Ost" umgemünzt wurde:

„Ich lief im Lager,
Kein ‚Ost' angenäht.
Ein Polizist hat's gesehen:
– Ostarbeiterin, folge mir!
Ich gehe auf den Polizisten zu
Und sage Deutsch:
Meine liebe Polizei,
Ostarbeitern all egal …
Verblüffende Frage:
Warum tragen wir ‚Ost'?
Weil man hier ohne ‚Ost'
Keinen Tag auskommt."[50]

Die Publikation solcher Lieder zeigt, dass das durch die Politik konstruierte Bild der Zwangsarbeiter Anfang der achtziger Jahre weit über die damals übliche Vorstellung von Sklaven und Helden hinaus um eine Semantik von Trauer und Widerstand erweitert wurde – ein Prozess, der vor allem in der „künstlerischen" Produktion stattfand und sich so fest im sowjetischen Gedächtnis an die Zwangsarbeiter im Dritten Reich verankerte.

49 Ebenda, S. 277.
50 Ebenda, S. 278.

Zwangsarbeit als Thema der sowjetukrainischen Poesie

Neben den folkloristischen Publikationen der Ostarbeiter nahmen die Werke von sowjetukrainischen Dichtern und Schriftstellern einen erheblichen Einfluss auf die (Re-)Konstruktion der allgemeinen Vorstellung über Zwangsarbeit und Zwangsarbeiter und gleichzeitig auf die Entwicklung des historischen Gedächtnisses an dieses Phänomen. Die meisten Gedichte sowjetukrainischer Autoren zu dieser Thematik entstanden während der Kriegszeit und in den ersten Nachkriegsjahren.

Abschied als Motiv der Poesie

Thematisch behandelte die Poesie der Jahre 1942/43 ausschließlich den Abtransport zur Zwangsarbeit nach Deutschland. Abschied und Abfahrt und die damit verbundene bittere Ungewissheit im Bezug auf das weitere Schicksal wird in den Gedichten beispielsweise von O. Juščenko zum Ausdruck gebracht wird:

„Waggons rattern, Waggons fahren
In das schwarze verdammte Land,

In den Fenstern sausen, huschen
die Stationen vorbei …

Lebe wohl, Ukraine, lebe wohl!

… Du, mein Wasserholunder,
ob die Stimme aus der Knechtschaft
bis zum sonnigen Land hallt …
Wie ein Halm gehe ich hier ein, verkomme,
Lebe wohl, Ukraine, lebe wohl!“[51]

In vielen Gedichten wurde der Gestalt der Frau, erfüllt mit unsäglicher Trauer, Hoffnungs- und Ausweglosigkeit größte Bedeutung beigemessen. Unter den vielen Dichtungen, die dem Schicksal der Zwangsarbeiter gewidmet sind, nehmen die Werke von Andrij Malyško den bedeutendsten Platz ein. Sein Gedicht *Kateryna* über das Schicksal einer Frau, die in die Sklaverei nach Deutschland geraten war, ist von brennendem Hass gegen den Feind und von unsäglichem Schmerz durchdrungen:

„Ich bin auf der Suche nach einem Wort,
das den ganzen Hass und die Heftigkeit ausdrückt:
Auf meinen fest zusammengepressten Lippen
Ist Katerinas Seele aufgeplatzt.

51 Zitat aus: Radjans'ka pisnja, S. 228.

Mit meinem ganzen Blut
Werde ich über dem verfluchten deutschen Land
über dein unerhörtes Leid
lauter als der Donner schreien!"[52]

Unter den vielen Dichtungen, die dem Schicksal der Zwangsarbeiter gewidmet sind, nehmen die Werke von Andrij Malyško den bedeutendsten Platz ein. 1944 wurde sein Poem *Häftlingsfrau* gedruckt (dessen Vorbild das genannte Gedicht *Kateryna* ist), eine wahre Hymne auf den Mut und die Unbeugsamkeit einer ukrainischen Zwangsarbeiterin – einer Zehntklässlerin – in Deutschland. Katerynas Schicksal wird nach allen Regeln des „sozialistischen Realismus" vor dem Hintergrund der Kriegshandlungen geschildert: Besetzung ihres Dorfes, Partisanenkrieg, Kampfhandlungen der Roten Armee etc. Bei der Schilderung von Katerynas Erfahrungen in Deutschland entschied sich der Autor für das literarische Stilmittel des Briefes, das zu dieser Zeit in der offiziellen sowjetischen Literatur bereits große Beliebtheit erfuhr. Das Poem findet ein glückliches Ende: Kateryna gelingt die Flucht und sie kann sich, bereits weit weg von Deutschland, unversehrt zu den sowjetischen Truppen durchschlagen.

Neue Motive und Mitgefühl

1946 erschien der nächste Sammelband *Jaroslavna. Dichtungen* von Andrij Malyško,[53] in dem er sich in vier Gedichten mit dem Thema Sklaverei beschäftigt. Gegen Kriegsende rückten in den Werken sowjetischer Dichter neue Themen in den Mittelpunkt des Diskurses über die Zwangsarbeit, nämlich Befreiung und Wiedersehen. Dichtungen dieses Zeitabschnitts sind zumeist geprägt von sowjetischer patriotischer Rhetorik und dem Pathos der Bürgerpflichten, aber es finden sich auch satirische Bearbeitungen des Themas Wiederherstellung der Gerechtigkeit.

Anders als in seinem früheren Werk *Häftlingsfrau* (*Polonjanka)* ging Malyško in seinen neuen Dichtungen (soweit es zur damaligen Zeit im Rahmen des sowjetischen Diskurses möglich war) auf Distanz zur propagandistisch aufgebauten Sklavenfigur, die hauptsächlich Rache übte, flüchtete, sabotierte und selbst nach einer längeren Zeit in der Fremde die Hoffnung auf die Befreiung und eine gerechte Bestrafung der Unterdrücker nicht verloren hatte. Eines seiner „Sklaven"-Gedichte widmete A. Malyško dem alten Lyvon, der zur Arbeit in den deutschen Kohlengruben deportiert worden war. Das war der einzige Versuch sowjetischer

52 A. Malyško, Katerina, in: Zdravstvuj, Ukraina! (Literaturno-estradnyj sbornik proizvedenij ukrainskich pisatelej), Moskva, Leningrad 1944, S. 77.

53 Sowohl Lyvon als auch Katrja wurden in der „Zeit des entwickelten Sozialismus" neu verlegt, z. B. in der zehnbändigen Werksammlung von A. Malyško (Kyïv 1973, Bd. 2 Poezii).

Dichter und Schriftsteller in der Kriegszeit und der ersten Nachkriegsjahre, das Bild älterer Menschen darzustellen, die zur Zwangsarbeit verschickt worden waren. A. Malyško gelang es, deren Gefühl der Hoffnungslosigkeit prägnant wiederzugeben, indem er symbolische Parallelen zur Geschichte der Unterjochung der Vorfahren der ukrainischen Bauern einführte:

> „[…] Aus der Ferne von Poloveččyna schreien Großvaters Gebeine
> Und der Urgroßvater auf dem geteerten Baumstumpf in der Türkei:
> – Wie du siehst, sind wir nicht zurückgekommen,
> Haben uns unter dem Eisen gebogen,
> Und du wirst irgendwo an der Oder im Sarg liegen.“[54]

Der alte, schon sterbende Lyvon hatte gewartet, bis die Befreiung kam, und wurde von den Soldaten noch lebend nach Hause gebracht. Mit seiner Darstellung verlieh der Autor dieser Rückkehr besondere Bedeutung und zollte Respekt und Anerkennung gegenüber dem alten Zwangsarbeiter und dessen schwerem Schicksal.

Ein anderes Gedicht aus diesem Band, *Katrja*, drückt das tiefe Mitgefühl für das Sklavenschicksal junger Mädchen aus, die jahrelang in der Fremde litten und nun nach Hause zurückkehren:

> „[…] Hunderte Wege, durch Leid und Müdigkeit,
> Durch Aufflackern im Feld und dichtes Feuer,
> Komm, meine liebe, aus der Gefangenschaft heim,
> In die Ukraine, von der du geträumt hast“.[55]

Da der große Teil der Dichtungen während des Krieges und in den ersten Nachkriegsjahren verfasst und später in Poesiebänden des einen oder anderen Dichters bzw. in thematischen Bänden von „Kriegsgedichten“ erneut aufgelegt wurden, kann die Poesie über die Zwangsarbeit nur für den ersten Zeitabschnitt des sowjetischen Diskurses als eine eigenständige, dennoch charakteristische Komponente der einschlägigen Kunst betrachtet werden. Den wichtigsten Platz bei der künstlerischen Gestaltung des Gedächtnisses an die sowjetischen Zwangsarbeiter in Deutschland nehmen Prosawerke ein, die sowohl während des Krieges als auch viele Jahre nach Kriegsende entstanden sind und die gesamte Sowjetzeit über kontinuierlich veröffentlicht wurden.

54 „Lyvon“, in: A. Malyško, Jaroslavna: Poezii, Kyïv 1946, S. 8 f.
55 „Katrja“, in: Malyško, Jaroslavna, S. 12

Prosa zur Zwangsarbeit in der Kriegs- und Nachkriegszeit

Die Werke von sowjetukrainischen Schriftstellern der Kriegszeit und in den ersten Nachkriegsjahren, die den Kontext der Zwangsarbeit behandelten, zielten vor allem auf eine Mobilisierung, häufig waren sie ein Aufruf zur Rache.

Aufruf zur Rache: Die Ukrainerin von Jurij Janovs'kyj

Eines der emotionalsten Werke, das in eindringlicher Bildhaftigkeit einen solchen Aufruf zur Rache, die heroische Unbeugsamkeit und das Leid einer Zwangsarbeiterin vereinte, war die Erzählung *Ukrainerin* von Jurij Janovs'kyj, die erstmals 1942 in der Zeitschrift *Ukraïns'ka literatura* veröffentlicht wurde und 1943 in Buchform erschien. In dieser kurzen Erzählung geht es um das Zusammentreffen sowjetischer Panzersoldaten mit dem Mädchen Marijka, das aus Deutschland heimkehrt. Die Deutschen haben Marijka verstümmelt – ihr die Arme abgehackt, weil sie einen der „Herren", bei denen sie gearbeitet hatte, mit Gas vergiftet, bei dem anderen den Bauernhof in Brand gesteckt und dann versucht hatte, aus Deutschland zu fliehen:

„Faschisten haben mir die Arme abgehackt und mich dann in die Ukraine gejagt: Seht alle, was mit denen passiert, die aus der Zwangsarbeit in Deutschland fliehen. Sie sagen, die Angst soll sich in die Herzen der Menschen einfressen, die Furcht eure Knochen gefrieren lassen." Doch die mutige Marijka dreht die Einschüchterung zum Aufruf um: „Ich geh durch die Welt, wie ein heiliger Kobzar und trage stolz meine Verkrüppelung, und rufe zur Rache auf, und fordere die Vergeltung. Steht auf, freie Menschen, steh auf, meine Ukraine, steh auf, sowjetisches Land! So gehe ich! So gehe ich!"[56]

Hieran wird deutlich, dass der sowjetische Diskurs über die Zwangsarbeit während der Kriegszeit paradoxerweise auch den eigenen Zielen zuwiderlief, weil er nicht nur sowjetisch-staatliche, sondern auch national-patriotische Gefühle der sowjetischen Bürger mobilisierte.[57] Bekanntermaßen war es nicht ungefährlich, den nationalen (in diesem Fall ukrainischen) Patriotismus zu betonen und ihn über den Klassenkampf zu stellen,[58] zugleich war die Förderung des Patriotismus

56 „Ukraïnka", in: Ju. Janovs'kyj, Tvory, Kyïv 1958, Bd. 1, S. 318 f. Kobzar ist ein – oft blinder – Wandersänger mit einer Laute, ein ukrainisches Nationalsymbol.

57 Detailliert über den Einsatz solcher Mittel in der Gedächtnispolitik der Sowjetunion während der Kriegsjahre siehe: Serhy Yekelchyk, Stalin's Empire of Memory. Russian-Ukrainian Relations in the Soviet Historical Imagination, Toronto 2004 (ukrainische Ausgabe: S. Jekel'čyk, Imperija pam'jati. Rosijs'ko-ukraïns'ki stosunky v radjans'kij istoryčnij ujavi, Kiew 2008, S. 303).

58 Im Zusammenhang mit seiner Filmerzählung Ukraïna v ohni (Ukraine im Feuer) wurde

der Sowjetbürger und die Hervorhebung ihres Nationalstolzes ein unabdingbarer Teil der Mobilisierungsbemühungen sowjetischer Agitation und Propaganda. Die Hervorhebung des Nationalgefühls und der nationalen Identität stand aber nicht in direktem Widerspruch zum Projekt einer sozialistischen Ukraine, da die Propagierung eines gemeinsamen Sowjetpatriotismus die Einbeziehung der wichtigsten Nationalhelden und des Nationalerbes immer schon zur Voraussetzung hatte.

„Mit jedem Kilometer wurde Deutschland kleiner": Mykola Smolenčuks Grauhaarige Generation

Viel später, 1965, bediente sich der ukrainische Schriftsteller und Literat Mykola Smolenčuk, der während des Krieges selbst zur Zwangsarbeit abtransportiert worden war, in seinem Roman *Grauhaarige Generation*[59] der Einführung eines solchen Kulturerbes, und zwar in Form der an die Zwangsarbeit in Deutschland „angepassten" Volkslieder, also der ukrainischen Zwangsarbeiterfolklore. In seinem autobiografischen Roman beschäftigte er sich mit seinem Aufenthalt in Deutschland, nachdem er vom Gebiet Kirovograd (Kirovohrad) beim Rückzug der deutschen Truppen aus der Ukraine deportiert worden war. Seine eigenen Erfahrungen, die er als Zwangsarbeiter in Deutschland gesammelt hatte, schildert der Autor unter dem Namen Viktor Kovalenko, der den gleichen Weg wie der Schriftsteller hinter sich hatte: Arbeit auf einem Bauernhof, dann wurde er wegen Inbrandsetzung der Felder des „Herrn" ins Straflager geschickt, ist geflüchtet, hat fast halb Deutschland zu Fuß durchquert, in einem Lager für DPs lange auf die Rückkehr in die Heimat gewartet, im Lager einem Anwerber für die Auswanderung nach Übersee Gewalt angedroht und ist dafür in die Einzelhaft gesteckt worden. Der Roman endet mit einer euphorischen Schilderung der Rückkehr nach Hause, für die der Protagonist die ganze Zeit seines Aufenthaltes in Deutschland gekämpft hat:

„Mit jedem Kilometer wurde Deutschland kleiner. Im Überbau über dem Windfang des hinteren Waggons ist ein breites Fenster ohne Rahmen. Daraus sieht man eine lange Reihe Waggons, voll mit Menschen, und eine zornige Dampflokomotive, die zu meiner stolzen und schönen sowjetischen Heimat

Oleksandr Dovženko beschuldigt, gegen die Prinzipien des Klassenkampfes zu handeln und den ukrainischen Patriotismus zu übertreiben. Dieses Werk wurde zur Sowjetzeit nicht veröffentlicht. Deshalb ist es nicht möglich, ungeachtet des darin dargestellten Schicksals deportierter Mädchen, es in die Reihe der belletristischen Beispiele für die (Re-)Konstruktion des offiziellen sowjetischen Gedächtnisses an die Zwangsarbeit im nationalsozialistischen Deutschland aufzunehmen.

59 M. Smolenčuk, Syve pokolinnja, Odesa 1965.

eilt […].“[60] In diesem Roman wurde dem Leser ein Bild über den Aufenthalt in deutscher Knechtschaft angeboten, das den Mustern des sowjetischen Diskurses über den Großen Vaterländischen Krieg entsprach, weshalb er gleich nach seinem Erscheinen positive Kritiken in der Presse erhielt.[61] Der Protagonist und seine Freunde verlieren ungeachtet aller Schikanen und der Sklavenarbeit nicht die Hoffnung auf den Sieg über den Faschismus und die Befreiung durch die Rote Armee; sie beteiligen sich am Kampf gegen die Unterdrücker und verteidigen ihre Ehre durch ostentatives Tragen des „Ost“-Zeichens („Ich trage ‚Ost‘ gut sichtbar, bin stolz, dass ist ein Sowjetbürger bin“, – verkündet der Autor die Gedanken der Hauptfigur).[62]

Pathos und Kampf: Ostarbeiter von Zozulja und Vlasenko

Den Prüfungen, die ein junger Mann aus Podolien namens Kuz’ma Kovtjuk durchmachen muss, ist der Roman *Ostarbeiter* von Ivan Zozulja und Ivan Vlasenko gewidmet, dessen erste Auflage 1980 erschien.[63] Zozulja wusste wie Smolenčuk aus eigener Erfahrung, wovon er schrieb – auch er war zur Zwangsarbeit nach Deutschland verschickt worden und dort bis zum Kriegsende geblieben.

Das Sujet entfaltet sich in den parallelen Geschichten zweier junger Männer: des ukrainischen Komsomolzen Kuz’ma Kovtjuk und des deutschen Gestapomanns Otto Kramer. Die Kreuzung ihrer Lebenswege bildet den Handlungsstrang dieses Romans, in dem Vertrauen und Verrat, freundschaftliche Unterstützung und teuer bezahlte „Hilfe“, Großzügigkeit und Eigennutz gegenübergestellt werden, bis hin zu einem Konflikt der Hauptfigur, der aus seiner intimen Beziehung zur Ehefrau des Gestapomanns und aus seiner Liebe zu einer ukrainischen Zwangsarbeiterin entsteht. Als zusätzliches Konfliktfeld zeichnen die Autoren ein Bild der deutschen Gesellschaft, die in ihrer Haltung zum Nationalsozialismus unüberbrückbar gespalten erscheint.

Das Pathos in *Ostarbeiter* wie auch im anderen damals populären Roman *Brustabzeichen „Ost“* des russischen Schriftstellers Vitalij Sëmin,[64] besteht in der antifaschistischen Ausrichtung; in *Ostarbeiter* drückt sich die Idee des Antifaschismus unmittelbar im Kampf aus, den all jene führen, die der unmenschli-

60 Ebenda, S. 348
61 Siehe z. B. M. Čečot, Novyj tvir zemljaka, in: Kirovohrads’ka pravda, 28. 7. 1965.
62 Übrigens, nicht in jedem Oral-History-Interview kann man Beispiele für so ein Verhalten zum „Brandmal“ OST finden. Im Gegenteil berichteten unsere Gesprächspartner im Rahmen des Interviews von ihren Versuchen, den Aufnäher wenigstens abzudecken bzw. möglichst unauffällig anzunähen, wenn nicht gar abzureißen.
63 I. Vlasenko/I. Zozulja, Ostarbajter, Kiew 1980.
64 V. N. Semin, Nagrudnyj znak „OST“. Roman, povest’, rasskazy, Moskva 1978.

chen nationalsozialistischen Ideologie entgegentreten: durchschnittliche Deutsche, Organisatoren des deutschen antifaschistischen Untergrunds und die nach Deutschland gebrachten Zwangsarbeiter verschiedener Nationen.

Die literarische Verarbeitung realer Erfahrungen

Im Gegensatz zu den oben aufgeführten Werken wurde die Thematik der Zwangsarbeit in den Arbeiten sowjetischer Schriftsteller meist nur flüchtig und illustrativ behandelt. Dies geschah dann hauptsächlich im Kontext des „heldenhaften Kampfes der Bevölkerung in den zeitweise besetzten Gebieten"; als Musterbeispiel kann der richtungsweisende sowjetische Roman *Junge Garde* (*Molodaja Gvardija*) dienen, der die Brandstiftung an einem Arbeitsamt mit dem Ziel, die Rekrutierungslisten der zur Verschickung nach Deutschland bestimmten Personen zu vernichten, schildert. Es ist aber zu betonen, dass ungeachtet des geringen Umfangs der prosaischen und dichterischen „Sklaven"-Literatur, dieses Thema im offiziellen sowjetischen literarischen Diskurs „vorhanden" war und von professionellen Literaturkritiken und der Leserschaft wahrgenommen wurde.

Die hier erwähnten Romane ukrainischer Schriftsteller gaben dem Leser nicht nur die Möglichkeit, sich in die Zwangsarbeit „einzufühlen". Im Rahmen der sowjetischen Gedächtnispolitik führten sie auch zu einer indirekten Legitimierung des privaten Gedächtnisses. Denn die Autoren, sie alle waren in den Kriegsjahren als Zwangsarbeiter in Deutschland, verarbeiteten in ihren Roman ihre eigenen, „nicht erfundenen" Erfahrungen literarisch. Über die Literatur erhielt das private Gedächtnis in die sowjetische Gedächtnispolitik Einzug.

Sowjetische Forschung zur nationalsozialistischen Zwangsarbeit während des Zweiten Weltkrieges

Zu Sowjetzeiten wurden besonders Themen wie die Planung des Arbeitseinsatzes und die Praxis der Zwangsrekrutierung, der Aufenthalt und die Arbeitsbedingungen im NS-Deutschland usw. in den Vordergrund gestellt.

Die entsprechenden wissenschaftlichen Forschungen wurden relativ kontinuierlich betrieben, das heißt, sie stellten relativ eigenständige Sujets dar, die in den Kontext des politischen Forschungsrahmens integriert waren. Ende der fünfziger Jahre[65] waren das: die Aufdeckung der nationalsozialistischen Ver-

65 Den ersten Versuch, das Phänomen Zwangsarbeit zu analysieren, unternahm K. Pol' 1943 noch zur Zeit der Kampfhandlungen (K. A. Pol', Inostrannye rabočie). Dennoch hatte diese Arbeit unter den Bedingungen der Kriegszeit eher propagandistischen und mobili-

brechen und die Beteiligung der „bourgeois-nationalistischen Handlanger" bei der Zwangsverschickung, der heldenhafte Kampf der Bevölkerung gegen das Besatzungsregime,[66] unter anderem um den Erhalt der sozialistischen Kultur,[67] der antifaschistische Kampf sowjetischer Menschen in Deutschland,[68] die Entlarvung des räuberisch-imperialistischen Wesens deutscher Monopole bei der Planung, Organisation und Ausnutzung der Zwangsarbeit.[69]

Eine Arbeit wie jene von Mychajlo Koval' *Kampf der ukrainischen Bevölkerung gegen faschistische Sklaverei*,[70] eine sowjetukrainische Synthese zum Thema Zwangsarbeit sowjetischer Bürger im nationalsozialistischen Deutschland, wurde stark durch den Kontext bestimmt, den heldenhaften Widerstand der Bevölkerung (nicht nur der von unmittelbar zur Zwangsarbeit Verschleppten, sondern auch der von Untergrundkämpfern und Partisanen, die die Verschickung behinderten).

In einen anderen Kontext wird das Phänomen in den Forschungen von V. M. Šuplecov[71] gestellt, nämlich als Teil einer nationalsozialistischen Variante des staatlichen Monopolkapitalismus. Dabei ist anzumerken, dass dies die einzige Untersuchung zum Thema Zwangsarbeit blieb, die während der Sowjetzeit als Dissertation im Fach Geschichte eingereicht wurde.

sierenden Charakter. Bezeichnend ist, dass es in weiteren Forschungen über die Geschichte der Zwangsarbeit sowjetischer Bürger im Dritten Reich keinerlei Verweise auf diese Arbeit gibt.

66 I. I. Slin'ko, Ugon naselenija Ukrainy v fašistskoe rabstvo. Nemecko-fašistskij okupacionnyj režim (1941–1944 gg.), Moskva, 1965, S. 219-230; M. V. Koval', Istorija pam'jataje: Kryvavyj šljach fašystiv na Ukraïni, Kyïv 1965.

67 M. V. Koval', U bytvi z fašyzmom, Kyïv 1964.

68 E. A. Brodskij, Osvoboditel'naja bor'ba sovetskich ljudej v fašistskoj Germanii (1943–1943 gody), in: Voprosy istorii (1957) 3, S. 85–99; ders., Ob antifašistskoj bor'be v Germanii v gody Vtoroj Mirovoj vojny, in: Voprosy istorii (1957) 7, S. 49–68; V. Klokov, A. Kudryc'kyj, I. Brečak I., Daleko vid Bat'kivščyny: Ukraïnci v antyfašysts'kij borot'bi narodiv Jevropy (1941–1945 roky), Kyïv 1968; E. A. Brodskij, Vo imja pobedy nad fašizmom, Moskva 1970 (s. insbesondere das Kapitel: „Lagerja voennoplennych i lagerja vostočnych rabočich"); ders., Oni ne propali bez vesti, Moskva 1987.

69 I. V. Semenov, Ispol'zovanie prinuditel'nogo truda monopolijami fašistskoj Germanii, in: Nekotorye voprosy vseobščej istorii, Čeljabinsk (1972) 7, S. 118–138; G. Zastavenko, Razvertyvanie voennogo proizvodstva fašistskoj Germanii posle provala „molnienosnoj vojny", in: Voenno-istoričeskij žurnal (1962) 2, S. 40–48.

70 M. V. Koval', Bor'ba naselenija Ukrainy protiv fašistskogo rabstva, Kiev 1979.

71 V. M. Šuplecov, Nasil'stvennyj ugon mirnogo naselenija s okkupirovannych territorij SSSR dlja prinuditel'nogo truda v fašistskoj Germanii (1941–1945 gg.). Avtoreferat Diss. kand. hist. Universität Per'm 1983.

Zwangsarbeit im öffentlichen Gedächtnis der heutigen Ukraine: Allgemeine Tendenzen bei der (Re-)Konstruktion

Bereits Anfang der neunziger Jahre gewann das Thema Zwangsarbeit der Ostarbeiter im öffentlichen Raum der postsowjetischen Ukraine an Aktualität und Interesse, vor allem auf der staatlichen und zivilgesellschaftlichen Ebene. Die gesetzliche Regelung des sozialrechtlichen Status ehemaliger Zwangsarbeiter schrieb die politische Anerkennung ukrainischer Ostarbeiter fest.[72] Daneben trugen humanitäre Initiativen, Forschungs-, Bildungs- und Aufklärungsanstrengungen sowie die Arbeit von Journalisten und Filmemachern,[73] Mitarbeitern von Museen und Theatern,[74] Vertretern der Jugendorganisationen und der Vereine für Opfer des Nationalsozialismus, von Schülern und Studenten, Wissenschaftlern und Vertretern der Wohltätigkeitsstiftungen und anderer nichtstaatlichen Organisationen zur Öffnung des Gedächtnisses an diese Opfergruppe der nationalsozialistischen Verfolgungen und zu einem angemessenen Umgang mit ihren Erfahrungen bei.

Weitergabe von Erfahrungen in die nächste Generation

Die humanitäre Tätigkeit des Ukrainischen Nationalfonds *Für gegenseitige Verständigung und Versöhnung* entwickelte sich zur erfolgreichsten Initiative für die (Re-)Konstruktion des Gedächtnisses an ukrainische Zwangsarbeiter auf staatlicher Ebene, etwa bei der Organisation und Durchführung der Ukrainischen wissenschaftlichen Wettbewerbe unter den Oberstufenschülern der Mittelschulen zum Thema *Schicksal ukrainischer Bürger – Opfer der nationalsozialistischen Verfolgung.* Diese Wettbewerbe förderten nicht nur das wachsende Interesse der Jugend an Problemen jener Personen, die das nationalsozialistische Regime erlitten hatten, sondern leisteten auch einen wesentlichen Beitrag zur symbolischen Einordnung der Zwangsarbeiter als Kriegsbeteiligte und Opfer der nationalsozia-

72 Über die Opfer der NS-Verfolgung: Gesetz Nr. 1584-III vom 23. 3. 2000, in: Vidomosti Verchovnoï Rady Ukraïny, 2000, Nr. 24, S. 182. Siehe auch mit weiteren Änderungen: http://zakon.rada.gov.ua/cgi-bin/laws/main.cgi?nreg=1584-14& [30. 9. 2012].

73 Vgl. Mini-Dokumentarserie Cina Peremohy (Der Preis des Sieges) in vier Teilen je zwei Folgen. Die erste Folge heißt Nevidoma okupacija (Unbekannte Besatzung), die zweite OST, die dritte Partyzany (Partisanen), die vierte Pravda okopiv (Die Wahrheit der Schützengräben). In der Serie wurden Materialien des H. S. Pšenyčnyj-Kinophotophonoarchivs und Aussagen der Zeitzeugen verwendet. Der Film enthält Kommentare von Fachhistorikern.

74 Zur Museums- und Ausstellungstätigkeit siehe: L. Lehasova, Kolekcija dokumentiv Memorial'noho kompleksu „Nacional'nyj musej istoriï Velykoï Vitčyznjanoï vijny 1941–1945 rokiv“ z problemy doslidžennja istoriï ukraïns'kych „ostarbajteriv“, in: „... To bula nevolja“, S. 15–28.

listischen Verfolgungen.[75] Die Jugend findet heute Zugang zum Phänomen vor allem literarisch und interessiert sich für die Sicht der ehemaligen Zwangsarbeiter selbst; so wurde die Mehrheit der Wettbewerbsarbeiten auf der Basis der mündlichen und schriftlichen Überlieferungen der ehemaligen Zwangsarbeiter verfasst. Auch an der Arbeit der Jugendorganisationen, die sich für die Anerkennung und Weitergabe von Lebenserfahrungen der älteren Generation, insbesondere derjenigen, die den Krieg erlebt und in Erinnerung behalten hat, an junge Menschen einsetzen, zeigt sich dies. So begann zum Beispiel 2009 das Zentrum für Jugendinitiativen *Totem* in Cherson seine Arbeit im Rahmen des Projekts *Dialog zwischen den Generationen* und rief die Werkstatt *Lebendige Geschichte* ins Leben, die von Projektteilnehmern selbst als ein Treffpunkt und Kommunikationsraum für junge und ältere Menschen betrachtet wird, wo Audiomaterial gesammelt und Theateraufführungen vorbereitet werden sowie seit 2010 der Almanach *Lebendige Geschichte* herausgegeben wird.[76] Hierin fanden die „lebendigen Geschichten" der Ostarbeiter ihren Platz neben den Erinnerungen derjenigen, die in den besetzten Gebieten gelebt, an der Front gekämpft, im Hinterland gearbeitet oder in nationalsozialistischen Gefängnissen und Lagern gelitten hatten. Ähnliche Beispiele dokumentieren eine bestimmte Tendenz zur (Re-)Konstruktion des Gedächtnisses an die Zwangsarbeiter des Dritten Reiches im heutigen öffentlichen Raum der Ukraine. Es handelt sich dabei um die „Aufnahme" der tragischen Erfahrungen der Ostarbeiter in den Gesamtkontext der Kriegserfahrungen und dadurch als eine Komponente des gemeinsamen Erinnerungsraums aller Kriegsbeteiligten und Opfer des Nationalsozialismus.

Die Memoiren der ehemaligen Zwangsarbeiter

Auch eine weitere Tendenz kann man als einen richtungsweisenden neuen Ansatz in der (Re-)Konstruktion des Gedächtnisses an die Zwangsarbeiter im öffentlichen Raum der heutigen Ukraine bezeichnen: die Bildung eines eigenständigen „Gedächtnisraums" der Ostarbeiter. Dieser wurde und wird vor allem durch Memoirenliteratur gefördert, die in der letzten Zeit zunehmend an Popularität gewinnt.

75 „Polynova dolja": Zbirka robit finalistiv Druhoho Vseukr. nauk.-tvorč. konkursu sered učniv staršych klasiv zahal'no osvit. navč. zakl. na temu „Dolja hromadjan Ukraïny, postraždalych vid nacysts'kych peresliduvan'", Kyïv 2006; „Cej bil' u serci ne vščuchaje…". Zb. učniv. ref. Hrsg. von S. Baturyn/L. Sočka, L'viv 2005.

76 Al'manach „Živaja istorija". Hrsg. von A. Judin u. a., Cherson 2010. Ein ähnlicher Band ist in der Region Zaporižžja unter dem Titel Auf der anderen Seite des Krieges erschienen; vgl. Po tu storonu vojny. Kniga Pamjati žertv nacistskich presledovanij v gody Vtoroj Mirovoj vojny. Hrsg. von Nikolaj Michajlov, Natal'ja Kuz'menko, Žaporož'e 2005.

In den neunziger Jahren handelte es sich noch überwiegend um Erinnerungen ehemaliger sowjetischer Bürger, die aus verschiedenen Gründen von der Zwangsarbeit nicht in die Ukraine zurückgekehrt waren und jetzt die Staatsangehörigkeit anderer Länder wie Kanada,[77] den USA,[78] Großbritannien[79] oder Deutschland[80] besitzen. Neben der Schilderung außergewöhnlicher Erfahrungen mit Deportation und Zwangsarbeit in einem feindlichen Land kommt der Leser in diesen Memoiren zum ersten Mal mit den bis dahin unbekannten und ins historische Gedächtnis nicht eingeflossenen Erfahrungen in Berührung, die mit der schweren Entscheidung, nach dem Krieg nicht in die Ukraine zurückzukehren, verbunden war. Trotz der bisweilen rauen Rhetorik boten die Autoren dieser Memoiren, alle aktive Mitglieder der ukrainischen Diaspora, dem breiten Publikum erstmals die zu Sowjetzeiten verbotene national-patriotische Dimension der Erinnerungen an die Zwangsarbeit im nationalsozialistischen Deutschland an und erweiterten somit den Sujet- und Inhaltsrahmen des eigenen „Gedächtnisraums".

In den Jahren ab 1990 wurden die Erinnerungen und Berichte über das Schicksal von ukrainischen Ostarbeitern überwiegend in Zeitungen veröffentlicht, und bereits 1996 erschien der erste Band mit Erinnerungen von Einwohnern der Region Rivne, die zur Zwangsarbeit nach Deutschland verschleppt worden waren.[81] Seit 2000 sind in der Ukraine zahlreiche Memoiren erschienen, die trotz der durchaus eindrucksvollen Bandbreite an Themen, Sujets, Personen und Ereignissen durch eine gemeinsame Eigenschaft verbunden sind: die Schilderung der erlebten Zwangsarbeit in Deutschland ausschließlich in „Sklaverei"-Kategorien, die ein bestimmtes „Kraftfeld" erzeugen, das bisher zurückgehaltene Erinnerungen „anzieht" und sie im Rahmen der Gesamtnarration einordnet.[82]

77 A. Demčya, Zi Schodu na Zachid, Kyïv 2000; A. Chelemendyk-Kokot, Kolhospne dytynstvo j nimec'ka nevolja. Spohady, Toronto 1989.

78 S. Fedenko, Rozluka: Spohady iz Druhoï svitovoï vijny, Kyïv 1996.

79 V. Smereka, V nimec'kij nevoli: Spomyn-ščodennyk 1942–1944 rr., Užhorod 1998.

80 N. Sajc, Na perechrestjach doli, L'viv 1996.

81 Ostarbajtery: Spohady žyteliv Rivnenščyny, vyvezenych hitlerivcjamy na katoržni roboty do Nimeččyny. Hrsg. von O. H. Caryk/V. Jaščuk, Rivne 1996.

82 Vgl. M. Černenko, Čužie i svoi. Dokumental'naja povest', Moskva 2001; S. Kucaj, Nimeččyna očyma ostarbajtera. Rospovidi pro perežyte, Luc'k 2003; I. B. Mirčevskaja, …I on podaril mne mamu. Vospominanija, Kiev 2005; A. Kulčyc'ka, Juni ukraïnski ostarbajtery z Halyčyny. Spohady. Hrsg. von V. M. Trypačuk, L'viv 2005; E. Rudnev, Polet bez kryl'ev: Povest'-vospominanie, in: Raduga (2006) 3, S. 44–112; A. D. Havrylenko, Ne čas mynaje, a mynajem my, in: Spohady: Žyttja jak vono je: Al'manach, Charkiv (2006) 6, S. 93–178; V. J. Ustjanov, Spohady kolyšn'oho ostarbajtera, in: Spohady: Žyttja jak vono je: Al'manach, Charkiv (2006) 1, S. 127–181; P. Novyc'kyj, Ostarbajteriada, L'viv 2003; K. Žytnykova, Ostarbajtery. Spohady, statti, Sevastopol' 2002.

Wichtig ist, auf den gemeinsamen inhaltlichen Nenner der beiden Tendenzen hinzuweisen: die Betonung auf das zur Sowjetzeit „politisch verfolgte" Gedächtnis an diese Opfergruppe und die Rekonstruktion ihrer Rolle als Opfer zweier totalitärer Regime – Hitler-Deutschlands und der stalinistischen Sowjetunion.

Zwangsarbeit im wissenschaftlichen Diskurs

Ende der neunziger Jahre wurden diese Bedeutungskategorien durch die Arbeiten von Mychajlo Koval' unter dem Begriff *Ukrainische „Ostarbeiter": Hitlers Sklaven, Stalins Paria*[83] erstmals in die ukrainische Geschichtswissenschaft eingeführt; gerade sie wurden später zur inhaltlichen Leitlinie der (Re-)Konstruktion des Gedächtnisses an die Zwangsarbeiter sowohl im öffentlichen Raum als auch im wissenschaftlichen Diskurs in der postsowjetischen Ukraine.[84]

Bei der wissenschaftlichen Analyse dieses Themas kann man von einer Tendenz zur Zusammenführung der Politik- und Sozialgeschichte der Zwangsarbeit mit einer klaren Betonung auf der Letzteren sprechen. Das soziale Umfeld der Zwangsarbeiter in deren Privat- und „Arbeitsleben" in Deutschland, ihre alltäglichen Lebenserfahrungen sowohl bei der Zwangsarbeit als auch nach der Heimkehr sowie die Erfahrungen der unmittelbaren Beteiligten am Komplex „ukrainische Ostarbeiter" stehen neuerdings im Zentrum der Forschung.

Einen entscheidenden Aspekt bei der Erforschung der Zwangsarbeit in der gegenwärtigen ukrainischen Geschichtswissenschaft stellt die Erweiterung der Quellenbasis dar. Durch den Einbezug neuer, während der Sowjetzeit unzugänglicher Unterlagen (vor allem Filtrationsakten, Briefe und Arbeitskarten der Ostarbeiter) und durch neu geschaffene Quellen, wie biografische und thematische Interviews, die von ukrainischen Forschern und Forscherinnen sowohl unter eigener Regie als auch im Rahmen zahlreicher, unter anderem internationaler Projekte durchgeführt wurden, werden neue Zugänge und Erkenntnisse möglich. Gerade die mündlichen Erzählungen der ukrainischen Ostarbeiter als komplexes Geflecht aus Erinnerungen an die Ereignisse und persönlicher Interpretation dienen heute als hauptsächliche Quelle für die Erforschung des individuellen historischen Gedächtnisses an die Zwangsarbeit zur Zeit des Zweiten Weltkrieges.[85]

83 Diese Bezeichnung wurde zuerst vom russischen Forscher P. Poljan vorgeschlagen: P. M. Poljan, Žertvy dvuch diktatur. Voennoplennye i ostarbajtery v Tret'em Rejche i ich repatriacija, Moskva 1996.

84 Als Beispiel seien lediglich folgende Forschungen genannt: S. D. Halčak, „Schidni robitnyky" z Podillja u Tret'omu Rajchu. Deportacija, nacysts'ka katorha, opir ponevoljuvačam, Vinnycja 2003; ders., Na uzbičči suspil'stva. Dolja ukraïns'kych „ostarbaiteriv" (Podillja, 1942–2007 rr.), Vinnycja 2009; T. V. Pastušenko, Ostarbajtery z Kyïvščyny. Verbuvannja, prymusova pracja, repatriacija (1942–1953), Kyïv 2009.

85 Vgl. die Bände: Nevyhadanne: Usni istoriï ostarbajteriv. Hrsg. von H. H. Hrinčenko [G. G. Grinchenko], Charkiv 2004; „…To bula nevolja"; „Prošu vas mene ne zabuvaty": Usni

Oral-History: Besonderheiten der Selbstpräsentation

Es lassen sich bestimmte allgemeine Arten der „Selbstdarstellung" in den Interviews ehemaliger ukrainischer Ostarbeiter beobachten.[86] Einer ersten Gruppe geht es zunächst darum, ihre Erzählung den Lebensnormen der sowjetischen Gesellschaft sowie der offiziellen Version des Krieges entsprechend aufzubauen. Folgt man der Schilderung dieser Menschen, so ist ihr Leben in „gewöhnlichen" Bahnen verlaufen. Die autobiografischen Narrative dieser Gruppe konzentrieren sich auf Erzählungen über die Heimat, die Arbeit, diverse Erfolge und Misserfolge in ihrem Leben. Kommt die Sprache auf ihren Aufenthalt in Deutschland, so heben die Befragten am ehesten bestimmte Widerstandshandlungen hervor, zu denen sie griffen, um den Feind zu schädigen. Für ihre Schilderungen ist typisch, dass der Aufenthalt in Deutschland zur Zwangsarbeit an sich keinen Einfluss auf das Verhalten ihrer Kollegen und Bekannten ihnen gegenüber genommen hat und oft das weitere Leben und die Arbeit nicht beeinträchtigte.

Ein zweiter Typ von Narration verfolgt die Strategie der eigenen Rechtfertigung; dabei ist der Erzähler bemüht, sich vor der Gesellschaft und dem Staat für den „Verrat" zu rechtfertigen, den er durch seine Arbeit im feindlichen Land „ungewollt, gezwungenermaßen" begangen hat. In diesem Fall zieht sich das Thema Zwangsarbeit bedeutungsschwer durch die ganze Biografie und wird als etwas geschildert, das das ganze spätere Leben zerstört hat. Der ehemalige Zwangsarbeiter positioniert sich dabei nicht als Kämpfer, sondern als Opfer der Umstände und der aggressiven Politik zweier totalitärer Staaten, die ihn sowohl während des Krieges als auch danach drangsalierten.

Der dritte Typ der Selbstdarstellung wird nach der Logik einer unter Protest erfolgten Sozialisierung aufgebaut, wobei sich das Individuum als ein sozialer Akteur definiert, der den Einfluss der „Zwangsarbeitsetappe" auf sein Leben im Ganzen zu minimieren versucht, sich jedoch deren Bedeutung für das eigene Schicksal bewusst ist. Dieses Modell ist typisch für die Menschen, die gegen die

istoriï ukraïns'kych ostarbajteriv. Hrsg. von H. H. Hrinčenko [G. G. Grinchenko] u. a., Charkiv 2009; und Malen'ki ljudy na velykij vijni: Usni istoriï ostarbajteriv ta v'jazniv konctaboriv z Poltavščyny. Hrsg. von V. Lachno/Ju. Vološyn, Poltava 2011. Vgl. außerdem: Džerela pam'jati. Ist.-krajesnav. alm., Nr. 1: Narodženi dlja vyprobuvan'. Hrsg. von T. Ju. Nahajko, Ternopil' 2007; Nr. 2: Ostarbajtery: Žyva pam'jat' – žyvyj bil', Perejaslav-Chmel'nyc'kyj 2010.

86 Diese Fragestellung und die ersten Verallgemeinerungen siehe: Gelinada Grinchenko, Ehemalige „Ostarbeiter" berichten. Erste Auswertungen eines Oral-History-Projektes aus der Ostukraine, in: Hitlers Sklaven. Lebensgeschichtliche Analysen zur Zwangsarbeit im internationalen Vergleich. Hrsg. von Alexander von Plato/Almut Leh/Christoph Thonfeld, Wien u. a. 2008, S. 230–240.

Einschränkungen im beruflichen und privaten Leben protestierten, die von der sowjetischen Gesellschaft und Politik gegen die ehemaligen Ostarbeiter praktiziert wurden. Diese Protesthaltung manifestierte sich in einem ständigen Kampf um die Verwirklichung eigener (für die Umgebung oft ambitioniert erscheinender) Lebenspläne und der permanenten Suche nach Möglichkeiten, die vorhandenen Verbote zu umgehen. Die Änderung des Familiennamens, das Verschweigen der Zeit als Zwangsarbeiter bei der Eheschließung und Arbeitssuche und Täuschungsmanöver aller Art bei Überprüfungen waren die dabei gewählten Strategien.[87]

Das Hauptmerkmal der Interviews ist die Tatsache, dass die ehemaligen Zwangsarbeiter den Zwang zur Arbeit nur als eine Komponente, jedoch nicht als entscheidenden Verlust der Freiheit empfunden und in Erinnerung behalten haben. Die Erinnerung an die Zwangsarbeit stand in einer Reihe mit Erinnerungen an den unfreiwilligen Abschied von den Eltern, Verwandten und Freunden, an die Zwangsverschickung, an den Hunger und die Suche nach Essbarem, an die außerordentlichen sozialen und wirtschaftlichen Alltagsbedingungen, an die notwendige Anpassung oder an den Widerstand gegen diese Situation. Am Wichtigsten waren für die Gesprächspartner dabei die Erinnerungen an normale zwischenmenschliche Beziehungen, die ihnen einen sicheren psychischen Halt gaben und halfen, alle Prüfungen in der Unfreiheit zu bestehen und den Respekt weder vor den Menschen noch vor sich selbst zu verlieren.

Schlussfolgerungen

Während der gesamten Sowjetzeit bewegte sich das Gedächtnis an die Zwangsarbeit im nationalsozialistischen Deutschland in den gängigen Formen des offiziellen Diskurses über den Krieg.

Die diskursiv erzeugten Bilder von Zwangsarbeit

Das Phänomen Zwangsarbeit befand sich nicht von Anfang an an der Peripherie des offiziellen Gedächtnisraums, während der Kriegszeit war dieses Thema viel-

87 Einem besonderen und sehr interessanten Beispiel für die erzählte Lebensgeschichte einer ehemaligen Zwangsarbeiterin, die ihr Leben lang gegen Einschränkungen zu protestieren suchte, haben wir eine eigene Untersuchung gewidmet: Gelinada Grinchenko, Zwangsarbeit im nationalsozialistischen Deutschland im Kontext des lebensgeschichtlichen Interviews einer ehemaligen ukrainischen Ostarbeiterin, in: Erinnerungen nach der Wende: Oral History und (post)sozialistische Gesellschaften/Remembering After the Fall of Communism: Oral History and (Post-)Socialist Societies. Hrsg. von Julia Obertreis/Anke Stephan, Essen 2009, S. 133–150.

mehr eines der populärsten im vom Staat geprägten Diskurs über den Krieg.[88] Ihren diskursiven Höhepunkt erreichte die sowjetische Vorstellung von Zwangsarbeit in Deutschland in den Jahren von 1947 bis 1949 und verlor dann seit Beginn der fünfziger Jahre an Bedeutung.

Offensichtlich ist hierbei der Zusammenhang mit dem Abschluss der Repatriierung und der Rückführung des überwiegenden Teils der zur Zwangsarbeit verschleppten Bevölkerung in die Sowjetunion. Die Gedächtnispolitik hing jedoch auch stark mit den Bestrebungen des Staatsapparats zusammen, im allgemeinen Bewusstsein ein bestimmtes Bild von dieser zahlenmäßig großen Bevölkerungsgruppe zu erzeugen, die „erneut" in die Gesellschaft integriert werden sollte. Anfang der fünfziger Jahre wurden dann endgültig die semantischen Grenzen und eine Reihe charakteristischer Merkmale eines Zwangsarbeiters definiert. Leiden und Protest bildeten die charakteristischen Merkmale der in diesem Rahmen geschaffenen Figuren. Für die Frauen fand sich dabei vor allem die Gestalt des „versklavten Mädchens". Dieses Bild wurde besonders durch die Folklore der Zwangsarbeiter, die bis in die Mitte der sechziger Jahre publiziert wurde, sowie Prosa- und Poesiewerke ukrainischer sowjetischer Schriftsteller usw. geprägt. Ebenso wurde in den ersten Kriegsjahren das Bild des männlichen Zwangsarbeiters in Gestalt eines Kämpfers im antifaschistischen Widerstand geformt, das ab Mitte der sechziger Jahre starke Verbreitung fand und das Bild des versklavten Mädchens zunehmend verdrängte.

Das hing überwiegend mit der endgültigen Verfestigung der Selbstwahrnehmung als Siegernation zusammen, die auf Kampf und Heldentum basierte und nicht auf Gefangenschaft oder Versklavung. Dieses Bild wurde vor allem in autobiografischen Romanen und populärwissenschaftlichen Werken aufgebaut und entwickelt.

Wenn das Bild der Zwangsarbeit mit seinen zwei wichtigsten Gestalten, des Kämpfers und der versklavten Frau, bis zum Zerfall der Sowjetunion überhaupt einer Veränderung unterlag, dann lediglich in der Abschwächung ihrer „Besonderheit" im Verhältnis zu anderen Opfern von NS-Verbrechen. Das Bild wurde jedoch nie verdrängt und sicherte sich im offiziellen öffentlichen Diskurs über den Krieg seinen besonderen Platz.

88 Sehr trefflich klingen diesbezüglich die Worte der Hauptfigur im Roman Ničego krome nadeždy von Ju. Slepuchin: „Ich schaute alte Zeitungen durch, na ja, vom März, Februar, also den Überschriften nach zu urteilen wurde der Krieg beinahe nur unseretwegen geführt: ‚Lasst uns unsere Schwestern und Bräute aus der faschistischen Sklaverei befreien' – ein anderes Ziel gab es wohl nicht! ..." Ju. Slepuchin, Ničego krome nadeždy, Sankt-Peterburg 2000, S. 248.

Neuere Entwicklungen

Anfang der neunziger Jahre gewann das Thema Zwangsarbeit der Ostarbeiter im öffentlichen Raum der postsowjetischen Ukraine an Aktualität, vor allem auf staatlicher und zivilgesellschaftlicher Ebene. In diesem Kontext entwickelten sich Initiativen zur Erforschung und Popularisierung der Geschichte und Erfahrung von Zwangsarbeit, die zum Ziel hatten, diese Komponente des sozialen Gedächtnisses an die tragischen Ereignisse des Zweiten Weltkriegs, die während der Sowjetzeit unterdrückt worden war, aus der Vergessenheit zu holen. Die dabei vertretene These vom „Vergessen" der Zwangsarbeiter, von ihrer Tilgung aus der offiziellen sowjetischen Version vom Krieg, kann dabei mit dem für den Beginn der neunziger Jahre typischen Kontext der Abgrenzung vom sowjetischen Erbe erklärt werden.

Wendet man die Klassifikation der Vergessensformen nach Paul Connerton an, so erlangte das „Vergessen" der sowjetischen Vergangenheit in diesem Kontext einen konstitutiven Charakter für die Bildung einer neuen Identität und der Schaffung eines Raums für neue Projekte, unter anderem für die (Re-) Konstruktion des historischen Gedächtnisses an den Zweiten Weltkrieg. Unter diesen Umständen entsprach die „strukturelle Amnesie" des in den ersten postsowjetischen Jahren repräsentierten Gedächtnisses an die Zwangsarbeit, das zur Sowjetzeit keine Existenzmöglichkeit hatte, den allgemeinen gesellschaftlichen Stimmungen und Bedürfnissen.

Gleichzeitig hat der aktuelle Diskurs über die Zwangsarbeit, sowohl in den Formen der Veröffentlichung als auch in den wichtigsten inhaltlichen Akzenten und der Semantik der dargestellten Figuren des Opfers und des Helden, viel von dem, was zwar überaus spezifisch, aber dennoch auch im sowjetischen öffentlichen Raum vorhanden war.

Abbildung 25
V. Koreckij: Soldat, rette mich aus der Sklaverei, 1942.
© *www.plakaty.ru*

Abbildung 26
D. Šmarinov: Ich warte auf dich, Soldat und Befreier! 1942.
© *www.plakaty.ru*

Abbildung 27
V. Koreckij: Kämpfer der Roten Armee, rette uns vor der faschistischen Sklaverei! 1942.
© *www.plakaty.ru*

Abbildung 28
V. Ivanov: Kehrt so schnell wie möglich in die Heimat zurück! 1944.
© *www.propagandahistory.ru*

Abbildung 29
N. Vatolina: Sei gegrüßt, Mutter-Heimat! 1945.
© *www.propagandahistory.ru*

Petăr Petrov · Ana Luleva

Von Opfern und Helden

Zwangsarbeit in Bulgarien 1941–1944 und Erinnerungspolitik im Sozialismus und Postsozialismus

Dieser Beitrag ist aus dem ethnologischen EVZ-Forschungsprojekt „Die Zwangsarbeit in Bulgarien 1941–1962: Die Erinnerungen von Zeitzeugen" (2008–2010) hervorgegangen. Ziel des Forschungsprojekts war es zu ermitteln, wie schriftliche, mündliche, visuelle und rituelle Überlieferung von Erinnerungen kollektive Gedächtnisse prägt und identitätsstiftend wirkt. Das Forschungsinteresse galt den dominanten Motiven und Darstellungsmustern in den Erinnerungen, den institutionellen und politischen Akteuren bei der Konstituierung von Erinnerungskulturen bzw. Erinnerungsgemeinschaften, schließlich Fragen nach den zugeschriebenen Bedeutungen und etablierten Deutungen und deren Wandel im Laufe der Zeit in unterschiedlichen politischen Erinnerungskontexten (im Sozialismus und Postsozialismus).[1]

Das empirische Material wurde durch lebensgeschichtliche und themenzentrierte Interviews, Beobachtung öffentlicher Gedenkpraktiken und Auswertung von Memoiren, publizistischen Texten und Archivdokumenten erhoben. Den theoretischen Rahmen für unsere Annahmen, Zugänge und Überlegungen lieferten Arbeiten zu Themenfeldern und Problemen wie autobiografisches Erinnern, Vergangenheitskonstruktion, kollektives Gedächtnis, Erinnerungsgemeinschaften, Zwangsarbeit, traumatische Erfahrungen und Opferkonkurrenz. Wichtig für uns waren dabei die theoretischen Überlegungen von Aleida Assmann über die Dynamik individueller und kollektiver Erinnerung, von Paul Connerton, Barbara Misztal und Alexander von Plato über die sozialen Rahmen und Funktionen des Erinnerns, von Dori Laub, Kim L. Rogers, Selma Leydesdorff und Graham Dawson über die emotionalen Dimensionen der Erinnerung an traumatische Erfahrungen.[2]

1 Siehe unsere Publikation dazu: Ana Luleva/Evgenia Troeva/Petar Petrov, Zwangsarbeit in Bulgarien (1941–1962): Die Erinnerungen von Zeitzeugen/Prinuditelijat trud v Bălgarija (1941–1962). Spomeni na svideteli, Sofia 2012.

2 Aleida Assmann, Der lange Schatten der Vergangenheit: Erinnerungskultur und Geschichtspolitik, München 2006; Aleida Assmann, Erinnerungsräume: Formen und Wandlungen des

Wir haben die Erinnerungspraktiken in fünf verschiedenen Gruppen von ehemaligen Lagerinsassen in Bulgarien untersucht. Drei davon hatten tatsächlich Zwangsarbeit in Lagern geleistet: 1) jüdische Männer in saisonalen Arbeitsbataillonen in Bulgarien 1942–1944; 2) bulgarische Häftlinge, hauptsächlich linksorientierte Studenten an deutschen Hochschulen, die in deutschen Konzentrationslagern inhaftiert waren; 3) Insassen der sozialistischen „Arbeitserziehungsstätten" (1945–1962), circa 20 000 Männer und 3000 Frauen, darunter ehemalige Politiker und Amtsträger aus der vorsozialistischen Zeit sowie „Volksfeinde" wie Mitglieder oppositioneller Parteien (1944–1947) oder Gegner der landwirtschaftlichen Kollektivierung.[3]

Zwei weitere Gruppen mussten während des Krieges Arbeiten verrichten, die rechtlich gesehen – etwa im Hinblick auf die Definition im Übereinkommen der Internationalen Arbeitsorganisation über Zwangs- und Pflichtarbeit von 1930[4] – nicht als Zwangsarbeit gelten. Sie wurden und werden jedoch von den ehemaligen Lagerinsassen als solche wahrgenommen. Es handelt es sich zum einen um circa 2000 Kommunisten und andere politisch linksorientierte Personen, darunter rund 150 Frauen, in Lagern zwischen 1941 und 1944 und zum anderen um gut 600 linksorientierte junge Männer im regulären militärischen Arbeitsdienst 1943/1944. Im Folgenden werden wir auf die Erinnerungskulturen dieser zwei Gruppen eingehen.

kulturellen Gedächtnisses, München 2010; Paul Connerton, How Societies Remember, Cambridge 1989; Paul Connerton, How Modernity Forgets, Cambridge 2009; Dan Diner/Gotthart Wunberg (Hrsg.), Restitution and Memory: Material Restoration in Europe, New York/Oxford 2007; Barbara Misztal, Theories of Social Remembering, Maidenhead 2003; Alexander von Plato, Opferkonkurrenten? Die Verfolgten des NS-Regimes und der sowjetischen Besatzungsmacht im Kalten Krieg und in der Entspannungszeit, in: Eine offene Geschichte: Zur kommunikativen Tradierung der nationalsozialistischen Vergangenheit. Hrsg. von Elisabeth Domansky/Harald Welzer, Tübingen 1999, S. 74–92; Alexander von Plato, Zweiter Weltkrieg und Holocaust – Realgeschichte und Erinnerung, in: Krieg. Erinnerung. Geschichtswissenschaft. Hrsg. von Siegfried Mattl u. a., Wien 2009, S. 275–300; Hitlers Sklaven: Lebensgeschichtliche Analysen zur Zwangsarbeit im internationalen Vergleich. Hrsg. von Alexander von Plato/Almut Leh/Christoph Thonfeld, Wien 2008; Dori Laub/Johanna Bodenstab, Zwangs- und Sklavenarbeit im Kontext jüdischer Holocaust-Erfahrungen in: ebenda, S. 336–345; Kim Lacy Rogers, Selma Leydesdorff/Graham Dawson (Hrsg.), Trauma and Life Stories: International Perspectives, London/New York 1999.

3 Für die Erinnerungsaktivitäten dieser drei Gruppen vgl. Ana Luleva, Die Zwangsarbeit in Bulgarien 1941–1944: Auf den Spuren der Erinnerungen, in: Hitlers Sklaven, S. 171–183; Luleva/Troeva/Petrov, Zwangsarbeit in Bulgarien, S. 157–210.

4 http://www.ilo.org/ilolex/cgi-lex/convde.pl?C029 [28. 8. 2012].

Erinnerungen im Sozialismus

Erinnerungen von Lagerinsassen (1941–1944)

Ab Januar 1941 richtete die Staatssicherheit-Abteilung der Polizeiführung Lager ein, in die Regierungsgegner gebracht wurden. Insgesamt gab es bis zum Zeitpunkt der Machtübernahme durch die Bulgarische kommunistische Partei (BKP) am 9. September 1944 vier Lager, eins davon für Frauen, wobei jedoch nie mehr als drei Lager gleichzeitig betrieben wurden.

Die Lager waren im Rhodopengebirge angesiedelt. Drei davon (Gonda Voda, Sveti Kirik und das Frauenlager Sveti Nikola) befanden sich im nördlich Teil des Gebirges, in Südbulgarien. Das vierte und größte Lager (Krăsto Pole, auch Enikjoj genannt) lag in den südlichen Rhodopen, in Nordgriechenland, das damals von bulgarischen Truppen besetzt war. In der ersten Hälfte des Jahres 1941 waren in den Lagern einige Dutzend Politiker der Bauernpartei und „Anglophile" inhaftiert, die der Kollaboration mit britischen Politikern und Geheimdiensten verdächtigt wurden. Als die BKP ab Juni 1941 den Partisanenkampf aufnahm und sich subversiven Aktionen verschrieb, reagierte die Staatssicherheit unmittelbar auf die neue Strategie: Von nun an wurden vor allem Mitglieder und Anhänger der BKP und deren Jugendbundes, des linken Flügels der Bauernpartei und sonstige linksorientierte Personen in die Lager gebracht, darunter wichtige kommunistische Funktionäre. Wegen verschiedener Verhaftungswellen (zum Beispiel von 275 Personen im Sommer und Herbst 1941), Freilassungen und neuer massenhafter Verhaftungen schwankte die Zahl der Häftlinge. Sie erreichte ihr Maximum von 1652, nachdem im Februar 1943 967 Personen verhaftet wurden. Im Herbst 1943 wurden die meisten Lagerhäftlinge freigelassen, sodass im Jahr 1944 nur noch etwa 200 Menschen eingesperrt waren.[5]

Diese Lager hießen in der Amtssprache bis 1944 „Niederlassungen der Staatssicherheit". Die sozialistische Geschichtsschreibung[6] und die Inhaftierten sprachen jedoch von Konzentrationslagern. In der Tat waren sie von der Regierung als Internierungsstätten gedacht. Sie dienten der räumlichen (in Gebirgsgegenden) und politischen Isolierung von Regimegegnern. Die Ausbeutung der Arbeitskraft der Gefangene oder und gar deren Vernichtung war nicht das Ziel.

Durch Bibliotheksrecherchen konnten die Autoren 38 während der Zeit des Sozialismus herausgebrachte Erinnerungstexte über das Leben in den Lagern

5 Für diese Entwicklungen siehe Slavi Čakărov/Liljana Venkova-Ilieva/Damjanka Gajtandžieva, Konclagerăt „Gonda voda", in: Voennoistoričeski sbornik 41 (1972), S. 3–85; Angel Krăstev, „Konclagerite v Bălgarija (1940–1944 g.), in: Vekove 6 (1986) 6, S. 21–31; Dimo Dimov, Zad telenite mreži, Sofija 1989.

6 Ebenda.

ermitteln.[7] Fünf davon sind als Bücher[8] erschienen und widmen sich vollständig den Erlebnissen in den Lagern. Weitere 14 Memoiren[9] sind ebenfalls als Bücher verfasst, umfassen aber größere Zeiträume in den Biografien der Autoren, in denen das Lagerleben nur ein Abschnitt und somit ein Kapitel des jeweiligen Buches darstellt. Die anderen 19 Erinnerungen[10] sind meistens kürzere, in Sammelbänden, Zeitschriften und Zeitungen veröffentlichte Texte.

Alle erschienen in der Zeit des Sozialismus zwischen 1945 und 1987 und waren von Kommunisten verfasst worden, unter anderem von hochrangigen Funktionären im Zentralkomitee der BKP und in der Regierung,[11] obwohl das Regime 1941–1944 auch Mitglieder anderer Parteien in den Lagern festgehalten hatte. Die Anwesenheit nicht-kommunistischer Häftlinge in den Lagern findet in den Memoiren so gut wie keine Erwähnung. Schon diese Tatsache allein zeigt, dass die BKP ihr Monopol über die Überlieferung (was sollte überliefert werden und von wem) und im Aufbau der Erinnerungskultur durchsetzen konnte. Dass diese Erinnerungsliteratur einer bestimmten Politik folgte, belegen weitere Indizien: 16 Erinnerungstexte (zwölf als Bücher und vier Aufsätze in Sammelbän-

7 Im Folgenden nur zusammenfassend dargestellt, sind sie bibliografisch aufgelistet und ausführlich ausgewertet in: Petăr Petrov, Publičnite spomeni za lagerite na Dăržavna sigurnost (1941–1944 g.) prez socializma kato komunikativen akt i kolektiven tekst, in: Bălgarskijat XX vek: Kolektivni pameti i nacionalna identičnost. Hrsg. von Ana Luleva, Sofija 2012.

8 Krăstju Belev, Katorgata na fašizma, Sofija 1945; Ivan Kolinkoev, Šest meseca na zatočenie v konclagera pri s. Krăsto pole (s. Enikjoj, Ksantijsko), Svištov 1945; Žak Natan, Bjahme v „Enikjoj", Sofija 1967; Vladimir Ivanov, Dni i nošti v „Enikjoj", Sofija 1970; Liljana Miloševa, Častica ot života: Fašistkijat konclager za ženi (juli 1941 g.–noemvri 1943 g.), Sofija 1978, 2. erw. Ausg. 1987.

9 Zum Beispiel Kirjak Stoenčev, Stăpki kăm svobodata, Sofija 1969, S. 222–312; Dona Bogatinova, Trudno i slavno minalo, Sofia 1973, S. 128–172; Mladen Isaev, Nezabravimoto: Memoari, Sofija 1979, S. 339–365; Stojan Karadžov, Po zakonite na konspiracijata: Spomeni, Sofija 1986, S. 374–450.

10 Zum Beispiel im Sammelband „Heldenhafte Vergangenheit" mit Erinnerungen von BKP-Funktionären – Titko Černokolev, Zad kamennite zidove i telenite mreži, in: Geroično minalo (Spomeni na partijni dejci), Sofija 1965, S. 422–448; Dobri Džurov, Za Čavdarci in: ebenda, S. 619–654; in einer Frauenzeitschrift – Hristina Bradinska, „Ženite ot lagera ‚Sveti Nikola'", in: Ženata dnes (1969) 9, S. 5; in einer Tageszeitung – Donka Taševa, „V konclagera", in: Večerni novini, Sofia, 29. 12. 1968, S. 2. Stojan Stoimenov, langjähriger Direktor des Nationalen Museums der revolutionären Bewegung, veröffentlichte seine Erinnerungen zunächst im Jahrbuch des Museums: Stojan Stoimenov, Telenite mreži i visokite zidove ne slomiha duha na borcite, in: Godišnik na Muzeja na revoljucionnoto dviženie v Bălgarija 4 (1969), S. 201–292 (er bearbeitete und publizierte sie als Kapitel in seinen Memoiren, die er 1974 und 1984 herausgab).

11 Titko Černokolev und Dobri Džurov waren Parlamentsabgeordnete und Minister.

den) wurden vom Verlag der BKP herausgegeben, und in den Impressen von acht (sechs davon im BKP-Verlag) Büchern finden sich neben den üblichen Angaben Namen von „wissenschaftlichen Betreuern", meistens Historikern des dem Zentralkomitee der BKP angegliederten Instituts für Parteigeschichte.

Bemerkenswert ist, dass zwei Männer ihre Memoiren als jeweils 180 Seiten starke Bücher bereits 1945 veröffentlichten, also im Jahr nach der Machtübernahme, und danach 20 Jahre lang Schweigen herrschte, das nur ab und zu von kurz gefassten Erinnerungen (insgesamt nur sieben) in Zeitungen durchbrochen wurde. Ihre Autoren waren überwiegend Frauen. Die BKP war offensichtlich bemüht, eine nationale, sozialistische Gedächtniskultur zu schaffen, in der in einer Heldenhierarchie die Partisanen, ihre Helfer und die politischen Häftlinge in den Gefängnissen ganz oben angesiedelt waren. In einem Lager gewesen zu sein bzw. gearbeitet zu haben und nicht aktiv am Kampf beteiligt gewesen zu sein, scheint dementsprechend über weite Strecken während der sozialistischen Ära als nicht besonders heldenhaft und somit nicht als erinnerungswert eingeschätzt worden zu sein, wenigstens nicht in der kommunistischen Männerwelt.

Zu einer Umdeutung kam es erst in der zweiten Hälfte der 1960er-Jahre, wobei hier der 1965 herausgebrachte Sammelband *Heldenhafte Vergangenheit*[12] eine bahnbrechende Rolle gespielt zu haben scheint, denn darin wurden die Lagererfahrungen und -aktivitäten zum ersten Mal den Heldentaten zugeordnet. Ab 1965 bis 1987 erschienen 29 Erinnerungstexte, also um das Dreifache mehr im Vergleich zur vorherigen 20-jährigen Periode. Sie alle gleichen sich in den narrativen Strategien, Mustern und Motiven. Die Narration ist partei- bzw. gruppenzentriert, und die Darstellung der Erfahrungen erfolgt aus parteilicher Perspektive.

Die autobiografische Selbstdarstellung wich also weitestgehend der kollektiven Repräsentation. Nicht die eigenen Erfahrungen standen im Vordergrund, sondern die kollektiven Erfahrungen der Kommunisten in den Lagern wurden als Geschichte der Gruppe und zugleich der Partei konstituiert. Diese Herangehensweise war dadurch begünstigt, dass innerhalb der Gruppe der ehemaligen Insassen sich bereits ein kommunikatives Gedächtnis (im Sinne Aleida Assmanns) gebildet hatte, etwa durch die Kommunikation auf gemeinsamen, „kameradschaftlichen" Treffen, sozialistischen Feierlichkeiten und Gedenktagen und durch Aktivitäten des Bundes der aktiven Kämpfer gegen den Faschismus und Kapitalismus.

Die Memoiren lassen sich daher als kollektive Texte lesen. Die Autoren bauten in erheblichem Ausmaß Erinnerungen ihrer Genossen in die eigenen Texten

12 Geroično minalo (Spomeni na partijni dejci).

ein, zitierten sich gegenseitig, bezogen sich auf Archivquellen, die durch die Forschungs- und Dokumentationsarbeit des Nationalen Museums der revolutionären Bewegung zugänglich gemacht worden waren.[13] Durch diese Kommunikation hat sich offensichtlich eine Erinnerungs- bzw. Erzählgruppe konstituiert.

Als wichtige Strategien legitimatorischer Selbstbehauptung beim narrativen Umgang mit der Lager-Vergangenheit erweisen sich Selbstviktimisierung und Selbstheroisierung. Da im Sozialismus öffentliche Erinnerung an die sozialistischen Arbeitslager tabuisiert und die jüdische Zwangsarbeit nur ein Marginalthema war (vollständig überlagert vom Zentralthema Rettung der bulgarischen Juden), konnten die Kommunisten ihre eigenen Helden- und Opfergeschichten konkurrenzlos ins Spiel bringen. Dabei handelte es sich um ein Zusammenspiel beider Narrative.

In ihren Erinnerungen präsentierten sich die Autoren nämlich gleichzeitig als Opfer und Helden, wobei bei der Etablierung des Heldentyps der sozialistische Begriff des „Kampfes gegen Faschismus und Kapitalismus" in Anspruch genommen wurde. Aus ihrer Perspektive waren sie Helden des Kampfes gewesen – erstens aufgrund ihrer parteipolitischen Tätigkeit, wegen der sie verhaftet und ins Lager gebracht worden waren; und zweitens durch die Weiterführung dieser Aktivitäten im Lager. Zugleich waren sie nach dieser Präsentation Opfer des Regimes gewesen – erstens, weil ihre bürgerlichen Rechte verletzt worden seien; zweitens weil sie in Isolation hätten leben müssen (von ihren Familien getrennt und vom aktiven Kampf der Partei ferngehalten); und drittens wegen der Demütigungen, der schlechten Nahrung und auch der schweren Sklavenarbeit.

Den Erinnerungen und den von Stojan Stoimenov veröffentlichten Dokumenten ist zu entnehmen, dass die Insassen im größten Lager, Krăsto Pole, Arbeit für die Verpflegung des Lagers bzw. sich selbst leisteten. Zu ihrer Betätigung gehörten Arbeit im Gemüsegarten, im Schweine- und Hühnerstall, in der Küche und der Bäckerei; Installation und Reparaturen der Wasserleitung; Herstellung von einfachen Möbeln (für die Schlafräume und die Büros) und Gefäßen für die Nahrungsmittel in der Tischlerei; Reparatur von Geräten, Schuhen und Kleidung in der technischen Werkstatt bzw. der Schuhwerkstatt und der Schneiderei; Versorgung mit Heizholz und Wasser; Gestaltung der Alleen und Gärten im Hof;

13 Neben seinen eigenen Erinnerungen veröffentlichte der Museumsdirektor (1960–1971) Stojan Stoimenov im selben Band des Museumsjahrbuchs eine umfangreiche Dokumentation (Pläne, Berichte, Statistiken und Briefe aus dem Archiv der Staatssicherheit, Fotos, Karten, bereits publizierte Erinnerungen), die er durch eigene Forschungsarbeit ermittelt hatte. Siehe Stojan Stoimenov, Dokumenti za konclagerite „Gonda voda" i „Enikjoj", in: Godišnik na Muzeja na revoljucionnoto dviženie v Bălgarija 4 (1969), S. 430–516.

Reinigungsmaßnahmen; Transport von Postpaketen vom Bahnhof ins Lager.[14] Physisch anstrengender waren die Bauarbeiten an den Lagermauern und am Schotterweg, der das Lager mit dem nahen Dorf verband. In ihrem Umfang waren sie allerdings mit der Zwangsarbeit in den späteren sozialistischen Lagern kaum vergleichbar. So wurden im Lager Krăsto Pole im Juni 1943 mit damals knapp 1500 Insassen 160 Kubikmeter Gestein gewonnen, 30 Kubikmeter Baugruben ausgegraben und 120 Quadratmeter Steinmauer gebaut.[15] Nach einer Inspektion durch einen Experten vom SS-Hauptamt Haushalt und Bauten, der aus deutscher Sicht vieles an der Organisation dieses Lagers bemängelte, hieß es in seinem Gutachten unter anderem, die Möglichkeit einer wirtschaftlichen Beschäftigung der Häftlinge sei „unberücksichtigt geblieben".[16]

Die Ökonomie des Lagers kam substanziell einer Subsistenzwirtschaft gleich. Die Herstellung einiger Dutzend Polizeiuniformen in der Schneiderei ausgenommen, wurde das Produkt der Arbeit weder vermarktet, noch war es für die Volkswirtschaft in irgendeiner Form von Bedeutung. In ihren im Sozialismus erschienenen Memoiren präsentierten sich die ehemaligen Lagerinsassen dennoch als Opfer schwerster Zwangs- oder Sklavenarbeit – zwei in diesen Texten synonym verwendete Bezeichnungen –, und sie zogen stets eine Parallele zur Arbeit in den deutschen Konzentrations- und Zwangsarbeitslagern.

In manchen Publikationen wurde diese Vorstellung bzw. Behauptung auch noch mittels Zeichnungen visualisiert. In seinen 1952 in der Zeitschrift des Komitees der Kämpfer gegen den Faschismus und Kapitalismus veröffentlichten Erinnerungen stellte Konstantin Poprusinov die Arbeit im Lager Krăsto Pole folgendermaßen dar: „Mit Ausnahme der Alten und Kranken wurden alle Lagerinsassen gezwungen, eine die physische Kraft übersteigende Arbeit zu leisten. Mit Händen trugen sie schwere Steine für die Ummauerung des Hofs; andere wurden vor Ochsenkarren eingespannt, um zum selben Zweck Steine und Erde zu befördern."[17] Diese kurze Schilderung nahm konkret-bildliche Gestalt in Abbildungen an, die durch zusätzliche Details (Körperhaltung, physische Anstrengung, Barfüßigkeit, Gesichtsausdruck der Häftlinge) dramatischer als die narrative Aussage wirken.

14 Ebenda.

15 Ebenda, S. 508.

16 Ebenda, S. 470.

17 Konstantin Poprusinov, Lagerite „Gonda voda" i „Enikjoj": Spomeni, in: Na borba protiv fašizma i imperializma (1952) 3, S. 8–13, hier 11.

Abbildung 30
Eine unbetitelte und anonyme Illustration zu Erinnerungen eines Lagerinsassen an die Zwangsarbeit im bulgarischen Lager Krăsto Pole (Enikjoj) 1941–1943. Die äußerliche Darstellung der Häftlinge (körperliche Verfassung, Gesichtsausdruck, physische Anstrengung, fehlendes Schuhwerk) sollte zusätzlich Dramatik und Emotionalität bei Lesern evozieren.
© *Konstantin Poprusinov, Lagerite „Gonda voda" i „Enikjoj": Spomeni, in: Na borba protiv fašizma i imperializma, Sofia*

Abbildung 31
Gruppenbild von bulgarischen Juden in einer Zwangsarbeiterbrigade in Bov, 1942/43. Isaac Varsano hält die Steintrage von links.
© *United States Holocaust Memorial Museum, mit freundlicher Genehmigung von Jon Varsano*

Der Opfertyp war jedoch eindeutig vom Heldentyp überlagert. Die schwere physische Zwangsarbeit bildete zwar einen Topos aller Erinnerungstexte, aber keineswegs den wichtigsten. Als zentraler Topos der Erinnerungen gestaltete sich die heimliche „parteipolitische Arbeit“ im Lageralltag wie etwa die Lektüre und die Besprechung aktueller politischer Nachrichten, ideologischer Schriften oder Stalins Reden in Lesezirkeln. Ebenso wurden Rezitationen von Gedichten proletarischer Autoren, das Absingen revolutionärer Lieder, sozialistische Feiern wie des 1. Mai und der Jahrestage der Oktoberrevolution oder die politische und moralische Einflussnahme auf parteilose Insassen gerühmt. Da zahlreiche Arbeiten, zum Beispiel in den Gemüsegärten und am Bahnhof, außerhalb der Lager und nicht unter besonders strenger Aufsicht verrichtet wurden, waren die Insassen stets in Kontakt mit der Außenwelt, und sie nutzten diese Gelegenheit, um kommunistische Zeitungen und Bücher in die Lager einzuschmuggeln – in Krăsto Pole sogar ein Radiogerät, um Radio Moskau hören zu können. In den Memoiren sind auch diese Tätigkeiten als Zwangsarbeit dargestellt, wobei auch hier das Motiv „Zwangsarbeit“ vom Motiv „Heldentat“ (riskantes und mutiges Handeln) überlagert wurde.

Da zu den Insassen zahlreiche Spitzenfunktionäre der BKP gehörten, die danach, im Sozialismus hochrangige Politiker wurden, wurden die Lager in den Erinnerungen quasi als Schulen oder Akademien präsentiert, in denen die künftigen Minister und sonstigen Funktionäre und Beamten sich wissenschaftlich und theoretisch für den Aufbau des Sozialismus vorbereitet hätten, so etwa Titko Černokolev, der spätere Abgeordnete (1946–1965), Landwirtschaftsminister (1950–1952), Professor und Direktor wissenschaftlicher Institute für Landwirtschaft (1953–1965), der unter anderem in den 1950er-Jahren die forcierte Kollektivierung durchführte. Als Häftling in Krăsto Pole habe er sich an den dort organisierten Zirkeln für politische- und Agrarökonomie beteiligt; diese Beschäftigungen seien für die richtige Durchführung der sozialistischen Agrarreform und für die erfolgreiche Entwicklung der sozialistischen Agrarwissenschaft entscheidend gewesen.

Die narrative Darstellung der aus der Sicht der Opfer äußerst schweren und demütigenden körperlichen Zwangsarbeit scheint somit lediglich das Ziel verfolgt zu haben, die Aktivitäten der Kommunisten noch prägnanter als heldenhaft zu stilisieren:

Trotz „unerträglicher Arbeit“ hätten sie Kräfte und Freiräume gefunden, ihre Tätigkeit im Namen der Partei und des Volkes weiterzuentwickeln und sich weiterzubilden, um nach dem Machtwechsel 1944 das politische und wirtschaftliche Leben im sozialistischen Bulgarien kompetent lenken zu können.

Erinnerungen von „Militär-KZ-Insassen" (1943–1944)

Die selben Verhaltens- und Erzählstrategien kennzeichneten die Erinnerungspraktiken einer anderen Gruppe, deren Mitglieder sich als „Militär-KZ-Insassen" bezeichneten und die jahrzehntelang versuchten, eine gebührende Stellung in der Hierarchie der Opfer des „faschistischen Regimes" und der Helden des „antifaschistischen Kampfes" einzunehmen.

Es handelte sich um wehrpflichtige junge Männer, die wegen ihrer politischen und ideologischen Ansichten in den Arbeitsdienst einberufen worden waren, unabhängig davon, für welche Teilstreitkraft und Waffengattung sie ursprünglich vorgesehen waren. Die Institution des Arbeitsdienstes funktionierte in Bulgarien durchgängig. Im Jahre 1940 wurde der Arbeitsdienst in die Armee integriert, und er galt somit als Wehrdienst. Die Arbeitssoldaten wurden hauptsächlich zu Bauarbeiten eingesetzt.

Besorgt über die Verbreitung kommunistischer Ideen im Heer beschloss der Generalstab 1942 die Gründung spezieller Kommissionen, die unter den Wehrpflichtigen „die hartnäckigen Kommunisten" und „die für den Staat gefährlichen Personen" ausmachen sollten.[18] Meist handelte es sich um Anhänger linker Ideen bzw. Mitglieder der mit der BKP verbundenen Jugend- und Studentenverbände; wegen ihres jungen Alters waren nur wenige von ihnen Mitglieder der BKP.[19]

Bei der Rekrutierung im März 1943 wurden die von den Kommissionen ermittelten Wehrpflichtigen in den Arbeitsdienst eingezogen, wo aus ihnen zwei Sonderkompanien mit je 300 Angehörigen formiert wurden. Nach Säuberungen in den Landstreitkräften im Sommer 1943 wurden sie durch unzuverlässige Soldaten „verstärkt". Sie bauten Deiche an der Donau, wobei eine der Kompanien am Ufer beim Dorf Belene tätig war, wo wenige Jahre später, im Sozialismus, das größte Lager für „Umerziehung durch Arbeit" entstand.

Neue Prioritäten in den Baumaßnahmen sorgten für eine Änderung des Standorts und des Einsatzes der beiden Kompanien. Gegen Ende des Jahres 1943 wurden sie in Südwestbulgarien südlich der Stadt Sveti Vrač (1949 in Sandanski umbenannt) stationiert und arbeiteten dort bis zur kommunistischen Machtübernahme am 9. September 1944 am Bau der Eisenbahnlinie, die Bulgarien mit den besetzten griechischen Territorien verbinden sollte.

Gegenüber den Soldaten in den regulären Einheiten des Arbeitsdienstes wurden die Angehörigen der Sonderkompanien isoliert und strengeren Dienstbedingungen unterworfen. In den Vorschriften waren die Ziele der Heranziehung zum Dienst in den Sondereinheiten folgendermaßen dargelegt: „1. Die zur Schulung

18 Emil Lukanov, Săzdavane na voennite konclageri v Belene i Gigen i režimăt v tjah, in: Voennoistoričeski sbornik 58 (1989), S. 215–225, hier 216.

19 Ebenda, S. 224.

einberufenen jungen Soldaten, die staatsfeindliche Auffassungen und Einstellungen aufgewiesen haben, [sind] von der Gesellschaft und vom Heer zu isolieren, damit sie die Personen ihrer Umgebung nicht schädlich beeinflussen. 2. Sie sind unter ein spezielles Regime zu stellen, das sie als eine Strafsanktion für ihre schädlichen Auffassungen und Einstellungen empfinden sollen."[20] Somit wurde der seit 23 Jahren bestehende Arbeitsdienst zum ersten Mal als Strafmaßnahme politisch missbraucht.

Die Aufarbeitung dieser Repressionsgeschichte, die gleichzeitig Arbeit an der eigenen Identität als „Militär-KZ-Insassen" war, begann in den späten 1950er-Jahren, als sich ein Initiativkomitee die Aufgabe stellte, Dokumente und Erinnerungen zu ermitteln. Bereits 1960 war solches Material gesammelt, doch anstatt die Grundlage für den geplanten „historischen Grundriss" zu liefern, blieb es über Jahrzehnte im Archiv liegen. Die Publikation eines Artikels erfolgte erst 1989. Ein ehemaliger „Militär-KZ-Insasse", Emil Lukanov,[21] baute darin eigene Erinnerungen und Teile der in den 1950er-Jahren gesammelten Dokumente und Erinnerungen ein. Im selben Jahr veröffentlichte Dimo Dimov[22] drei kurze Erinnerungsberichte im Anhang einer Studie, in der er zum ersten Mal in der bulgarischen Geschichtsschreibung die „KZ" (die „Niederlassungen der Staatssicherheit") und die bislang wenig beachteten „Militär-KZ" als gleichgestellt behandelte.

Diese verspätete Aufmerksamkeit ist darauf zurückzuführen, dass der Dienst in den militärischen Arbeitstruppen in gewisser Hinsicht eine „Normalität" darstellte. Die Angehörigen der Sondereinheiten leisteten ja im Grunde ihren Wehrdienst ab. Wenn auch unter besondere Dienstbedingungen gestellt, waren sie ein Teil des Arbeitsheeres (wie die Formationen der Arbeitssoldaten in jener Zeit hießen), in dem damals mehr als 40 000 Soldaten zeitgleich dienten. Hinzu kam, dass im Sozialismus die Einberufung in das Arbeitsheer (ab den 1960er-Jahren hieß es Bauheer) zu einer üblichen Bestrafung für Jugendliche wurde, deren Eltern oder andere nahe Verwandten als „Volksfeinde" („Kulaken", Kapitalisten usw.) galten oder denen nachgesagt wurde, dass sie in der Schule oder in der Gesellschaft durch „schlechtes Verhalten" aufgefallen seien.

Vor diesem Hintergrund konnte in der sozialistischen Öffentlichkeit der Dienst in den Sonderkompanien 1943/1944 kaum als etwas Außergewöhnliches oder als eine besondere Strafmaßnahme wahrgenommen werden. Die erhoffte öffentliche Anerkennung blieb auch deswegen aus, weil im Unterschied zu den „KZ"-Insassen nur wenige von den Arbeitssoldaten Mitglieder der BKP waren.

20 Plan für die Schulung der jungen Soldaten in den zwei Kompanien an der Donau für das Jahr 1943, Nachdruck in: Ivan Pejkov u. a., Červenite černokapci, Sofija 2001, Anhang.

21 Lukanov, Săzdavane na voennite konclageri v Belene.

22 Dimov, Zad telenite mreži, S. 70–74.

Das heißt, in den ersten Nachkriegsjahrzehnten hatten sie kaum entscheidende Positionen in der Partei, Verwaltung oder Wirtschaft inne, um den Status von Opfern/Helden (und somit eine Anerkennung) oder von „aktiven Kämpfern gegen den Faschismus und Kapitalismus" (und somit soziale Privilegien) erringen zu können. Die institutionellen Akteure, die mit der Konstituierung der sozialistischen Erinnerungskultur beschäftigt waren, sahen jedenfalls in der Tätigkeit der ehemaligen Arbeitssoldaten keine besonderen Verdienste und konnten damit keinen Grund erkennen, diese in die offizielle Heldenhierarchie einzuordnen und in die öffentliche Erinnerung eingehen zu lassen.

Die Einstellung der BKP änderte sich Mitte der 1970er-Jahre ein wenig, als manche ehemalige Arbeitssoldaten vor dem Eintritt ins Rentenalter standen. Das ZK der Partei schuf einen Sonderausschuss, der „das Wesen und den Charakter der ehemaligen militärischen Lager klären" sollte. Aufgrund der Ergebnisse des Ausschusses „beschloss" das ZK am 13. Januar 1975, dass die Sonderkompanien „in ihrem Wesen militärische KZ für junge Antifaschisten gewesen waren".[23] Das ZK sah es jedoch nicht als ausreichend an, die Isolierung und die Arbeit in den Lagern als alleinige Voraussetzung für die Aufnahme aller betroffenen Personen in den Bund der aktiven Kämpfer gegen den Faschismus und Kapitalismus und für den Anspruch auf eine höhere Rente zu betrachten. Das ZK entschied, Privilegien durften nur jene Personen genießen, die auch antifaschistische Aktivitäten nachweisen konnten.

Trotz der Anerkennung der Leidensgeschichte als historischen Fakt herrschte auch weiterhin öffentliches Schweigen zum „Militär-KZ". Erst 1984 – in Verbindung mit den Feierlichkeiten zum 40. Jahrestag des „Sieges" (9. September 1944) – gelang es dem Initiativkomitee der ehemaligen Militär-KZ-Insassen, diese Gruppe in gewissem Maße sichtbar zu machen. Am 10. und 11. April fanden in der Stadt Sandanski drei Gedenkveranstaltungen statt, die zur Wahrnehmung im öffentlichen Gedächtnis beitragen sollten.

Die Wahl des Datums war nicht zufällig. Im politischen Kalender der sozialistischen Länder galt der 11. April, der Tag der Befreiung des KZ Buchenwald (1945) als „Internationaler Tag der ehemaligen politischen Häftlinge und KZ-Insassen und der Opfer des Faschismus". Am Abend des 10. April gab es aus diesem Anlass eine feierliche Versammlung, auf der die Redner (ehemalige Arbeitssoldaten) die „Militär-KZ" und die nationalsozialistischen Konzentrationslager in eine Reihe stellten. Am darauffolgenden Tag besuchten die Teilnehmer jene Gegend nahe der Stadt, wo früher eine der Sonderkompanien stationiert war, und am Bahnhof Sandanski fand eine feierliche Kundgebung zur Enthüllung eines Denkmals statt.

23 Nachdruck des Beschlusses in: Pejkov u. a., Červenite černokapci, Anhang.

Wie auf der Versammlung am Vorabend enthielten die Reden auch bei diesen beiden Anlässen Schilderungen der Lager, der unerträglichen Bedingungen und der schweren Arbeit, aber auch der revolutionären Vitalität der Soldaten. Anwesend waren ehemalige Arbeitssoldaten, Mitglieder ihrer Familien, Funktionäre der Verwaltungsgremien und der Partei- und Massenorganisationen des Kreises Sandanski und des Bezirks Blagoevgrad. Auffällig war allerdings die Abwesenheit höherer Parteifunktionäre aus dem politischen Zentrum in Sofia.

Das Initiativkomitee setzte seine Erinnerungskampagne fort und gab 1985 anlässlich des 11. April ein dünnes Büchlein heraus, in dem es die Reden seiner Mitglieder auf den beiden Veranstaltungen im Jahr zuvor drucken ließ. Es trug den Titel *Vsičko se pomni* (wörtl. „Alles wird erinnert" im Sinne von „Nichts ist vergessen").[24]

Anders als bei den ehemaligen Lagerinsassen in den „Niederlassungen der Staatssicherheit" kam es aber bei den ehemaligen Arbeitssoldaten nie zur Veröffentlichung „echter" Memoiren. Die wenigen Erinnerungen, die in den Reden, im Artikel von Dimo Dimov[25] und im „historischen Grundriss" von Emil Lukanov[26] eingebaut wurden, zeigen allerdings, dass die Autoren dieselben narrativen Strategien und dieselben oder sehr ähnliche Motive verwendeten. Sie arbeiteten ihre Opfer- und ihre Heldenrolle parallel heraus. Für alle Autoren war das Bestreben typisch, sich fern vom Bild des Arbeitssoldaten zu halten. Das Wort „Arbeitssoldat" kommt in keinem Text vor. Überall identifizierten sich die Betroffenen als Militär-KZ-Insassen.

Erinnerungen im Postsozialismus

Die Karrieren derjenigen, die in der Zeit des Zweiten Weltkriegs in Lagern inhaftiert waren, verliefen in der Zeit des Sozialismus in aufsteigender Linie. Manche von ihnen gelangten an die Gipfel der Parteihierarchie, andere wurden Leiter in der Wirtschaft, eine dritte Gruppe gehörte zur Elite der „sozialistischen Intelligenz". Viele wurden als „aktive Kämpfer gegen den Faschismus und Kapitalismus" anerkannt.

Nach der politischen Wende 1989 wurde dieser offizielle Status abgeschafft, und seine Träger verloren die sozialen Privilegien, die sie im Sozialismus genossen hatten. Gleichzeitig sank ihr Prestige: Das öffentliche Ansehen der zuvor geachte-

24 Vsičko se pomni: Sbornik s materiali, Sofija 1985.

25 Dimov, Zad telenite mreži.

26 Lukanov, Săzdavane na voennite konclageri v Belene i Gigen.

ten „Kämpfer“ – Partisanen, Verbindungsleute, politische Gefangene und Lagerinsassen – wurde durch die neue Geschichtsschreibung und diskreditierende Veröffentlichungen erschüttert. Sie fühlten sich vom hohen Piedestal der Volkshelden heruntergeholt. Auch ihre Narrative wurden infrage gestellt, sobald die im Sozialismus etablierte monolithische Erinnerungskultur ihre politische Grundlage verloren hatte. Vom ideologischen Rahmen befreit, pluralisierte sich das öffentliche Erinnern. Der offizielle Masternarrativ wurde angefochten, und Stimmen erhoben sich, die alternative oder gegenläufige Erinnerungen vorbrachten.

Als Opfer oder Helden (je nach den aktuell gesetzten Zielen) traten nun gerade die ehemaligen Gegner der Kommunisten, die bisher verschwiegenen und schweigenden Zwangsarbeiter aus der Zeit von 1944 bis 1962, in den Vordergrund und versuchten, durch emotional aufgeladene Erinnerungsschriften, Auftritte, Reden und Gedenkfeiern die öffentliche Aufmerksamkeit auf sich zu ziehen. Die ersten Erinnerungstexte erschienen gleich mit der Etablierung der neuen, freien Presse, besonders in der Tageszeitung *Demokracija* (ab 1990) und im Wochenblatt *Pro & Anti* (ab 1991). Schon 1991 wurde ein großer Teil der in den Zeitungen veröffentlichten Memoiren und Berichte in einem Band abgedruckt.[27] Auch die über die Jahre in *Pro & Anti* erschienenen Erinnerungen an die Lager wurden vom Herausgeber und Chefredakteur der Zeitung in einem Sammelband herausgebracht.[28] In nächsten Jahren folgten eine Reihe von Memoiren als einzelne Bücher.[29]

Bemerkenswert ist, dass die ehemaligen Gegner der Kommunisten im Grunde dieselben Erzählstrategien wie früher die Kommunisten anwendeten. Die Heldenrolle – in ihrem Fall die offene Opposition gegen die neue kommunistische Macht und Ordnung – wurde stärker als die Opferrolle hervorgehoben. Und was die narrative Aufarbeitung der Opferrolle anbelangt, wurde nicht die Zwangsarbeit in den Vordergrund gestellt, sondern die Verletzung der bürgerlichen Rechte und die individuelle Demütigung. Durch das Gesetz für die Rehabilitierung der im Sozialismus Repressionen unterworfenen Personen von 1991 wurden sie als „Repressierte“ anerkannt und erhielten gewisse, aus ihrer Sicht jedoch ungenügende Kompensationen.

27 Bălgarskijat GULAG. Svideteli: Sbornik ot dokumentalni razkazi za konclagerite v Bălgarija. Hrsg. von Ekaterina Bončeva u. a., Sofija 1991.

28 Pisahme da se znae. Hrsg. von Vasil Stanilov, Bd. 3: Adăt: Lagerite i zatvorite, Sofia 2007.

29 Jordan Vălčev, Kucijan, Sofija 1990; Petko Ogojski, Zapiski za bălgarskite stradanija 1944–1989, Bd. 1–3, Sofija 1995, 2000 (insgesamt knapp 1500 Seiten); Stefan Bočev, Belene: Skazanie za konclagerna Bălgarija, Veliko Tărnovo 1999, 2. Aufl. 2003 (gut 1000 Seiten); Stefan Čakărov, Bože, prosti im, no ne zabravjaj! Zapiski na edin katoržnik ot „Belene“, Sofija 2000.

Im öffentlichen Diskurs zeichneten sich zwei Muster im Umgang mit der jüngsten Vergangenheit ab. Die Kommunisten, nun zu Sozialisten umbenannt, gingen von der Überlegung aus, dass die Vergangenheit, die die Nation spalte, vergessen werden sollte. Sie riefen zur nationalen Aussöhnung auf. Im Gegensatz dazu betonten die neuen demokratischen Kräfte, die sich als antikommunistisch verstanden, die Pflicht zur Erinnerung und Gerechtigkeit, sie erhoben Forderungen nach politischer und rechtlicher Rehabilitierung der vom kommunistischen Regime als feindlich behandelten Gruppen. Diese unterschiedlichen Umgangsweisen mit der Vergangenheit erzeugten den diskursiven Rahmen (Versöhnung vs. Gerechtigkeit, Akzeptanz vs. Ablehnung des Kommunismus), der für Erinnerungspolitiken und Auseinandersetzungen maßgeblich war.

Aus diesen Entwicklungen resultierten eine scharfe Statuskonkurrenz und Deutungskonflikte zwischen den „Opfern des Faschismus“ und den „Opfern des Kommunismus“, wobei jede Gruppe auf die Wahrnehmungen „von außen“ reagierte und ihre kollektiven Erinnerungen neu konfigurierte und mobilisierte, um ihre Sicht als glaubwürdig und bedeutend hinzustellen. Die Kontrahenten trachteten jeweils danach, ihre kollektive Identität im Kampf gegen die Opponenten einerseits und im Kampf um gesellschaftliche Anerkennung andererseits zu konsolidieren.

Die Sozialisten empfanden die Ereignisse und die (Um-)Deutungen nach 1989 als Revanche im Zuge der „Konterrevolution“. Die Bulgarische Antifaschistische Union (Nachfolgerin des Bundes der aktiven Kämpfer gegen den Faschismus und Kapitalismus) äußerte sich beispielsweise gegen den Bau einer Gedenkstätte für die Opfer des Kommunismus, und in einer Stellungnahme von 2005, die auf der Website des Zentralrats der Union veröffentlicht war, bezeichnete sie das inzwischen errichtete Denkmal als Schande: „Die Wahrheit über diese Leute ist: Das sind Personen, die vom Volksgericht für von ihnen begangene konkrete Verbrechen verurteilt wurden; die ihr Todesurteil erhielten von den Partisanengerichten in Anwesenheit und mit dem Einverständnis der Bevölkerung aus den Dörfern, wo sie zur Zeit der monarchofaschistischen Herrschaft Gewalttaten verübt hatten; Personen, die umkamen in bewaffneten Aktionen gegen die Partisanen; einige von ihnen sind am Leben und sie leben auch jetzt in Ruhe an ihren Wohnsitzen; Personen, die zuhause eines natürlichen Todes gestorben sind; die ins Ausland geflüchtet und dort gestorben sind usw. […] Jeder aufrechte Bulgare muss sich die Frage stellen: ‚Kann dieses Denkmal mit den Namen von nationalen Verrätern, Sadisten, Mördern und Schlächtern des bulgarischen Volkes ein Pantheon seiner wahren Helden und Kämpfer für nationale Einheit sein und muss es gar vor dem Nationalen Kulturpalast in Sofia stehen?‘ Denn dieses Pseudopantheon ist nichts als ein Zeichen von Hass, Neid und Konfrontation in unserer Gesellschaft, es schändet die menschliche und moralische Würde unseres Volkes und tritt sie in den Schmutz, es verunglimpft die Bulgaren und ihre Heimat vor der Welt."[30]

Die bulgarischen Antifaschisten lehnten somit das Recht derer, die unter den Verfolgungen der „Volksmacht" gelitten hatten, auf Rehabilitierung kategorisch ab. Sich selbst reihten sie in die Gruppe der progressiven antifaschistischen Kräfte der Welt ein, die den Hitlerismus besiegt hätten, und in der neuen politischen Situation in Bulgarien kämpften sie darum, als solche bestätigt zu werden. Im Unterschied zur sozialistischen Zeit, in der die Sowjetunion den Bezugsrahmen für die bulgarischen Antifaschisten bildete, legt man jetzt, im Kontext der EU-Mitgliedschaft Bulgariens, genauso viel Gewicht auf die Zugehörigkeit zur vorgestellten Gemeinschaft der „europäischen Antifaschisten".

Über die neuen politischen Entwicklungen und Deutungen der Vergangenheit verärgert und durch die in den Medien veröffentlichten Augenzeugenberichte über die Lager im Sozialismus angestachelt, wandten sich fünf ehemalige Arbeitssoldaten von Neuem ihren Erinnerungen an die Lager im Krieg zu. „Heute wird diese Frage wieder aktuell", verkündeten sie in einem Buch, das sie 2001 im Verlag für antifaschistische Literatur in Sofia veröffentlichten: „Die historische Wahrheit erlegt den ehemaligen KZ-Insassen und Antifaschisten die Pflicht auf, keinen Anschlag und keine Entweihung gegen das nationale Gedächtnis zuzulassen."[31] Sie waren bestrebt, das im Sozialismus jahrzehntelang aufrechterhaltene, nun aber mittlerweile abgelehnte offizielle Narrativ vom antifaschistischen Kampf mit „neuen unwiderlegbaren Daten" zu stützen und ihre eigene „Charakteristik und Bewertung" der Arbeitsdienstlager durchzusetzen, damit „das unserer Öffentlichkeit nahegelegte Verständnis, dass das gewöhnliche Arbeitstruppen gewesen seien, widerlegt wird".[32] Gleichzeitig zeigt sich sehr deutlich auch die Absicht, die Erinnerungen der Antikommunisten zu widerlegen und „der Spekulationen entgegenzutreten, dass die Schaffung von Lagern mit ‚grausamem Regimes' in Belene, Loveč, Skravena und an anderen Orten [Resultat der] Gesetzlosigkeit und Willkür der Volksmacht nach dem 9. September 1944 seien. Wir wollen aufdecken, dass in diesen Bewertungen mit ‚zweierlei Maß' gemessen wird und das Thema der KZ im monarchofaschistischen Bulgarien tendenziös und bewusst vermieden und verschwiegen wird."[33] Ihre Thesen wurden in dem Buch um Archivmaterialien, Fotografien aus dem Lageralltag und der 1984 in der Stadt Sandanski organisierten Gedenkfeier ergänzt.

30 http://www.bas-cs.org (Website des Zentralrats der Bulgarischen Antifaschistischen Union).

31 Pejkov u. a., Červenite černokapci, S. 13 f.

32 Ebenda.

33 Ebenda.

Mit der Veröffentlichung dieses Buchs versuchten die Autoren, ihre schon im Sozialismus etablierten Deutungen zur Geltung kommen zu lassen. In ihren Erinnerungen stellten sie die Einrichtungen als „militärische Konzentrationslager nach hitlerischem Vorbild“ dar. Sie sprachen im Namen aller „KZ-Insassen“ und präsentierten sich als eine monolithische Gruppe bewusster „Kämpfer gegen den Hitlerismus und Monarchofaschismus“ mit klarer Klassenzugehörigkeit (arm, ausgebeutet) und „progressiven“ Ansichten, die wegen ihrer kommunistischen Ideale in die Arbeitsbataillone gesteckt worden seien, aber den Kampf auch „hinterm Stacheldraht“ fortgesetzt hätten: „Trotz all dem verzagten die Opfer des Monarchofaschismus nicht. [...] Sie leisteten dem Aufseherregime [in den Lagern] einen mutigen Widerstand. Die illegale Organisation [der BKP], die in allen militärischen KZ am Struma [Fluss] präsent war, stellte sich an die Spitze des aktiven Kampfes.“[34] Insgesamt stellten die Autoren das in den Arbeitstruppen Erlebte als Strafmaßnahme und unwürdige Ausschließung aus dem regulären Militär und der Gesellschaft dar, wobei sie mehrfach und mit Nachdruck die unwürdige Behandlung und Grausamkeiten der Lagerleitung und der Wachmänner, die willkürlichen Bestrafungen und die schweren Demütigungen hervorhoben.

Die eigentliche Arbeit – an den Donaudeichen und an der Eisenbahnlinie – wurde im Buch nur dürftig geschildert, obwohl sie eigentlich die Hauptbeschäftigung im Alltag der Arbeitssoldaten gewesen war: Die Autoren beschrieben sie ganz knapp auf lediglich einer halben Seite.[35] Sie fand des Weiteren nur dort Erwähnung, wo die Aufmerksamkeit auf Sabotageaktionen (Beschädigung von Instrumenten und Geräten, Entgleisung von Förderwagen) als ein kleines, aber heldenhaftes Kapitel in der Geschichte eines europaweiten Widerstandskampfes gelenkt wurde.[36] Somit weist dieser Text in seiner narrativen Struktur, zum Teil auch in seiner lexikalischen Füllung, vor allem aber durch die angewendeten narrativen Strategien viele Gemeinsamkeiten mit den im Sozialismus veröffentlichten Texten auf. Die Unterschiede ergeben sich allein aus dem neuen politischen Kontext nach 1989. Während die Memoiren im Sozialismus hauptsächlich einer konkurrenzlosen, *nach außen* gerichteten Selbst- bzw. Parteidarstellung dienten, entstanden die postsozialistischen Erinnerungstexte in Konkurrenz mit den Texten anderer Erinnerungsgruppen, in Reaktion auf die veränderte Wahrnehmung (*von außen*) des ehemaligen sozialistischen Systems bzw. des Kommunismus und in Anpassung an die neue Lage.[37] Die Erzählung sollte dokumentieren, dass doch

34 Ebenda, S. 10.

35 Ebenda, S. 30.

36 Ebenda, S. 49, 78.

37 Die narrativen Anpassungs- bzw. Abwehrstrategien sind kein isolierter, bulgarischer Sonderfall. Auch in anderen osteuropäischen Ländern wirkt sich der Systemwechsel auf die

ein Sozialismus mit menschlichem Antlitz vor der Wende existiert habe, genauso wie vor dem 9. September 1944 ein faschistisches Regime, das ab 1989 revitalisiert worden sei. „Heute wird im ‚demokratischen' Bulgarien gesagt, dass es bei uns keinen Faschismus gegeben habe, dass der antifaschistische Widerstand gegenstandslos gewesen sei, und zur gleichen Zeit schlagen die Nachkommen der vernichteten Bourgeoisie unter dem Schutz verschiedener (als demokratisch maskierter) neofaschistischer Organisationen und Strukturen tiefe Wurzeln und träumen von der heilen Vergangenheit"[38] – so endet das letzte Kapitel, „Belehrungen aus der Zeit [Geschichte]" betitelt, des Buches.

Dieselben Strategien und den selben Wunsch, sich in die aktuelle öffentliche Auseinandersetzung um die Erinnerungen an die Lager einzuschalten, registrierten wir auch bei unseren Gesprächspartnern, die uns durch die Bulgarische Antifaschistische Union vermittelt wurden. Allein an der Tatsache, dass die Union so eifrig ihre Netzwerke aktivierte und sehr schnell sieben ehemalige Lagerinsassen (fünf Männer aus den „Militär KZ", einen Mann und eine Frau aus den „Niederlassungen der Staatssicherheit") für Interviews ausfindig machte, zeigt sich, wie wichtig ihr die durch das Forschungsprojekt eröffnete Gelegenheit zur aktiven Teilnahme an der Diskussion um die Vergangenheit war.

Genauso bereitwillig kamen alle sieben Personen der Einladung nach, uns ihre Erinnerungen an die Lager zu erzählen. Sie empfanden die Interviews gleichsam als einen Akt der Anerkennung und der Rehabilitierung ihrer Vergangenheit. Das im Sozialismus (kultur-)politisch gepflegte und im Laufe der Zeit homogenisierte Erinnern an die Lager prägte auch die Erinnerung der Zeitzeugen während der Interviews. Ihre Erzählungen lehnten sich ganz eng an den damals entstandenen offiziellen Narrativ an, wurden aber, genau wie jene der fünf Autoren des Buches von 2001, um ein neues Moment erweitert: den Streit um die historische Wahrheit. Unsere Gesprächspartner sahen in den Interviews die Möglichkeit, diesen Streit mindestens indirekt auszutragen, und setzten sich heftig mit den Erzählungen ihrer Opponenten und zugleich Konkurrenten – die im Sozialismus verfolgten Personen – auseinander.

Die Interviewten, die 1943 als Arbeitssoldaten beim Dorf Belene stationiert waren und am Bau des Donaudeiches gearbeitet hatten, betonten, dass sich nach

Darstellung und Deutung der Vergangenheit in den Erinnerungen von ehemaligen Mitgliedern kommunistischer Parteien; siehe dazu: Erinnerungen nach der Wende: Oral History und (post)sozialistische Gesellschaften/Remembering After the Fall of Communism: Oral History and (Post-)Socialist Societies. Hrsg. von Julia Obertreis/Anke Stephan, Essen 2009, hier besonders James Mark, Adjusting Biographies: Explaining Communist Party Membership in Central-Eastern Europe 1944–2004, in: ebenda, S. 109–120, hier 120.

38 Pejkov u. a., Červenite černokapci, S. 79.

der Wende das öffentliche Interesse ausschließlich auf die Insassen in jenem Arbeitslager gerichtet habe, das der sozialistische Staat ab 1949 auf der gleichnamigen Donauinsel bei Belene unterhielt. Sie unterstrichen mehrfach: „Jetzt redet man nur von den anderen", während sie selbst vergessen seien.

Da die ehemaligen Kommunisten tatsächlich erheblich an Anerkennung und legitimatorischen Ressourcen verloren haben, sehen sie sich nun in einer neuen Opferrolle: der von Verlierern der postsozialistischen Transformation. In dieser Position sind sie allerdings nicht allein, denn die im Sozialismus Verfolgten fühlen sich durchaus nicht als Gewinner. Die Gerichtsprozesse gegen die Verantwortlichen für die sozialistischen „Arbeitserziehungsstätten" wurden wegen Verjährung eingestellt, das angestrebte Ziel der retributiven Gerechtigkeit wurde nie erreicht, ein moralischer Relativismus setzte sich im Laufe des mehr als zwanzig Jahre andauernden Wandels durch, und das öffentliche Interesse, einschließlich der Medien, am Thema Arbeitslager/Zwangsarbeit tendiert seit den letzten Jahren gegen null.

Zusammenfassende Betrachtung

Zwangsarbeit als öffentlich erinnerte und erzählte Wirklichkeit kann in bestimmten Fällen, so dürfen wir schließen, mit Zwangsarbeit als tatsächlicher Praxis wenig oder gar nichts zu tun haben. Dass die von uns untersuchten zwei Gruppen wegen ihrer politischen Überzeugungen und Aktivitäten 1941–1944 Menschenrechtsverletzungen und Demütigungen ausgesetzt waren, steht außer Frage, ihre Selbstdarstellung als Opfer von Zwangsarbeit ist aber eindeutig als eine Strategie zur Erlangung einer höheren sozialen Stellung (Status des „Kämpfers gegen Faschismus und Kapitalismus") und somit sozialer und materieller Vorteile in sozialistischem Bulgarien (1944–1989) zu bewerten.

Da aber die Kommunistische Partei durch ihre die öffentliche Erinnerung interpretierende und kontrollierende Instanzen einen Heldendiskurs durchsetzte, in dem die Heldentaten, und nicht so sehr das Opferleid als brauchbare (Stichwort soziales Kapital), musterhafte und erinnerungswerte Vergangenheit galten, war die Opferrolle für den Entwurf des erwünschten Selbstbilds der ehemaligen Lagerinsassen und Arbeitssoldaten von geringer Bedeutung.

Ihr narratives Verfahren und die veröffentlichten Erinnerungstexte sind daher durch das Zusammenspiel von dominierendem Helden- und untergeordnetem Opfergedanken gekennzeichnet: Sie präsentierten sich als Menschen, die unter dem alten Regime nicht passiv gelitten, sondern am „Kampf" der Partei aktiv teilgenommen hätten. In diesem Zusammenhang wurde „Zwangsarbeit" als Motiv eingesetzt, durch das das Heroische noch stärker hervorgehoben wurde, also Kampf trotz schwerer Arbeit.

Die veröffentlichten Erinnerungen lassen sich als kollektive Texte bzw. Repräsentationen betrachten, in denen sich die Grenzen zwischen autobiografischer Selbstdarstellung und Parteipolitik verwischen. Sie haben eindeutig ideologische und politische Dimensionen und sind gleichzeitig als Produkte und Medien der sozialistischen Erinnerungspolitik anzusehen, die als Mittel für Propaganda und politische Selbstbehauptung von Erinnerungsgruppen, sprich Interessengruppen, eingesetzt wurden.

Nach der politischen Wende 1989 traten die Erinnerungen der Kommunisten, die sich als Antifaschisten verstanden, in Konflikt bzw. Konkurrenz mit jenen der bis dahin verschwiegenen und schweigenden tatsächlichen Zwangsarbeiter aus der Zeit von 1944 bis 1962, die sich selbst als Verfolgte und Antikommunisten identifizierten.

Sie alle, auch unsere Interviewpartner unter den „Antifaschisten" und „Antikommunisten", gehörten einer Generation an: jener der in den 1920er- und 1930er-Jahren Geborenen. Bedingt durch die unterschiedlichen Lebensverläufe und Erfahrungen, sozialen Hintergründe und politischen Zugehörigkeiten, Werte und Einstellungen waren sie jedoch in intragenerationelle Gruppen gespalten, deren Erinnerungen an die Entwicklungen und Ereignisse in den frühen 1940er-Jahren und den ersten sozialistischen Jahrzehnten weit auseinandergingen. Daraus entwickelte sich ein erbitterter Streit, der allerdings nicht so sehr um die Einzelheiten (einschließlich Zwangsarbeit) der Vergangenheit als vielmehr generell um die Deutung und Bewertung der Vergangenheit geführt wurde und wird.

Dariusz Galasiński · Olga Kozłowska · Johannes-Dieter Steinert

Aufgefordert zu vergessen; aufgefordert zu beweisen

Ehemalige polnische Kinderzwangsarbeiter in den Entschädigungsverfahren

Obgleich die Beschäftigung von Zwangsarbeitern durch das NS-Regime seit Jahren Gegenstand intensiver Forschung ist, gibt es in diesem Zusammenhang noch Themen, die bisher wenig Beachtung erfahren haben. Dazu gehören die organisatorischen und individuellen Dimensionen der Zwangsarbeit in den besetzten Gebieten, vor allem aber die verschiedenen Formen der Ausbeutung von Minderjährigen, ihr Leiden und die Langzeitfolgen traumatischer Erfahrungen. Im Unterschied zu den nach Deutschland verschleppten Zwangsarbeitern fanden die Erfahrungen dieser Gruppen von NS-Opfern kaum Eingang in öffentliche Diskussionen und gesellschaftliche Diskurse der Nachkriegszeit. Auch seitens der deutschen und polnischen Regierungen mangelte es an Anerkennung des Schicksals der ehemaligen Kinderzwangsarbeiter. Im öffentlichen Gedenken hatten ihre Erinnerungen und Geschichten ebenso wenig Platz, wie sie durch Entschädigungszahlungen oder andere Hilfeleistungen finanziell unterstützt wurden. Auch die Form des Entschädigungsverfahrens, das in den späten neunziger Jahren einsetzte, verhinderte durch Mechanismen der Institutionalisierung, dass die Erinnerungen und Geschichten der ehemaligen Kinderzwangsarbeiter ihren gesellschaftlichen Platz fanden.

Kinderzwangsarbeit in Polen

Der deutsche Verwaltungsapparat, der für den Einsatz von Arbeitskräften in den besetzten polnischen Gebieten zuständig war, wurde unmittelbar nach dem Einmarsch deutscher Truppen aufgebaut.[1] Polnische Arbeitskräfte wurden sowohl auf offiziellen wie inoffiziellen Wegen rekrutiert, wobei Razzien vielfach an der

1 Czesław Łuczak, Polityka zatrudnienia w Trzeciej Rzeszy, in: Polscy robotnicy przymusowi w Trzeciej Rzeszy. Hrsg. von Włodzimierz Bonusiak, Rzeszów 2005, S. 19–34.

Tagesordnung waren.[2] Im Generalgouvernement herrschte zunächst Arbeitspflicht für alle 18- bis 60-jährigen Polen, doch bereits im Dezember 1939 wurde das offizielle Mindestalter auf 14 Jahre gesenkt.[3] In den dem Reich eingegliederten Gebieten waren die Regelungen noch strikter. Hier galt von Anfang an Arbeitspflicht für alle Polen zwischen 14 und 65 bzw. 70 Jahren.[4] Später wurden sogar zehnjährige Kinder registriert. In einzelnen Verwaltungsbezirken mussten Kinder im Alter zwischen sieben und 14 Jahren sechs Stunden täglich arbeiten; zu ihren Aufgaben gehörte es, Straßen und Gebäude zu reinigen, Schnee zu schaufeln und Gärten zu pflegen.[5] In den eingegliederten Gebieten waren Zehntausende Kinder unter 14 Jahren im Arbeitseinsatz. Die Kinderzwangsarbeit nahm schnell erschreckende Ausmaße an, so waren 25 Prozent der Arbeitskräfte in den eingegliederten Gebieten zwischen 14 und 18 Jahre alt. Für die besetzten Gebiete insgesamt waren es 18 Prozent.[6] Dies sind jedoch nur die offiziellen Angaben, der tatsächliche Umfang der Kinderzwangsarbeit war noch deutlich größer.

Über die Situation in den ostpolnischen Gebieten, die 1939 von der Sowjetunion und 1941 von Deutschland besetzt wurden, ist weniger bekannt. Im Reichskommissariat Ostland herrschte Arbeitspflicht ab 15 Jahren,[7] wobei die NS-Verwaltung die Arbeitsregelungen für Kinder denjenigen der Erwachsenen anglich. Die Zwangsarbeiter unterlagen einem immer weitreichenderen System rassistischer und rechtlicher Diskriminierungen, die sowohl die Bezahlung als auch die Arbeitsbedingungen umfassten.[8]

Wer Arbeit verweigerte, musste mit Repressalien rechnen. Das Ausmaß der Verfolgung von Minderjährigen im besetzten Polen war enorm. Die Erinnerun-

2 Alexander Wierzejewski, Niewolnicza praca dzieci i młodzieży w tzw. Kraju Warty 1939–1945, Poznań 1975.

3 Józef Marszałek, Obozy pracy w Generalnym Gubernatorstwie w latach 1939–1945, Lublin 1998.

4 Łuczak, Polityka zatrudnienia.

5 Kiryl Sosnowski, The Tragedy of Children under Nazi Rule, New York 1983; Dorothy Macardle, Children of Europe. A Study of the Children of Liberated Countries: Their War-time Experiences, their Reactions, and their Needs, with a Note on Germany, London 1949.

6 Ebenda.

7 Maria Wardzyńska, Sytuacja ludności polskiej w Generalnym Komisariacie Litwy. Czerwiec 1941 – lipiec 1944, Warszawa 1993.

8 Włodzimierz Jastrzębski, Warunki pracy i życia robotników przymusowych, in: Polscy robotnicy przymusowi, S. 103–126; Władysław Rusiński, Położenie robotników polskich w czasie wojny 1939–1945, Poznań 1950; Herbert Szurgacz, Przymusowe zatrudnienie Polaków przez hitlerowskiego okupanta w latach 1939–1945: Studium prawno-polityczne, Wrocław u. a. 1971.

gen ehemaliger Kinderzwangsarbeiter vermitteln einen Eindruck darüber, was es für Minderjährige bedeutete, in den besetzten Gebieten zu leben und zur Arbeit gezwungen zu werden.[9] Ihr Alltag war geprägt von negativen Veränderungen und Erfahrungen. Der Zwangsarbeit ging oft die Beschlagnahme von Wohnung, Haus und Hof durch die Deutschen und die Verdrängung in eine kleinere Wohnung oder die Vertreibung ins Generalgouvernement voraus. Mitunter lagen die Arbeitsplätze der Kinder kilometerweit vom Wohnort entfernt, was für sie täglich lange Wege oder Übernachtungen am Arbeitsplatz, oftmals ohne geeignete Unterkunft, bedeutete. Die Kinder wurden zudem der elterlichen Fürsorge und schulischen Bildung entzogen.

Wissenschaftliche Veröffentlichungen sind der Bedeutung des Problems bisher nicht gerecht geworden. Es gibt nur wenige Studien, die sich explizit mit polnischen Kinder befassen, die in den besetzten Gebieten in der Landwirtschaft, der Industrie oder für das Militär arbeiten mussten,[10] und nur einzelne Historiker interpretierten diese Arbeit vor Ort als Zwangsarbeit.[11] Meist taucht die Ausbeutung der Kinder lediglich als Randnotiz in allgemeinen Untersuchungen über die Besatzungszeit auf.[12] Dies korrespondiert mit einem allgemeinen Mangel an Forschungen über die Kriegserfahrungen von Kindern.[13] „Children", so Debórah Dwork, „were conspicuously, glaringly, and screamingly silently absent."[14] Hinzu kam, dass die Erinnerungen von Kindern lange Zeit als nicht zuverlässig angesehen wurden, und dass sie in der Nachkriegszeit „dazu aufgefordert" wurden, ihre Kriegserlebnisse „zu vergessen". Ihren Berichten und Erinnerungen begegnete man mit Gleichgültigkeit, Scham und Schweigen.[15]

9 Hieronim Rybicki, Utracona młodość. Wspomnienia i refleksje z wojny i okupacji 1939–1945, Słupsk 2006; Wspomnienia młodzieży wielkopolskiej z lat okupacji niemieckiej 1939–1945. Hrsg. von Zdzisław Grot/Wincenty Ostrowski, Poznań 1946.

10 Wierzejewski, Niewolnicza praca dzieci i młodzieży; Szurgacz, Przymusowe zatrudnienie Polaków.

11 Jastrzębski, Warunki pracy i życia robotników przymusowych.

12 Czesław Łuczak, Praca przymusowa Polaków w Trzeciej Rzeszy i na okupowanych przez nią terytoriach innych państw (1939–1945), Poznań 2001; Rusiński, Położenie robotników polskich; Szurgacz, Przymusowe zatrudnienie Polaków.

13 Nicolas Stargardt, Witness of War. Children's Lives under the Nazis, London 2005.

14 Deborah Dwork, Children With A Star. Jewish Youth in Nazi Europe, New Haven/London 1991.

15 Sara Valentina Di Palma, History and Memory of Children and Adolescents in the Holocaust, in: Beyond Camps and forced Labour. Current International Research on Survivors of Nazi Persecution, Proceedings of the first international multidisciplinary conference at the Imperial War Museum, London, 29–31 January 2003. Hrsg. von Johannes-Dieter Steinert/Inge Weber-Newth, Osnabrück 2008, S. 700–711.

Der Entschädigungsprozess für ehemalige Kinderzwangsarbeiter

In der polnischen Innen- und Außenpolitik sind Fragen der Entschädigung von Kriegsopfern zwar seit Langem ein Thema.[16] Nach dem Krieg schloss die Bundesrepublik Deutschland mit einigen der Staaten, die Opfer der nationalsozialistischen Aggression geworden waren, erste Abkommen und leistete Entschädigungszahlungen an Kriegsopfer. Allerdings verhinderte die politische Situation in der Volksrepublik Polen ernsthafte Fortschritte. Die gesellschaftliche Debatte über die Frage der Entschädigung ehemaliger Zwangsarbeiter begann schließlich erst nach der politischen Wende in Polen in den neunziger Jahren. 1991 wurde die Stiftung Polnisch-Deutsche Aussöhnung (Fundacja Polsko-Niemieckie Pojednanie) gegründet, deren Aufgabe es ist, den Dialog zwischen beiden Ländern zu fördern und Opfer des NS-Systems durch Entschädigungszahlungen zu unterstützen. Die Bemühungen um eine finanzielle Entschädigung begannen in den späten neunziger Jahren; die Zahlungen selbst erfolgten zwischen 2001 und 2006. Allerdings wurden nicht alle ehemaligen Zwangsarbeiter entschädigt, auch Kinder, die in der Nähe ihres Wohnorts arbeiten mussten, blieben außen vor. Seitdem setzen sich Vertreter dieser Gruppe dafür ein, dass ihre Ansprüche denen anderer damals minderjähriger Kriegsopfer angeglichen werden und sie dieselben Entschädigungen und Leistungen sowohl aus Mitteln der deutschen Regierung als auch von polnischer Seite erhalten.

Während der Debatte über Hilfen und Entschädigungen für ehemalige minderjährige Zwangsarbeiter wurde das Thema von den Medien aufgegriffen, die dieser vergessenen und schweigenden Gruppe nun eine Stimme gaben.[17] Hierbei dominierten rechtliche und finanzielle Aspekte so stark, dass sie den Kontext und die Stoßrichtung vieler Erzählungen bildeten, während die eigentlichen Erfahrungen der Zwangsarbeit in den Hintergrund rückten. Zwar war der Entschädigungsprozess die erste Möglichkeit, eine Form institutionalisierter Anerkennung für die oftmals traumatischen und gesellschaftlich weitgehend ignorierten Erlebnisse zu erhalten. Gleichzeitig mussten die ehemaligen Kinderzwangsarbeiter aber – ein halbes Jahrhundert nach dem Ende des Krieges – ihre Kriegserfahrungen in einem neuen Kontext verorten. Dadurch verschoben sich im Laufe der Entschädigungsverfahren ihre Erzählungen; sie institutionalisierten sich.

16 Problem odszkodowań, reparacji i świadczeń w stosunkach polsko-niemieckich 1944–2004. Red. Witold M. Góralski/Sławomir Dębski, Bd. 1, Warszawa 2004; Rafał Tarnogórski, Zagadnienie odszkodowań dla obywateli polskich za pracę przymusową i niewolniczą stan na 1990 rok, in: Polski Przegląd Dyplomatyczny 3 (2002) 7, S. 97–131.

17 Marian Turski, Pod przymusem, in: Polityka, Nr. 47 (2220), 20. 11. 1999; M. Sondej, Uprawnieni wymierają, in: Gazeta Wyborcza, Łódź, Nr. 66, 19. 3. 1999.

Dieser Aufsatz basiert auf 54 Interviews mit ehemaligen Kinderzwangsarbeitern und -arbeiterinnen in den besetzten polnischen Gebieten.[18] Das Thema „Entschädigung" nahm in fast allen Interviews großen Raum ein, wobei die Zeitzeugen häufig von sich aus darauf zu sprechen kamen.

Um den Diskurs über die Zwangsarbeit sowie Muster in den Erzählungen zu identifizieren, war es notwendig, den konkreten Sprachgebrauch der Interviews vor dem Hintergrund der lexikalischen und grammatikalischen Ressourcen der Zeitzeugen zu analysieren. Da diese Ressourcen von den normativen Diskursen in der Gesellschaft abhängig und bestimmt sind, konnten ideologische Formungen des Diskurses über Zwangsarbeit und die Position der Interviewten in diesen bestimmt werden. Daran wurde schließlich ersichtlich, wie sich die ehemaligen Kinderzwangsarbeiter zu ihrer sozialen Realität verhalten und wie sie ihr Leben in Relation zu den bestehenden Verhältnissen und gesellschaftlichen Veränderungen einordnen.

Kein Raum für Erinnerungen – die Nachkriegszeit

In den Interviewpassagen, in denen die Zeitzeugen über die Zeit direkt nach dem Krieg sprechen, ist an keiner Stelle von möglichen Entschädigungsleistungen die Rede. Sie berichteten vielmehr davon, dass sie Beweismittel für ihre Zeit als Zwangsarbeiter vernichteten, um nicht für Deutsche gehalten und möglicherweise von sowjetischen Soldaten getötet zu werden:

Zeitzeuge 1 (1929)*
ZZ: Und ich erinnere mich, dass niemand öffnen wollte, als sie [die Russen] an die Kellertür klopften, weil die Männer ziemliche Angst hatten. Aber schließlich machten sie doch auf. Und dann sahen sie *diese Kennkarten, die Arbeitsbücher, und darauf war dieses Symbol.* Und als mein Vater sie ihnen zeigte, weil er keine anderen Ausweispapiere hatte, sagten sie: „Du bist Deutscher!" und wollten schießen. Dann fingen aber alle an zu schreien, und er trat zurück.

Zeitzeuge 2 (1925)*
ZZ: Mein Vater wollte die deutschen Papiere vernichten, weil die Russen schossen, wenn sie sie sahen. Selbst wenn darauf „Pole" stand. Weil darauf dieses deutsche

18 Die Interviews fanden im Rahmen des von der Stiftung „Erinnerung, Verantwortung und Zukunft" geförderten Forschungsprojekt „Child forced labourers in occupied Poland: Experiences, resilience and post-war discourses" statt.

Abzeichen mit den Flügeln war. Wenn also ein einfacher, ungebildeter Soldat dieses Abzeichen sah, dann schoss er, nicht wahr? Die Papiere also, ich weiß nicht, ich hatte keine.

In den Erzählungen wird deutlich, wie die Entwicklung einer potenziellen strukturierten Aufarbeitung der traumatischen Zwangsarbeitserfahrung der unmittelbaren Sorge um die persönliche Unversehrtheit weichen musste. In einer Situation, in der der Nachweis der Zwangsarbeit als direkte Gefährdung der eigenen Person wahrgenommen wurde, konnte weder eine solche Aufarbeitung, noch ein „Entschädigungsdiskurs" entstehen.

Auch bei der Wiederherstellung von Haushalten und der Neuorganisierung des Alltags in der unmittelbaren Nachkriegsphase wurden häufig Papiere vernichtet. Objekte aus der Vergangenheit, die an die Besatzungszeit erinnerten, sollten ihren Platz im Leben der Zeitzeugen verlieren. So fand die Vernichtung von Dokumenten, die von den deutschen Besatzungsbehörden ausgegeben worden waren, oft im Zusammenhang mit einem „Befreiungsdiskurs" statt, in dem symbolisch der Sieg über die Besatzungsherrschaft und den Krieg vollzogen wurde.

Zeitzeuge 3 (1931)*
ZZ: Alle unterschätzten die Bedeutung beispielsweise des Arbeitsbuchs oder der Papiere, die vom Arbeitsamt ausgegeben wurden und die einem einen Arbeitsplatz auf einem Hof, in einem Laden und so weiter zuteilten. Und man vernichtete das [die Papiere] dann einfach, weil man ihnen gegenüber einen Abscheu hatte.

Zeitzeuge 4 (1933)*
ZZ: Aber als wir damals [19]45 aufräumten, warf meine ältere Schwester alles weg, was deutsch war. Es sollte verschwinden, vernichtet werden, weil sie uns so sehr unterdrückt hatten.

Zeitzeuge 5 (1924)*
ZZ: Als mein Vater aus der Gefangenschaft zurückkam, nahm er alles und sagte: „Ich will diese Adler [die NS-Hoheitszeichen] nicht mehr sehen!" und zündete sie an. Wissen Sie, er warf die Papiere in den Ofen und zündete sie an.

Unabhängig davon, ob die Vernichtung von den Zeitzeugen selbst oder von Verwandten vorgenommen wurde, wurde der Vorgang als emotional aufgeladen und emotional befreiend dargestellt. Mit der Zerstörung der Dokumente wurde die Kriegszeit ausgelöscht und ein erster Schritt zur Bewältigung der Vergangenheit getan. Ob dieser Schritt von Ekel oder von anderen Emotionen motiviert war, wie sie von den Zeitzeugen 4 und 5 geschildert wurden: In beiden Fällen war die Motivation stark emotional geprägt. Die Zeitzeugen erwähnten keine anderen Überlegungen; es ging ihnen nur darum, etwas loszuwerden, das sie an die schreckliche Vergangenheit erinnerte.

Die ehemaligen Kinderzwangsarbeiter beseitigten jedoch nicht nur Gegenstände, die sie an die Besatzungszeit erinnerten, sie verdrängten auch ihre Erinnerungen daran. Sie konzentrierten sich nicht auf die Vergangenheit, sondern auf die Gegenwart und den Alltag, den sie nach dem Krieg zu bewältigen hatten. Die Reflexion des Vergangenen hatte in ihrem Leben keinen Platz, und so waren sie kaum motiviert, ihre Erlebnisse mitzuteilen oder an ihren Erinnerungen festzuhalten. Sie waren vielmehr vollauf damit beschäftigt, ihr neues Leben zu leben, das Chaos der Nachkriegszeit zu bewältigen, ihre Ausbildung nachzuholen oder Familien zu gründen. Entsprechend ließen sie ihre Kriegserfahrungen erst einmal hinter sich. Bei einigen verlief dieser Prozess mehr oder weniger von selbst (Zeitzeugen 6 und 7), andere wiederum kostete es einige Anstrengung, die Vergangenheit zurückzudrängen (Zeitzeuge 8).

Zeitzeuge 6 (1930)*

I: Was half Ihnen dabei, zu überleben?

ZZ: Das kann ich Ihnen sagen. Kurz nach dem Krieg lernte ich meinen Mann kennen. Und dann, also im nächsten Jahr, bekamen wir ein Kind. Meine Tochter ist genau siebzehn Jahre jünger als ich. *Ich war mit dem Kind beschäftigt.*

Zeitzeuge 7 (1929)*

I: Sagen Sie, hat diese Kriegserfahrung bei Ihnen Spuren hinterlassen?

ZZ: Die [Erinnerung an die] Kriegszeit ist später immer stiller geworden, wissen Sie? Und dann, später, habe ich gar nicht mehr an diese Kriegsgeschichten gedacht. Man hat da natürlich viel gesehen, aber das war … *Man lebte ein zu aktives Leben,* vielleicht war es das, wissen Sie? Man hatte keine Zeit, sich hinzusetzen und darüber nachzudenken, wie das war, nicht wahr? So war das.

Zeitzeuge 8 (1923)*

I: Und waren diese Gedanken, diese Erinnerungen nach dem Krieg deprimierend für Sie? Haben die Erinnerungen Sie nach dem Krieg verfolgt?

ZZ: Nein. Alle wollten das vergessen, wissen Sie? Man dachte nicht mehr daran. Nur, wenn ich eine Schwester oder einen Bruder von diesem oder jenem Freund traf, oder einen der Freunde von damals, dann kamen die Erinnerungen wieder, nicht wahr, dass Leon tot war, dass Henio tot war, dass Kazio tot war.

Die Erzählungen verdeutlichen, wie sich die Zeitzeugen von der Vergangenheit zu distanzierten versuchten. Das Vergessen, Verdrängen und die Suche nach Ablenkung können als Bewältigungsstrategien für die traumatischen Erfahrungen der Kriegszeit interpretiert werden.[19] Hinzu traten zeitgenössische gesellschaftliche Normen für den Umgang mit erlittenem Leid: Von den Opfern wurde erwartet, sich schnell zu erholen und sich den aktuell anstehenden Problemen zu widmen.[20] Für die interviewten Zeitzeugen gab es unmittelbar nach dem Krieg keinen privaten oder institutionellen Raum, in dem sie ihren Erfahrungen hätten Ausdruck verleihen können. So blieben nur die Zerstörung von Objekten und die Verdrängung. Der Entschädigungsdiskurs war zu diesem Zeitpunkt gesellschaftlich nicht relevant, noch hatten die Zeitzeugen Zugang zu irgendwelchen Vergünstigungen oder Leistungen.

Bei der Analyse der Interviews fällt auf, dass das Fehlen von Erzählungen über die Zwangsarbeitserfahrung als Phänomen weit über die direkte Nachkriegszeit hinausging. Paradoxerweise bot auch der Entschädigungsprozess, ein Vorgang, der eigentlich das Trauma der Kinderzwangsarbeit anerkennen und zur Aufarbeitung beitragen sollte, keinen Raum für die Geschichten der Opfer. Tatsächlich verhinderte er sie sogar.

Fehlender Raum für Erinnerungen – der Entschädigungsprozess

Im Zuge des Entschädigungsprozesses kam es zu einer Institutionalisierung der Zwangsarbeitserfahrung und der Erinnerung daran. Hierbei wurden die vielfältigen, komplexen und traumatischen Erfahrungen auf eine einfache Frage reduziert: „Waren Sie Zwangsarbeiter oder nicht?“ Der Einzelne musste nun Nachweise für die Zwangsarbeit erbringen. Damit – das illustrieren die Erzählungen der Zeitzeugen – reduzierte der Entschädigungsprozess das, was entschädigt werden sollte, auf den reinen Nachweis.

Für diejenigen, deren Entschädigungsansprüche anerkannt wurden, verlief der Vorgang auf den ersten Blick gerecht und den Tatsachen entsprechend.

19 Janice H. Goodman, Coping with trauma and hardship among unaccompanied refugee youth from Sudan, in: Qualitative Health Research 14 (2004), S. 1177–1196; Marian Tankink, Not talking about traumatic experiences: harmful or healing? Coping with war memories in southwest Uganda, in: Intervention 2 (2004), S. 3–17.

20 Frank Furedi, From the narratives of the blitz to the rhetoric of vulnerability, in: Cultural Sociology 1 (2007), S. 235–254.

Zeitzeuge 9 (1930)*
I: Sind Sie Mitglied eines Verbandes? Des Verbandes der polnischen NS-Opfer?

ZZ: Ja. Ja, bin ich. Das heißt, sie haben anerkannt, dass … Aufgrund einer Zeugenaussage wurde das anerkannt, anerkannt, und ich gehöre dazu, ich gehöre dorthin.

Zeitzeuge 10 (1929)*
ZZ: Wir hatten davon gehört, und ich ging mit meinem Mann dorthin. Da waren Schlangen, lange Schlangen. Zum Glück hatte ich einen Termin abgemacht, es gab also keine Probleme. Sobald ich an der Reihe war, wurde ich ohne Probleme überprüft und bekam diesen Ausweis. Ja.

Zeitzeuge 11 (1928)*
I: Und Ihre Entschädigung? War die leicht zu bekommen?

ZZ: Nun ja, nach der Gründung der Polnisch-Deutschen Stiftung wurde in Żychlin ein Verband gegründet. Man musste diesen ganzen Fragebogen ausfüllen, und der wurde dann nach Płock geschickt, weil wir zur Wojewodschaft Płock gehörten. Ich wurde dort überprüft und bekam meine Papiere zurück. Dann habe ich alles an die [Stiftung] Polnisch-Deutsche Aussöhnung geschickt, ich habe sie kopiert und hingeschickt. Ich habe alles beschrieben. Und in Millionen gerechnet habe ich zehn Millionen einhundertachtzig Tausend bekommen, daran erinnere ich mich genau.

Der Vorgang wurde knapp beschrieben, und die Zeitzeugen betonten, dass er kurz und unproblematisch verlief. „Ich wurde ohne Probleme anerkannt", sagte einer der Interviewten. In seinen Aussagen finden sich keine weiteren Kommentare oder Informationen zum Kontext des Entschädigungsvorgangs. Dies ist ein durchaus typisches Motiv, das in einigen der durchgeführten Interviews auftaucht. Die Berichte über die Anerkennung der Entschädigungsansprüche wurden auf das Nötigste reduziert und enthielten keine emotionalen Schilderungen oder weitere Kommentare. Da es bei diesem Vorgang um Tatsachen ging, beließen es die Interviewten dabei. Auffällig ist, dass sich selbst der Zeitzeuge 11, der seinen Beitrag zum Verfahren ausführlich schilderte, ausschließlich auf den faktischen Gehalt seiner „Aussage" konzentrierte. Er hatte „alles beschrieben" und bekam daraufhin eine bestimmte Summe Geld. Eine rein faktische Erzählung.

Von den Antragstellern wurde erwartet, dass sie ihre Angaben nachweisen konnten. Die Mitteilung ihrer Erfahrungen erfolgte ausschließlich über das Ausfüllen eines Fragebogens, der es erlaubte, die Antworten zu überprüfen und gegebenenfalls anzuerkennen. Das Verfahren sah auf der einen Seite die Antragsteller, die ihre Details lieferten, und auf der anderen Seite diejenigen vor, die entschieden, welche Form die Biografien haben mussten und ob es sich um eine Zwangsarbeiterbiografie handelte. Durch „Überprüfung“ und „Anerkennung“ wurden die biografischen Erzählungen der Zeitzeugen einer hierarchischen Machtstruktur unterworfen. Die Anwesenheit dieser überprüfenden und anerkennenden Instanz, die Macht über die Erinnerungen der Zeitzeugen besaß, nahm den ehemaligen Zwangsarbeitern die Kontrolle über ihre eigenen Geschichten und zwang ihnen eine Form auf.

Bei der Analyse der Interviews war auffällig, dass auch die Zeitzeugen, deren Anträge abgelehnt wurden, den Entschädigungsprozess als ausschließlich auf Tatsachen bezogen darstellten. In diesen Fällen wurden die Tatsachen allerdings nicht institutionell anerkannt, und in ihren Berichten über die Ablehnungen betonten die Zeitzeugen wiederum den Wahrheitsgehalt ihrer „Aussagen“. Entsprechend bemühten sich die abgelehnten Antragssteller auch in den Interviews, juristisch gültige Belege für ihre biografischen Angaben zu liefern, und so wurden ihre persönlichen Erfahrungen auch hier aus den Erzählungen herausgehalten.

Zeitzeuge 12 (1932)*

I: Fangen wir also bei Ihnen selbst an. Erzählen Sie mir bitte von Ihrer Kindheit und von der Zwangsarbeit.

ZZ: Ich habe [Papiere] eingereicht, und sie haben mir eine Ablehnung geschickt. Dass ich gearbeitet habe.

Zeitzeugin 13 (1928)*

I: Bitte erzählen Sie mir von Ihrer Kindheit.

ZZ: Jeden Tag fuhren sie uns in einen Wald. Und dort, im Wald, mussten wir Schützengräben ausheben. Und später, als … Wir machten auch Zweigmatten für diese Bunker. Also die Deutschen … Wenn die Gestapo-Männer kamen, pfiffen sie, und dieser Deutsche sagte: „Los, arbeiten!“ Wir hatten nämlich kurze Pausen. Er sagte „Arbeiten!“, damit wir wieder arbeiteten. Also arbeiteten wir, nicht wahr? Und meine Freundinnen blieben auch dabei, sie arbeiteten auch mit mir. Und ich habe Zeugen dafür, dass ich gearbeitet habe. Ich habe diese Papiere, die bestätigen, dass ich gearbeitet habe, und das ist alles fertig, nicht? Aber warum sie meinen Antrag abgelehnt haben? Ich weiß es nicht. Es hieß, ich sei nicht entschädigungsberechtigt. Und ich habe alle Papiere dabei.

Auffällig ist, dass beide Zeitzeugen auf das Thema Entschädigung fast ohne Überleitung zu sprechen kamen. Der Interviewer stellte lediglich eine allgemeine Eingangsfrage zu Kindheit und Zwangsarbeit, und beide Zeitzeugen sprachen in ihren Antworten schnell das Thema der Entschädigung an. Zeitzeuge 12 tat dies sofort, während Zeitzeugin 13 über eine kurze biografische Erzählung zur Entschädigungsthematik überleitete.

Beide Zeitzeugen beschrieben jedoch nicht nur die Ablehnung, sondern fochten sie zugleich an. Dies erfolgte nicht über die persönlichen Erfahrungen der Zeitzeugen, sondern wiederum in Bezug auf Belege, die die biografischen „Tatsachen" unterfüttern sollten. So sprach der erste der hier zitierten Zeitzeugen von Papieren, die er eingereicht hatte, und der zweite bot nicht nur Papiere an, sondern auch potenzielle Zeugenaussagen.

Auch der Antrag von Zeitzeuge 14 auf Entschädigung wurde abgelehnt:

Zeitzeuge 14 (1929)*
I: Was half Ihnen dabei, das alles zu überleben, die Zwangsarbeit?

ZZ: Nun, wissen Sie, weil mein Vater es mir damals folgendermaßen erklärt hat, er sagt: „Wenn sie dich nach Deutschland bringen, [wäre das noch schlimmer]." Als ich schon eine Weile – ich glaube – in der dritten Klasse war, ging ich immer durch die Gärten zur Schule, weil ich Angst hatte, ein Deutscher könnte mich einfangen und in einen Lastwagen stecken. Denn es gab solche Lastwagen auf den Straßen, und die Deutschen fingen Kinder einfach auf der Straße ein, steckten sie in den Wagen und verschleppten sie nach Deutschland. Nun, das war noch schlimmer, und ich bekam eine Arbeitsstelle zugewiesen. Es entwickelte sich eine ungute Situation, weil die deutschen Besatzungsbehörden in halb Europa Fabriken einrichteten. Wo die Deutschen waren, da waren auch Produktionsstätten. Rüstungsfabriken, Holzwerkstätten, mechanische Werkstätten und andere. Es gab sie in Frankreich, in Griechenland, in Weißrussland, in Litauen, überall. *Und nun sind wir nicht anerkannt worden.* Ich habe mit dem Herrn, der vor mir hier war, gearbeitet, und außerdem bin ich seit sechs Jahren Mitglied im Verband.

Hier wird die Ablehnung der Anerkennung als Zwangsarbeiter am wenigsten stark angefochten. Der Zeitzeuge bestätigte seinen Anspruch nicht direkt, sondern baute seine Erzählung so auf, dass sie zu dem Schluss führen musste, dass die Ablehnung seines Antrags falsch war. Auch er bezog sich nicht auf seine persönlichen Erfahrungen, sondern schob in seiner Schilderung sein Wissen über die Geschichte der Zwangsarbeit in den Vordergrund. Er stellte sich als Teil eines Systems dar, über das er gut informiert war, und das weit über seine persönlichen Erfahrungen hinausreichte.

Seine Darstellung ist eine historische Erzählung einer Geschichte, deren Teil er selbst war. Auch hier wurde die implizite Kritik an der Ablehnung des Antrags über „harte Fakten" verhandelt, und nicht über eine Erzählung der individuellen Erfahrung, des Traumas und des Leids.

Der Aufbau aller dieser Schilderungen folgte einem Muster: Die Zeitzeugen führten das aktuelle Thema des Entschädigungsprozesses an und stellten dar, wie dieser Vorgang im Widerspruch zu ihren Erinnerungen an die Vergangenheit stand (unabhängig davon, ob sie diese Erinnerungen bereits mitgeteilt hatten oder nicht). Die Ablehnung der Erinnerung der Zeitzeugen geschah aus der Perspektive von „denen", also denjenigen, die die Entschädigungsanträge der Zeitzeugen ablehnten. So schrieben die Zeitzeugen „ihnen" die Macht zu, über die Glaubwürdigkeit ihrer Erinnerungen und deren institutionelle Ablehnung zu entscheiden. Entsprechend wurde der Diskurs der Zeitzeugen zunehmend institutioneller, da die Interpretation ihrer Vergangenheit den neu entstandenen Subjekten („denen") oblag.

Der Zweck des Entschädigungsprozesses war es, ehemalige Zwangsarbeiter für ihr erlittenes Leid und ihre Traumata zumindest teilweise zu entschädigen. Er wurde aber den Erfahrungen der Kinderzwangsarbeiter nicht gerecht; dies wird in deren Erzählungen deutlich. Denn der Entschädigungsprozess rückte das erlittene Trauma und Leid in den Hintergrund und bot keinen Raum für die individuellen Lebensgeschichten dieser Menschen. Stattdessen verlangte der Vorgang eine ganz andere Art der Schilderung, die lediglich die Frage zu klären hatte, ob jemand Zwangsarbeiter gewesen war, oder nicht. Und niemals: „Wie schlimm war es?"

Schlussfolgerungen

In diesem Aufsatz standen die Schilderungen einer der letzten noch lebenden Opfergruppen des Zweiten Weltkriegs im Mittelpunkt, die sich um die Anerkennung ihres Leids durch die polnische Gesellschaft im Allgemeinen und durch die polnische und deutsche Regierung im Besonderen bemühen. Die öffentlichen oder halböffentlichen Diskurse der Nachkriegszeit bot den Opfern von Kinderzwangsarbeit zunächst keine Möglichkeit, Narrative über ihre Traumata und ihr Leid zu entwickeln. Ihr Schicksal wurde von den herrschenden gesellschaftlichen und politischen Verhältnissen und den mit ihnen verbundenen Diskursen systematisch in den Hintergrund gedrängt.

In der Zeit direkt nach dem Krieg waren die Anforderungen des Alltags an diese Opfer so dominierend, dass es ihnen weder möglich war, einen Entschädigungsdiskurs zu entwickeln, noch ihre traumatischen Erfahrungen in irgendeiner anderen Weise narrativ zu entwickeln. Worauf sich die Zeitzeugen konzentrierten, war die *Tatsache*, dass sie Zwangsarbeiter gewesen waren. Eine Tatsache, die verborgen werden musste.

Durch die Freiheit nach dem Ende der kommunistischen Herrschaft und die neue Möglichkeit der Entschädigung für das erlittene Trauma entstand jedoch ein neues Paradoxon: Auch in dieser Situation verdrängte der institutionelle Diskurs die individuelle traumatische Erfahrung. Unabhängig davon, ob ihre Entschädigungsansprüche anerkannt wurden oder nicht, konzentrierten sich die Zeitzeugen in ihren Erzählungen erneut auf die *Tatsachen*. Die persönlichen Erfahrungen und Geschichten der ehemaligen Kinderzwangsarbeiter in Polen blieben verborgen.

Abbildung 32
Sowjetische Repatriierte in Hamburg, o. D.
© *Imperial War Museum*

Abbildung 33
Befreite sowjetische Frauen –„Ostarbeiter". Łódź, 1945.
© *www.voenvideo.ru*

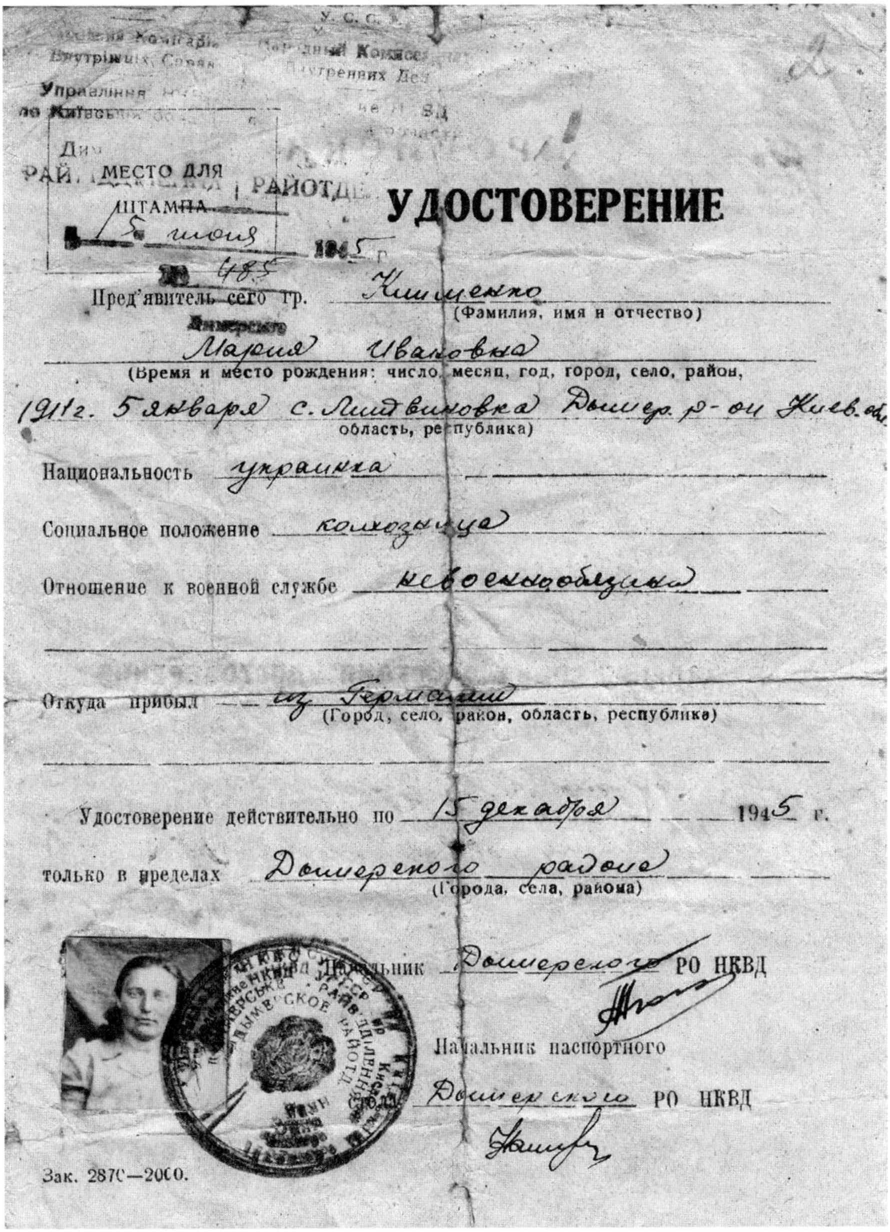

У. С. С. Р.
Народный Комиссариат Внутренних Дел
Управління НКВС по Київській області

МЕСТО ДЛЯ ШТАМПА

15 июня 1945 г.
№ 485

УДОСТОВЕРЕНИЕ

Пред'явитель сего гр. Клименко
(Фамилия, имя и отчество)
Мария Ивановна
(Время и место рождения: число, месяц, год, город, село, район,
1911 г. 5 января с. Литвиновка Дымер. р-он Киев. обл.
область, республика)

Национальность украинка

Социальное положение колхозница

Отношение к военной службе невоеннообязанная

Откуда прибыл из Германии
(Город, село, район, область, республика)

Удостоверение действительно по 15 декабря 1945 г.

только в пределах Дымерского района
(Города, села, района)

Начальник Дымерского РО НКВД

Начальник паспортного Дымерского РО НКВД

Зак. 2870—2000.

Abbildung 34
Das Muster eines provisorischen Repatriierten-Ausweises, ausgestellt von der Bezirksabteilung des Volkskomissariats für innere Angelegenheiten in Dymer auf den Namen Klymenko Maria Ivanivna, geb. 1911 in der Region Kiew. Die Anmerkung im Dokument lautet: „Der Ausweis ist bis zum 15. Dezember 1945 nur auf dem Gebiet des Bezirks Dymer gültig."
© Privatbesitz, Oleksandr Potyl'čak

Abbildung 35
Zeichnung von Viktor Sosov, Kiew, 26. 11. 2009: Rückführung der Repatriierten in die UdSSR im Sommer 1945. Neben den Gleisen brennen noch die Lagerfeuer, auf einem blieb noch ein Topf mit dem einfachen Essen stehen, das die Reisenden gekocht hatten – ein deutliches Zeugnis dafür, dass die Züge mit Repatriierten lange auf Bahnstationen standen und die Fahrt oft plötzlich fortgesetzt wurde. Die Bildunterschrift lautet: „Der Zug mit den Repatriierten setzte sich in Bewegung. Die starken Hände meiner Mutter und des Nachbarn haben mich ergriffen und auf die offene Plattform hochgehoben. Sommer 1945."
© Privatbesitz, Viktor Sosov

Erläuterungen.

1. Zu Frage 6: Maßgebend für die Eintragung ist die rechtliche Zugehörigkeit zu einer Kirche oder Religionsgesellschaft; für Personen, die keiner Kirche oder Religionsgesellschaft angehören, ist je nach Ihrem Bekenntnis „gottgläubig" oder „glaubenslos" einzutragen.

2. Zu Frage 7: Anzugeben ist das Volk, dem der einzelne sich innerlich verbunden fühlt und zu dem er sich bekennt; das Bekenntnis muß allerdings durch bestimmte Tatsachen, wie Sprache, Erziehung, Kultur usw. bestätigt werden und darf nicht im Gegensatz zu dem bisherigen Verhalten stehen.

Für Kinder bis 16 Jahren ist die Volkszugehörigkeit des Erziehungsberechtigten bestimmend. Bei Juden ist als Volkszugehörigkeit stets „jüdisch" anzugeben, auch wenn sie nicht der jüdischen Religionsgemeinschaft angehören.

3. Zu Frage 8: Bei Angabe der Sprache ist nicht der Ausdruck „hiesige" Sprache zu verwenden. Die Sprache muß genau bezeichnet werden, z. B.: Deutsch, Polnisch, Ukrainisch, Litauisch, Tschechisch, Weißruthenisch, Masurisch, Kaschubisch, Slonzakisch, Jüdisch usw.

Beide Teile der Anmeldung sind möglichst mit Tinte oder Schreibmaschine auszufüllen. Schreibungewandte können die Scheine von anderen ausfüllen lassen, bleiben aber für den Inhalt verantwortlich. Namensunterschrift und Fingerabdruck sind erst bei Abgabe der Meldescheine zu leisten.

Falsche Angaben werden bestraft, ebenso die Unterlassung der Anmeldung!

Diesen Ausweis hat der Inhaber dauernd bei sich zu führen!

Objaśnienia.

... wypełnienia miarodajna jest przynależność ... kościoła ... wyznaniowego; dla osób nie należących do ... ła lub ... go należy według ich zeznania wpisać „pob... bożny".

... należy ... naród, do którego zgłaszający ... ardziej ... się przyznaje; to przyznanie na... dzić ... k: język, wychowanie, kultura i t. p. i ni... otych- ... się zgłaszającego stało w sprzeczności z ty... jego ... wość dzieci poniżej lat 16 ustanawia opieku... eży podać narodowość „żydowską", a to na... ku ich ... żydowskiego towarzystwa wyznaniowego.

... jąc język nie należy podać „tutejszy", lecz dokładnie oznaczyć ... olski, ukraiński, litewski, czeski, białoruski, mazurski, kaszubski, ... t. p.

... iejszego druku wypełnić należy możliwie atramentem ... do pisania. Nie wolno przebijać kalką. Dla słabo piszących osób wypełnia ktoś inny; za treść jednak odpowiada zgłoszony. Podpis i odcisk palca należy przyprawić dopiero przy oddaniu blankietu meldunkowego.

Zeznania fałszywe podlegają karze, jak również nieoddanie wypełnionego zgłoszenia!

Niniejszy dowód należy zawsze posiadać przy sobie.

Stadt Zychlin
9. Dez. 1943
2 Reichsmark Verwaltungs-Gebühr

Der Amtskommissar als Ortspolizeibehörde

Abbildung 36
Anmeldebestätigung für im Reichsgau Wartheland lebende Polen. Dieses Exemplar wurde für Janina Kapes (* 1928) von der Polizeibehörde der Stadt Zichlin (Żychlin) im Kreis Kutno am 9. Dezember 1943 ausgestellt. Als Beruf ist „Arbeiterin" angegeben. Laut dem Stempel der Nebenstelle Zichlin des Arbeitsamtes Kutno vom 15. März 1944 (rechts) hatte ihr Arbeitsbuch die Nummer 12665.
© Privatbesitz von Tadeusz Staszewski

V. Nachwort

Claus Leggewie

Die Nachtseite Europas

Für eine europäische Migrationsgeschichte – und was ihre Bearbeitung verhindert

Die Deportation und Zwangsarbeit von Millionen ausländischer Arbeiter aus den von der Wehrmacht besetzten Gebieten Europas inner- und außerhalb des Deutschen Reichs während des Zweiten Weltkrieges gehört zu jenen Kapiteln der Migrationsgeschichte, die am wenigsten in die kollektive Erinnerung der Deutschen eingeschrieben wurden und später als andere NS-Verbrechen zu einer materiellen Wiedergutmachung geführt haben. Ausgelöst durch Klagen ehemaliger Zwangsarbeiter in den USA gegen deutsche Unternehmen, die sie einst beschäftigt hatten, brachten Steuerzahler und Wirtschaft eher widerstrebend je zur Hälfte rund fünf Milliarden Euro auf, die bis Juni 2007 an gut anderthalb Millionen Zwangsarbeiter oder deren Erben ausgezahlt wurden.

Warum diese Verspätung und Missachtung? Woher rührt generell die Schwierigkeit, sich der erzwungenen oder auch freiwilligen Einwanderung nach Deutschland zu erinnern? Sicher wird man hier fehlende Quellen und methodische Probleme einer Geschichtsforschung anführen können,[1] die Migration im Übrigen nicht gerade zu einem karrierefördernden Thema für Historiker gemacht hat. Aber tiefer zu liegen scheinen mir drei symbolische Dimensionen, die zugleich Eckpfeiler und Nachtseiten der kollektiven Identität Europas darstellen: die industrielle Arbeitsdisziplin, die Angst vor „Nomaden", also nichtsesshafter Bevölkerung, und weißer Rassismus.

Arbeit als Zwang

Das Kapitel Zwangsarbeit hat besonders große Berührungsangst und Abwehr hervorgerufen, und das auf beiden Seiten. Der zentrale Grund im postnazistischen Deutschland dürfte gewesen sein, dass Zwangsarbeit ein öffentliches Ver-

1 Vgl. aber jetzt Enzyklopädie Migration in Europa. Vom 17. Jahrhundert bis zur Gegenwart. Hrsg. von Klaus Bade u. a., Paderborn 2008.

brechen war, das der Staat organisierte und das die Volksgemeinschaft bereitwillig unterstützte, weil damit – in einer langen und unseligen Tradition – vermeintlich Arbeitsscheue zur Besserung gebracht wurden. Die Stiftung „Erinnerung, Verantwortung und Zukunft“ (EVZ) arbeitet die Umstände dieser Geschichte mittlerweile auf und macht sie einem breiteren Publikum bekannt. Weniger geläufig ist das spiegelbildliche Tabu auf der anderen Seite: Ein großer Teil der Zwangsarbeiter stammte aus dem Gebiet der damaligen Sowjetunion, wo seit Ende des Krieges Überlebende der Deportation regelmäßig in „Filtrationslagern“ landeten; sie wurden (wie sowjetische Kriegsgefangene) als „Verräter“ stigmatisiert und endeten nicht selten im Gulag, einem Eckpfeiler des sowjetkommunistischen Unterdrückungssystems.

Dieses System beruhte bereits vor 1941 auf systematischer Zwangsarbeit in den Lagern des „Archipel Gulag“, in die Millionen sogenannter Klassenfeinde und Angehörige missliebiger ethnischer und religiöser Minderheiten deportiert wurden. Zwangsarbeit war ein Eckstein der forcierten Industrialisierung unter Lenin und Stalin; im und nach dem Zweiten Weltkrieg wurden dann Hunderttausende deutsche Kriegsgefangene und Zivilisten aus den von der Sowjetunion besetzten Gebieten nach Sibirien verschleppt. Ein großer Teil von ihnen kam durch Mangelernährung, Seuchen, Überanstrengung, Kälte und fehlende Hygiene in den Lagern und auf Transporten ums Leben.

Die Existenz der „Besserungsarbeitslager“, die schon Vorläufer im zaristischen Russland hatten, wurde offiziell verheimlicht, sie schwebte über den Bewohnern der Sowjetunion aber wie ein Damoklesschwert, das bei leichtesten Verfehlungen oder aufgrund einer Denunziation niedergehen konnte. Eine Debatte wurde erst durch oppositionelle Schriftsteller in der post-stalinistischen Tauwetterperiode und vor allem mit dem literarischen Werk Alexander Solschenizyns und durch die 1988 gegründete Menschenrechtsorganisation Memorial ausgelöst. Dokumentation, Ahndung und Aufarbeitung des Lagersystems sind bis heute unvollständig geblieben, der Opfermythos des Großen Vaterländischen Krieges lässt selbst Betroffene der stalinistischen Repression an dieser Tabuisierung teilhaben. Bezeichnend dafür ist das wohl einzige Gedenkmuseum für die Geschichte politischer Repressalien „Per’m-36“, das sich – im Vergleich zu Museen und Gedenkstätten über den Großen Vaterländischen Krieg, etwa das Moskauer Zentralmuseum des Großen Vaterländischen Krieges – in einem recht bescheidenen Zustand befindet.

Dass die Entschädigung der Opfer im großen Stil in Deutschland erst um 2000 begann (als das Gros der Betroffenen verstorben oder bereits sehr alt war) und dass ihnen in Russland weiterhin nicht einmal rhetorisch Gerechtigkeit zuteil geworden ist, dürfte an der unheilvollen Tradition der „Strafe durch Arbeit“ und am systemübergreifenden Vorherrschen dieses Prinzips in beiden totalitären Systemen zwischen 1930 und 1960 gelegen haben. Zwangsarbeit rührt aber auch an eine ältere Tiefenschicht der europäischen Arbeitsgesellschaft, die wesentlich mit Disziplin und Kontrolle zu tun hat und durch die Solidaritätsziele der Arbeiterbewegung niemals wirklich aufgebrochen worden ist.

Daran zu erinnern, ist gerade heute angebracht, wenn sich der Diskurs über Migration oftmals wieder auf Gesichtspunkte der Nützlichkeit (und eben ihrer Kehrseite der Unnützlichkeit) zu verengen droht. Die Geschichtsschreibung der „Gastarbeiter", die eher aus freien Stücken gekommen waren als die „Fremdarbeiter", aber eben auch nicht ganz zwanglos, wird von diesen Tabuisierungen überdeckt und verzerrt. Mit der Globalisierung der Arbeitsmärkte, auf denen Arbeitskraft in bisweilen sklavenähnlicher Weise ausgebeutet wird und für deren Entstehung drastische Notverhältnisse in den ärmsten Regionen und urbanen Agglomerationen konstitutiv sind, wurde diese Kollusion von freiwilliger und erzwungener Arbeit generalisiert.

Affiziert sind von diesem Tabu auch andere Schichten der Migrationsgeschichte: ungeliebte ethnische Minderheiten auf Wanderschaft wie die Roma und Sinti, Asylbewerber und Flüchtlinge, selbst die in der ersten bis vierten Generation sogenannten Arbeitsmigranten. An wenigen Orten Europas haben Migrationsmuseen die aus verschiedenen Motiven und Herkunftsregionen herrührende, stets zwischen Zwang und Freiwilligkeit changierende Völkerwanderung umfassend dokumentiert und gewürdigt – bis zu dem Punkt, dass man sich Migrationsmuseen heute eigentlich schon sparen kann, da ein Migrationshintergrund in vielen Ballungsgebieten Europas massenhafte Normalität bzw. eine Kommemoration gar nicht mehr in Spezialmuseen zu verbannen ist. Die genannten „Problemgruppen" (Probleme nicht, weil sie selbst problematisch seien, sondern weil sie der Anerkennung der Mehrheitsgesellschaft Probleme bereiten) lösen ähnliche Abwehrreaktionen aus wie die Zwangsarbeit, weil sie die Wahrnehmung Europas von sich selbst betreffen.

Erstes Fazit: Zwischen der Zwangsarbeit in autoritären Regimen vor 1918 bzw. totalitären Regimen des 20. Jahrhunderts und der freiwilligen Arbeitsmigration seit den sechziger Jahren bestehen mehr Verknüpfungen und Kontinuitäten, als es sich die öffentliche Meinung der liberalen Einwanderungsgesellschaften gemeinhin eingestehen möchte. Diesen Konnex bewusst zu machen, also die Effekte einer ungerechten Weltgesellschaft auf die deregulierten Arbeitsmärkte im globalen Norden, ist auch deswegen bedeutsam, weil der demografische Wandel dort zu einer verstärkten Nachfrage nach qualifizierter wie unqualifizierter Arbeitskraft führen wird. Gesichtspunkte der Nützlichkeit und Disziplin werden vor dem Hintergrund verbreiteter xenophobischer und rassistischer Einstellungen und Bewegungen eine große Rolle spielen. Zugleich führt die Transnationalisierung der Arbeitsmärkte vor dem Hintergrund zerrütteter und zerklüfteter Gesellschaften, aber auch ökologischer Probleme und Katastrophen im globalen Süden wahrscheinlich zu einem wachsenden Migrationsdruck.

Fahrendes Volk als Störfaktor

Europa ist auch nach 1945 nicht frei geblieben von Ethnisierung. Zuletzt haben in vielen Städten und Dörfern Osteuropas Bürgerinitiativen und Verwaltungen Zäune und Mauern gegen „Zigeunerviertel“ aufgerichtet. Nur so, meinten sie, könnten sie sich gegen Belästigungen und Diebstähle schützen, die der Volksgruppe der Roma notorisch zugeschrieben werden. In der Slowakei, wo diese immerhin ein Zehntel der Bevölkerung ausmachen, entstehen „Zigeuner-Gettos“; zwanzig Jahre nach Öffnung des Eisernen Vorhangs wurden neue Mauern gezogen, das heißt: innerhalb Europas gegen ein europäisches Volk. Ähnliches geschah und geschieht in Tschechien, Rumänien, Bulgarien und Ungarn, wo die Roma systematischer Diskriminierung und Verelendung ausgesetzt sind. Für die Roma war das Ende der sozialistischen Ökonomie insofern ein Unglück, als sie überwiegend in der staatlich regulierten Landwirtschaft tätig gewesen waren, mit deren Privatisierung arbeitslos wurden und vom Land in die „Zigeunerviertel“ (*mahala*) kleinerer und größerer Städte abwanderten.

Auch im Westen Europas, wo die meisten Roma und Sinti seit Jahrhunderten sesshaft sind, blieben und bleiben „Zigeuner“ ein Stein des Anstoßes. Immer wieder kommt es zu Konflikten mit Anrainern und der Polizei, werden wilde oder auch genehmigte Lager kontrolliert und geräumt. Eskaliert ist die Lage vor allem in Italien und jüngst in Frankreich, wo die Regierung im Sommer 2010 „Zigeunerlager“ gezielt auflösen ließ und dafür einen schweren Konflikt mit der EU-Kommission riskierte. Es gibt nur wenige Staaten der EU, in denen Roma und Sinti ebenso unauffällig wie unbehelligt leben können, auch wenn sie EU-Bürger und, wie der französische Fall zeigt, als solche schwer auszuweisen sind.

Ihre periphere Rolle nehmen sie weniger herkunftsbezogen ein als ob ihres marginalen Status inmitten der europäischen Gesellschaft, deren spezielle Mobilität sie eigentlich perfekt verkörpern. Das verweist zurück auf die uralte Spaltung zwischen Bauern (in Romanes: Gadzo) und Nomaden. In Agrargesellschaften waren nomadische und halb-nomadische Gemeinschaften häufig gefürchtet, „fahrend Volk“ passte nicht in kollektive Identitätsmuster, die mit ethnischer Verwurzelung und Bindung an Grund und Boden konnotiert waren. Es ist zu vermuten, dass sich dieses Wahrnehmungsmuster in postagrarischen Gesellschaften tradiert hat, obwohl (oder weil?) diese Gesellschaften ihrerseits neue nomadische, nun auch transnationale Existenzen hergebracht haben, nämlich Transitarbeitnehmer in den ganz schlecht und ganz hoch bezahlten Segmenten des Arbeitsmarktes.

Auch dass sich Roma und Sinti in patriarchalen Familienclans organisieren, dass sie in „Kumpaneien" wirtschaften und bestimmten Reinhaltungsritualen folgen, wird häufig mit Unverständnis und Intoleranz bedacht. In der Zigeuner-Folklore gelten Roma und Sinti als exotisch und anomisch, als schwer anpassungsfähig und tendenziell gefährlich, selbst in der freundlicheren Sicht auf Virtuosen der „Zigeunermusik", Flamencotänze und „Zigeunerwallfahrten" (wie jährlich in Saintes-Maries-de-la-Mer in der Camargue) bleiben Ausnahmestellung und Geringschätzung bestehen. Ähnlich wie bei den jüdischen Minderheiten in Europa wurden Mobilitätsbeschränkungen bzw. Migrationszwänge, die durch Obrigkeiten und Mehrheiten auferlegt waren, aggressiv gegen die Leidtragenden selbst gerichtet – ungeachtet der seit Jahrzehnten belegbaren Tatsache, dass Roma in ihrer überwältigenden Mehrheit sesshaft sind und der Anteil der effektiv „reisenden Roma" stetig zurückgegangen ist.

Zweites Fazit: Auch wenn das Gros der Roma und Sinti die Staatsangehörigkeit des jeweiligen Landes bzw. legale Aufenthaltsdokumente besitzt, ist der vereinzelte Status der Staatenlosigkeit metaphorisch zu nehmen. Die Roma und Sinti sind *die* Paria-Gruppe und Rechtlosen der europäischen Gesellschaft, die in Reputationsskalen ganz weit hinten rangieren. Es stünde der Europäischen Union gut an, wenn sie die vereinzelten Bemühungen, eine nachhaltige Inklusion und Integration im Respekt der kulturellen Besonderheiten zu garantieren, intensivieren würde. Dies dient nicht nur dem Schutz der betroffenen Minderheiten, sondern auch der Erhaltung der Freizügigkeit im Schengen-Raum, die unter dem vermeintlichen Migrationsdruck, zur Bekämpfung von Terrorismus und im Blick auf rechtspopulistische Parteien, zunehmend infrage gestellt wird.

„Illegale" als Störenfriede

Das führt zu einer letzten tabuisierten Gruppe, den sogenannten Illegalen, womit pauschal jene Einwanderer bezeichnet werden, die gegen Gesetze ihres Ziellandes verstoßen, sei es durch das Fehlen, die Fälschung oder das Auslaufen gültiger Aufenthaltsdokumente. Zum Straftatbestand des Verstoßes gegen die Aufenthaltsgesetze kommen oftmals Schwarzarbeit und Steuerhinterziehung. Ungeachtet dessen kann man in den meisten reichen Industrieländern beobachten, dass nicht-registrierte Personen ohne Aufenthaltsstatus und Arbeitsgenehmigung von

Arbeitgebern herangezogen und beschäftigt werden, oftmals in einer an Sklaverei grenzenden Art und Weise. In besonderem Maße gilt dies für Prostituierte. Naturgemäß ist die genaue Zahl dieser Personen auf dem Gebiet der Europäischen Union unbekannt, doch nach realistischen Schätzungen halten sich mehrere Millionen nicht-dokumentierter bzw. registrierter Personen in Europa auf. Die Gründe für ihre Migration sind Armut, Arbeitssuche, Bürgerkriege, politische Verfolgung und ökologische Faktoren, darunter wohl verstärkt die Auswirkungen des Klimawandels in Küstenregionen und Trockengebieten. Da die Europäische Union (genau wie die USA) hohe Mauern der Kontrolle und Abwehr gegen illegale Grenzübertritte aufgerichtet hat, sind Flüchtlinge auf professionelle Hilfe, also auf Schleuser und Menschenhändler, angewiesen.

Mit dieser Gruppe schließt sich der Kreis zur europäischen Kolonialgeschichte. Denn ein guter Teil der „Illegalen" bzw. nicht-registrierten oder „irregulären" Einwanderer entstammt Afrika südlich der Sahara und anderen exkolonialen Regionen des Südens; sie entfliehen unter oftmals katastrophalen Begleitumständen ökonomischem Elend, Bürgerkriegswirren, politischer Tyrannei und nicht zuletzt einer grassierenden Umwelt- und Klimakrise. Embleme dieser Flucht, die oft über Tausende von Kilometern zu Fuß, auf überladenen Lkw, in unbelüfteten Containern und auf untauglichen Booten in die europäischen Enklaven Afrikas und an die Strände Europas führt, sind weder „Gastarbeiter" noch Thilo Sarrazins „Kopftuchmädchen". Es sind vielmehr die Gestrandeten, die von den Küstenwachen aufgebracht, in Internierungslager abgeführt und nach Möglichkeit in die Heimatländer zurückexpediert werden. Das Mittelmeer ist in den vergangenen Jahrzehnten zu einem Massengrab für Bootsflüchtlinge geworden. Dazu haben europäische Regierungen über Jahrzehnte hinweg einen schändlichen Deal mit arabischen Potentaten und Kleptokraten aufrechterhalten, die 2011 von der Demokratiebewegung hinweggefegt worden sind. Bisher hat die Mittelmeerpolitik der Europäischen Union noch nicht die notwendige Konsequenz gezogen: ein liberaleres Migrationsregime.

Europa hat versucht, gegen den „Wanderungsdruck" an seiner Süd- und Ostgrenze Dämme aufzurichten und sich zur Festung auszubauen, aber gerade solche Metaphern und Bilder befestigen die populistische Rede von der Immigrantenflut, die eine humanitäre Katastrophe kaschieren soll.[2] Der Löwenanteil der globalen Flüchtlings- und Migrationsbewegungen geht dabei an Europa vorbei, die meisten Flüchtlinge verbleiben in den ärmsten Regionen des Südens. Nach

2 Petra Mayrhofer, „Festung Europa"? Grenzikonografien im europäischen Raum, in: Benjamin Drechsel u. a., Bilder von Europa. Innen- und Außenansichten von der Antike bis zur Gegenwart, Bielefeld 2000, S. 307–320.

seriösen Schätzungen sind maximal 1,5 Prozent der europäischen Bevölkerung „Illegale“, die meisten davon haben nicht die Odyssee der *Boat People* hinter sich, sondern es mithilfe von Schleppern und gefälschten Papieren als Touristen nach Europa geschafft, wo sie weiterhin als Arbeitskräfte hochwillkommen sind und schamlos ausgebeutet werden.

Drittes Fazit: Staaten und Staatengemeinschaften wie die Europäische Union haben gewiss das Recht, Wanderungsbewegungen an ihren Grenzen zu registrieren und zu kontrollieren. Dieses Bemühen bricht sich aber an den Gegebenheiten des sozio-ökonomischen Gefälles zwischen reicher OECD-Welt und „dem Rest“ und verträgt sich schlecht mit einer Transnationalisierung, die auf der einen Seite Freizügigkeit für Waren und Kapital sowie eine den globalen Wirtschafts- und Finanztransaktionen bzw. Touristenströmen dienende Beweglichkeit postuliert, andererseits aber die Schotten dichtmacht vor den Kehrseiten dieser Globalisierung. Die Steuerungs- und Kontrollmöglichkeiten der damit nur noch semi-souveränen Staaten sind geschrumpft, und in den reichen Gesellschaften empören sich soziale und politische Bewegungen zunehmend über den moralischen Skandal eines strikten Grenzregimes, das xenophobe Strömungen mit umso drastischerer Rhetorik fordern.

Genau deswegen haben wir es hier mit einer dritten Tabu-Gruppe zu tun, die auf geradezu perfekte Weise eine Transnationalisierung (und Diaspora) symbolisiert, der den Sicherheit und Wohlstand verbürgenden Container der Nation sprengt und die Risiken ungeschützter Existenz vor Augen führt.

Konklusion

Im Licht dieser hier nur grob skizzierten Wanderungsdimensionen wird die Migration von einem scheinbar peripheren zu einem ganz zentralen Gebiet im europäischen Erinnerungsraum. Die reichen Länder gieren aus ökonomischen Gründen nach (hoch-)qualifizierter Arbeitskraft aus dem globalen Süden, zugleich schotten sie sich auf sicherheitspolitischen Erwägungen und aus kultureller Überfremdungsangst ab. Dieser eklatante Widerspruch belastet jede Aufarbeitung und Würdigung der europäischen Migrationsgeschichte. Hypothetisch hatte ich eingangs drei symbolische Dimensionen benannt, die dafür verantwortlich sein könnten und die zugleich Eckpfeiler und Nachtseiten der kollektiven Identität Europas darstellen: die industrielle Arbeitsdisziplin, die Angst vor nicht-sesshafter Bevölkerung und weißen Rassismus.

Eine spezielle Form der ethnischen Segregation im Migrationskontext sei zuletzt erwähnt: Die Schwierigkeit der Re-Integration ex-kolonialer Bevölkerungen macht sich auch dort bemerkbar, wo die Angehörigen der ethnischen Majorität und ihre kolonialen Unterstützer betroffen sind. Das Beispiel dafür sind die *pieds-noirs* genannten französischen (und anderen mediterranen Regionen stammenden) *Colons* (Siedler), die sich im 1830 Kolonie gewordenen Algerien angesiedelt und dort eine dominante, in sich geschichtete Parallelgesellschaft gebildet hatten. Von den sie umgebenden Arabern und Muslimen hatten sie sich einerseits stark abgegrenzt, zum Teil auch von den im Maghreb lebenden Juden, andererseits sich diesen Gruppen linguistisch und kulturell auch angenähert und teilweise assimiliert, sodass sie von den Festlandsfranzosen nicht als gleichwertig anerkannt wurden. Das zeigte sich spätestens, als sie im chaotisch verlaufenen Dekolonisierungsprozess Algerien verlassen und sich meistens im Süden Frankreichs und in den großen Städten zu integrieren versuchten. Das ist, trotz der staatlichen Unterstützung, nur schwer und über eine lange Dauer gelungen, und noch schwieriger war die Aufnahme der *harkis* genannten ehemaligen Hilfstruppen, die auf der Seite Frankreichs gegen ihre algerischen Landsleute gekämpft hatten.

Es wird Zeit, diese Anerkennungs- und Entschädigungsbarrieren durch eine rationale und zugleich generöse Einwanderungspolitik aufzuheben. Darüber hinaus ist es aus dieser historischen Erfahrung angebracht, alle aktuellen Formen von Zwangsarbeit, Nomadendiskriminierung und rassische bzw. religiöse Diskriminierung zu ächten und international unter Strafe zu stellen.

VI. Anhang

Stiftung „Erinnerung, Verantwortung und Zukunft“: Statistik der Auszahlungen an ehemalige Zwangsarbeiter und deren Rechtsnachfolger

Länderübersicht[1]

Die Stiftung EVZ wurde im Jahr 2000 gegründet, vor allem um Zahlungen an ehemalige Zwangsarbeiter zu leisten.[2] 2007 wurden die Auszahlungsprogramme abgeschlossen.

Die folgende Übersicht gibt die Verteilung der ausgezahlten Summen auf die einzelnen Partnerorganisationen[3] sowie die Anzahl der Leistungsempfänger[4] wieder:

1 Quelle: Gemeinsame Verantwortung und moralische Pflicht. Abschlussbericht zu den Auszahlungsprogrammen der Stiftung „Erinnerung, Verantwortung und Zukunft“, hrsg. von Michael Jansen und Günter Saathoff, Göttingen 2007, S. 215. Diese Zahlen beinhalten nicht Leistungen für andere Schadenskategorien nach dem EVZStiftG (Vermögensschäden, sonstige Personenschäden u. a.).

2 Hinweis: Nach dem EVZ-Stiftungsgesetz gab es nicht nur Leistungen an ehemalige Zwangsarbeiter, sondern auch an andere Gruppen von NS-Opfern, z. B. wegen Vermögensschäden und anderen Personenschäden. Die diesbezüglichen Zahlen sind hier nicht aufgeführt, aber in den genannten beiden Publikationen erläutert.

3 Die Bearbeitung der Anträge im Auszahlungsprogramm zugunsten ehemaliger Zwangsarbeiter erfolgte nicht durch die Stiftung EVZ selbst, sondern durch ihre internationalen Partnerorganisationen: Neben diesen für einzelne Länder zuständigen Organisationen (Stiftung „Polnisch-Deutsche Aussöhnung“, Ukrainische Nationale Stiftung „Verständigung und Aussöhnung“ beim Ministerkabinett der Ukraine, Staatliche Stiftung der Russischen Föderation „Verständigung und Aussöhnung“, Belarussische Stiftung „Verständigung und Aussöhnung“, Deutsch-Tschechischer Zukunftsfonds) gehörten hierzu die Jewish Claims Conference (JCC) sowie die International Organization for Migration (IOM).

4 Es handelt sich hier um gerundete Zahlen. Die ausführlichen Zahlen sind dargestellt in: Unterrichtung durch die Bundesregierung: Sechster und abschließender Bericht der Bundesregierung über den Abschluss der Auszahlungen und die Zusammenarbeit der Stiftung „Erinnerung, Verantwortung und Zukunft“ mit den Partnerorganisationen. Drucksache 16/9963.

Partnerorganisation	Anzahl der Leistungsempfänger	Auszahlungssumme
Belarus; hiervon – Belarus – Estland	129 000 120 000 9000	345 Mio. 325 Mio. 21 Mio.
International Organization for Migration (IOM)	90 000	386 Mio.
Jewish Claims Conference (JCC)	159 000	1,149 Mio.
Polen	484 000	979 Mio.
Russland: hiervon – Russland – Lettland – Litauen – GUS-Staaten	256 000 228 000 13 000 12 000 3000	426 Mio. 380 Mio. 23 Mio. 18 Mio. 5 Mio.
Tschechien	76 000	210 Mio.
Ukraine	471 000	867 Mio.
Gesamt	**1 665 000**	**4,4 Mrd.**

Ausgewählte Literatur zur Zwangsarbeit im deutsch beherrschten Europa[1]

Adam, Alfons: „Die Arbeiterfrage soll mit Hilfe von KZ-Häftlingen gelöst werden“: Zwangsarbeit in KZ-Außenlagern auf dem Gebiet der heutigen Tschechischen Republik, Berlin 2013.

Angrick, Andrej/Klein, Peter: Die „Endlösung“ in Riga. Ausbeutung und Vernichtung 1941–1944, Darmstadt 2006.

Angrick, Andrej: Annihilation and Labor. Jews and Thoroughfare IV in Central Ukraine, in: The Shoah in Ukraine. Hrsg. von Ray Brandon/Wendy Lower, Bloomington 2008, S. 190–223.

Arbeit in den nationalsozialistischen Ghettos. Hrsg. von Jürgen Hensel/Stephan Lehnstaedt, Osnabrück 2013.

Arbeitskräfte als Kriegsbeute. Der Fall Ost- und Südosteuropa 1939–1945. Hrsg. von Karsten Linne/Florian Dierl, Berlin 2011.

Baka, Igor: Židovský tábor v Novákoch 1941–1944, Bratislava 2001.

Begović, Sima: Logor Banjica, Beograd 1989.

Belorusskie ostarbajtery: Dokumenty i materialy. Ugon naselenija Belarusi na prinuditel'nye raboty v Germaniju 1941–1944. Hrsg. von G. D. Knat'ko u. a., 3 Bde., Minsk 1996–1998.

Bohunov, S.: Vykorystannja praci radjans'kych vijs'kovopolonenych u promyslovosti ta sil's'komu hospodarstvi pid čas nacysts'koï okupaciï Ukraïny, in: Z archiviv VUČK–HPU–NKVD–KHB 2004, Nr. 22/23, S. 326–340.

Braslauskas, Justinas: Okupacinė darbo prievolių politika Lietuvoje metais, in: Lietuvos istorijos studijos (2005) 15, S. 38–59.

Broszat, Martin: Die jüdischen Arbeitskompanien in Ungarn, in: Gutachten des Instituts für Zeitgeschichte, Bd. 1, München 1958, S. 200–214.

Browning, Christopher R.: Jüdische Arbeitskräfte in Polen. Existenzkampf, Ausbeutung, Vernichtung, in: ders., Judenmord. NS-Politik, Zwangsarbeit und das Verhalten der Täter, Frankfurt am Main 2001, S. 93–137.

Browning, Christopher R.: Nazi Germany's Initial Attempt to exploit Jewish Labor in the General Government. The Early Jewish Work Camps 1940–1941, in: Die Normalität des Verbrechens. Bilanz und Perspektiven zu den nationalsozialistischen Gewaltverbrechen. Hrsg. von Helge Grabitz u. a., Berlin 1994, S. 171–185.

1 Nur Titel zur Zwangsarbeit außerhalb des Altreichs und Österreichs; ohne Zwangsarbeit der KZ-Häftlinge und Kriegsgefangenen.

Browning, Christopher R.: Remembering Survival. Inside a Nazi Slave-Labor Camp, New York 2010.

Budraß, Lutz: „Arbeitskräfte können aus der reichlich vorhandenen jüdischen Bevölkerung gewonnen werden." Das Heinkel-Werk in Budzyn 1942–1944, in: Jahrbuch für Wirtschaftsgeschichte (2004) 1, S. 41–64.

Dalhovs'kyj, A.: Prymusova pracja bilorus'kych robitnykiv u systemi vijs'kovoho i cyvil'noho upravlinnja na terytoriï okupovanoï Bilorusi u 1941–1944 rr., in: Schid-Zachid. Istoryko-kul'turolohičnyj zbirnyk (2008) 11–12, S. 180–197.

Denkiewicz-Szczepaniak, Emilia: Polska siła robocza w Organizacji Todta w Norwegii i Finlandii w latach 1941–1945, Toruń 1999.

Denkiewicz-Szczepaniak, Emilia: Polish workers from Reichsgau Danzig-Westpreußen (the Gdańsk-Western Prussia region) in Organisation Todt in Finland and Norway (1942–1945), in: Acta Poloniae historica 80 (1999), S. 117–142.

Die deutsche Wirtschaftspolitik in den besetzten sowjetischen Gebieten 1941–1943. Der Abschlußbericht des Wirtschaftsstabes Ost und Aufzeichnungen eines Angehörigen des Wirtschaftskommandos Kiew. Hrsg. von Rolf-Dieter Müller, Boppard a. Rh. 1991.

Dieckmann, Christoph: Deutsche Besatzungspolitik in Litauen 1941–1944, 2 Bde., Göttingen 2011.

Eggers, Christian: L'internement sous toutes ses formes. Approche d'une vue d'ensemble du système d'internement dans la zone de Vichy, in: Le Monde Juif 153 (1995), S. 7–75.

Eikel, Markus: „Weil die Menschen fehlen." Die deutschen Zwangsarbeitsrekrutierungen und -deportationen in den besetzten Gebieten der Ukraine 1941–1944, in: Zeitschrift für Geschichtswissenschaft 53 (2005), S. 405–433.

Eksploatacja siły roboczej i grabież ziem polskich przez Wehrmacht w końcowym okresie II wojny światowej. Hrsg. von Eugeniusz Kozłowski/Piotr Matusak, Poznań 1986.

Erez, Zvi: Jews for copper. Jewish-Hungarian labor service companies in Bor, in: Yad Vashem Studies 28 (2000), S. 244–286.

Evrejski rabotni grupi v trudova povinnost 1941–1945 g. Tematičen katalog po dokumenti na Direkcija „Državen voennoistoričeski archiv". Hrsg. von Veselka Dimova/Diana Vačeva/Marianka Ruseva, Sofija 2008.

Farmer, Sarah B.: Out of the Picture. Foreign Labor in Wartime France, in: France at War. Vichy and the Historians. Hrsg. von Sarah Fishman, New York 2000, S. 249–260.

Fedorovič, Tomáš: Die Gemeinde Schönwald und ihre unfreiwilligen Einwohner, in: Theresienstädter Studien und Dokumente 2001, Prag 2002, S. 269–286.

Fegyvertelen álltak az aknamezőkön. Dokumentumok a munkaszolgálat történetéhez Magyarországon. Hrsg. von Elek Karsai, 2 Bde., Budapest 1962.

Forced Labor and Slave Labor in Nazi-Dominated Europe. Symposium Presentations. Hrsg. von Peter Hayes u. a., Washington 2004.

Frauen-Arbeitslager Mährisch Weißwasser 1944/45. Zwangsarbeit für Telefunken – Eine Überlebensstation auf dem Weg von Auschwitz nach Palästina mit der Exodus. Erinnerungen, Daten, Bilder und Dokumente. Hrsg. von Klaus Christian Kasper, Bonn-Oberkassel 2002.

Gerlach, Christian: Kalkulierte Morde. Die deutsche Wirtschafts- und Vernichtungspolitik in Weißrussland, Hamburg 1999.

Gicewicz, Ryszard: Obóz pracy w Poniatowej (1941–1943), in: Zeszyty Majdanka 10 (1980), S. 88–104.

Godfroid, Anne: A qui profite l'exploitation des travailleurs forcés juifs de Belgique dans le Nord de la France ? Modalités de paiement et de rétrocession, in: Cahiers d'Histoire du Temps Présent/Bijdragen tot de Eigentijdse Geschiedenis (2002) 10, S. 107–128.

Grabitz, Helge/Scheffler, Wolfgang: Letzte Spuren: Ghetto Warschau, SS-Arbeitslager Trawniki, Aktion Erntefest. Fotos und Dokumente über Opfer des Endlösungswahns im Spiegel der historischen Ereignisse, Berlin 1988.

Gruner, Wolf: Jewish Forced Labor Under the Nazis. Economic Needs and Racial Aims, 1938–1944, New York 2006.

Gruszka, Zbigniew: Tabliczki z Dynamit AG vorm. Alfred Nobel & Co Bromberg, Bydgoszcz 2000.

Guttermann, Bella: Jews in the Service of Organisation Todt in the Occupied Soviet Territories, October 1941 – March 1942, in: Yad Vashem Studies 29 (2001), S. 65–107.

Handbuch der Lager, Gefängnisse und Ghettos auf dem besetzten Territorium der Ukraine (1941–1944). Bearb. von M. G. Dubyk, Kyïv 2000.

Haupt, Mathias Georg: Der „Arbeitseinsatz" der belgischen Bevölkerung während des Zweiten Weltkriegs, Diss. phil. Univ. Bonn 1970.

Hembera, Melanie: Ermittlungsakten aufgeschlagen. Aufklärung und Strafverfolgung von NS-Verbrechen an den Häftlingen des jüdischen Zwangsarbeitslagers Pustków, in: Mitteilungen aus dem Bundesarchiv 16 (2008), S. 83–93.

Herbert, Ulrich: Fremdarbeiter. Politik und Praxis des „Ausländer-Einsatzes" in der Kriegswirtschaft des Dritten Reiches, Berlin 1985.

Hlavinka, Ján/Nižňanský, Eduard: Pracovný a koncentračný tábor v Seredi 1941–1945, Bratislava 2009.

Hodžić, Sanela/Schölzel, Christian: Zwangsarbeit und der „Unabhängige Staat Kroatien" 1941–1945, Berlin [im Druck, 2013].

Hoffenberg, Sam H./Girard, Patrick: Le camp de Poniatowa. La liquidation des derniers Juifs de Varsovie, Paris 1988.

Hoffman, Jaroslav: Ženské pracovni sily v textilním průmyslu Sudetské župy, in: Historie okupovaného pohraničí 1938–1945, díl 3. Hrsg. von Zdeněk Radvanovský, Ústí nad Labem 1999, S. 29–75.

Holyš, H. M.: U vyri vijny. Stanovyšče nepovnolitnich hromadjan Ukraïny w 1941–1945 rr., Čerkasy 2005.

Hoppe, Jens: Zwangsarbeit von Juden in Bulgarien während des Zweiten Weltkriegs. Die jüdischen Arbeitsbataillone 1941–1944, in: Südostforschungen 63/64 (2004/05), S. 331–338.

Hopmann, Barbara u. a.: Zwangsarbeit bei Daimler-Benz, Stuttgart 1994.

Im Totaleinsatz. Zwangsarbeit der tschechischen Bevölkerung für das Dritte Reich. Hrsg. von Martin Horak/Christine Glauning, Prag 2008.

Iratok a kisegítő munkaszolgálat, a zsidóüldözés történetéhez. Hrsg. von Gabor Vero, Budapest 2002.

Irmer, Thomas: Zwangsarbeit für die deutsche Elektroindustrie im besetzten Polen. Die „Allgemeine Elektrizitäts-Gesellschaft" (AEG) und das Kabelwerk Krakau 1941–1944, in: Rüstung, Kriegswirtschaft und Zwangsarbeit im „Dritten Reich". Hrsg. von Andreas Heusler/Mark Spoerer/Helmuth Trischler, München 2010, S. 87–105.

Janczewska, Marta: Obozy pracy przymusowej dla Żydów na terenie dystryktu warszawskiego, in: Prowincja noc. Życie i zagłada Żydów w dystrykcie warszawskim. Hrsg. von Barbara Engelking/Jacek Leociak/Dariusz Libionka, Warszawa 2007, S. 271–320.

Janjetović, Zoran: U skladu sa nastalom potrebom … prinudni rad u okupiranoj Srbiji 1941–1944, Beograd 2012.

Kaczanowski, Longin: Hitlerowskie fabryki śmierci na Kielecczyźnie, Warszawa 1984.

Kaienburg, Hermann: Die Wirtschaft der SS, Berlin 2003.

Kaienburg, Hermann: Jüdische Arbeitslager an der „Straße der SS", in: 1999. Zeitschrift für Sozialgeschichte des 20. und 21. Jahrhunderts 11 (1996), S. 13–39.

Karay, Felicja: Death Comes in Yellow. Skarzysko-Kamienna Slave Labor Camp, Amsterdam 1997.

Karlsch, Rainer: Ein vergessenes Großunternehmen. Die Geschichte der Karpaten Öl AG, in: Jahrbuch für Wirtschaftsgeschichte (2004) 1, S. 95–138.

Kavena, Jiří: Sonderlager pro židovské míšence v Bystřici u Benešova, in: Terezínské listy (2000) 28, S. 51–59.

Kényszermunka, erőltetett menet, tömeghalál: Túlélő bori munkaszolgálatosok visszaemlékezései, 1943–44. Hrsg. von Szabolcs Szita/Anna Szele/Gyorgy Szele, Budapest 2004.

Kizima, Sergey A.: Forced labour of Jews in the territory of the Generalbezirk Weißruthenien, in: Rüstung, Kriegswirtschaft und Zwangsarbeit im „Dritten Reich". Hrsg. von Andreas Heusler/Mark Spoerer/Helmuth Trischler, München 2010, S. 253–262.

Kocourková, Květoslava: Nucené pracovní nasazení Poláků, ostarbeiterů a válečných zajatců v říšské župě Sudety, in: Museli pracovat pro Říši. Nucené pracovní nasazení českého obyvatelstva v letech 2. světové války. Hrsg. von Jana Havlíková u. a., Praha 2004, S. 113–122.

Kocourková, Květoslava: Postavení cizích pracovných sil, in: Sudety pod hákovým křížem. Hrsg. von Václav Kural/Zdeněk Radvanovský, Praha 2002, S. 250–286.

Konieczny, Alfred: Die Zwangsarbeit der Juden in Schlesien im Rahmen der „Organisation Schmelt", in: Sozialpolitik und Judenvernichtung: Gibt es eine Ökonomie der Endlösung? Hrsg. von Götz Aly/Susanne Heim/Miroslav Kárný, Berlin 1987, S. 91–110.

Konieczny, Alfred: Żydowski obóz pracy przymusowej w Jeleniowie z lat 1943–1944 (ZAL Gellenau), in: Studia nad faszyzmem i zbrodniami hitlerowskimi 22 (1999), S. 411–426.

Kotarba, Ryszard: Niemiecki obóz w Płaszowie 1942–1945, Warszawa, Kraków 2009.

Kowalski, Tadeusz: Obozy hitlerowskie w Polsce południowo-wschodniej 1939–1945, Warszawa 1973.

Kunicka-Wyrzykowska, Magdalena: Kalendarium obozu płaszowskiego 1942–1945, in: Biuletyn Głównej Komisji Badania Zbrodni Hitlerowskich w Polsce 31 (1982), S. 52–86.

Kyïv u dni nacysts'koï navaly za dokumentamy radjans'kych specslužb. Hrsg. von T. V. Vrons'ka u. a., Kyïv/L'viv 2003.

Laube, Stefan: Technik, Arbeit und Zerstörung. Die Organisation Todt in Prag (1944–1945), in: Bohemia 40 (1999), S. 387–416.

Lehnstaedt, Stephan: Coercion and Incentive. Jewish Ghetto Labor in East Upper Silesia, in: Holocaust and Genocide Studies 24 (2010), S. 400–430.

Lehnstaedt, Stephan: Die deutsche Arbeitsverwaltung im Generalgouvernement und die Juden, in: Vierteljahrshefte für Zeitgeschichte 60 (2012), S. 409–442.

Lehnstaedt, Stephan: Jewish Labor in the Smaller Ghettos in the Warthegau Region, in: Yad Vashem Studies 38/2 (2010), S. 47–84.

Lemmes, Fabian: Arbeiten für das Reich. Die Organisation Todt in Frankreich und Italien, 1940–1945, Diss. Phil., Europäisches Hochschulinstitut Florenz, 2009.

Lemmes, Fabian: Les conditions de travail dans les entreprises françaises du bâtiment et des travaux publics enrôlées dans l'Organisation Todt, in: Le Travail dans les entreprises sous l'Occupation. Hrsg. von Christian Chevandier/Jean-Claude Dau-mas, Besançon 2007, S. 216–233.

Lemmes, Fabian: Zwangsarbeit im besetzten Europa. Die Organisation Todt in Frankreich und Italien, 1940–1945, in: Rüstung, Kriegswirtschaft und Zwangsarbeit im „Dritten Reich". Hrsg. von Andreas Heusler/Mark Spoerer/Helmuth Trischler, München 2010, S. 219–252.

Les forçats espagnols des G. T. E. de la Corrèze, 1940–1944. Hrsg. von Paul Estrade u. a., Treignac 2004.

Linne, Karsten/Janjetovic, Zoran/Dierl, Florian: Pflicht, Zwang und Gewalt. Arbeitsverwaltungen und Arbeitskräftepolitik im deutsch besetzten Polen und Serbien 1939–1944, Essen 2013.

Linne, Karsten: Baumwollanbau im Zweiten Weltkrieg. Eine „Einsatzfirma" in Südrussland, in: Zeitschrift für Unternehmensgeschichte 48 (2003), S. 196–214.

Loboda, Maryna: Arbeitskräfte in der ukrainischen Schwerindustrie während der NS-Besatzung und in der Zeit des Wiederaufbaus (1941–1950)/Trudovi resursy u važkij promyslovosti Ukraïny pid čas nacysts'koï okupaciï ta u vidbudovnyj period (1941–1950), Kyïv 2011.

Logori, zatvori i prisilni rad u Hrvatskoj/Jugoslaviji 1941.–1945., 1945.–1951. Hrsg. vom Hrvatski institut za povijest, Zagreb 2010.

Łuczak, Czesław: Praca przymusowa Polaków w Trzeciej Rzeszy i na okupowanych przez nią terytoriach innych państw (1939–1945), Poznań 2001.

La main d'œuvre française exploitée par le IIIe Reich. Hrsg. von Bernard Garnier/Jean Quellien, Caen 2003.

Marszałek, Józef: Obozy pracy w Generalnym Gubernatorstwie w latach 1939–1945, Lublin 1998.

Mędykowski, Witold W.: Obóz pracy dla Żydów w Trawnikach, in: Erntefest 3–4 listopada 1943 – zapomniany epizod Zagłady. Hrsg. von W. Lenarczyk/D. Libionka, Lublin 2009, S. 183–210.

Micković, Evica/Radojčić, Milena: Logor Banjica – logoraši 1941–1944, 2 Bde., Beograd 2009.

Młynarczyk, Jacek Andrzej: Judenmord in Zentralpolen. Der Distrikt Radom im Generalgouvernement 1939–1945, Darmstadt 2007.

Museli pracovat pro Říši. Nucené pracovní nasazení českého obyvatelstva v letech 2. světové války. Doprovodná publikace k výstavě pořádané Státním ústředním archivem v Praze, Ústavem pro soudobé dějiny AV ČR a Kanceláří pro oběti nacismu ČNFB. Hrsg. von Jana Havlíková u. a., Praha 2004.

„Nepřichází-li práce k tobě …/Kommt die Arbeit nicht zu Dir …“: Různé podoby nucené práce ve studiích a dokumentech/Verschiedene Formen der Zwangsarbeit in Studien und Dokumenten, Hrsg. vom Kolektiv pracovníků kanceláře pro oběti nacismu/Autorenkollektiv des Büros für Opfer des Nationalsozialismus, Praha 2003.

Die „Neuordnung“ Europas. NS-Wirtschaftspolitik in den besetzten Gebieten. Hrsg. von Richard J. Overy/Gerhard Otto/Johannes Houwink ten Cate, Berlin 1997.

Obozy hitlerowskie na ziemiach polskich 1939–1945. Informator encyklopedyczny. Hrsg. von Czesław Pilichowski, Warszawa 1979.

Obozy pracy przymusowej na Górnym Śląsku. Red. Andrzej Topol, Katowice 1994.

Oosthoek, Albert: De Rotterdamse arbeidsinzet, 1940–1945, Soesterberg 2009.

Der Ort des Terrors. Geschichte der nationalsozialistischen Konzentrationslager, Bd. 9: Arbeitserziehungslager, Ghettos, Jungendschutzlager, Polizeihaftlager, Sonderlager, Zigeunerlager, Zwangsarbeitslager. Hrsg. von Wolfgang Benz/Barbara Distel, München 2009.

Ottosen, Kristian: Arbeits- und Konzentrationslager in Norwegen 1940–45, in: Neutralität und totalitäre Aggression. Nordeuropa und die Großmächte im Zweiten Weltkrieg. Hrsg. von Robert Bohn u. a., Stuttgart 1991, S. 355–368.

Pajić, Tomislav: Prinudni rad i otpor u logorima Borskog rudnika 1941–1945, Beograd 1989.

Penter, Tanja: Zwangsarbeit – Arbeit für den Feind. Der Donbass unter deutscher Okkupation (1941–1943), in: Geschichte und Gesellschaft 31 (2005), S. 68–100.

Penter, Tanja: Arbeiten für den Feind in der Heimat. Der Arbeitseinsatz in der besetzten Ukraine 1941–1944, in: Jahrbuch für Wirtschaftsgeschichte (2004) 1, S. 65–94.

Penter, Tanja: Kohle für Stalin und Hitler. Arbeiten und Leben im Donbass 1929 bis 1953, Essen 2010.

Peršen, Mirko: Ustaški logori. 2. Aufl., Zagreb 1990.

Peschanski, Denis: La France des camps. L'internement 1938–1946, Paris 2002.

Piątkowski, Sebastian: Żydowscy robotnicy przymusowi w radomskiej fabryce obuwia „Bata“ (1941–1943), in: Kwartalnik historii Żydów (2008) 3, S. 322–333.

Piętrzykowski, Jan: Łowy na ludzi. Arbeitsamt w Częstochowie, Katowice 1968.

Piper, Franciszek: Das Nebenlager Blechhammer, in: Hefte von Auschwitz 10 (1967), S. 19–39.

Piquet, Nathalie: Charbon – Travail forcé – Collaboration. Der nordfranzösische und belgische Bergbau unter deutscher Besatzung 1940 bis 1944, Essen 2008.

Pohl, Dieter: Die großen Zwangsarbeitslager der SS- und Polizeiführer für Juden im Generalgouvernement 1942–1945, in: Die nationalsozialistischen Konzentrationslager – Entwicklung und Struktur. Hrsg. von Ulrich Herbert/Karin Orth/Christoph Dieckmann, Göttingen 1998, S. 415–438.

Polian, Pavel: Soviet and Russian historiography on the issues of forced labor during World War II, in: Revisiting the National Socialist Legacy. Coming to Terms with Forced Labor, Expropriation, Compensation and Restitution. Hrsg. von Oliver Rathkolb, New Brunswick u. a. 2004, S. 100–112.

Poljan, Pavel: Žertvy dvuch diktatur. Žizn', trud, uniženie i smert' sovetskich voennoplennych i ostarbajterov na čužbine i na rodine, 2. erw. Aufl., Moskva 2002.

Potargent, Piet L.: La mise au travail de la main-d'œuvre belge dans le pays et à l'étranger durant l'occupation, Bruxelles 1947.

Potyl'čak, Oleksandr: Trudovi resursy cyvil'noho naselennja Ukraïny i systema prymusovoï praci v časy nimec'koï okupaciï, in: Ukraïna u Druhij svitovij vijni. Pohljad z XXI stolittja: Istoryčni narysy, Bd. 2. Red. V. A. Smolij/H. V. Borjak/Ju. A. Levenec' u. a., Kyïv 2011, S. 92–126.

Potyl'čak, Oleksandr: Trudovi resursy radjans'kych vijs'kovopolonenych ta „ostarbajteriv" z Ukraïny u nacysts'kij vijs'kovij ekonomici v roky Druhoï svitovoï vijny, Kyïv 1998.

Potyl'čak, O. V.: Profesijne navčannja i pidhotovka trudovych rezerviv v Ukraïni v period nimec'ko-fašysts'koï okupaciï (1941–1944). Polityka i praktyka agresora, Kyïv 1998.

Prisoners of war and forced labour. Histories of war and occupation. Hrsg. von Marianne Neerland Soleim, Newcastle 2010.

Pszczółkowski, Michał: Betonowa tajemnica. Fabryki materiałów wybuchowych DAG (Dynamit Aktiengesellschaft), Bydgoszcz 2010.

Rajca, Czesław: Lubelska filia Niemieckich Zakładow Zbrojenowych, in: Zeszyty Majdanka 4 (1969), S. 237–299.

Raznjavolenaja Pamjac'. Prymusovaja praca belaruskich hramadzjan na akupavanaj terytorii Belarusi (1941–1944 gg.). Zbornik naukovych materyjalau. Hrsg. von A. M. Litvin, Minsk 2010.

Riedel, Dirk: Die SS-Inspektion z. b. V. in Norwegen. Nationalsozialistische Täter in den Gefangenenlagern für jugoslawische Partisanen, in: Krieg und Verbrechen. Situation und Intention: Fallbeispiele. Hrsg. von Timm C. Richter, München 2006, S. 111–122.

Ristović, Milan: Südosteuropa als Ergänzungsquelle für Arbeitskräfte der deutschen Kriegswirtschaft im Zweiten Weltkrieg, in: Schnittstellen. Gesellschaft,

Nation, Konflikt und Erinnerung in Südosteuropa. Festschrift für Holm Sundhaussen zum 65. Geburtstag. Hrsg. von Ulf Brunnbauer/Andreas Helmedach/Stefan Troebst, München 2007, S. 285–300.

Rodriguez Jimenez, Jose Luis: Los esclavos espanoles de Hitler, Barcelona 2002.

Roth, Karl Heinz/Abraham, Jan-Peter: Reemtsma auf der Krim. Tabakproduktion und Zwangsarbeit unter der deutschen Besatzungsherrschaft 1941–1944, Hamburg 2011.

Rutar, Sabine: Arbeit und Überleben in Jugoslawien. Regionale Bergbaugesellschaften im Zweiten Weltkrieg, Essen 2011.

Rutar, Sabine: Arbeit und Überleben in Serbien. Das Kupfererzbergwerk Bor im Zweiten Weltkrieg, in: Geschichte und Gesellschaft 31 (2005), S. 101–134.

Rutar, Sabine: Employment of Labour in Wartime Serbia: Social History and the Politics of Amnesia, in: Serbia and the Serbs in World War Two. Hrsg. von Sabrina P. Ramet/Ola Listhaug, Basingstoke 2011, S. 44–69.

Saidel, Rochelle G.: Mielec, Poland. The shtetl that became a Nazi concentration camp, Jerusalem 2012.

Sandkühler, Thomas: Das Zwangsarbeitslager Lemberg-Janowska, 1941–1944, in: Die nationalsozialistischen Konzentrationslager – Entwicklung und Struktur. Hrsg. von Ulrich Herbert/Karin Orth/Christoph Dieckmann, Göttingen 1998, S. 606–635.

Savegnago, Paolo: L'ombra della Todt sulla provincia di Vicenza, novembre 1943–aprile 1945. Appunti e primi risultati della ricerca, Sommacampagna 2008.

Schulte, Jan-Erik: Zwangsarbeit und Vernichtung. Das Wirtschaftsimperium der SS – Oswald Pohl und das SS-Wirtschafts-Verwaltungshauptamt 1933–1945, Paderborn 2001.

Seeber, Eva: Zwangsarbeiter in der faschistischen Kriegswirtschaft. Die Deportation und Ausbeutung polnischer Bürger unter besonderer Berücksichtigung der Lage der Arbeiter aus dem sogenannten Generalgouvernement (1939–1945), Berlin 1964.

Seidel, Robert: Deutsche Besatzungspolitik in Polen. Der Distrikt Radom 1939–1945, Paderborn u. a. 2006.

Selleslagh, Frans: L'emploi de la main d'œuvre belge sous l'occupation, Bruxelles 1972.

Skarsten, Atle/Stokke, Michael: Blod og tårer. Historien om sovjetiske krigsfanger og sivile tvangsarbeidere i Rogaland 1941–1945, Sandnes 2010.

Spazzali, Roberto: Sotto la Todt. Affari, Servizio obbligatorio del lavoro, deportazioni nella zona d'operazioni „Litorale adriatico", 1943–1945, 2. Aufl., Gorizia 1998.

Spoerer, Mark: Der Faktor Arbeit in den besetzten Ostgebieten im Widerstreit ökonomischer und ideologischer Interessen, in: Mitteilungen der Gemeinsamen Kommission für die Erforschung der jüngeren Geschichte der deutsch-russischen Beziehungen 2 (2006), S. 68–93.

Spoerer, Mark: Zwangsarbeit unterm Hakenkreuz. Ausländische Zivilarbeiter, Kriegsgefangene und Häftlinge im Deutschen Reich und im besetzten Europa 1939–1945, Stuttgart 2001.

Spravočnik o mestach prinuditel'nogo soderžanija graždanskogo naselenija na okkupirovannoj territorii Belarusi 1941–1944. Hrsg. von V. I. Adamuško u. a., Minsk 2001.

Szita, Szabolcs: Haláleről. A munkaszolgálat és a hadimunka történetéhez 1944–1945, Budapest 1989.

Szurgacz, Herbert: Przymusowe zatrudnienie Polaków przez hitlerowskiego okupanta w latach 1939–1945. Studium prawno-polityczne, Wrocław 1971.

Terry, Nicholas Myles: The German Army Group Centre and the Soviet Civil Population 1942–1944. Forced Labour, Hunger and Population Displacement on the Eastern Front, Diss. phil. King's College London 2005.

Travailler dans les entreprises sous l'Occupation. Actes du Ve Colloque du GDR du CNRS „Les entreprises francaises sous l'Occupation", tenu à Dijon, les 8–9 juin 2006 et à Besancon, les 12–13 oct. 2006. Hrsg. von Christian Chevandier/Jean-Claude Daumas, Besancon 2007.

Trous de mémoire. Prisonniers de guerre et travailleurs forcés d'Europe de l'Est, 1941–1945, en Moselle annexée. Hrsg. von Christine Leclercq, Metz 2011.

Verzeichnis der Haftstätten unter dem Reichsführer-SS (1933–1945). Hrsg. vom International Tracing System, Arolsen 1948.

Vestermanis, Margers: Das SS-Seelager Dondagen. Ein Modell für die geplante nazistische „Neuordnung Europas", in: Militärgeschichte (1986) 2, S. 145–146.

The Wartime System of Labor Service in Hungary. Varieties of Experiences. Hrsg. von Randolph L. Braham, New York 1995.

Weiss-Wendt, Anton: The business of survival. Baltic Oil Ltd. and the Jewish forced-labor camps in Estonia, in: Yad Vashem Studies 36 (2008) 2, S. 45–71.

Wenzel, Mario: Ausbeutung und Vernichtung. Zwangsarbeiterlager für Juden im Distrikt Krakau, in: Dachauer Hefte 23 (2007), S. 189–207.

Wenzel, Mario: Zwangsarbeitslager für Juden in den besetzten polnischen und sowjetischen Gebieten, in: Der Ort des Terrors, Bd. 9. Hrsg. von Wolfgang Benz/Barbara Distel, München 2009, S. 125–154.

Wierzejewski, Alexander: Niewolnicza praca dzieci i młodzieży w tzw. Kraju Warty, 1939–1945, Poznań 1975.

Willmot, Louise: The goodness of strangers. Help to escaped Russian slave labourers in occupied Jersey, 1942–1945, in: Contemporary European History 11 (2002), S. 211–227.

Witkowski, Józef: Hitlerowski obóz koncentracyjny dla małoletnich w Łodzi, Wrocław 1975.

Wixforth, Harald/Bähr, Johannes: Die Expansion im besetzten Europa, in: Der Flick-Konzern im Dritten Reich. Hrsg. von Johannes Bähr u. a., München 2008, S. 379–470.

Wróblewski, Mścisław: Służba Budowlana (Baudienst) w Generalnym Gubernatorstwie, 1940–1945, Warszawa 1984.

Zabierowski, Stanisław: Pustków. Hitlerowskie obozy wyniszczenia w służbie poligonu SS, Rzeszów 1981.

Zabierowski, Stanisław: Szebnie. Dzieje obozów hitlerowskich, Rzeszów 1985.

Zatezalo, Đuro: Jadovno, 2 Bde., Beograd 2007.

Zemanová, Pavla: Die Theresienstädter Außenkommandos, in: Theresienstädter Studien und Dokumente 2001, Prag 2002, S. 75–105.

Ziółkowska, Anna: Obozy pracy przymusowej dla Żydów w Wielkopolsce w latach okupacji hitlerowskiej (1941–1943), Poznań 2005.

Zwangsarbeit im Bergwerk. Der Arbeitseinsatz im Kohlenbergbau des Deutschen Reiches und der besetzten Gebiete im Ersten und Zweiten Weltkrieg. Hrsg. von Klaus Tenfelde/Hans-Christoph Seidel, 2 Bde., Essen 2005.

Zwangsarbeit im Europa des 20. Jahrhunderts. Bewältigung und vergleichende Aspekte. Hrsg. von Hans-Christoph Seidel/Klaus Tenfelde, Essen 2007.

Zwangsarbeit. Die Deutschen, die Zwangsarbeiter und der Krieg. Hrsg. von Volkhard Knigge/Rikola-Gunnar Lüttgenau/Jens-Christian Wagner, Weimar 2010.

Zwangsarbeit, Todesmarsch, Massenmord. Erinnerungen überlebender ungarischer Zwangsarbeiter des Kupferbergwerks Bor in Jugoslawien 1943–1944. Hrsg. von István Kádár, Konstanz 2007.

Žydų darbo stovykla HKP: 1943–1944: dokumentai. The H. K. P. Jewish Labor Camp, 1943–1944. Red. Dalija Epšteinaitė/Svetlana Šatalova/Nijolė Kvaraciejūtė, Vilnius 2002.

Nachkriegsfolgen

Arzamaskin, Ju. N.: Založniki Vtoroj mirovoj vojny. Repatriacija sovetskich graždan v 1944–1953 gg., Moskva 2001.

Barcz, Jan/Jałowiecki, Bartosz/Kranz, Jerzy: Między pamięcią a odpowiedzialnością. Rokowania w latach 1998–2000 w sprawie świadczeń za pracę przymusową, Warszawa 2004.

Boeckh, Katrin: Stalinismus in der Ukraine. Die Rekonstruktion des sowjetischen Systems nach dem Zweiten Weltkrieg, Wiesbaden 2007.

Boerma, A.: Ex-dwangarbeiders in hun jaren daarna als VDN-lid, Apeldoorn 2001.

Bonwetsch, Bernd: Sowjetische Zwangsarbeiter vor und nach 1945. Ein doppelter Leidensweg, in: Jahrbücher für Geschichte Osteuropas 41 (1993), S. 532–546.

Buc'ko, O. V.: „S vozvraščen'icem". Sud'ba ukrainskich graždan, repatriirovannych na Rodinu, in: Storinky vojennoï istoriï Ukraïny 2 (1998), S. 148–162.

Cochet, François: Les exclus de la victoire. Histoire des prisonniers de guerre, déportés et S. T. O (1945–1985), Paris 1992.

Coudry, Georges: Le rapatriement des ressortissants soviétiques de 1945 à 1947. Avatars de la réciprocité, in: Guerres mondiales et conflits contemporains 45 (1995), S. 119–140.

Coudry, Georges: Les camps soviétiques en France. Les „Russes" livrés à Staline en 1945, Paris 1997.

De verplichte tewerkstelling in Duitsland 1942–1945. Actes du symposium tenu à Bruxelles les 6 et 7 octobre 1992, Bruxelles 1993.

Die Sprache der Opfer. Briefzeugnisse aus Russland und der Ukraine zur Zwangsarbeit als Quelle der Geschichtsschreibung. Hrsg. von Gisela Schwarze, Essen 2005.

Gestwa, Klaus: „Es lebe Stalin". Sowjetische Zwangsarbeiter nach Ende des Zweiten Weltkrieges. Das Beispiel der Stadt Hamm in Westfalen, in: Geschichte in Wissenschaft und Unterricht 44 (1993), S. 71–86.

Ghettorenten. Entschädigungspolitik, Rechtsprechung und historische Forschung. Hrsg. von Jürgen Zarusky, München 2010.

Goeken-Haidl, Ulrike: Der Weg zurück. Die Repatriierung sowjetischer Kriegsgefangener und Zwangsarbeiter während und nach dem Zweiten Weltkrieg, Essen 2006.

Goeken-Haidl, Ulrike: Repatriierung in den Terror? Die Rückkehr der sowjetischen Zwangsarbeiter und Kriegsgefangenen in ihre Heimat 1944–1956, in: Dachauer Hefte 16 (2000), S. 190–209.

Grenzen der Wiedergutmachung. Die Entschädigung für NS-Verfolgte in West- und Osteuropa 1945–2000. Hrsg. von Hans Günter Hockerts/Claudia Moisel/Tobias Winstel, Göttingen 2006.

Halčak, S. D.: Na usbičči suspil'stva. Dolja ukraïns'kych „ostarbajteriv" (Podillja, 1942–2007), Vinnycja 2009.

Hitlers Sklaven. Lebensgeschichtliche Analysen zur Zwangsarbeit im internationalen Vergleich. Internationales lebensgeschichtliches Dokumentationsprojekt zur Sklaven- und Zwangsarbeit. Hrsg. von Alexander von Plato/Almut Leh/Christoph Thonfeld, Wien u. a. 2008.

Hrinčenko [Grinchenko], H.: Miž vyzvolennjam i vyznannjam. Prymusova pracja v nacysts'kij Nimeččyni v polityci pam'jati SRSR i FRN časiv „cholodnoï vijny", Charkiv 2010.

Hrinčenko [Grinchenko], H.: Usna istorija prymusu do praci. Metod, konteksty, teksty, Charkiv 2012.

Kiew – München – Kiew. Schicksale ukrainischer Zwangsarbeiter. Hrsg. von Constanze Werner, München 2000.

Koval's'kyj, M./Čencov, V.: Polynovyj prysmak čužyny. Dokumenty pro dolju meškanciv Dnipropetrovščyny, deportovanych hitlerivcjamy na prymusovi roboty v Nimeččynu, in: Z archiviv VUČK, HPU, NKVD, KHB (1995) 1/2, S. 60–68.

Koval's'kyj, M./Čencov, V.: „Fil'tracijni spravy" – nevidome džerelo deržavnych archiviv, in: Archivy Ukraïny (1993) 1–3, S. 35–44.

Kunyc'kyj, M. P.: Prymusova repatriacija radjans'kych hromadjan do SRSR pislja Druhoï svitovoï vijny (ukraïns'kyj vektor), Luc'k 2007.

Lagrou, Pieter: De terugkeer van de weggevoerde arbeiders in België en Nederland, 1945–1955. Myten en taboes rond de verplichte tewerkstelling, in: De verplichte tewerkstelling in Duitsland, 1942–1945/Le travail obligatoire en Allemagne, 1942–1945, Bruxelles 1993, S. 191–241.

Lagrou, Pieter: The legacy of Nazi occupation. Patriotic memory and national recovery in Western Europe, 1945–1965, Cambridge u. a. 2000.

Lalieu, Olivier: La déportation fragmentée. Les Anciens déportés parlent de politique, Paris 1994.

Ludi, Regula: The Vectors of Postwar Victim Reparations. Relief, Redress and Memory Politics, in: Journal of Contemporary History 41 (2006), S. 421–450.

Mythen der Nationen. 1945 – Arena der Erinnerungen. Katalog zur Ausstellung im Deutschen Historischen Museum Berlin, 2 Bde. Hrsg. von Monika Flacke, Mainz 2004.

Pastuschenko, Tetjana: „Das Niederlassen von Repatriierten in Kiew ist verboten". Die Lage von ehemaligen Zwangsarbeiter/innen und Kriegsgefangenen in der Ukraine nach dem Krieg/V'ïzd repatriantiv do Kyjeva zaboronenyj: Povojenne žyttja kolyšnich ostarbajteriv ta vijs'kovopolonenych v Ukraïni, Kyïv 2011.

Pastušenko, T. V.: Ostarbajtery s Kyïvščyny. Verbuvannja, prymusova pracja, repatriacija (1942–1953), Kyïv 2009.

Pastušenko, T. V.: Spadok vijny. Polityko-pravove stanovyšče repatriantiv u povojennomu radjans'komu suspil'stvi, in: Ukraïns'kyj istoryčnyj žurnal (2010) 3, S. 110–127.

Piersma, Hinke: Bevochten recht. Politieke besluitvorming rond de wetten voor oorlogsslachtoffers, Amsterdam 2010.

Plaßwilm, Regina: Grenzen des Erzählbaren. Erinnerungsdiskurse von NS-Zwangsarbeiterinnen und Zwangsarbeitern in Ost- und Westeuropa, Essen 2011.

Poljan, Pavel M./Zajončkovskaja, Žanna A.: Ostarbeiter in Deutschland und daheim. Ergebnisse einer Fragebogenanalyse, in: Jahrbücher für Geschichte Osteuropas 41 (1993), S. 547–561.

Postma, Feiko Hendrik: De repatriëring van Sovjetonderdanen uit Nederland 1944–1956. Mythe en waarheid, Amsterdam 2003.

„Prošu vas mene ne sabuvaty". Usni istoriï ukraïns'kych ostarbajteriv. Red. H. Hrinčenko [Grinchenko], bearb. von I. Jastreb/T. Pastušenko u. a., Charkiv 2009.

Randelzhofer, Albrecht/Dörr, Oliver: Entschädigung für Zwangsarbeit? Zum Problem individueller Entschädigungsansprüche von ausländischen Zwangsarbeitern während des Zweiten Weltkrieges gegen die Bundesrepublik Deutschland, Berlin 1994.

Roždestvenskaja, E.: Biografičeskaja rabota po vozvraščeniju smysla. Istorija žizni ostarbajterov, in: U pošukach vlasnoho holosu. Usna istorija jak teorija, metod ta džerelo, Red. H. Hrinčenko [G. Grinchenko]/N. Chanenko-Friezen, Charkiv 2010, S. 25–38.

Spina, Raphael: Hüterin der Erinnerung an die Zwangsarbeit in Deutschland. Die „Fédération Nationale des Déportés du Travail" seit 1945, in: Rüstung, Kriegswirtschaft und Zwangsarbeit im „Dritten Reich". Hrsg. von Andreas Heusler/Mark Spoerer/Helmuth Trischler, München 2010, S. 315–344.

Sula, Dorota: Działalność przesiedleńczo-repatriacyjna Państwowego Urzędu Repatriacyjnego w latach 1944–1951, Lublin 2002.

Vaculík, Jaroslav: Post-war repatriation of Czechoslovak displaced persons, in: Historica 11 (2004), S. 117–140.

Vertlickaja, E. V.: Repatrianty w Sverdlovskoj oblasti v 1944 – načale 1950 gg., Ekaterinburg 2004.

Voisin, Vanessa: L'épuration de guerre en URSS, à partir de l'exemple de la région de Kalinine, 1941–1953, Diss. Phil. Univ. Paris I 2011.

Voisin, Vanessa: Retribute or reintegrate? The ambiguity of Soviet policies towards repatriates: The case of Kalinin province, 1943–1950, in: Jahrbücher für Geschichte Osteuropas 55 (2007), S. 34–55.

Vrons'ka, T. V.: Režymno-obmežuval'ni zachody orhaniv na vyzvolenij terytorii Ukraïny pid čas Velykoï Vitčyznjanoï vijny ta v perši povojenni roky, in: Storinky vojennoï istoriï Ukraïny: Zbirnyk naukovych statej, Vyp. 1. Red. Valerij A. Smolij, Kyïv 1997, S. 125–142.

Weiner, Amir: Making Sense of War. The Second World War and the Fate of the Bolshevik Revolution, Princeton 2001.

Wolikow, Serge: Les combats de la mémoire. La FNDIRP de 1945 à nos jours, Paris 2006.

Zemskov, V.: Repatriacija peremeščennych sovetskich graždan, in: Vojna i obščestvo, 1941–1945, Bd. 2, Moskva 2004, S. 331–358.

Zniewoleni (niewolnicza praca w zbrodniczej III Rzeszy). XX lat Stowarzyszenia Polaków Poszkodowanych przez III Rzeszę w Częstochowskiem (1987–2007). Hrsg. von Zbigniew Gradzielski/Józef Sowa, Częstochowa 2007.

Die Autorinnen und Autoren

Dr. Viorel Achim, geb. 1961, Senior Researcher am Institut für Geschichte „Nicolae Iorga" in Bukarest, Rumänien. Studium an der Universität Bukarest, Promotion an der Rumänische Akademie („Academia Română"). 2003–2004 Mitglied der internationalen Kommission über den Holocaust in Rumänien. Forschungsschwerpunkte: Geschichte der Roma in Rumänien und Südosteuropa, Bevölkerungspolitik in Rumänien während des Zweiten Weltkrieges, politische und konfessionelle Beziehungen in Südosteuropa vom 13. bis zum 15. Jahrhundert.

Dr. Alfons Adam, geb. 1973, freier Mitarbeiter des Institut Terezínské iniciativy (Institut Theresienstädter Initiative) in Prag, Tschechische Republik. Studium der Geschichte und Politikwissenschaft an den Universitäten Bamberg und Potsdam. 2008 Promotion an der Heinrich-Heine-Universität in Düsseldorf zum Thema: „Die Deutschen in der Prager Gesellschaft 1918–1938". Forschungsschwerpunkte: Zwangsarbeit im Sudetengau und im Protektorat Böhmen und Mähren, Prager Stadtgeschichte, Geschichte der Deutschen in den böhmischen Ländern.

Prof. Dr. Robert Bohn, geb. 1952, Professor für Mittlere und Neuere Geschichte am Institut für Geschichte und ihre Didaktik sowie Direktor des Instituts für schleswig-holsteinische Zeit- und Regionalgeschichte (IZRG) der Universität Flensburg. Studium der Mittleren und Neueren Geschichte, Osteuropäischen Geschichte, Kunstgeschichte und Nordistik an den Universitäten Kiel, Brno und Uppsala. Forschungsschwerpunkte: Regionale Zeitgeschichte unter besonderer Berücksichtigung des Zeitalters der Weltkriege, Geschichte Nordeuropas und des Ostseeraumes, Seefahrtsgeschichte.

Dr. Maryna Dubyk, geb. 1970, wissenschaftliche Mitarbeiterin des Instituts für die Geschichte der Ukraine der Nationalen Akademie der Wissenschaften in Kiew, Ukraine. Studium an der Taras-Ševčenko-Universität in Kiew. 1997 Promotion am Hruševs'kyj-Institut für Ukrainische Archäografie und Quellenkunde der Nationalen Akademie der Wissenschaften zum Thema: „Das Archivwesen in der besetzten Ukraine (1941–1944)". Forschungsschwerpunkte: das nationalsozialistische Besatzungsregime in der Ukraine, Wirtschaft und Alltagsgeschichte während der Besatzungszeit, deutsche Geschichtsschreibung über den Zweiten Weltkrieg.

Prof. Dr. Dariusz Galasiński, geb. 1964, Professor für Diskurs- und Kulturwissenschaften an der Universität Wolverhampton, Großbritannien. Leiter des Forschungsprojekts „Zwangsarbeit von Kindern im besetzten Polen". Studium der Linguistik an der Jagiellonen-Universität Krakau, Polen. Forschungsschwerpunkte: Diskursanalyse und Identitätsbildung unter psychischer Belastung.

Prof. Dr. Gelinada Grinchenko, geb. 1971, Professorin am Lehrstuhl für Ukrainekunde an der Philosophischen Fakultät der Nationalen Karamzin-Universität in Charkiv, Ukraine. Studium an der Staatsuniversität Charkiv. 2011 Doktor-Dissertation zum Thema „Ukrainische Ostarbeiter im Zwangsarbeitssystem des Dritten Reiches: Probleme des historischen Gedächtnisses" am Institut für ukrainische Geschichte der Nationalen Akademie der Wissenschaften in Kiew. Forschungsschwerpunkte: Oral History, Memory Studies, Alltagsgeschichte.

Prof. Dr. Ulrich Herbert, geb. 1951, Professor für Neuere und Neueste Geschichte an der Albert-Ludwigs-Universität Freiburg. Leiter der School of History des Freiburg Institute for Advanced Studies (FRIAS). Promotion über „Fremdarbeiter" im „Dritten Reich". Forschungsschwerpunkte: Geschichte des Nationalsozialismus, Migrationsgeschichte im 20. Jahrhundert, Geschichte der Bundesrepublik.

Dr. Olga Kozłowska, geb. 1978, wissenschaftliche Mitarbeiterin am Zentrum für Gesundheits- und Sozialfürsorgeentwicklung (Centre for Health and Social Care Improvement, School of Health and Wellbeing) der Universität Wolverhampton, Großbritannien. Psychologiestudium an der Universität in Opole, Polen. 2010 Promotion zum Thema „Die erlebte Erfahrung von Wirtschaftsmigranten in den Narrativen von Zuwanderern aus dem post-kommunistischen Polen nach Großbritannien" an der Universität Wolverhampton. 2008–2010 Mitarbeit im Forschungsprojekt „Zwangsarbeit von Kindern im besetzten Polen". Forschungsschwerpunkte: Psychologisches Wohlbefinden von Migranten, ethnische Minderheiten und das Gesundheits- und Sozialwesen, Diskurs- und Erzählanalyse.

Prof. Dr. Claus Leggewie, geb. 1950, Professor für Politikwissenschaft, Direktor des Kulturwissenschaftlichen Instituts Essen (KWI) und des Käte-Hamburger-Kollegs „Global Cooperation Research" an der Universität Duisburg-Essen. Forschungsschwerpunkte unter anderem: Europäische Erinnerungskonflikte und Geschichtspolitiken, Erinnerungskultur.

Jun. Prof. Dr. Fabian Lemmes, geb. 1975, Juniorprofessor für Europäische Geschichte an der Ruhr-Universität Bochum. Studium der Geschichtswissenschaft, Französischen Kulturwissenschaft und Interkulturellen Kommunikation und Sozialpsychologie in Saarbrücken und Paris. 2009 Promotion am Europäischen Hochschulinstitut in Florenz zum Thema „Arbeiten für das Reich. Die Organisation Todt in Frankreich und Italien, 1940–1945“. Forschungsschwerpunkte: Politische Gewalt, Zwangsarbeit, Besatzungsforschung, Nationalsozialismus, Geschichte Frankreichs und Italiens im 19. und 20. Jahrhundert.

Dr. Karsten Linne, geb. 1961, wissenschaftlicher Mitarbeiter der Hamburger Stiftung zur Förderung von Wissenschaft und Kultur. Studium der Sozialwissenschaften an der Universität Göttingen, Promotion in Neuerer Geschichte an der Universität Bremen. Forschungsschwerpunkte: Geschichte des Nationalsozialismus, insbesondere der Wirtschafts-, Sozial- und Kolonialpolitik.

Dr. Ana Luleva, geb. 1961, Dozentin für Ethnologie der sozialistischen und postsozialistischen Gesellschaften des Instituts für Ethnologie und Folkloristik der Bulgarischen Akademie der Wissenschaften in Sofia, Bulgarien. Studium der Geschichte und Theorie der Kultur und Philosophie an der Universität in Sofia. 1997 Promotion im Fach Ethnografie an der Bulgarischen Akademie der Wissenschaften. Forschungsschwerpunkte: Erinnerungskulturen, politische Anthropologie, Geschlechterforschung.

Prof. Dr. Sjarhej Novikaŭ, geb. 1954, Leiter des Lehrstuhls für Vaterländische Geschichte und Weltkultur der Staatlichen Linguistischen Universität Minsk, Belarus. Studium und Promotion am Staatlichen Pädagogischen Gorki-Institut in Minsk. Forschungsschwerpunkte: Quellenkunde und Geschichtsschreibung der Geschichte Weißrusslands 1941–1945, Wirtschaftspolitik des nationalsozialistischen Deutschlands und Alltagsgeschichte in den Kriegsjahren auf dem Territorium Weißrusslands.

Dr. Tetiana Pastušenko, geb. 1972, wissenschaftliche Mitarbeiterin am Institut für Geschichte der Nationalen Akademie der Wissenschaften in Kiew, Ukraine. Studium der Geschichte der Ukraine an der Taras-Ševčenko-Universität Kiew. Forschungsschwerpunkte: Oral History, Geschichte der Ukraine im Zweiten Weltkrieg, Zwangsarbeit in NS-Deutschland, sowjetische KZ-Häftlinge und Kriegsgefangene.

PD Dr. Tanja Penter, geb. 1967, Vertretungsprofessur für Geschichte des 19. und 20. Jahrhunderts unter besonderer Berücksichtigung Mittel- und Osteuropas an der Helmut-Schmidt-Universität Hamburg. 2007 bis 2010 Koordinatorin des

Forschungsprojektes zur Geschichte der Stiftung „Erinnerung, Verantwortung und Zukunft“ (EVZ) und ihrer Partnerorganisationen am Lehrstuhl für Zeitgeschichte der Ruhr-Universität Bochum. Forschungsschwerpunkte: Diktaturvergleich Stalinismus – Nationalsozialismus, Besatzungserfahrung, Zwangsarbeit, Kollaboration und Holocaust in den besetzten sowjetischen Gebieten im Zweiten Weltkrieg und Kriegserinnerung im lokalen Gedächtnis.

Dr. hab. Nikita Petrov, geb. 1957, stellvertretender Ratsvorsitzender des Forschungs- und Aufklärungszentrums von „Memorial“, Russland. Studium am Chemisch-Technologischen Mendeleev-Institut Moskau. Doktor-Dissertation zum Thema „Stalin und die Organe des NKWD-Ministeriums für Staatssicherheit bei der Sowjetisierung der Länder Mittel- und Osteuropas 1945–1953“ an der Humanistischen Fakultät der Universität Amsterdam, Niederlande. Forschungsschwerpunkte: Geschichte der Organe für Staatssicherheit der UdSSR und der sowjetischen Repressionspolitik.

Dr. Petăr Petrov, geb. 1967, wissenschaftlicher Mitarbeiter am Institut für Ethnologie und Folkloristik der Bulgarischen Akademie der Wissenschaften in Sofia, Bulgarien. Studium der Germanistik und Ethnologie, Promotion zum Thema „Politische Instrumentalisierung von Festen in Bulgarien“. Arbeitsschwerpunkte: Sozialismusforschung, politische Ethnologie, kultureller Wandel in der neuesten Geschichte, Modernisierungsgeschichte, ethnische und nationale Identitäten und Stereotypen, Festkultur.

Dr. Tilman Plath, geb. 1978, wissenschaftlicher Mitarbeiter am Lehrstuhl für Osteuropäische Geschichte an der Ernst-Moritz-Arndt-Universität in Greifswald. Studium der Osteuropäischen Geschichte und Philosophie in Kiel und Riga. Promotion am Institut für schleswig-holsteinische Zeit- und Regionalgeschichte in Schleswig. 2010 Deutsch-Baltischer Studienpreis für die Arbeit „Die Arbeitseinsatzpolitik in Lettland 1941–1944 im Spiegel der Betroffenengruppen“. Forschungsschwerpunkt: Besatzungspolitik und Zwangsarbeit im Baltikum 1941–1944.

Prof. Dr. Elena Roždestvenskaja, geb. 1960, Professorin der soziologischen Fakultät an der Nationalen Forschungsuniversität „Vysšaja Škola Ėkonomiki“ (Wirtschaftshochschule) in Moskau, Russland. Studium an der Philosophischen Fakultät der Lettischen Staatsuniversität Riga. Promotion in Philosophie zum Thema „Methodologie der Wiederholungsstudien in der BRD“ am Institut für Soziologie der Russischen Akademie der Wissenschaften in Moskau. Forschungsschwerpunkte: Qualitative Soziologie, biografische Methode, Soziologie der Erinnerung, Gender-Soziologie.

Dr. Christian Schölzel, geb. 1964, freiberuflicher Historiker und Leiter des Unternehmens „Culture and more“ in Berlin. Studium der Geschichte in Hamburg und Berlin, Promotion in Leipzig zum Thema „Walther Rathenau – Eine Biografie“. Mitarbeit bei Ausstellungen des Deutschen Historischen Museums, der Gedenkstätten Sachsenhausen und Buchenwald sowie des Hauses der Bayerischen Geschichte. Forschungsschwerpunkt: deutsch-jüdische und osteuropäische Geschichte im 19. und 20. Jahrhundert.

Prof. Dr. Johannes-Dieter Steinert, geb. 1955, Professor für Modern European History and Migration Studies, University of Wolverhampton, Großbritannien. Studium der Geschichte und Germanistik an der Heinrich-Heine-Universität Düsseldorf. Forschungsschwerpunkte: Internationale Migration und Migrationspolitik, internationale humanitäre Hilfe, Holocaust und Zwangsarbeit.

Dr. Natal'ja Timofeeva, geb. 1953, Dozentin an der Russischen Juristischen Akademie und Leiterin des Regionalzentrums für Oral History der Staatlichen Pädagogischen Universität Voronež, Russland. Studium an der Martin-Luther-Universität in Halle-Wittenberg, anschließend Promotion zum Thema: „Die Liberal-demokratische Partei im System des ‚Antifaschistisch-demokratischen Blocks‘ in Ostdeutschland 1945–1949“. Forschungsschwerpunkte: Deutschland während der Vier-Mächte-Besatzung, sowjetisch-deutsche Beziehungen, Oral History, interkulturelle Kommunikation.

Mario Wenzel, geb. 1975, Doktorand am Zentrum für Antisemitismusforschung der Technischen Universität Berlin, mit einer Dissertation zu Zwangsarbeitslagern für Juden im Distrikt Krakau des Generalgouvernements 1939–1944. Studium der Neueren Geschichte, Erziehungswissenschaften und Soziologie an der Technischen Universität Berlin.

Zu den Herausgebern

Prof. Dr. Dieter Pohl, geb. 1964, Professor für Zeitgeschichte m. b. B. Ost- und Südosteuropas an der Alpen-Adria-Universität Klagenfurt, Österreich. Forschungsschwerpunkte: Nationalsozialistische Besatzung und Verbrechen, insbesondere in Osteuropa; Nachgeschichte der NS-Verbrechen; Geschichte kommunistischer Systeme; Geschichte Polens und der Ukraine im 20. Jahrhundert.

Dr. Tanja Sebta, geb. 1968, wissenschaftliche Mitarbeiterin am Hruševs'kyj-Institut für ukrainische Archäografie und Quellenkunde in Kiew, Ukraine. Geschichtsstudium an der Taras-Ševčenko-Universität in Kiew. Promotion zum Thema: „Die Archivquellen zu den von den Nazis während des Zweiten Weltkrieges abtransportierten ukrainischen Kulturgütern". Forschungsschwerpunkte: das Schicksal ukrainischer Kulturgüter während des Zweiten Weltkrieges, die deutsche Militär- und Zivilbesatzungsverwaltung in der Ukraine 1941–1944.

Lektorat:
Dr. Jörg Später, Jonas Wegerer

Übersetzungen:
Olga Horn (Art. v. Nikita Petrov, Elena Roždestvenskaja, Natal'ja Timofeeva)
Heike Mall (Art. v. Marina Dubyk, Sjarhej Novikaŭ)
Georg Felix Harsch (Art. v. Dariusz Galasiński/Olga Kozłowska/Johannes-Dieter Steinert)
Maja Levitina (Art. v. Tetiana Pastušenko, Gelinada Grinchenko)

Mitarbeit:
Eduard Luft, Judith Blum und Gesa Jaklin, Stiftung „Erinnerung, Verantwortung und Zukunft"

Abkürzungsverzeichnis

Abt.	Abteilung
ACS	Archivio Centrale dello Stato, Rom
AEL	Arbeits- und Erziehungslager
AIPN	Archiwum Instytutu Pamięci Narodowej
AJ	Arhiv Jugoslavije, Beograd
AJDC	American Joint Distribution Committee
Amt Ausl. Abw.	Amt Ausland/Abwehr im OKW
AN	Archives nationales, Paris
ANW	Akta niemieckich władz
AOK	Armeeoberkommando
APK	Archiwum Państwowe w Krakowie
APLu	Archiwum Państwowe w Lublinie
APP	Archiwum Państwowe w Przemyślu
APR	Archiwum Państwowe w Radomiu
APRz	Archiwum Państwowe w Rzeszowie
ASBUDO	Archiv Služby bezpeky Ukraïny u Donec'kij oblasti (Archiv des Sicherheitsdienstes der Ukraine im Gebiet Donec'k)
ASIU	Archiv Schidnoho instytutu ukraïnoznavstva (Archiv des Ostinstitutes für Ukrainekunde)
AŻIH	Archiwum Żydowskiego Instytutu Historycznego
BArch	Bundesarchiv
BArch-MA	Bundesarchiv, Abt. Militärarchiv
BBA	Bergbauarchiv Bochum
BdS	Befehlshaber der Sicherheitspolizei und des SD
BfdVP	Beauftragter für den Vierjahresplan
BHO	Berg- und Hüttenwerksgesellschaft Ost
BKP	Bulgarische Kommunistische Partei
CA FSB	Central'nyj archiv Federal'noj služby bezopasnosti
CDAHOU	Central'nyj deržavnyj archiv hromads'kych ob'jednan' Ukraïny
CDAVOU	Central'nyj deržavnyj archiv vyščych orhaniv vlady ta upravlinnja Ukraïny
C.F.R.T.	Rumänische Eisenbahn in Transnistrien
CNIE	Commission nationale interprofessionelle d'épuration

DADO	Deržavnyj archiv Donec'koï oblasti
DAKO	Deržavnyj archiv Kyïvs'koï oblasti
DAmK	Deržavnyj archiv mista Kyjeva
DAMO	Deržavnyj archiv Mykolaïvs'koï oblasti
DAOO	Deržavnyj archiv Odes'koï oblasti
DAW	Deutsche Ausrüstungswerke
DESt	Deutsche Erd- und Steinwerke GmbH
DP	Displaced Person
EAW	Eisenbahn-Ausbesserungswerk
EG	Einsatzgruppen
ERA	Eesti Riigiarhiiv
EVZ	Erinnerung, Verantwortung und Zukunft
F.	Fond
GARF	Gosudarstvennyj archiv Rossijskoj Federacii
GAVO	Gosudarstvennyj archiv Voronežskoj oblasti
GebK	Gebietskommissar
GK	Generalkommissar
GKW	Generalkommissar Weißruthenien
GKO	Gosudarstvennyj komitet oborony (Staatliches Verteidigungskomitee)
GUBB	Glavnoe upravlenie po bor'be s banditizmom (Hauptverwaltung für die Bekämpfung des Bandentums)
GUKR SMERŠ NKO	Glavnoe upravlenie kontrrazvedki SMERŠ Narodnogo komissariata oborony (Hauptverwaltung der Spionageabwehr SMERŠ des Volkskommissariats für Verteidigung)
GULAG	Glavnoe upravlenie lagerej
GUPVI	Glavnoe upravlenie po delam voennoplennych i internirovannych (Hauptverwaltung für Kriegsgefangene und internierte Personen)
HA	Hauptabteilung
HDA MVSU	Haluzevyj deržavnyj archiv Ministerstva vnutrišnich sprav Ukraïny
HDA SBU	Haluzevyj deržavnyj archiv Služby bezpeky Ukraïny
HED	Haupteisenbahndirektion
HeWiFü	Heeresgruppenwirtschaftsführer
HSSPF	Höherer SS- und Polizeiführer
IfZ	Institut für Zeitgeschichte
ITL	Ispravitel'no-trudovoj lager' (Besserungsarbeitslager)

JHI	Jüdisches Historisches Institut, Warschau
JSS	Jüdische Soziale Selbsthilfe
KGB	Komitet gosudarstvennoj bezopasnosti (Komitee für Staatssicherheit)
KH	Kreishauptmannschaft
KP(b)U	Komunistyčna partija bil'šovykiv Ukraïny (Kommunistische Partei der Ukraine, bolševiki)
KPdSU	Kommunistische Partei der Sowjetunion
KTB	Kriegstagebuch
KZ	Konzentrationslager
La	Landwirtschaft
LCVA	Lietuvos centrinis valstybės archyvas
LVVA	Latvijas valsts vēstures arhīvs
MBF	Militärbefehlshaber in Frankreich
MGB	Ministerstvo gosudarstvennoj bezopasnosti (Ministerium für die Staatssicherheit)
MiG	Militärbefehlshaber im Generalgouvernement
MK	Militärkommandantur
MOHP	Ministerstvo ochorony hromads'koho porjadku (Ministerium für die Sicherung der öffentlichen Ordnung)
MVD	Ministerstvo vnutrennich del (Innenministerium)
MVP NDH	Außenministerium des NDH
NA	National Archives College Park
NA	Národní archiv
NARB	Nacyjanal'ny archiu Rėspubliki Belarus'
NDH	Nezavisna Država Hrvatska
NKGB	Narodnyj komissariat gosudarstvennoj bezopasnosti (Volkskommissariat für Staatssicherheit)
NKO	Narodnyj komissariat oborony (Volkskommissariat für Verteidigung)
NKVD	Narodnyj komissariat vnutrennich del (Volkskommissariat für innere Angelegenheiten)
NSM	Německé státní ministerstvo pro Čechy a Moravu (Deutsches Staatsministerium für Böhmen und Mähren)
OBB	Otdel po bor'be s banditizmom (Abteilung für die Bekämpfung des Bandentums)
OFK	Oberfeldkommandantur
OKH	Oberkommando des Heeres
OKW	Oberkommando der Wehrmacht

Op.	Opis (Findbuch)
OQu	Oberquartiermeister
OT	Organisation Todt
OTZ	OT-Zentrale
PAA	Privatarchiv (Tetiana Pastušenko)
PB	Proces Bühlera
PFK	Proveročno-fil'tracionnaja komissija [der UNKVD] (Überprüfungs- und Filtrationskommission)
PFL	Proveročno-fil'tracionnyj lager (Überprüfungs- und Filtrationslager)
PFP	Proveročno-fil'tracionnyj punkt (Überprüfungs- und Filtrationsstelle) [des NKVD]
PRP	Prijomno-raspredelitel'nyj punkt (Aufnahme- und Verteilungspunkt)
RAD	Reichsarbeitsdienst
Rd.Erl.	Runderlass
RGAĖ	Rossijskij gosudarstvennyj archiv ėkonomiki
RGASPI	Rossijskij gosudarstvennyj archiv social'no-političeskoj istorii
RGBl.	Reichsgesetzblatt
RGVA	Rossijskij gosudarstvennyj voennyj archiv
RK	Reichskommissar
RKfO	Reichskommissar für das Ostland
RKO	Reichskommissariat Ostland
RKU	Reichskommissariat Ukraine
RMfdbO	Reichsminister für die besetzten Ostgebiete
ROA	Russkaja osvoboditel'naja armija (Russische Befreiungsarmee)
RSFSR	Russische Sozialistische Föderative Sowjetrepublik
RSHA	Reichssicherheitshauptamt
RSI	Repubblica Sociale Italiana
Rü Kdo	Rüstungskommando
RWE	Rheinisch-Westfälisches Elektrizitätswerk AG
RWHG	Reichswerke Hermann Göring
SD	Sicherheitsdienst der SS
Sipo	Sicherheitspolizei
SMERŠ	siehe GUKR SMERŠ NKO
SMKr	Starosta Miasta Krakowa
SNK	Sovet Narodnych Komissarov (Rat der Volkskommissare) [der UdSSR]

SPP	Sborno-propusknoj punkt (Sammel- und Durchgangsstelle) [des NKVD]
Stalag	Kriegsgefangenen-Stammlager
SOA	Státní oblastní archiv
StGB	Strafgesetzbuch
STO	Service du travail obligatoire
STUAG	Straßen- und Tiefbauunternehmung AG
SUBAG	Sudetenländische Bergbau AG
UBB	Upravlenie po bor'be s banditizmom (Verwaltung für die Bekämpfung des Bandentums)
UkrSSR	Ukrainische Sozialistische Sowjetrepublik
UMVD	Upravlenie Ministerstva vnutrennych del (MVD-Regionalverwaltung)
UNKVD	Upravlenie Narodnogo komissariata vnutrennych del (NKVD-Regionalverwaltung)
USHMM	United States Holocaust Memorial Museum
ÚVP	Úřad vládního prezidenta (Amt des Regierungspräsidenten)
VA	Vojni arhiv, Beograd
VANA	Vojni arhiv, Nedićeva arhiva, Beograd
VEJ	Die Verfolgung und Ermordung der europäischen Juden durch das nationalsozialistische Deutschland
VGK	Verchovnoe Glavnokomandovanie (Oberkommando) [der Roten Armee]
WBN	Wehrmachtbefehlshaber Norwegen
Wi Fü Stab	Wirtschaftsführungsstab
WiIn	Wirtschaftsinspektion
WiKdo.	Wirtschaftskommando
Wi Stab Ost	Wirtschaftsstab Ost
WVHA	Wirtschafts- und Verwaltungshauptamt
ZADA	Zivilarbeitsdienstabteilungen
ZAL	Zwangsarbeitslager
ZHO	Zentralhandelsgesellschaft Ost m.b.H. für landwirtschaftlichen Absatz und Bedarf
ZK	Zentralkomitee

Register

Personenregister

Ortsregister[1]

1 Es wurden nur Orte aufgenommen, keine Territorialbezeichnungen von Gebieten. Orte mit stärker abweichenden einheimischen bzw. heutigen Namen werden zweimal im Register aufgeführt.

Firmen